Gerhard Köbler

Bilder aus der deutschen
Rechtsgeschichte

Gerhard Köbler

Bilder aus der deutschen Rechtsgeschichte

*von den Anfängen
bis zur Gegenwart*

Verlag C. H. Beck München

Mit 144 Abbildungen

CIP-Titelaufnahme der Deutschen Bibliothek

Köbler, Gerhard:
Bilder aus der deutschen Rechtsgeschichte : von den
Anfängen bis zur Gegenwart / Gerhard Köbler. – München :
Beck, 1988
ISBN 3 406 32880 6

ISBN 3 406 32880 6

© C. H. Beck'sche Verlagsbuchhandlung (Oscar Beck), München 1988
Satz: C. H. Beck'sche Buchdruckerei, Nördlingen
Druck und Bindearbeiten: May & Co., Darmstadt
Printed in Germany

Inhalt

Vorwort
Seite 9

Einführung
Seite 11

Die alten Völker
Seite 15

Die Idee der Indogermanen 15
Der Geist der Griechen 17
Die Kultur der Kelten 20

Die ersten Römer 22
Die Römer als Herren einer Welt 26
Das Erbe der Römer 30

Die Germanen
Seite 35

Der Zug nach Süden 35
Groß und blond 39
Die Rätsel der Runen 43
Die Leichen im Moor 45

Die Versammlung des Volkes 47
Haus und Familie 49
Hof und Feld 51
Handel und Wandel 53

Das Morgenrot des Mittelalters
Seite 56

Das Reich der Franken 56
Grundherrschaft und Adel 60
Die Rettung des Wissens 62
Das gute alte Recht 67
Der König und sein Reich 71
Das Ding auf dem Malberg 76
Das Urteil Gottes 79

Fehde und Buße 83
Der Herr im Haus 86
Mann und Frau 89
Erbe und Freiteil 92
Seelenheil und Gewere 94
Das Volk der Verkäufer 97

Blüte und Krise
Seite 101

Kaiser und Papst 101
Burg und Stadt 105
Ritter, Bürger und Bauer 109
Schilde und Wappen 112
Brief und Siegel 114
Marktkreuz und Roland 117

Die Eroberung des Geldes 119
Schule und Studium 120
Irnerius und Gratian 122
Eike von Repgow und der Sachsenspiegel 125
Recht und Gesetz 129

Privileg und Satzung 132
Weistum und Gewohnheit 135
Iustitia und Gerechtigkeit 138
König und Reichsstände 140
Landesherr und Landstände 144
Rat und Bürgermeister 146
Bauermeister und Hintersassen 150
Der Ort des Gerichts 151
Richter und Urteiler 156
Der Stab des Richters 160
Die bürgerlichen Sachen 162
Die peinlichen Sachen 165
Kirche und Inquisition 169
Geständnis und Folter 170
Voruntersuchung und endlicher Rechtstag 174

Feme und Femegericht 175
Die Gerichte über die Ungerichte 177
Absicht und Zufall 180
Die peinlichen Strafen 181
Galgen und Rad, Schwert und Scheiterhaufen 183
Henker und Scharfrichter 185
Pranger und Halseisen 187
Steinkreuz und Kreuzstein 191
Einzelner und Verband 192
Die Ehe in der Kirche 196
Erbenlaub und Testament 200
Die Entfaltung der Sachenrechte 206
Kauf und Miete, Dienst und Werk 211
Das Ende des Wergeldes 216
Mensch und Tier 217

Erneuerung und Neuerung
Seite 220

Neues Weltbild und altes Reich 220
Frühkapitalismus und Merkantilismus 228
Der Aufbruch zur bürgerlichen Gesellschaft 231
Rationalität und Aufklärung 232
Die Aufnahme des römischen Rechts 235
Reformationen des Rechts 239
Ordnung und Gebot 242
Die Kodifikation des Rechts 245
Die Gesetze des Reiches 247
Die Literatur der Juristen 249
Fakultäten und Studium 252
Reichstag und Reich 255
Die Kleinodien des Reichs 260
Der Absolutismus und die Landesherren 263

Die Verwaltung des Reiches 265
Die gute Polizei der Länder 266
Reichskammergericht und gelehrter Prozeß 268
Vom Schöffen zum Gerichtsjuristen 273
Die Peinliche Gerichtsordnung Karls V. 277
Die Hexen und ihre Prozesse 280
Gefängnis und Zuchthaus 283
Das geometrische Recht 288
Leibeigenschaft und Freiheit 289
Die aufgeklärte Ehe 290
Erbe und Pflichtteil 294
Eigentum und Enteignung 296
Obligation und Vertrag 297
Risiko und Sicherung 300

Der Umbruch zur Gegenwart
Seite 302

Frankreich und Rheinbund 302
Der Bund der Deutschen 303
Vom Reich zur Republik 307

Der Reichtum der Völker 311
Soziale Frage und sozialistische Partei 312

Säkularisierung und Positivismus 313
Der Streit um die Kodifikation 315
Rechtserneuerung durch Gesetz 316
Die Einheit des Rechts 318
Historische Rechtsschule und
  Pandektistik 320
Öffentliches und privates Recht 322
Die fundamentalen Rechte 323
Volkssouveränität und Parlament 325
Verfassung und Konstitution 326
Die Verwaltung des Landes 327
Straßen und Wege 328
Baufreiheit und Bauplanung 330
Schulpflicht und Bildung 331

Steuern und Staatshaushalt 332
Die Sicherung der Schwachen 333
Die dritte Gewalt 335
Mündlichkeit und Anwaltszwang 337
Staatsanwalt und Schwurgericht 338
Strafzweck und Strafart 340
Rechtssubjekt und Person 342
Ehe und Familie 343
Erbrecht und Finanzamt 345
Die Mobilität der Immobilien 346
Die Freiheit des Vertrages 348
Arbeit und Miete 349
Wirtschaft und Wettbewerb 352
Das geistige Eigentum 353

Recht und Form in der
Gegenwart
Seite 356

Bildquellenverzeichnis
Seite 373

Register
Seite 375

Vorwort

Ubi societas, ibi ius lautet eine bekannte lateinische Rechtsregel. Wo Menschen zusammenleben, gibt es danach Recht. Dies gilt für die Gegenwart wie die Vergangenheit.

Was ist dieses Recht? Wie sieht es aus? Woher kommt es?

Das alles sind Fragen, welche sich jedem stellen, der irgendwann einmal mit Recht zu tun hat. Und wer hat dies nicht? Insbesondere in einer komplexen urbanisierten Industriegesellschaft wie der, in welcher wir in der Gegenwart leben.

Vom älteren Recht wird vielfach angenommen, daß es noch anschaulich und von einem äußeren Formalismus von Solennitäten und Symbolen beherrscht gewesen sei. So sei beispielsweise der Erwerber eines Grundstückes bei dem Erwerb in das Grundstück hineingeführt worden und der Veräußerer habe es zum Zeichen seiner Aufgabe durch einen Sprung über den Zaun verlassen. Vor Gericht sei in Paarformeln und Stabreimen gesprochen worden und schon ein falsches Wort habe vielfach zum Verlust des Rechts geführt. Auch die Wahrheit sei nur formal erforscht worden, da sich jeder Angeschuldigte durch einen Reinigungseid von einem Vorwurf habe befreien können.

Die Form oder Erkennbarkeit des Rechts ist aber nicht auf die Vergangenheit beschränkt. In der Gegenwart ist das Recht vielleicht sogar noch deutlicher sichtbar als je zuvor. Freilich sind die Formen andere geworden.

Die Entwicklung unseres Rechts bis zur Gegenwart zu zeigen, ist das Ziel dieses Buches. Es will erstmals das Recht so gut wie möglich sichtbar machen. Deswegen verbindet es Wort und Bild. Das Bild soll das Wort veranschaulichen und das Wort soll die Bilder zu einer systematisch-historischen Einheit verknüpfen.

Dabei soll das Recht selbst zu Wort kommen. Deswegen sprechen die Quellen an vielen Stellen unmittelbar. Sie künden von alten Zeiten wie von jungen Tagen.

Die Schilderung dieses Rechts soll möglichst verständlich sein. Darum treten die Einzelheiten, so wichtig sie als solche auch sind, gegenüber den Grundzügen zurück. Wer mehr wissen möchte, sei auf die weiterführenden Literaturhinweise verwiesen.

Für Erfahrungen, auf welche sich dieser Versuch gründet, das Recht in seiner konkreten geschichtlichen Entfaltung anschaulich zu zeigen, bin ich vielen anderen Forschern sehr verpflichtet, allen voran Karl Kroeschell in Freiburg. Zu danken habe ich vielen Mitarbeitern und Helfern, welche mich bei der Arbeit in vielfältiger Weise unterstützt haben. Sehr verbunden bin ich schließlich Ernst-Peter Wieckenberg, Peter Schünemann und Ulrich Schmidt vom Verlag C. H. Beck, der das Projekt verlegerisch betreut.

Gießen, den 14. 11. 1987   Gerhard Köbler

Einführung

Als der Mensch denken lernte, begann er zu sprechen. Von diesen ersten Gedanken und Wörtern wissen wir nichts. Deswegen sind auch die ältesten rechtlichen Vorstellungen unbekannt.

Die ersten Zeugnisse über den Menschen sind ohnehin ziemlich bescheiden. Einzelne Knochenfunde lassen auf frühe Formen seiner Existenz schließen. Überreste von Lagerplätzen und jüngere Spuren von Geräten und Werkzeugen lassen Vermutungen über die allmähliche Höherentwicklung zu.

Gegen Ende der Altsteinzeit begann dann dieses neue Wesen, seine natürliche Umwelt und sich selbst in Höhlen zu malen und auf Felsen zu ritzen. Diese Bilder wurden langsam häufiger und geschickter. Einzelne von ihnen wurden dann erst Wortzeichen, danach Silbenzeichen und schließlich Buchstaben.

Damit war die Schrift erfunden, in welche der Mensch von nun an seine Gedanken fassen konnte. Damit konnte er sie dauerhaft machen und anderen Menschen unabhängig von Wort und Gedächtnis überliefern. Aufgrund dieser Erfindung erfahren und wissen wir mehr über ihn und mittelbar auch über uns selbst.

Schon unter den ältesten Schriftzeugnissen nimmt das Recht einen hervorragenden Platz ein. Beispielhaft hierfür stehen die biblischen Zehn Gebote oder die 1902 in Susa entdeckte, auf einem Dioritblock eingemeißelte Gesetzessammlung (Codex) des Königs Hammurapi von Babylonien (1728–1686 v. Chr.). Nichts anderes aber gilt etwa für Römer oder Germanen.

Die schriftlichen Quellen vermehren durch ihre chronologisch zunehmende Dichte unser Wissen über unsere Vergangenheit immer mehr. Dies gilt auch für das Recht. Spärlichen frühen Zeugnissen steht, vor allem seit der Erfindung des Buchdruckes, eine unübersehbar gewordene Informationsflut in der Gegenwart gegenüber.

Allerdings ist die Schrift nur eine Abstraktion der Wirklichkeit. Deswegen fehlt ihr deren Bildhaftigkeit. Darum fällt die anschauliche Vorstellung all dessen schwer, was wir nicht selbst gesehen haben, sondern nur durch die Schrift erfahren.

Diesen Mangel hat der Mensch schon früh erkannt. Deshalb hat er auch nach der Erfindung der Schrift das Bild fortgeführt. Vielfach hat er sogar Handschriften mit Bildern ausgestattet und dadurch zu besonderen Bilderhandschriften gemacht.

Zusätzlich hat die neuzeitliche Wissenschaft die anschaulichen Seiten des menschlichen Lebens als Gegenstand entdeckt. Bezüglich des Rechts sind dies vor allem die Gebrauchsgegenstände, deren man sich im Rechtsleben bediente, sowie die vom Recht geordneten Gebrauchshandlungen der Rechtsgegenstände und Formalhandlungen des Rechtslebens. Erste Bemühungen um sie reichen bereits in das 17. Jahrhundert zurück.

Seit der Erfindung der Fotografie erlebte diese Forschungsrichtung, welche die traditionelle Rechtsgeschichte vorteilhaft ergänzt, einen neuen Aufschwung. 1923 veröffentlichte Hans Fehr das Werk: Das Recht im Bild, nachdem schon 1900 Franz Heinemanns Arbeit über den Richter und die Rechtsgelehrten erschienen war. 1943 gab Claudius Freiherr von Schwerin eine erste Einführung in die gesamte Rechtsar-

Einführung 13

chäologie. Etwa zur gleichen Zeit begründeten Karl Frölich und Karl Siegfried Bader eigene Schriftenreihen zur rechtlichen Volkskunde und zu den Rechtswahrzeichen.

Danach stellte und löste Hermann Baltl die Aufgabe, die in der Steiermark noch vorhandenen Realien des älteren Rechtslebens zu erfassen, in beispielhafter Weise. Mit der Strafjustiz in alter Zeit befaßte sich ein vom Mittelalterlichen Kriminalmuseum in Rothenburg ob der Tauber verlegter, in Zusammenarbeit mit Friedrich Merzbacher und Wolfgang Schild entstandener, bebilderter Band. Wolfgang Schild erweiterte seinen Beitrag unter Verwertung der Fehrschen Bildersammlung später auf die Alte Gerichtsbarkeit überhaupt (1980, 2. A. 1987). Das Kriminalmuseum faßte einen Teil seiner Stücke in einem Heft Bilder aus dem Kriminalmuseum (1984) zusammen. Gleichzeitig widmete sich Richard van Dülmen dem ‹Theater des Schreckens› (1985) und Otto Rudolf Kissel der ‹Justitia› (1984). Louis Carlen gibt seit 1978 ebenfalls reich bebilderte, von vielen Interessierten getragene Forschungen zur Rechtsarchäologie und rechtlichen Volkskunde heraus. Gernot Kocher erstellt überhaupt ein umfassendes Bildarchiv. Ruth Schmidt-Wiegand belebt die Beschäftigung mit den Bilderhandschriften neu.

All dies zeigt, daß die Notwendigkeit, den Gegenstand und damit hier das nur beschränkt körperlich faßbare Recht der Vergangenheit und seine menschheitsgeschichtlich möglich gewordene Darstellung in Bild und Schrift so gut wie möglich zu einer Einheit zusammenzuführen, voll anerkannt sind. Die Schrift vermag das Bild zu erläutern, das Bild die Schrift zu veranschaulichen. Beides dient der Erkenntnis des als solchen vielfach überhaupt nicht oder nicht mehr greifbaren geschichtlichen Gegenstandes, auf dem Gegenwart wie Zukunft unentrinnbar gründen.

Literatur: Schwerin, C. Frhr. v., Rechtsarchäologie. Gegenstände, Formen und Symbole germanischen Rechts. Teil 1: Einführung in die Rechtsarchäologie, 1943; Planitz, H. – Buyken, T., Bibliographie zur deutschen Rechtsgeschichte, 1952; Baltl, H., Rechtsarchäologie des Landes Steiermark, 1957; Bibliographische Einführung in die Rechtsgeschichte und Rechtsethnologie, hg. v. Gilissen, J., D/2 Deutschland, bearb. v. Thieme, H. u. a., 1970; Köbler, G., Bibliographie der deutschen Hochschulschriften zur Rechtsgeschichte (1945–1964), 2. A. 1972; Köbler, G.-Kumpf, J. H., Bibliographie der deutschen Hochschulschriften zur Rechtsgeschichte (1885–1945), 1976; Maisel, W., Gegenstand und Systematik der Rechtsarchäologie, in: Forschungen zur Rechtsarchäologie und Rechtlichen Volkskunde, hg. von Carlen, L., Bd. 1 (1978), 1; Kocher, G., Bild und Recht, FS Schmelzeisen, G. K., 1980, 142 ff.; Köbler, G., Karl Frölich, in: Gießener Gelehrte in der ersten Hälfte des 20. Jahrhunderts, hg. v. Gundel, H. G. – Moraw, P. – Press, V., 1982, Teil 1 243 ff.; Laufs, A., Die Fehrsche rechtsarchäologische Bildersammlung, in: Aus der Arbeit des Archivars. FS Gönner, E., hg. v. Richter, G., 1986, 361; Text-Bild-Interpretation. Untersuchungen zu den Bilderhandschriften des Sachsenspiegels, hg. v. Schmidt-Wiegand, R., 1986; Wege europäischer Rechtsgeschichte, hg. v. Köbler, G., 1987.

2 Gesetzesstele des Königs Hammurabi von Babylon (1728–1686 v. Chr.).
Der Gott Schamasch gibt dem stehenden König Ring und Stab

Die alten Völker

Die Idee der Indogermanen

Als am 28. 9. 1746 in London der kleine William Jones geboren wurde, konnte niemand ahnen, daß er eines Tages den sprachgeschichtswissenschaftlichen Zeithorizont um eine ganze Epoche zurückverlegen würde. Anfangs durchlief auch er einen ganz üblichen Entwicklungsgang, indem er zunächst in England umfangreiche Rechtskenntnisse erwarb und dann im Dienste seiner Majestät nach Indien ging und 1783 Oberrichter in Kalkutta wurde.

Dann trat allerdings eine entscheidende Veränderung ein. Neben seiner Tagesarbeit beschäftigte er sich nämlich mit der indischen Sprache. Er übersetzte eine Reihe altindischer Sprachdenkmäler ins Englische, gab 1792 den ersten Druck in der von dem vorchristlichen indischen Grammatiker Panini (5. ?, 4. Jh. v. Chr.) festgelegten altindischen Hochsprache Sanskrit (samskrta-, richtig gebildet) heraus und begründete zusammen mit Colebroke die indische Altertumsforschung in Europa.

Bei diesen Studien stieß er im Jahre 1786 auf einen merkwürdigen Befund. Das altindische Wort pitár hatte ebenso wie das lateinische pater, das griechische patér und das gotische fadar die Bedeutung Vater. Altindisch ajrah bedeutete Fläche, Flur, Gefilde, griechisch agrós Feld, Land, lateinisch ager Feld und gotisch akrs Feld, Acker. Neben altindisch sat sechs standen griechisch héx sechs, lateinisch sex sechs und gotisch saihs sechs.

Diese und zahlreiche weitere auffällige Übereinstimmungen deutete Jones als Zeichen einer sprachlichen Verwandtschaft zwischen Indern, Griechen, Römern und Germanen. Wenig später begründeten hierauf Rask (1814), Bopp (1816) und Jakob Grimm (1822) eine neue Wissenschaft. Sie nannten sie nach den Randvölkern dieser Sprachgemeinschaft, den im Osten lebenden Indern und den im Westen wohnenden Germanen, indogermanisch (Julius Klaproth, 1823).

Spätere Forschungen ergaben, daß zu dieser Sprachenfamilie das Altindische, das Iranische, das Armenische, das Tocharische, das Hethitische, das Lykische, das Lydische, das Phrygische, das Thrakische, das Griechische, das Pelasgische, das Albanische, das Illyrische, das Italische, das Keltische, das Germanische, das Baltische sowie das Slawische zu zählen sind. Jeweils mehrere dieser Sprachen zeigen in rund 2000 sog. Wurzelwörtern so auffällige Übereinstimmungen, daß an ihrer Verwandtschaft nicht zu zweifeln ist. Dementsprechend muß, da die enge Verwandtschaft im Wurzelwortschatz auf gemeinsame Abstammung der einzelnen Sprachen von einer älteren gemeinschaftlichen Sprache deutet, vor den seit dem zweiten vorchristlichen Jahrhundert sichtbar werdenden Einzelsprachen (Altindisch, Hethitisch, Griechisch) ein gemeinsames Indogermanisch bestanden haben. Dieses setzt als Träger wiederum ein gemeinsames Volk voraus, welches diese Sprache trotz gewisser dialektischer Verschiedenheiten einheitlich verwendete.

Die auf diese Weise erschlossenen Indogermanen, die sich damit als älteste greifbare geistesgeschichtliche Vorfahren der Deutschen erweisen, sind sonst geschichtlich

16 *Die alten Völker*

nicht bezeugt. Deshalb sind Aussagen über sie auch nur sehr schwer zu treffen und sichere Bilder von ihnen nicht zu geben. Ziemlich wahrscheinlich ist nur der zeitliche Ansatz vor den Einzelvölkern, der in das ausgehende dritte vorchristliche Jahrtausend führt.

Dagegen ist schon der Lebensraum dieses Volkes ganz umstritten. Sah man ihn zunächst im Gebiet zwischen Aralsee und Hindukusch, so verlegten ihn spätere Forscher nach Nord- und Mitteleuropa. Die Gegenwart neigt demgegenüber wieder stärker zu einer Urheimat in Asien.

Zeitlich gehören die Indogermanen, zu denen von den europäischen Kulturkreisen die Schnurkeramikkultur gerechnet wird, in die ausgehende Jungsteinzeit. Sie kannten wohl Erz, Gold und Silber. Sie trieben Viehzucht (Rind, Schaf, Schwein, Pferd) und Ackerbau (Pflug, Säen, Gerste, Mahlen). Der Handel war anscheinend wenig entwickelt. Möglicherweise gab es bereits eine erste gesellschaftliche Gliederung. Bekannt waren Götter (Himmel, Feuer, Sonne).

Das Recht der Indogermanen kann nur mit großer Vorsicht aus den Wörtern der Einzelsprachen erschlossen werden. Diesen fehlt allerdings ein gemeinschaftlicher Ausdruck für das abstrakte Recht. Möglicherweise bezeichnete *ious einen Zustand der rituellen Reinheit und *demi eine festgesetzte Regel.

3 Götterstein von Anderlingen bei Bremervörde (1800–1550 v. Chr.) aus einem bronzezeitlichen Steinkistengrab

Das Volk heißt *teuta und ist vielleicht ein Siedlungsverband. An seiner Spitze steht der *teutano. Untergliederungen des Volkes könnten *genti- Familie oder *dem- Haus sein.

Im Haus steht der Familienvater an der Spitze (*dems-poti, Herr). Kind, Braut und Gast (lat. hostis, Feind) bedürfen einer besonderen Aufnahme in das Haus. Die Verwandtschaftsnamen lassen eine besondere Bedeutung des Mannes für den Sitz und die Zuordnung der Familie erschließen. Der Familienvater gibt die Tochter dem Mann, der sie in sein Haus führt, aber zu ihren Eltern in keinerlei verwandtschaftliche Beziehungen tritt. Stirbt der Familienvater, so stehen seine Söhne ohne weiteres an seiner Stelle. Fehlen sie, so entsteht Erbe (*orbho, Verwaistes), das an die Brüder fällt. Wieweit dabei Grund und Boden schon erfaßt sind, ist unklar.

Vielleicht ist ein schädlicher Erfolg bereits durch eine Naturalleistung (Tiere) ausgleichbar. Möglicherweise können Gelöbnisse gemacht und durch einen Trank oder ein Trankopfer bekräftigt werden. Ob dann Streitigkeiten bereits verfahrensmäßig besonders behandelt werden, ist ganz ungewiß. Immerhin könnte das gotische Wort weitwoths, das die Bedeutung Zeuge hat und sich erklärt als einer der gesehen hat, darauf hindeuten, daß es bei Streitigkeiten schon auf das Sehen und Wissen Beteiligter angekommen sein könnte.

Literatur: Hirt, H., Indogermanische Grammatik, Bd. 1ff. 1921ff.; Schrader, O. – Krahe, H., Die Indogermanen, 1935; Wahle, E., Deutsche Vorzeit, 2. A. 1952; Nehring, A., Die Problematik der Indogermanenforschung, 1954; Dumézil, G., L'idéologie tripartie des Indo-Européens, Paris 1958; Pokorny, J., Indogermanisches etymologisches Wörterbuch, Bern 1959ff.; Krahe, H., Indogermanische Sprachwissenschaft, 5. A. 1966ff.; Schlerath, B., Die Indogermanen, Innsbruck 1972; Szemerényi, O., Einführung in die vergleichende Sprachwissenschaft, 2. A. 1980; Köbler, G., Indogermanisch-neuhochdeutsches und neuhochdeutsch-indogermanisches Wörterbuch, 2. A. 1982; Bird, N., The Distribution of Indo-european Root Morphemes, 1982.

Der Geist der Griechen

Alle Menschen sind sterblich. Sokrates ist ein Mensch. Folglich ist Sokrates sterblich. So lautet eine der bekanntesten Gedankenfolgen, welche in dieser Art aus der Antike stammt, aber in abgeänderter Art und Weise das gesamte wissenschaftliche Denken beherrscht. Sie ist vielleicht das wichtigste Gut überhaupt, das die Griechen erarbeitet und ihrer gesamten Nachwelt (und damit auch den Deutschen) überliefert haben.

Wer waren diese Griechen?

Um die Wende vom 3. zum 2. vorchristlichen Jahrtausend drangen von Norden her Indogermanen in den östlichen Mittelmeerraum ein, welche sich nachweislich seit dem 8. vorchristlichen Jahrhundert als Hellenen bezeichneten, später aber von ihren römischen Nachbarn Graeci, Griechen, genannt wurden. Der Zusammenbruch des Reiches der Hethiter um 1200 v. Chr. ermöglichte ihnen die Besiedlung der vorgelagerten Inseln und der Westküste Kleinasiens. Später gewann der zunächst im Norden verbliebene Stamm der Dorer die Herrschaft, unter welcher nach 800 v. Chr. eine weitere Ausbreitung nach Unteritalien, Sizilien und an das Schwarze Meer erfolgte.

Die alten Völker

Etwa zu dieser Zeit traten in Griechenland selbst Sparta und Athen besonders hervor. Davon unterstand das ursprünglich aus vier bzw. fünf Dörfern bestehende, dorisch gewordene Sparta zwei gemeinschaftlich regierenden Königen, neben denen fünf Ephoren und 28 Geronten standen. Sie richteten allmählich den sprichwörtlich gewordenen spartanischen Militärstaat ein.

In Athen standen seit der Mitte des 7. vorchristlichen Jahrhunderts neun Archonten an der Spitze. Im Jahre 507 v. Chr. ging Athen zur Volksherrschaft (Demokratie) über, wobei zunächst die wesentliche Macht an den Areopag fiel, den nach seinem Sitzungsort (Areshügel) benannten Rat Athens, der im 5. Jahrhundert allmählich auf die Blutsgerichtsbarkeit beschränkt wurde. 431 bis 404 v. Chr. kam es zum Zusammenstoß Athens mit Sparta, in welchem Athen 404 v. Chr. erobert und vernichtet wurde. Wenig später verfiel allmählich auch die Macht Spartas, das 146 v. Chr. schließlich unter die Herrschaft der Römer geriet, welche 197 v. Chr. schon die seit Philipp von Makedonien und Alexander dem Großen an Makedonien gelangten Gebiete gewonnen hatten. Von dieser Zeit an war die politische Bedeutung gering, doch wurde die sog. Koiné (koiné dialektos, allgemeine Umgangssprache) zur wichtigsten Verkehrssprache des östlichen Mittelmeerraumes, in der vor allem auch die Bibel verbreitet wurde. Seit der Teilung des römischen Weltreiches im Jahre 395 gehörte Griechenland zur oströmischen, von Byzanz aus regierten Reichshälfte, bis es 1458 unter die Herrschaft der Türken geriet.

Vermutlich um die Wende zum letzten vorchristlichen Jahrtausend hatten die Griechen bereits von den Phönikern ein Alphabet mit 22 Buchstaben übernommen, das sie verschiedentlich erweiterten und veränderten. Im 8. Jahrhundert erreichte die griechische Kultur ihre ersten Höhepunkte. Etwa in dieser Zeit entstanden die beiden Epen Ilias und Odyssee.

Von gleichem Rang wie die Literatur war auch die griechische Philosophie. Ihre Anfänge liegen ebenfalls in sagenhafter Zeit, in welcher weise Männer praktische Lebensklugheit verbreiteten. Von etwa 600 v. Chr. bis zur Mitte des 5. Jahrhunderts entstand dann in den griechischen Kolonien die Naturphilosophie der Vorsokratiker (Thales, Heraklit, Pythagoras, Empedokles, Anaxagoras). Danach kam die Philosophie nach Athen und richtete sich zudem vor allem auf den Menschen (Sokrates, Plato [427–437], Aristoteles). Später unterlag die griechische Philosophie freilich weitgehend dem sich rasch ausbreitenden Christentum.

Im Gegensatz zu den weltgeschichtlich bedeutsamen Leistungen der Griechen in Dichtung, Philosophie, Wissenschaft und Kunst, denen vielleicht von ihrer weltweiten Wirkung her noch die Idee der olympischen Wettkämpfe zur Seite gestellt zu werden verdient, tritt das griechische Recht deutlich zurück. Sicher hatten alle griechischen Gemeinwesen, allen voran Sparta und Athen, eine ganz ausgeprägte eigene Verfassung. Darüber hinaus kennen wir hervorragende rechtliche Leistungen aber nur vereinzelt (Lykurg, Drakon [621 v. Chr.], Solon).

In der Mitte des 5. vorchristlichen Jahrhunderts soll nach der römischen Überlieferung eine Kommission zur Vorbereitung römischer Gesetzgebungstätigkeit nach Griechenland gefahren sein. Außerdem soll ein Grieche namens Hermodor den Römern bei der Übersetzung Hilfe geleistet haben. Ein wesentlicher Einfluß des griechischen Rechtes auf das römische Recht läßt sich aber, abgesehen von der Verwendung des aus dem Griechischen stammenden latinisierten Wortes poena (Buße), nicht feststellen.

4 Papyrus Giss. I 40 enthaltend die Constitutio Antoniana des Jahres 212 n. Chr.

Als letztes wichtiges Zeugnis griechischen Wirkens im Bereich des Rechts sind schließlich die Papyri zu nennen. Bei ihnen handelt es sich um beschriftete Papyrusblätter, wie sie als solche seit dem 4. vorchristlichen Jahrtausend nachweisbar sind. Sie haben sich unter den besonderen klimatischen Bedingungen Ägyptens vielfach erhalten. Am weitaus bedeutsamsten und zahlreicher als alle anderen Papyrusgruppen sind dabei die griechischen Papyri, welche seit der Zeit Alexanders des Großen verschiedene Rechtstexte überliefern. Diese betreffen hauptsächlich die Rechtsverhältnisse der griechisch sprechenden Provinzen des römischen Reiches (Volksrecht), sind aber in Einzelfällen auch für die Überlieferung des römischen Rechts (Reichsrechts) bedeutsam.

Literatur: Hofmann, J., Studien zur drakontischen Verfassung, 1899; Natorp, P., Platons Ideenlehre, 2. A. 1921; Schubart, W., Griechische Papyri, Urkunden und Briefe vom 4. Jahrhundert v. Chr. bis ins 8. Jahrhundert n. Chr., 1927; Schefold, K., Die Bildnisse der antiken Dichter, Redner und Denker, 1943; Berve, H., Griechische Geschichte, Bd. 1,2 2. A. 1951 f.; Wieacker, F., Textstufen klassischer Juristen, 1960; Mühl, M., Untersuchungen zur altorientalischen und althellenischen Gesetzgebung, 1963; Rupprecht, H. A., Untersuchungen zum Darlehen im Recht der graeco-ägyptischen Papyri, 1965; Schneider, C., Kulturgeschichte des Hellenismus, Bd. 1 f. 1967 ff.; Wolff, H. J., Das Recht der griechischen Papyri Ägyptens in der Zeit der Ptolemäer und des Prinzipats, Bd. 2 1978; Nörr, D., Zum Mordtatbestand bei Drakon, FS Biscardi, A., 4, Mailand 1983, 631; Kreissig, H., Geschichte des Hellenismus, 1984; Rupprecht, H. A., Eine Marburger Spezialität: Juristische Papyrologie, JuS 1987, 923.

Die Kultur der Kelten

Wären nicht wachsame Gänse in Rom auf dem Kapitol gewesen, die mit ihrem aufgeregten Geschnatter die ermatteten Krieger weckten, so wäre Rom vielleicht im Jahre 387 v. Chr. von den Kelten nach siebenmonatiger Belagerung zur Gänze erobert worden und es wäre dann statt des römischen Weltreiches ein keltisches Weltreich errichtet worden. Ansätze hierzu waren an sich genügend vorhanden.

Die Kelten sind ein indogermanisches Einzelvolk, das bei seinem im 6. vorchristlichen Jahrhundert sichtbar werdenden Eintritt in die Geschichte zwischen Alpen und Mittelgebirgen (dem heutigen Süddeutschland) lebte und wohl Main, Rhein und Donau ihre Namen gegeben hat. Bald wurden sie von den Germanen allmählich aus dieser Landschaft verdrängt. Sie zogen deshalb nach Südwesten und unterwarfen die Bewohner des späteren Gallien. Um 550 v. Chr. drangen sie über die Pyrenäen und um 400 v. Chr. über die Alpen (Mailand, Bologna) vor. Wenig später konnten sie in Rom nur mit größter Mühe zurückgeschlagen werden. Dabei mußten die in das Kapitol geflüchteten Römer angeblich den 30000 blonden Riesen für die Freigabe des Restes ihrer geplünderten Stadt 1000 Pfund in Gold zahlen und sich beim Wiegen nicht nur die Verwendung der keltischen Gewichte, sondern auch die unter den Worten vae victis (wehe den Besiegten) erfolgte Dreingabe des Schwertes des Keltenfürsten Brennus als Zusatzgewicht gefallen lassen. Im 3. vorchristlichen Jahrhundert zog ihr von den Griechen so genannter Stamm der Galater über den Balkan nach Kleinasien. Andere Kelten eroberten in drei Zügen die britischen Inseln.

Im Jahre 154 v. Chr. drangen dann die Römer nach der Eroberung Oberitaliens (Gallia cisalpina) erstmals in das spätere Gallien vor und gründeten nach kriegerischen Erfolgen bald die Provinz Gallia Narbonensis. Das nördlich hiervon gelegene, in drei Teile gegliederte Gebiet konnte dann erst von Caesar in den Jahren 58 bis 51 v. Chr. hinzugewonnen werden, wie jedem Lateiner aus den klassischen Kriegsberichten Caesars bekannt ist. In der Folge wurden die Gallier weitgehend romanisiert, später erneut von den Germanen bedrängt und in Gallien der Herrschaft der Franken, in Spanien der Herrschaft der Westgoten und in Britannien überwiegend der Herrschaft der Angelsachsen unterworfen.

Die Kultur der Kelten (La-Tène-Zeit) war hochstehend. Neben Viehzucht kannten sie Ackerbau. Sie hatten große, durch Mauern bewehrte Siedlungen (sog. oppida) wie beispielsweise an der Stelle des späteren Manching, wo schätzungsweise 3000 Menschen wohnten. Töpferei, Tuchherstellung und Schmiedehandwerk standen in hoher Blüte. Große Bedeutung hatten die Verwandtschaftsverbände, stark war der Einfluß der Druiden (Eichenkundigen), ihrer sagenumwobenen Priester.

Als deren Ursprungsland galt Britannien. In Gallien bildeten sie zur Zeit Caesars einen geschlossenen Stand mit einem obersten Druiden an der Spitze. Sie wahrten religiöse Geheimnisse, übten die Kunst der Weissagung aus und waren zugleich Richter, Heilkundige und Sternkundige. Sie lehrten ein neues Leben nach dem Tode und eine Wanderung der Seele. Zusammen mit dem Adel hatten sie die Herrschaft inne. Nach der Aufhebung des druidischen, mit Menschenopfern verbundenen Gottesdienstes durch den römischen Kaiser Claudius verschwanden die Druiden, zu deren bis zu 20 Jahren währendem mündlichen Unterricht die Söhne der Adeligen zuvor in Scharen geströmt waren.

5 Grabhügel Klein-Aspergle bei Ludwigsburg (5./6. Jh.), weitgehend ausgeraubt

Vielleicht von keltischen Fürsten stammen viele reich ausgestattete Gräber. So wurden etwa in dem einzigen bisher gefundenen, nicht bereits in älterer Zeit ausgeraubten Grab bei Hochdorf, das um 500 v. Chr. geschaffen worden sein dürfte, unschätzbarer Goldschmuck, ein einzigartiger drei Meter langer Bronzesarg, ein riesiger Bronzekessel und ein mit Eisen beschlagener vierrädriger Wagen entdeckt. Der wie ein Nachen geformte und vollständig verzierte Bronzesarg wird von acht massiv in Bronze gegossenen, etwa 30 Zentimeter hohen menschlichen Figuren gehalten. Der im Grab gefundene Mann trägt einen Goldhalsreif, einen goldenen Gürtel, einen Dolch in einer goldenen Scheide und lederne, mit Goldblech verzierte Schnabelschuhe. An seinem Haupt befand sich ein goldverziertes Eisenhorn. In der fünf mal fünf Meter großen, mit Stoff ausgeschlagenen hölzernen und von einem dicken Steinmantel umgebenen Grabkammer, welche ursprünglich von einem acht Meter hohen und im Durchschnitt 60 Meter messenden Grabhügel bedeckt war, fanden sich ferner sechs Bronzeschalen und eine Trinkschale aus der natürlichen Gold-Silber-Legierung Elektron.

Ganz im Gegensatz zu diesem Reichtum steht die Tatsache, daß die Kelten so gut wie nichts Schriftliches hinterlassen haben. Deswegen läßt sich auch über ihre Rechtsvorstellungen kaum etwas sagen. Eine gewisse Bedeutung kommt lediglich der Tatsache zu, daß einzelne germanische Wörter wie *ambahtaz Diener, *aithaz Eid oder *reikja Reich aus dem Keltischen entlehnt zu sein scheinen, woraus auf eine gewichtige Beeinflussung des gesamten germanischen Rechts durch die jahrhundertelang auf später deutschem Boden siedelnden Kelten geschlossen werden muß.

Literatur: Kendrick, T. D., The Druids, London 1927; Vries, J. de, Kelten und Germanen, 1960; Eydoux, H. P., Hommes et dieux de la Gaule, 1961; Moreau, J., Die Welt der Kelten, 3. A. 1961; Hatt, J. J., Kelten und Galloromanen, Genf 1970; Jacobi, G., Werkzeug und Gerät aus dem Oppidum von Manching, 1974; Kruta, V. – Szabó, M., Die Kelten, 1979; Die Kelten in Mitteleuropa. Kultur. Kunst. Wirtschaft. Salzburger Landesausstellung 1980. 3. A. Salzburg 1980; Spindler, K., Die frühen Kelten, 1983; Lorenz, H., Rundgang durch eine keltische Stadt, 1986.

Die ersten Römer

Nach römischer Sage werden aus der Verbindung des Kriegsgottes Mars und der Priesterin Ilia die Zwillinge Remus (Romus) und Romulus geboren. Zur Strafe wird Ilia in den Fluß gestürzt. Die Kinder werden ausgesetzt. Eine Wölfin rettet sie. Erwachsen geworden töten sie den König von Alba Longa, der ihren in älteren Fassungen Aeneas genannten Großvater vertrieben und ihre Mutter zur Vestalin gemacht hatte. Danach gründen sie gemeinsam eine neue Siedlung, für welche ihnen 12 Geier als günstiges Vorzeichen erschienen waren. Da Remus die zur Abgrenzung gezogene Furche verächtlich überspringt, wird er von Romulus oder anderen im Kampf getötet. Romulus baut die dann Rom genannte Siedlung auf, verschwindet aber nach dem Raub der Sabinerinnen, der Begründung zahlreicher Kulte und der Einrichtung von Senat, drei Tribus und 30 Curiae bei einem Unwetter, nach dem Zeugnis Julius Proculus' durch Himmelfahrt.

Die damit begründete, in ihrem Namen bislang etymologisch unbefriedigend gedeutete Stadt Rom, welche die gesamte abendländische Rechtsgeschichte entscheidend prägte, lag am Tiber, eine Tagesreise von dessen Mündung ins Meer entfernt. Sie umfaßte später sieben, bis zur Höhe von 82 Metern aufsteigende Hügel (Palatin, Kapitol, Quirinal, Viminal, Esquilin, Caelius, Aventin). Als Gründungsjahr wird von der römischen Geschichtsschreibung das Jahr 753 v. Chr. angenommen. Damit stimmen archäologische Untersuchungen verhältnismäßig gut überein, welche in Rom neben bronzezeitlichen Scherben des 14. vorchristlichen Jahrhunderts Hüttenreste des 8. oder 7. Jahrhunderts ans Licht brachten.

An der Spitze des Gemeinwesens steht ursprünglich ein König (rex), der vermutlich zugleich Heerführer, Oberpriester und Gerichtsherr war. Allerdings vertrieben die Römer im Jahr 509 v. Chr., vielleicht auch erst im frühen 5. Jahrhundert, ihren König, den Etrusker Tarquinius Superbus, wegen seiner Hochmütigkeit. An seine Stelle trat zunächst ein Prätor, dann folgten zwei jeweils für ein Jahr auf Grund eines Vorschlages ihrer Vorgänger gewählte Konsuln. Den König bzw. die Konsuln berät der Senat, der aus den Führern der patrizischen Geschlechterverbände besteht. Über wichtige Fragen entscheidet die Volksversammlung, die zunächst in drei Tribus mit je zehn Kurien, dann in 21 Tribus mit 193 Zenturien eingeteilt ist, so daß bei den Abstimmungen über Krieg und Frieden, Besetzung der Magistrate, Gesetzgebung und Strafurteilprovokation die Grundherren die Mehrheit haben.

Rechtsquellen aus dieser frühen Zeit sind unmittelbar nicht erhalten. Unser Wissen stammt aus der mittelbaren Überlieferung der Schriftsteller der Jahrhunderte vor und nach der Zeitenwende. Sie weisen außer auf ältere, im einzelnen nicht unzweifelhafte Königsgesetze vor allem auf das berühmte Zwölftafelgesetz der Jahre 451/450 v. Chr. hin.

Die ersten Römer

6 *Die Wölfin vom Capitol als Wahrzeichen Roms (5. Jh. v. Chr.) © Editions Gallimard*

Im Jahre 451 v. Chr. setzte der Senat zehn Männer ein, denen er den Auftrag erteilte, die Gesetze aufzuschreiben. Vermutlich kam der Anstoß hierzu aus der Unzufriedenheit der Plebejer mit der Herrschaft der Patrizier. Die zehn Männer erhielten für ihre Aufgabe die höchste magistratische Gewalt. Vielleicht fuhren sie sogar nach Griechenland. Jedenfalls legten sie noch im gleichen Jahr den Inhalt von zehn Gesetztafeln fest. Im folgenden Jahr fügte eine neue Zehnmännerkommission zwei weitere Tafeln hinzu. Alle zwölf Tafeln wurden in Rom öffentlich aufgestellt. Jeder Römer kannte ihren wesentlichen Inhalt. Sie wurden niemals aufgehoben, doch war bis zur Zeitenwende ihr Wortlaut schon nicht mehr ganz sicher bekannt. Deswegen muß er heute aus einzelnen Überlieferungsbruchstücken rekonstruiert werden.

Vermutlich begann das Zwölftafelgesetz mit dem Satz: Si in ius vocat, ito. Wenn er ins Gericht ruft, soll er gehen. Demnach kann einer vor Gericht rufen. Dann muß der Gerufene kommen. Wenn er nicht kommt, soll der Rufende Zeugen dafür zusammenholen. Dann soll er ihn greifen und wohl mit Gewalt vor Gericht bringen. Wenn der andere sich sträubt oder fliehen will, soll er Hand an ihn legen. Wenn ihn Krankheit oder Alter hindern, soll er ihm ein Zugtier zur Beförderung geben. Wenn er nicht will, braucht er ihm einen bedeckten Wagen dabei nicht zur Verfügung zu stellen.

Hat der Verfolger den Gegner in das Gericht, das sich im Nordosten auf dem Markt (forum) befindet, gebracht, so trägt er seine Angelegenheit in einer besonderen Verfahrensform (legisactio) vor. Danach entscheidet der Gerichtsmagistrat, als welcher

Die alten Völker

7 *Reste des Saturntempels auf dem Forum Romanum (42 v. Chr.–320 n. Chr.)*

367 v. Chr. ein besonderer Prätor bestimmt wird, darüber, ob die Rechtsordnung (ius) für das Begehren einen Schutz (actio, Klaganspruch) enthält. Bejaht er dies und ist der Gegner zur Verhandlung freiwillig oder nach Zwangsmaßnahmen bereit, so ermittelt der Magistrat zumindest in späterer Zeit, als die Zahl der Streitigkeiten so angestiegen war, daß sie von ihm nicht mehr bewältigt werden konnte, unter Auswahl oder Auslosung der Parteien den Richter (iudex), meist einen senatorischen Geschworenen.

Dann stellt er das Verfahrensprogramm fest. Danach setzt er den Streit unter Zeugenanrufung ein. Vor dem Richter (iudex) versucht jede Partei ihre Behauptung zu beweisen. Der Richter würdigt die vorgebrachten Beweismittel und trifft dann nach dem Verfahrensprogramm eine endgültige Entscheidung.

Ihre Verwirklichung ist dem Sieger des Rechtsstreits selbst überlassen. Bei einer Geldschuld hat der Gegner 30 Tage Zeit zur Erfüllung. Leistet er nicht, soll er Hand an ihn legen und ihn ins Gericht bringen. Wenn er dann dem Urteil nicht nachkommt oder nicht irgendjemand für ihn vor Gericht die Bürgschaft übernimmt, darf er ihn mit zu sich nehmen. Er kann ihn mit einem Strick oder mit Fußfesseln von 15 Pfund fesseln, nicht mit schwereren, wohl aber mit leichteren. Der Schuldner darf sich selbst verpflegen. Unterläßt er dies, muß der Gläubiger ihm ein Pfund Mehlbrei am Tag geben, wenn er will, auch mehr.

Bei einigen wenigen Unrechtstaten wie Landesverrat oder Angriff auf Magistrate und plebejischen Volkstribun gibt es seit alters eine Verfolgung durch die Allgemeinheit. Nach einer Untersuchung entscheiden einzelne Magistrate über die Tat. Ihr Spruch kann nur auf Tod oder Freiheit lauten. Später kann jeder männliche freie Bürger hiergegen die Volksversammlung mit aufschiebender Wirkung anrufen. Außerdem kann er sich der Vollstreckung der Todesstrafe durch Gang ins Ausland entziehen.

Bei allen anderen Unrechtstaten, selbst bei Tötung, bleibt die Verfolgung dem Verletzten oder seiner Familie vorbehalten. Dieser durfte sich allerdings nicht ohne weiteres rächen. Er mußte erst eine Verhandlung vor dem Gerichtsmagistrat anstreben, in der eine gütliche Einigung erzielt werden sollte. Scheiterte sie, so war der Weg zur Rache frei. Allerdings bestimmte das Zwölftafelgesetz in manchen Fällen deren Maß, in anderen Fällen die Höhe einer Geldleistung, durch welche die Rache abgewendet werden konnte. In wieder anderen Fällen konnte ein Familienvater durch Preisgabe des zur Familie gehörigen Täters die Rache wenigstens von der sonstigen Familie fernhalten.

Im einzelnen war der Mörder (parricida) friedlos und durfte von jedermann, wenn vielleicht auch nur in bestimmten Formen, getötet werden. Wenn die Waffe allerdings mehr von der Hand geflohen war als geworfen wurde, war statt des Menschen ein Bock das Opfer. Wenn jemand einem anderen ein Glied bricht, soll ihm, falls er sich nicht mit dem Verletzten einigt, dasselbe geschehen. Wenn jemand mit der Hand oder dem Stock einen Knochen bricht, soll er bei einem Freien 300 As, bei einem Sklaven 150 As leisten. Wenn er ein einfaches Unrecht begeht, sollen 25 As die Buße sein. Wenn jemand nachts stiehlt und auf frischer Tat betroffen wird, darf er rechtmäßig getötet werden. Wenn jemand am Tag stiehlt und sich mit der Waffe verteidigt, darf er mit Hilfe von Zeugen festgenommen und vielleicht als Sklave behandelt werden. Wird der Dieb nicht auf frischer Tat ertappt, muß er den doppelten Schaden ersetzen.

In der Familie selbst hat der Familienvater die Herrschaftsgewalt über Frau, Kinder, Sklaven und alle Sachen. Die Gewalt wird sinnbildlich von der Hand dargestellt und deswegen als manus (Hand) bezeichnet. Für den Übergang einer Person oder Sache von der Gewalt des einen in die Gewalt des anderen, gibt es das besondere Geschäft der Handergreifung (mancipatio). Vor fünf erwachsenen römischen Bürgern als Zeugen wird dem Veräußerer mit Hilfe einer Waage, welche ein sechster römischer Bürger hält, ungeprägtes Metall im Werte des betroffenen Gegenstandes zugewogen, wobei der Erwerber als siebte aktiv beteiligte Person erklärt, daß der Gegenstand ihm gehöre, während der Veräußerer untätig bleibt. Als später das ungeprägte Metall durch Münzen ersetzt wird, erfolgt das Zuwägen durch das bloße Anschlagen mit einer Münze an die Waagschale. Verwendet wird diese mancipatio sowohl für die Eheschließung, die Emanzipation und die Adoption als auch zur Übertragung von Hauskindern, Sklaven, italischen Grundstücken und denjenigen vierfüßigen Tieren, welche an Hals oder Rücken gezähmt werden (sog. res mancipi, handgreifbare Sachen).

Literatur: Voigt, M., Die Zwölftafeln, Bd. 1 f. 1883 f.; Kaser, M., Eigentum und Besitz im älteren römischen Recht, 2. A. 1956; Wolf, J. G., Die litis contestatio im römischen Zivilprozeß, 1968; Heuß, A., Römische Geschichte, 3. A. 1974; Behrends, O., Der Zwölftafelprozeß, 1974; Vogt, J., Die römische Republik, 6. A. 1973; Söllner, A., Einführung in die römische Rechtsgeschichte, 3. A. 1985.

Die Römer als Herren einer Welt

In kurzer Zeit wandelt sich Rom von einer bäuerlich geprägten Marktsiedlung zu einer großen Stadt. Zu Beginn des 3. vorchristlichen Jahrhunderts zählen die Römer angeblich bereits 300000 waffenfähige Männer. Mit deren Hilfe erobern sie Mittel- und Unteritalien (272 v. Chr.), wenig später Makedonien, Griechenland, Syrien und Ägypten. Besonders hart ist die Auseinandersetzung mit dem phönizischen Karthago in Nordafrika. Dessen berühmter Feldherr Hannibal überschreitet bekanntlich in diesem Krieg sogar mit Elefanten die Alpen. Schließlich aber erfüllt sich im Jahre 146 v. Chr. die unbarmherzige Forderung des Römers Cato, daß Karthago im Interesse Roms zu zerstören sei. Bald darauf kommen neue Gebiete im Osten wie im Westen (Gallien, Britannien) hinzu. Damit ist Rom eine Weltmacht. Deren Herrschaftsgebiet erreicht nach der Eroberung Armeniens, Assyriens, Mesopotamiens und Südarabiens unter Kaiser Trajan (98–117 n. Chr.) seine größte Ausdehnung.

Die Entwicklung Roms zur Hauptstadt eines Weltreiches bleibt auch für die Römer nicht ohne Folgen. Aus Kleinbauern werden Großgrundbesitzer, welche ihre Plantagen mit Hilfe von Sklaven bewirtschaften. Handel und Gewerbe führen zu großem Reichtum auf der einen und Armut und Elend auf der anderen Seite, so daß nach dem weitgehenden Ausgleich des Gegensatzes zwischen Patriziern und Plebejern neue Spannungen zwischen einem Amts- und Geldadel und den besitzlosen Proletariern, die vom Land in die Stadt ziehen, entstehen. Ihnen Brot und Spiele zu besorgen wird die wichtigste Aufgabe der um die Herrschaft streitenden Führer, zwischen denen es bald zu Bürgerkriegen kommt. Als sich hier der erfolgreiche Feldherr Gajus Julius Caesar durchsetzt und zur Alleinherrschaft greift, wird er im Jahre 44 v. Chr. an den Iden des März ermordet.

Zu erneuern vermögen die Anhänger der Republik diese freilich nicht. Vielmehr tritt wenige Jahre später Caesars Großneffe und Adoptivsohn Gajus Octavianus die Herrschaft an. Im Jahre 27 v. Chr. nimmt er den Ehrennamen Augustus an, unter welchem er in die Geschichte einging. In äußerlicher Bescheidenheit ließ er sich lediglich den Titel princeps (Erster) beilegen. Der Sache nach verwandelte der damit geschaffene Prinzipat die äußerlich noch fortbestehende Republik in eine Monarchie, an deren Beginn Rom infolge der Förderung von Kunst und Wissenschaft eine kulturelle Blüte erfuhr, deren bekannteste Vertreter die Dichter Vergil, Horaz und Ovid

8 Senat und Volk von Rom im Festzug (80–90 n. Chr.). Rom, Cancellaria-Fries

sind. Im übrigen erleben die Römer im Prinzipat zwei Jahrhunderte des Friedens, wenn auch so großen Persönlichkeiten wie Hadrian (117–138) und Mark Aurel (161–180) einerseits auf der anderen Seite despotische Figuren wie Caligula oder Nero gegenüberstehen.

In all diesen Jahrhunderten gilt das Zwölftafelgesetz von 450/1 v. Chr. fort. Gelegentlich werden ihm Volksgesetze, Plebiszite oder Senatskonsulte zur Seite gesetzt. Von diesen sind aber nur wenige wirklich bedeutsam. So etwa das aquilische Gesetz über den Schaden aus dem Jahr 286 v. Chr. Es bestimmt, daß bei Tötung eines fremden Sklaven oder Tieres dem Herrn so viel Geld zu geben ist, wie Sklave oder Tier im letzten Jahr wert waren. Bei Beschädigung anderer Sachen durch Brennen, Brechen oder Reißen ist der Wert der letzten dreißig Tage entscheidend.

Augustus selbst beschäftigt sich vor allem mit eherechtlichen Fragen. Seine Ehegesetze stellen aus moralischen Gründen besondere Verbote für Ehen mit anrüchigen Frauen auf. Auf der anderen Seite setzen sie aus bevölkerungspolitischen Überlegungen Ehegebote für Männer über 25 und Frauen über 20 Jahren. Vielleicht stammt von ihm auch das Verbot der Schenkung von Gütern unter Ehegatten und ihren Familien, das wohl lediglich emotional begründete, unökonomische Vermögensverschiebungen verhindern will. Ein anderes seiner Gesetze verbietet die Veräußerung eines einer Frau als Mitgift mitgegebenen Grundstückes ohne deren Mitwirkung.

Sehr viel bedeutsamer freilich als die Gesetzgebung ist die wissenschaftliche Beschäftigung mit dem Recht. Sie nimmt ihren Ausgang von der Veröffentlichung der zunächst nur den Priestern bekannten Rechtsformeln durch Gnaeus Flavius im Jahre 304 v. Chr. Der erste Oberpriester, der von den Plebejern gestellt wird, geht im Jahre 254 v. Chr. noch einen Schritt weiter und erteilt öffentlich weltliche Rechtsunterweisungen. Wenig später betreiben zahlreiche Angehörige der Oberschicht verschiedene Formen rechtlicher Beratung. Dann beginnt bereits allmählich die Reihe namentlich bekannter einzelner Juristen. Von ihnen schreibt etwa Sextus Aelius Paetus Catus 198 v. Chr. einen dreiteiligen Kommentar zum Zwölftafelgesetz. Quintus Mucius Scaevola (gest. 82 v. Chr.) verfaßt die erste systematische Darstellung des für die Römer geltenden Rechts. Er führt zudem die später sogar nach ihm benannte Vermutung in das Recht ein, daß bis zum Beweis des Gegenteils alles Vermögen der Ehefrau als von ihrem Mann herrührend gilt. Von Gajus Aquilius Gallus (66 v. Chr.) stammt ein Klaganspruch bei arglistiger Schädigung (actio de dolo).

Erst in augusteischer Zeit beginnt dann die klassische römische Jurisprudenz. Sie wird dadurch begründet, daß Augustus und seine Nachfolger einzelnen Juristen das Recht verleihen, auf eine Anfrage hin im Namen des Prinzeps eine gutachterliche Antwort zu erteilen (responsum). Dieser Antwort hat dann der Richter im Prozeß zu folgen. Inhaltlich betrifft sie vor allem verallgemeinerte Einzelfälle, für die sie die vorgegebenen Rechtssätze aus praktischer Erfahrung heraus meist ohne feste Regeln und Begründungen auslegt.

Von dem der Juristenschule der Prokulianer angehörigen Juristen Publius Juventius Celsus filius (129 n. Chr.) stammt dabei die bekannte Beschreibung des Rechts als Kunst des Guten und Gerechten. Weiter hat schon er den wichtigen Satz aufgestellt, daß die Gesetze zu kennen nicht heißt, ihre Worte zu halten, sondern ihren Sinn und Zweck. Der im übrigen nicht näher bekannte Jurist Gajus verfaßt im Jahre 161 n. Chr. ein von ihm selbst commentarii, von seiner Nachwelt aber allgemein Institutionen betiteltes Einführungswerk in vier Büchern, welches das Recht grundlegend systematisch in das Recht von Personen, Sachen und Klagansprüchen gliedert. Es scheint zwar zunächst kaum gewürdigt worden zu sein, bildete aber später die beste Quelle für das Zivilverfahren der Römer.

Ihren Höhepunkt erreicht die das europäische Mittelalter und die gesamte Neuzeit grundlegend beeinflussende römische Jurisprudenz in der Spätklassik der Wende des 2. zum 3. nachchristlichen Jahrhundert. Papinian, Paulus, Ulpian und Modestin sind ihre wichtigsten Vertreter. Von diesen erwarb sich Ulpian dadurch bleibenden Ruhm, daß er erfolgreich die Gerechtigkeit zu bestimmen versuchte. Nach ihm ist sie der ständige und andauernde Wille, jedem sein Recht zu gewähren. Um dies zu erreichen, schreibt das Recht vor, ehrbar zu leben, den anderen nicht zu verletzen und jedem das Seine zu geben.

In der Zeit der Juristen ändert sich vor allem das Verfahrensrecht. An die Stelle des älteren Legisaktionenverfahrens tritt das vielleicht anfangs nur den Fremden vor dem besonderen, 242 v. Chr. eingerichteten Fremdenprätor (praetor peregrinus) zugängliche Formularverfahren. Es ist durch die Klageformel gekennzeichnet. Sie hat im Fall der Herausgabe einer bestimmten Summe etwa folgende Gestalt: Die Sache geht um die Herausgabe von 1000 Sesterzen. Lucius Titius soll Richter sein. Wenn sich ergibt, daß N. N. dem A. A. 1000 Sesterzen geben muß, worum gestritten wird, soll der Richter N. N. zu 1000 Sesterzen an A. A. verurteilen, wenn es sich nicht ergibt, freisprechen. Allerdings wird bereits seit Augustus aus wohlfahrtsstaatlichen Erwägungen dieses zweigeteilte Verfahren durch die grundsätzlich einheitliche Untersuchung und Entscheidung eines öffentlichen Amtsträgers ersetzt, die sich von ersten Einzelfällen aus auf das gesamte Verfahrensrecht ausdehnt. In Parallele hierzu erfaßt auch die öffentliche Verfolgung von Unrecht immer mehr Fälle. Zusätzlich sehen Einzelgesetze öffentliche Strafen für verschiedene Handlungen vor. Sie betreffen jetzt neben dem Landesverrat etwa die Provinzausbeutung oder die Wahlbestechung, außerdem aber auch die Tötung, den Menschenraub, die Brandstiftung, Münzfälschung, Vergewaltigung oder seit Augustus den Ehebruch.

Die Juristen selbst befassen sich vor allem mit dem Teil des Rechts, den Ulpian als ius privatum vom ius publicum abgrenzt, nämlich dem Privatrecht. Hier wiederum ist es neben dem Erbrecht und dem Sachenrecht vor allem das Schuldrecht, in dem sie ihre wertvollsten Leistungen erbringen. Obwohl sie kaum systematisch, sondern stark kasuistisch vorgehen, teilt doch Gajus schon die Obligationen in Obligationen aus Kontrakt und Obligationen aus Delikt ein. Bei den Kontrakten gibt es die Realkontrakte wie Darlehen, Leihe, Verwahrung oder Pfand, bei den Verbalkontrakten vor allem das mündliche, formgebundene, einseitig verpflichtende Versprechen der Stipu-

9 Augustus, Princeps in Rom, als Pontifex (Anfang des 1. Jhs. n. Chr.)

lation, das auf jeden möglichen Leistungsinhalt gerichtet sein kann, bei den Konsensualkonktrakten den Kauf, die Miete, den Dienstvertrag, den Werkvertrag, die Gesellschaft oder den Auftrag. Bei all diesen Geschäften behandeln die Juristen eine Unzahl konkreter Einzelfragen. Nicht immer sind sie derselben Ansicht. Ebensowenig kann ihr Ergebnis in jedem Fall überzeugen. Insgesamt durchdringen sie aber doch die wichtigsten Ereignisse einer großstädtischen Geschäftswelt mit ihren Überlegungen und bieten für die dort auftretenden Einzelfragen Lösungsvorschläge. Und gerade darauf beruht ihre spätere unübersehbare Bedeutung.

Literatur: Mommsen, T., Römisches Staatsrecht, 3. A. 1887, Neudruck 1963; Berve, H., Kaiser Augustus, 1934; Gelzer, M., Caesar, 6. A. 1960; Schulz, F., Geschichte der römischen Rechtswissenschaft, 1961; Kaser, M., Das römische Zivilprozeßrecht, 1966; Kunkel, W., Herkunft und soziale Stellung der römischen Juristen, 2. A. 1967; Horak, F., Rationes decidendi – Entscheidungsbegründungen bei den älteren römischen Juristen bis Labeo, 1969; Christ, K., Krise und Untergang der römischen Republik, 1979; Bleicken, J., Verfassungs- und Sozialgeschichte des römischen Kaiserreichs, 2. A. 1981; Liebs, D., Römisches Recht, 2. A. 1982; Söllner, A., Einführung in die römische Rechtsgeschichte, 3. A. 1985.

Das Erbe der Römer

Ein Kampf um Rom, so betitelte Felix Dahn (1834–1912) das vielleicht literarisch erfolgreichste Werk eines deutschen Rechtshistorikers, in dem der Sohn künstlerisch bestimmter Eltern in vier Bänden halb historisch, halb in freier Erfindung das Ringen um das Erbe der Römer am Ausgang der Spätantike schilderte, das mit dem Untergang der germanischen Ostgoten in Italien ein erstes Ende fand. Sein Beginn war bereits im 3. nachchristlichen Jahrhundert eingeleitet worden, als zwischen 235 und 284 n. Chr. mehr als 30 Kaiser in Rom an die Macht kamen, weil die zur Abwehr der Germanen, Perser und Mauren an den Grenzen des römischen Weltreiches stehenden Heere beim Tode eines Kaisers ihre Anführer ebenso rasch zum Herrscher ausriefen wie bei Bedarf hinmeuchelten. Hinzu kam, daß zugleich die geistige Bewegung des Christentums an den Grundlagen der weltlichen Gewalt entschieden rüttelte und von ihren Anhängern verlangte, dem christlichen Gott mehr zu gehorchen als dem römischen Kaiser.

Einen ersten Versuch, den drohenden Zerfall aufzuhalten, unternahm am Ende des 3. Jahrhunderts der Dalmatiner Diokletian, welcher sich vom einfachen Soldaten zum Befehlshaber der kaiserlichen Leibgarde emporgedient hatte. Zur Sicherung des Reiches ordnete er zahlreiche Zwangsmaßnahmen an, die von scharfer Besteuerung und Höchstpreisen über die Erblichkeit öffentlicher Lasten bis zur gnadenlosen Verfolgung aller Christen reichten. Das Streben nach strenger Disziplin führte zugleich zu einem festen Hofzeremoniell, welches das römische Kaisertum offen in eine Monarchie absolutistischer Prägung (Dominat) überführte, nachdem bereits einer seiner Vorgänger sich auf Münzen als Gott und Herr (deus et dominus) feiern hatte lassen.

Schon sein Nachfolger Konstantin der Große begünstigte aber, nachdem er an der Milvischen Brücke einen gefährlichen Gegner niedergezwungen hatte, das Christentum durch das Toleranzedikt von Mailand (313), durch das den Christenverfolgungen der Boden entzogen wurde. Vor seinem Tode trat er selbst durch die Taufe noch zur neuen Religion über. Im Jahre 324 verlegte er zudem den Sitz seiner Herrschaft von Rom in die alte griechische Handelsstadt Byzanz am Ausgang des Schwarzen Meeres in das Mittelmeer, die er in Konstantinopel umbenannte.

In der von Athanasius vertretenen Form wurde dann das Christentum 391 n. Chr. zur römischen Staatsreligion erhoben. Kurz danach wird die von Diokletian bereits eingeleitete Teilung des Reiches endgültig. Zu Rom werden die Gebiete im Westen (vor allem Italien, Spanien, Gallien, Britannien), zu Konstantinopel die Gebiete im Osten geschlagen. Insbesondere im Westen verfällt die Macht des Kaisers zugunsten der dem alten Amts- und Geldadel entstammenden Großgrundbesitzer, die zusammen mit den öffentlichen Amtsträgern, Soldaten und Geistlichen der großen Masse der in eine immer starrer werdende Zwangsordnung eingebundenen Bürger als neue Oberschicht gegenübertreten. Die Eigenschaft römischer Bürger (civis Romanus) zu sein, auf welche sich noch der Apostel Paulus erfolgreich hatte berufen können, hatte demgegenüber schon seit ihrer wohl aus steuerlichen Gründen erfolgenden Erstreckung auf nahezu alle freien Reichsangehörigen im Jahre 212 n. Chr. (sog. constitutio Antoniniana) keinerlei praktische Bedeutung mehr.

Daß in dieser von Zwang bestimmten Lage die Wissenschaft nicht zu gedeihen vermochte, kann nicht eigentlich verwundern. Gleichwohl überrascht es, wie schlagartig die klassische römische Jurisprudenz mit den Soldatenkaisern abbricht. Da wenig später überlieferungstechnisch die Papyrusrolle zugunsten der aus Pergament hergestellten Kodexbände aufgegeben wird, kommt eine zusätzliche Gefährdung des vorhandenen Schriftgutes hinzu.

In auffälligem Gegensatz zu diesem plötzlichen Versiegen der Rechtswissenschaft eröffnet die ganz unübersichtlich sprudelnde Rechtssetzung der Herrscher eine mächtige Quelle neuen Rechts. Statt strenger Begrifflichkeit hat sie eine von den neuen führenden Schichten ausgehende vulgare Haltung zum Kennzeichen. Sie zeigt sich in einfachem unverhülltem Zweckstreben, in bildhafter Anschaulichkeit und in gefühlsbetonter rhetorisierender Moralität. Sachlich werden von den neuen Konstitutionen des Kaisers dabei fast alle Rechtsbereiche erfaßt. Im Vordergrund steht davon fast naturgemäß die öffentliche Verwaltung.

Die überwiegend durch tagespolitische Notwendigkeit geprägte Überfülle verschlungener Einzelbestimmungen erweckt dann anscheinend rasch ein durch den Ausfall der Rechtswissenschaft wohl noch verstärktes Bedürfnis nach Übersicht über das geltende Recht. Dem versuchen zunächst private Sammlungen durch Amtsträger abzuhelfen. Als solche werden gegen 294 n. Chr. der Codex Gregorianus, welcher Konstitutionen von Hadrian bis Diokletian vereinigt, und der Codex Hermogenianus, welcher diese Sammlung vor allem um Konstitutionen Diokletians ergänzt, verfaßt. Beide sind nur fragmentarisch überliefert.

Wenig später greifen die Kaiser selbst ein, indem etwa Konstantin 321 durch sein sog. Kassiergesetz bestimmte Schriften verbietet und gleichzeitig andere Schriften für maßgeblich erklärt. Die Kaiser Theodosius II. und Valentinian III. erlassen 426 ein sog. Zitiergesetz, in welchem sie nur noch die Schriften des Papinian, Paulus, Ulpian, Modestin und Gajus anerkennen. Gehen die Meinungen dieser Juristen in einer Frage auseinander, so kommt es auf die zahlenmäßige Mehrheit der Stimmen für eine Lösung an. Ergibt sich Stimmengleichheit, so ist die Stimme Papinians entscheidend. Äußert sich dieser zur betreffenden Frage nicht, so ist der Richter frei, welcher von beiden, von gleich vielen Autoritäten vertretenen Ansichten er folgen will.

Theodosius II. plant darüber hinaus auch ein völlig neues Gesetzbuch. Es soll aus den Konstitutionen des Codex Gregorianus, des Codex Hermogenianus und den seitdem neu geschaffenen Konstitutionen sowie den noch verwertbaren Juristenschriften bestehen. Davon ist aber nur die Sammlung weiterer Konstitutionen geglückt. Sie wird mit über 3000 in 16 Büchern chronologisch geordneten Konstitutionen 438 im Ostreich verkündet, von Valentinian III. für den Westen übernommen und für beide Reichsteile zum 1. 1. 439 in Kraft gesetzt. Sie ist bis auf kleinere Lücken fast vollständig überliefert.

Bedeutsamer als sie ist dann allerdings die Sammlung des gesamten brauchbaren Rechtsgutes durch den oströmischen Kaiser Justinian (527–65), einen illyrischen Bauernsohn, dessen Feldherren Belisar und Narses den Ostgoten im Kampf um Rom die entscheidenden Niederlagen beigebracht hatten. Zuvor war allerdings bereits Rom an die Germanen gefallen, als der skirische Heerführer Odoakar am 23. August 476 von germanischen Söldnern Roms in Italien zum König ausgerufen und der letzte weströmische Kaiser Romulus Augustulus abgesetzt worden war. Odoakar selbst wurde dann jedoch wenig später von dem in Konstantinopel erzogenen, vom oströmischen Kaiser Zeno mit dem Kampf gegen Odoakar betrauten Ostgoten Theoderich dem Großen eigenhändig ermordet, womit der Weg zur Herrschaft der Ostgoten über Italien frei war.

Justinian hatte kaum seine Herrschaft in Konstantinopel begonnen, als er seine Aufmerksamkeit auch schon dem Recht zuwandte. Als erstes ließ er in den Jahren 528/9 die als noch brauchbar angesehenen Konstitutionen unter Tilgung von Widersprüchen in einem ersten Codex Justianus zusammenstellen, der allerdings nicht erhalten ist. Dann ließ er in den Jahren 530 bis 533 das noch verwertbar erscheinende Recht der durchweg mehr als 300 Jahre alten Juristenschriften unter vereinheitlichender Reinigung in einer lateinisch Digesta (Geordnetes) bzw. griechisch Pandectae (Allesenthaltendes) genannten Sammlung vereinen. Zugute kam ihm dabei, daß in Beryt (Beirut) und Konstantinopel Rechtsschulen bestanden, welche das klassische Schrifttum zu bewahren und zu verstehen suchten, und daß es ihm gelang, eine Kommission einzusetzen, welche unter dem Vorsitz des Justizministers Tribonian in wenigen Jahren aus 2000 Schriften eine Auswahl von etwa 200 Schriften traf, denen sie 9142 Auszüge von vermutlich 39 Juristen überwiegend der klassischen Zeit entnahm. Sie gliederte ihr Gesamtwerk in 50 Bücher, deren Kommentierung verboten wurde.

Noch vor Beendigung dieser Arbeiten ließ Justinian 533 ein auf Gajus gegründetes amtliches Einführungslehrbuch (Institutionen) in das Recht herstellen. Dann wurden die Digesten veröffentlicht. 534 erschien die überarbeitete Fassung der Konstitutionensammlung (Codex repetitae praelectionis) mit 4600 Konstitutionen, welche überwiegend von Diokletian stammen. Der Ergänzung dieser umfassenden Rechtssammlung dienten dann noch einzelne spätere Gesetze Justinians, welche in drei privaten Sammlungen als Novellen zusammengefaßt wurden. Gleichzeitig mit diesen römischen Rechtssammlungen wird dann im übrigen auch das Recht der Kirche und das von den Germanen für Römer oder ihre eigenen Völker anerkannte Recht schriftlich zusammengestellt (z. B. Codex Euricianus, Breviarium des Westgotenkönigs Alarich II. von etwa 506 n. Chr., Lex Burgundionum, Lex Romana Burgundionum, Edictum Theoderici).

Inhaltlich ist dieses spätantike römische Recht durch zwei entgegengesetzte Tendenzen gekennzeichnet. Im Westen überwiegt die vulgare Haltung und es gehen alle

Das Erbe der Römer

10 Kaiser Justinian (527–565), Bewahrer des römischen Rechts. Ravenna, San Vitale, Chor, Nordwand, 532–47

Errungenschaften der römischen Jurisprudenz weitgehend verloren. Im Osten steht neben der ungehinderten Entscheidung konkreter Tagesfragen die vereinfachende Restauration der klassischen Jurisprudenz. Allerdings wird etwa das Formularverfahren gänzlich durch das mehr und mehr schriftlich durchgeführte Erkenntnisverfahren des Amtsträgers ersetzt (342 n. Chr.), sind die Unrechtstaten umfassend in den Schrekkensbüchern (libri terribiles) 47 und 48 der Digesten geregelt und vereinfacht und verändert Justinian unter christlichem Einfluß auch manchen Satz des im übrigen sorgfältig wiederhergestellten hochdifferenzierten Privatrechts (z. B. Beseitigung der

Unterschiede zwischen römischem Zivilrecht und römischem Amtsrecht, Aufgabe der mancipatio, Verschuldensprinzip). Damit schafft er wertvolles Gut, das auch nach dem Ende Roms in der Welt weiterwirken kann.

Literatur: Corpus iuris civilis, hg. v. Krüger, P. – Mommsen, T., Bd. 1 22. A. 1973, Bd. 2 15. A. 1970, Bd. 3 10. A. 1972; Peters, E., Die oströmischen Digestenkommentare und die Entstehung der Digesten, 1913; Stade, K., Der Politiker Diokletian und die letzte große Christenverfolgung, 1926; Levy, E., West Roman Vulgar Law. The Law of Property, 1951; Levy, E., Weströmisches Vulgarrecht. Das Obligationenrecht, 1956; Wieacker, F., Recht und Gesellschaft in der Spätantike, 1964; Kaser, M., Das römische Privatrecht, 2. Abschnitt, 2. A. 1975; Bleicken, J., Prinzipat und Dominat, 1978; Kaser, M., Ein Jahrhundert Interpolationenforschung, 1979; Söllner, A., Einführung in die römische Rechtsgeschichte, 3. A. 1985.

Die Germanen

Der Zug nach Süden

Germanien in seiner Gesamtheit wird, so schreibt der Römer Publius Cornelius Tacitus um 98 n. Chr., von den Galliern, Rhätern und Pannoniern durch die Flüsse Rhein und Donau, sowie von den Sarmaten und Dakern durch gegenseitige Furcht und durch Gebirge geschieden. Das übrige umgibt das Weltmeer. Die Germanen selbst möchte ich für Urbewohner halten, nur ganz wenig durch Handelsverkehr und Gastfreundschaft mit anderen Völkern vermischt.

Tacitus, der Verfasser dieser ersten abgrenzenden Zeilen, wurde um 55 n. Chr. vielleicht in Terni in Umbrien geboren. Im Jahre 78 wandte er sich der öffentlichen Ämterlaufbahn zu, im Jahre 88 war er Prätor, im Jahre 97 zusammen mit Kaiser Nerva Konsul, später Statthalter der Provinz Asien. Demnach gehörte er zur führenden Schicht der Amtsträger Roms. Sein Hauptverdienst besteht allerdings in seinen schriftstellerischen Arbeiten, durch welche er der Nachwelt in Erinnerung geblieben ist. Von ihnen ist insbesondere die Schrift Germania bzw. De origine et situ Germanorum (über die Entstehung und Lage der Germanen) berühmt geworden, weil sie die einzige in der römischen Literatur bekannte länderkundliche Einzeldarstellung ist und zugleich das wichtigste Zeugnis der Germanenkunde darstellt. Daneben verdient auch die Lebensbeschreibung seines Schwiegervaters Julius Agricola Beachtung, weil Agri-

11 Germanenschlacht bei Aquae Sextiae (102 v. Chr.). Nach einer Reliefdarstellung auf einem römischen Sarkophag

cola sieben Jahre lang als Heerführer Britannien durchzogen und endlich die Insel der Herrschaft der Römer unterworfen hat.

Ob Cornelius Tacitus jemals in der von ihm beschriebenen Gegend Germanien war, ist ungewiß. Immerhin weilte ein Namensvetter von ihm einige Zeit als Verwalter im belgischen Gallien und sein eigener Aufenthaltsort ist nicht für seine ganze Lebenszeit bekannt. Allerdings fehlt auch jeder Hinweis auf eigenen Augenschein, wenngleich ein Römer auch in Rom einiges über Germanien erfahren konnte, sei es von heimkehrenden Römern, sei es von als Söldnern lebenden Germanen oder sei es auch aus der Literatur.

Die erste genauere Kunde aus den unwirtlichen Nordländern hatte nämlich bereits der griechische Seefahrer Pytheas von Massilia (Marseille) nach Süden gebracht, der vielleicht um 340 v. Chr. bis nach Irland, Island und Norwegen gelangt war und dort Gutonen (Guionen) und Teutonen kennengelernt hatte, die teils zu den Kelten, teils zu den Skythen gerechnet wurden. Ihm folgten später die Griechen Polybios, Poseidonios, der um 90 v. Chr. erstmals den Namen Germanen bezeugte, und Strabo (20 v. Chr.) sowie die Römer Caesar, Sallust, Livius, Vellejus, Plinius und Mela, von denen keiner allerdings die Ausführlichkeit des Tacitus erreichte.

In alten Liedern, bei ihnen die einzige Art der Überlieferung und Geschichtsschreibung, fährt Tacitus fort, feiern sie den erdentsprossenen Gott Tuisko und dessen Sohn Mannus als Ahnherrn und Gründer des Volkes. Dem Mannus schreiben sie drei Söhne zu, nach denen die an der Meeresküste Wohnenden Ingwäonen, die im Binnenland Lebenden Herminonen und die übrigen Istwäonen genannt werden. Manche versichern, es habe mehr Göttersöhne und Volksnamen gegeben, nämlich Marsen, Gambrivier, Sweben und Vandilier, und das seien die echten und alten Namen. Im übrigen sei die Bezeichnung Germanien neu und erst vor kurzem aufgekommen, weil diejenigen, welche zuerst den Rhein überschritten und die Gallier vertrieben hätten, zwar jetzt Tungrer hießen, damals aber Germanen genannt worden seien. So habe allmählich der Name einer einzelnen Völkerschaft, nicht der des Hauptstammes Geltung erlangt, da zuerst wegen der Furcht alle nach den Siegern benannt wurden, bald auch diese selbst mit dem neuerfundenen Namen als Germanen sich rühmten.

Dieser neue Name bereitet der Wissenschaft seit langem große Deutungsschwierigkeiten. Vereinzelt wurde er aus dem Hebräischen oder dem Lateinischen, häufig aus dem Keltischen abgeleitet. Verbunden wurde er mit ger, dem Speer, mit ger-, begehren wie mit g-erm-, groß, berühmt. Bis zur Gegenwart muß er als ungeklärt angesehen werden.

Etwas mehr Klarheit ist dagegen über die von Tacitus in Anlehnung an die Mythologie beschriebene Herkunft der Germanen geschaffen worden. Danach sind sie ein Nachfolgevolk der Indogermanen, das vielleicht am Übergang von der Steinzeit zur Bronzezeit entstanden ist und in der Mitte des letzten vorchristlichen Jahrtausends sichtbar wird. Wie weit ihnen dabei Megalithgräber, Hügelgräber, Trichterbecher, Streitäxte oder Bandkeramik besonders zugeordnet werden können, muß offen bleiben. Vermutlich siedeln sie zunächst um die nördlichen, westlichen und südlichen Ränder der Ostsee sowie im Bereich zwischen unterer Weser und unterer Oder.

Von hier aus dringen sie allmählich nach Süden vor, wobei schon die ersten Völkerschaften namentlich bekannt werden. Die Gründe für diese Wanderung sind streitig. Recht wahrscheinlich ist, daß die zunehmende Seßhaftigkeit ursprünglicher Jäger und Sammler wegen der dadurch gegebenen besseren Bevorratung zu einer Vermehrung

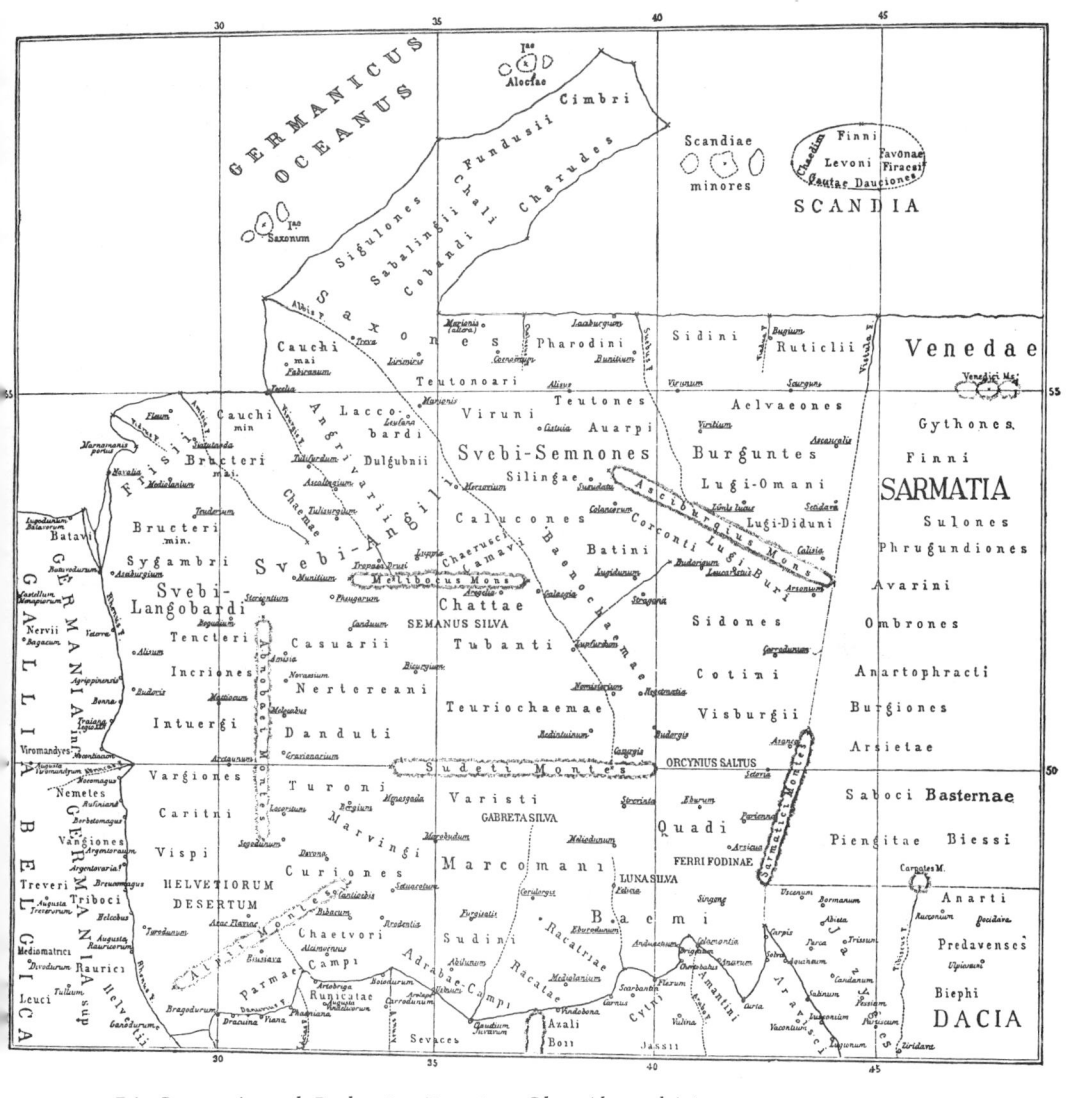

12 Die Germania nach Ptolemäus (85–160 n. Chr., Alexandria)

der Bevölkerung geführt hat, welche sich mit größter Vorsicht für die Zeit um Christi Geburt vielleicht auf ein bis drei Millionen Menschen schätzen läßt. Allem Anschein nach ging damit eine Klimaverschlechterung im Norden Hand in Hand, zu welcher noch Landverluste durch die See kamen. Als Folge hiervon begann ein steter Zug nach Süden.

Vielleicht bereits um 200 v. Chr. erreichten die ersten Germanen über Oder und Weichsel hinweg das Schwarze Meer. Jedenfalls drangen etwa 100 Jahre später die schon von Pytheas erwähnten Kimbern und Teutonen über die untere Seine nach Süden vor. Nach mehreren Siegen über die Römer wurden dann allerdings die Teutonen 102 v. Chr. bei Aquae Sextiae (Aix), die Kimbern 101 v. Chr. bei Vercellae in

Oberitalien von dem römischen Feldherrn Marius geschlagen und vernichtet, so daß dieser erste Ansturm im Ergebnis erfolglos blieb.

Gleichwohl begann damit bereits die Verdrängung der Kelten, in deren Siedlungsgebiete vor allem die nach Angaben der antiken Autoren zunächst an der Elbe sitzenden Sweben einrückten. Um 71 v. Chr. überschritt dann der Swebenführer Ariovist den Rhein, mußte sich aber von Caesar aus Gallien wieder zurückdrängen lassen. In den Jahren 12 bis 9 v. Chr. fielen die Römer unter Drusus, dem jüngeren Bruder des Kaisers Tiberius, in Germanien ein und drangen bis zur Weser und bis zur Elbe vor, wo Drusus durch die Erscheinung einer Frauengestalt vor weiterem Vordringen gewarnt worden sein soll. Im Jahre 9 n. Chr. kam es dann zur Schlacht im Teutoburger Wald, in welcher Hermann der Cherusker (Arminius) den römischen Statthalter Varus besiegte und damit zugleich der Ausdehnung der Römer nach Germanien Einhalt gebot.

Die Grenze zwischen Römern und Germanen bildeten fortan Rhein und Donau sowie auf einer Länge von 548 Kilometern der von den Römern in einigem Abstand hiervon etwa zwischen Hienheim (Kelheim) und Rheinbrohl (Koblenz) gezogene Limes (limes = Grenze). Begonnen hatte diesen im Jahre 84 n. Chr. Kaiser Domitian, doch erweiterten ihn noch Trajan und Hadrian. Er bestand aus Wall und Graben sowie einem Palisadenzaun bzw. im Süden einer Steinmauer. Mehr als tausend Türme und über hundert etwas weiter hinten liegende Kastelle, von denen etwa die Saalburg im Taunus oder Biricianae bei Weißenburg besonders bekannt sind, sicherten ihn, ohne ihn völlig undurchlässig zu machen. Seit dem Ende des dritten Jahrhunderts geriet er allerdings, nachdem er mehrfach durchbrochen worden war, in Verfall, überdauerte aber als erkennbarer Überrest an vielen Stellen bis zu seiner wissenschaftlichen Erfassung im 19. Jahrhundert.

Im 4. Jahrhundert werden dann nach Vorstößen der Markomannen, der Chatten, der Alemannen, der Goten und der Franken germanische Völkerschaften als besoldete Verbündete (foederati) in die römischen Grenzgebiete aufgenommen. Hierzu gehörten vor allem die Goten, Gepiden und Heruler, welche an der unteren Donau ins Reich der Römer eindrangen. Seit dem Jahre 375 n. Chr. gerieten sie zunehmend unter den Druck der von Osten einbrechenden Hunnen, deren Ansturm die sog. Völkerwanderung auslöste. In der Folge zogen die Westgoten über Italien nach Gallien und später nach Spanien, die Ostgoten nach Italien, die Wandalen über Spanien nach Nordafrika, die Burgunder und Alemannen an den oberen Rhein, die Franken vom Niederrhein nach Gallien, in das die Hunnen nur vorübergehend hatten eindringen können, die Angeln, Jüten und Sachsen nach Britannien sowie schließlich die Langobarden von der Elbe in das nach dem Untergang der Ostgoten im Kampf um Rom frei gewordene Italien.

Danach war nach knapp zweihundert Jahren kriegerischer Unruhe ein gewisser Abschluß erreicht. Die westliche Hälfte des römischen Reiches war im wesentlichen von germanischen Eroberern besetzt, welche sich einige Zeit noch als Statthalter der Römer verstanden, danach aber selbständig handelten. Sie bildeten eigene Reiche von unterschiedlicher Dauer, welche in etwa dem zahlenmäßigen Verhältnis zur Vorbevölkerung entsprach. Rasch gingen die Vandalen unter in Nordafrika, langsamer wurden Ostgoten und Langobarden in Italien, Westgoten und Sweben in Spanien, Franken und Burgunder in Gallien aufgesogen. Sie alle aber waren schon keine Germanen mehr, sondern gehörten eigenen, spätestens etwa mit dem Untergang Roms verselbständigten Einzelvölkern an.

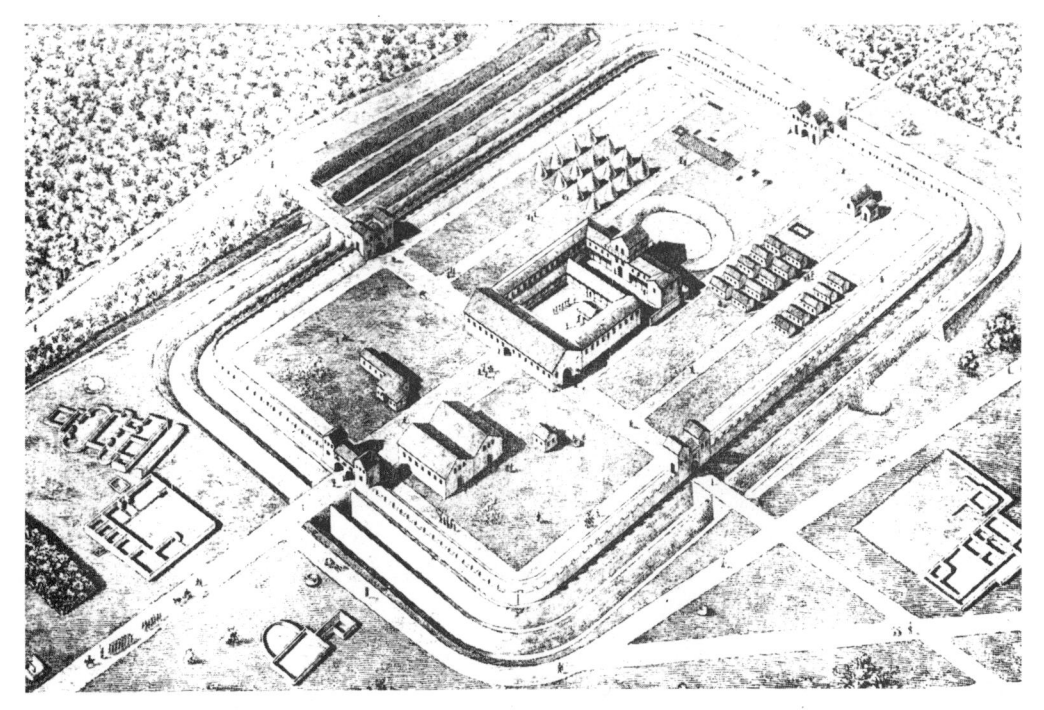

13 Das rekonstruierte römische Limeskastell Saalburg im Taunus

Literatur: Bieder, T., Geschichte der Germanenforschung, Bd. 1 ff. 1921 ff.; Reallexikon der germanischen Altertumskunde, hg. v. Hoops, J., Bd. 1 ff. 1911 ff., 2. A. Bd. 1 ff. 1973 ff.; Kossinna, G., Die deutsche Vorgeschichte, 7. A. 1936; Haller, J. – Dannenbauer, H., Der Eintritt der Germanen in die Geschichte, 3. A. 1957; Wenskus, R., Stammesbildung und Verfassung, 1961; Nack, R., Germanen. Land und Volk der Germanen, 1965; Kellermann, V., Germanische Altertumskunde, 1966; Die Germania des Tacitus, erl. v. Much, R., 3. A. hg. v. Lange, W. 1967; Die Germanen, hg. v. Krüger, B., Berlin 1976; Mildenberger, G., Sozial- und Kulturgeschichte der Germanen, 2. A. 1977; Köbler, G., Rechtsgeschichte, 3. A. 1982; Germanenprobleme aus heutiger Sicht, hg. v. Beck, H., 1986; Kroeschell, K., Germanisches Recht als Forschungsproblem, FS Thieme, H., hg. v. Kroeschell, K., 1986, 3 ff.

Groß und blond

Daher trete ich der Ansicht derjenigen bei, schreibt Tacitus, dessen Germania allein durch eine Hersfelder, vielleicht zwischen 830 und 850 entstandene und 1455 nach Italien gebrachte und seitdem stückweise verschollene Handschrift überliefert ist, die Germaniens durch keinerlei Blutmischung mit Fremden entstellte Bevölkerung für einen eigenartigen, reinen und nur sich selbst gleichen Menschenschlag halten. Daher ist auch die Leibesbeschaffenheit, trotz der großen Volksmenge, bei allen dieselbe: Trutzige blaue Augen, gelbliche Haare, mächtige, doch nur zum Ansturm tüchtige Leiber. Für mühsame Arbeit fehlt ihnen die Ausdauer. Am wenigsten ertragen sie Durst und Hitze. Gegen Kälte und Hunger sind sie durch Himmel und Boden abgehärtet.

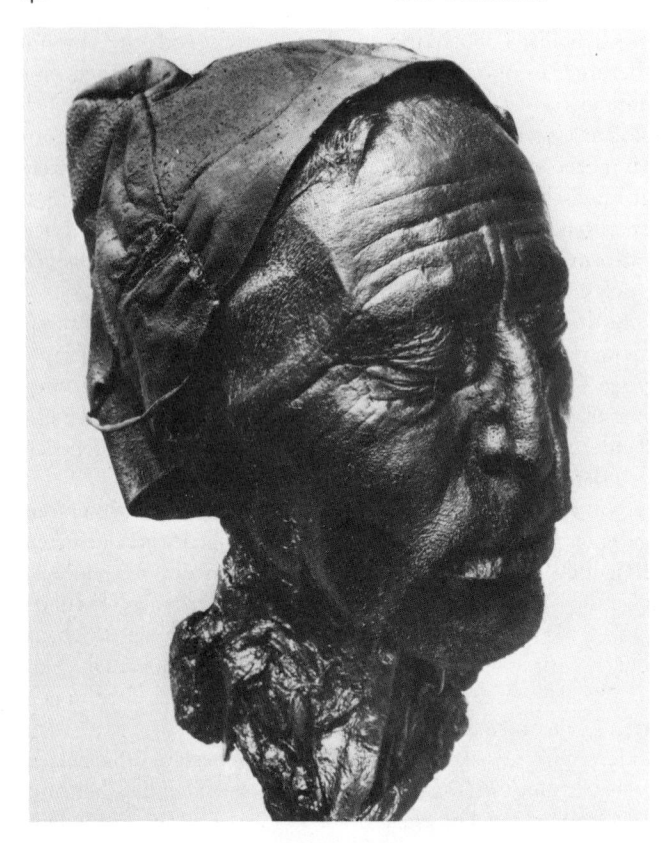

14 Kopf des germanischen Mannes von Tollund/Jütland

Diese Aussagen sind vielfach unterschiedlich aufgefaßt worden. Zum einen hat man Anstoß daran genommen, daß die Germanen nur sich selbst gleich gewesen seien, und hat die Farbe ihrer Haut, Augen und Haare sowie die Form ihres Schädels und Gesichtes für allgemein indogermanisch erklärt. Zum anderen hat man nicht zuletzt aus der Beschreibung des Tacitus ein besonderes, rassistisches Menschenbild nordischer Herrenmenschen gewonnen.

Überprüft man diese Vorstellungen an Hand bildlicher Darstellungen und archäologischer Funde, so ergibt sich, daß die Germanendarstellungen der antiken Kunst keinen anthropologisch einheitlichen Typ abbilden. Bei den überlieferten Skeletten bzw. Skelettstücken zeigt sich für die Steinzeit eine große Variationsbreite der Schädel und Gesichtsformen, die von auffallender Langschädeligkeit bis zu gänzlicher Rundschädeligkeit reicht. Die durchschnittliche Größe steigt von der mittleren Steinzeit bis zur jüngeren Steinzeit bei Männern von 165 cm auf 175 cm, bei Frauen von 151 cm auf fast 160 cm. Aus der Bronzezeit liegen nur wenige Skelette vor, weil seit der jüngeren Bronzezeit die Brandbestattung üblich wurde. Die Größe der Männer schwankt dabei zwischen 166 und 175 cm, das einzige Frauenskelett deutet auf eine Größe von 155 cm hin. Die wenigen auswertbaren Männerschädel sind kurzschädelig, der einzige Frauenschädel ist langschädelig.

Seit der Zeitenwende werden die Toten dann wieder überwiegend unverbrannt bestattet, so daß sich sicherere Aussagen treffen lassen. Die Skelette ergeben eine Durchschnittsgröße der Männer von 172,3 cm und der Frauen von 159,7 cm, was nach Einschätzung der Archäologen als verhältnismäßig großwüchsig anzusehen ist, obgleich die Maße der jüngeren Steinzeit nicht ganz erreicht werden. Bei vier Fünfteln der meßbaren Schädel liegt Langschädeligkeit vor. Hieraus wird insgesamt die Folgerung gezogen, daß die germanischen Bewohner Mittel- und Nordeuropas im Hinblick auf Körpergröße und Kopfform einen verhältnismäßig einheitlichen großwüchsigen und langschädeligen Eindruck erweckt haben müssen.

Wenn auch das Land nicht durchweg den gleichen Anblick bietet, so fährt Tacitus fort, ist es doch im allgemeinen entweder vor Wäldern starrend oder durch Sümpfe entstellt. Es ist feuchter gegen Gallien hin, windiger gegen Norikum und Pannonien (Donaugebiet). Es ist fruchtbar, doch ohne Obstbäume, reich an Vieh, das aber meist von kleiner Art. An den Rindern vermißt man die mächtigen Hörner. Sie freuen sich der Zahl. Die Herden bilden den einzigen und begehrtesten Schmuck.

Hieraus wurde früher geschlossen, daß Germanien keine Waldwildnis gewesen sei. Die Wälder seien nur, abgesehen von ihrem Urwaldcharakter, ausgedehnter gewesen als heute. Dem scheint es jedoch zu widersprechen, daß die von der Archäologie gesicherten, siedlungsanzeigenden Fundorte fundfreie und fundarme Zonen erkennen lassen. Dementsprechend müßten, wie Tacitus dies an anderer Stelle auch durchaus andeutet, geschlossene Siedlungszonen durch Ödlandgebiete getrennt gewesen sein. Die Siedlungsgebiete könnten lichter Wald mit eingestreuten waldfreien Siedlungen oder parkartige Landschaften gewesen sein.

Die Fruchtbarkeit des Bodens wird durch archäologische Funde bestätigt. Sie zeigen als Getreidearten Gerste, Weizen und Hirse, welche schon in der Steinzeit bekannt waren, sowie Hafer und Roggen. Dazu kommen Erbsen, Linsen, Bohnen, Mohn, Möhren, Rüben, Flachs, Hanf und Waid. Entgegen den Angaben des Tacitus könnte es Apfel, Birne, Pflaume und Kirsche bereits gegeben haben, wenn auch Obstreste in den germanischen Siedlungen weitgehend zu fehlen scheinen.

Die Angaben zur Tierhaltung lassen sich durch Funde gut bestätigen. Nach diesen gehören etwa die Rinder der Siedlung Tofting zu einer kleinwüchsigen Rasse. Sie tragen ziemlich kurze Hörner. Vielleicht geht beides auf zunehmende Domestikation zurück. Die Zahl der Rinder dürfte recht unterschiedlich gewesen sein. Zum einen sind nämlich Stallanlagen ergraben worden, welche die Möglichkeit der Unterbringung von bis zu fünfzig Rindern erkennen lassen. Daneben scheint es aber auch Höfe mit recht kleinen Stallanlagen oder anscheinend überhaupt ohne Ställe gegeben zu haben.

Daß die germanischen Völker, erklärt Tacitus weiter, keine Städte bewohnen, ist allbekannt. Nicht einmal zusammenhängende Wohnungen dulden sie, sondern siedeln einzeln und abgesondert, wo einem gerade eine Quelle, ein Hain oder eine Wiese gefällt. Ihre Dörfer bestehen nicht aus verbundenen und zusammenstoßenden Gebäuden, vielmehr umgibt jeder sein Haus mit einem Hof, sei es wegen der Feuergefahr, sei es aus mangelhafter Bautechnik. Steine und Ziegel verwenden sie nicht. Ihr einziger Baustoff ist Holz, roh und unbehauen, ohne Rücksicht auf Gestalt oder Schönheit. Nur einzelne Stellen bestreichen sie mit reiner und leuchtender Erde, daß es den Eindruck von Malerei und farbigem Zierwerk macht. Sie graben auch unterirdische Höhlen und bedecken sie mit einer dichten Lage von Dung, als Zufluchtsort für den Winter und als Vorratsraum.

Dem entspricht es, daß die Archäologie Städte der Germanen bisher nicht nachgewiesen hat. Ergraben hat sie jedoch Dörfer mit vierzig bis fünfzig Gehöften. Zu diesen dürften jeweils etwa 300 bis 500 Menschen gehört haben. Neben ihnen stehen kleinere, weilerartige Anwesen oder kleinere Gehöftegruppen. Die Zahl ihrer Bewohner läßt sich auf vielleicht 20 bis 50 Menschen schätzen. Daneben dürfte es vielerorts auch Einzelhofsiedlung gegeben haben.

Allgemeine Volkstracht ist nach Tacitus ein Mantel, welcher auf der Schulter durch eine Fibel oder einen Dorn zusammengehalten wird. Im übrigen unbedeckt, verbringen sie ganze Tage am Herd und Feuer. Die Reichsten zeichnen sich durch eine Kleidung aus, die nicht wallend ist wie bei den Sarmaten und Parthern, sondern anliegend und den einzelnen Gliedern sich anschmiegend. Auch Tierfelle tragen sie. Sie bevorzugen gewisse Tiere und zieren oder verbrämen deren Hautwerk mit Pelzwerk von unbekannten Gestaden. Die weibliche Tracht ist ähnlich und unterscheidet sich von der männlichen hauptsächlich durch leinene Umhänge, deren Säume mit rotbunten Borten verziert sind. Diese Gewänder haben keine Ärmel, so daß Arme, Schultern und sogar die anstoßenden Teile der Brust unbedeckt bleiben.

Die Funde zeigen demgegenüber etwas größere Mannigfaltigkeit. Typisch für die Frauentracht war ein ärmelloses langes Gewand von hemdartigem Schnitt, das unter der Brust gegürtet wurde. Es bestand überwiegend aus Schafwolle, seltener aus Leinen. Untergewänder, Blusen und Halstücher ergänzten dieses hübsche, faltenreiche Kleid, das vereinzelt mit Färberwaid blau eingefärbt wurde. Zur Kleidung des Mannes gehören Hose, Kittel und Mantel sowie ein kleiner Pelzumhang. Die lange Hose wurde mit angenähten Füßlingen getragen. Daneben gab es eine kurze Kniehose. Der hemdartige Kittel wurde meist über der Hose getragen, gegürtet und fiel dann bis über die Hüfte herab. Unter den ärmellosen Kitteln trug der Mann vermutlich langärmelige Unterkleider. Der Mantel bestand aus einem großen viereckigen Tuch bis zu drei Metern Länge und 1,8 Metern Breite, das doppelt gelegt, mit den Enden über die linke Schulter gezogen und dann auf der rechten Schulter mit einer Fibel festgesteckt wurde.

Wie weit in der Kleidung soziale Unterschiede zum Ausdruck gelangen, ist streitig wie es überhaupt unklar ist, inwieweit Standesunterschiede bestanden. Tacitus, dem aus Rom die ständische Verschiedenheit sehr geläufig war, berichtet durchaus von servi. Er stellt aber selbst fest, daß bei den Germanen diese servi anders als bei den Römern, wo alle Dienstleistungen verteilt sind, behandelt werden. Jeder sitzt auf besonderem Sitz im eigenen Heim; nur legt ihm der Herr, wie einem Pächter, ein bestimmtes Maß von Getreide, eine Anzahl von Vieh oder Kleidungsstücken auf. Die übrigen Aufgaben im Haus besorgen Frau und Kinder. Daß so ein servus gegeißelt, in Fesseln gelegt oder durch Arbeit bestraft wird, ist selten. Häufiger ist Totschlag, aber nicht als strenge Strafe, sondern aus Leidenschaft oder Zorn, wie man einen Feind erschlägt, nur eben straflos. Die Stellung der Freigelassenen ist nicht viel besser als die dieser Knechte, wenn sie auch bei einzelnen Völkern sogar über Freigeborene und Edle aufsteigen.

Demnach unterscheidet Tacitus bei den Germanen Edle, Freigeborene, Freigelassene und Knechte. Er nennt die Edlen wie die Freigelassenen und Knechte aber nur jeweils am Rande. Von daher spricht viel dafür davon auszugehen, daß der Germane frei war. Trotz gewisser sozialer Unterschiede bestand demnach eine rechtlich verhältnismäßig gleiche Gesellschaft, wobei der einzelne Germane seine Freiheit nach Tacitus am ehesten im Würfelspiel verlor, das er mit solcher Leidenschaft betrieb, daß er, wenn alles andere verspielt war, beim letzten Wurf sogar sich selbst und die Freiheit einsetzte.

Literatur: Reallexikon der germanischen Altertumskunde, hg. v. Hoops, J., Bd. 1ff. 1911ff., 2. A. Bd. 1ff. 1973ff.; Die Germania des Tacitus, erl. v. Much, R., 3. A. hg. v. Lange, W., 1967; Kellermann, V., Germanische Altertumskunde, 1966; Mildenberger, G., Sozial- und Kulturgeschichte der Germanen, 2. A. 1977.

Die Rätsel der Runen

Etwa zur gleichen Zeit wie Tacitus seine 46 Kapitel über Germanien in klassischer lateinischer Prosa verfaßte, könnte ein Germane unweit der Eidermündung auf eine Rollenkappenfibel vier Zeichen eingeritzt haben, welche, wenn sie als Runen gelesen werden können, die Folge hiwi ergeben könnten. Diese könnte eine Widmung für eine Frau sein, deren Stellung als Familienoberhaupt mit angedeutet sein könnte. Sie wäre zugleich die älteste bekannte Runeninschrift.

Das in diesem Zusammenhang verwendete Wort Rune mit der Bedeutung Schriftzeichen der Germanen ist eine gelehrte Neubildung des 17. Jahrhunderts nach nordischem Vorbild. Es gehört zu einem gotischen, altsächsischen und althochdeutschen runa, einem altenglischen, altnordischen run und einem mittelhochdeutschen rune, welche alle die Grundbedeutung Geheimnis haben. Außerhalb des Germanischen findet sich nur noch ein keltisches run, rhin in gleicher Bedeutung, so daß eine Entlehnung von den Kelten nicht ausgeschlossen ist. Die etymologische Deutung des Wortes ist streitig.

Insgesamt gibt es etwa 5000 Runendenkmäler. Sie stammen ganz überwiegend aus Schweden, Norwegen und Dänemark. Aus England sind etwa 60, aus Deutschland etwa 30 und aus Friesland etwa 10 Inschriften bekannt. Der älteren Zeit bis 750 n. Chr. sind etwas mehr als 200 Inschriften zuzurechnen. Sie wurden bis auf wenige Ausnahmen in einem Kerngebiet um Seeland und Fünen gefunden (Schonen, Jütland, Schleswig).

Acht Denkmäler des 5. und 6. Jahrhunderts überliefern eine aus ihnen rekonstruierbare Buchstabenreihe von 24 Zeichen, welche nach ihren ersten sechs Zeichen üblicherweise als Futhark benannt wird. Woher diese Schrift stammt, ist streitig. Die Runenritzer selbst glaubten jedenfalls im Hochmittelalter anscheinend an die göttliche Herkunft. Tatsächlich könnte eine nordetruskische Alphabetvariante einem in römischen Diensten stehenden Heruler bekannt geworden sein, der sie in seiner Heimat verbreitete.

Zahlreiche Rätsel werfen, wie schon das Beispiel der vielleicht ältesten bekannten Inschrift zeigt, Lesung und Deutung der seit dem zweiten nachchristlichen Jahrhundert zunehmend häufigeren Inschriften auf, zumal diese vielfach nur aus einigen wenigen Zeichen bestehen. Im Gegensatz etwa zu der kaum umstrittenen, auf um 400 datierten, scheinbar den bisher ältesten germanischen Stabreimvers wiedergebenden Inschrift auf dem goldenen Horn von Gallehus (Ich Hlewagast, Holtes Sohn, das Horn verfertigte), stehen sich nämlich beispielsweise für den kaum jüngeren Stein von Opedal die Deutungen: Begräbnis. Bora, meine Schwester, lieb mir dem Wag, oder:

Die Germanen

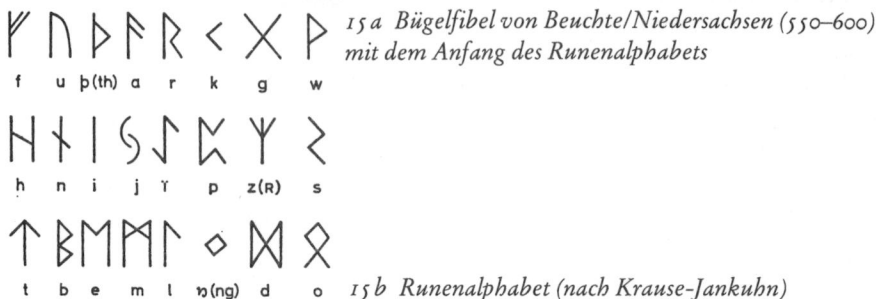

ᚠ ᚢ ᚦ ᚨ ᚱ ᚲ ᚷ ᚹ   *15 a Bügelfibel von Beuchte/Niedersachsen (550–600)*
f u þ(th) a r k g w   *mit dem Anfang des Runenalphabets*

ᚺ ᚾ ᛁ ᛃ ᛇ ᛈ ᛉ ᛊ
h n i j ï p z(R) s

ᛏ ᛒ ᛖ ᛗ ᛚ ᛜ ᛞ ᛟ   *15 b Runenalphabet (nach Krause-Jankuhn)*
t b e m l ŋ(ng) d o

Hilf, Ingubora, meine liebe Schwester, mir dem Wag gegenüber. Bei den sog. Weserrunen des 4. bis 6. Jahrhunderts konnten sogar erst in jüngster Gegenwart mit Hilfe modernster Forschungsmethoden der Lichtschnittmikroskopie Fälschung und echte Überlieferung geschieden werden.

Inhaltlich erbringen die meist ganz kurzen und selbst im umfangreichsten Fund nur 192 Zeichen umfassenden Inschriften vor allem Namen, sei es des Ritzers, sei es des Trägers, sei es eines Bedachten, sei es eines der verschiedenen, in der hochmittelalterlichen Überlieferung recht menschlich wirkenden Götter. Sachlich bedeutsame Aufschlüsse lassen sich ihnen nur selten entnehmen.

Diese Lage ändert sich erst, als die Germanen mit der Übernahme des seit dem 2. Jahrhundert zunehmend verbreiteten Christentums (177 Gemeinde in Lyon, um 250 Bischöfe in Arles, Narbonne, Toulouse, Clermont, Limoges, Tours und Paris, wenig später in Reims und Trier) erneut mit der antiken Schriftlichkeit in Berührung kamen. Dies war am frühesten vielleicht bei den vielfach mit der Insel Gotland in Verbindung gebrachten Goten der Fall, welche über die Weichsel allmählich zum Schwarzen Meer gezogen waren und bei denen die neue Lehre vielleicht zuerst von kappadokischen Kriegsgefangenen verbreitet wurde, welche 264 n. Chr. in die Hände der Goten fielen. Von ihnen stammte mütterlicherseits der Gote Wulfila (Ulfilas) ab, der um 341 von Bischof Eusebius von Nikomedien zum Missionsbischof der Westgoten geweiht wurde. Er übersetzte fast die gesamte Bibel aus dem Griechischen ins Gotische. Von dieser Übersetzung sind sieben Handschriften des frühen 5. bis 7. Jahrhunderts erhalten, welche vor allem neutestamentliche Teile überliefern. Die vielleicht bei dieser Gelegenheit von Wulfila selbst erfundene Schrift geht bei den meisten Buchstaben auf die Form der entsprechenden griechischen Buchstaben, in einzelnen Fällen (h, r, s) aber auf die Formen lateinischer Buchstaben oder die Formen von Runen (th, j, u, f, o) zurück.

Naturgemäß führte die Übertragung des vielleicht wirkungsgeschichtlich bedeutsamsten antiken Textes überhaupt in das Gotische zu einer Beeinflussung dieser Sprache. Sie zeigt sich in vielen gotischen Lehnwörtern (z. B. aggilus Engel), aber auch in zahlreichen Lehnbildungen und Lehnbedeutungen, wie sie etwa die christliche Religion mit ihrem einzigen allmächtigen Gott im Verhältnis zu den zahlreichen, recht menschlich wirkenden germanischen Göttern für den Inhalt des Wortes guth Gott nahezu notwendigerweise mit sich brachte.

Immerhin ermöglicht es diese erste umfangreichere Überlieferung einer germanischen Einzelsprache im Verein mit in der antiken Literatur belegten Namen sowie den anderen, etwa auch durch mittelalterliche Texte bezeugten Einzelsprachen, wissenschaftlich eine gemeingermanische Sprache zu rekonstruieren. Sie unterscheidet sich von der indogermanischen Ausgangssprache insbesondere durch die Veränderung der Verschlußlaute (idg. p = f, t = th, k = h, bh = b, dh = d, gh = g, b = p, d = t, g = k). Darüber hinaus tritt eine gewisse Vereinfachung der Formen ein (Zahl der Fälle, Endsilbenschwund). Andererseits bilden sich auch neue Besonderheiten aus (schwache Deklination).

Literatur: Streitberg, W., Die gotische Bibel, 1908, 6. A. 1971; Schönfeld, W., Wörterbuch der altgermanischen Personen- und Völkernamen, 1911, 2. A. 1965; Rasch, G., Die bei den antiken Autoren überlieferten geographischen Namen, Diss. phil. Heidelberg 1950; Krause, W., Die Runeninschriften im älteren Futhark, 1966; Krause, W., Handbuch des Gotischen, 3. A. 1968; Krause, W., Die Sprache der urnordischen Runeninschriften, 1971; Page, R. I., An Introduction to English Runes, London 1973; Köbler, G., Germanisch-neuhochdeutsches und neuhochdeutsch-germanisches Wörterbuch, 1980; Opitz, S., Südgermanische Runeninschriften im älteren Futhark aus der Merowingerzeit, 2. A. 1980; Köbler, G., Germanisches Wörterbuch, 2. A. 1982; Düwel, K., Runenkunde, 2. A. 1983; Germanenprobleme aus heutiger Sicht, hg.v. Beck,H., 1986.

Die Leichen im Moor

Am 19. Mai 1952 wurde am Rande des Domlandmoores von Windeby bei Eckernförde in einer Grube von etwa 1,50 m Tiefe die Leiche eines 13–14jährigen Kindes mit hellblondem, leicht gekräuseltem, linksseitig geschorenem Haar aus der Zeit um Christi Geburt gefunden (Mädchen [?] von Windeby). Um das Gesicht lag locker ein Haarband. Der Körper war auf Heidekraut gebettet und mit Schilftorf bedeckt. Von der Kleidung war ein Schulterkragen aus Rinderfell erhalten. Der Leiche beigegeben waren vier Tongefäße.

Einige Meter entfernt hiervon befand sich die Leiche eines älteren Mannes mit dunklem graumeliertem Haar, bedeckt mit Grassoden und armdicken Holzstangen. Der Tote lag auf dem Rücken und hatte die Hände auf der Brust verschränkt. Um seinen Hals war eine Schlinge aus Haselruten befestigt, mit der er getötet worden sein könnte. Neben seinem Kopf fanden sich Reste eines Tongefäßes.

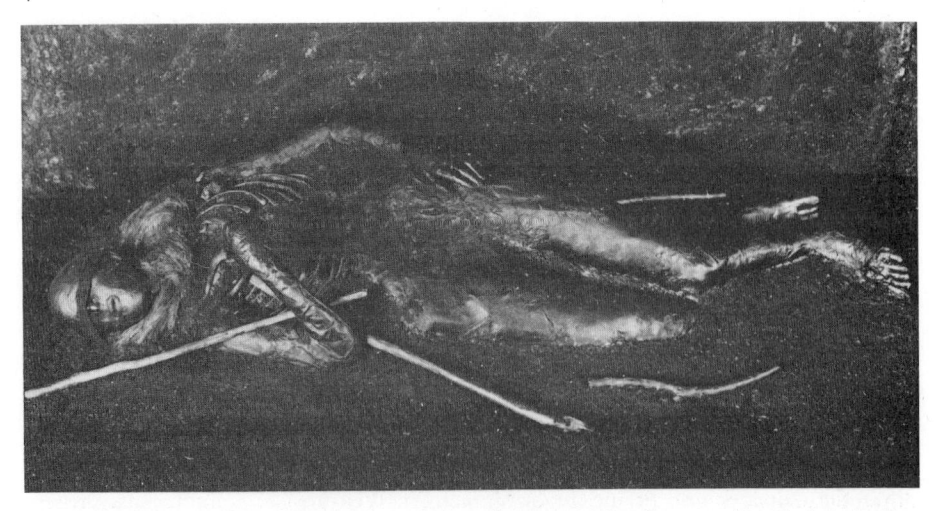

16 Weibliche jugendliche Moorleiche mit abgeschnittenem Kopfhaar und in Flechttechnik hergestellter, ursprünglich farbiger Binde, sowie Resten des Fellumhanges und Scherben von vier beigestellten, stark aufgelösten Tongefäßen aus Windeby/Krs. Eckernförde (um Christi Geburt)

Nachrichten von solchen Funden sind schon in älterer Zeit vereinzelt belegt. Seit der Verstärkung der Moorkultur im 18. Jahrhundert häufen sich die Angaben. Seit einem Aufsatz Johanna Mestorfs von 1871 bezeichnet man menschliche Leichen, die in bestimmten Gebieten Nordeuropas in mittleren und tieferen Schichten des Torfmoors mumienartig konserviert gefunden werden, als Moorleichen. Verschiedentlich spricht man statt dessen auch von Hominidenmoorfunden und sondert innerhalb dieser eine engere Gruppe Moorleichen aus.

Bis 1907 wurden 54, bis 1965 mehr als 700 solcher Moorleichen bekannt. Der Schwerpunkt der Funde liegt örtlich im nördlichen Mitteleuropa und zeitlich in der mit dem 5. vorchristlichen Jahrhundert beginnenden älteren und mittleren Eisenzeit. Unter den 700 Funden überwiegen die Männer, doch finden sich mehr als 100 Frauen und etwa 25 Kinder unter fünf Jahren und ebensoviele Jugendliche. Mehr als die Hälfte der Fälle betrifft die Gruppe der 25–60jährigen. Meist waren die Moorleichen in Gruppen niedergelegt. Häufig lagen dünne Äste oder Steine über der Leiche oder sie war von angespitzten, teilweise schräg über ihnen zusammenlaufenden Pfählen umgeben, nie jedoch von Pfählen durchbohrt (gepfählt). Vielfach ist nachweisbar, daß die betreffenden Menschen tot im Moor niedergelegt und folglich nicht im Moor ertränkt wurden, so daß diese Niederlegungen am ehesten als Bestattungen angesehen werden müssen. Erhängen ist in 6, Erstechen in 5, Erschlagen in 5, Köpfen in 4, Erdrosseln in 2, Durchschneiden der Kehle in 1 und gewaltsame Tötung ohne nähere Angaben in 9 Fällen bezeugt.

Die Toten waren teils bekleidet, teils unbekleidet, wobei manchmal die Kleidungsstücke zusammengepackt daneben lagen. Bisweilen befand sich unter oder über den Leichen ein decken- bzw. mantelartiges Kleidungsstück. Mehrfach waren die Toten gefesselt, skalpiert, kastriert oder sonst verstümmelt. Verschiedentlich wurden Körper ohne Kopf, Hand oder Fuß sowie einzelne Körperteile (Kopf, Arm, Fuß) gefunden. Wiederholt lag über den Leichen ein daumendicker oder etwas stärkerer, an beiden Enden beschnittener langer Stab aus Holz.

Die Deutung der Moorleichen ist schwierig. Besondere Beachtung verdient, daß schon Tacitus in Kapitel 12 der Germania berichtet, daß es bei den Germanen möglich war, in der Volksversammlung anzuklagen und die Todesstrafe anzustreben. Je nach Art der Handlung habe es dann eine Unterscheidung in der Strafe gegeben: Verräter und Überläufer habe man an Bäumen aufgehängt, Feiglinge und Unzüchtige im Schmutz und Sumpf versenkt und Reisig darüber gedeckt. In Übereinstimmung mit einzelnen späteren Nachrichten, welche vom Versenken im Moor bei Ehebruch und Kindestötung durch Frauen und bei Feigheit und Fahnenflucht von Männern berichten, darf man deswegen davon ausgehen, daß das Versenken im Moor mindestens in manchen Fällen eine Strafe für bestimmte Verbrechen ist.

In anderen Fällen kommt auch eine Bestattung in Frage, bei der allerdings die Beisetzung im Moor, im nackten Zustand, unter Verstümmelung und mit Sicherung durch Strauchwerk und Pfähle ungewöhnlich ist. Weiter ist es nicht auszuschließen, daß einzelne Moorleichen Opfer eines Unglücks oder eines Verbrechens sind. Schließlich deuten die Gesamtumstände einzelner Funde auch auf die Möglichkeit von Menschenopfern hin, wobei hier Frauen- und Kinderskelette stark überwiegen.

Literatur: Mestorf, J., Über die in Holstein und anderwärts gefundenen Moorleichen, Globus 20 (1871), 139ff.; Amira, K. v., Die germanischen Todesstrafen, 1922; Rehfeldt, B., Todesstrafen und Bekehrungsgeschichte, 1942; Die Germania des Tacitus, erl. v. Much, R., 3. A. hg. v. Lange, W., 1967; Dieck, A., Die europäischen Moorleichenfunde, 1965; Jahnkuhn, H., Moorleichen, HRG 3 (1980), 655 ff.

Die Versammlung des Volkes

Die Könige wählen sie auf Grund des Adels, die Heerführer auf Grund der Tüchtigkeit. Die königliche Gewalt bedeutet aber nicht unbeschränkte Willkür und auch die Anführer wirken mehr durch ihr Vorbild als durch Befehle. Im übrigen dürfen sie auch weder mit dem Tod bestrafen noch fesseln noch schlagen.

Über kleinere Angelegenheiten beraten die Fürsten (principes), über größere alle, aber so, daß auch solche, deren Entscheidung beim Volk liegt, von den Fürsten (principes) behandelt werden. Sie kommen, wenn nicht ein unerwartetes oder plötzliches Ereignis eintritt, an bestimmten Tagen, bei Neumond oder Vollmond, zusammen, weil diese Zeiten am günstigsten zu sein scheinen. Eine Kehrseite ihrer Freiheitsliebe ist es, daß diese Versammlungen nicht zu einer genau bestimmten Zeit beginnen, sondern daß oft zwei oder drei Tage mit Warten verlorengehen. Wo es jedem beliebt, läßt er sich voll bewaffnet nieder. Der Priester, der auch hier eine Zuchtgewalt hat, gebietet Schweigen. Dann ergreift der König oder ein Fürst oder wer sich durch Alter, Adel, Ruhm oder Beredsamkeit dazu berufen fühlt, das Wort, um mehr durch sein Ansehen zu überreden als mit Gewalt zu gebieten. Stößt eine Ansicht auf Widerspruch, wird sie durch Murren abgelehnt, findet sie Beifall, durch Waffenklang begrüßt.

In dieser Volksversammlung (concilium) kann man auch anschuldigen und die Todesstrafe anstreben. Die Art der Tat bestimmt dann die Folge, wobei Verbrechen Öffentlichkeit verdienen, Schandtaten Verborgenheit. Auch bei leichteren Taten wird je nach den Verhältnissen gebüßt: die Überführten müssen eine Anzahl von Rindern oder Pferden leisten. Sie sind zum Teil an den König oder an die Gemeinschaft zu entrichten, zum Teil an den Geschädigten oder an seine Verwandten. Es werden in diesen Versammlungen auch die Fürsten gewählt, welche das Recht in den Gauen und Dörfern schaffen. Je hundert Männer aus dem Volk stehen dem einzelnen dann als Begleiter und Beistand zur Seite.

In der allgemeinen Versammlung schmückt einer der Fürsten oder der Vater oder ein Verwandter auch den herangewachsenen jungen Mann mit Schild und Speer. Das ist bei ihnen die (römische) Toga. Das ist der Jugend erste Ehre.

All dies bedeutet, daß die wichtigsten Angelegenheiten eines Volkes in allgemeinen Versammlungen behandelt werden. Wie groß dabei das einzelne Volk angesetzt werden darf, ist fraglich. Geht man von den bei Tacitus im Rahmen seiner Behandlung der einzelnen Völker genannten Einheiten aus, so sind es jedenfalls mehr als 25, ergänzt man dies durch weitere Quellen, so sind es jedenfalls mehr als 50 Völker, wobei die Abgrenzung sowohl nach außen wie auch nach innen in zahlreichen Fällen unklar und zweifelhaft bleibt. Immerhin ist anzunehmen, daß ein größerer Stamm einige Zehntausend Angehörige hatte.

Könige sind nicht bei allen Germanen bekannt. Tacitus nennt es sogar eine Eigenheit der östlichen Völker, daß sie außer runden Schilden und kurzen Schwertern das Königtum haben. Da die Archäologie aber weder die runden Schilde noch die kurzen Schwerter als typisch für die östlichen Germanen anerkennen kann, ist auch hinsichtlich des Königtums Vorsicht geboten. Vielleicht erlangte mancher Heerführer auf Grund seiner kriegerischen Erfolge die Stellung als König, wobei die Heerführer vermutlich den hervorgehobenen Familien entnommen wurden.

Die neben den Königen genannten principes dürften die Führer der bedeutenderen Familienverbände sein, die stärker sozial und weniger rechtlich abgehoben waren. Ob sie aber mit den archäologisch gesicherten sog. Fürstengräbern in Verbindung gebracht werden können, ist fraglich. Zum einen erscheinen nämlich nach verhältnismäßig einheitlich ausgestatteten Gräberfeldern der älteren und mittleren römischen Eisenzeit erst im letzten vorchristlichen Jahrhundert einzelne nur etwas besser ausgestattete Gräber, deren Zahl zu groß ist, als daß es sich bei den dadurch gekennzeichneten Toten um Fürsten gehandelt haben könnte. Die Zahl der etwa seit der Zeitenwende erkennbaren auffallend besser ausgestatteten Gräber ist dagegen so gering, daß nicht alle principes von ihr erfaßt werden können, und zudem auf die östlichen Germanen beschränkt, obgleich Tacitus principes für alle Germanen bezeugt.

Zu den wichtigsten Angelegenheiten der Volksversammlung, welche aus den wehrfähigen freien Männern gebildet ist, gehört anscheinend die Streitbeilegung. Dabei dürfte es sich jedoch um eine spätere Entwicklungsstufe handeln, welcher eine Zeit der Selbsthilfe vorangegangen ist, in der auf die Tötung eines Menschen die Blutrache durch seine Verwandten folgte. In taciteischer Zeit ist der Totschlag durch eine bestimmte Anzahl von Tieren aber bereits ablösbar. Das ganze Haus nimmt dann diese Leistung an. Das ist, wie Tacitus selbst ausführt, für alle sehr vorteilhaft, weil Feindschaften beim Fehlen einer straffen Ordnung, welche den Übergriffen einzelner Einhalt gebieten kann, gefährlich sind.

Ob eine Unrechtstat allerdings in jedem Falle in dieser Weise behandelt wurde, ist völlig offen. Es läßt sich nämlich weder feststellen, daß die Familie des Getöteten sich auf eine Ablösung der Rache einlassen mußte, noch daß der Täter zu einer Ablösung gezwungen werden konnte. Allerdings bot die Versammlung aller eine gute Möglichkeit, zu einem für beide Seiten annehmbaren Ausgleich zu kommen. Deshalb dürfte hier zu Recht der Anfang des geregelten Verfahrens zu erblicken sein.

Literatur: Waitz, G., Deutsche Verfassungsgeschichte, Bd. 1ff., versch. A., Neudruck 1953ff.; Wilda, W. E., Das Strafrecht der Germanen, 1842, Neudruck 1960; Brunner, H., Deutsche Rechtsgeschichte, Bd. 1 2. A. 1906, Bd. 2 2. A. 1928, Neudruck 1958/61; Conrad, H., Deutsche Rechtsgeschichte, Bd. 1 2. A. 1962; Die Germania des Tacitus, erl. v. Much, R., 3. A. hg. v. Lange, W., 1967; Köbler, G., Rechtsgeschichte, 3. A. 1982.

Haus und Familie

Trotz der freizügigen Bekleidung, so hält der sittenstrenge Tacitus seinen zügellosen römischen Mitbürgern vor, halten sie strenge Ehezucht und keinen anderen Teil ihrer Sitten kann man mehr loben. Denn fast allein unter allen Barbaren begnügen sie sich mit einer einzigen Ehefrau, mit seltenen Ausnahmen, in welchen aber nicht Begierden, sondern Standespflichten mehrere Ehen wünschenswert machen.

Eine Mitgift bringt nicht die Frau dem Mann, sondern der Mann der Frau. Dabei sind die Eltern und Verwandten und billigen die Gaben, welche nicht weiblichen Wünschen entsprechen, sondern Rinder, ein aufgeschirrtes Roß oder ein starker Speer mit Schwert und Schild sind. Gegen solche Gaben wird die Frau entgegengenommen und sie selbst bringt auch dem Mann einige Waffen mit. Dies halten sie für das festeste Band, das heiligste Geheimnis und darüber walten die Götter des häuslichen Herdes. Daß auch die Frau teilnehmen soll an heldenhafter Gesinnung und an den Wechselfällen des Krieges, daran wird sie hierdurch gemahnt. Die Hausfrau kommt als Genossin der Mühen und Gefahren, die im Frieden wie im Kriege dasselbe dulden und wagen soll. Das kommt durch das gezäumte Roß, durch das Joch der Ochsen zum Ausdruck. So soll sie leben, so sterben. Was sie empfangen hat, muß sie unentweiht und in Ehren ihren Söhnen hinterlassen, die es wieder auf die Schwiegertochter und durch sie auf die Enkel übertragen.

Darum beachten sie streng die Schranken keuscher Sitte, durch keinerlei Schaustellungen verlockt, durch keine Gastmähler gereizt und verführt. Geheimer Briefwechsel ist beiden Geschlechtern unbekannt. Äußerst selten ist in einem so großen Volk der Ehebruch. Ihm folgt die dem Mann überlassene Strafe sofort: mit abgeschnittenen Haaren, nackt jagt der beleidigte Mann sie in Gegenwart der Verwandten aus dem Haus und treibt sie mit Schlägen durch das ganze Dorf. Preisgegebene Scham findet kein Erbarmen; nicht Schönheit, nicht Jugend, nicht Reichtum verschafft der Gefallenen einen neuen Ehemann. Denn niemand lacht dort über das Laster und nicht heißt verderben und verderben lassen der Wahlspruch. Achtung vor solchen Völkern, wo nur Jungfrauen heiraten und wo es mit der Hoffnung und dem Gelübde der Ehefrau ein für allemal abgetan ist. So erhalten sie den Gatten, gleichsam wie ein Leib und Leben und weiter gibt es keinen Gedanken, keine Gelüste, da sie in Wahrheit die Ehe, nicht den Mann lieben.

Die Zahl der Kinder zu beschränken oder eines der nachgeborenen Kinder zu töten, ist eine Schandtat. Und mehr vermögen dort gute Sitten als anderswo Gesetze.

Nackt und schmutzig wachsen sie in jedem Hause zu den Gliedern, den Leibern heran, welche wir so sehr bewundern. Jedes nährt die Mutter mit der eigenen Brust, keines wird Mägden oder Ammen überlassen. Herren und Knechte unterscheiden sich in der Erziehung nicht. Unter denselben Tieren auf der gleichen Erde tummeln sie sich, bis das Alter die Freien absondert, Tugend sie auszeichnet.

Spät erst lernen die Jungen die Liebe kennen, daher ihre unerschöpfliche Manneskraft. Auch die Mädchen eilen sich nicht; gleich ist ihre blühende Jugend, ähnlich der Wuchs. Gleich und gesund verbinden sie sich und die Kraft der Eltern lebt in den Kindern fort.

Den Söhnen der Schwestern kommt beim Onkel die gleiche Ehre zu wie beim Vater. Manche betrachten sogar dieses Band des Blutes als das heiligere und engere und richten sich bei der Forderung von Geiseln hiernach, als ob dadurch der Sinn fester, das Haus enger verbunden würde. Erben und Nachfolger sind aber jedem nur die eigenen Kinder und ein Testament gibt es nicht. Sind keine Kinder vorhanden, so treten als nächster Verwandtschaftsgrad die Brüder, die Vatersbrüder und die Mutterbrüder ein. Je mehr Verwandte, desto größer ist die Verwandtschaft und desto freundlicher das Alter. Kinderlosigkeit findet keinen Lohn.

Geselligkeit und Gastfreundschaft pflegt kein anderes Volk ausgiebiger. Es gilt als Unrecht, irgendeinen Menschen von der Schwelle zu weisen. Nach seinem Vermögen tischt jeder das Beste auf. Sind die Vorräte erschöpft, wird der Gastgeber zum Führer und Begleiter. Ohne Einladung suchen sie das nächste Haus und werden überall gleich freundlich aufgenommen; bekannt und unbekannt unterscheidet bei der Gastfreundschaft nicht. Dem Scheidenden einen Wunsch zu erfüllen, ist Brauch und umgekehrt zu fordern eine Leichtigkeit. Sie erfreuen sich an Geschenken, berechnen aber das Gegebene nicht und fühlen sich durch Annahmen nicht verpflichtet. Zwischen Gastfreunden herrscht Gemeinschaft.

Gleich nach dem Erwachen vom Schlaf, der oft bis weit in den Tag reicht, baden sie, meist warm, wie bei dem langen Winter verständlich. Dem Bad folgt das Essen. Jeder hat seinen besonderen Sitz und Tisch. Danach geht es zu den Geschäften, nicht selten Gelagen, immer in Waffen.

Als Getränk dient ein Gebräu aus Gerste oder Weizen, einem verdorbenen Wein ähnlich. Am Rhein erhandeln sie auch Wein selbst. Die Speisen sind einfach, Feldfrüchte, frisches Wild, geronnene Milch: ohne Aufwand, ohne Reizmittel stillen sie den Hunger. Dem Durst gegenüber bewahren sie nicht das gleiche Maß. Wer diese Schwäche nützt und ihnen zu trinken verschafft, soviel sie begehren, wird sie leichter durch dieses Laster als durch die Waffen überwinden.

Nach all dem steht an der Spitze des einzelnen Hauses der germanische Freie. Frau, Kinder und alle weiteren Hausangehörigen sind seiner Hausgewalt unterworfen. Germanisch hieß sie wohl *mundo, *munduz, das sprachlich mit lateinisch manus, Hand zusammenhängen könnte und noch in der heutigen Vormundschaft aufscheint.

In diese munt fällt die Frau mit der Eheschließung. Zur Entstehung gelangt die munt mit der Heimführung der Frau auf Grund einer Vereinbarung mit ihrem Vater. Wie weit daneben die etwa für Arminius und Thusnelda bezeugte Entführungsehe, die Raubehe oder auch Kebsverhältnisse vorgekommen sind, lassen die Quellen nicht erkennen.

Die Kinder fallen mit der Geburt in die munt. Diese endet mit der Verselbständigung. Stirbt der Vater vor dieser, so tritt an seine Stelle der Vormund. Dies ist der nächste männliche Verwandte.

Das Gut des Vaters geht bei seinem Tod auf seine Kinder über. Nur wenn sie fehlen, entsteht die Frage nach einer besonderen rechtlichen Zuordnung. Hier treten dann die Brüder des Vaters, ersatzweise die weiteren Verwandten ein.

Nicht von der Erbfolge erfaßt werden offensichtlich die Grabbeigaben. Sie umfassen bei Männern vielfach Pferde und Waffen sowie Speisen. Frauen erhalten häufig Schmuck mit ins Grab.

Literatur: Brunner, H., Deutsche Rechtsgeschichte, Bd. 1 2. A. 1906, Bd. 2 2. A. 1928, Neudruck 1958/61; Schwerin, C. Frhr. v., Zum Problem der germanischen Ehe, Z. d. Ak. f. dt. Recht 5(1938), 529; Köstler, R., Raub-, Kauf- und Friedelehe bei den Germanen, ZRG GA 63 (1943), 92; Kroeschell, K., Die Sippe im germanischen Recht, ZRG GA 77 (1960), 1; Die Germania des Tacitus, erl. v. Much, R., 3. A. hg. v. Lange, W., 1967; Wiebrock, I., Die Sippe bei den Germanen der Frühzeit, Diss. jur. Marburg 1979; Köbler, G., Rechtsgeschichte, 3. A. 1982; Hellmuth, L., Gastfreundschaft und Gastrecht bei den Germanen, 1984.

Hof und Feld

Äcker werden entsprechend der Zahl der Bebauer von allen gemeinsam in Besitz genommen, unter denen sie dann nach ihrem Rang aufgeteilt werden, was bei der Weite des Landes keine Schwierigkeiten bereitet. Jedes Jahr wechseln sie die Flur und immer noch bleibt Land übrig. Die Fruchtbarkeit des Bodens suchen sie nicht durch Baumpflanzungen, Wiesenanlagen und Gemüsegärten künstlich zu steigern, nur die Saaten werden dem Feld anvertraut. Daher haben sie auch nicht so viele Jahreszeiten. Nur Winter, Frühling und Sommer unterscheiden und bezeichnen sie. Der Herbst ist samt seinen Gaben unbekannt.

Dieser Bericht des Tacitus über die Agrarverfassung der Germanen ist die am meisten umstrittene Stelle seiner Germania. Dies hängt vor allem damit zusammen, daß sie bereits aus sich heraus Deutungsschwierigkeiten bereitet. Dazu kommt, daß sie mit den älteren Nachrichten Caesars in Übereinstimmung gebracht werden muß.

Caesar berichtet an zwei Stellen von der Feldwirtschaft der Germanen. Von den Sweben gibt er an, daß eigene und gesonderte Äcker bei ihnen nicht vorhanden sind und es nicht erlaubt ist, länger als ein Jahr an einem Platz zum Bauen zu bleiben. Über die Germanen im allgemeinen führt er aus, daß keiner ein bestimmtes Maß Acker oder eigene Grenzen hat, sondern die Amtsträger und Fürsten das Land nach Lage und Umfang den Betreffenden zuweisen und im folgenden Jahr zum Wechsel zwingen.

Hieraus wurde gefolgert, daß es bei den Germanen kein privates Grundeigentum gegeben habe, Grund und Boden vielmehr Volkseigentum gewesen seien, das von einzelnen Sippen bei jährlichem Wechsel bebaut worden sei. Dabei sei das ganze aufzuteilende Land in Verlosungsbezirke aufgeteilt worden und diese seien je nach der Zahl der Berechtigten in Teilstücke zerlegt worden. Dann habe eine Verlosung in der Weise stattgefunden, daß jeder Berechtigte in jedem Verlosungsbezirk seinen Anteil erhalten habe, wobei diese Anteile sich mit den Anteilen der Nachbarn in Gemengelage befunden hätten, was zu Flurzwang und Markgenossenschaft sowie zum Ausschluß von Grundstücksübertragungen geführt habe.

Betrachtet man indes Caesars Mitteilung über die Sweben näher, so zeigt sich, daß es Caesar vor allem darum zu tun war, die kriegerische Gefährlichkeit des naturnahen, durch die Lebensbedingungen abgehärteten Volkes aufzuzeigen. Jeder der 100 Gaue der Sweben stellt jährlich 1000 Bewaffnete, welche von den Daheimbleibenden mitversorgt werden. Um dies zu ermöglichen, sollen sie keine eigenen und gesonderten Äcker haben und nicht länger als ein Jahr an einem Ort zur Feldbestellung bleiben.

An der zweiten Stelle zielt die Beschreibung der Verhaltensweisen der Germanen darauf ab, Caesars Handlungsweise verständlich zu machen, der, als er durch Kundschafter erfahren hatte, daß die Sweben sich in ihre Wälder zurückgezogen hätten, aus Furcht vor Getreidemangel den Vorstoß abbrach. Als Ursache des befürchteten Getreidemangels wird dann die eigentümliche Agrarverfassung genannt.

Möglicherweise lassen sich beide Stellen Caesars durch die Annahme erklären, daß er als Germanen schlechthin die Sweben beschreibt. Der Aufgabenwechsel zwischen Bauer und Krieger, die Mitversorgung der Ausziehenden und die Neuverteilung durch die Führer könnten Annahmen Caesars sein, welche er aus seiner konkreten Beobachtung der swebischen Ausdehnung gewann. Das Fehlen von eigenen Äckern und der Wechsel des Platzes ist vielleicht eine verallgemeinerte Einzelbeobachtung.

Tacitus seinerseits schließt seine Ausführungen an die Feststellung an, daß Darlehen und Zinsen unbekannt sind. Dies könnte darauf hindeuten, daß er zum Ausdruck bringen will, daß auch Grund und Boden nicht Quellen oder Gegenstand von Bereicherung sind, sondern in einer sinnvollen, natürlichen Art gebraucht werden. Damit würde er auch hier nur seine sonstige Grundhaltung zum Vorschein kommen lassen.

Was die gemeinsame Inbesitznahme des Landes bei Tacitus betrifft, so sind neben dem aus allgemeinen Erwägungen als unwahrscheinlich anzusehenden Agrarkommunismus doch mehrere Möglichkeiten denkbar. Gemeint sein könnte zum einen die jährliche Bestellung des Bodens. Zum anderen könnte auch der Fall der ersten oder vielleicht auch einer späteren Landnahme angesprochen sein.

Der jährliche Wechsel der Flur bezeichnet dann den bloßen Felderwechsel. Gemeint ist wohl die wilde Feldgraswirtschaft. Hier vollzieht jeder Berechtigte den Wechsel vom Grasland zum Feld und umgekehrt für sich. Daneben bleibt Land übrig, das auch beim jährlichen Felderwechsel nicht gebraucht wird.

Betrachtet man daraufhin die Acker- und Flurformen der Eisenzeit in den Nordseegebieten, so zeigen sich Landeinteilungen in Form von Erd- und Steinwällen, Terrassenkanten sowie Gräbchen. Sie sind in später nur schwach genutzten landwirtschaftlichen Gebieten teilweise noch erhalten. In anderen Fällen sind sie noch auf Luftbildern wahrzunehmen, welche bei besonderem Lichteinfall Verfärbungen im Boden oder der Bodenvegetation erkennen lassen, weil praktisch jede durch Menschen herbeigeführte Veränderung des Bodens (z. B. durch Mauern, Gräben, Pfosten usw.) so gut wie unzerstörbar ist und unter günstigen Bedingungen wieder ausfindig gemacht werden kann.

Das auf verschiedene Art und Weise unterteilte Land wurde als Ackerland genutzt. Dies wird dadurch erwiesen, daß in den eingegrenzten Flächen sich kreuzende Pflugspuren gefunden wurden. Sie scheinen von einem einfachen, symmetrisch gebauten Pflug herzurühren.

Es ist wahrscheinlich, daß die Umwallungen rechtlich bedeutsame Grenzen darstellen, da an verschiedenen Stellen Teilungen sichtbar werden. Sie sind beispielsweise im Verhältnis eins zu eins oder eins zu zwei erfolgt. Zeitlich wurden sie anscheinend erst nach einer bestimmten Zeit der Nutzung innerhalb von umgrenzten Flächen vorgenommen.

Dies spricht dafür, die einzelnen Felder individuell zuzuordnen, auch wenn sie dem Wechsel von Grasland und Ackerland unterworfen waren. Eine weitere Frage ist es demgegenüber, ob über diese Güter verfügt werden konnte. Dies wird verschiedentlich mit dem Hinweis darauf verneint, daß spätere Rechtsquellen Verfügungsverbote enthalten, die erst allmählich gelockert worden sind. Dem entspricht es an sich, daß die Bindung des Gutes an die Familie von Tacitus selbst besonders hervorgehoben wird. Auf der anderen Seite darf aber nicht übersehen werden, daß der Verlust allen Gutes durchaus möglich ist. Kann der Germane, wenn alles andere verspielt ist, beim letzten Wurf des Würfelspiels sogar sich selbst und die Freiheit einsetzen, so kann er ja wohl auch sein Gut verwürfeln. Kann er es aber verspielen, so ist nicht recht einzusehen, warum er es nicht auch übertragen können soll.

Hinzu kommt, daß Tacitus in seinen Annalen von tatsächlich erfolgten Übertragungen bearbeitungsfähigen Landes berichtet. Auch die gotische Bibelübersetzung Wulfilas läßt die biblischen Grundstücksgeschäfte nicht als neuartiges Geschäft erscheinen. Zusätzlich macht eine Mitteilung aus dem 5. Jahrhundert wahrscheinlich, daß abgewanderte Teile eines Stammes ihr Land ohne weiteres an die zurückgebliebenen Teile übertragen konnten. Von daher wird man annehmen können, daß schon der Germane Hof und Flur weitergeben konnte. Häufig wird dies freilich, da Haus und Hof die Lebensgrundlage waren und Mangel an freiem Land zunächst nicht bestand, nicht gewesen sein.

Literatur: Dopsch, A., Wirtschaftliche und soziale Grundlagen der europäischen Kulturentwicklung, 2. A. Wien 1923; C. Julii Caesaris commentarii rerum gestarum, Bd. 1 hg. v. Seel, O., 1961; Die Germania des Tacitus, erl. v. Much, R., 3. A. hg. v. Lange, W., 1967; Hattenhauer, H., Die Entdeckung der Verfügungsmacht, 1969; Das Dorf der Eisenzeit und des frühen Mittelalters, hg. v. Jankuhn, H. u. a., 1977; Deuel, L., Flug ins gestern, 2. A. 1977; Untersuchungen zur eisenzeitlichen und frühmittelalterlichen Flur in Mitteleuropa, hg. v. Beck, H. u. a., 1979 f.; Joswig, D., Die germanische Grundstücksübertragung, 1984.

Handel und Wandel

Ob Silber und Gold ihnen der Götter Huld oder Zorn versagt hat, weiß ich nicht, räumt Tacitus ein, doch möchte ich nicht behaupten, daß Germanien gar keine Ader dieser kostbaren Stoffe enthalte; wer hat je danach gesucht? Aus deren Besitz und Gebrauch machen sie sich jedenfalls nicht viel. Man kann bei ihnen silberne, den Gesandten und Fürsten als Gaben überreichte Gefäße sehen, welche genauso benützt werden wie die aus Lehm gefertigten. Gleichwohl wissen die uns nahen Germanen wegen des Handelsverkehrs Gold und Silber zu schätzen, wobei sie gewisse Arten unseres Geldes anerkennen und auswählen. Die im Innern wohnenden Völker verfahren noch einfach und herkömmlich im Tauschhandel. Von unseren Münzen lieben sie die älteren langbekannten, nämlich die Silbermünzen mit gezacktem Rand oder mit einem Zweigespann. Silber nehmen sie lieber als Gold, aber nicht etwa aus besonderer Wertschätzung, sondern einfach weil die größere Zahl der Silbermünzen beim Handel angenehmer zu gebrauchen ist.

Überprüft man diese Angaben an Hand der archäologischen Funde, so erweisen sie sich nur teilweise als zutreffend. Schon in der Bronzezeit spielte Gold bei den Germanen eine bedeutsame Rolle. Besonders in Jütland ist es reich in Funden vertreten. Silber tritt in der Latènezeit auf und wird bereits durch Caesar bezeugt. In der älteren römischen Kaiserzeit sind die Grabfunde dürftig, doch fehlen weder Gold noch Silber. Sowohl einzelne Fibeln sind aus Silber und Gold als auch Schmucknadeln, Anhänger, Haken und Ringe.

Silbergefäße römischer Herkunft finden sich verhältnismäßig häufig. Ihre Einfuhr beginnt bereits in der vorrömischen Eisenzeit, wie ein vermutlich von Kelten gefertigter, bei Gundestrup in Jütland gefundener Silberkessel zeigt. In der älteren römischen Kaiserzeit treten römische Silberbecher in reich ausgestatteten Gräbern (sog. Fürstengräbern) auf, wo auch germanische Nachbildungen römischer Vorlagen angetroffen wurden, welche auf die besondere Wertschätzung dieser Güter zu deuten scheinen.

Auffälligerweise enthalten manche Gräber auch paarweises kostbares Trinkgeschirr. Dies ist deswegen besonders bemerkenswert, weil auch in Italien kostbares Geschirr paarweise zu Trinkservicen zusammengestellt und bei Gelagen benutzt wurde. Möglicherweise ist hier mit der Sache selbst auch deren fremdländische Gebrauchsweise nach Germanien eingedrungen.

Daneben sind andere Erzeugnisse keltischer und römischer Werkstätten des letzten vorchristlichen und des ersten nachchristlichen Jahrhunderts bis weit nach Nordeuropa hinaufgewandert. Wenn man bei diesen Funden auch im Einzelfall damit rechnen muß, daß sie als Beute zu den Germanen gelangten, wird man doch davon ausgehen dürfen, daß dies nicht für alle Stücke gilt. Vielmehr dürfte die Masse der römischen Güter auf friedlichem Weg nach Germanien gekommen sein. In manchen Fällen wird dies, wie das Grab von Hoby an Hand zweier Silberbecher mit dem Namen des Statthalters von Obergermanien Silius vermuten läßt, eine Gabe gewesen sein, in den meisten Fällen dagegen ein Austausch.

Bereits Caesar aber berichtet auch davon, daß fremde Kaufleute zu den Sweben und den Ubiern gefahren seien. Nach ihm gibt es sogar schon Einfuhrverbote der Germanen für römische Waren wie beispielsweise den Wein, denen umgekehrt auch in römischen Quellen Ausfuhrverbote für Waffen gegenüberstehen. Nach Tacitus kamen auch die den Römern in Treue ergebenen Hermunduren aus Gründen des Handels weit über die Grenze in römisches Gebiet hinein und sind umgekehrt im Hauptort des Maroboduus römische Händler sogar angesiedelt.

Ursprünglich war der gesamte Handel Tauschhandel. Dementsprechend fehlen Münzfunde. Wenn Tacitus dann für seine Zeit Geldverkehr für die germanischen Grenzvölker annimmt, so müßten bei ihnen entsprechende Münzen vorzufinden sein. Dies ist in der Tat der Fall.

Eine kartographische Darstellung der römischen Münzfunde in Germanien aus dem 1. nachchristlichen Jahrhundert zeigt nämlich, wenn man von einigen wenigen Einzelfunden im Norden und Osten absieht, Funde römischer Münzen nur in einem breiten Streifen entlang des Rheines und der Donau und damit insgesamt des Limes. Erst die Münzen des 2. Jahrhunderts sind dann auch im Inneren Germaniens bezeugt und reichen bis über die Ostsee hinauf. Dies schließt nicht aus, daß römische Münzen bereits vorher den Norden erreichten. Dort sind sie dann aber vermutlich nicht als Geld behandelt worden, sondern nur als Grundstoff für die Herstellung von Schmuck.

Auch die taciteischen Angaben über die verschiedenen Münzsorten scheinen zutreffend zu sein. Seit der Münzreform Kaiser Neros im Jahre 67 n. Chr. bestand bei den römischen Münzen ein Unterschied im Wert der Silberprägungen. Die vorneronischen schweren Denare wurden aber erst durch Kaiser Trajan um 107 n.Chr. eingezogen und verschwinden erst um diese Zeit im römischen Reich. In Germanien werden sie seit der Zeit Hadrians von den nachneronischen Prägungen verdrängt und verlieren sich erst in der Zeit Kaiser Mark Aurels ganz in den Schätzen. Dementsprechend enthält der Münzschatz von Ginderup in Jütland, dessen jüngste Münze im Jahre 74 n. Chr. geprägt wurde, unter seinen 25 Münzen 16 Münzen aus der Zeit der römischen Republik.

Hinsichtlich des Währungsmetalls zeigt sich bei den Münzfunden des 1. nachchristlichen Jahrhunderts ein deutliches Überwiegen des Silbers. Je ein Fünftel der Münzen besteht aus Kupfer und aus Gold. Zu berücksichtigen ist dabei, daß Silber damals im Verhältnis zum Gold einen bedeutend höheren Wert hatte als in der Gegenwart.

Gegenstand der germanischen Ausfuhr war zunächst der Bernstein. Über die Menge des aus Samland kommenden Bernsteins gibt ein Bericht des Plinius einen Hinweis. Ihm zufolge bereiste unter der Regierung Neros ein Römer von Carnuntum aus nordwärts die Ostseeküste und brachte eine gewaltige Menge von Bernstein nach Rom. Die Reise war so erfolgreich, daß die ganze Arena mit Bernstein ausgeschmückt werden konnte.

Bedeutsam war auch der Handel mit Sklaven, wobei die meisten Sklaven der Krieg lieferte. Aus Germanien kamen viele Sklaven vermutlich über Gallien nach Rom. Dort waren sie vor allem als Gladiatoren begehrt.

Wenig ist über den Handel mit Pelzen und Fellen bekannt. Erst in der späteren Kaiserzeit kam in Rom die Pelztracht auf. Immerhin berichtet am Ende der Antike Jordanes von Pelzeinfuhren aus Schweden. Weitere Handelsgegenstände aus Germanien waren wohl Perlen und blonde Haare.

Die Römer ihrerseits führten schon vor der Zeitenwende vor allem Wein aus. Dementsprechend fanden sich verschiedentlich Reste römischer Weinamphoren bei Troisdorf, Recklinghausen, Jemgum und Bruggeburen, also recht beschränkt auf einen Streifen vor der römischen Grenze. Da Reste anderer römischer Tongefäße für ein verhältnismäßig großes Gebiet in Nord- und Mitteleuropa nachgewiesen sind, wird man annehmen müssen, daß die Weinausfuhr auf dieses Grenzland beschränkt war.

Neben Tongefäßen lieferten die Römer Metallgefäße, Fibeln, Nadeln, Glassachen und Schmuck. Hinzu kamen vielleicht noch Gewürze. Überwiegend ging es dementsprechend um seltenere Gegenstände als um alltäglichen Bedarf. Die für diesen erforderlichen Dinge stellte man selbst her.

Die ersten Geschäfte dürften dabei unmittelbar an der Grenze getätigt worden sein. Hierauf deutet das allmählich üblich gewordene Wort für diese Vorgänge hin. Kauf, kaufen und Käufer leiten sich nämlich als Lehnwörter ab von dem lateinischen Wort caupo. Dieses bezeichnet den Schankwirt. Mit ihm schließen die Germanen ihre ersten Kaufgeschäfte ab.

Literatur: Bolin, S., Fynden av romerska mynt: det fria Germanien, 1926; Andrée, K., Der Bernstein, 1951; Eggers, H. J., Der römische Import im freien Germanien, 1951; Lüders, A., Eine kartographische Darstellung der römischen Münzschätze im freien Germanien, Archaeol.Geogr. 2 (1952/5), 85; Die Germanen, hg. v. Krüger, B., 1976.

Das Morgenrot des Mittelalters

Das Reich der Franken

Wer aber von den Frankenkönigen der erste gewesen ist, schreibt der gallorömische, in Averna aus senatorischer Familie geborene Bischof Gregor von Tours (528/9–594/5) am Ende des 6. nachchristlichen Jahrhunderts in seinen berühmten zehn Büchern Geschichten, ist vielen unbekannt. Denn obwohl das (verlorene) Geschichtsbuch des Sulpicius Alexander vieles von den Franken berichtet, nennt es doch den ersten König derselben nicht, sondern spricht nur von Herzögen. Von diesen brachen um 388 Genobaud, Marcomer und Sunno in die (römische) Provinz Germania ein, überstürmten den Grenzwall, töteten viele Menschen, verheerten die fruchtbarsten Landstriche und verbreiteten auch in Köln Furcht und Schrecken. Als die Römer ihnen nach dem Rückzug über den Rhein folgten, wurden sie in einem Hinterhalt niedergehauen. Solche und andere Nachrichten haben uns die Geschichtsschreiber von den Franken hinterlassen. Viele erzählen, die Franken seien aus Pannonien gekommen und über den Rhein nach Thoringien gezogen, wo sie gelockte Könige aus ihrem ersten und sozusagen adeligsten Geschlecht über sich gesetzt hätten. Nach den Konsullisten soll der Frankenkönig Theudomer, der Sohn Richimers, mit dem Schwerte getötet worden sein. Damals soll Chlogio König der Franken gewesen sein, der in Dispargum im Gebiet der Thoringer lebte. Er überwand die Römer in Cambrai und eroberte dann das Land bis zur Somme. Aus seinem Stamm soll der König Merowech entsprossen sein, dessen Sohn Childerich war. Ihn vertrieben die Franken, ersetzten ihn durch Aegidius, nahmen ihn später aber wieder auf. Sein Sohn war Chlodovech. Der war gewaltig und ein ausgezeichneter Kämpfer.

Dieser Chlodwig besiegte im fünften Jahr seiner Herrschaft (486/7) Syagrius, den König der Römer. Seine heidnischen Franken plünderten viele christliche Kirchen. Bei der Teilung der Beute geriet er in Streit mit einem Franken, der ihm von den Beutestücken nur das zugestehen wollte, was ihm nach dem Recht das Los zuteilen würde. Als Chlodwig im nächsten Jahr auf dem Märzfeld die Waffen musterte, sprach er zu diesem Krieger: Keiner trägt die Waffen so ungepflegt wie du, denn dein Speer, dein Schwert und deine Streitaxt sind nichts nütze. Dabei nahm er dessen Axt und warf sie auf die Erde. Jener neigte sich darauf ein wenig herab, um sie aufzuheben. Da holte der König aus und hieb ihm mit der Axt in den Kopf. Durch diese Tat jagte er allen gewaltige Furcht ein. Danach führte er viele Kriege und erfocht viele Siege.

Seitdem gilt Chlodwig, dessen Name neuhochdeutsch als Ludwig erhalten geblieben ist, als Gründer des Reiches der Franken. Diese kamen allerdings nicht von Pannonien, sondern vom Gebiet zwischen Weser und Mittelrhein/Niederrhein, wo sie aus einem Zusammenschluß mehrerer verwandter Einzelstämme (u. a. Chauken) bereits zu einer Einheit zusammengewachsen waren. Ihr frei, tapfer, mutig bedeutender Name wird um 258 n. Chr. bei Köln erstmals genannt. Seit 276 n. Chr. kamen sie zunächst als Kriegsgefangene, dann als Verbündete und schließlich als Eroberer in das römische Gallien, das sie unter der Führung der ursprünglich südlich der Ijssel ansässigen Salier an sich rissen. Am Anfang des 4. Jahrhunderts wurde das Rheindelta, 357 Toxandrien (Nordbrabant), 406 der Kohlenwald zwischen Lüttich und Tournai sowie um 459 das Gebiet von Köln und danach die Moselgegend erreicht. 486 beseitigte Chlodwig die Reste der Römerherrschaft in Gallien sowie seine fränkischen Mitkönige. Vielleicht im Jahre 498 trat er, im Unterschied zu den übrigen, arianisch gewordenen Germanen, zum katholischen (athanasianischen) Glauben über. Nach dem vergeblichen Versuch, die Burgunder zu bezwingen, gelang 502 die Eroberung von Gebieten der Alemannen und 507 der gallischen Gebiete der Westgoten. Das damit geschaffene Reich erhielt seinen Mittelpunkt in Paris.

Bei Chlodwigs Tod im Jahre 511 wurde das Reich unter seine vier Söhne in vier Gebiete um Paris, Soissons, Orléans und Metz geteilt. Im Jahre 531 wurde das Reich der Thüringer, 532 bis 534 das Reich der Burgunder erobert. Wahrscheinlich zu dieser Zeit schlossen sich auch die Hessen an Rhein und Main den Franken an. Alemannen und Bayern gerieten in verstärkte fränkische Abhängigkeit.

Seit der Mitte des 7. Jahrhunderts verfiel allerdings die Macht der nach ihrem Stammvater Merowech (Meroveus) benannten merowingischen Könige der Franken, deren Reich infolge der ungleichmäßigen fränkischen Durchdringung Galliens von Anfang an zweisprachig war, zugunsten der sog. Hausmeier (lat. maior domus), welche zunächst Vorsteher der königlichen Hofhaltung und dann auch Führer des Heeres waren. Von ihnen errang 687 Pippin II. (der Mittlere, gest. 714) die Gewalt in allen Teilen des fränkischen Reiches und erreichte die Erblichkeit des Amtes für sein nach dem Stammvater Bischof Arnulf von Metz (um 580 – um 650) als Arnulfinger benanntes Geschlecht. Sein Friedelsohn Karl Martell besetzte den Königsthron nach seinen Vorstellungen und teilte bei seinem Tod das Reich unter seine beiden Söhne auf. 730 besiegte er die Alemannen, 732 schlug er mit Hilfe der Langobarden die von Spanien gekommenen Araber bei Poitiers und verdrängte sie in der Folge aus Gallien. 733/4 unterwarf er einen Teil der Friesen. Um 740 hob er im Elsaß das Herzogtum der Etichonen auf. Der Kirche entzog er reiche Güter, welche er für seine kriegerischen Unternehmungen verwendete.

Sein Sohn Pippin III. (der Kurze, 714–768) beherrschte nach dem Verzicht seines älteren Bruders erneut das gesamte fränkische Reich. Aufstände der Aquitanier, Alemannen und Bayern warf er gewaltsam nieder. Mit Zustimmung des Papstes setzte er den merowingischen Nominalkönig Childerich III. ab und ließ sich Ende 751 selbst zum König erheben. 754 krönte und salbte ihn Papst Stephan II., der sich seit 753 am fränkischen Hof aufhielt. Er erhielt dafür am 4. 4. 754 in einer nur teilweise überlieferten Urkunde für die Römer die Übergabe ehemals byzantinischer, teilweise von den Langobarden eroberter Gebiete in Italien (Korsika, Tuszien, Ravenna, Venetien, Istrien, Benevent, Spoleto). Im Gegenzug für diese von Karl dem Großen 774 anerkannte, aber nicht erfüllte sog. Pippinische Schenkung verlieh der Papst Pippin und seinen Söhnen den Titel patricius Romanorum.

Seinen Höhepunkt erreichte das fränkische Reich dann allerdings erst mit Karl dem Großen (742–814), der nach dem frühen Tod seines jüngeren Bruders bald allein bestimmen konnte. Auf einen Hilferuf des Papstes zog er gegen seinen langobardischen Schwiegervater Desiderius zu Felde und gliederte 774 das langobardische Reich seiner Herrschaft ein, konnte das Herzogtum Benevent aber nicht auf Dauer halten. Im Südwesten erweiterte er das fränkische Reich bis an den Ebro, im Norden unterwarf er die Sachsen und Friesen, im Osten Slawen und Awaren. In Bayern setzte er

17 Kaiserthron in der Pfalzkapelle von Aachen (Anfang 9. Jh.)

Das Reich der Franken

788 Herzog Tassilo III. ab. Damit verschob sich der Schwerpunkt des Reiches deutlich nach Osten.

Im Ergebnis stand damit wieder ein einzelner Herrscher an der Spitze eines gewaltigen Reiches. Dieser unterhielt bereits seit 787 auf der Grundlage der Gleichrangigkeit diplomatische Beziehungen zum Kalifat von Bagdad. Am 25. Dezember 800 erhöhte der Papst dessen Stellung dadurch, daß er ihn zum Kaiser krönte. Die damit verbundenen Rechte bezogen sich zwar formal nur auf das dem Papst in der Pippinischen Schenkung zugestandene Gebiet, tatsächlich galt den Zeitgenossen aber der Kaiser bereits als Beauftragter des christlichen Gottes in einem geeinten christlichen Reich. Nach langjährigen Verhandlungen erlangte Karl gegen den Verzicht auf das 810 eroberte Venetien zudem die Anerkennung Ostroms.

Im Inneren bemühte sich Karl um die Vereinheitlichung, ohne freilich die Verschiedenheit von Franken, Burgundern, Alemannen, Langobarden, Bayern, Thüringern, Sachsen und Friesen beseitigen zu können. Im Rückgriff auf ältere Ansätze gelang ihm die teilweise Erneuerung von Verwaltung und Recht. Mittelpunkt einer ersten karolingischen Renaissance war der Hof, der sich seit der Kaiserkrönung überwiegend in der Pfalz Aachen befand. Hier vereinigte er führende geistige Persönlichkeiten (Alkuin, Paulus Diaconus, Einhard), welche die antiken freien Künste zu neuem Leben erwecken sollten. Schon seine Zeitgenossen gaben ihm deshalb den Beinamen der Große.

Nach ihm zerfiel allerdings das Reich rasch. Im Vertrag von Verdun wurde es unter den drei Söhnen Ludwigs des Frommen aufgeteilt. Karl III. vermochte von 885 bis 887 die Teilreiche nochmals zu vereinigen. Danach erfolgte eine endgültige Aufteilung. Aus den westlichen Gebieten entstand Frankreich, das bis 987 unter karolingischer Herrschaft verblieb. Burgund verselbständigte sich ebenso wie das in mehrere Herrschaftsbereiche aufgeteilte Italien. Zwischen Maas und Elbe schließlich bildete sich das Franken, Alemannen, Bayern, Sachsen und Friesen umfassende ostfränkische Reich, zu dem die nördlichen Teile des Mittelreiches Kaiser Lothars I. (Lothringen) geschlagen worden waren und an welches im 11. Jahrhundert auch Burgund fiel.

In diesem Reich, für das schon im Jahre 842 die deutsche Sprache im Gegensatz zum Romanischen des Westens kennzeichnend gewesen war, wählten die Großen am 4. 2. 900 ein siebenjähriges Kind zum König. Für dieses übernahmen mehrere Bischöfe die tatsächliche Herrschaft, konnten sich aber gegen örtliche Gewalten nicht ausreichend durchsetzen. Zusätzlich stürmten von außen die Ungarn an und brachten dem jungen König im Jahre 910 eine vollständige Niederlage bei. Deshalb war bei seinem frühen Tod am 24. September des Jahres 911 das Reich von außen wie von innen aufs höchste gefährdet.

Die erstarkenden Großen (Liudolfinger, Konradiner, Hunfridinger) wählten noch einmal einen Franken. Nach wenigen Jahren einigten sie sich auf einen Sachsen. Als bei dessen Tod die Wahl auf seinen Sohn fiel und dieser sich als tatkräftig und erfolgreich erwies, die Ungarn vernichtend schlug und erneut die Kaiserkrone und Italien gewann, war die erste Krise erfolgreich gemeistert. Das Schwergewicht hatte sich dabei allerdings weiter nach Osten verlagert. Statt Aachen zogen die sächsischen Herrscher Magdeburg vor. Mit der Festigung dieses Zustandes wurde seine Neuheit bewußt. Deshalb sprach man bald nicht mehr vom ostfränkischen Reich. Deutsches Reich wurde vielmehr seit der Jahrtausendwende allmählich der übliche Name.

Literatur: Gregor von Tours, Zehn Bücher Geschichten, neu bearb. v. Buchner, R., Bd. 1 1955, Neudruck 1967; Fleckenstein, J., Karl der Große, 1962; Fuhrmann, H., Quellen zur Entstehung des Kirchenstaates, 1968; Zöllner, E., Geschichte der Franken bis zur Mitte des 6. Jahrhunderts, 1970; Schneider, R., Das Frankenreich, 1982.

Grundherrschaft und Adel

Einmal kam Bischof Meinwerk, der Verwandte, liebste Freund und ständige Begleiter des Königs, so berichtet seine Lebensbeschreibung, und fand einen Garten voll von Brennesseln, Rauten und anderem Unkraut. Als er dies sah, ließ er der Frau des Meiers die eitlen Kleider vom Leibe reißen und sie solange durch den Garten schleifen, bis alles Unkraut der Erde gleichgemacht war. Danach tröstete er die Frau und erheiterte sie. Im folgenden Jahr fand er den gesamten Garten mit aller Sorgfalt gepflegt. Daraufhin belohnte und beschenkte er die Frau reichlich.

Dieser kleine Bericht zeigt den Bischof als Herren einer Grundherrschaft, der sich selbst um deren gutes Gedeihen bemüht. Wie weit solche Grundherrschaften geschichtlich zurückreichen, ist nicht sicher, weil die frühere Überlieferung zu dürftig ist. Immerhin hatte ja schon Tacitus servi (Unfreie) der Germanen genannt, welche auf besonderem Grund im eigenen Heim lebten und ihrem Herrn Getreide, Vieh oder Kleider abzuliefern hatten. Von daher sind grundherrschaftliche Ansätze schon bei den Germanen nicht ausgeschlossen.

Dennoch dürfte erst die Begegnung mit der römischen Antike eine grundsätzliche Wandlung eingeleitet haben. Sie beruht darauf, daß die germanischen Stämme und Völker als Eroberer in das römische Reich eindrangen und nach dem Sieg Beute an Grund und Boden machten. Diese hatte schon bei den Sweben so ausgesehen, daß sie den Kelten zunächst ein Drittel allen Landes, und als dies nicht reichte, ein zweites Drittel weggenommen hatten. Dementsprechend zogen die Westgoten in Aquitanien anscheinend zwei Drittel der römischen Landgüter an sich, die Burgunder von den Äckern zwei Drittel, von Hof, Garten, Wald und Weide die Hälfte und von den Sklaven ein Drittel, die Ostgoten ein Drittel. In jedem Fall gewannen sie ein Vielfaches ihres früheren Landes und zusätzlich genügend Hilfskräfte.

Besonders groß war das dem König zugefallene Land, da er alle römischen Staatsgüter erhielt. Beträchtlich waren wohl auch die Zugewinne der ihm nahestehenden Krieger. Sie alle wurden zudem zur Festigung und Sicherung der Herrschaft dringend gebraucht. Wer etwa allen Zügen Karls des Großen folgte, der hatte kaum Zeit im Frühjahr zu säen und im Herbst zu ernten. Er mußte also seine Wirtschaft neu gestalten, wenn er überleben wollte. Als Vorbild bot sich ohne weiteres die antike Grundherrschaft an, die man in den eroberten Gebieten unmittelbar vor Augen hatte.

Danach galt es vor allem, das angefallene Land sinnvoll zu bewirtschaften. Dies war nur von bestimmten Mittelpunkten aus möglich, insbesondere dann, wenn die Ländereien sich in Streulage befanden. Mittelpunkt einer Grundherrschaft war dementsprechend der Herrenhof. Ihn bewohnte der Herr selbst oder der von ihm bestimmte Verwalter. Das Land, das von hier aus unmittelbar bewirtschaftet wurde, war das Salland. Um den Herrenhof lagen die abhängigen, durchschnittlich von drei bis vier Menschen bewohnten Höfe. Sie konnten mit Freien, Freigelassenen oder Unfreien besetzt sein, welche auf ihnen für den Herrn zu wirtschaften hatten. Von ihnen waren Abgaben zu entrichten und Dienste zu leisten. Deswegen hatte der Herr großes

Interesse an einem guten Zustand dieser Höfe und griff bei Bedarf zur Besserung selbst ein.

Wie sehr dem König die Verwaltung seiner riesigen Güter am Herzen lag, zeigt das in einer einzigen Handschrift des frühen 9. Jahrhunderts überlieferte sog. Capitulare de villis vel curtis imperii (Kapitular über Dörfer und Höfe des Reichs). Es gibt in 70 Kapiteln teilweise ganz genaue Vorschriften. Wir wollen, so beginnt es, daß unsere Dörfer, welche wir zu unserem Nutzen eingerichtet haben, ganz uns dienen und nicht anderen. Unsere Leute sollen gut gehalten werden und nicht in Not gebracht werden. Kein anderer soll ihnen einen Dienst auferlegen wie Bauholz schneiden oder Abgaben verlangen wie Pferd, Rind, Schwein, Lamm, Getränke, Früchte, Hühner oder Eier. Sie sollen achtgeben, daß schlechte Menschen nicht unser Saatgut unter der Erde oder sonstwo verbergen und dadurch die Ernte verringern. Jeder soll seine Arbeit fleißig tun und nicht müßig sein. Die Fische aus unseren Weihern sollen verkauft werden und dann durch andere ersetzt werden, so daß ständig Fische vorhanden sind. Von leeren Höfen sollen sie uns berichten. Wölfe sollen sie uns immer anzeigen und wieviele jeder davon fängt und ihre Felle sollen sie vorlegen. Im Mai sollen sie die jungen Wölfe auspähen und fangen mit Gift und mit Fallen und Hunden. In jedem Garten sollen sein: Lilien, Rosen, Steinklee, Kostwurz, Salbei, Raute usw.

Um eine Übersicht über seine Rechte zu erzielen und zu erhalten, ließ der Grundherr manchmal Verzeichnisse anfertigen. Ein kurzes Bruchstück eines solchen Verzeichnisses in altsächsischer Sprache ist beispielsweise für das Frauenstift Essen erhalten geblieben. Danach sind zu liefern vom Viehhof 88 Scheffel Malz und acht Brote, zwei Sester Erbsen, vier Scheffel Gerste, vier Fuder dürres Holz, an den drei hohen Festtagen achtzehn Scheffel Malz und drei Fuder Holz und vierzig Becher und zum Fest der Schutzheiligen zwei Krüge. Von Eickenscheid, Ringeldorf und Huckarde ebenso, jedoch ohne das Holz an den hohen Festtagen. Von Brockhausen zu den hohen Festen neun Scheffel Malz und zwanzig Becher und zwei Krüge. Von Hordel 59 Scheffel Malz und zwei Fuder dürres Holz, zwei Scheffel Gerste, vier Brote, ein Sester Erbsen, zwanzig Becher und zwei Krüge, neun Scheffel Malz zu den hohen Festtagen. Von Nienhausen und Borbeck ebenso. Von Drehnhausen zum Fest der Schutzheiligen zehn Eimer Honig, zu Pfingsten siebthalb Eimer Honig und 80 Becher und vier Krüge.

Die größten Grundherrschaften nach der königlichen Grundherrschaft bildeten bald die verschiedenen Kirchen aus, welche einerseits vom König reiche Gaben erhielten, andererseits aber auch von den Großen wie den einfachen Leuten zur Förderung des Seelenheiles vielfach bedacht wurden. Die auf diese Weise zusammengekommenen Güter reichten etwa bei dem sächsischen Kloster Werden an der Ruhr von Westfalen bis nach Ostsachsen und von Friesland bis ins Sauerland. Die Abgaben, welche von dort an den Grundherrn zu reichen waren, weisen bereits erstaunliche Vielfalt auf. Neben Getreide und Tieren sind etwa Kannen, Becher, Teller, Schüsseln, Krüge, aber auch Schuhe und Bettgestelle zu nennen. Andernorts waren Zangen, Messer oder Rasiermesser zu leisten. Hinzu kamen neben den Dienstleistungen beim Pflügen, Säen, Ernten und Dreschen noch vielerlei Dienstleistungen für den Transport mit Tieren, Wagen oder auch Schiffen. All diese Fahrzeuge mußten auch rechtzeitig dort zur Verfügung stehen, wo sie benötigt wurden.

Die Grundherrschaft zeigt zugleich eine deutliche gesellschaftliche Differenzierung. Auf der einen Seite steht der Grundherr, auf der anderen Seite befinden sich die in die

Grundherrschaft eingebundenen Leute. Lateinisch werden sie zusammenfassend als die familia des Grundherrn bezeichnet. Zu ihr können freie Männer wie unfreie Männer gehören, doch führt die Verpflichtung zu Abgaben und Diensten vielfach zu einer Abhängigkeit auch ursprünglich freier Menschen, ohne daß dieser Vorgang im einzelnen aus den Quellen erwiesen werden kann. Immerhin läßt sich vereinzelt zeigen, daß die Aufnahme in die geistliche Grundherrschaft gesucht wurde.

Die gesellschaftliche Differenzierung wird im übrigen in den Quellen deutlich zum Ausdruck gebracht. Vielfach stellen sie Adelige (lat. nobilis), Freie (lat. liber, ingenuus), Freigelassene (lat. libertus, litus) und Unfreie (lat. servus) gegenüber. Auffällig ist dabei aber, daß in der älteren fränkischen Zeit die Adeligen nicht durch besondere Rechte ausgezeichnet zu sein scheinen. Vielmehr werden diese erst in karolingischer Zeit sichtbar. Von daher ist es zweifelhaft, ob schon in den Tagen Chlodwigs ein Adel als rechtlich ausgesonderter Stand vorhanden war.

Ins Gerede sind darüber hinaus auch die Freien gekommen. Glaubte das 19. Jahrhundert noch ganz selbstverständlich an den einfachen Freien als die Durchschnittsfigur der fränkischen Gesellschaft, an welchen sich die rechtlichen Anweisungen im Regelfall richteten, so weckte die Lehre von den Königsfreien hieran gewisse Zweifel, weil sie zeigen konnte, daß im Einzelfall Freie übertragen werden konnten. Gestützt auf das philologische Argument, daß das Wort frei mit Wörtern für Liebe und Schutz in Zusammenhang stehe, gewann sie die Überzeugung, daß zur Freiheit der Schutz eines Herrn gehöre und damit der Freie eigentlich jemand sei, der unter dem Schutz eines Herrn stehe. Da Schutz aber immer auch Abhängigkeit bedeute, seien die Freien abhängig. Obwohl die Quellen von Freien vielfach sprechen, waren sie damit als solche beseitigt.

Hiergegen hat sich dann doch einiger Widerspruch erhoben. An Hand von Quellen des alemannischen Klosters Sankt Gallen etwa ließ sich zeigen, daß Adelige, Freie und Zinsleute in den Versammlungen rechtlich gleichgestellt waren. Die Betrachtung der Kapitularien zeigte, daß der Ausdruck liberi eine Sammelbezeichnung für sozial recht unterschiedliche Gruppen gewesen ist, ohne diese alle dem Königsdienst im allgemeinen und der Militärkolonisation, welche mit den Königsfreien in Verbindung gebracht wird, im besonderen zuzuweisen. Auch die Untersuchung der entsprechenden Stellen des bayerischen wie des alemannischen Rechts hat zu keinen anderen Ergebnissen geführt. Dementsprechend ist an der grundsätzlichen Freiheit der Freien festzuhalten.

Literatur: Brunner, H., Deutsche Rechtsgeschichte, Bd. 1 2. A. 1906, Bd. 2 2. A. 1928; Mayer, T., Königtum und Gemeinfreiheit im frühen Mittelalter, DA 6 (1943), 239; Metz, W., Das karolingische Reichsgut, 1960; Hunke, H., Germanische Freiheit im Verständnis der deutschen Rechts- und Verfassungsgeschichtsschreibung, Diss. jur. Göttingen 1972; Köbler, G., Die Freien im alemannischen Recht, In: Beiträge zum frühalemannischen Recht 1978, 38; Kroeschell, K., Deutsche Rechtsgeschichte, Bd. 1 1972, 7. unv. A. 1985; Köbler, G., Rechtsgeschichte, 3. A. 1982.

Die Rettung des Wissens

Die Taufe des fränkischen Königs Chlodwig war schon gut 200 Jahre her, als im Jahre 723 der Angelsachse Winfrid, der zunächst Leiter der Klosterschule in Nursling gewesen war und Schulbücher zur Grammatik und Metrik verfaßt hatte, dann aber auf seinen Wunsch 719 vom Papst unter dem Namen Bonifatius den Auftrag zur Mission sowie 722 die Weihe zum Bischof erhalten hatte, ins Innere des fränkischen Reiches jenseits des alten Limes zog, wohin das Christentum nicht schon unter den Römern gelangt war. Ausgerüstet war er mit einem Schutzbrief des Hausmeiers Karl Martell. Erfahrung hatte er bereits seit mehreren Jahren bei den Friesen und Thüringern gesammelt. In Hessen war ihm schon die Gründung einer Kirche in Amöneburg gelungen.

Die Hessen insgesamt aber zweifelten noch an der fremden Lehre. Sie hatten ihre alten germanischen Götter wie den wütenden Wotan oder den donnernden Donar, welche sie in Wäldern und Hainen verehrten. Dem Donar war eine riesige Eiche geweiht. Sie nun wählte Bonifatius aus, um die Stärke seines christlichen Gottes und die Machtlosigkeit des gefürchteten Donnergottes zu erweisen. Vor aller Augen machte er sich ans Werk und hieb den gewaltigen Riesen um. Er fiel, ohne daß Blitz und Donner den fällenden Bischof gestraft hätten. Ihn konnte nur die Macht seines Gottes geschützt haben, der demnach stärker als der alte Donnergott war.

Diesem neuen Gott strömten die Hessen nunmehr zu. In rascher Folge gelang Bonifatius die Gründung vieler Klöster. Zu Amöneburg kamen Ohrdruf, Fritzlar, Tauberbischofsheim, Kitzingen, Ochsenfurt und Hersfeld (736) hinzu. Auf seiner dritten Reise nach Rom gewann er die Würde eines päpstlichen Legaten, die es ihm ermöglichte, in Bayern Bischöfe in Regensburg, Freising und Salzburg einzusetzen. Danach schuf er mit der Unterstützung des Hausmeiers Karlmann die Bistümer Würzburg, Büraburg (bei Fritzlar), Erfurt und Eichstätt. Nach dem Sturz des bisherigen Mainzer Bischofs erhielt er als persönlicher Missionserzbischof das Bistum Mainz. Im Jahre 744 gründete er inmitten der Völker seiner Mission das Kloster Fulda. Wenig später verlor er freilich rasch an Bedeutung, als die merowingischen Hausmeier sich ohne ihn unmittelbar an den Papst wandten und mit dessen Zuspruch sich selbst an die Stelle des bisherigen Königsgeschlechtes setzten. Am 5. Juni 754 wurde er bei den Friesen, als er gerade einigen Neubekehrten die Firmung spenden wollte, von habgierigen Räubern ohne Furcht vor der Strafe des christlichen Gottes erschlagen. Das über den Kopf gehaltene Evangelium vermochte nicht, ihn gegen die blanke Waffe zu schützen.

Als ein Baumeister des christlichen Abendlandes hatte Bonifatius nicht nur in selbstlosem Dienst als Missionar eine Lücke im fränkischen Reich geschlossen, sondern zugleich die fränkischen Kirchen auf Rom und dessen kirchliche Regeln hin ausgerichtet und so auf ihre späteren Aufgaben vorbereitet. Da die christliche Lehre der jüdisch-griechisch-römischen Antike entstammte, bedeutete ihre Übernahme zugleich eine Aufnahme fremden Gedankengutes. Sie vollzog sich nunmehr in einem ständig zunehmenden Strom. Die wichtigsten Pflegestätten waren dabei die vielfach in alten Römerstädten gelegenen Bischofskirchen und die Klöster.

Im Mittelpunkt der christlichen Lehre steht die Heilige Schrift (lat. sacra scriptura), die seit dem 12. Jahrhundert als biblia bezeichnet wird, dessen Zusammenhang mit griechisch biblos, beschriebenes Blatt, Buchrolle, Buch noch ungeklärt ist. Was inhaltlich als zu dieser Heiligen Schrift zugehörig anerkannt werden konnte, war bis zur zweiten Hälfte des 2. nachchristlichen Jahrhunderts abgeklärt, in der auch bereits zwischen Altem Testament und Neuem Testament geschieden wurde. Die biblischen Bücher, von denen sich die alttestamentlichen Schriften nach ihrer Entstehung etwa über ein Jahrtausend verteilen, kamen zuerst in griechischer Sprache, in welche sie wohl seit dem 3. vorchristlichen Jahrhundert allmählich übersetzt worden waren, nach dem Westen. Dort sind sie anscheinend zuerst in Gallien und Nordafrika ins Lateinische übertragen worden. Dem folgte eine meist Vetus Latina genannte sprachlich nicht besonders gewandte Übersetzung ins Lateinische, von der sich aber nur umfangreiche Reste erhalten haben. Um die durch die Vielzahl der im Umlauf befindlichen lateinischen Texte entstandenen Unklarheiten zu beseitigen, beauftragte am Ende des 4. nachchristlichen Jahrhunderts der Papst den Kirchenvater Hieronymus mit einer neuen Übersetzung aus dem Griechischen, wobei Hieronymus zunehmend auch auf hebräische Vorlagen zurückgriff. Sein Werk verdrängte bis zum 7. Jahrhundert die Vetus Latina und bildete die Grundlage der sog. Vulgata.

Mit dieser Bibel waren noch in ihrer griechischen Fassung bereits die Goten in Berührung gekommen. Bischof Wulfila hatte sie wohl noch vor der Übersetzung des Hieronymus nach einer im einzelnen unbekannten Vorlage ins Gotische übertragen, wobei auch die Vetus Latina einen gewissen Einfluß ausgeübt hatte. Seine Übersetzung ist durch sieben fragmentarische Handschriften überliefert, welche zeitlich dem frühen 5. bis frühen 7. Jahrhundert und örtlich dem ostgotischen Italien wie vielleicht dem Donauraum oder Gallien entstammen.

Daneben war aber vor allem die lateinische Bibel selbst in zahlreichen Exemplaren mit der Mission, wie sie etwa schon Columban bei Bregenz, Gallus bei Sankt Gallen, Pirmin auf der Reichenau, Rupert in Salzburg, Emmeram (gest. um 680) in Regensburg und Kilian in Franken mit zunehmendem Erfolg geführt hatten, in das fränkische Reich gekommen, wobei allerdings Teilbibeln (z. B. neunbändige Bibeln) häufiger waren als Vollbibeln in einem Band, von denen sich aber etwa im 6. Jahrhundert in der berühmten Bibliothek des spätantiken Staatsmannes und Schriftstellers Cassiodor (490–580) in Vivarium in Kalabrien immerhin zwei Stücke befanden.

Der Missionar hatte, wie gerade auch das Beispiel des Bonifatius zeigt, wenigstens die Bibel immer dabei. Sobald er dann einen festen Stützpunkt in der Form eines Kloster gewonnen hatte, ließ er sie und anderes dort so oft zur weiteren Verbreitung abschreiben, daß der eine oder andere Schreiber es nicht zu unterdrücken vermochte, am Rande zu vermerken: Voll Mühe habe ich geschrieben, mit noch mehr Mühe habe ich das Ende herbeigesehnt.

Als solche Schreiborte, in denen als erstes Abschriften der Bibel hergestellt wurden, treten im deutschsprachigen Raum in der karolingischen Zeit etwa zwei Dutzend Orte deutlicher hervor. Dazu gehören im alemannischen Südwesten vor allem Straßburg, Murbach, Reichenau und Sankt Gallen, im bayerischen Südosten Augsburg, Benediktbeuren, Tegernsee, Freising, Regensburg, Passau, Salzburg und Mondsee, in der fränkischen Mitte Weißenburg, Lorsch, Mainz, Würzburg, Fulda, Köln, Trier und Echternach sowie im sächsischen Norden Verden und Corvey. Ihre sorgfältige Untersuchung zeigt, daß sämtliche Schreibschulen erst im zweiten Drittel des 8. Jahrhunderts festere Formen des Schreibunterrichts, welche sich in der Herstellung von Büchern niederschlagen, angenommen haben. Alle vorkarolingischen Bücher sind demgegenüber von auswärts eingeführt. Dabei stammen etwa die ältesten, bis ins 5. Jahrhundert zurückreichenden Handschriften des Klosters Sankt Gallen, dessen heute noch vorhandene Stiftsbibliothek insgesamt etwa 2100 Handschriften umfaßt, aus Italien und enthalten die 108 vor 800 geschriebenen Sankt Gallener Handschriften einheimische Schriftzüge nur neben rätischen, burgundischen, langobardischen, französischen, angelsächsischen und irischen. Die acht erhaltenen vorkarolingischen

18 Kloster Lorsch, karolingische Torhalle (8. Jh.)

Handschriften in Würzburg wurden gleichfalls vorwiegend im 5. bis 7. Jahrhundert in Italien hergestellt und von angelsächsischen Missionaren nach Würzburg gebracht.

Versucht man ein Gesamtbild des frühmittelalterlichen Schrifttums zu erstellen, so ist von einer Zahl von rund 7000 aus dem ausgehenden 8. und dem 9. Jahrhundert ganz oder bruchstückweise erhaltenen Handschriften auszugehen, welche sich in etwa 100 benennbare und weitere nicht lokalisierbare Gruppen einteilen lassen. Im deutschen Sprachraum könnte bei etwa 25 Schreib- und Bibliotheksorten, einem durchschnittlichen Umfang von 40 Handschriften pro Bibliothek und einem Überlieferungsverlust von etwa der Hälfte am Ende des 8. Jahrhunderts insgesamt mit einer Zahl von 2000 Handschriften gerechnet werden. Sie könnte sich bis zum Ende der karolingischen Zeit gut verdoppelt haben.

Betrachtet man rund 1000 Handschriften, welche inhaltlich gut erschlossen sind, daraufhin, was sie enthalten, so zeigt sich ein eigentlich zu erwartendes eindeutiges Übergewicht des kirchlichen Schrifttums über das sonstige Schrifttum. Von jeweils acht Büchern betreffen sieben kirchliche Angelegenheiten und nur eines einen nichtkirchlichen Gegenstand. Etwa jede zehnte Handschrift ist eine Bibelhandschrift, jede vierte Handschrift ein Bibelkommentar. Jede dritte Handschrift betrifft christliche Einzelfragen und jede fünfte Handschrift ist ein Homiliar, Lektionar oder Sakramentar.

Innerhalb des sonstigen Schrifttums fallen einige Sammelwerke besonders auf. Dazu gehören etwa die Etymologiae sive Origines des spanischen Bischofs Isidor von Sevilla aus den ersten Jahrzehnten des 7. Jahrhunderts, welche in etwa 7000 Begriffen und 200000 Wörtern die gesamte Summe des zu ihrer Zeit vorhandenen Wissens auf der Grundlage des spätantiken Schrifttums darstellen (Grammatik, Rhetorik, Dialektik, Arithmetik, Geometrie, Astronomie, Medizin usw.). Von ihr sind allein bis zum Ende des 9. Jahrhunderts rund 200 Handschriften ganz oder teilweise erhalten, von denen einzelne sich mit Salzburg, Regensburg, Benediktbeuren, Freising, Einsiedeln, Sankt Gallen, Reichenau, Lorsch, Würzburg, Trier und anderen deutschen Schreiborten in Verbindung bringen lassen, so daß davon ausgegangen werden kann, daß mit Isidors Werk der Kernbestand des antiken Wissensgutes im fränkischen Reich vielerorts greifbar war. Daß man diese Gelegenheit auch tatsächlich ergriff, zeigt etwa die gewaltige Enzyklopädie De natura rerum des Mainzer Erzbischofs Hrabanus Maurus (780–856).

Daß das Verhältnis der Kirche zu den nichtkirchlichen Schriften nicht negativ sein konnte, zeigte sich bereits daran, daß sie durch die geistlichen Schreiber verbreitet werden durften. Dies beruht darauf, daß die Kirche schon am Ausgang der Spätantike den dienenden Wert der Beschäftigung mit den heidnischen Künsten etwa der Grammatik, Rhetorik oder Dialektik erkannte, mit deren Hilfe auch die Bibel leichter zu verstehen, zu erklären und zu verbreiten war. Deshalb bejahte sie sie zunehmend als Stufen der Wissenschaft (gradus scientiae) unter dem Vorbehalt, daß sie dem Glauben nicht schadeten.

Schreibsprache war grundsätzlich das Lateinische. Für die Bibel und das biblische Schrifttum war dies kein Nachteil, weil sie bereits lateinisch von den Missionaren eingeführt worden war. Wer wie Bonifatius bereits als Kind dem Klosterleben zugeführt wurde, entwickelte sich dort leicht von selbst zum Lateiner. Schwieriger war es dagegen, die lateinische Bibel dem nichtlateinischen Volk nahezubringen, wie dies in ersten zaghaften Übersetzungen in das Althochdeutsche und das Altniederdeutsche seit der karolingischen Zeit versucht wurde. Ebensoviele Schwierigkeiten entstanden aber auch, wenn man die nationalsprachliche Wirklichkeit in lateinischen Worten wiedergeben wollte, wie dies im Gefolge etwa der Geschichtsbücher Gregors von Tours auch in Ostfranken zunehmend versucht wurde.

Literatur: Schieffer, T., Winfrid-Bonifatius und die christliche Grundlegung Europas, 1954; Bischoff, B., Die südostdeutschen Schreibschulen und Bibliotheken in der Karolingerzeit, Teil 1 2. A. 1960; Glauche, G., Schullektüre im Mittelalter, 1970; Lowe, E. A., Codices Latini Antiquiores, Bd. 1ff. 2. A. 1972; Bischoff, B., Paläographie des römischen Altertums und des abendländischen Mittelalters, 1979; Semmler, J., Mönche und Kanoniker im Frankenreiche Pippins III. und Karls des Großen, 1980; Köbler, G., Altniederdeutsch-neuhochdeutsches Wörterbuch, 2. A. 1982; Köbler, G., Vorstufen der Rechtswissenschaft, ZRG 100 (1983), 75; Köbler, G., Sammlung kleinerer althochdeutscher Sprachdenkmäler, 1986; Köbler, G., Sammlung aller altsächsischen Texte, 1987; Köbler, G., Sammlung aller Glossen des Altsächsischen, 1987; Köbler, G., Althochdeutsch-neuhochdeutsches Wörterbuch, 3. A. in Vorb.

Das gute alte Recht

Über die mittelalterliche Anschauung vom Recht schrieb der am Ende seines Lebens zur katholischen Kirche konvertierte, zur Universalgeschichte tendierende Historiker Fritz Kern (1884–1950) in der Zeit des Ersten Weltkrieges in Kiel und Frankfurt zusammengefaßt etwa folgende, weithin übernommene Sätze: Das germanisch-mittelalterliche Recht ist eine objektive Ordnung, an deren Anfang Gott steht. Diese objektive Ordnung ist ungeschrieben, ungesetzt und unwandelbar. Das Recht ist alt und gut und kann nicht gemacht werden. Es wird gefunden im Gewissen und in alten Überlieferungen. Das alte Recht bricht das jüngere, ja neues Recht ist überhaupt ein Widerspruch in sich. Rechtserneuerung ist nicht möglich. Sie kann höchstens als Wiederherstellung verlorenen und gekränkten Rechts verwirklicht werden. Dafür ist legem emendare (Recht bessern) der allgemeine lateinische Ausdruck. Der Staat kann kein Recht herstellen. Er ist nur Rechtsbewahrstaat.

Betrachtet man die Zeugnisse, mit welchen diese eindrucksvolle Gesamtsicht untermauert wird, näher, so zeigt sich, daß Fritz Kern etwa seine Behauptung, das germanische Gemeinwesen sei seinem Begriff nach Rechts- und Ordnungsstaat, präziser gesagt Rechtsbewahrstaat, auf eine Arenga Friedrichs I. Barbarossa und eine Nachricht Isidors von Sevilla stützt. Hiervon hatte Isidor von Sevilla in seinen Etymologien das gesamte Wissen der Antike zusammengefaßt. Friedrich Barbarossa dagegen herrschte am Ende des 12. Jahrhunderts. Von daher fragt es sich, ob gerade diese beiden die besten Zeugen für ein germanisches Gemeinwesen sein können.

Untersucht man, geleitet von diesen Zweifeln, die Rechtsquellen des frühen Mittelalters, so ergibt sich ein vielfältiger Befund.

Zunächst fallen innerhalb der großen Zahl mittelalterlicher Handschriften fast 300 Zeugnisse auf, welche das Recht einzelner germanistischer Völker überliefern. Etwa ein Drittel hiervon betrifft die Franken, je ein Sechstel die Alemannen und Bayern, ungefähr je ein Zwölftel die Westgoten, Langobarden und Burgunder und einige wenige Texte beziehen sich schließlich auf Sachsen, Thüringer und Friesen. Zeitlich stammen sie vor allem aus dem 9. und 10. Jahrhundert, wenn zu ihnen auch ein Fragment des späteren 6. Jahrhunderts und einige wenige Stücke des 7. und 8. Jahrhunderts gehören. Örtlich lassen sich einzelne dieser Handschriften den Bibliotheken etwa von Sankt Gallen, Konstanz, Reichenau, Weißenburg, Lorsch, Murbach, Augsburg, Freising, Tegernsee, Wessobrunn, Regensburg, Passau, Kremsmünster, Salzburg, Würzburg, Mainz, Fulda, Köln, Echternach, Trier, Corvey und Paderborn und damit fast allen wichtigen Schreiborten des deutschen Sprachraumes zuordnen.

Entstehungsgeschichtlich werden die von ihnen überlieferten Texte allerdings trotz vieler Unklarheiten und Zweifel im einzelnen insgesamt deutlich früher angesetzt, als die Hauptmasse der erhaltenen Handschriften anzudeuten scheint. Die ältesten von ihnen geraten sogar in unmittelbare zeitliche Nähe zu den römischen Konstitutionensammlungen des Kaisers Theodosius von 438, von denen etwa ein verschollener westgotischer Codex Theoderichs und ein dem westgotischen König Eurich (gest. 484) zugeschriebenes Fragment, das in Wörtern wie iubere und praecipere deutlich den anordnenden Charakter seiner Regeln erkennen läßt, angeregt worden sein könnten. Noch an der Wende des 5. zum 6. Jahrhundert jedenfalls entstehen die Sammlungen der Burgunder, von denen die Lex Romana Burgundionum (römisches Recht der Burgunder) einen Auszug aus den römischen Codices Gregorianus, Hermogenianus und Theodosianus und einigen kleinen römischen Rechtstexten darstellt und von denen die Lex Burgundionum (Recht der Burgunder) neben Titeln im sog. Weistumsstil zahlreiche Titel enthält, welche unverkennbar Ähnlichkeiten mit Gesetzgebungsakten der spätrömischen Kaiser haben und deshalb wie diese als Konstitutionen angesehen werden müssen, aus denen das burgundische Recht als ein in starker Bewegung befindliches Recht aufscheint. Die Lex Romana Visigothorum (römisches Recht der Westgoten) des Jahres 506 wiederum bietet einen Auszug des römischen Codex Theodosianus (395 von etwa 3400 Konstitutionen), der posttheodosianischen Novellen, des Codex Gregorianus und des Codex Hermogenianus sowie einiger kleinerer römischer Rechtstexte. Hinzu kommt schließlich noch ein weiterer, vielleicht dem Ostgotenkönig Theoderich zuzuschreibender Rechtstext.

Sieht man so, daß die in das weströmische Reich einbrechenden Goten und Burgunder teils das römische Recht unmittelbar fortgeführt haben, teils sich zumindest seiner Techniken, im einzelnen auch seiner Inhalte bedient haben, so verwundert es nicht allzu sehr, daß auch Rechtstexte der Franken in diese frühe Zeit gesetzt werden, auch wenn sie erst aus dem späteren 8. Jahrhundert überliefert sind. Danach soll in den letzten Herrschaftsjahren König Chlodwigs (507–11) das Recht der Franken erstmals aufgezeichnet worden sein, wobei auch hier der Text Weistum und Konstitution nebeneinander erkennen läßt. Nach seinem sagenhaften Prolog wurde dabei zwischen den Franken und ihren Großen vereinbart und beschlossen, daß man, um den Eifer für Frieden untereinander zu bewahren, alle Anlässe für Streitigkeiten beschneiden müßte und daß man die benachbarten Stämme, die man durch die Macht überrage, auch durch Recht und Gesetz (legali auctoritate) übertreffen müßte, damit gemäß der Art der Streitigkeiten die Übeltaten (criminales actiones) ein Ende fänden. Deshalb seien aus ihnen Wisogast, Salegast, Arogast und Widogast aus Bodoheim, Saleheim und Widoheim jenseits des Rheins ausgewählt worden, die in drei Verhandlungen zusammengekommen seien und alle Gründe der Streitigkeiten sorgsam besprochen und über die einzelnen eine Entscheidung getroffen (iudicium decernere) hätten.

Im frühen 7. Jahrhundert folgten dann vielleicht die fränkischen Ribwarier, die Alemannen und Bayern, die Angelsachsen, die ursprünglich arianischen, seit 616 katholisch gewordenen Langobarden und wieder die Westgoten. Von den in den Quellen selbst vorgetragenen Entstehungsberichten ist derjenige des langobardischen Königs Rothari (636–52), der die bis dahin byzantinischen Teile Ostitaliens eroberte, aus dem Jahre 643 am klarsten: Wie sehr wir uns um unserer Untertanen Wohlfahrt kümmerten und kümmern, erhellt aus jeder Seite, die hier folgt. Und nicht zuletzt im Hinblick auf die ständigen Bedrückungen der Armen wie auch ihre ganz überflüssige Beanspruchung geschieht dies, wodurch, wie uns gar wohl bekannt, die Mächtigen sie vergewaltigen. So schien es uns denn geboten, im Vertrauen auf des allmächtigen Gottes Gnade das vorliegende Recht (lex) zu berichtigen (corrigere), das alle früheren erneuert (renovat) und bessert (emendat), Lücken ausfüllt und das, was überflüssig, abstößt. Demnach ist der christliche König eindeutig Besserer des Rechts, der (mit Zustimmung der Heeresversammlung) erläßt, berichtigt oder beseitigt, wie er dies für richtig hält und am Ende sogar ganz entschieden anordnet, daß kein Exemplar seines Textes verwendet werden dürfe, das nicht von der Hand seines Notars Answald geschrieben oder anerkannt ist. Spätere Könige haben dieses Recht durch jahrgangsweise geordnete Satzungen ergänzt und gebessert.

Unter Karl dem Großen wurden die meisten der Texte dann nochmals überarbeitet. Auf dem Aachener Reichstag von 802 kamen wohl Sachsen, Thüringer, Friesen und fränkische Chamaven noch hinzu. Damit klingt die Welle der noch von der Antike angeregten Niederschriften der Volksrechte aber aus.

Neben diesen umfassenden Texten stehen von Anfang an die als Kapitularien zusammengefaßten Edikte und Konstitutionen, welche noch stärker als die Volksrechte auf die spätrömische Konstitution des Kaisers zurückgehen dürften. Sie setzen im 6. Jahrhundert ein, erreichen unter Karl dem Großen und Ludwig dem Frommen ihre größte Bedeutung und treten danach wieder deutlich zurück. Sie befassen sich grundsätzlich mit rechtlichen Angelegenheiten jeder Art, mögen auch Regeln über Gerichts-

19 Ein Gesetzgeber (um 793). St. Gallener Codex 731

20 Frühmittelalterliches Konzil (820–30), Utrecht

verfassung, Verfahren, Verwaltung und Strafen vorherrschen. Über weiteste Strecken fehlt jegliche Unterscheidung zwischen weltlichen und kirchlichen Fragen.

Die Kirche selbst faßte im übrigen die in canones formulierten Synodalbeschlüsse schon bald nach dem Konzil von Sardika (343) in Sammlungen zusammen, von denen die älteste wohl in Rom selbst entstand. Sie und eine in der griechisch sprechenden Welt allgemein anerkannte Sammlung gingen in die nach 419 entstandene sog. Freising-Würzburger Sammlung ein, welche wiederum die Vorlage für die später weitverbreitete Sammlung des Dionysius Exiguus (500–45, sog. Dionysiana) bildete. In Afrika und Spanien hatte die Übung, jeweils die canones der vorhergehenden Synoden in der neuen Synode vorlesen und billigen zu lassen, zu Sammlungen geführt, welche in der um 633 verfaßten sog. Hispana endeten. 774 erbat Karl der Große von Papst Hadrian eine Fassung der Dionysiana (Dionysio-Hadriana), welche nach Ausweis ihrer fast 100 bekannten Handschriften rasche Verbreitung wie systematische Bearbeitung fand. Andere der mehr als 40 verschiedenen, zwischen dem Ende des 5. und dem Beginn des 9. Jahrhunderts entstandenen Sammlungen blieben zwar ohne weitere Verbreitung, zeigen aber doch das beachtliche Interesse an der Kenntnis des kirchlichen Rechts.

Neben all diesen allgemeinen Bestimmungen, die etwa durch die Etymologien Isidors von Sevilla für das antike Recht noch ergänzt werden, erscheinen dann auch noch konkrete Zeugnisse einzelner praktischer Urkunden, für die sogar zahlreiche Formelsammlungen angelegt wurden. Die Zahl dieser Urkunden beträgt für den deutschsprachigen Raum immerhin fast 15 000, von denen knapp ein Drittel vom König herrührt. Bei den anderen Urkunden, die vor allem aus Lorsch, Freising, Sankt Gallen, Fulda, Regensburg, Corvey, Weißenburg, Passau und Mondsee erhalten geblieben sind, fällt eine große Dichte um die Wende vom 8. zum 9. Jahrhundert auf. Zu berücksichtigen ist zusätzlich, daß sie sich nur auf verhältnismäßig wenige besondere Gegenstände wie die Grundstücksgeschäfte beziehen.

Nimmt man all dies sowie das fast völlige Fehlen juristischer Literatur im engeren Sinne zusammen, so ergibt sich ein Bild von Recht, in dem Dynamik, wie sowohl die

Form der vielen Konstitutionen als auch zahlreiche inhaltliche Entwicklungen wie das Vordringen der Urkunde oder die Ausbildung des Lehenswesens zeigen, durchaus ihren Platz hat. Dem entspricht es, daß Belege für die Wendungen gutes altes Recht sich nirgends und für legem emendare nur äußerst selten finden. Einen mythischen Gesetzgeber kennen die nicht von der Kirche beeinflußten ältesten Quellen ebensowenig wie einen germanischen Rechtsgott. Zwar geht entsprechend dem Prioritätsgrundsatz die ältere Urkunde der jüngeren verschiedentlich vor, doch bricht keineswegs das ältere Recht immer das jüngere, vielmehr ändern die Kapitularien bei Bedarf das Volksrecht ohne weiteres ab. Lediglich in der von Fall zu Fall auch durchaus neue Regeln schaffenden Kirche kommt dem Alter und der Güte eines Rechtssatzes eine gewisse Bedeutung bei. Da die Kirche aber auch die mythische Herkunft des Rechts vom christlichen Gott kennt, ist diese Vorstellung hier gut verständlich. Germanisch ist sie jedoch keineswegs. Selbst im späten Mittelalter setzt sie sich gegenüber der von tatsächlichen Notwendigkeiten beherrschten Wirklichkeit auch nur teilweise durch.

Literatur: Kern, F., Gottesgnadentum und Widerstandsrecht im frühen Mittelalter, 1912; Kern, F., Über die mittelalterliche Anschauung vom Recht, HZ 115 (1916), 496; Kern, F., Recht und Verfassung im Mittelalter, HZ 120 (1919), 1; Ganshof, F. L., Was waren die Kapitularien?, 1961 (aus dem Niederländischen übertragen von W. A. Eckhardt); Köbler, G., Das Recht im frühen Mittelalter, 1971; Köbler, G., Vorstufen der Rechtswissenschaft, ZRG 100 (1983), 75.

Der König und sein Reich

In diesem Jahr kam ein Mönch aus Jerusalem und überbrachte dem König vom Patriarchen Segen und Reliquien vom Grabe des Herrn. Hassan, der Befehlshaber von Huesca, übersandte durch seinen Boten die Schlüssel der Stadt mit Geschenken. Weihnachten feierte man in der Pfalz. Danach ließ der König den Jerusalemer Mönch in Begleitung des Priesters Zacharias mit Geschenken heimziehen. Er selbst verließ Mitte März die Pfalz in Aachen, durchzog das Küstengebiet Galliens, ließ auf dem von Seeräubern unsicher gemachten Meer eine Flotte bauen und einen Wachdienst einrichten und feierte Ostern in Saint Riquier. Von hier zog er entlang der Küste nach Rouen, setzte dort über die Seine und gelangte nach Tours, wo seine Gemahlin Luitgard erkrankte und am 4. Juni starb. Von hier zog er über Orléans und Paris nach Aachen. Anfang August kam er nach Mainz und ordnete einen Heereszug nach Italien an. In Ravenna befahl er das Unternehmen gegen Benevent und wandte sich nach Rom. Am 24. November empfing ihn der Papst in Rom. Dann führte der König die Untersuchung über die dem Papst zur Last gelegten Verbrechen. Da niemand die Wahrheit dieser Anschuldigungen beweisen wollte, reinigte der Papst sich unter Anrufung der heiligen Dreieinigkeit durch einen Eid von den ihm zur Last gelegten Verbrechen. Am selben Tag kam Zacharias aus dem Osten nach Rom zurück. Und er feierte Weihnachten in Rom, wo Papst Leo ihm die Kaiserkrone aufs Haupt setzte.

Mit diesen Worten beschreiben die sog. Reichsannalen die wesentliche Tätigkeit des fränkischen Königs Karl des Großen im Jahre 800. Ihre Angaben lassen sich durch zusätzliche Quellen stützen und erweitern. So ist etwa vom 26. März 800 eine Urkunde abschriftlich erhalten, in welcher Karl der Große dem Kloster Saint

21 Der langobardische König Agilulf (590–615) auf seinem Thron (1. Hälfte 7. Jh.). Früheste bekannte Darstellung eines germanischen Königs, Florenz

Bertin das Jagdrecht in dessen eigenen Wäldern verleiht, und vom 2. Juni 800 eine Urkunde für das Kloster Cormery, in welcher er diesem Zollfreiheit für zwei Schiffe gewährt.

Zusammen mit anderen Nachrichten zeigen sie insgesamt, daß der König sein Reich im Umherziehen verwaltet. Grundlage hierfür ist in erster Linie sein eigenes Königsgut, das in seiner Person grundherrschaftlich zusammengefaßt ist. Je nach seinen Bedürfnissen und seinen Möglichkeiten baut er es aus. Besonders bedeutsam sind daher seine palatia (zu lat. Palatium, dem Hügel in Rom, auf welchem die Kaiser residierten), weil sie für längere Aufenthalte eingerichtet werden. Solche Pfalzen waren an sich über weite Gebiete des Reiches verstreut. Dennoch treten zu einzelnen Zeiten einzelne von ihnen als besonders häufiger Aufenthaltsort hervor. Unter den Merowingern sind Paris, Soissons, Orléans, Chalon-sur-Saône, Reims, Metz, Straßburg, Worms, Trier, Mainz, Köln, Clichy, Quierzy und Compiègne sowie Selz, Marlenheim, Andernach, Koblenz und Zülpich besonders bedeutsam. Unter den Karolingern kommen Herstal, Aachen, Düren, Nimwegen, Diedenhofen, Ingelheim, Sinzig, Frankfurt am Main, Salz, Paderborn sowie in Italien Pavia und in Bayern Regensburg hinzu, wobei vor allem Aachen, Nimwegen und Ingelheim besonders häufig besucht werden.

Diese Pfalzen, die sich sowohl in befestigten Orten (civitates) wie auch auf dem flachen Land finden, waren mehrteilige Gebilde, die aus dem landwirtschaftlichen Hof und zusätzlichen Palastbauten bestanden. Im 9. Jahrhundert treten Befestigungen hinzu. Mancherorts errichten auch einzelne Große eigene Bauten in diesem Bereich.

Versorgt wurde die Pfalz in erster Linie von dem zugehörigen Wirtschaftshof. Hinzu kamen die von ihm abhängigen Nebenhöfe. Bei längerer Anwesenheit des

Königs dürften aber auch Leistungen über weite Entfernungen herbeigeführt worden sein, wie sich dies bei Reims für Aachen erweisen läßt. Im 9. Jahrhundert konnte dementsprechend auch der Bischof von Toul sich nur mit der Begründung der Gestellung von Bauhandwerkern in Aachen widersetzen, daß er schon in Gondreville Bauarbeiten ausführen müsse.

Im ostfränkischen Reich erscheinen nach 843 Ötting, Ranshofen, Aibling, Forchheim, Trebur, Ulm und Bodman als neue Pfalzen. Unter den Ottonen treten Königsdahlum, Werla, Quedlinburg, Derenburg, Magdeburg, Dornburg, Merseburg, Memleben, Allstedt, Wallhausen, Tilleda, Mühlhausen, Nordhausen, Pölde, Grone sowie Dortmund, Duisburg und Zürich hinzu. Später nahmen vor allem die Salier Aufenthalt hauptsächlich in den Bischofsstädten.

Mit dem König zieht sein Hof, den vermutlich auch spätantike Vorbilder beeinflußt haben. Neben einer unterschiedlichen Zahl von bewaffneten Kriegern und sonstigen Hilfspersonen gehören zu ihm vor allem die Träger der wichtigsten Hofämter. Von diesen ist der Seneschall (Altknecht) oder Truchseß (Leutesetzer) für die Verpflegung verantwortlich, der Marschall (Pferdeknecht) für die Versorgung mit Pferden, der Schenk für die Getränke und der Kämmerer für die Verwaltung der Einkünfte. Die Urkunden werden von dem Kanzler und der von ihm betreuten Kanzlei hergestellt. In ihr wirken nach dem Niedergang des weltlichen Schriftwesens bald nur noch geistliche Schreiber.

Der König nimmt die zur Verwaltung seines Hofes erforderlichen Mittel aus seinen eigenen, ihm bei der Landnahme oder später angefallenen großen Gütern. Hinzu kommen Gaben unterschiedlichster Art sowie Banngelder und Zölle. Außerdem bezieht der König bei Bedarf auch das Kirchengut ein. Das Heer muß sich jeweils selbst versorgen.

Wie die Reichsannalen anschaulich zeigen, kann der König im Laufe eines Jahres nur einen kleinen Teil seines Reiches aufsuchen. Manche Gebiete sieht er während seiner gesamten Herrschaftszeit nur ein einzigesmal oder überhaupt nicht. Deswegen bedarf er zur Verwaltung des Reiches über den Hof hinaus zahlreicher Hilfspersonen.

Als solche sind in merowingischer Zeit comes und grafio vorhanden. Der merowingische comes, dessen Beziehung zu den spätantiken comites (Begleitern) der römischen Kaiser nicht völlig klar ist, hat die königliche Aufgabe der Friedenswahrung im örtlichen Bereich durchzuführen. Der merowingische grafio, dessen Name sich vielleicht mit dem gotischen Wort gagrefts, Befehl verbinden läßt, soll nach salfränkischem Recht Urteile mit Gewalt durchsetzen. Vielleicht sind comes und grafio zugleich auch örtliche militärische Befehlshaber. Dies könnte es gut erklären, daß um die Mitte des 8. Jahrhunderts beide Personengruppen verschmelzen und comes und grafio gleichgesetzt werden.

Seit dieser Zeit ist der Graf der Träger der königlichen Gewalt überall dort, wo sich der König nicht selbst aufhält. Er sorgt in einem umgrenzten Gebiet dafür, daß das Gut des Königs erhalten bleibt, erhebt Zölle, führt das Heeresaufgebot durch, zieht abgesprochene Güter ein und wahrt allgemein Frieden und Recht. Alle Streitverfahren um Freiheit und Liegenschaften werden vor ihm durchgeführt. Sobald das Königsgut infolge der ständigen Vergabungen seitens des Königs bis auf geringe Reste schwindet, wird die Verfahrensleitung zur wichtigsten Aufgabe des Grafen. Wie weit dabei ein das gesamte Reichsgebiet bedeckendes Geflecht von Grafschaften lückenlos nebeneinander bestand, ist zunehmend streitig geworden.

22 a Modell der karolingischen Königspfalz von Ingelheim am Rhein

22 b Lage der ehemaligen Pfalz im heutigen Ortsbild

Seit dem Ende des 9. Jahrhunderts wird die Tätigkeit als Graf als ein Lehen ausgegeben. Diese Einrichtung leitet sich von dem althochdeutschen Wort lihan, leihen her, das zu einer älteren Wurzel mit der Bedeutung lassen, überlassen gehört. Die Quellen dieses Lehenswesens sind die personenrechtliche Vasallität und das sachenrechtliche Benefizium. Die Vasallität, welche zumindest sprachlich aus dem Keltischen kommt (kelt. gwas, Knecht), ist ein Verhältnis zwischen einem Herrn und einem Vasallen, bei dem der Herr Schutz und Unterhalt, der Vasall Gehorsam und Dienste leistet. Das Benefizium ist demgegenüber ein Verhältnis zwischen zwei Personen, bei dem die eine Land zur Nutzung überläßt und die andere dafür Dienste leistet. Sobald Land an Vasallen gegeben wird und Vasallen Land für Gehorsam und Dienste erhalten, sind Vasallität und Benefizium zum Lehen verschmolzen. Dieses wird lateinisch zunächst als beneficium (Wohltat) bezeichnet, seit dem Ende des 9. Jahrhunderts zunehmend aber als feudum, das sich wohl von fehu, fihu, Vieh herleitet.

Das Lehensverhältnis ist grundsätzlich ein höchstpersönliches Verhältnis zwischen dem Lehensherrn und dem Lehensmann. Es kommt daher mit dem Tode entweder des Lehensmannes oder des Lehensherrn in Wegfall. Ein eventueller Erbe muß es neu begründen. Dies geschieht aus praktischen Gründen aber vielfach tatsächlich. Hieraus entwickelt sich allmählich eine gewisse Tendenz zur Erblichkeit. Diese hat zur Folge, daß der Lehensherr an Rechten hinsichtlich des Lehensgutes verliert und der Lehensmann dementsprechend hinzugewinnt.

Der Lehensmann kann seinerseits das Lehensgut teilweise an eine andere Person weiterverleihen, die dadurch Lehensmann des Lehensmannes (Aftervasall) wird. Hierdurch entsteht allmählich vom König abgeleitet eine Kette von lehensrechtlichen Treueverhältnissen. Sie ist pyramidenförmig nach unten erweitert, so daß man von einer Lehenspyramide spricht.

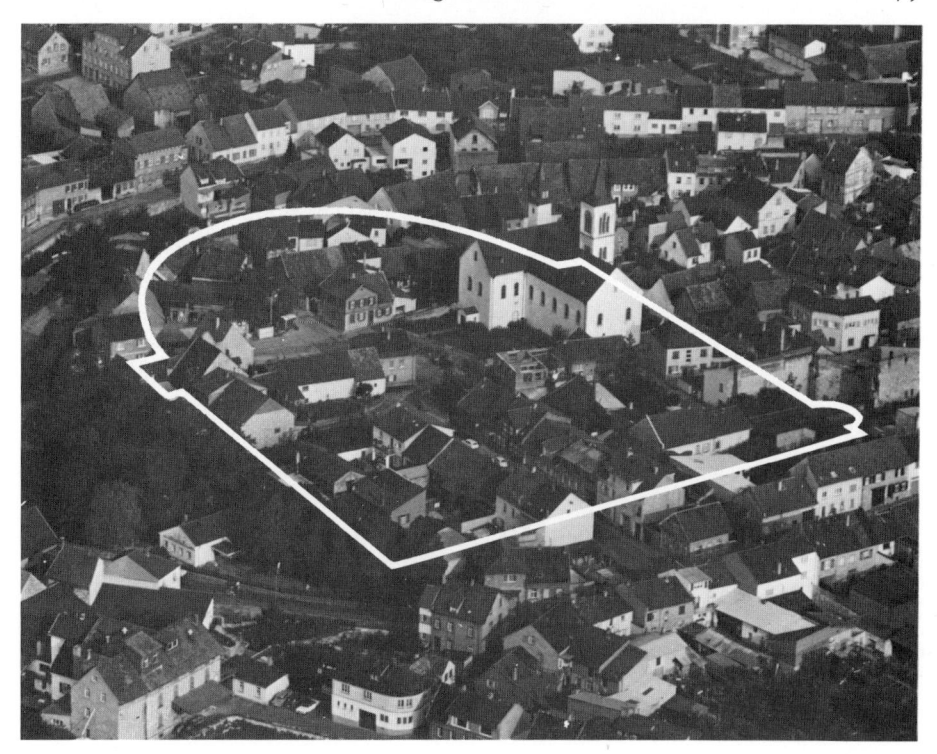

Hinzu kommt, daß als Lehen allmählich nicht mehr lediglich Land vergeben werden kann. Vielmehr wird eine Vielzahl von Rechten ebenfalls Gegenstand von Lehen. Insbesondere gibt der König auch Grafenrechte als Lehen aus. Das hat zur Folge, daß das gesamte Reich in seiner Verwaltung vom Lehensprinzip durchdrungen wird.

Dieser Vereinheitlichung steht allerdings auch wieder eine gewisse Differenzierung gegenüber. Schon seit früher merowingischer Zeit streben nämlich einzelne Große die Befreiung von mittelbarer königlicher Gewalt an. Diese Tendenz geht vermutlich schon auf die Spätantike zurück, in welcher kirchliche und vielleicht auch kaiserliche Güter von den öffentlichen Abgaben und Lasten durch besondere Immunitätsprivilegien befreit wurden. Im 6. und 7. Jahrhundert wird diese Immunität dahin erweitert, daß dem örtlichen Gewalthaber zunächst die Durchführung von Verhören, dann die Einziehung von Abgaben, dann die Wegführung von Geiseln und schließlich der Eintritt als königlicher Amtsträger im Immunitätsgebiet überhaupt verwehrt wird. Die Aufgaben des königlichen Amtsträgers nimmt der Privilegierte in seinem Gebiet dann selbst wahr. Dementsprechend schließen sich Grafschaftsgebiet und Immunitätsgebiet aus. Da in der Folge zahlreiche Bischöfe und Klöster vom König ein Immunitätsprivileg für ihre Grundherrschaft erlangen, werden die Rechte der Grafen deutlich eingeschränkt.

Der fränkische König selbst sieht sich seit der Stützung durch die christliche Kirche in Anknüpfung an die Lehre des Kirchenvaters Augustin vom Gottesstaat als Träger eines von Gott verliehenen Amtes. Er verliert infolge der riesigen Ausdehnung des Reiches die Verbindung zum einfachen Freien, dem es aus tatsächlichen Gründen nicht mehr möglich ist, an allen allgemeinen Versammlungen des Reiches teilzunehmen. Die Aufgaben der Volksversammlung gehen damit ohne weiteres auf die adeligen Großen des Reiches über. Sie stützen sich sowohl auf ihre reichen eigenen Güter als auch auf die vom König zu Lehen erlangten Güter. Zeitweise verfolgen sie eigenständige Ziele und geraten von daher in Gegensatz zum König, der sie dann nur mit kriegerischen Mitteln zur Unterordnung zwingen kann.

Der König ist ausgezeichnet durch seine Herkunft. Gleichwohl wird beim Tode des Königs sein Nachfolger aus der Königsfamilie vom Volk bzw. von den adeligen Großen gewählt. Ursprünglich auf den Schild, später auf den Thron gehoben, wird er seit 751 durch Salbung geweiht und seit dem 9. Jahrhundert feierlich gekrönt. Danach folgt, so gut wie möglich, die Umfahrt im Reich.

Literatur: Stengel, E., Die Immunität in Deutschland bis zum Ende des 11. Jahrhunderts, Teil 1 Innsbruck 1910; Brunner, H., Deutsche Rechtsgeschichte, Bd. 1 2. A. 1906, Bd. 2 2. A. 1928; Berges, W., Das Reich ohne Hauptstadt, Jb. f. Gesch. d. dt. Ostens 1 (1952), 1; Peyer, H. C., Das Reisekönigtum des Mittelalters, Vjsch.f.Soz.u.Wirtsch.gesch. 51 (1964), 1; Brühl, C., Fodrum, gistum und servitium regis, 1968; Die deutschen Königsfalzen hg. v. Max-Planck-Institut f. Geschichte, Bd. 1 1983 ff.; Mitteis, H. – Lieberich, H., Deutsche Rechtsgeschichte, 17. A. 1985; Schulze, H. K., Grundprobleme der Grafschaftsverfassung, Zs. f. württemb. Landesgesch. 44 (1985), 265; Schulze, H. K., Grundstrukturen der Verfassung im Mittelalter, 1985.

Das Ding auf dem Malberg

Wenn jemand gemäß den königlichen Gesetzen zum Malberg geladen wird und nicht kommt, auf dem Malberg reabtena (Säumnis) genannt, werde er, wenn nicht echte Not ihn gehindert hat, zu 600 Pfennigen gleich 15 Schillingen verurteilt. Mit diesen Worten beginnt nach dem einführenden Prolog der Text des Pactus legis Salicae (Einung des salfränkischen Rechts). Er fährt dann fort: Jener aber, der einen anderen lädt und selbst nicht kommt, auf dem Malberg reabtena genannt, werde, wenn nicht echte Not ihn abgehalten hat, zugunsten dessen, den er geladen hat, zu 600 Pfennigen gleich 15 Schillingen verurteilt. Und jener, der einen anderen lädt, soll mit Zeugen zu dessen Haus gehen und, wenn jener nicht anwesend ist, ihn so laden, daß er die Frau oder irgendjemanden von der Familie auffordert, jenem bekannt zu geben, daß er von ihm geladen sei. Ist jener in einem königlichen Auftrag unterwegs, kann er ihn nicht laden. Ist er in eigenen Angelegenheiten innerhalb des Gaues, kann er geladen werden.

Diese Sätze sind aus mehreren Gründen von besonderer Bedeutung. Zum ersten schon allein deswegen, weil sie dem Pactus legis Salicae entstammen. Bei ihm handelt es sich um die älteste von insgesamt acht verschiedenen überlieferten Fassungen des salfränkischen Volksrechts, von denen mehr als 80 Handschriften bekannt sind. Die älteste Fassung wird durch vier Handschriften repräsentiert, welche zwischen 751 und 768, um 800 in einem deutschen Skriptorium, zwischen 800 und 814 in der Nähe von Tours und im zweiten Viertel des 9. Jahrhunderts geschrieben wurden und derzeit in

Paris (A1, A4), Wolfenbüttel (A2) und München (A3) aufbewahrt werden. Sie wird ungeachtet der späten Überlieferung als noch in der Herrschaftszeit König Chlodwigs (507/11) entstanden angesehen. Dementsprechend stammen die genannten Sätze aus dem Anfang des 6. Jahrhunderts und zählen zu den ältesten überlieferten Rechtssätzen eines von den Germanen abstammenden Volkes.

Besondere Aufmerksamkeit verdienen sie auch deswegen, weil sie sich recht auffällig als Sätze des Typs Konstitution (Festsetzung, Gesetz) ausweisen. Hierauf deutet insbesondere die ausdrückliche Erwähnung der leges dominicae (königlichen Gesetze) hin, bei denen der Plural erkennen läßt, daß das lateinische Wort lex hier nicht die Bedeutung Recht, sondern die Bedeutung Gesetz hat. Hinzu kommt die Nennung des königlichen Auftrages. Ziel dieser Konstitution, der vor allem in den Titeln 49, 48, 57 weitere Parallelen zur Seite stehen, könnte es gewesen sein, die vom König für das Verfahren neu geschaffenen Regeln besonders bekannt zu machen. Dementsprechend sind diese Sätze als neue Regelungen anzusehen, welche der Vorstellung, daß das Recht gut und alt sei und nicht geschaffen werden könne, eindeutig widersprechen.

Bedeutsam ist dabei schließlich noch die auffällige Stellung dieser Sätze. Sie bilden den ersten von insgesamt 65 Titeln und werden etwa dem ganz ausführlich behandelten und damit als außerordentlich wichtig angesehenen Diebstahl von Schweinen, Rindern, Schafen, Ziegen, Hunden, Vögeln und Bienen noch vorangestellt. Diese Stellung kann nur die Bedeutung haben, daß mit ihnen eine Kernfrage des damaligen Rechts gelöst werden sollte. Und diese kann nur gelautet haben: Wie kann ein Verletzter erreichen, daß der Verletzende sich einer Behandlung der Verletzung in der Allgemeinheit stellt?

Die Lösung für diese Frage setzt der König. Er gebietet für den Fall einer Ladung das Erscheinen des Geladenen in der Versammlung. Lateinisch wird diese als mallus bezeichnet. Dieses Wort ist mit gotisch mathl, Versammlung und mathljan, reden zu verbinden, welche die Versammlung als den Ort des Redens kennzeichnen. Dementsprechend geht es bei der neuen Einrichtung des Ladens in die Versammlung darum, daß der Verletzte den Verletzer vor allem zum Reden über die Verletzung bringt.

· Die Ladung selbst wird nicht näher geschildert. Vielleicht enthielten einst die angesprochenen königlichen Gesetze Näheres hierzu. Immerhin zeigt die Klärung zweier Sonderfragen doch schon, daß vermutlich eine recht konkrete Einzelregelung bestanden hat. Ist der Betreffende abwesend, so darf die Ladung gegenüber Angehörigen angebracht werden. Im Gegensatz zur einfachen Abwesenheit in eigenen Angelegenheiten befreit die Abwesenheit im Königsdienst ebenso wie die echte Not von den angedrohten Folgen beim Ausbleiben.

Diese Folgen bestehen in der Verurteilung zu 15 Schillingen. Fragt man nach deren Wert, so können die anschließenden Sätze über den Diebstahl helfen. Sie zeigen, daß ebenfalls 15 Schillinge zu leisten sind, wenn ein Mastschwein oder ein Rind unter 2 Jahren gestohlen wird. Dementsprechend dürften 15 Schillinge bereits einen beträchtlichen Wert darstellen, der allein dafür zu entrichten ist, daß man eine Ladung nicht beachtet.

Die Versammlung (mallus) findet dann anscheinend auf dem Malberg (in mallobergo) statt. Nach Titel 46 § 6 der Lex Salica tagt sie unter dem Vorsitz des Königs oder des sog. thunginus. Dieser thunginus ist seinerseits mit dem althochdeutschen Wort ding zu verbinden, das spätere Quellen zur Erklärung von mallus verwenden. Der thunginus ist damit der Leiter des Dings.

Spätere Quellen kennen für solche Versammlungen einen ausgesprochenen Formalismus. Danach wird das Ding durch eine Hegung eingeleitet. Zu ihr gehört es nach diesen späteren Quellen, daß der Versammlungsort durch Zweig und Schnur oder durch Pflock und Seil oder später durch festere Begrenzungen räumlich abgesteckt wird. Danach fragt der Leiter, ob es Dingzeit sei und fordert mit den anscheinend aber nur in Friesland häufiger bezeugten Worten: Ich gebiete Lust und verbiete Unlust, allgemein Schweigen bzw. Frieden. Wegen der starken zeitlichen Streuung und der örtlichen Beschränktheit der ältesten, keineswegs eindeutigen Hinweise sind aber erhebliche Zweifel am Alter der Hegung angebracht. Wahrscheinlich ist lediglich, daß der Ort und Zeitpunkt der Versammlung festgelegt waren und daß angesichts der dort zu behandelnden Streitfälle ein erhöhtes Friedensgebot bestanden haben dürfte.

Vermutlich griff in der Versammlung selbst der Ladende den Geladenen mit dem Vorwurf, daß er eine Verletzung begangen habe, an. Er wandte sich also in erster Linie an seinen Gegner, dies aber vor der Allgemeinheit. Daß sein Verhalten als Klage bezeichnet wird, dürfte demgegenüber bereits eine Neuerung sein, welche unter christlichem Einfluß entstanden sein könnte. Klagen bedeutet nämlich ursprünglich weinen oder jammern. Gegenüber dem Gegner hilft weinen oder klagen nicht viel. Nützlich ist dies allerdings gegenüber einem Mächtigen. Zeigt man ihm unter Weinen und Jammern seine Verletzung, so gebraucht er vielleicht seine Macht, um den Verletzer zur Rechenschaft zu ziehen. Besonders wahrscheinlich ist diese Wirkung bei einem mächtigen Christen und damit auch beim christlichen König, weil dieser weiß, daß Gott die Verwirklichung des Rechts und die Beseitigung des Unrechts will.

Dementsprechend wird der bloße Leiter der Versammlung unter antik-christlichem Einfluß zum Richter. Seine Aufgabe besteht im Richten. Richten bedeutet ursprünglich recht machen d. h. gerade machen. Das Unrechte, das nicht dem Recht entspricht, soll wieder gerade und damit recht gemacht werden. Die dafür erforderliche Handlung heißt althochdeutsch girihtida, ein Wort, welches Glied für Glied, lateinisch correctio entspricht. Von der Handlung des Richtens geht der Name später dann über auf die Versammlung, in welcher sie geschieht. Damit ist das Gericht als die Einrichtung geschaffen, in welcher das Recht verwirklicht wird. Thunginus und mallobergus haben sich damit überlebt.

Auf die Rede des Ladenden hin konnte der Geladene die ihm entgegengehaltene Tat zugestehen oder leugnen. Räumte er sie ein, so hatte er die vom Recht vorgesehene Leistung, wie sie aus zahlreichen Einzelverhandlungen allmählich als üblich erwachsen war, zu erbringen. Leugnete er dagegen, so erging ein Urteil dahingehend, daß er sich zu einer bestimmten Zeit an einem bestimmten Ort in einer bestimmten Weise von dem Vorwurf entlasten müsse. Beispielsweise sollte nach einem Urteil des 7. Jahrhunderts in Angers der Angegriffene zum Nachweis seiner Freiheit mit 12 anderen nach einer bestimmten Zahl von Tagen in der Kirche schwören, daß weder er noch seine Eltern seit 30 Jahren Dienste geleistet hätten. Oder es erbrachte im Jahre 679 der durch das Urteil Betroffene mit sechs Eidhelfern den Eid, daß er und sein Vater ein streitiges Grundstück 31 Jahre besessen hätten. Damit war dann der Streit entschieden.

Das Urteil, das in diesen Streitfällen erging, fällte nicht der thunginus, Graf oder sonstige Richter. Sie leiteten nur die Verhandlung. Das Urteil kam vielmehr aus der Versammlung, dem sog. Umstand, heraus zustande. Dabei kennt die lex Salica bereits besondere Urteiler. Sie heißen Rachinburgen, was meist als Rechenbürgen oder Ratbürgen erklärt wird. Unter Karl dem Großen werden sie durch die Schöffen ersetzt, deren Name mit den Wörtern schaffen bzw. schöpfen in Verbindung steht. Sie waren vermutlich freie angesehene Leute, welche durch praktische Erfahrung zur Entscheidung von Streitfragen befähigt waren, aber neuere Entwicklungen ohne weiteres aufnahmen.

Dementsprechend verläuft etwa im Jahre 806 in Altötting ein Streit nach einer Freisinger Urkunde folgendermaßen. Engelhard und Hrocholfus gehen gegen den Kleriker Wago vor, weil sie ein Grundstück auf Grund Erbrechts beanspruchen. Wago erbietet sich nun nicht mehr zum Schwur mit einigen Eidhelfern, sondern legt Urkunden vor, daß das Grundstück von seinen Eltern der Kirche von Freising zu Eigen übertragen und von der Kirche ihm zu Lehen verliehen wurde. Danach wird durch Urteil der Anspruch des Engelhard und Hrocholfus verworfen. Sie geloben unter Bürgenstellung die Unterlassung künftiger Störungen.

Eine weitere Prüfung durch ein zweites Gericht gibt es grundsätzlich nicht. Auch die Vollstreckung des Urteils liegt vor allem in den Händen des Siegers selbst. Wer aber erst einmal in die öffentliche Verhandlung gebracht worden war und in ihr eine Niederlage erlitten hatte, konnte einen weiteren Widerstand zumindest nicht mehr als rechtmäßig erscheinen lassen. Insofern war die Aufnahme der Ladung an der Spitze des Pactus legis Salicae ein besonders wichtiger Schritt in der Entwicklung des Verfahrens.

Literatur: Brunner, H., Die Entstehung der Schwurgerichte, 1872; Planck, J. W., Das deutsche Gerichtsverfahren im Mittelalter, Bd. 1 1879; Hübner, R., Gerichtsurkunden der fränkischen Zeit, 1891; Hübner, R., Der Immobiliarprozeß der fränkischen Zeit, 1893; Braun, E., Die Entwicklung der Gerichtsstätten in Deutschland, Diss. jur. Erlangen 1944; Pactus legis Salicae, hg. v. Eckhardt, K. A., 1962 MGH Legum Sectio I, Leges nationum Germanicarum Bd. 4 Teil 1; Schmidt-Wiegand, R., Die malbergischen Glossen als Denkmal des Westfränkischen, RhVjbll 33 (1969), 396; Köbler, G., Richten, Richter, Gericht, ZRG GA 87 (1970), 59; Köbler, G., Hegung, HRG 2 (1978), 35; Weitzel, J., Dinggenossenschaft und Recht, Teilbd. 1 1985.

Das Urteil Gottes

In einem Zusatz zur Lebensbeschreibung des heiligen Heinrich (Kaiser Heinrichs II.) aus dem 12. Jahrhundert findet sich ein Bericht darüber, daß Heinrichs Gemahlin Kunigunde der Untreue beschuldigt worden war. Um sich von dem auf ihr lastenden Verdacht zu befreien, verlangte sie, der Kaiser solle ein Gericht einberufen, das über ihre Schuld oder Nichtschuld entscheiden solle. Der Kaiser willfährt dieser Bitte und beruft die Fürsten des Reiches zum Gericht. Als der Kaiser diese zum Urteil über eine Ehefrau auffordert, die ihren Ehegemahl verachtet und einen anderen ihm vorzieht, weigern sich die Fürsten aus Mitleid mit der edlen Frau, das Urteil zu fällen, und ziehen die Zeit mit Beratungen hin. Da erhebt sich die Kaiserin und erklärt: Weil mir durch die Gnade Gottes und eueren Beschluß unter den Frauen der erste Rang zukommt, ich jedoch jetzt eines so schändlichen Verbrechens angeklagt werde, muß ich mich durch die schwerste Probe der zwölf glühenden Pflugscharen von jenem schmählichen Verdacht in eurer Gegenwart reinigen. In aller Eile werden 12 glühende Pflugscharen in eine Kirche gebracht. Als der Kaiser die funkensprühenden und dampfenden Pflugscharen erblickt, fleht er Kunigunde an, sich diesem Gottesurteil,

23 *Gottesurteil des glühenden Eisens (12. Jh.). Lambacher Codex*

dessen Nennung schon Grauen erwecke, nicht zu unterwerfen, da er glaube, daß sie frei von jeder Schuld sei. Die Kaiserin erhebt gleichwohl die Augen gen Himmel und spricht: Dich, Herr, dessen Augen alles unverhüllt und offen ist, dich Herr, rufe ich heute zum Zeugen an, daß mich weder dieser Heinrich, der hier gegenwärtig ist, noch irgend ein anderer Mann in liebender Umarmung je umfangen hat. Als Heinrich dies hört, will er, um sein Geheimnis zu verhüllen, den also sprechenden Mund gewaltsam schließen, preßt ihn aber so wild zu, daß ihm ein reichlicher Strom Blutes entfließt. Und während die Anwesenden beim Anblick der glühenden Pflugscharen zittern, schreitet Kunigunde darüber hin, als wäre es eine blühende Wiese. Als sie über elf der Pflugscharen gewandelt ist, steht sie auf der zwölften unverletzt still und preist den himmlischen König, mit dessen Hilfe sie den Satan überwunden hat.

Dies hier sichtbare Gottesurteil bildet schon seit dem 16. Jahrhundert den Gegenstand vereinzelter Forschungen. Sie erfuhren durch Majers Geschichte der Ordalien 1795 einen ersten Abschluß. Nicht vor dieser Zeit ist allerdings die Bezeichnung Gottesurteil überhaupt belegt.

Lateinisch entspricht dabei dem Wort Gottesurteil die genitivische Fügung iudicium dei (Urteil Gottes). Sie findet sich innerhalb von Rechtstexten anscheinend erstmals im Volksrecht der Burgunder (Lex Burgundionum), das vermutlich aus einzelnen

Gesetzen im letzten Jahrzehnt des 5. nachchristlichen Jahrhunderts zusammengestellt und 517 neu herausgegeben wurde. Hier ordnet der Titel 8,1 an, daß ein Freier sich im Gegensatz zu einem Unfreien durch Eid selbzwölft von einem Verdacht reinigen darf. Will ihm der Gegner die Schwurhand wegziehen, soll man sie beide vor den König weisen, um ein Dei iudicium (Gottesurteil) durchzuführen, womit der Zweikampf gemeint ist.

In dem etwa gleichzeitigen fränkischen Volksrecht (Pactus legis Salicae) wird in Titel 56 bestimmt, daß derjenige, welcher nicht zum Gericht kommt oder ein Urteil nicht erfüllt, vor den König geladen werden soll, wenn er nicht Buße oder ineum zusagt. Dieses ineum erscheint weiter in Titel 53, wonach jemand zum ineum geladen werden kann, seine Hand aber mit drei Schillingen erkaufen darf. Sprachlich läßt sich ineum als aus dem Lateinischen kommendes Wort für Eisengefäß (aeneus = ehern) erklären, weshalb man unter ineum einen Eisenkessel versteht, in welchem sich heißes Wasser befindet, in welches derjenige seine Hand legen soll, der zum ineum geladen wird.

Einen ausführlichen Bericht hierzu liefert dann Bischof Gregor von Tours in seinen nach 575 entstandenen libri miraculorum (Wunderbüchern). Danach stritten einst ein arianischer und ein katholischer Priester über ihren Glauben. Endlich rief der letztere: Was halten wir uns mit langen Reden auf? Die Tatsachen mögen den Beweis der Wahrheit liefern. Es soll unter einem Kessel ein Feuer entfacht und unsere beiden Ringe in das kochende Wasser geworfen werden. Wer den seinen aus dem kochenden Wasser herauszuholen vermag, der soll dadurch den Beweis erbracht haben, daß das Recht auf seiner Seite ist und der andere Teil soll sich zur Anerkennung von dessen Glauben bekehren. Über Nacht fängt dem Katholischen an zu bangen. Am frühen Morgen schon steht er auf, salbt seinen Arm mit Öl und fettet ihn mit Salben ein. Als der Gegner den Arm gesalbt erblickt, schreit er: Du hast Künste gebraucht, deine Probe gilt nichts. Indes kommt von ungefähr ein anderer katholischer Geistlicher hinzu, greift, ohne zu zögern, mit seinem entblößten rechten Arm in den Kessel, findet nach einer Stunde den Ring und spürt keinen Schmerz an seinem Fleische. Als der Ketzer daraufhin kühn ebenfalls seine Hand in den Kessel streckt, frißt ihm das heiße Wasser alles Fleisch vom Knochen und so nimmt der Streit durch diese Art des Gottesurteils sein Ende.

Zeitlich nach dem Zweikampf, der außer bei den Burgundern auch bei den Langobarden, den Alemannen, den Bayern und den Friesen begegnet, und dem Kesselfang, der sich auch bei den ribwarischen Franken, den Langobarden, den Angelsachsen(?), den Sachsen, den Chamaven und den Friesen findet, erscheint in den Volksrechten als weitere Art der Gottesurteile um 800 bei den Thüringern der Gang über 9 erhitzte Pflugscharen und bei den Friesen das Los. Bereits kurz vorher (758/68) ordnet ein fränkisches Provinzialkonzil an, daß eine Frau, die sich beschwert, daß ihr Mann ihr niemals beigewohnt habe, zur Ermittlung der Wahrheit zum Kreuz gehen soll. Dieses dabei angesprochene Verfahren besteht darin, daß sich beide Beteiligte in Kreuzform mit ausgebreiteten Armen aufstellen und derjenige unterliegt, welcher die Arme zuerst sinken läßt. Unter Ludwig dem Frommen wird aber bereits im frühen 9. Jahrhundert diese Kreuzprobe wieder verboten.

Zur gleichen Zeit (829) begegnet dann aber erstmals ausdrücklich die Kaltwasserprobe (iudicium aquae frigidae), bei welcher der Betreffende gebunden in das Wasser geworfen wird, um zu erkunden, ob die reine Flut ihn aufnehme und damit seine

24 Gottesurteil des Eintauchens ins kalte Wasser (12. Jh.). Lambacher Codex

Unschuld erweise. Wenig später erscheint weiter noch das heiße Eisen (ferrum ignitum), das zum Zeichen der Unschuld getragen werden muß. Nach Sachsenspiegel Landrecht I 39 hat dann etwa im Hochmittelalter der Räuber und Dieb, der erneut wegen Raubes oder Diebstahls angeschuldigt wird, zum Beweis seiner Unschuld nur die Wahl, das Eisen zu tragen, bis zum Ellenbogen in einen wallenden Kessel zu greifen oder sich gegen einen Kämpfer zu verteidigen. In gleichzeitigen Stadtrechten sind vor allem Zweikampf, Eisenprobe und Wasserprobe bezeugt. Das Nibelungenlied erwähnt schließlich noch die Bahrprobe, bei der Siegfrieds Wunde zu bluten beginnt, als sein Mörder an seine Bahre tritt.

Das damit für das gesamte Mittelalter nachgewiesene, in seiner Herkunft umstrittene und vielleicht durch das in der Rezeption aufgenommene römische Recht verdrängte Gottesurteil ist ein Mittel zur Wahrheitsfindung, bei welchem die Vorstellung zugrunde liegt, daß Gott die Wahrheit kennt und offenbart. Wie die nähere Betrachtung zeigt, wird es aber meist nur dort verwandt, wo andere Mittel der Wahrheitsfindung wie Eid oder Urkunden versagen. Sehr deutlich wird dies schon in dem burgundischen Volksrecht, das den Zweikampf deshalb verordnet, weil viele Burgunder keine Bedenken mehr trügen, über unbekannte Dinge Eide anzubieten oder über Wohlbekanntes ohne weiteres falsch zu schwören, und ihn weiter damit rechtfertigt, daß billigerweise jeder, der die Wahrheit eines Falles zu wissen bereit sei und zum Eid sich erbiete, um einen Kampf nicht zagen solle. Zweifel an der Güte dieses Verfahrens werden dabei zwar schon früh sichtbar – so schreibt der langobardische König Liutprand schon 731: Unsicher sind wir über die Gottesurteile und von vielen haben wir gehört, daß sie durch Kampf zu Unrecht ihre Sache verloren haben –, doch untersucht noch der bayerische Obrist Hans von Spork 1644 in Schwäbisch Hall jede Frau eines ihm unterstellten Soldaten bei Verdacht der Hexerei mit der Wasserprobe im Kocher und läßt sie, falls sie nicht untergeht, foltern und nach erpreßtem Geständnis hinrichten.

Literatur: Brunner, H., Deutsche Rechtsgeschichte, Bd. 1 2. A. 1906, 261 ff., Bd. 2 2. A. 1928, 537 ff.; Glitsch, H., Gottesurteile, 1912; Nottarp, H., Gottesurteile, 1949; Nottarp, H., Gottesurteilstudien, 1956; Erler, A., Gottesurteil, HRG 1 (1970), 1969.

Fehde und Buße

Für das Schlagen eines Adeligen 30 Schillinge oder, wenn er leugnet, schwöre er selbdritt. Für einen blauen Fleck und eine Schwellung 60 Schillinge oder er schwöre selbsechst. Wenn der Schlag zum Bluten führt, 120 Schillinge oder er schwöre selbzwölft. Wenn der Knochen hervortritt, 180 Schillinge oder er schwöre selbzwölft. Wenn er den Knochen bricht oder eine Gesichtsentstellung bewirkt, Leib, Hüfte oder Arm durchbohrt, 240 Schillinge oder er schwöre selbzwölft. Wer ein Auge ausschlägt, büße 720 Schillinge. Bei beiden 1440 Schillinge. In gleicher Weise für ein Ohr oder beide, wenn er taub gemacht wird. In gleicher Weise büße er für die Nase, wenn sie abgeschnitten wird, 720 Schillinge. In gleicher Weise für Hände, für Füße, Hoden, wenn eins abgehauen wird, 720 Schillinge, wenn beide, 1440 Schillinge.

Der Daumen ganz abgehauen werde mit 360 Schillingen gebüßt. Wenn halb, werde er mit 180 Schillingen gebüßt. Wenn der kleine Finger ganz, 240 Schillinge. Wenn ein Glied eines Fingers, 80. Wenn zwei Glieder, 160. Wenn der Zeigefinger, 180, der Mittelfinger und Ringfinger, je 120. Die große Zehe werde mit der Hälfte des Daumens gebüßt. Die drei mittleren Zehen sollen mit der Hälfte der Buße von Ringfinger und Mittelfinger gebüßt werden. Die kleine Zehe werde mit der Hälfte einer dieser drei Zehen gebüßt.

Wer einen Adeligen tötet, büße 1440 Schillinge und außerdem 120 Schillinge. Wird eine dieser Taten an einer jungen Frau begangen, wird sie doppelt gebüßt. Die Tötung eines Halbfreien werde mit 120 Schillingen gebüßt, die Verwundungen jeweils entsprechend mit einem Zwölftel der für einen Adeligen genannten Bußen. Die Tötung eines Unfreien werde mit 36 Schillingen gebüßt.

Dieser sorgfältig ausgearbeitete, recht umfangreiche Bußenkatalog stammt aus dem Volksrecht der Sachsen. Dieser nach seiner Waffe, dem Sachs, bezeichnete Stamm war ursprünglich nördlich der Elbe seßhaft. Von dort dehnte er sich mit Ausnahme Frieslands allmählich bis zum Rhein und dem Harz aus, ein Teil der Sachsen eroberte zusammen mit Angeln und Jüten sogar das römische Britannien. Karl der Große unterwarf die von Widukind geführten Sachsen seit 772 aber allmählich der Herrschaft der Franken und führte sie zwangsweise dem Christentum zu.

Kaum hatte er sie niedergerungen, verfügte er die Capitulatio de partibus Saxoniae (Kapitular für Sachsen). Zunächst wurde dabei beschlossen, daß die christlichen Kirchen, wie sie in Sachsen errichtet und Gott geweiht wurden, nicht geringere Ehre haben sollen, sondern größere und hervorragendere als die Heiligtümer der bisherigen

Götzen. Wenn jemand Zuflucht in einer Kirche gefunden hat, so werde ihm zur Ehre Gottes und der Heiligen in jedem Falle das Leben gelassen und alle Glieder. Wenn jemand in eine Kirche gewalttätig eindringt und in ihr gewaltsam oder dieblich etwas wegnimmt oder die Kirche durch Feuer einäschert, sterbe er des Todes. Wenn jemand die heilige vierzigtägige Fastenzeit nicht aus Not, sondern zwecks Herabsetzung des Christentums verschmäht und Fleisch ißt, sterbe er des Todes. Wenn jemand einen Bischof, Priester oder Diakon tötet, sterbe er des Todes. Wenn jemand vom Teufel getäuscht nach Sitte der Heiden glaubt, daß irgendein Mann oder eine Frau eine Hexe sei und Menschen ißt und er sie deshalb verbrennt oder ihr Fleisch zum Essen gibt oder sie ißt, sterbe er des Todes. Wenn jemand den Körper eines verstorbenen Mannes nach dem Brauch der Heiden durch Feuer verzehren läßt und seine Gebeine zu Asche macht, sterbe er des Todes. Wenn jemand sich ungetauft verbergen will und es verschmäht, zur Taufe zu kommen, sterbe er des Todes. Wenn jemand einen Mann dem Teufel opfert und nach Sitte der Heiden den Dämonen als Opfer darbringt, sterbe er des Todes. Wenn jemand mit den Heiden eine Verschwörung gegen die Christen oder den König verabredet, sterbe er des Todes.

Im Jahre 797 lud Karl der Große dann Sachsen nach Aachen und besprach mit ihnen verschiedene Angelegenheiten. In den hierbei gefundenen Lösungen tritt die in der Capitulatio so eindeutig in den Vordergrund gestellte Todesfolge nicht auf. Vielmehr wird beschlossen, daß dort, wo Franken 60 Schillinge Bannbuße bezahlen müssen, auch die Sachsen diese Leistung zu erbringen haben. Selbst die Tötung eines Königsboten hat hier nicht mehr die Tötung zur Folge. Statt dessen ist die dreifache Buße zu entrichten.

Wie sie aussieht, ergibt sich dann aus dem wohl 802 auf dem Reichstag von Aachen aufgezeichneten Volksrecht der Sachsen, dessen 66 Kapitel allerdings nur in zwei Handschriften des 9. und 10. Jahrhunderts sowie zwei selbständigen humanistischen Drucken zu fassen sind. Ist der Königsbote adelig, so hat demnach seine Tötung eine Buße von 4320 Schillingen zur Folge.

Welchen Wert diese Summe hat, läßt das Kapitular des Jahres 797 erkennen. Es rechnet für einen Schilling ein einjähriges Rind beiderlei Geschlechts, wie es zur Herbstzeit in den Stall und wie es im Frühling wieder aus dem Stall getrieben wird. Daraus ergibt sich für die Tötung eines Adeligen die ungeheuer große Herde von 1440 und für die Tötung eines adeligen Königsboten die noch größere Herde von 4320 Rindern. An Hafer wären dies nach einem weiteren Umrechnungssatz sogar 172 800 Scheffel.

Die in diesen Sätzen aufscheinende Verknüpfung einer Tat mit der Leistung von Schillingen oder, weil es eine Geldwirtschaft im eigentlichen Sinne auch unter den Karolingern noch nicht gibt, von Rindern oder anderen Erzeugnissen, ist keine Besonderheit der Sachsen. Sie ist vielmehr aus allen Volksrechten bekannt. Dementsprechend ist sie ein Kennzeichen des frühmittelalterlichen germanistischen Rechts schlechthin. Nach allen Quellen bildet sie die Regel, zu welcher etwa die strikten Tötungsanordnungen der Capitulatio de partibus Saxoniae die seltene Ausnahme sind. Sie finden sich allerdings bei den Sachsen auch im Volksrecht selbst.

Bezeichnet wird diese Buße, da die Volksrechte ja durchweg in Latein geschrieben sind, als compositio. Das zugehörige Zeitwort heißt regelmäßig componere. Althochdeutsch wird componere unter anderem als bezziron, bessern oder gibuozen, büßen verstanden. Compositio ist althochdeutsch das werigelt. Das in diesem Zusammenhang verwandte althochdeutsche Wort wer ist aus der Zusammensetzung Werwolf bekannt. Es hängt mit lateinisch vir zusammen. Dementsprechend hat es mit Wehr, wehren nichts zu tun. Wie Werwolf der Mannwolf ist d. h. der Mann, der sich durch Zauberkraft in einen Wolf verwandeln kann, so ist Wergeld das Manngeld, d. h. für einen Mann zu zahlende Geld.

Der Höhe nach ist es, auch wenn sich das Leben eines Menschen durch nichts ersetzen läßt, sehr beachtlich. Wer ein Wergeld zu leisten hatte, mußte hierfür wohl in der Regel sein gesamtes Vermögen einsetzen. Reichte es nicht, so verlor er zudem die Freiheit.

Die Alternative zum Wergeld war die Fehde. Was sie bedeutete, läßt sich anschaulich an der Fehde des Sichar in merowingischer Zeit zeigen. Dort hatte der Franke Sichar gerade mit einigen Freunden das Fest der Geburt des Herrn gefeiert, als der Priester des Ortes einen Knecht aussandte, um einige Leute zu einem Fest in sein Haus laden. Als der Knecht kam, zog einer von denen, die eingeladen wurden, sein Schwert und haute nach ihm, daß er starb. Als Sichar, der ein Freund des Priesters war, dies hörte, nahm er seine Waffen, ging zur Kirche und wartete dort auf den Täter. Als dieser das hörte, rüstete er sich auch mit seinen Waffen und ging ihm entgegen. Sie gerieten alle ins Handgemenge. Sichar floh unter Zurücklassung seiner Kleider und vierer verwundeter Knechte. Sein Gegner Austregisel tötete die Knechte und nahm Sichars Sachen an sich. In einer Verhandlung wurde dann entschieden, daß Austregisel zur rechtmäßigen Buße zu verurteilen sei. Darüber kam ein Vertrag zustande. Als aber Sichar nach einigen Tagen hörte, daß die geraubten Sachen sich bei einem Auno befanden, schob er den Vertrag beiseite, tat sich mit Audin zusammen, brach den Frieden und überfiel Auno. Er erbrach das Haus, in dem sie schliefen, tötete alle und nahm alle Sachen und Herden fort. Danach schickte der Bischof nach ihnen und forderte denjenigen, der Unrecht getan hatte, zur Leistung der Buße um der Liebe willen auf. Er bot ihnen sogar das Geld der Kirche an. Die Gegner aber wollten es nicht annehmen. Als sie hörten, Sichar sei bei einem Streit mit einem Knecht umgekommen, stürmten sie mit allen Verwandten und Freunden nach Sichars Haus, plünderten es, töteten mehrere Knechte, verbrannten alle Gebäude und nahmen alles, was fortzuschaffen war, an sich. Darauf wurden die Parteien vom Richter zu einer Verhandlung aufgefordert. Nach dem Urteil sollten die Gegner, damit endlich Friede sei, die Hälfte des ihnen zustehenden Wergeldes verlieren, die andere Hälfte von Sichar dagegen bekommen. Sichar zahlte mit Hilfe der Kirche und alle schwuren sich gegenseitig, sich nicht mehr gegeneinander zu erheben. Bei einem Gelage reizte aber Sichar den Gegner dadurch, daß er ihm vorwarf, durch die Annahme des Wergeldes zu Reichtum gekommen zu sein. Daraufhin beschloß der Gegner doch, den Tod seiner Verwandten noch zu rächen, löschte alle Lichter und spaltete Sichar mit seinem Schwert den Kopf. So endete Sichar, ein leichtfertiger Mensch, Trunkenbold und Totschläger mit etwa zwanzig Jahren. Seine Frau ließ ihre Kinder im Stich und heiratete einen anderen. Der Gegner ging, weil Sichar unter dem Schutz der Königin stand, ins Ausland. Später erbrachte er den Beweis, daß er in Notwehr gehandelt habe. Nach einiger Zeit erhielt er auch sein Vermögen, das die Königin hatte einziehen lassen, zurück.

Angesichts solcher schrecklicher Folgen der Fehde war die Buße das kleinere Übel. Sie nahm dem Verletzten das Recht zur Selbsthilfe. Deswegen förderten König wie Kirche die Durchsetzung des Kompositionensystems. Nach den Texten ist ihnen dies auch zunehmend gelungen. Auch in der Wirklichkeit war eine Fehde wohl nicht die Regel.

Literatur: Brunner, H., Deutsche Rechtsgeschichte, Bd. 1 2. A. 1906, Bd. 2 2. A. 1928; Leges Saxonum et Lex Thuringorum, hg. v. Schwerin, C. Frhr. v., 1918; Kaufmann, E., Die Fehde des Sichar, Jus 1961, 85; Köbler, G., Lateinisch-germanistisches Lexikon, 2. A. 1983; Mitteis, H. – Lieberich, H., Deutsche Rechtsgeschichte, 17. A. 1985.

Der Herr im Haus

Auf ein Pferdeskelett ohne Kopf und Schwanz stießen Schaber und Pinsel der Ausgräber bei der Erforschung eines Gräberfeldes am heutigen Dorfrand von Westheim unweit des alemannisch-bayerischen Limes. Seit den ersten Ausgrabungen im Jahre 1902 wurden dort 160 Gräber freigelegt. Vermutlich gehören sie zu einer in der Nähe gelegenen, bisher aber nicht ergrabenen Siedlung, die von etwa 30 Erwachsenen vom frühen 6. bis zum frühen 7. Jahrhundert etwa vier Menschenalter lang bewohnt wurde. Ein Großteil der Gräber war unberührt, einige am Rande liegende Gräber dagegen waren beraubt. Ein vollständiges, auf etwa 630 nach Christi Geburt anzusetzendes Kriegergrab war ausgestattet mit Langschwert, Kurzschwert, Lanze und Schild. Daneben wurden Gürtel und Gürtelbeschläge gefunden. Das Pferdeskelett deutet auf ein heidnisches Grabopfer hin, der Fund einer bronzenen Glocke sowie vielleicht der sechs Pfostenlöcher eines Totenhauses dagegen auf die ersten Spuren der Christianisierung dieser wohl alemannischen Siedlung.

Insgesamt sind aus dem späten 6. und 7. Jahrhundert vielleicht 50000 Bestattungen bekannt. Darunter befinden sich etwa 25000 Frauengräber, von denen etwa 3 % bronzene Zierscheiben auf Gürteln aufweisen. Ob aus der Seltenheit und dem Wert dieser Gegenstände aber auf eine gehobene, soziale Stellung geschlossen werden kann, ist fraglich. Noch zweifelhafter ist es, inwieweit aus archäologischen Quellen rechtliche Strukturen abgelesen werden können.

Hinsichtlich der Familiengröße ist die Archäologie an Hand der Gräberfelder zu recht unterschiedlichen Schätzungen gekommen. Sie reichen von der Kernfamilie aus Eltern, Großeltern und zwei bis drei Kindern bis zu Zahlen um etwa zwanzig, welche dann Geschwister und Ehepartner oder Eltern einschließen. Im Durchschnitt wird mit etwa 10 gleichzeitig lebenden Personen gerechnet, wobei die früh sterbenden, nicht auf dem Gräberfeld bestatteten Kleinkinder, welche etwa 40–50% der Sterbefälle ausgemacht haben dürften, nicht berücksichtigt sind. Die mittlere Lebenserwartung beträgt 30 bis 40 Jahre, so daß diese 10 Personen nach 30 bis 40 Jahren durch die jeweils nächste Generation ersetzt sind. Teilweise werden dabei die Gräberfelder anscheinend nach Familienverbänden belegt, teilweise dagegen nicht.

Die im großen und ganzen einheitliche Wohnweise und die Bestattungsgemeinschaft sprechen trotz gewisser Rangunterschiede zwischen den einzelnen Familien dagegen, daß die Verwandtschaftsgruppen und Familien zu unterschiedlichen, rechtliche Abhängigkeit begründenden Schichten gehörten. Die archäologischen Befunde spiegeln bis zum ziemlich plötzlichen Abbruch der Beigabensitte im 7./8. Jahrhundert ebenfalls eine im großen und ganzen anscheinend gleichberechtigte Gesellschaft wider. Die verhältnismäßig häufig beigegebenen Waffen wie die Selbstverständlichkeit der Ausstattung der Toten mit Waffen, Schmuck und anderen Beigaben, die allerdings fast nie eine Beziehung zur landwirtschaftlichen Lebensweise erkennen lassen, deuten zusammengenommen auf ein nicht geringes Maß an vorhandenen Gütern hin.

Dem entsprechen auch die Volksrechte, wobei für Westheim insbesondere das Volksrecht der Alemannen bedeutsam ist, welche aus den swebischen Semnonen an der unteren Elbe entstanden sind, 213 n. Chr. am oberen Main erstmals genannt werden, bis zum 5. Jahrhundert die Alpen erreicht haben und unter Chlodwig nach Süden abgedrängt wurden. Dieses alemannische Volksrecht ist in zwei Texten überliefert. Davon sind der fragmentarisch erhaltene Pactus Alamannorum um 600 und die Lex Alamannorum unter Herzog Lantfrid zu Beginn des 8. Jahrhunderts aufgezeichnet worden. Im Mittelpunkt beider Texte steht der einzelne Freie, dessen Bußen der Pactus Alamannorum ausführlich darlegt, ehe er an einigen wenigen Stellen kurz auf Freigelassene (leti) und Unfreie (servi, ancillae) eingeht.

Wie weit der Unfreie, den die althochdeutschen Texte und Einzelglossen meist als skalk benennen, wie im römischen Recht als Sache behandelt wird, ist fraglich. Immerhin erwähnen manche Volksrechte seine Tötung und Verletzung im unmittelbaren Anschluß an die Tötung oder Verletzung der Freien. Außerdem bekämpft die Kirche, welche an sich nach römischem Recht lebt und allmählich viele Unfreie in ihre Herrschaft einbindet, schon seit dem 6. Jahrhundert das Recht, einen Unfreien zu töten. Im 10. Jahrhundert erkennt sie Ehen unter Unfreien auch ohne weiteres an, wobei die Kinder naturgemäß in die Unfreiheit geboren werden und bei Ehen von Angehörigen verschiedener Stände der sog. ärgeren Hand folgen.

Die Freilassung ist ohne weiteres möglich, erfordert aber eine besondere Handlung. Diese kann dem römischen Recht folgen, wobei der Unfreie noch bis ins 9. Jahrhun-

25 *Freilassungsurkunde König Ludwigs des Deutschen (23. 7. 868)*

dert zum römischen Bürger (civis Romanus) erhoben und die Freilassung selbst in der Kirche vollzogen und durch einen Brief bewirkt werden kann. Möglich ist aber auch der einheimische Schatzwurf, bei dem der Herr dem Unfreien einen auf der flachen Hand dargebotenen Pfennig, der für alle Leistungspflichten des Unfreien steht, aus der Hand schlägt. Im Vergleich zur bisherigen Unfreiheit ist der Freigelassene frei, im Vergleich zum Freigelassenen ist er aber nach wie vor nur freigelassener Freier.

Unfreie und Freigelassene oder Halbfreie stehen wie Kinder und Frauen unter einer Herrschaftsgewalt des Hausvaters, welche althochdeutsch als munt bezeichnet wird. Sie ensteht bei Kindern mit der Geburt. Voraussetzung ist allerdings, daß das Kind lebensfähig ist. Sie währt bis zum tatsächlichen Ausscheiden des Kindes aus der Hausgemeinschaft, welches beim Sohn mit einer Abschichtung, bei der Tochter mit der Verheiratung erfolgt.

Daneben treten in den Rechtsquellen nunmehr aber auch feste Zeitpunkte hervor, zu denen die Kinder mündig werden. Sie knüpfen, wie hilfsweise noch im Hochmittelalter, an das äußere Erscheinungsbild des Heranwachsenden an. Dieses unterscheidet die Wachstumsphase vom Erwachsenen, so daß sich das Ende des körperlichen Wachstums natürlicherweise als Einschnitt anbietet. Dementsprechend werden Kinder meist mit der Geschlechtsreife bzw. mit 12, manchmal mit 10 oder 14 Jahren mündig.

Hinsichtlich der Wirkungen dieser Mündigkeit ist freilich zu unterscheiden. Volle Selbständigkeit brachte die Mündigkeit nur den vaterlosen Söhnen. Für die anderen Söhne blieb die munt des Vaters bis zu dessen Tod bzw. der Abschichtung aus dem väterlichen Haushalt bestehen, so daß die Mündigkeit nicht zur vollständigen Geschäftsfähigkeit des Sohnes führte. Lediglich einige Beschränkungen entfallen und es kann das Kind beispielsweise frühere Geschäfte wirksam widerrufen. Mädchen gehen mit der Eheschließung aus der bisherigen munt in die neue munt des Ehemannes über.

Hinsichtlich der Kinder tritt allerdings eine neue Unterscheidung bedeutsam hervor. Die christliche Kirche vertritt das Dogma der unauflöslichen Einehe. Deswegen bekämpft sie jegliche Verfehlung hiergegen. Dementsprechend wendet sie sich gegen das nicht innerhalb einer Ehe geborene Kind und spricht ihm das Erbrecht gegen seinen Vater ab. Dieses Vorgehen vermag es freilich noch nicht zu verhindern, daß ein außerhalb der Ehe geborenes Kind des Königs zum König gewählt wird, wie dies trotz gewisser Schwierigkeiten bei Arnulf von Kärnten (um 850–99) der Fall war.

Fehlt der Hausvater infolge frühen Todes, so erhalten unmündige Söhne und unverheiratete Töchter bis zur Mündigkeit bzw. Verheiratung einen Vormund. Vormund ist der nächste älteste männliche mündige Verwandte. Er wird als ältester Schwertmage bezeichnet. Wie weit daneben die gesamte weitere Verwandtschaft bedeutsam ist, läßt sich nicht sicher erkennen. In karolingischer Zeit greift der König das biblische Gebot, Witwen und Waisen besonders zu schützen, auf und beaufsichtigt Vormundschaften ganz allgemein. Dementsprechend kann er in Einzelfällen hilfesuchend angerufen werden.

Der Vormund hat das unmündige Kind zu versorgen, darf es aber wie ein eigenes Kind zu Leistungen heranziehen und ihm Gebote und Verbote erteilen und diese auch durchsetzen. Daneben hat er das Gut des Mündels zu verwalten. Dementsprechend darf er es nutzen. Am Ende der Vormundschaft muß er es herausgeben. Über bewegliche Sachen darf er verfügen, über Grundstücke dagegen nicht.

Im Gegensatz zu Kindern, Frauen und Gesinde ist der Fremde grundsätzlich rechtlos. Er kann aber in die Gastfreundschaft eines Gastgebers aufgenommen werden, welcher ihm damit tatsächlichen Schirm gewährt. Den Schutz reisender Kaufleute übernimmt der König.

Literatur: Kraut, W. T., Die Vormundschaft, Bd. 1, 2, 1835 ff.; Hübner, R., Grundzüge des deutschen Privatrechts, 5. A. 1930; Köbler, G., Civis und ius civile im deutschen Frühmittelalter, 1965; Mitteis, H. – Lieberich, H., Deutsches Privatrecht, 9. A. 1981; Steuer, H., Frühgeschichtliche Sozialstrukturen in Mitteleuropa, 1982; Borgolte, M., Geschichte der Grafschaften Alemanniens in fränkischer Zeit, 1984.

Mann und Frau

Und es geschah, so berichtet der Evangelist Matthäus, daß Jesus von Galiläa über den Jordan nach Judäa zog und viele, die er heilte, mit ihm. Da traten die Pharisäer an ihn heran, versuchten ihn und sprachen: Wenn es einem Mann erlaubt ist, seine Frau fortzuschicken, warum ist dies so? Er antwortete ihnen und sagte: Habt ihr nicht gelesen, daß der, der am Anfang den Menschen gemacht hat, auch macht, daß ein Mann und ein Weib sein sollten. Darum wird ein Mensch Vater und Mutter verlassen und an seinem Weibe hangen und es werden die zwei ein Fleisch sein. So sind sie nun nicht zwei, sondern ein Fleisch. Was Gott zusammengefügt hat, das soll der Mensch nicht scheiden. Da sprachen sie: Warum hat denn Moses geboten, einen Scheidebrief zu geben und sich von ihr zu scheiden? Er sprach zu ihnen: Moses hat euch erlaubt euch zu scheiden von euren Weibern wegen eurer Hartherzigkeit. Von Anbeginn aber ist es nicht so gewesen.

Mit der hierauf gegründeten Vorstellung der Ehe als einer unauflöslichen Verbindung eines Mannes und einer Frau zu einer völligen körperlich-geistigen Lebensgemeinschaft, in welcher der Mann, wie Christus das Haupt der Kirche verkörpert, das Haupt der Frau ist, zogen die christlichen Missionare zu den heidnischen Germanenstämmen, bei welchen sie andersartige Vorstellungen vorfanden. In der Regel kam die Ehe durch einen Vertrag zustande. Bei diesem beschränkte sich auf seiten des Mannes die Mitwirkung seiner Verwandten auf Zustimmung und Unterstützung der Werbung, während er selbst tätig wird. Auf der Seite der Frau wurde der Vertrag von den Verwandten geschlossen, wobei die Frau selbst bloßes Vertragsobjekt war. Selbst wenn tatsächlich auf ihre Wünsche Rücksicht genommen worden sein dürfte, kam es auf ihre Zustimmung rechtlich nicht an. Der Vertrag wurde dementsprechend von ihrem Muntwalt abgeschlossen, wobei weitere Verwandte den Umstand des Geschehens gebildet haben dürften.

Der lateinisch desponsatio genannte Vertrag, für den nach Ausweis der Übersetzungsgleichung desponsare=gimahalen wiederum das gegenseitige Reden besonders bedeutsam war, verpflichtete den Muntwalt, dem Bräutigam die Frau zu übergeben und ihm die Muntgewalt zu verschaffen. Der Bräutigam wurde durch den Vertrag verpflichtet, die Braut heimzuführen und die eheliche Gemeinschaft mit ihr zu begründen.

Bei dem Vertragsschluß hatte der Bräutigam eine Brautgabe oder wenigstens ein Angeld, das bei den Franken einen Schilling und einen Denar betrug, an den Muntwalt der Braut zu leisten, weshalb die Quellen vielfach vom Kauf der Frau sprechen. Diese Gabe ist wohl als Gegenleistung für den Verlust an Arbeitskraft zu verstehen, welchen die Familie der Braut durch Weggabe des Mädchens erleidet. Vielleicht war sie ursprünglich eine werbende Freundschaftsgabe. In fränkischer Zeit gelangte sie über den Muntwalt oder unmittelbar an die Braut, welcher sie zunehmend als Witwenversorgung diente.

Durch den Vertragsschluß erlangte der Bräutigam eine Art Anwartschaft auf die junge Frau. Die Weigerung des Bräutigams, die Ehe mit der Braut zu begründen, führte zu einer Bußleistungspflicht. Bei den Alemannen mußte er, wenn er die ihm vermählte Tochter eines anderen verließ und eine andere heimführte, mit 40 Schillingen büßen. Außerdem mußte er mit 12 Eidgenossen schwören, daß er sie um keines Fehlers willen verschmäht habe noch einen Fehler an ihr gefunden habe, sondern daß Liebe zur anderen ihn verleitet habe, so daß er jene verließ und eine andere zur Frau nahm. Heiratete die Braut einen anderen, so wurde dieser dem Muntwalt und dem früheren Bräutigam zur Buße verpflichtet. Bei den Bayern ist in der Mitte des 8. Jahrhunderts außerdem die Frau noch zurückzugeben.

Die tatsächliche Gewalt über die Braut erhielt der Bräutigam dann durch die Übergabe, welche ursprünglich wohl mit dem Vertragsschluß zusammengefallen war. Bei dieser Übergabe durch den Muntwalt im Kreise der Verwandten sind vermutlich im einzelnen unterschiedliche Gewohnheiten beachtet worden. An sie schloß sich die Heimführung der Braut in das Haus des Mannes an, von welcher die gesamte Eheschließung den häufig verwandten Namen Brautlauf bekam. Anscheinend war damit vielfach eine öffentliche Beschreitung des Ehebettes verbunden.

Am Morgen nach der Brautnacht übergab der Mann der Frau zu ihrer Anerkennung eine Morgengabe. Sie diente ebenfalls der Witwenversorgung. Vielfach verschmolz sie mit der Brautgabe.

Verbrachte der Mann das Mädchen gegen den Willen des Muntwaltes aus dessen Herrschaftsgewalt, so war die Verwandtschaft des Mädchens zur Fehde berechtigt. Nach den Volksrechten hatte der Mann eine Buße zu leisten. War die Fehde erfolglos, so hatte die eheliche Gemeinschaft trotz der Verletzung der Herrschaftsgewalt des Muntwaltes Bestand. Allerdings drohte fränkisches Kapitularienrecht die Tötung an. Der Mann erhielt aber die Muntgewalt erst, wenn er sie vom bisherigen Gewalthaber erwarb.

Solche muntfreien Ehen wurden dann auch durch Willensübereinkunft von Mann und Frau geschlossen. Dabei erhielt die Frau aber keine Brautgabe, sondern nur eine Morgengabe. Es fand auch keine Übergabe der Frau statt, wohl wahrscheinlich aber ein Brautlauf und eine Bettbeschreitung. Solche Friedelehen (an. fridla, Geliebte, Freundin) waren insbesondere in adeligen Familien verhältnismäßig häufig. Dabei standen an der Seite einer Muntehe oft mehrere Friedelehen.

Von der Friedelehe zu trennen ist das Kebsverhältnis, bei dem der freie Mann sich eine unfreie Magd zugesellte. Allerdings sind in der äußeren Stellung die Kebsen von den Friedeln kaum zu unterscheiden. Die lateinischen Quellen der merowingischen Zeit bezeichnen die königlichen Kebsen vielfach ohne Zögern als uxor (Ehefrau) oder auch regina (Königin). Daneben konnte der Hausherr auch die Verbindung einer seiner Mägde mit einem seiner Knechte anordnen.

Eine Auflösung der Ehe konnte außer durch den Tod eines Ehegatten auch durch Aufhebung der Gemeinschaft erfolgen. Die Friedelehe konnte von beiden Seiten gelöst werden, die Muntehe dagegen nur durch Übereinkunft oder durch einseitige Verstoßung seitens des Mannes. Hatte diese aber keinen wichtigen Grund, so folgte aus ihr die Fehde. Als wichtigen Grund nennen dabei die Volksrechte Ehebruch, Hexerei, Grabschändung oder Unfruchtbarkeit. Nur bei einzelnen Stämmen durfte auch die unter der munt stehende Ehefrau den Mann in besonderen Fällen verlassen.

Die christliche Kirche drang demgegenüber schon früh auf eine Beteiligung an der Eheschließung, machte die von ihr geforderte kirchliche Ehebenediktion aber nicht zur Voraussetzung der Rechtmäßigkeit oder Gültigkeit der Ehe. Außerdem legte sie den Kirchgang in Zusammenhang mit der Eheschließung nahe. Daneben führte sie den Konsensgedanken in die Muntehe ein, wobei als erstes ein Verbot herbeigeführt wurde, eine Frau gegen ihren Willen zu verheiraten. Der Friedelehe, welche den Konsens von Mann und Frau bereits kannte, stand sie allerdings aus mehreren Gründen ablehnend gegenüber. In ihr waren Mann und Frau zu sehr gleichgestellt. Außerdem konnte sie leicht aufgelöst werden. Schließlich bestand die Friedelehe oft nur als weitere Ehe neben einer Muntehe. All dies widersprach der kirchlichen Ehevorstellung so sehr, daß die Kirche bald die Friedelehe als Unzucht abwertete.

Nach alttestamentarischem Vorbild erweiterte die Kirche daneben bereits im 6. Jahrhundert das Eheverbot unter nahen Verwandten über das Verbot der Ehe unter Geschwistern und Aszendenten und Deszendenten hinaus und führte das Ehehindernis der Schwägerschaft ein. Hinzu kamen bald die Ehehindernisse der geistlichen Verwandtschaft, des Keuschheitsgelübdes und die Schaffung besonderer Gründe der Eheunfähigkeit.

Seit dem 8. Jahrhundert wurde auch das kirchliche Unauflöslichkeitsprinzip der Ehe wirksam, nachdem zeitweilig Konzilien sogar die echte Ehescheidung bei Ehebruch, Lebensnachstellung oder Eintritt der Frau ins Kloster zugelassen hatten. Im 9. Jahrhundert wurde der Ausschluß der Ehescheidung und des Rechts der Wiederverheiratung bereits mit großem Nachdruck vertreten. Tatsächlich ergaben sich aber vielfach für den Adel nach wie vor faktische Scheidungsmöglichkeiten auf dem Wege der rückwirkenden Auflösung der Ehe infolge eines kirchlichen Ehehindernisses.

Das von der Frau eingebrachte oder ihr sonst zustehende Gut wird vom Mann verwaltet. Hierzu gehören vor allem die Aussteuer, aber auch die Brautgabe und die Morgengabe. Diese Güter sind aber nach wie vor Güter der Frau. Neben dieser bloßen Verwaltungseinheit gibt es aber auch eine Gemeinschaft an dem in der Ehe errungenen Gut. Sie läßt sich jedoch nur bei den Franken und den sächsischen Westfalen nachweisen, während sie den anderen Stämmen unbekannt ist.

Literatur: Koehne, K., Die Geschlechtsverbindungen der Unfreien im fränkischen Recht, 1888; Hellmann, S., Die Heiraten der Karolinger, FG Hagel, T., 1903, 1 ff.; Frölich, K., Die Eheschließung des deutschen Frühmittelalters im Lichte der neueren rechtsgeschichtlichen Forschung, Hess. Bll. f. Volkskunde (1928), 144; Ritzer, K., Formen, Riten und religiöses Brauchtum der Eheschließung in den christlichen Kirchen des ersten Jahrtausends, 1961; Mitteis, H. – Lieberich, H., Deutsches Privatrecht, 9. A. 1981.

Erbe und Freiteil

Auch über die Verschiedenheit der Gesetze entstand ein Streit, berichtet der Corveyer Mönch Widukind in seiner um 967 verfaßten Sachsengeschichte. Einige behaupteten, daß die Söhne der Söhne mit unter die Söhne gerechnet werden und das Erbe rechtlicherweise mit den Söhnen teilen dürften, wenn zufällig ihre Väter schon bei Lebzeiten des Großvaters mit Tod abgegangen wären. Deswegen ging ein Gebot vom König Otto aus, daß eine allgemeine Versammlung des Volkes im Mai des Jahres 938 in der Pfalz Steele (bei Essen an der Ruhr) stattfinden sollte, und es wurde zunächst entschieden, daß die Sache durch Schiedsrichter geprüft werden solle. Dann aber folgte der König einem besseren Rat und wollte nicht, daß edle Männer und die Ältesten des Volkes unehrenhaft behandelt würden. Deshalb befahl er, daß die Sache durch Kämpfer zu entscheiden sei. Dabei siegte nun die Partei, welche die Söhne der Söhne unter die Söhne rechnete, und es wurde festgesetzt, daß sie auf Dauer gleich mit den Söhnen die Erbschaft teilen sollten. Dann wurden auch die als Friedensstörer überführt, die bisher behaupteten, nichts gegen die königliche Gewalt getan, sondern bloß das Unrecht an ihren Genossen gerächt zu haben, doch verzieh ihnen der König, was viele nur zu noch größerem Unrecht verführte. Außerdem wurden viele Freveltaten begangen von aufrührerischen Menschen, Mord, Meineid, Verheerungen, Brandstiftungen. Und zwischen Recht und Unrecht, Redlichkeit und Meineid machte man in jenen Tagen überhaupt wenig Unterschied.

Die von Widukind von Corvey dargestellte Streitfrage, ob männliche Enkel beim Versterben ihrer Väter vor dem Tod des großväterlichen Erblassers neben den überlebenden Söhnen ein Erbteil haben, ob ihnen also ein Eintrittsrecht in die Rechtsstellung ihrer Väter zusteht, hatte bereits der fränkische König Childebert II. im Jahre 596 in einem Kapitular behandelt. Auch hier wurde das Eintrittsrecht bejaht. Gleichwohl ist es streitig, ob von Anfang an mehr als ein bloßes Sohneserbrecht bestand.

Einen Hinweis für die Lösung dieser Streitfrage gibt eine berühmte Stelle der fränkischen Lex Salica, welche unter der Überschrift: Vom Allod ausführt: Vom Land aber fällt kein Erbe an eine Frau, sondern das ganze Land fällt an das männliche Geschlecht. Freilich wird diese Lösung nicht von allen Volksrechten in gleicher Weise geboten, vielmehr lassen sich deren Regeln bezüglich dieser Frage in vier Gruppen gliedern. Besonders häufig ist ein Vorrang der Söhne vor den Töchtern, welche ihrerseits den weiteren Erben vorgehen, wie dies etwa bei Burgundern, Alemannen, Bayern und Sachsen der Fall ist. Die fränkischen Salier, Ribwarier und Chamaven sowie die Thüringer schließen Frauen vom Erbrecht an Grundstücken gänzlich aus. Nach langobardischem Recht haben Töchter neben Söhnen überhaupt kein Erbrecht, sondern erhalten nur eine Aussteuer. Umgekehrt stellen die Westgoten nach dem Ausweis einer sog. Antiquastelle König Leovigilds (568–86) Söhne und Töchter ausdrücklich gleich.

Dementsprechend folgen aber im frühmittelalterlichen Recht überall beim Tod eines Menschen seine Kinder in die Güter nach. Es gibt also Verwandtenerbrecht, wie dies das allerdings erst sehr viel später bezeugte Rechtssprichwort: Das Gut rinnt wie das Blut, knapp und klar zum Ausdruck bringt. Vermutlich galt dabei ein Vorrang der Söhne vor den Töchtern, doch sind wohl viele Güter tatsächlich über Töchter vererbt worden. Wahrscheinlich traten auch die Enkel ursprünglich hinter den Söhnen zurück.

In den meisten Fällen fiel das Erbe mehreren Erben gemeinschaftlich an. Ihnen gehörte der Nachlaß dann auch gemeinschaftlich. Starb einer von ihnen, so stand das Ganze den Verbleibenden zu, so daß es schließlich zu einer Vereinigung in einer Hand kommen konnte.

Allerdings waren wohl, wie man auch am Beispiel des fränkischen Reiches sehen kann, schon früh auch Teilungen üblich. Dabei konnte die Teilung sowohl nach der Substanz als auch nach der bloßen Nutzung erfolgen. Bei der Teilung nach der Nutzung blieb das Erbe als solches Gesamtgut, so daß eine spätere Wiedervereinigung ohne weiteres möglich war.

Uneheliche Kinder zählten zunächst zu den Kindern. Unter dem Einfluß der Kirche verschlechterte sich dann allerdings ihre Stellung. Das Erbrecht nach ihrem Vater wurde ihnen allmählich aberkannt.

Die Frau erhielt beim Tode des Mannes keinen Anteil an dessen Gut. Sie blieb darin aber zusammen mit den Kindern sitzen. Dementsprechend kam es ihr tatsächlich zugute. Ihre eigenen Güter fielen in der Ehe, aus welcher Kinder hervorgegangen waren, an die Kinder, wurden aber entsprechend bis zum Tode des überlebenden Mannes von diesem genutzt. Bei kinderloser Ehe fielen sie an ihre Familie zurück.

Abweichend von dem hauptsächlichen Gut werden, wie das Volksrecht der Thüringer erkennen läßt, einzelne besondere Gegenstände behandelt. Die Heeresausrüstung des Mannes (Heergewäte) fällt als einzigem Erben dem nächsten männlichen Verwandten d. h. dem ältesten Sohn an. Die Haushaltsgrundausstattung (Gerade) der Frau wird an ihre nächste weibliche Verwandte vererbt.

Vermutlich in der Ostkirche entstand eine von diesem Verwandtenerbrecht ziemlich abweichende Vorstellung. Sie bestand in der Hingabe des gesamten Vermögens, hilfsweise wenigstens eines bestimmten Bruchteils des Vermögens, an die Kirche. Der bekannte Kirchenvater Augustinus (354–430), welcher zunächst Rhetoriklehrer war, ehe er im Jahre 387 zum Christentum bekehrt wurde, und von dem auch die weise, als solche aber schon ältere Regel überliefert ist, daß bei der Teilung eines Erbes der ältere Sohn teilen und der jüngere Sohn dann unter diesen Teilen wählen soll, wandelte diese Vorstellung dahingehend ab, daß Christus in den Kreis der Söhne einbezogen und der Kirche deshalb ein Sohneskopfteil gegeben werden solle.

Dieser Vorstellung haben der christliche Wunsch, einen Teil des Vermögens zum Heil der Seele der Kirche zuzuwenden, und der sanfte Druck der Kirche, welche bei einer Weigerung Sündenvergebung und christliches Begräbnis für gefährdet hielt, schon in fränkischer Zeit weitgehend zum Durchbruch verholfen. Dementsprechend verfügten zahlreiche Gläubige zugunsten der Kirche. Bei den Bayern war freilich ein solches Geschäft erst nach der Abschichtung der Söhne möglich.

Literatur: Heusler, A., Institutionen des deutschen Privatrechts, Bd. 1ff. 1885 f.; Schultze, A., Augustin und der Seelteil des germanischen Rechts, 1928; Bruck, E. F., Kirchenväter und soziales Erbrecht, 1956; Hübner, R., Grundzüge des deutschen Privatrechts, 1908, 5. A. 1930, Neudruck 1969; Quellen zur Geschichte der sächsischen Kaiserzeit, neu bearb. v. Bauer, A. – Rau, R., 1971, 95; Kroeschell, K., Söhne und Töchter im germanischen Erbrecht, Gedächtnisschrift Ebel, W., 1982, 87.

Seelenheil und Gewere

Chlodwig, König der Franken, vir illuster (berühmter Mann), so beginnt die älteste der etwa hundert in ihrer Echtheit einigermaßen gesicherten, wegen zahlreicher Fälschungen aber vielfach angezweifelten und noch immer einer kritischen wissenschaftlichen Neuausgabe harrenden Urkunden der merowingischen Könige. Dir, ehrwürdiger Greis Euspicius und deinem Maximinus, geben wir, damit ihr und diejenigen, welche euch in euerem heiligen Vorhaben nachfolgen, für unsere, unserer lieben Gemahlin und unserer Kinder Heil die göttliche Gnade durch Gebete zu erbitten, dies tun können, Miciacum (Micy, Saint Mesmin bei Orléans) und alles, was uns dort gehört. Wir geben es ausnahmslos (per sanctam confarreationem et anulum) und gewähren es zum tatsächlichen Innehaben, ohne Abgaben, sei es innerhalb, sei es außerhalb von Loire und Loiret, mit allen Eichen, Weiden und Mühlen. Du aber, Bischof Eusebius, sei Euspicius und Maximinus gewogen und halte sie und ihre Güter innerhalb deiner Diözese frei von allem Schaden und allem Unrecht. Denn es ist denen nicht zu schaden, welche in königlicher Gunst stehen. Deshalb handelt, ihr Bischöfe der heiligen katholischen Religion. Ihr aber, Euspicius und Maximinus laßt ab, unter den Franken Fremde zu sein. Mögen die Güter an Stelle eurer Heimat auf Dauer sein, welche wir euch im Namen der heiligen, unteilbaren Dreieinigkeit geben. Es geschehe, wie ich Chlodwig gewollt habe. Ich Eusebius, Bischof, habe es bestätigt.

Diese von zahlreichen Herausgebern als echt angesehene Urkunde gilt zwar der neuesten Forschung als unecht. Ihr folgen aber wenig später mehrere weitere Stücke und im Jahre 625 bereits das älteste im Original überlieferte Diplom. In diesem bestätigt König Chlotar II. dem Kloster Saint Denis und seinem Abt Dodo nach Überprüfung einer vorgelegten Urkunde die Gabe einer Hofstätte eines Mannes aus dem Erbe seines Vaters an das Kloster.

Wichtige Beweggründe des hier aufscheinenden königlichen Handelns schildert anschaulich ein Diplom Childeberts II. vom Januar 528 für den Pariser Bischof, das zwar nicht im Original, aber immerhin in einer Abschrift des 9. Jahrhunderts erhalten ist. Sie beginnt nach der Nennung des Königs mit der Arenga: Wir glauben, daß wir uns größtmöglichen Lohn für die Seligkeit ewiger Wiederbelohnung verschaffen, wenn wir den Stätten der Heiligen geeignete Wohltaten erweisen. Deshalb hat uns unser Bischof in seiner Predigt auch kund getan, daß wir, während wir noch in dieser Welt leben, immer an die Zukunft denken müssen. Er hat uns darüber hinaus daran erinnert, daß wir die heiligen Kirchen in Bedacht haben sollen und immer ihren Gütern noch weitere hinzufügen sollen, damit deren Vermehrung auch uns wieder zugute komme. Dazu sei, wie die Urkunde fortfährt, weiter gekommen, daß der Bischof den König von schwerer Krankheit erfaßt angetroffen habe. Trotz vieler Ärzte sei keinerlei Besserung aufgetreten. Da habe endlich der Bischof die ganze Nacht hindurch betend gewacht und ihm am Morgen die Hände aufgelegt und er habe die Gesundheit wiedererlangt, welche ihm kein Arzt habe verschaffen können. Darum habe er ihm den Ort La Celle, wo dies geschehen sei, mit allem Zubehör sowie weitere Güter gegeben. Und damit diese Gabe besser beachtet und durch die Zeiten bewahrt werde, habe er die Urkunde mit eigener Hand bekräftigt.

All dies zusammen beweist zunächst, daß schon in fränkischer Zeit die Könige die antike Urkundenschriftlichkeit übernahmen. Betrachtet man diesbezüglich die Schriftstücke genauer, so zeigt sich, daß das frühmittelalterliche Urkundenwesen aus dem spätrömischen Urkundenwesen hervorgegangen ist, wobei vermutlich die Germanen sich zunächst einfach römischer Urkundenschreiber bedienten, bis es auch die ersten germanischen Schreiber gab, welche bei jenen in die Schule gegangen waren. Dementsprechend ist die älteste germanistische Urkunde, welche von Odoakar im Jahre 489 in Italien gegeben wurde, noch ganz in den römisch-italischen Formen abgefaßt. Auch die fränkischen Urkunden zeigen trotz verschiedener selbständiger Entwicklungen deutlich spätrömisches Gepräge.

In Rom selbst war für den Grundstückskauf zu dem obligatorischen Kaufvertrag (emptio) und der dinglichen Übergabe (traditio) durch das Kaufgesetz Kaiser Konstantins von 313, das die Übernahme der Steuerpflicht bezüglich der Kaufsache durch den Käufer sichern wollte, die Beurkundung in der Weise hinzugekommen, daß eine Vertragsurkunde aufgenommen wurde, die Nachbarn als Zeugen für das Eigentum des Verkäufers hinzugezogen wurden, der Käufer den Kaufpreis bezahlte und das Land übergeben wurde, wobei der Verkäufer sich von seiner Teilnahmepflicht an der Übergabe anscheinend entbinden lassen konnte. Auch für die Schenkung hatte Kaiser Konstantin im Jahre 323 die Beurkundung angeordnet. Sie war vor möglichst vielen Zeugen vorzunehmen. Danach war die Sache dem Empfänger vor den Nachbarn zu übergeben. Allerdings konnte, wie die Urkunde Odoakars von 489 zeigt, die Beurkundung etwa in Ravenna erfolgen, obgleich das hingegebene Land in Sizilien lag. Die Übergabe des Grundstücks geschah dabei mit Hilfe von Vertretern des Gebers wie des Empfängers, wobei diese das Land betraten, die Hintersassen und Sklaven herbeiriefen und alle Grenzen abliefen, ohne daß von irgendeiner Seite ein Widerspruch erhoben wurde.

Das Schenkungsgesetz Konstantins wurde gekürzt in die jüngeren spätrömischen Konstitutionensammlungen aufgenommen. In der Praxis wurde es in verschiedenen Beziehungen weiterentwickelt. Insbesondere wurde eine tatsächliche Übergabe der gegebenen Sache dann für entbehrlich erachtet, wenn der Geber sich in der Urkunde die Nutzung (ususfructus) der Sache vorbehielt. Für die besondere Schenkung auf den Todesfall (mortis causa), bei welcher der Vollzug bis zum Tod des Gebers aufgeschoben wurde, wurden erleichterte Widerrufsmöglichkeiten ausgearbeitet.

Dementsprechend fanden die Germanen bei ihrer Begegnung mit der christlichen Spätantike die Notwendigkeit der Beurkundung der wichtigsten Grundstücksgeschäfte, ein darauf abgestelltes, praktisch bewährtes Urkundenwesen und einzelne, dem besonderen Gestaltungswillen der Beteiligten Rechnung tragende Gestaltungsmöglichkeiten vor. Hinzu kam der Ruf der Kirche, zum Heil der Seele Gutes zu tun und der Kirche Güter zu geben.

Schon die ersten merowingischen Könige, welche nach der Eroberung Galliens ja über Land in Hülle und Fülle verfügten, hörten diesen Ruf und gingen mit gutem Beispiel voran. Die Karolinger, für welche dann auch die zunehmende Überlieferung erweiterten Einblick gewährt, standen nicht nach. Karl der Große gab innerhalb eines Jahrzehntes etwa an Saint Denis das Kloster Saint Die, Faverolles, Noronte, Lusarches, Messy, dem Kloster Lorsch Heppenheim, die Fischerei in Godenowa sowie Oppenheim, dem Kloster Bobbio Montelongo, dem Kloster St. Martin in Tours Sermione, dem Kloster Herbrechtingen Herbrechtingen, dem Kloster Fulradovillare Kinzheim, dem Kloster Hersfeld ein Zehntel Salzungen, den Zehnten von Milinga, Tennstedt, Aplast, den Ort Mühlhausen, den Zehnten von Zimmern, Gotha und Hassla, die Kirche in Lupnitz, einen Hof zu Aula und die Kirche in Schornsheim, dem

Kloster Fulda Holzkirchen, Hammelburg, Güter im Wormsgau und in Mainz, Hünfeld, Rasdorf, Dienheim und Dauernheim, der Kirche in Salonne Güter in Seillegau, dem Grammatiklehrer Paulinus die Güter Waldands, dem Kloster Nonantula den Hof Camoriana, der Kirche von Utrecht Güter am Fluß Eem und die Kirche Upkirika, dem Kloster Saint Germain den Zoll von Villeneuve und der Kirche in Fritzlar die Güter Erzbischof Lulls.

Dem König eiferten die anderen nach. Innerhalb kurzer Zeit erhielten die meisten Kirchen reiche Güter aus nah und fern. Soweit diese Gaben urkundlich bezeugt sind, enthalten sie auch meist die erste urkundliche Nennung des betreffenden Ortes, so daß sie zugleich eine Fundgrube für Ortsnamenforschung und Landesgeschichte darstellen.

Inhaltlich waren diese Geschäfte dazu gedacht, die Lage des Gebers im Jenseits zu verbessern. Meist bringen sie dies durch die Zweckbestimmung zum Heile meiner Seele (ad remedium animae meae) selbst zum Ausdruck. Insofern sind sie nicht wirklich unentgeltliche Leistungen, sondern durchaus Gaben gegen eine erwartete Gegenleistung.

Im einzelnen unterscheiden sich dann die Gaben nicht unbeträchtlich. Vielfach sollten sie erst im Todesfall wirksam werden. Oft behielt sich der Geber die Nutzung vor. In anderen Fällen gab er das Gut, erbat aber die Nutzung zurück. In wieder anderen Fällen gab er das Gut, um es selbst zusammen mit weiteren Gütern zurückzuerhalten.

Die wirtschaftliche Folge dieser Gaben war die Ansammlung von Land in der Hand der Kirche, welche diese Güter grundherrschaftlich verwaltete. Dies hatte vielfach zur Folge, daß sie sie ihrerseits zu bestimmten Bedingungen abgab. Nicht selten versuchte sie auch ein für sie ungünstig gelegenes Gut gegen ein anderes zu tauschen. Insgesamt ergab sich aus alldem jedenfalls eine ungleich größere Zahl an Grundstücksgeschäften, als sie die Jahrhunderte zuvor gekannt hatten.

Das hatte zugleich eine bislang kaum gekannte Unsicherheit über die Rechtsverhältnisse zur Folge. Sowohl der Berechtigte als auch die Art und der Umfang seines Rechtes konnten den Nachbarn und Verwandten eines Gebers unklarer sein als jemals zuvor. Zahlreiche Güterstreitigkeiten entstanden und mußten oft in einer öffentlichen Verhandlung entschieden werden, wobei sich die Urkunde als Zeugnis über ein Recht zunehmend bewährte.

Vermutlich erst in dieser neuen Zeit der Rechtsunsicherheit entstand die für das mittelalterliche Recht sehr bedeutsame Figur der Gewere an einer Sache. Das Wort dürfte eine Lehnübersetzung des lateinischen Wortes vestitura sein. Dieses bedeutete ursprünglich einfach die Bekleidung. Seit dem Kirchenvater Tertullian (160–220) verwendete aber die Kirche das Bekleiden und Entkleiden in abstrakter Beziehung. Danach wird man mit dem Tode zwar des Lebens entkleidet, aber mit der Unsterblichkeit wieder bekleidet. Lateinisch nennt Tertullian dieses Wiederbekleiden revestire. Genau dieses Wort erscheint unter den merowingischen Königen, wenn jemand einem anderen Güter zurückgeben muß. Dann muß er ihn mit ihnen wiederbekleiden (revestire). Der Wiederbekleidete hat folgerichtig auf Grund dieser Bekleidung oder Einkleidung (investitura) die Bekleidung (vestitura) mit diesem Gut, volkssprachlich also die Gewere. Und wer die Gewere hat, kann sich gegen Zugriffe auf das Gut wehren, darf es bei Verlust zurückverlangen und kann, wenn er will, einen anderen damit bekleiden d. h. ihm die Gewere übertragen.

Literatur: Diplomata regum Francorum e stirpe Merowingica ed. Pertz, K. A. F., 1872, Neudruck 1981; Hübner, R., Die Donationes post obitum und die Schenkungen mit Vorbehalt des Nießbrauchs im älteren deutschen Recht, 1888; Hattenhauer, H., Die Entdeckung der Verfügungsmacht, 1969; Köbler, G., Die Herkunft der Gewere, Tijdschrift voor Rechtsgeschiedenes 43 (1975), 195; Classen, P., Kaiserreskript und Königsurkunde, Saloniki 1977; Köbler, G., Wörterverzeichnis zu den Diplomata regum Francorum e stirpe Merowingica, 1983; Joswig, D., Die germanische Grundstücksübertragung, 1984.

Das Volk der Verkäufer

Wenn jemand eines anderen Sachen ohne Willen des Berechtigten verkauft, sei es einen Knecht, sei es eine Magd, sei es irgendeine andere Sache, gebe er diese dem Recht entsprechend zurück und dazu noch eine gleichwertige. Kann er sie nicht mehr auffinden, gebe er zwei gleichwertige. Wenn jemand seine Habe jemandem verkauft, bebautes Land, ödes Land, Wiesen oder Wälder, dann soll nach dem Empfang des Kaufpreises der Kauf durch Urkunde oder durch Zeugen als beständig erwiesen werden. Jeder Zeuge soll am Ohr gezogen werden, weil es euer Recht so will. Es müssen zwei oder drei Zeugen sein. Wenn der Verkauf gewaltsam zustande gebracht wurde, sei es durch Todesfurcht, sei es durch Einsperrung, soll er in keinem Fall Bestand haben. Wenn jemand von eines anderen Knecht etwas ohne Wissen des Herrn kauft, so werde, wenn der Herr nicht will, daß der Kauf rechtsbeständig sei, der Kaufpreis dem Käufer zurückgegeben. Der Kauf habe keine Rechtsbeständigkeit. Wenn er es nicht hat, soll er etwas Gleichwertiges geben. So oft über eine verkaufte Sache Streit entsteht, soll sie, wenn es feststeht, daß sie eine fremde ist, keiner ohne Einwilligung des Herrn erwerben und der, welcher sich untersteht, eine fremde Sache zu verkaufen, soll dem Herrn das Doppelte zahlen. Außerdem soll er einen vom Käufer erhaltenen Kaufpreis zurückgeben. Und was für Aufwand auch immer einer der Käufer um seines Vorteils willen auf die verkaufte Sache vertat, werde von den Richtern des Ortes geschätzt, und dem, der daran gearbeitet zu haben erkannt wird, werde vom Verkäufer eines fremden Rechtes gerechte Genugtuung gegeben. Wenn jemand einen Freien verkauft, und dieser seine Freiheit beweist, führe ihn der, der ihn verkauft, an seinen Platz zurück und verschaffe ihm die frühere Freiheit wieder und büße ihm 40 Schillinge und zahle dem Käufer den doppelten Kaufpreis.

Alle diese Sätze und zahlreiche weitere sind unter dem Titel, Von Verkäufen (de venditionibus), in dem Volksrecht des Stammes enthalten, welcher als letzter der großen deutschen Stämme lange nach Friesen, Sachsen, Franken und Alemannen ins Licht der Geschichte tritt, nämlich dem der Bayern. Sie erscheinen im 6. Jahrhundert und erklären ihren Namen wenig später stolz als die gekrönten Männer, weil Baivarius von wer, vir, Mann und baugo Ring, Krone komme. Die spätere Wissenschaft hat sich freilich von diesem Deutungsversuch wenig beeindrucken lassen und den Namen der Bayern als Männer aus Böhmen d.h. aus dem Land der Bojer erklärt.

Ihr Volk ist wohl seit dem 6. Jahrhundert aus recht unterschiedlichen, teils germanischen, teils nichtgermanischen Elementen zwischen Alpen und Donau zusammengewachsen, wobei möglicherweise die Einsetzung eines Herzogs aus dem vielleicht fränkischen, langobardischen, burgundischen, thüringischen oder alemannischen, den Langobarden eng verbundenen Haus der Agilolfinger durch den Frankenkönig Theudebald im 6. Jahrhundert die Verschmelzung entscheidend förderte und möglicherweise das alemannische Element von besonders großer Wirkung war.

Der Prolog des in mehr als 30 Handschriften überlieferten Volksrechtes dieser Bayern geht ausführlich auf die rechtsgeschichtliche Entwicklung der Gesetzgebung ein, wobei er bei Moses beginnt, die griechischen Gesetzgeber Solon und Lykurg kennt und auch bei den Römern Numa Pompilius und dann die Zwölftafeln nennt. All diese Kenntnisse sind aber als Lesefrüchte aus der Enzyklopädie des spanischen Kirchenvaters Isidor von Sevilla zu erweisen. Eigenständiger wird der Bericht erst, als er auf die Franken zu sprechen kommt, bei denen der König Theuderich die Aufzeichnung des Rechts der Franken, Alemannen und Bayern befohlen haben soll, wobei das Fehlende ergänzt, das Unpassende aufgehoben und das Heidnische ins Christliche gewendet worden sei. Childebert (II.), Chlotar (II.) und Dagobert hätten dann das Werk vollendet und erneuert.

Die Bewertung dieser Darstellung in der Wissenschaft ist allerdings unterschiedlich. Nach einer vor allem einen Hinweis der Synode von Aschheim verwertenden Ansicht ist das Volksrecht unter Herzog Odilo in den Jahren 741 bis 743 entstanden. Nach anderer, dem Prolog Glauben schenkender Meinung ist es stufenweise vom 6. bis zum 8. Jahrhundert erwachsen.

Inhaltlich beginnt das Volksrecht mit den Angelegenheiten der Kirche und behandelt den Schutz und die Verwaltung des Kirchengutes. Auffällig ist dabei folgende Regelung: Wenn jemand den Bischof tötet, werde ein Bleigewand nach dessen Gestalt angefertigt. Was dieses an Gold wiegt, soviel soll der geben, der ihn tötete. Hat er kein Gold, so gebe er andere Güter, Unfreie, Grundstücke, Höfe oder was er hat, bis er die Schuld erfüllt hat. Hat er nicht genügend Güter, so gebe er sich, seine Frau und seine Kinder an die betreffende Kirche in Knechtschaft, bis er sich loskaufen kann. Möglicherweise hat diese Bestimmung ihren geschichtlichen Hintergrund in der Tötung des heiligen Emmeram.

Nach diesen Kirchensachen wird das Verhältnis von König und Herzog dargestellt. Dabei kommen dem Herzog Aufgaben als Heerführer und Richter zu. Der König wird im übrigen nur in den beiden ersten Titeln des Volksrechts erwähnt. Ein Satz über den aufrührerischen Herzog könnte Tassilo III. betreffen.

Nach den agilolfingischen Herzögen werden die Geschlechter der Huosi, Draozza, Fagana, Hahilinga und Anniona besonders genannt. Von ihnen lassen sich insbesondere die Huosi und die Fagana genauer fassen. Ihre Güter liegen im Westen des Inns, die des Herzogs dagegen im Osten. Politisch werden sie als profränkisch eingestuft.

Im Anschluß hieran befaßt sich das Volksrecht mit den Volkssachen. Ganz ausführlich werden dabei die Bußen dargestellt. Nicht selten finden sich dabei auch begründende Erwägungen etwa derart, daß der Raub einer Nonne deswegen doppelt so hoch zu büßen sei wie der Raub einer einfachen Braut, weil die Nonne die Braut Christi sei.

Auffällig ist dabei, daß sich eine vielfache Beeinflussung des Textes durch andere Volksrechte wahrscheinlich machen läßt. Ganz besonders deutlich ist dies bei den Titeln 15 (Von Anvertrautem und Geliehenem) und 16 (Von Verkäufen). Sie zeigen weitgehende wörtliche Übereinstimmungen mit dem Text des gotischen Fragmentes, welches überwiegend König Eurich zugeschrieben und deshalb als Codex Euricianus bezeichnet wird. Daraus ergibt sich die Frage, wie das Gesetz eines arianischen Westgotenkönigs des 5. Jahrhunderts, das bei den Westgoten selbst nach etwa hundert Jahren außer Kraft gesetzt wurde und deswegen nur in einem einzigen Fragment

26 *Münzen aus einem weitgehend verlorenen Schatzfund karolingischer Silbermünzen bei Wiesbaden/Biebrich (792/3)*

überliefert ist, im katholischen Bayern benutzt werden konnte. Sie ist umso schwieriger zu beantworten, je später man die Entstehung des Volksrechts der Bayern ansetzt.

Für die Frage aber, ob die Bayern wegen der ausführlichen Regelung des Verkaufes in ihrem Volksrecht ein Volk von Verkäufern waren, ergibt sich daraus allerdings eine negative Antwort. Die betreffenden Bestimmungen wurden nicht in Bayern geschaffen. Sie sind vielmehr Einfuhrgut aus der antiken, vom Kauf geprägten Kulturwelt. Dessen Übernahme ist allerdings eine gewisse weise Voraussicht in die zukünftige Entwicklung nicht abzusprechen.

In der urkundlichen Überlieferung tritt der Kauf allerdings gegenüber der Gabe noch deutlich zurück. Auch dort, wo von Kauf gesprochen wird, liegt wohl nicht immer ein Kauf vor, da das Geld noch nicht seine spätere Funktion erlangt hat. Dementsprechend ist wohl der Tausch noch häufiger als der Kauf. Für die Gegenstände, deren Verschiebung nicht urkundlich erfaßt wird, lassen sich ohnehin nur Vermutungen hinsichtlich der tatsächlichen Häufigkeit der sie betreffenden Geschäfte anstellen.

Daß es einzelne Kaufleute gegeben hat, zeigen die Quellen allerdings an vielen Stellen. Sie erweisen etwa Syrer, Juden oder Griechen als Kaufleute. Dazu kommen auffälligerweise die Friesen, für welche beispielsweise in Worms oder Mainz sogar eigene Friesenviertel entstehen. Die Bayern treten dagegen hier nicht besonders hervor.

Verkauft wurden wohl vor allem bewegliche Sachen und unter diesen am ehesten handwerkliche Erzeugnisse. Sie konnte der Spezialist mit dem Fortschreiten der Technik besser herstellen als der einfache Mann. Waren sie aber erst einmal hergestellt, so fanden sich wegen ihrer vorteilhaften Benutzbarkeit auch Interessenten für sie. Hersteller und Erwerber trafen sich auf dem Markt, der zunächst wohl nur vereinzelt stattfand, allmählich aber zu einer festeren Einrichtung wurde. Dabei entstanden vielleicht zuerst Jahrmärkte in Zusammenhang mit kirchlichen Festtagen, daneben aber auch Wochenmärkte und feste Plätze für vielleicht schon tägliche Märkte. Zur Sicherung der dortigen Geschäfte erwuchs der besondere herrschaftliche Schutz des Marktes.

Das Kaufgeschäft war dann wohl meist ein einheitliches Bargeschäft. Wieweit für dieses von Anfang an aufwendigere Handlungsformen erforderlich waren, lassen die Quellen nicht erkennen. Eine Befugnis des Käufers, beim nachträglichen Entdecken bestimmter Mängel der Kaufsache vom Kauf wieder abzugehen, wird nur vereinzelt erwähnt, wobei die betreffenden Stellen auch von antiken Vorstellungen beeinflußt sein können. Andererseits konnte nach mehreren Volksrechten jeder, von dem ein Dritter die Sache deswegen verlangte, weil sie rechtmäßig ihm gehöre, dem Dritten denjenigen benennen, von dem er die Sache erlangt hatte. War dies durch einen Kauf geschehen, so mußte, wenn der Verkäufer die Kaufsache dem Käufer nicht bewahren konnte, der Verkäufer dem Käufer den Kaufpreis zurückgeben. Wie oft es allerdings im allgemeinen wie im frühmittelalterlichen Bayern hierzu kam, lassen die Quellen nicht erkennen. Allzu häufig dürfte dies kaum der Fall gewesen sein.

Literatur: Philippi, F., Die erste Industrialisierung Deutschlands, 1909; Hahn, B., Die wirtschaftliche Tätigkeit der Juden im fränkischen und deutschen Reich bis zum zweiten Kreuzzug, Diss. Freiburg 1911; Döberl, M., Entwicklungsgeschichte Bayerns, Bd. 1 3. A. 1916; Spieß, W., Das Marktprivileg, 1916; Leges Baiwariorum, hg. v. Schwind, E. Frhr. v., 1926; Schönfeld, M., Wörterbuch der altgermanischen Personen- und Völkernamen, 1911, Neudruck 1965; Siems, H., Lex Baiuvariorum, HRG 2 (1978), 1887; Köbler, G., Die Begründungen der Lex Baiwariorum, Gedächtnisschrift Ebel, W., 1982, 69; Untersuchungen zu Handel und Verkehr der vor- und frühgeschichtlichen Zeit in Mittel- und Nordeuropa, Teil 3 Der Handel im frühen Mittelalter, hg. v. Düwel, K. u. a. 1985.

Blüte und Krise

Kaiser und Papst

Mit engstem Gefolge und bei Schnee und Eis zog im Dezember 1076 der von allen Seiten bedrängte 26jährige König über Burgund und den ihm allein zugänglichen Paß am Mont Cenis nach Italien. Am Nordhang des Apennin fing er den Papst, der sich gerade auf die Reise nach Deutschland machte, um dort mit den fürstlichen Gegnern des Königs zusammenzutreffen und das weitere gemeinsame Vorgehen gegen ihn zu beraten, in Canossa ab. Geschickt nahm er die Verhandlungen mit dem Oberhaupt der Kirche auf. In Sack und Asche tat er die ihm auferlegte Buße. So erreichte er am 28. Januar 1077 um den Preis des Anspruches auf die Unmittelbarkeit seiner Herr-

27 *Fußfall König Heinrichs IV. bei der Markgräfin Mathilde von Tuszien in Canossa*

schaft zu Gott seine Lossprechung vom päpstlichen Bann und hatte damit den Rücken frei zum Kampf gegen die heimischen Fürsten.

Vorausgegangen war diesem berühmten Bußgang nach Canossa eine lange Entwicklung, seitdem christlicher Papst und fränkischer König im 8. Jahrhundert zueinander gefunden hatten. Insbesondere war in die spätrömische Kirchenverfassung, welche die Wahl des Bischofs durch Geistlichkeit und Volk und die volle Gewalt des Bischofs in seinem Amtsgebiet kannte, allmählich die Vorstellung des Eigenkirchenwesens eingedrungen, welche vom Kirchengut in der Hand weltlicher Herrscher ausging. Seit dem 10. Jahrhundert hatten dann die sächsischen Könige des deutschen Reiches im Kampf gegen die von weltlichen Großen drohenden Gefahren die Bischöfe zu Trägern der Reichsverwaltung erhoben. Die Hochstifte wurden Institutionen der im Sakralkönigtum der Ottonen und Salier gipfelnden Reichsverfassung, so daß die Besetzung der Bistümer grundlegende Bedeutung für König und Reich erlangte.

Als Träger wichtiger reichsverfassungsrechtlicher Aufgaben waren die Bischöfe dem König verbunden. Zugleich aber waren sie als kirchliche Obere ihrer Diözesen dem Papst untertan. Diese zweifachen Pflichten vermochten sie solange zu erfüllen, als König und Papst einmütig zusammenwirkten. Dies war aber nur bis zur Mitte des 11. Jahrhunderts der Fall.

König Heinrich III. (1017–1056), dessen salische Dynastie 1024 den sächsischen Königen gefolgt war, konnte noch in der unter ihm erstmals sicher bezeugten Einkleidung (Investitur) der Bischöfe und Äbte des Reiches mit Ring und Stab den sakralpriesterlichen Charakter seiner Herrschaft zum Ausdruck bringen. Ebenso konnte er damit noch seinen Anspruch verdeutlichen, als weltlicher Herrscher das Reich und die Kirche zu führen. 1046 setzte er die Päpste Gregor VI., Silvester III. und Benedikt IX. kurzerhand ab und gewann mit den deutschen Päpsten Clemens II., Damasus II., Leo IX. und Viktor II. das Papsttum für die etwa zu dieser Zeit erwachsenden, an monastischen wie kanonistischen Reformideen anknüpfenden innerkirchlichen Reformbestrebungen (Cluny, Gorze).

Als er am 8. September 1056 in Goslar starb, hinterließ er aber nur einen gerade fünfjährigen Sohn, der allerdings bereits zum Thronfolger gewählt und gekrönt worden war. Die Kaiserinwitwe Agnes vermochte den von Heinrich III. nur mit Mühe bewältigten Gegensatz zwischen Kirchenreform und Reichsregierung nicht mehr zu meistern. Rasch verlor sie die Führung der Kirchenreform an Rom. Seit 1059 verboten von dort Synoden zunehmend den Kauf von Kirchenämtern (Simonie) sowie die Überlassung von Kirchenämtern an Laien (Laieninvestitur) und forderten verstärkt die Ehelosigkeit für Kleriker. Der Papst beanspruchte entschiedener als zuvor die Primatgewalt gegenüber den Bischöfen.

Zugleich geriet der deutsche König, der nach seiner Schwertleite (1065) die Herrschaft erlangt hatte, rasch in folgenreiche Schwierigkeiten. 1066 entließ er auf Verlangen der Fürsten Erzbischof Adalbert von Bremen als Ratgeber. Sein Versuch, die Rechte des Königtums zu sichern, führte 1073 zu schweren Kämpfen mit den Sachsen, welche ihn zur Flucht aus Goslar zwangen. Als er im Jahre 1075 seinen Hofkapellan Tedald zum Erzbischof von Mailand investierte, entzündete sich hieran ein verhängnisvoller Streit mit dem Papsttum. Papst Gregor VII. (1073–85), der im März 1075 in der Hoffnung auf eine Kirchenunion mit Byzanz im Dictatus Papae eine, durch ihre weiten Folgerungen aus der päpstlichen Binde- und Lösegewalt gekennzeichnete politische Theorie entworfen hatte, rügte den König scharf. Dieser ließ den Papst am 24.

28 Zweischwerterlehre. Gott verleiht dem Papst und dem Kaiser ein Schwert. Der Kaiser hält dem Papst die Steigbügel (1295/1363, Dresdner Bilderhandschrift des Sachsenspiegels)

Januar 1076 in Worms absetzen, worauf der Papst im Streben nach Freiheit der Kirche und Gerechtigkeit im Februar 1076 den König exkommunizierte.

Der hieraus erwachsende, mit allen Mitteln geführte Investiturstreit fand im Gang nach Canossa nur eine vorläufige Beilegung. Wenig später erkannte der Papst den Gegenkönig Rudolf von Rheinfelden an und bannte den König erneut. Dieser erhob einen Gegenpapst, der ihn in Rom zum Kaiser krönte. Nach weiteren langen Auseinandersetzungen kam es auf der Grundlage der in der Literatur der Zeit theoretisch begründeten und in England und Frankreich auch inzwischen praktisch durchgeführten Scheidung von kirchlichem Amt und kirchlichem Gut zum Wormser Konkordat vom 23. September 1122. Darin verzichtete der Kaiser auf die Investitur der Bischöfe und Reichsäbte mit Ring und Stab und erlaubte freie kanonische Wahl und Weihe.

Umgekehrt gestattete der Papst dem Kaiser, im deutschen Reich bei den Wahlen anwesend zu sein, zwiespältige Wahlen zugunsten der klügeren Partei zu entscheiden und in Deutschland vor, in Burgund und Reichsitalien innerhalb von sechs Monaten nach der Weihe die Investitur mit dem weltlichen Symbol des Zepters zu vollziehen und dabei die Lehenshuldigung entgegenzunehmen. Damit war das ottonisch-salische Reichskirchensystem aufgegeben. In Deutschland entwickelten sich die Hochstifte und Reichsabteien zu geistlichen Fürstentümern, in Burgund und Italien wurden sie der tatsächlichen Verfügung des Königs entzogen.

Die Auseinandersetzung zwischen Kaiser und Papst ist damit freilich nicht endgültig beendet. Sie erneuert sich vielmehr bis zum Ausgang des Mittelalters immer wieder und bleibt bis dahin eines der Grundprobleme deutscher Geschichte. Hinzu kommen allerdings zahlreiche andere Fragen.

Als erste ist hiervon die Slawenmission zu nennen, welche ihren Ausgangspunkt davon nimmt, daß der Papst am Ende des 11. Jahrhunderts die abendländische Ritterschaft zum Kreuzzug gegen die Ungläubigen aufruft. Gott will es, so lautet die Losung der fortan unter dem Zeichen des Kreuzes ins Heilige Land ziehenden Kriegerscharen, denen 1099 die Erstürmung Jerusalems gelingt, mit der das Grab Christi vorübergehend den Arabern entrissen wird, bis es 1187 wieder an den Sultan von Ägypten fällt. Dem folgt im deutschen Osten der ebenfalls von der Geistlichkeit unterstützte Kampf gegen die heidnischen Slawen, der die von König Lothar von Süpplingenburg wieder aufgegriffene und später vor allem vom Adel getragene Ostsiedlung erheblich fördert, welche bis über die Oder ausgreift und im Ordensland Preußen sogar die Memel erreicht. Fast eine halbe Million deutscher Siedler zieht noch im 12. und 13. Jahrhundert in die neugewonnenen Länder.

Im Reich herrschen seit 1138 die schwäbischen Staufer, welche 1125 die Hausgüter der Salier geerbt hatten. Von ihnen führt Friedrich I. Barbarossa das seit 1157 als sacrum imperium (heiliges Reich) bezeichnete Gebilde auf einen neuen machtpolitischen Höhepunkt, auf welchem der Herrscher auch die Verbindung mit der neu erwachsenden Jurisprudenz sucht. In Italien bleibt ihm allerdings ein dauerhafter Erfolg versagt. Zu mächtig sind die in Sizilien heimisch gewordenen Normannen, der Papst und die als Folge der Kreuzzüge und des mit ihnen erblühenden Handels erstarkenden italienischen Städte, die sich zum lombardischen Städtebund vereinen, in ihrer Gesamtheit, als daß er sie für immer niederringen hätte können. Zu schwierig ist auch in Deutschland selbst die Lage, wo ihm in dem Welfen Heinrich dem Löwen, dem Herzog von Bayern und Sachsen, ein machtvoller eigenwilliger Lehensmann gegenübertritt, der ihm in einem wichtigen Augenblick um des eigenen Vorteils willen die Gefolgschaft versagt. Um Heinrich 1180 stürzen zu können, muß der Kaiser den ihn unterstützenden Fürsten das Zugeständnis machen, die wichtigen Lehen beim Heimfall an das Reich nicht zu behalten, sondern wieder zu Lehen auszugeben. Damit legt er zu Lasten des Reichs den Grund für die Festigung der Länder, die zu Recht das Jahr 1180 als ihre Geburtsstunde betrachten. Schon seinen Zeitgenossen galt Friedrich, der seinen Sohn mit der normannischen Erbtochter Konstanze von Sizilien verheiratete, dessenungeachtet aber als Erneuerer des Reiches und Vorbild ritterlicher Gesinnung.

Sein im mütterlichen Heimatland Sizilien aufgewachsener, 1197 als Thronfolger übergangener Enkel Friedrich II. (1194–1250) belohnte 1220 die Zustimmung der geistlichen Fürsten zur Wahl seines Sohnes Heinrich (VII.) mit dem Verzicht auf weitere Rechte des Reiches. 1231/2 überließ er den neuen Landesherren zusätzliche Gewalt zu Lasten des Reiches. Nachdem er 1235 durch die Schaffung des welfischen Herzogtums Braunschweig-Lüneburg noch die Aussöhnung der Staufer mit den Welfen herbeigeführt hatte, kam Friedrich II., der sein normannisches Erbreich erfolgreich in einen straff organisierten Beamtenstaat umformte, auch überhaupt nicht mehr über die Alpen nach Norden.

Nach dem Tod des letzten Stauferkönigs (1254) wählten die Fürsten 1257 Richard von Cornwall, einen Schwager Friedrichs II., und Alfons von Kastilien, einen Enkel König Philipps von Schwaben, zu Königen. Richard zog nur gelegentlich, Alfons nie nach Deutschland, so daß die Fürsten, unbehelligt vom Reich, ihre eigenen Belange verfolgen und die vom Reich gewonnenen Rechte während dieses Interregnums zunehmend zur Landesherrschaft ausbauen konnten.

Bei der dann vom Papst 1273 veranlaßten Neuwahl entschieden sich die Wähler für den staufertreuen Rudolf von Habsburg, den Kaiser Friedrich II. aus der Taufe gehoben hatte. Er verlangte sogleich das seit 1245 widerrechtlich entzogene Reichsgut zurück und gab dann die seinem Gegner Ottokar II. von Böhmen 1276/8 abgerungenen Länder im Südosten mit Zustimmung der Fürsten an seine Söhne, womit er die Grundlage für den Aufstieg des Hauses Habsburg schuf. Auf unhaltbar gewordene Positionen des Reiches im Süden und Westen verzichtete er.

1308 setzten die Erzbischöfe von Trier und Mainz die Wahl des ihnen nahestehenden Grafen von Luxemburg durch, der 1310 seinen Sohn mit Böhmen belehnte, womit die Luxemburger sich ebenso wie die Habsburger eine stattliche Hausmacht verschafften. Der Luxemburger Karl IV. wurde dann überhaupt der bedeutendste Herrscher des deutschen Spätmittelalters. Er verzichtete endgültig auf die italienische Kaiserpolitik und gewann seinem Hause Schlesien, die Lausitzen und Brandenburg. Wenig später fiel das von innen durch Religionsstreitigkeiten und von außen durch die Türken, welche 1453 Konstantinopel einnahmen und damit das oströmische Reich beendeten, im Osten und die Franzosen und Burgund im Westen bedrohte Reich als Erbmonarchie an das Haus Habsburg. Am 19. 3. 1452 empfing der Habsburger Friedrich III. als letzter deutscher König in Rom die Kaiserkrone. Wenig später nannten sich die deutschen Könige nach ihrer Wahl erwählter römischer Kaiser, ohne des Papstes, von dem sie die Würde gewonnen hatten, noch zu gedenken.

Literatur: Kempf, J., Geschichte des Deutschen Reichs während des großen Interregnums, 1893; Kraus, V. v., Deutsche Geschichte im Ausgang des Mittelalters, Bd. 1 1905; Investiturstreit und Reichsverfassung, hg. v. Fleckenstein, J., 1973; Jakobs, H., Kirchenreform und Hochmittelalter, 1984; Szabó – Bechstein, B., Libertas Ecclesiae. Ein Schlüsselbegriff des Investiturstreits und seine Vorgeschichte, Rom 1985; Meuthen, E., Das 15. Jahrhundert, 2. A. 1985; Moraw, P., Von offener Verfassung zu gestalteter Verdichtung. Das Reich im späten Mittelalter (1250–1490), 1985.

Burg und Stadt

Die Kuppe des Berges ist von einem gewaltigen doppelten Steinwall umzogen, unter dem sich eine vier bis fünf Meter breite, holzversteifte Trockenmauer verbirgt. An der Südwestseite führt ein Mauerstück den Berghang hinunter, um eine Quelle einzuschließen. Zwei Tore des Außenwalles werden dadurch gebildet, daß ein Wallende vor das andere gezogen ist, so daß eine schmale Gasse entsteht. Die Tore des Innenwalles sind einfache Unterbrechungen. Innerhalb des inneren Walles sind schwache Spuren einer früheren, kleineren Befestigung erkennbar.

Mit diesen Worten wird heute der Überrest einer der bedeutendsten Ringwallanlagen aus dem letzten vorchristlichen Jahrtausend (400–100 v. Chr.) beschrieben, die sich auf dem 798 Meter hohen Altkönig nördlich von Frankfurt befindet. Wie ihre vermutlich keltischen Bewohner sie bezeichneten, wissen wir nicht. Germanen hätten sie wohl Burg genannt, da Tacitus sowohl den Waldnamen Teutoburgiensis saltus (Teutoburger Wald = Osning) als auch den Ortsnamen Asciburgium (Eschenburg) zwischen Neuß und Xanten erwähnt.

Das damit gesicherte germanische Namenselement *burg–, das im übrigen später in allen germanistischen Sprachen gut belegt ist, läßt sich auf indogermanisch *bhr̥gh- zurückführen, dem die Bedeutung befestigte Höhe zugekommen sein könnte. Diesem ist idg. *bhergho- eng verwandt, aus welchem sich germanisch berga- und neuhochdeutsch Berg entwickelt haben. Die indogermanische Wurzel *bhergh- hoch, erhoben, ihrerseits gilt als Erweiterung von *bher- tragen, heben.

Vermutlich nannten die Germanen jeden befestigten Platz Burg. Hierunter dürften sich anfangs überwiegend Orte befunden haben, welche nicht dauernd besiedelt waren, sondern nur im Falle kriegerischer Gefahr aufgesucht wurden (Fluchtburgen). Daneben gab es allerdings schon an der Zeitenwende befestigte Siedlungen, welche die Römer, wie dies Tacitus für den Sitz des Maroboduus tat, als castellum bezeichneten, wobei neben diesem castellum ausdrücklich Händler erwähnt werden. Dieses castellum dürfte germanisch burg- genannt worden sein.

Die Begegnung mit der Antike dürfte dann zu einer deutlichen Erweiterung geführt haben. Der Gotenbischof Wulfila verwendet jedenfalls im 4. Jahrhundert das gotische Wort baurgs ohne Zögern für das griechische pólis sowie einmal auch für baris (Turm). Die der Bibel wichtigste pólis (Stadt) aber war Jerusalem, das schon König David zu seinem Königssitz gemacht und König Salomo prächtig ausgeschmückt hatte. Zu dieser pólis gehören der polites (Bürger), den Wulfila ohne weiteres als baurgja nachbildet, und der teichos (Stadtmauer), den Wulfila als baurgswaddjus (Burgwand) wiederzugeben versucht. Lateinisch entspricht baurgs vor allem civitas (Stadt), baurgja civis (Bürger) und baurgswaddjus murus (Mauer).

Demnach dürften die Germanen, obgleich sie keine Städte hatten, die antiken Städte ebenfalls als burg- bezeichnet haben. Dies galt vermutlich auch, als sie selbst die römischen Städte wie Köln, Trier, Mainz, Bregenz, Kempten, Salzburg, Xanten, Nimwegen, Ladenburg, Wels, Sankt Pölten, Augsburg, Heddernheim, Wimpfen, Regensburg, Wien, Lorch und viele andere eroberten. Einige dieser Orte gingen dabei zugrunde wie etwa Heddernheim oder Augst, andere blieben nur in beschränktem Umfang besiedelt wie Trier oder Augsburg, in wieder anderen veränderte sich jedoch der Siedlungsumfang kaum (Köln, Mainz, Worms, Speyer, Metz, Straßburg, Basel, Andernach, Boppard). Allerdings ging die römische Stadtverfassung in der merowingischen Zeit weitgehend verloren. Die Zahl der Bewohner nahm ab. Die öffentlichen Einrichtungen wurden bis auf Mauern und Straßen ihrem Zweck entfremdet. Ackerbau und Viehzucht traten vielfach an die Stelle von Handel und Gewerbe. Der Vorgang der Germanisierung war aber nach Ausweis der Grabinschriften erst in karolingischer Zeit weitgehend abgeschlossen.

In dieser Zeit gewann die befestigte Anlage dann wieder an Bedeutung. Insbesondere die Bischöfe strebten nach einer Sicherung der Umgebung des Domes durch Mauern. Lateinisch heißen diese erneut gesicherten Orte dann civitas, urbs, castrum oder castellum, deutsch dagegen vor allem burg. Dementsprechend wird das römische Argentorate nunmehr Straßburg, das römische Radasbona Regensburg oder das römische Iuvavum jetzt Salzburg genannt.

In manchen dieser Burgen finden sich Händler. So gibt etwa der Mainzer Erzbischof Lullus (gest. 786) den friesischen Händlern den besten Teil des Orts. In Worms wird die Siedlung der Friesen im 9. Jahrhundert mit einer selbständigen Befestigung versehen. In Straßburg wird bereits im 8. Jahrhundert eine kaufmännische Ansiedlung, welche vor den Mauern der Bischofsburg lag, als neue Burg (nova civitas) bezeichnet.

Untersucht man die lateinischen Quellen des Frühmittelalters, so zeigt sich, daß das lateinische Wort civitas schon seit der karolingischen Zeit nicht nur für Römerstädte und Bischofssitze gebraucht, sondern auch und zunehmend mehr für andere Orte verwandt wird, welche mit jenen nur darin übereinstimmen, daß sie auch befestigt sind. Dieses civitas der lateinischen Vorlagen wird nationalsprachlich stets durch burg wiedergegeben. Sowohl die tatsächlich in den Quellen genannten frühmittelalterlichen civitates wie auch die weiteren Übersetzungsgleichungen, welche urbs, arx, castrum oder castellum dem einheimischen Wort burg zuweisen, zeigen, daß für burg nicht der Bewohner, sondern die bergende Befestigung kennzeichnend ist.

Bleibt man den Quellenbegriffen verhaftet, so gibt es im Frühmittelalter nur eine einheitliche burg, nicht dagegen bereits die Unterscheidung von Burg und Stadt, die nur derjenige vornehmen kann, welcher jeden Ort, welcher vom Topographischen und Sozioökonomischen her Größe, teilweise Wehrhaftigkeit, starken Einschlag nichtagrarischen Erwerbslebens sowie Zentralörtlichkeit für das umliegende Gebiet aufweist, als Stadt einordnet. Er verbindet dann freilich Bischofsstädte, Klosterstädte, Pfalzorte, Herrenburgen und Marktsiedlungen zu einer der Zeit selbst fremden gedanklichen Einheit.

Die altdeutsche Vorform des Wortes Stadt hat demgegenüber im frühen Mittelalter noch eine sehr viel allgemeinere Bedeutung. Eine stat ist einfach ein Ort oder ein Platz (lateinisch locus, sedes, statio). Dies ändert sich allerdings im 12. Jahrhundert. Hier treten burg und stat miteinander in Wettbewerb. Nach kurzem Ringen wird jedenfalls in den mittelfränkischen Literaturdenkmälern stat die allgemeine Bezeichnung für den Sachverhalt Stadt; burg verengt sich demgegenüber zunehmend auf den Sachverhalt Burg. Für die Burg bleibt die Befestigung charakteristisch, für die Stadt kommen neue besondere Merkmale hinzu, welche einen Teil der alten burg-Orte aussondern. Kennzeichnend ist für sie ein besonderes Recht.

Dabei reicht auch diese rechtliche Aussonderung in ihren Anfängen weit in das Frühmittelalter zurück. Schon ein Privileg König Heinrichs I. von 927 gab nämlich dem Bischof von Toul die gesamten Grafenabgaben Touls (exactio comitatus eiusdem civitatis) und schloß alle weltliche Gewalt daran aus, wobei im Gegensatz zu älteren Urkunden der Sonderstatus erstmals auf ein flächenmäßig geschlossenes Gebiet erstreckt wird, aus dem Streurechte anderer Herren nicht mehr ausgeklammert werden. Dementsprechend übertrug Otto I. dem Abt von Corvey 946 den Bann über Meppen und 965 der Moritzkirche zu Magdeburg den Bann über Magdeburg, wobei festgesetzt wird, daß die Juden und die übrigen dort wohnenden Kaufleute von niemandem anderen als dem Vorsteher der Kirche einen Urteilsspruch oder eine Zwangsmaßnahme aushalten müssen.

Im gleichen Jahr gibt der König dem Erzbischof von Hamburg die Befugnis, in Bremen einen Markt zu errichten. Dazu überträgt er Bann, Zoll, Münze und alle königlichen Rechte und verleiht den Kaufleuten seinen Schutz. Im Jahre 969 gebietet er, daß kein Herzog, Graf oder sonstiger königlicher Richter oder sonstige Person (ausgenommen Bischof und Vogt) in Speyer ein öffentliches Ding abhält. Otto II. gibt 977 der bischöflichen Kirche zu Minden den Bann, den Zoll und alle königlichen Rechte. 979 setzt er fest, daß in Worms fortan keine Gerichtsperson irgendeine Macht ausübe, ausgenommen Bischof und Vogt.

Bereits zu Beginn der salischen Zeit ist entsprechend diesen und weiteren Diplomen eine Vielzahl von gebietsmäßig ausgerichteten Sonderrechtsbereichen vorhanden, für die es im Gegensatz zur allgemeinen Immunität nicht auf das Recht an dem Grund oder den Personen ankommt. Vielmehr wird für einen bestimmten Ort, der burg wie dorf sein kann, ein Recht übertragen.

Dementsprechend unterscheidet etwa das Hofrecht des Bischofs Burchard von Worms von der Jahrtausendwende bereits deutlich zwischen burg (civitas) und Umland. Fällt jemand in Worms im Zweikampf, sind 60 Schillinge zu leisten, außerhalb dagegen gelten andere Regeln. Wenig später erscheinen auch erste besondere Richter, Vögte oder Grafen einer Burg (Köln 1032, Mainz um 1050, Augsburg 1067). Heinrich IV. gibt aus Dankbarkeit für die Aufnahme nach seiner Flucht aus Goslar 1074 den Bewohnern von Worms eine besondere Zollbefreiung. Heinrich V. schließlich bestimmt sogar, daß keiner der Bürger von Speyer gezwungen werden darf, außerhalb des Umgangs der Mauer ein Ding seines Vogtes zu besuchen.

Demnach steht am Ende der salischen Zeit die rechtlich aus der Umgebung herausgehobene, durch den Verlauf der Mauer klar abgegrenzte Stadt, deren Kennzeichen ihr besonderes Recht ist. Mit der Burg hat sie zwar noch die Mauer gemeinsam. Trennende Merkmale sind demgegenüber aber wichtiger geworden.

Wenig später werden solche Städte bewußt neu geschaffen, wobei als Modellfälle solcher Gründungsstädte das noch burg genannte Freiburg im Breisgau und Lübeck gelten. Nicht alle Gründungen und Rechtsverleihungen erweisen sich dabei als erfolgreich. Immerhin gibt es aber am Ende des Mittelalters rund 4000 Städte im Reich. Davon ist Köln mit etwa 40000 Einwohnern am größten. Groß sind auch Metz, Straßburg, Nürnberg, Augsburg, Wien, Prag, Magdeburg, Lübeck und Danzig mit ungefähr je 20000 Einwohnern. Auch wenn dann neun Zehntel der Städte weniger als jeweils 2000 Einwohner haben, sind sie doch für Handel und Gewerbe in der sich entwickelnden Geldwirtschaft bedeutsamer als die etwa 10000 im wesentlichen nur defensiven, bald durch die Feuerwaffen gefährdeten Burgen.

Literatur: Kulischer, J., Allgemeine Wirtschaftsgeschichte des Mittelalters und der Neuzeit, 5. unv. A. 1976; Köbler, G., Verzeichnis der lateinisch-gotischen und der gotisch-lateinischen Entsprechungen der Bibelübersetzung, 1972; Vor- und Frühformen der europäischen Stadt im Mittelalter, hg. v. Jankuhn, H. u.a., 1973; Köbler, G., Stadtrecht und Bürgereinung bei Notker von St. Gallen, 1974; Kluge, F. – Mitzka, W., Etymologisches Wörterbuch der deutschen Sprache, 21. A. 1975; Planitz, H., Die deutsche Stadt im Mittelalter, 5. unv. A. 1980; Köbler, G., Mitteleuropäisches Städtewesen in salischer Zeit, in: Beiträge zum hochmittelalterlichen Städtewesen, hg. v. Diestelkamp, B., 1982, 1.

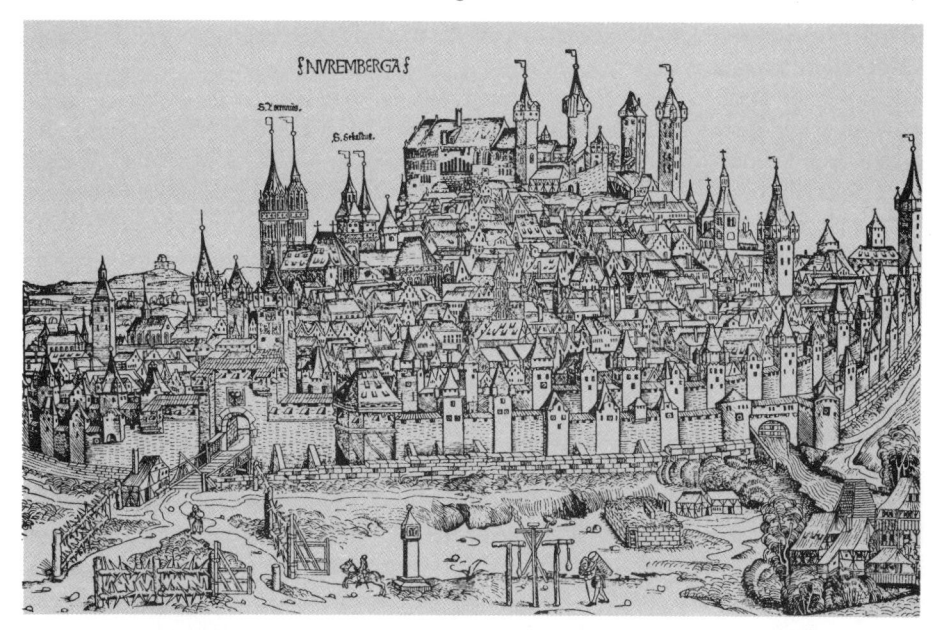

29 Nürnberg im Spätmittelalter. Weltchronik des Hartmann Schedel, Nürnberg 1493

Ritter, Bürger und Bauer

Bürger und Bauer, so schreibt die spätmittelalterliche Glosse zum sächsischen Lehensrecht, scheidet nichts als Zaun und Mauer. Damit will sie zum Ausdruck bringen, daß zwischen Bürgern und Bauern nur tatsächliche Verschiedenheiten bestehen, weil der Bürger in der ummauerten Stadt, der Bauer dagegen im bloß umzäunten Dorf lebt, nicht dagegen rechtliche Unterschiede. Ob dies wirklich zutrifft, ist allerdings eine offene Frage.

Grundsätzlich bleibt im Hochmittelalter die Gliederung der Gesellschaft in Adel, Freie, Freigelassene und Unfreie bestehen. Dementsprechend beschreibt der im frühen 13. Jahrhundert entstandene Sachsenspiegel Wergeld und Buße folgendermaßen: Fürsten, freie Herren und schöffenbare Leute sind im Wergeld und in der Buße gleich. Allerdings ehrt man die Fürsten und die freien Herren dadurch, daß man ihre Buße und ihr Wergeld in Gold bezahlt. Weniger erhalten die abgaben- und zinspflichtigen Leute (Biergelden, Pfleghafte) sowie die anderen freien Leute, welche Landsassen heißen und wie Fremde gehen und kommen und keine eigenen Grundstücke im Land Sachsen haben. Danach wird die Buße der Freigelassenen und danach die der Tagelöhner, Pfaffenkinder, Unehelichen, Spielleute, Lohnkämpfer, Diebe und Räuber beschrieben, wobei die Buße der letztgenannten nur deswegen erwähnt wird, weil sich nach ihr das Strafgeld des Richters bestimmt.

Freilich ist dem Verfasser die Frage der Freiheit bereits zum Problem geworden, da ja aus christlicher, im Mittelalter allgemein anerkannter Sicht Gott den Menschen nach seinem Ebenbild geschaffen hat, den einen wie den anderen, und ihm der Arme nahe steht wie der Reiche. Entwicklungsgeschichtlich, meint der Verfasser, waren alle Leute frei, als man zum ersten Mal Recht setzte und als die Sachsen in ihr Land kamen. Dazu kommt, daß er es auch mit seinem Verstand nicht für Wahrheit halten kann, daß jemand des anderen Eigentum sein soll, zumal es dafür auch keine Beweise gibt. Zwar behaupten einige Leute, daß die Unfreiheit von Kain, Ham, Ismael oder Esau gekommen sei, aber dies trifft aus im einzelnen genannten Gründen nicht zu. Außerdem wird aus Gottes Wort offenbar, daß der Mensch als Gottes Ebenbild Gott gehören soll und daß der, welcher ihn jemand anderem zuspricht als Gott, gegen Gott handelt. In Wahrheit hat die Unfreiheit ihren Ursprung in Zwang und Gefangenschaft und unrechter Gewalt. Sie hat man seit alters zu unrechter Gewohnheit werden lassen. Diese unrechte Gewohnheit will man nunmehr als Recht haben.

Betrachtet man nach diesen mittelalterlichen Ausführungen die Rechtswirklichkeit, so zeigt sich, daß diese unrechte Gewohnheit weit verbreitetes Recht ist. Die gesamte Gesellschaft ist nach wie vor nach der Freiheit gegliedert. Dabei ist der Adel im einzelnen als Folge des Lehenswesens in verschiedene Untergruppen aufgeteilt. Dem König folgen nacheinander Bischöfe, Äbte und Äbtissinnen als geistliche Fürsten, die weltlichen Fürsten, die freien Herren, die schöffenbaren Leute und die Lehensleute der freien Herren sowie danach wiederum deren Lehensleute. Die Freien scheinen auf dem Lande weitgehend verschwunden zu sein, sei es, daß sie zu den freien Herren aufgestiegen sind, sei es, daß sie in Abhängigkeit geraten sind. Die Freigelassenen und Unfreien bilden eine breite Schicht von Abhängigen, welche unterschiedlich bezeichnet werden und nach unterschiedlichem Recht leben. Allerdings verbessert sich ihre gesamte Lage durch die günstige Entwicklung der allgemeinen wirtschaftlichen Verhältnisse. Unter besonderen Umständen können die Unfreien die Freiheit gewinnen, eine ihrer Gruppen, die sog. Dienstleute (lat. servientes, ministeriales), steigt im Herrendienst sogar in den niederen Adel auf.

Neben die Gliederung nach der Freiheit tritt im Mittelalter aber eine zweite soziale Schichtung, welche vor allem durch die Tätigkeit sowie durch den Lebensraum bestimmt ist und die ältere Einteilung zunehmend überlagert. Einen Ausgangspunkt hierfür bildet die Entstehung der Stadt, die ursprünglich ja als burg bezeichnet wird. Dementsprechend sind ihre Bewohner burgliut (Burgleute) oder burgari. Diese burgari unterscheiden sich aber allmählich von den anderen Leuten nicht mehr allein dadurch, daß sie in einer burg wohnen, sondern auch dadurch, daß sie besonderen Tätigkeiten nachgehen. Anfangs war dies wohl vor allem der Handel, so daß zuerst einige, dann mehr und schließlich viele der burgari Händler oder Kaufleute waren. Gerade an ihnen waren die Stadtherren und Städtegründer besonders interessiert, weshalb etwa der König die Kaufleute besonders schützte, die Bischöfe des 11. Jahrhunderts ihnen erste besondere Rechte verliehen oder Konrad von Zähringen sie anläßlich der Gründung des Marktes Freiburg im Jahre 1120 eigens zusammenrief.

Zu den Kaufleuten kamen aber wohl schon früh die Handwerker, welche ihnen zumindest einen Teil der Handelswaren lieferten. Sie wurden vermutlich durch die Grundherrschaft, welche die Arbeitsteilung ermöglichte, gefördert. Da die Mittelpunkte gerade großer geistlicher Grundherrschaften in den burgen lagen (Bischofsstädte), verstand es sich von selbst, daß hier Schwerpunkte handwerklicher Tätigkeiten erwuchsen.

Neben Kaufleuten und Handwerkern befanden sich dann wohl auch zahlreiche Dienstleute des Stadtherren sowie auch Landwirtschaft betreibende Personen in der burg, ihre Tätigkeit war aber nichts Besonderes. Deshalb wurde sie auch nicht kennzeichnend für die weitere Bedeutungsentwicklung des Wortes burgari. Mit dem burgari verband man vielmehr bald über das bloße Wohnen in der burg hinaus das Treiben von Handel und Gewerbe, mochte dies auch nicht für jeden burgari in gleicher Weise gelten.

Schon Heinrich IV. hatte dann diesen burgari, welche er lateinisch als cives bezeichnete, als solchen ein besonderes Recht gewährt. Theoretisch kam es allen burgari zugute, selbst wenn es wegen seines sachlichen Inhaltes (Zollbefreiung) wohl nur die Kaufleute erfaßte. Wenig später werden dann die cives allgemein Adressaten neuer Rechte. Bald sogar spricht man überhaupt vom besonderen Recht der burgari (ius civium).

Ein ganz wichtiges neues Kennzeichen des damit entstandenen Bürgers wird dabei im Laufe einer längeren Entwicklung die Freiheit. Wie einst selbstverständlich der römische Bürger (civis Romanus) frei gewesen war, so erringen nunmehr allmählich auch die mittelalterlichen Bürger die Freiheit. Bald gilt der allgemeine Satz: Stadtluft macht frei. Wer vom Lande in die Stadt kommt und von seinem Herrn nicht innerhalb einer Frist von einem Jahr, sechs Wochen und drei Tagen gerichtlich erfolgreich herausverlangt wird, ist frei, mögen ihn zuvor auch noch so feste Bande der Unfreiheit gefesselt haben.

Über die Aufnahme neuer Bürger konnte die Gemeinschaft der Bürger jederzeit frei entscheiden. Der Eintretende mußte die Pflichten eines Bürgers, vor allem Wehrpflicht und Steuerpflicht, übernehmen und diese Übernahme vielfach durch einen Eid besonders absichern. An manchen Orten war eine bestimmte Aufnahmegebühr zu entrichten. Andernorts war eine Hausstätte Voraussetzung für das Bürgerrecht. Vielfach wurden die Neubürger in ein besonderes Buch eingetragen.

Innerhalb der Bürger werden einige als Patrizier besonders hervorgehoben. Sie werden als wiseste, witzigste oder lateinisch als meliores (bessere), maiores (größere) und honorabiliores (ehrbarere) bezeichnet. Ein Teil von ihnen wird aus der Umgebung des Stadtherrn gekommen sein. Bei den anderen handelt es sich vor allem um die erfolgreichen Kaufleute, ohne daß es sich nachweisen läßt, daß die betreffenden Familien in den Gründungsstädten bereits zu den Gründern gehörten.

Zu den Bürgern zählen öfter auch die Geistlichen in der Stadt. Ausgenommen vom Bürgerrecht sind dagegen die sog. Mitwohner, welche zwar in der Stadt wohnen, das Bürgerrecht aber noch nicht erworben haben. Eine Sonderstellung nehmen auch die Juden ein, welche sich vornehmlich in den Städten an Rhein und Donau finden. Sie genießen den Schutz der Stadt, müssen dafür aber auch Abgaben entrichten. (1449 gab es in Nürnberg 14309 Bürger und deren Angehörige, 3274 Knechte und Mägde, 1976 Nichtbürger, 446 Geistliche und 120 Juden).

Neben den Bürgern entwickelte sich als zweiter bedeutsamer Berufsstand derjenige der Ritter. Er erwuchs aus der Veränderung des Heerwesens seit der karolingischen Zeit, in welcher der gepanzerte Reiter an die Stelle des einfachen Bauernkriegers trat. Seine Kennzeichen sind das Reiten, welches Pferd und bald auch Panzer voraussetzt, und die Burg als der sichere Sitz.

Durch den Ritterdienst konnten Unfreie in den Adel aufsteigen. Sie verbanden sich mit dem bestehenden Adel im ritterlichen Lebensstil, wie er vor allem in Frankreich ausgebildet wurde, zu einer umfassenden Adelsgenossenschaft. Ideale der ritterlichen Kultur, welche ihre höchste Blüte in staufischer Zeit erlebte, waren Zucht, Maßhalten, Frauendienst, Treue und Barmherzigkeit. Sie kamen vor allem im Minnesang (Walther von der Vogelweide) und im höfischen Epos zum Ausdruck. Die körperliche Ertüchtigung wurde im Turnier gepflegt. In nachstaufischer Zeit wurde das Rittertum allerdings bereits wieder durch Landesherren, Bürgertum und die Erfindung der Feuerwaffe gefährdet.

Gegenüber den Handel und Gewerbe treibenden freien Bürgern und den Kriegsdienst leistenden adeligen Rittern hatte der große Rest der sich im Hoch- und Spätmittelalter in etwa verdoppelnden Bevölkerung kein besonderes Kennzeichen, da er, wie zuvor alle, nur Ackerbau und Viehzucht betrieb. Dieser Rest war nichts anderes als die einfach nebeneinander wohnenden Leute, welche weder ritterliche Burg noch gewerbliche Stadt auszeichnete. Deshalb hießen sie buren oder nachburen, Nachbarn, lateinisch cives oder vicini. Nach der Absonderung der Bürger und Ritter aus dem Kreise der Nachbarn in Stadt und Burg verengte sich die Bezeichnung Buren, Bauern (Nachbarn) auf diejenigen, welche nur Viehzucht und Ackerbau besorgten. Sie waren die Bauern, hießen lateinisch jetzt rustici, waren Rittern und Bürgern kulturell unterlegen, vom Adel und auch verschiedenen Bürgern abhängig und bildeten das Gros der Unfreien, sofern sie nicht etwa durch Rodung oder Ostsiedlung Freiheit gewannen.

Literatur: Keutgen, F., Urkunden zur städtischen Verfassungsgeschichte, 1901; Naumann, H., Deutsche Kultur im Zeitpunkt des Rittertums, 1938; Pfütze, M., Burg und Stadt in der deutschen Literatur des Mittelalters, Beitr. z. Gesch. d. dt. Sprache und Literatur 80 (1958), 271; Köbler, G., Civis und ius civile, Diss. jur. Göttingen 1965; Bumke, J., Studien zum Ritterbegriff im 12. und 13. Jahrhundert, 2. A. 1976; Planitz, H., Die deutsche Stadt im Mittelalter, 5. unv. A. 1980; Europäische Wirtschafts- und Sozialgeschichte im Mittelalter, hg. v. Houtte, J. A. van, 1980; Alltag im Spätmittelalter, hg. v. Kühnel, H., 1984; Handelsplätze des frühen und hohen Mittelalters, hg. v. Jankuhn, H. u. a. 1984; Goetz, H. W., Leben im Mittelalter, 1986.

Schilde und Wappen

Als die Ritter ihre metallenen Rüstungen überstreiften, waren sie so einheitlich gepanzert, daß Freund und Feind im Kampf nicht mehr leicht unterschieden werden konnten. Deswegen begannen sie, sich besondere bunte Kennzeichen auf den Schilden zuzulegen, welche seit etwa 1130 nachweisbar sind. Wegen ihres engen Zusammenhanges mit den Waffen wurden diese Zeichen mit dem Wort Wappen, der mittelniederländischen Wortform von Waffen, benannt.

Für diese Wappen entwickelten sich noch im Mittelalter ganz bestimmte Regeln der Wappenkunde, welche wegen ihrer Herkunft von den französischen Herolden meist als Heraldik bezeichnet wird. Sie wurden 1416 erstmals von dem Franzosen Prinsault schriftlich festgehalten.

Die wichtigste Regel war dabei, daß das Wappen bereits aus der Ferne leicht erkennbar sein müsse. Da die Zahl der Ritter groß, die zur Kennzeichnung verfügbare Fläche und die zur Unterscheidung brauchbaren Mittel aber begrenzt waren, bedeutete dies die Notwendigkeit, die Wappen fein zu gliedern, wobei für die Beschreibung dieser Gliederung vom Träger des Wappens aus, also nicht vom Betrachter aus, gedacht wurde.

Hauptbestandteile eines Wappens sind Schild und Helm mit Helmzier und Helmdecken. Die Schilde sind mit linearen Einteilungen gemustert (sog. Heroldsstücke) oder tragen im Feld eine oder mehrere Figuren, wobei zwischen einfeldigen und

Schilde und Wappen

mehrfeldigen Wappen unterschieden wird. Bei den einfeldigen Wappen wird von oben nach unten zwischen Schildhaupt, Balkenstelle und Schildfuß unterschieden und waagrecht zwischen linker Flanke, Pfahlstelle und rechter Flanke geteilt, wodurch die Pfahlstelle in Hauptstelle, Herzstelle, die hier zusätzlich eingeschobene Nabelstelle und die Fußstelle zerfällt. Die lineare Einteilung bilden Plätze mit mindestens zwei Farben, wobei leere Flächen durch Muster lebendiger gestaltet werden können.

Die Figuren dienen vielfach zur bildlichen Darstellung des Namens des Wappeninhabers. Sie sind also redende Wappen, welche den Namen bildlich zum Ausdruck bringen wollen. Daneben werden bestimmte Lebewesen, Pflanzen oder auch allgemei-

30 Wappen des Heiligen Römischen Reiches Deutscher Nation mit den Wappen der Kurfürsten. Fahnenbuch des Jacob Köbel, Nördlingen 1540

ne Figuren wegen einer mit ihnen verbundenen Vorstellung als Wappenbilder bevorzugt. Dementsprechend finden sich etwa Löwe oder Adler besonders häufig als Bilder in Wappen.

Die meisten Wappen lassen sich allerdings geschichtlich nicht sicher erklären. Deswegen wurden zu ihrer Deutung nachträglich sagenhafte Erklärungen gegeben. Diese stammen meist aus der frühen Neuzeit, in welcher das Wappen seine ursprüngliche Bedeutung bereits verloren hatte.

Im Reich tritt seit Friedrich I. Barbarossa ein einköpfiger schwarzer Adler auf goldenem Grund als Wappen des Kaisers auf. Seit dem 13. Jahrhundert erscheint ein Doppeladler für den Kaiser und für die Reichsstädte, während für den König ein einfacher Adler verwendet wird. Reichswappen ist in der zweiten Hälfte des 13. und in der ersten Hälfte des 14. Jahrhunderts ein einfacher Adler, seit dem Ende des 14. Jahrhunderts der Doppeladler, der seit 1417 als offizielles Reichswappen geführt wird.

Wappen im strengen Sinn gibt es nur im Bereich der christlich-abendländischen Ritterkultur, in der aber bald sich auch die Städte und einzelne patrizische Bürgerfamilien Wappen zulegten. Daneben entstand im späten Mittelalter im von den Kreuzzügen berührten Vorderen Orient eine ähnliche Erscheinung. Auch in Japan findet sich eine vergleichbare Einrichtung.

Literatur: Siebmacher, J., Großes und allgemeines Wappenbuch, neu hg. seit 1854, Neudruck 1970 ff., Generalindex (1605–1961), hg. v. Jäger-Sustenau, H., 1964 ff.; Seyler, G. A., Geschichte der Heraldik, 1885 ff.; Hildebrandt, A. M., Wappenfibel, 14. A. 1943; Galbreath, D. L., Handbüchlein der Heraldik, 2. A. Lausanne 1948.

Brief und Siegel

Will jemand einem anderen eine Tatsache besonders gewiß machen, so gibt er ihm darauf Brief und Siegel. Beides kommt aus der Antike. Beides wird im Mittelalter sehr bedeutsam.

Der Brief ist die gewöhnliche althochdeutsche Bezeichnung für Schreiben oder Schriftstücke. Das Wort leitet sich von dem lateinischen Wort brevis (kurz) her und ist seit dem 9. Jahrhundert belegt. Notker von Sankt Gallen verwendet es um die Jahrtausendwende für lateinisch epistola, documentum oder littera. Der Schreiber ist dementsprechend der briefari, das Register ist das briefbuoh und das Aufschreiben ist briefen. Wer also ein Schreiben aufzeichnet, erstellt einen Brief. Schreiben darf, wer schreiben kann. Das Schreiben wird aber in nachkarolingischer Zeit zunächst erst einmal seltener, so daß auch die Privaturkunde deutlich zurücktritt.

Das Siegel war ebenfalls der Antike bereits sehr geläufig gewesen. Es war ein Ring, der durch die Einfügung einer geschnittenen Form (Bild, Zeichen, Schrift) zum ganz besonderen Kennzeichen eines einzelnen gemacht worden war. Dies wurde bei den Römern zur Sicherung von Schriftstücken verwandt, indem Aussteller und bzw. oder Zeugen die Enden der Fäden oder Drähte, mit denen ein Schriftstück umwunden und geschlossen wurde, versiegelten. Daneben wurden auch die Urkunden unter dem Text vom Aussteller und von Zeugen mit Siegeln versehen, wodurch das Siegel zu einem Beglaubigungsmittel der Urkunde wurde. Allerdings trat dieses in der spätantiken Privaturkunde zugunsten der eigenhändigen Unterschrift in der Bedeutung zurück.

Diese siegellose Privaturkunde haben die germanischen Völker von den Römern übernommen. Gleichwohl führen die Könige und die Bischöfe Siegel, wobei sie mit der Sache auch das Wort (lat. sigillum Siegel, zu lat. signum Zeichen) annahmen. Schon alle merowingischen Königsdiplome wurden deshalb auf der Schriftseite des offenen Papyrus oder Pergaments mit dem Siegel versehen, so daß dieses neben der Unterschrift ein zusätzliches Beglaubigungsmittel bildete. Da die karolingischen Herrscher dann gar nicht schreiben konnten, gewann das Siegel fast zwangsläufig an Bedeutung. Seit dem Jahr 751 wird dementsprechend der Abdruck des Ringes (anuli impressio) besonders hervorgehoben. Seit dem 10. Jahrhundert mehren sich die Zeugnisse, daß man das Siegel als wichtiges Beglaubigungsmittel betrachtet, im 12. Jahrhundert wird für die Echtheit eines Diplomes nur noch dessen Siegel berücksichtigt. Auch bei der Papsturkunde, welche von jeher ihr eigentümliches Bullensiegel trug, trat dieses seit der Mitte des 11. Jahrhunderts auffällig hervor.

Seit dem frühen 10. Jahrhundert hatten daneben vor allem auch einzelne Erzbischöfe in besonderen Fällen Siegel benutzt. Dem folgen bald Bischöfe, Domkapitel, reichsunmittelbare Klöster, dann die Herzöge und um die Wende des 11. zum 12. Jahrhundert einzelne Grafen. Dementsprechend verwenden in der ersten Hälfte des 12. Jahrhunderts alle Großen des Reiches Siegel zur Beglaubigung der Urkunden. Gefördert wurde diese Entwicklung noch dadurch, daß Papst Alexander III. (1159–81) vorschrieb, daß vor dem geistlichen Gericht Urkunden dann, wenn die zugehörigen Zeugen verstorben sind, nur beweiskräftig sind, wenn sie entweder von einem Notar (manus publica) verfaßt sind oder ein authentisches Siegel aufweisen.

Dementsprechend dringt das Siegel, in das oft das Wappen aufgenommen wird, allgemein rasch durch. Freilich wird vielfach nur den Siegeln von Erzbischöfen, Bischöfen, Offizialen, Fürsten, exempten Äbten und öffentlichen Notaren Beweiskraft in fremden Angelegenheiten beigemessen, den übrigen Siegeln dagegen nur in eigenen Angelegenheiten. Am Ende des 13. Jahrhunderts konnte dann jede unbescholtene Person ein Siegel führen und Brief und Siegel geben.

Besondere Notare begegnen im übrigen im Gegensatz zu Italien in Deutschland erst spät. Sie finden sich zunächst in der zweiten Hälfte des 13. Jahrhunderts in geistlichen Gerichten. Erst im 14. Jahrhundert treten dann auch sonst öffentliche Notare auf, welche vom Kaiser, vom Papst oder von beiden ihre besondere Legitimation herleiten. Sie erstellen nach italienischem Vorbild das besondere Notariatsinstrument. Dieses bedarf zwar keines Siegels, bedient sich seiner jedoch sicherheitshalber gleichwohl in vielen Fällen.

Die bloße Zahl der Briefe mit und ohne Siegel sowie mit und ohne Notar schwillt rasch ins Unübersehbare an. Sie läßt sich allein für die Zeit von 1230 bis 1300 auf vielleicht 500000 schätzen. Deutsch ist davon weniger als ein Hundertstel, der Rest nach wie vor in Latein gehalten.

Literatur: Redlich, O., Die Privaturkunden des Mittelalters, 1911, Neudruck 1967; Ewald, W., Siegelkunde, 1914, Neudruck 1969; Bresslau, H., Handbuch der Urkundenlehre für Deutschland und Italien, Bd. 1, 2 4. A. 1968 ff.; Wattenbach, W., Das Schriftwesen im Mittelalter, 4. A. 1958, Neudruck 1966; Bischoff, B., Paläographie des römischen Altertums und des abendländischen Mittelalters, 1979.

31 Der Roland
auf dem Markt
von Bremen

Marktkreuz und Roland

Gegen 1100 entstand in Nordfrankreich das altfranzösische Nationalepos Chanson de Roland. Es ist das Werk eines gelehrten Klerikers, doch ist der im Schlußvers genannte Turold nicht eindeutig als Verfasser erwiesen. In der in einer Oxforder Handschrift erhaltenen besten Fassung enthält es etwa 4000 zehnsilbige Verse, welche zu assonierenden Laissen gebunden sind.

Der Held des Liedes ist Roland. Er wird auf Veranlassung seines Stiefvaters Ganelon, der mit ihm in Streit geraten war, auf dem Rückzug Karls des Großen aus dem feindlichen Spanien zum Führer der Nachhut bestimmt. Bei Roncesvalles gerät er in einen zwischen Ganelon und den Heiden vereinbarten Hinterhalt. Mit seinem Schwert Durandarte verrichtet er im Kampf Wunder an Tapferkeit. Dennoch fällt er nach Oliver, dem Erzbischof Turpin und seinen anderen Getreuen als letzter, nachdem er sich, auf Ruhm bedacht, dreimal weigerte, mit seinem Horn Olifant den rettenden Ruf um Hilfe auszustoßen. Karl der Große vernichtet daraufhin die Heiden und bestraft nach der Rückkehr Ganelon.

Gegen 1135 wird das Rolandslied in das Mittelhochdeutsche übertragen. Verfasser ist der Regensburger Pfaffe Konrad. Dichterische Form sind mittelhochdeutsche Reimpaare.

Geschichtlich liegt diesem Lied ein der Familie der Widonen zuzurechnender Graf Hruotlant aus der bretonischen Mark zugrunde. Er fiel am 15. 8. 778 bei einem Nachhutgefecht der Franken gegen die Basken. Er ist der bekannteste der 12 Paladine Karls des Großen, vermutlich auch dessen Vetter zweiten Grades, trat historisch aber sonst nicht weiter hervor.

In Deutschland erscheinen seit dem 13. und 14. Jahrhundert in zahlreichen norddeutschen Städten, insbesondere Städten des Magdeburger Rechts, aber etwa auch in Bremen, Rolandsfiguren, von denen insgesamt 42 bekannt sind. Sie gelten als Verkörperung der Marktfreiheit. Allerdings ist es sehr fraglich, ob die zahlreichen Rolandsfiguren alle auf denselben Urtypus zurückgehen. Problematisch ist schon, ob der Roland selbst oder das von ihm getragene Schwert entscheidend ist. Dieses wiederum könnte sowohl Richtschwert sein als auch Wahrzeichen des Königsbannes.

Auffällig ist, daß der Roland in seinem Verbreitungsgebiet andere Marktzeichen verdrängte. Von diesen ist das bekannteste das Marktkreuz. Vermutlich gab es andere Zeichen des Marktes aber noch früher, ohne daß sich angesichts deren Vergänglichkeit Zeugnisse finden lassen.

Das Marktkreuz selbst als Zeichen des durch den Königsbann geschützten Marktfriedens tritt bereits im 9. Jahrhundert für ein Kloster an der Loiremündung auf, wobei der Zusammenhang zwischen Kloster und Kreuz vielleicht nicht zufällig ist. In Deutschland wird im Jahre 938 in Trier das erste Marktkreuz errichtet. Alle anderen deutschen Marktkreuze reichen nicht über das 12. Jahrhundert zurück.

Literatur: Sello, G., Der Roland zu Bremen, 1901; Schröder, R., Die Rolande Deutschlands, 1910; Görlitz, T., Der Ursprung und die Bedeutung der Rolandsbilder, 1934; Samson-Campbell, M., Deutschlands Rolande in Geschichte und Bild, 1938; Eichler, H. – Laufner, R., Hauptmarkt und Marktkreuz in Trier, 1958; Gathen, A. D., Die Rolande als Rechtssymbole, der archäologische Bestand und seine rechtshistorische Deutung, 1960; Lieberwirth, R., Zum Stand der rechtsgeschichtlichen Beurteilung der Rolandbilder, Nordharzer Jahrbuch 11 (1986), 5; Schimpff, V., Roland – Sagenheld und historische Persönlichkeit, Nordharzer Jahrbuch 11 (1986), 10.

*32 Das Markt-
kreuz von Trier
(958)*

Die Eroberung des Geldes

Non olet, es stinkt nicht, ist die wohl bekannteste Aussage über das Geld, das im Mittelalter die Wirtschaft erobert. Entstanden ist dieses Geld aus dem Bedürfnis nach einem allgemeinen Maßstab zur Bemessung und Vergleichung des Wertes von Gütern. Mit zunehmender Arbeitsteilung und wachsendem Güterverkehr traten dabei zunächst mehrere einzelne Güter und schließlich meist ein einziges Gut als bevorzugtes Vergleichs-, Bemessungs- und Tauschmittel hervor, das für alle anderen Güter genommen und gegeben werden konnte (Schneckengehäuse, Zähne, Steine, Töpfe, Pelze, Fische, Sago usw.). Mit fortschreitender technischer Entwicklung wurden diese Geldformen durch Metallgeld abgelöst.

Während die Römer dann zur Zeit des Zwölftafelgesetzes noch Erz Pfund für Pfund tatsächlich abwogen, kannten Chinesen im Fernen Osten sowie Ionier in Kleinasien bereits gewichtsgleiche, einheitlich geformte Metallscheiben mit einem besonderen Vollgewichtigkeit und Metallgehalt bezeugenden Kennzeichen. Der lydische, wegen seines Reichtums sprichwörtlich gewordene, 546 v. Chr. aber von den Persern unterworfene König Krösus prägte bereits reine Gold- und Silbermünzen.

Von hieraus verbreiteten sich die Münzen rasch in alle Länder griechischer Kultur. Aufgeprägt waren meist Bilder von Göttern oder deren Kennzeichen. Münzmetall war vor allem Silber, zu dem unter den mazedonischen, auch das eigene Bildnis verwendenden Herrschern das Gold hinzukam.

Die Römer kannten seit dem 4. vorchristlichen Jahrhundert schwere Kupferstücke. 269 v. Chr. trat der silberne Denar ergänzend hinzu. Caesar prägte auch Goldmünzen, welche seit Augustus das Bildnis der Herrscher trugen.

Die Germanen übernahmen zunächst die römischen Münzen, ohne sie als Geld zu benutzen, und nach der Völkerwanderung auch das römische Münzwesen, ohne dabei aber von der Naturalwirtschaft abzugehen. Obwohl die Volksrechte beständig mit Schillingen rechnen, wird in karolingischer Zeit nur der silberne Pfennig (denarius, mit 1,5 bis 2 Gramm Silber), von denen 12 einen Schilling und 240 ein Pfund bilden, geschlagen. Dieser blieb dann mehrere Jahrhunderte von annähernd gleicher Güte, obwohl die Zahl der Münzorte durch königliche Privilegien erheblich vermehrt wurde. Mit den Kreuzzügen und dem neuen Handel im Mittelmeer entstanden silberne Groschenmünzen (1182 Florenz, Wert 12 Denare) und als Goldmünzen Floren (seit 1252 in Florenz), Zechine, Gulden und Dukaten (seit 1284 in Venedig). Die Pfennige wurden zum Kleingeld. An die Stelle des Pfundes trat als obere Rechnungseinheit im 12. Jahrhundert die Mark.

Das zur Prägung von Silbermünzen erforderliche Metall wurde seit dem 7. Jahrhundert im Elsaß, seit dem 8. Jahrhundert in Böhmen gewonnen. 922 begann der Bergbau in Sachsen, 968 im Harz (Rammelsberg bei Goslar), 1163 im sächsischen Erzgebirge, daneben auch im Schwarzwald. Bis zum Ende des 12. Jahrhunderts war dabei die Entwicklung des besonderen Bergrechts im wesentlichen abgeschlossen.

Das neu geprägte Geld belebt zunächst vor allem den städtischen Wirtschaftskreislauf. Danach ergreift es aber auch Adel und Bauern. Insbesondere wird bald die Grundherrschaft statt durch Naturalleistungen durch Geldleistungen bestimmt.

Literatur: Lamprecht, K., Deutsches Wirtschaftsleben im Mittelalter, Teil 1–3 1885f., Neudruck 1969; Kirnauer, F., Die Geschichte des Bergbaus, 1941; Gerloff, W., Die Entstehung des Geldes und die Anfänge des Geldwesens, 3. A. 1947; Samhaber, E., Das Geld, eine Kulturgeschichte, 1964; Henning, F. W., Wirtschafts- und Sozialgeschichte, Bd. 1 ff. 1973 ff.; Grierson, P., Münzen des Mittelalters, 1976.

Schule und Studium

Es gab Reinhold für seinen Sohn Hermann in Reinshof eine Familie. Es gab Eilhard für seinen Sohn Bernher 3 Familien in Lide und zwei Hufen. Es gab Sigbert für seinen Sohn Sigbert eine Familie in Negenborn. So lauten einige willkürlich herausgegriffene Einträge der Traditionsnotizen der sächsischen, 816/22 von Mönchen aus Corbie in der Pikardie gegründeten Benediktinerabtei Corvey an der Weser, der ältesten und berühmtesten in ganz Norddeutschland.

Die Namen derjenigen, für welche diese Gaben an das Kloster entrichtet werden, finden sich vielfach später in den Mönchslisten wieder. Dementsprechend darf man davon ausgehen, daß die Gaben häufig beim Eintritt eines Kindes in die Klostergemeinschaft erbracht wurden. Ob solche Gaben hierfür notwendig waren und welche Absichten der Geber damit verband, verraten die Quellen nicht. Man wird aber annehmen dürfen, daß das Kloster das Gut gewissermaßen als Ausstattung des Kindes erhielt und daß dieses davon unterhalten werden sollte. Dementsprechend war anscheinend nicht nur die geistliche Gemeinschaft daran interessiert, neue Mitglieder zu gewinnen, sondern es bestand auch ein Interesse daran, Kinder in klösterlichen Gemeinschaften unterzubringen.

Der Grund hierfür konnte an sich ein einfaches Versorgungsdenken sein. Die erbrachten Aufwendungen sind aber anscheinend höher als sie für die Versorgung des Kindes notwendig waren, so daß es hierum allein nicht gegangen sein kann. Vielmehr wird außer der Vorstellung, mit guten Werken etwas für das Seelenheil zu tun, auch der Gedanke mitgespielt haben, daß das Kind im Kloster besser untergebracht war als anderswo. Dies war es aber vor allem deswegen, weil das Kloster ihm Bildungs- und auch Aufstiegsmöglichkeiten eröffnete, wie sie nicht leicht anderswo zu finden waren.

Lernen konnte das Kind im Kloster vor allem Schreiben und Lesen. Wie dieser Unterricht im einzelnen vor sich ging, ist freilich kaum bekannt. Immerhin gibt es einen Bericht bereits aus dem Jahre 984, nach welchem der schulische Werdegang etwa folgende Gestalt hat: Zunächst erfolgt ein zweijähriger Elementarunterricht im Schreiben und Lesen. Danach werden vier Jahre hindurch Grammatik und Lektüre betrieben, wobei als Gegenstand der Lektüre neben die ursprünglich allein vorherrschenden Werke der christlichen Dichter längst die Werke der heidnischen, klassisch-lateinischen Dichter Horaz, Terenz und Vergil getreten sind. Den Beschluß bilden dann zwei Jahre des Studiums der Dialektik und Rhetorik wie zunehmend auch der Arithmetik, Geometrie, Musik und Astronomie, welche schon Boethius am Ausgang der Spätantike zum Quadrivium innerhalb der sieben freien Künste zusammengefaßt hatte.

Besonders wichtig erscheint dabei neben Grammatik und Rhetorik die Dialektik, unter welcher an sich die Ermittlung der Wahrheit durch Frage und Antwort zu verstehen ist, die aber vielfach später mit der Logik gleichgesetzt wurde. Sie verdankt ihre wesentlichen Erkenntnisse der griechischen Philosophie, innerhalb deren sie besonders Aristoteles (384–22 v. Chr.) zu einem methodischen, wertneutralen Hilfsmittel mit festen Regeln für Urteile und Schlüsse ausgebildet hat. Über Porphyrios, Martianus Capella, Boethius, Cassiodor und schließlich Isidor von Sevilla kamen diese Überlegungen an führende frühmittelalterliche Denker wie Alkuin, Hrabanus Maurus, Johannes Scottus, Dunchad oder Remigius von Auxerre. Der Sankt Gallener Mönch Notker verwendet sie dann in seiner lateinisch-althochdeutschen Mischprosa von der Wende des 10. Jahrhunderts zum 11. Jahrhundert ganz sicher, wenn er etwa schreibt, daß der Syllogismus dann nicht trüge, wenn er fachgerecht vorgenommen worden sei. Das sei dann der Fall, wenn zwei von drei Gliedern eines gedanklichen Gefüges so wahr seien, daß sie jedermann einräumen könne. Würden sie miteinander verbunden, so sicherten sie die Wahrheit des dritten. Halte man etwa für richtig, daß Jakob der Sohn des Isaak sei und Isaak der Sohn des Abraham, so müsse man es notwendigerweise für richtig halten, daß Abraham der Großvater des Jakob sei. Weitere Beispiele für diese grundlegende Denkweise lauten bei Notker etwa: Kann man unwidersprochen behaupten, daß jemandes Vorfahren frei gewesen sind und daß er die Freiheit nicht verloren hat, so ist er notwendigerweise frei. Oder: Du aßt nicht, du trankst nicht, folglich bist du nüchtern. Oder: Üble will er nicht, gute findet er nicht, also heiratet er nicht.

Ganz deutlich wird hier bereits das Denken losgelöst von christlichen Inhalten geübt, mag das Ziel auch noch die gedankliche Schulung für das Verstehen christlicher Inhalte gewesen sein. Über diese klösterlichen Schulen gehen dann aber die Universitäten noch deutlich hinaus, welche seit dem 12. Jahrhundert an vielen Orten entstanden. Zu nennen sind hier etwa die Universitäten von Paris und Oxford für Theologie, von Bologna und Reggio für Recht oder von Salerno und Montpellier für Medizin, in deren Gefolge sich Theologie, Recht und Medizin als höhere Fakultäten über der artistischen Fakultät etablierten. Noch waren Lehrer und Schüler vielfach Kleriker und lebten gemeinsam als universitas in Kollegien. Die Vorlesung bot einen tradierten Text dar und legte ihn erklärend aus, die Disputation sollte als Streitgespräch in seiner Anwendung üben.

Dem folgten aber bald weitere Gründungen in Italien (Vicenza 1204, Arezzo 1215, Padua 1222, Neapel 1224, Vercelli 1228, Siena 1246 und Piacenza 1248), Spanien (Palencia, Salamanca, Valencia), Frankreich (Angers) und England (Cambridge). Die deutschen Scholaren zog es dabei vor allem nach Italien. Bereits Friedrich I. Barbarossa erteilte ihnen ein berühmtes Privileg, unter dessen Schutz sie neues Wissen gewannen und in ihre Heimat brachten. Fast zweihundert Jahre lang mußten sie so über die Alpen ziehen, bis Karl IV. 1348 in Prag die erste deutsche Universität gründete, zu welcher 1365 Wien, 1386 Heidelberg und wenig später Erfurt, Köln, Würzburg, Leipzig, Rostock, Greifswald, Freiburg, Basel, Ingolstadt, Trier, Mainz, Tübingen, Wittenberg und Frankfurt an der Oder kamen, so daß Deutschland allmählich zum Land mit den meisten Universitäten wurde, an welchen sich im 15. Jahrhundert insgesamt etwa 200000 Studierende einschrieben. Dem folgte eine entsprechende Vervielfältigung einführender, nun meist städtischer Schulen, an denen zwar noch überwiegend lateinisch, gelegentlich aber auch bereits deutsch gelehrt wurde. Die Übernahme der chinesischen Erfindung des aus Lumpen gewonnenen, billigen Papiers um 1390 erleichterte zudem die Vermehrung der Handschriften, von denen aus der Zeit bis 1500 insgesamt rund 100000 aus dem deutschsprachigen Raum erhalten blieben.

Mit dem Übergang vom Frühmittelalter zum Hochmittelalter entwickelt sich schließlich auch die für die Scholastik kennzeichnende scholastische Methode, welche ihren Namen von der Schule (lat. schola) hat. Sie ist gekennzeichnet durch klares Herausarbeiten einer Frage, scharfe Abgrenzung und Unterscheidung von Begriffen, logisch geformte Beweise und ausführliche Erörterung von Gründen und Gegengründen. Mit ihrer Hilfe versucht man, gegensätzliche Aussprüche der als solche als nicht angreifbar geltenden tradierten Autoritäten auszugleichen. Den Höhepunkt bilden dabei die Werke des um 1225 bei Neapel geborenen, im Kloster Monte Cassino und der Universität Neapel erzogenen Philosophen und Theologen Thomas von Aquin, der in Köln Schüler von Albertus Magnus gewesen war und später vor allem in Paris, Orvieto, Viterbo, Rom und Neapel lehrte und dabei auf der Grundlage der von den Arabern vermittelten Werke des Aristoteles einem selbständigen wissenschaftlichen Denken die Bahn brach.

Literatur: Kaufmann, G., Die Geschichte der deutschen Universitäten, Bd. 1 1888; Mayer, H., Thomas von Aquin, 2. A. 1961; Coing, H., Repertorium und Bibliographie für die deutschen Universitäten, 1966, (Ius Romanum Medii Aevi II,7,e,bb); Studia Corbeiensia, hg. v. Eckhardt, K. A., 1970; Köbler, G., Vorstufen der Rechtswissenschaft im mittelalterlichen Deutschland, ZRG GA 100 (1983), 75; Studien zum städtischen Bildungswesen des späten Mittelalters und der frühen Neuzeit, hg.v. Moeller, B. u. a., 1983; Schwinges, R. C., Deutsche Universitätsbesucher im 14. und 15. Jahrhundert, 1986.

Irnerius und Gratian

Das große literarisch-juristische Sammelwerk des oströmischen Kaisers Justinian, die Digesten oder Pandekten der Jahre 530/33, gerieten im Westen, nachdem sie Papst Gregor der Große im Jahre 603 ein letztesmal erwähnt hatte, fast ganz in Vergessenheit. Nur einige wenige Handschriften blieben erhalten. Eine in zwei Teile gegliederte Handschrift fand sich am Ende des 11. Jahrhunderts in Süditalien, kam 1135 von Amalfi nach Pisa und 1406 von Pisa nach Florenz (sog. Littera Pisana oder Florentina). Um 1070 wurde sie vielleicht in oder bei Montecassino abgeschrieben und die Abschrift nach einer zweiten Handschrift und anderen Quellen korrigiert und kritisch bearbeitet. Danach bildete sie ihrerseits die Grundlage zahlreicher Handschriften, welche die Digesten in drei Teile gliederten (Digestum vetus D. 1,1–24,2, Infortiatum D.24,3–38,17, Digestum novum D.39,1–50,17).

Der Codex Iustinians, der die ältesten Kaisergesetze vereinigte, war in stark gekürzter Form in Italien während des gesamten Frühmittelalters bekannt geblieben. Seit dem 9. Jahrhundert wurde das allmählich auf ein Viertel seines Umfanges geschrumpfte Werk aus vollständigen Handschriften allmählich wieder erweitert, so daß am Ende des 11. Jahrhunderts die ersten neun Bücher abgesehen von den ursprünglich griechisch abgefaßten Konstitutionen nahezu vollständig vorlagen.

Das Institutionen genannte Einführungslehrbuch Justinians war während des ganzen Frühmittelalters in Italien bekannt und wurde dort anscheinend unverkürzt benutzt. Von den privaten Sammlungen der justinianischen Novellen war insbesondere die Epitome Juliani im früheren Mittelalter weit verbreitet.

Gegen Ende des 11. Jahrhunderts wurden vor allem die Digesten Justinians in der oberitalienischen Stadt Bologna bekannt, welche über Etrusker und Kelten an die Römer und über die Ostgoten, Byzanz, die Langobarden und Karl den Großen an den Papst gekommen war und in welcher die Bürgerschaft zwischen dem Kaiser und dem

33 *Frühmittelalterliche Darstellung des Kaisers Theodosius II. (401–450) aus der 1. Hälfte des 9. Jhs.*

Papst, dem Erzbischof von Ravenna und dem Haus Canossa bis zum Jahre 1115 die städtische Eigenherrschaft erlangt hatte. In der Nähe war bereits das Volksrecht der Langobarden bearbeitet worden, indem man bis etwa 1054 die Gesetze der langobardischen Könige mit den Gesetzen ihrer fränkischen und deutschen Nachfolger im Liber legis Longobardorum (Gesetzbuch der Langobarden) oder Liber Papiensis vereinigt und dieses in der Lombarda seit der zweiten Hälfte des 11. Jahrhunderts systematisch behandelt hatte. Nach dieser Lombarda wurde dann langobardisches Recht an besonderen auf der Schulung in den sieben freien Künsten erwachsenen Rechtsschulen in Pavia, Mailand, Mantua und anderswo gelehrt.

In Bologna selbst ist als erster Kenner des justinianischen Rechts ein Mann namens Pepo bezeugt. Vielleicht handelt es sich bei ihm um den Bologneser Bischof Petrus (1085–96). Er könnte die Rechtsbücher aus Ravenna erlangt haben.

Einige Jahre später begann Irnerius damit, die Texte nach der Methode der Dialektik bzw. Logik schriftlich mit Erklärungen (Glossen) zu versehen und sie auch mündlich in einem Unterricht zu erörtern. Urkundlich bezeugt ist er von 1112 bis 1125, wobei er sich selbst in seinen Unterschriften Wernerius nennt. Der ihm vereinzelt beigelegte Beiname Teutonicus könnte auf deutsche Abkunft hinweisen. Wahrscheinlich war er zunächst Lehrer der Rhetorik, ehe er auf Anregung der Markgräfin Mathilde von Tuszien (gest. 1115) die Rechtsbücher erneuerte (libros legum renovavit). Hierbei hat er wahrscheinlich zunächst selbst mit dem Lesen der Rechtsbücher begonnen, sich mehr und mehr in sie vertieft und sie dann zum Hauptgegenstand seiner vielleicht von der Markgräfin geschützten Lehre gemacht. Nach ihrem Tod schloß er sich dem Gefolge Kaiser Heinrichs V. in Italien an, wurde zum iudex (Richter) ernannt und beriet den Kaiser in Fragen des mathildischen Hausgutes. Im Oktober 1119 wurde er (Gwarnerius Bononiensis legisperitus, Werner, der Bologneser Rechtsgelehrte) von Papst Gelasius II., dessen Wahl aus Rechtsgründen für ungültig erklärt worden war, exkommuniziert. Im Dezember 1125 ist er letztmals in einer Urkunde aus dem Gebiet von Mantua bezeugt. Bestimmte Werke des Irnerius lassen sich nicht sichern. Vermutlich stammen aber Glossen mit der vorangestellten Sigle y, wie sie in zahlreichen Handschriften überliefert sind, von ihm. Sie sind nur zum Teil ediert, während umgekehrt ein Teil der ihm zugeschriebenen gedruckten Glossen nicht von ihm herrühren dürfte. Seine Arbeit wurde vor allem von Bulgarus, Jacobus, Martinus Gosia und Hugo de Porta Ravennate fortgeführt, deren Rat Friedrich I. Barbarossa im Jahre 1158 suchte, als er auf dem Reichstag von Roncaglia seine Gesetze über die kaiserlichen Rechte (Regalien) in Italien erließ. Erst unter ihnen ist dann vielleicht gegen 1140 ein dauerhafter Rechtsunterricht entstanden. Ziemlich genau zu dieser Zeit wirkte in Bologna auch der wahrscheinlich am Ende des 11. Jahrhunderts in Carraria in Umbrien geborene Kamaldulensermönch und Magister der Theologie Gratian (gest. vor 1160). Um 1140 verfaßte er nach der scholastischen Methode eine neue, zahlreichen älteren Sammlungen nachfolgende Sammlung des kirchlichen Rechts (Concordia discordantium canonum), die widersprüchliche Kirchenrechtssätze in einer Einheit zusammenschließen will. Sein Werk besteht aus 101 Distinktionen (Unterscheidungen) über die kirchlichen Personen und Ämter, 36 Rechtsfällen aus dem Prozeßrecht, Vermögensrecht und Ordensrecht sowie aus 5 Distinktionen über den Gottesdienst und die Sakramente. Bald wurde es Gegenstand juristischen Unterrichts.

Von den Glossen, welche die ersten mittelalterlichen Rechtslehrer den Handschriften hinzufügten, stammen nur sehr wenige noch aus der Zeit vor 1100, wobei es sich

Eike von Repgow und der Sachsenspiegel

in diesen Fällen im wesentlichen um Textverbesserungen und um kurze Erklärungen einzelner ungebräuchlicher Wörter handelt, welche zwischen die Zeilen oder an den Rand gesetzt wurden. In der ersten Hälfte des 12. Jahrhunderts werden dann die meisten Erklärungen mit sehr kleiner Schrift zwischen die Zeilen des Textes geschrieben. Lange dogmatische Ausführungen fehlen fast durchweg.

Um 1210 erreicht die in Bologna geübte Art des Glossierens von juristischen Texten mit Azo Portius (1150–1230) ihren Höhepunkt und zugleich ihr Ende. Seine an die lehrenden Kollegen gerichteten Anmerkungsapparate umschließen sauber geschrieben den Text und sind die dichtesten, welche jemals zusammengestellt wurden. Nach ihm faßte dann Accursius noch die Glossen seiner Vorgänger zu einer Glossa ordinaria (ordentlichen Glosse) zusammen. Für das kirchliche Recht übernahm diese Aufgabe um 1216 Johannes Teutonicus, ein Schüler des Azo und späterer Domherr in Halberstadt. Dementsprechend hatte die wissenschaftliche Behandlung des tradierten weltlichen wie kirchlichen Rechts durch Lehrer noch vor 1220 einen ersten Abschluß erreicht. In ihrem Mittelpunkt stand erwartungsgemäß nicht die Neuschöpfung von Recht, sondern die Erneuerung und bessere Erklärung des herkömmlichen Rechts. Ihr folgte durch die Kommentatoren bzw. Konsiliatoren (Baldus, Bartolus) die Hinwendung zur Praxis.

Literatur: Kuttner, S., Repertorium der Kanonistik (1140–1234), Rom–Vatikanstaat 1937; Kuttner, S., Graziano, l'uomo e l'opera, Bologna 1953; Trusen, W., Die Anfänge des gelehrten Rechts in Deutschland, 1962; Kroeschell, K., Deutsche Rechtsgeschichte, Bd. 1 unv. 7. A. 1985; Handbuch der Quellen und Literatur der neueren europäischen Privatrechtsgeschichte, hg. v. Coing, H., Bd. 1 1973; Dolezalek, G., Repertorium manuscriptorum veterum Codicis Iustiniani, 1985.

Eike von Repgow und der Sachsenspiegel

Spiegel der Sachsen soll dies Buch sein genannt, so heißt es in der gereimten Vorrede eines in mehr als 300 Handschriften verbreiteten hochmittelalterlichen Rechtstextes, weil Sachsenrecht hierin ist bekannt, wie in einem Spiegel die Frauen ihr Antlitz erschaun. Ich habe es selbst nicht erdacht, es haben von alters her an uns gebracht unsere guten Vorfahren, vermag ich's, will ich's bewahren. Dankt allgemein dem von Falkenstein, der Graf Hoyer ist genannt, daß ins Deutsche ist gewandt, dies Buch da er drum bat, Eike von Repgow dieses tat. Schwer dies ihn ankam, doch als er vernahm, wie groß danach des Herrn Begehren, da konnte er sich nicht mehr wehren. Des Herren Liebe ihn gewann, daß er dieses Buch begann, das ihm gänzlich ungedacht, als er es ins Latein gebracht. Ohne Hilf' und ohne Lehr', dünkte es ihm zu schwer, daß er es in das Deutsche wende, doch wagte er zum guten Ende, dann doch die Mühe und tat, worum ihn der Graf Hoyer bat.

Demnach ist der Verfasser des als Sachsenspiegel weithin bekanntgewordenen bedeutenden Rechtsbuches, das zugleich das älteste größere Spachdenkmal deutscher Prosa darstellt, Eike von Repgow. Entgegen dem von der Vorrede in Reimpaaren ausgehenden Anschein ist über ihn nur wenig bekannt. Immerhin weisen ihn sechs Urkunden, welche aus der Zeit zwischen 1209 und 1233 aus dem Gebiet links der Elbe zwischen Magdeburg und Meißen erhalten sind, als Zeugen bedeutsamer Rechtsakte aus, so daß an der Geschichtlichkeit seiner Person nicht gezweifelt werden kann.

34 Eike von Repgow als Zeuge einer Urkunde (1209)

Vermutlich waren seine Vorfahren im 12. Jahrhundert mit der Ostsiedlung in das bis dahin wendische Land gekommen und hatten Gut in dem zwischen Dessau und Köthen gelegenen Dorf Reppichau (Repgow) gewonnen. 1156 werden jedenfalls Eyco und Arnolt de Reppechowe aus Anlaß eines Gerichtstages Markgraf Albrechts des Bären in Wörbzig erstmals erwähnt. 1159 begegnen sie als Lehensleute des Erzbischofs von Magdeburg, wo die Familie nach einer Nachricht von 1227 auch ein Haus zu Lehen hatte.

Wahrscheinlich war Eike von Repgow bei seiner ersten Nennung 1209 bereits ein Mann mittleren Alters, so daß er um 1180 geboren sein könnte. Dementsprechend könnte er auch bereits kurz nach seiner letzten urkundlichen Erwähnung 1233 gestorben sein.

Recht umstritten ist seine soziale Einordnung zwischen Freiheit und Unfreiheit. Vielleicht war er freigeboren, trat dann aber unter Vorbehalt seiner Schöffenfähigkeit in ein Dienstverhältnis zu Graf Hoyer von Falkenstein, den er als seinen Herrn bezeichnet. Vielleicht war aber dieses Herrschaftsverhältnis auch nur ein Lehensverhältnis.

In jedem Fall war er ein gelehrter Mann, dem es möglich war, ein umfangreiches Werk in der Sprache zu verfassen, in welcher seit dem Frühmittelalter das allgemeine

Wissen schriftlich festgehalten wurde. Da er Latein nur in einer Schule lernen konnte, muß er also eine solche besucht haben und dabei nicht bloße Anfängerkenntnisse, sondern durchaus ausgereifte Fähigkeiten erlangt haben, was zwar für einen Adeligen am Beginn des 13. Jahrhunderts nicht singulär, aber doch selten gewesen sein dürfte. Vermutlich ist er über mehrere Jahre in eine Schule seiner näheren Umgebung gegangen, sei es in die Domschule in Magdeburg, sei es in die Domschule zu Halberstadt, deren Leitung seit 1220 der berühmte Kirchenrechtler Johannes Teutonicus, der seit 1212 Domherr in Halberstadt war, innehatte.

Gut vertraut war Eike von Repgow mit der Bibel. Auch das kirchliche Recht war ihm offensichtlich ebenso bekannt wie einige kirchengeschichtliche Schriften. Allem Anschein nach kannte er auch verschiedene weltliche Rechtssetzungsakte seiner Zeit. Außerdem konnte er wahrscheinlich Chroniken und Werke der zeitgenössischen Dichtung nutzen.

Die Entstehungszeit des Sachsenspiegels kann außer durch die Lebenszeit Eikes dadurch eingegrenzt werden, daß ermittelt wird, welche Geschehnisse Eike schon berücksichtigt hat und welche er nicht mehr verwertet hat, obwohl dies bei Kenntnis zu erwarten gewesen wäre. Bereits benutzt ist das Fürstengesetz Friedrichs II. vom 26. April 1220 (Confoederatio cum principibus ecclesiasticis), mit welchem Friedrich II. durch seine Zugeständnisse an die geistlichen Fürsten diese zur Wahl seines Sohnes Heinrich (VII.) zum deutschen König gewann. Dementsprechend muß der Sachsenspiegel nach diesem Zeitpunkt entstanden sein. Andererseits ist das im Jahre 1235 für die Welfen errichtete Herzogtum Braunschweig-Lüneburg in das Verzeichnis der sächsischen Fahnlehen nicht aufgenommen, was bei einer Abfassung nach 1235 kaum geschehen wäre. Außerdem nimmt der Neumarkt-Hallische Schöffenbrief Herzog Heinrichs I. von Polen im Jahre 1235 bereits auf den Sachsenspiegel Bezug, so daß er jedenfalls vor 1235 verfaßt wurde. Möglicherweise gehört die lateinische höchstens in einem Teilstück erhaltene Urfassung in die Jahre 1221 bis 1224 und die deutsche Übersetzung in die Jahre 1224 bis 1226.

Eike von Repgow selbst erweiterte dann die erste deutsche Fassung noch um einzelne Stücke und teilte den Text in fünf Bücher. Eine dritte deutsche Fassung stellte dann bereits ein Bearbeiter her, welcher dafür Eikes ersten deutschen Text verwandte. Zwischen 1261 und 1270 entstand in Magdeburg auf der Grundlage der zweiten Fassung Eikes die vierte Fassung, welche unter anderem auch Kenntnisse des römischen Rechts beweist. Mit ihr fand der Sachsenspiegel inhaltlich seinen Abschluß. Von ihr gingen alle folgenden Handschriftengruppen aus.

Von diesen ist als erstes die Gruppe der Bilderhandschriften zu nennen. Von ihren vier noch erhaltenen Exemplaren, welche sich von einer um 1290 (1292-5 im nordöstlichen Harzvorland) geschaffenen Stammhandschrift ableiten lassen, entstand die bereits in drei Bücher eingeteilte Heidelberger Handschrift um 1300 (1295-1304), die von Hinricus Gloyesten in Rastede für Graf Johann III. von Oldenburg geschriebene Oldenburger Handschrift (mit Fünfbüchereinteilung) 1336, die Dresdener Handschrift zwischen 1295 und 1363 und die Wolfenbütteler Handschrift zwischen 1358 und 1371. Sie alle versuchen den Text durch umfassende, verhältnismäßig gut gelungene Bilder zu veranschaulichen und geben dadurch mit ihren bis zu 924 Bildstreifen einen hervorragenden Einblick in die Rechtswirklichkeit dieser Zeit.

Neben dem Versuch der Veranschaulichung findet sich bald auch der Versuch der Systematisierung. Er beginnt mit Textverweisungen und Sachregistern, welche ab

1330 sichtbar werden. Am Ende des 14. Jahrhunderts wird dann innerhalb des Textes eine Systematisierung des Rechtsstoffes vorgenommen.

Schließlich begegnet auch im ersten Drittel des 14. Jahrhunderts bereits die von den oberitalienischen Rechtslehrern ausgebildete Arbeitsmethode der Glossierung des Textes, bei der diesem am Rand oder zwischen den Zeilen erläuternde Anmerkungen (Glossen) beigefügt wurden. Dabei verfolgte der märkische Hofrichter Johann von Buch insbesondere das Ziel, die Übereinstimmung des Sachsenspiegels mit dem römischen und dem kirchlichen Recht nachzuweisen, weil er den Sachsenspiegel für ein von Kaiser Karl dem Großen erlassenes Gesetzbuch hielt. Aus dieser und weiteren Arbeiten erwuchs dann die etwa zu Beginn des 15. Jahrhunderts erreichte Vulgatform des Sachsenspiegels, welche den als Landrecht bezeichneten ersten Teil in drei Bücher mit 71, 72 und 91 Artikeln teilt.

Inhaltlich will der Sachsenspiegel das in Sachsen bzw. Ostfalen geltende Recht darstellen. Im Vordergrund stehen im Landrecht die bäuerlichen Rechtsverhältnisse. Daneben werden aber auch so übergreifende Fragen wie das Verhältnis von Kaiser und Papst oder von König und Fürsten ausführlich erörtert. Dem Lehensverhältnis zwischen Lehensherrn und Lehensmannen ist der gesamte zweite Teil gewidmet.

Überliefert ist das Landrecht in 315, das Lehnrecht in 94 Handschriften, wovon in der Gegenwart noch 219 Handschriften mit 242 Landrechtstexten benutzbar sind. Etwa die Hälfte der Handschriften ist glossiert, 109 Texte sind mittelniederdeutsch, 114 Texte mitteldeutsch, 11 Texte oberdeutsch, 14 niederländisch und 38 lateinisch. Zeitlich gehören 6 Landrechtshandschriften noch dem 13. Jahrhundert, fast 120 wohl dem 14., fast 150 dem 15. und noch 10 dem 16. Jahrhundert an. Als Auftraggeber für die Handschriften lassen sich vor allem kirchliche Einrichtungen und Städte erweisen.

Wohl zwischen 1265 und 1275 wurde von einem Minoriten aus Augsburg in Magdeburg eine Übersetzung ins Oberdeutsche angefertigt und nach Augsburg gebracht. Sie wurde die Vorlage für einen Augsburger Sachsenspiegel, auf dem um 1274/5 ein Spiegel aller deutschen Leute (Deutschenspiegel) aufbaute. Unmittelbar hierauf gründete dann ein kaiserliches Land- und Lehnrechtsbuch, das seit dem 17. Jahrhundert in Parallele zum Sachsenspiegel als Schwabenspiegel bezeichnet wird. Dieses erfuhr im Süden des Reiches eine ähnlich umfassende Verbreitung wie der Sachsenspiegel im Norden. Beide beeinflußten im übrigen zahlreiche weitere, sich an sie anschließende örtliche Rechtsbücher (Magdeburger Weichbildrecht, Magdeburger Schöffenrecht, Hamburger Ordeelbook, Breslauer Landrecht, Neumarkter Rechtsbuch, Löwenberger Rechtsbuch, Berliner Stadtbuch).

Fragt man nach den Gründen für die Entstehung des Sachsenspiegels, den ein einzelner ohne jeden amtlichen Auftrag verfaßt zu haben scheint, so wird man die Wiederbelebung der Rechtskultur in Oberitalien nicht außer acht lassen dürfen. Nicht der König, sondern einzelne Interessierte hatten sich dem vergessenen römischen Recht zugewandt und es wieder entdeckt. Nicht der Papst, sondern ein einzelner Mönch hatte das kirchliche Recht in neuer, den Zeitanschauungen entsprechender scholastischer Weise neu gesammelt und geordnet. Die Schaffung neuen Rechts lag weder in ihrer Macht noch in ihrer Möglichkeit. Sie war angesichts des Vorhandenen auch ebensowenig nötig wie die Schaffung einer neuen Religion im Verhältnis zum vorhandenen Christentum. Die von Gratian entwickelte Rechtslehre ging dementsprechend vom Gewohnheitsrecht und seiner schriftlichen Niederlegung aus und sah vor, daß dort, wo eine besondere rechtliche Bestimmung aus welchen Gründen auch immer fehlte, die Gewohnheiten des Volkes und die Einrichtung der Vorfahren für Gesetze gehalten werden sollen. Diese in einer Zeit neuer Schriftlichkeit aufzuzeichnen, lag wie die fast gleichzeitige Abfassung von Rechtsbüchern in England, Frankreich, Dänemark, Schweden, Holland, Spanien und Deutschland im frühen 13. Jahrhundert zeigt, gewissermaßen in der Luft. Gleichwohl ist es ein besonderes Verdienst Eike von Repgows, daß ihm diese schwierige Aufgabe in seinem Sachsenspiegel so eindrucksvoll gelang.

Literatur: Eckhardt, K. A., Der Deutschenspiegel, 1924; Homeyer, G., Die Rechtsbücher des Mittelalters, 1856, 2. A. 1931 ff.; Kisch, G., Sachsenspiegel and Bible, Notre Dame/Indiana 1941; Eckhardt, K. A., Sachsenspiegel, 2. A. 1955, 3. A. 1973; Nowak, E., Die Verbreitung und Anwendung des Sachsenspiegels nach den überlieferten Handschriften, Diss. phil. Hamburg 1965; Die Heidelberger Bilderhandschrift, hg. v. Koschorreck, W., 1970; Kisch, G., Sachsenspiegelbibliographie, ZRG GA 90 (1973), 73; Kroeschell, K., Rechtsaufzeichnung und Rechtswirklichkeit, in: Recht und Schrift im Mittelalter, 1977, 349; Lieberwirth, R., Eike von Repchow und der Sachsenspiegel, 1982; Schmidt-Wiegand, R., Der Sachsenspiegel Eikes von Repgow als Beispiel mittelalterlicher Fachliteratur, Zs. f. Literaturwissenschaft 51/52 (1983), 206; Eike von Repgow Sachsenspiegel, hg. v. Schott, C. – Schmidt-Wiegand, R., 1984; Johanek, P., Eike von Repgow, Hoyer von Falkenstein und die Entstehung des Sachsenspiegels, in: FS Stoob, H., Teil 2 1984, 716; Trusen, W., Die Rechtsspiegel und das Kaiserrecht, ZRG GA 102 (1985), 12; Text-Bild-Interpretation. Untersuchungen zu den Bilderhandschriften des Sachsenspiegels, hg. v. Schmidt-Wiegand, R., 1986.

Recht und Gesetz

Für ein rechtswidrig weggenommenes Pferd wollte einer 12 Schillinge nach dem Gesetz der Alemannen (secundum legem Alamannorum) geben. Derjenige, der das Pferd zurückverlangte, weigerte sich die 12 Schillinge zu nehmen und sagte, daß er ihm damit einen schändlichen Preis für ein wertvolles Pferd anbiete. Daraufhin entgegnete der andere, daß er entsprechend dem Gesetz gehandelt habe und daß man sich der Festsetzung des Gesetzes unterwerfen müsse, wenn man es nicht gänzlich seiner Geltung berauben wolle. Vom Gesetz, so sagte er, könne kein Unrecht kommen, es sei nicht gegeben worden, daß es schade, sondern daß es dem Nutzen aller diene. Und während das Evangelium, dem kein christliches Gesetz widersteht, das Vierfache anordnet, wenn ich jemanden betrogen habe, willst du, der du mich betrogen hast, nicht einmal das Einfache geben. Kaufe mir mit diesen 12 Schillingen solch ein Pferd, wenn du kannst. Das allein kann mich überzeugen, daß ich das annehmen und wertschätzen muß, was du anbietest. Wer ein Gesetz gibt, kann doch über eine Schadenslösung oder über die Art und Weise, wie ein Pferd, ein Ochse oder ein Esel zu ersetzen ist, nur so befinden, daß der Empfänger des Geldes nicht noch zulegen muß, um seinen Verlust auszugleichen. Weil bei einem solchen Streit die eine Seite sich auf den Wortlaut des Gesetzes und die andere Seite sich auf den Sinn des Gesetzes stützt, deswegen heißt, so schreibt der Mönch Notker von Sankt Gallen um die Jahrtausendwende in seiner lateinischen Redekunst (De arte rhetorica), dieses Problem in der Rhetorik Scriptum et sententia (Wortlaut und Sinn).

Ganz selbstverständlich geht hier Notker, der im übrigen gut erkennen läßt, wie sehr um die Jahrtausendwende die Denkfiguren der antiken Rhetorik bereits beherrscht werden können, davon aus, daß das Gesetz gemacht wird, wenngleich es christliches Gesetz nur heißen kann, wenn es dem Evangelium nicht widerspricht.

Befragt man daraufhin die Wirklichkeit, so hatten zahlreiche Bestimmungen der Volksrechte tatsächlich bereits gezeigt, daß sie offensichtlich als Konstitutionen entstanden sind, auch wenn anders als in der Antike ihr tatsächlicher Urheber nicht individuell zu ermitteln ist. In ähnlicher Weise hatten auch die Kapitularien der Merowinger und Karolinger zahlreiche bewußt gesetzte Anordnungen enthalten. Selbst die kirchlichen Synoden, die immer wieder auf ältere Beschlüsse hinweisen und diese wiederholen lassen, hatten bei Bedarf neue Entscheidungen getroffen.

Allerdings treten die Konstitutionen nach Karl dem Großen deutlich zurück. Sie schwinden aber nicht gänzlich. Soweit sie sich noch finden, wird, wie etwa im Kapitulare von Frankfurt aus dem Jahre 951 das constituere (Setzen) durchaus deutlich.

Unter Friedrich I. Barbarossa, der in Roncaglia die Verbindung zu den oberitalienischen Rechtslehrern aufgenommen hatte, nimmt die Zahl der Konstitutionen dann deutlich zu. Bereits im Jahre 1152 teilte er seinen Bischöfen, Herzögen, Grafen, Markgrafen und Richtern mit, daß er wolle, daß jedermann sein Recht gehalten werde, und daß er mit königlicher Autorität anzeige, daß der lang ersehnte und dem ganzen Land notwendige Friede im ganzen Reich einzuhalten sei. Wie dieser Friede zu halten und zu wahren sei, solle im folgenden eindeutig klargestellt werden. Wenn einer innerhalb des festgelegten Friedens einen Menschen tötet, solle er der Todesstrafe verfallen, es sei denn daß er durch Zweikampf erweisen könne, daß er zur Rettung des eigenen Lebens getötet habe. Wenn ein Friedensbrecher dem Richter entflieht, sollen seine beweglichen Güter verteilt werden. Wenn einer im Frieden einen anderen verwundet, werde ihm die Hand abgeschlagen. Wenn einer einen anderen fängt und schlägt, soll er ihm 10 Pfund und dem Richter 20 Pfund leisten. Wenn einer eine Sache im Wert von fünf Schillingen oder mehr stiehlt, soll er mit dem Strick aufgehängt werden; ist der Wert geringer, so soll er mit Besen und Zange geschoren und geschunden werden.

Ganz eindeutig ordnet hier der König an, was für bestimmte Fälle gelten soll. Sachlich handelt es sich dabei um Neuerungen, welche aus der Gottesfriedensbewegung erwachsen sind, die um die Jahrtausendwende in Spanien und Südfrankreich ihren Ausgang nahm. Ihr geht es um die Sicherung des Friedens. Zu diesem Zweck werden alle Mittel eingesetzt, welche zu seiner Erreichung als tauglich angesehen werden. Dazu gehört auch die von herrschaftlicher Autorität getragene Sanktion.

Dabei führt nach alten Landfriedensvereinbarungen des ausgehenden 11. Jahrhunderts bereits Heinrich IV. im Jahre 1103 einen Reichsfrieden herbei. In Mainz bekräftigt er den Frieden mit eigener Hand und setzt ihn ein. Dann bestätigen ihn die Erzbischöfe und Bischöfe. Dann schwört der Sohn des Königs und danach die Großen des Reiches, Herzöge, Markgrafen, Grafen und viele andere.

Friedrich I. Barbarossa erläßt über den Frieden von 1152 hinaus 1186 einen weiteren Reichsfrieden. Dabei beschreibt er sein Vorgehen in folgenden Worten: Bedenkend, welche Schäden und Verwüstungen an Menschen und Ländern durch Aufruhr und Brand entstanden sind und welche Schrecken in Anbetracht des Vergangenen in Zukunft drohend bevorstehen, wollen wir, von Gottes Gnaden Kaiser der Römer und immer Mehrer des Reichs, allen kund tun, was unsere kaiserliche Autorität mit Zustimmung und Rat der Fürsten festgesetzt hat und wie es in Nürnberg bestimmt und bekräftigt worden ist, soll es uneingeschränkt beachtet werden.

Eike von Repgow nimmt Sätze aus diesen und anderen Landfrieden ohne jedes Bedenken in sein Landrecht auf. Das Gesetz ist ein Stück Recht. Daß es zu einem

35 *Friedrich I. Barbarossa (1152–90) mit seinen Söhnen Heinrich VI. und Friedrich von Schwaben. Altdorfer Welfenchronik*

bestimmten Zeitpunkt durch Beschluß geschaffen wurde, schadet nicht. Auch der Gegenstand ist, wie Eikes Einbeziehung des Statutum in favorem principum von 1220 zeigt, nicht entscheidend.

Allerdings ist die Gesetzgebungstätigkeit des Königs von ihrem Umfang her im Reich bescheiden. In Sizilien erläßt aber gerade in der Zeit des Sachsenspiegels Friedrich II. mit den Konstitutionen von Melfi ein beispielhaftes Gesetzeswerk. Auch andernorts entsteht ohne weiteres gesetztes Recht. Wo es fehlt, hat freilich das Rechtsbuch die wichtige Aufgabe, das Recht einer zunehmend schriftbewußten Kultur sichtbar und greifbar zu machen.

Für das spätere Mittelalter ergibt dann beispielsweise die Gesetzgebungstätigkeit Ludwigs des Bayern noch einige Einblicke in das Verfahren der Gesetzgebung, die anscheinend in der Form eines gerichtlichen Verfahrens abgewickelt wird. Der Kaiser sitzt mit Krone und kaiserlichen Gewändern bekleidet etwa in der Vorhalle einer Kirche öffentlich zu Gericht. Die Kurfürsten sind als Schöffen tätig, die übrigen Reichsstände als Umstand. Der Kaiser fragt die Kurfürsten, welche eine Rechtsweisung in der Form eines Urteils abgeben, nachdem sie sich vorher mit den übrigen Reichsständen beraten haben. Den Rechtsspruch bestätigt dann der Kaiser und erhebt ihn dadurch zum Gesetz (sententiam pro lege servatura publicavit, statuit et sancivit), so daß die Gesetze nicht nur durch ihn eingebracht, sondern auch geschaffen werden, wenngleich dazu die Mitwirkung des Reichstages unabdingbar ist.

Literatur: Stobbe, O., Geschichte der deutschen Rechtsquellen, Bd. 1,2 1860 ff; Finsterwalder, P. W., Die Gesetze des Reichstages von Roncaglia vom 11. 11. 1158, ZRG 51 (1931), 1; Vergottini, G. de, Studi sulla legislazione imperiale di Federico II. in Italia, Mailand 1953; Hattenhauer, H., Die Bedeutung der Gottes- und Landfrieden für die Gesetzgebung in Deutschland, Diss. jur. Marburg 1958; Ebel, W., Geschichte der Gesetzgebung in Deutschland, 2. A. 1958; Lieberich, H., Kaiser Ludwig der Baier als Gesetzgeber, ZRG GA 76 (1959), 173.

Privileg und Satzung

Im Jahre 1120 berichtet Konrad von Zähringen, wie er auf seinem Eigengut Freiburg einen Markt gegründet habe. Dazu habe er Kaufleute von überall zusammengerufen. Jedem habe er eine Hausstätte in dem neuen Markt zum Hausbau zugeteilt und bestimmt, daß davon jährlich am Martinstag ein Schilling als Zins zu leisten sei. Außerdem habe er ihnen Privilegien gegeben, welche wegen der besseren Beweisbarkeit schriftlich aufgezeichnet worden seien.

Als erstes verspricht er in diesen Privilegien Frieden und Sicherheit allen, welche den Markt aufsuchen. Wird dabei jemand beraubt und nennt er den Räuber, wird der Gründer den Räuber zur Rückgabe zwingen oder selbst leisten. Stirbt einer der Bürger, soll die Frau mit den Kindern alles Gut haben. Stirbt jemand ohne Frau und Kinder, sollen seine Güter ein Jahr lang in der Stadt aufbewahrt werden. Verlangt sie in dieser Zeit niemand als Erbe heraus, sollen sie zu je einem Drittel zur Armenfürsorge und zum Mauer- oder Kirchenbau verwandt bzw. dem Herzog gegeben werden. Alle Kaufleute sollen den Zoll erhalten. Vogt und Pfarrer sollen nur sein, wen sie mit herzoglicher Bestätigung selbst wählen. Ein Streit unter ihnen soll nach dem gewohnten Recht aller Kaufleute, insbesondere derjenigen aus Köln entschieden werden.

Solche Privilegien, durch welche ein Herr einem einzelnen Empfänger eine besondere Begünstigung erteilte, kannte schon die Antike, von welcher sie das Frühmittelalter übernahm. Isidor von Sevilla hatte sie im 7. Jahrhundert als leges privatorum (Gesetze Privater) erklärt. Vor allem Kaiser und Papst verwandten sie als ein bewegliches Steuerungselement. Dementsprechend kennt die ottonisch-salische Zeit mehr als 900 Diplome und mehr als 200 päpstliche Urkunden, welche sich allein mit dem Fragenbereich der Immunität befassen.

Festgelegte Befugnisse zur Erteilung von Privilegien gab es nicht. Inhaltlich enthielten die Privilegien meist außer der Beschreibung der Begünstigung das Gebot, den Begünstigten nicht zu stören. Die Begünstigung selbst wurde ein Teil des geltenden Rechts, dessen Bestand freilich durch den Tod des Verleihers wie des Begünstigten so gefährdet war, daß die Wiederholung allein als ausreichendes Sicherungsmittel erscheinen konnte.

Im Hochmittelalter erhielten insbesondere die neu entstehenden Städte durch Privileg besondere Rechte, welche sich an ältere Markt-, Münz- und Zollprivilegien anschließen. Etwa gleichzeitig mit dem zähringischen Privileg für Freiburg befreit dabei Heinrich V. 1111 die Bürger von Speyer vom sog. Buteil, von verschiedenen anderen Abgaben und von auswärtiger Gerichtsbarkeit, verbietet jede Verschlechterung der Münze ohne Zustimmung der Bürger und bestimmt den Ausschluß von Ansprüchen auf Grund und Boden nach einjährigem unangefochtenem Besitz. Für Worms schützt er die Ehen höriger Bürger, verbietet den Sterbefall und verbessert die Stellung des Schiffszöllners.

Noch im 12. Jahrhundert erscheinen umfangreiche Privilegien Friedrichs I. Barbarossa etwa für Augsburg oder Lübeck. Im 13. Jahrhundert erteilt Friedrich II. am 13. 7. 1219 der Stadt Goslar ein umfangreiches Stadtrechtsprivileg mit mehr als 50 Bestimmungen und am 8. 11. 1219 der Stadt Nürnberg. Für Regensburg ist nach einem Stadtrecht König Philipps von 1207 ein Stadtrecht Friedrichs II. von 1230 überliefert.

Sie alle sind nur Beispiele dafür, daß in vielfältiger Weise im Mittelalter Recht durch Privileg gewährt wird. Die damit verbundene Problematik wird bereits am Ende des 12. Jahrhunderts deutlich ausgesprochen: Das vom allgemeinen Recht aller abweichende Sonderrecht des einzelnen birgt die Gefahr des Präzedenzfalles. Unter kirchlichem Einfluß versucht man darüber hinaus auch eine allgemeine Einordnung des Privilegs, indem man die Befugnis zu seiner Erteilung auf denjenigen beschränkt, dem die Befugnis zum Erlaß von Gesetzen zusteht. Ein Widerruf soll nur bei einem besonderen rechtfertigenden Grund möglich sein. Gleichwohl bleibt das Privileg bedeutsam, bis es allmählich hinter dem Gesetz zurücktritt.

In vielen Fällen bildet das Privileg den ersten Ansatzpunkt eines besonderen Rechts. Dies gilt vor allem für das Recht einzelner Städte, welche sich seit dem ausgehenden 11. Jahrhundert durch das besondere Stadtrecht vom Umland abzuheben beginnen. Zu diesem Privilegienrecht kommt aber bald eine weitere Schicht eigenen Rechts hinzu, welche in der Stadt selbst geschaffen wird.

Von einem zunächst eng begrenzten Kreis von Angelegenheiten ausgehend bilden die Städte zunehmend gesetztes Recht in der Form von Statuten, die auch als Institute, Mandate oder Dekrete bezeichnet sein können. In diesem Zusammenhang werden die städtischen Organe sogar als Gesetzgeber (legislatores) bezeichnet, welche veraltetes Recht abschaffen und neues Recht setzen können. Insbesondere konnte das, was an

36 Rathaus von Goslar (1250)

neuen Bedürfnissen hervorgetreten war, einer selbständigen Regelung unterzogen werden.

Für Frankfurt am Main beispielsweise beginnt dementsprechend eine dieser Regelungen aus den Jahren 1349/52 mit den Worten: In Gottes Namen amen. Dies sind die Rechte und Artikel, die wir die Schöffen und der Rat zu Frankfurt gemacht haben und wollen, daß sie stet gehalten werden: Zu dem ersten machen wir, daß allzeit die Schöffen, zumindest drei, im Gericht sitzen sollen und es sollen drei an einem Tag sitzen und drei am nächsten. Weiter wird etwa die Wahl der Bürgermeister geregelt. Andere Bestimmungen betreffen die Rechnungslegung und die Richter, den Totschlag, die Aufsicht über die Bäcker, die Schweinehaltung der Bäcker (Wenn die Bäcker ihre Schweine austreiben, sollen sie sie an den Main oder auf das Feld treiben und nicht vor der Leute Türen und Höfe stehen und stinken lassen), Brotpreise, Weinhandel und Weinschenk, Untergliederung der Weinschröter, Unterkauf, Aufnahme in Zünfte, Meß- und Tragelöhne der Sackträger usw.

Das als Privileg, Satzung oder auch Gewohnheit entstandene besondere städtische oder sonstige Recht wird seit dem 13. Jahrhundert vielfach aufgezeichnet. Dies kann aus amtlicher Veranlassung geschehen, kann aber auch auf dem privaten Entschluß eines einzelnen, in den Städten meist des Stadtschreibers beruhen. Besonders umfangreiche Aufzeichnungen dieser Art sind etwa das Stadtrecht von Goslar, das Magdeburg-Breslauer systematische Schöffenrecht, das Brünner Schöffenbuch oder die Stadtrechte von Bremen, Dortmund, München und Bern.

Vielfach wurde dabei das Recht einer Stadt Vorbild für das Recht anderer Städte. So hatte etwa schon das Freiburger Gründungsprivileg für Zweifelsfälle auf das Recht von Köln verwiesen. Das Freiburger Recht seinerseits wurde dann von den Herzögen von Zähringen einer ganzen Reihe von weiteren, von ihnen gegründeten Städten übertragen, zu denen etwa Freiburg im Üchtland, Dießenhofen oder Bern gehören, wobei diese jüngeren Stadtrechte im Verhältnis zum älteren Stadtrecht gewissermaßen als Töchter einer Mutter angesehen werden. Solche Stadtrechtsfamilien entstanden außer im Süden (Freiburg, Speyer, Nürnberg, Frankfurt) auch und vor allem im nordostdeutschen Siedlungsland. Hervorzuheben sind hier besonders Lübeck und Magdeburg, deren Rechte bis weit über die Oder Aufnahme fanden.

Dabei wirkte die rechtliche Beziehung lange über den Zeitpunkt der Verleihung hinaus. In vielen Fällen wandten sich nämlich die Tochterstädte auch in späteren Zweifelsfragen an ihre Mutterstadt. Diese erteilte so gut wie möglich auch später noch jeweils rechtlichen Rat.

Literatur: Keutgen, F., Urkunden zur städtischen Verfassungsgeschichte, 1901, Neudruck 1965; Lindner, D., Die Lehre vom Privileg nach Gratian und den Glossatoren des Corpus iuris canonici, 1917; Das Mühlhauser Reichsrechtsbuch, hg. v. H. Meyer, 1923, 3. A. 1936; Planitz, H., Die deutsche Stadt im Mittelalter, 5. unv. A. 1965; Wolf, A., Die Gesetze der Stadt Frankfurt am Main im Mittelalter, 1969; Keller, H., Über dem Charakter Freiburgs in der Frühzeit der Stadt, FS Schwineköper, B., 1982, 248; Eisenhardt, U., Die kaiserlichen privilegia de non appellando, 1980; Krause, H., Privileg, HRG 3, (1984), 1999.

Weistum und Gewohnheit

Anno 1413 haben Schultheiß, Schöffen und Nachbarn zu Grebenhausen (Gräfenhausen) im Dorf daselbst an der gemeinen Straße bei des Schultheißen Hof auf Anhalten Eberhard und Hartmann von Heusensteins einerseits sowie Henne Hartmanns und Hamann Ulnern andererseits die Rechte und Gerechtigkeit, welche jede Partei von der Pfandschaft in Grebenhausen gehabt hat und noch hat, unter der Voraussetzung, daß die Heusenstein und Ulner dieses Weistum anerkennen, folgendes ausgesagt und gewiesen:

1. daß deren von Heusenstein Vater bis zu ihnen weiter einen Schultheißen und Schöffen im Dorf und Gericht Grebenhausen zu setzen und abzusetzen habe. 2. Die Ulner und ihre Vorfahren einen Vogt am genannten Gericht bei dem Schultheißen und Schöffen zu setzen hätten, doch daß derselbe am Gericht nicht zu fronen habe. 3. Alle Bußen an genanntem Gericht jeder Partei zur Hälfte zufielen, ausgenommen die drei ungebotenen Dinge, die zum Fronhof gehören und den Heusenstein allein zufielen. 4. Der Fronhof und dazu Wasser, Weide, Wald und alle Zehnte im Dorf und Feld stehen Heusenstein allein zu. 5. Desgleichen auch die Mühle und dazu alle Zinse. 6. Es hätten auch die von Heusenstein zwei Gänge Hühner zu Fastnacht und die Ulner den dritten Gang. 7. Der Schnitterpfennig falle allein den Ulnern an. 8. Das Hubekorn und das zugehörige Geld falle an jede Partei zur Hälfte. 9. Die

Atzung gebühre den Ulnern innerhalb der Falltorsäulen und nicht im Feld, den Heusenstein im Dorf und im Feld, soweit ihr Schutzbann reicht. 10. Gingen sie von Reichs wegen auf Fahrt, so sollen die von Grebenhausen vier Pferde geben, zwei den von Heusenstein und zwei den Ulnern. Wenn sie wiederkommen, sollen sie den armen Leuten ihre Pferde zurückgeben.

Dieses Weistum zu Gräfenhausen bei Darmstadt, das sich auch selbst so bezeichnet, stammt aus einer sechsbändigen Sammlung von Weistümern des berühmten Germani-

37 Beraten und Tafeln unter der Dorflinde von Schüpfheim (1511/3), Chronik des Diebold Schilling (1513)

sten und Juristen Jakob Grimm. Er stellte sie in eine Reihe mit der gemeinen Volkssprache und dem Volkslied und meinte, sie verhielten sich zu den Stadtrechten wie kräftige, frische Volkslieder zu zünftigem Meistergesang. Ihre Übereinstimmung untereinander und mit einzelnen Zügen alter, ferner Gesetze deute daraufhin, daß sie schon vor dem Mittelalter üblich gewesen seien.

Gerade diese Vermutung des hohen Alters der rund 3000 allein in der Grimmschen Sammlung enthaltenen Weistümer wurde allerdings bald Gegenstand entschiedener Kritik, welche in ihnen nicht Zeugnisse autonomen Bauernrechts erblickte, sondern ihren grundherrlich-herrschaftlichen Charakter betonte, aus dem die Zielsetzung erkennbar sei, eigene Rechte der Grundherren zu begründen und zu sichern und bäuerliche Rechte abzuwehren und einzuschränken.

Das Wort Weistum für eine bestimmte Art ländlicher Rechtsquellen findet sich dabei vor allem im mittleren und nordwestlichen Deutschland. Im Süden wird dagegen von Ehaft, Taiding, Öffnung, Jahrding oder Dingrodel gesprochen, im Nordosten von Ruge oder Holtding. Die engere Bedeutung des in einer Versammlung von Dorfgenossen oder Hofgenossen gewiesenen Rechts hat Weistum fast nur an Mittelrhein und Mosel.

Der Vorgang der Weistumsverkündung vollzog sich nach den Quellen in einer dazu einberufenen Versammlung der Männer. Sie hatte die Aufgabe, das geltende Recht zu bekunden. Dabei konnte sich der Geltungsbereich der betreffenden Regeln auf einen örtlich abgegrenzten Bereich oder auf eine personal bestimmte Gruppe beziehen.

Ihre Entstehung verdankt die Mehrzahl der Weistümer einer Veranlassung der Grundherren. So zeigt etwa das eingangs genannte Beispiel deutlich, daß es die Grundherren von Gräfenhausen waren, welche ihre Rechte festgestellt wissen wollten. Daß sie anläßlich dieses Vorganges in irgendeiner Weise auf die bekundenden Schöffen Einfluß genommen hätten, ist allerdings nicht zu erkennen.

Soweit einzelne Weistümer einen Anlaß für ihre Bekundung und Aufzeichnung mitteilen, beruhen sie meist auf Streitigkeiten innerhalb einer Gemeinde oder eines Hofverbandes, auf Streitigkeiten zwischen Grundherren und ihren Hintersassen oder zwischen mehreren Grundherrschaften. Vielfach scheint bei Erbteilungen oder Veräußerungen eine Bestandsaufnahme sinnvoll. Gelegentlich wird auch die allgemeine Furcht vor Vergeßlichkeit als Grund genannt.

Eine Untersuchung der zeitlichen Verteilung der Weistumsaufzeichnungen an Hand der Sammlungen Jakob Grimms ergibt nur verhältnismäßig wenige Texte aus der Zeit vor 1250. Von da an nimmt die Zahl ständig, seit dem zweiten Drittel des 14. Jahrhunderts auffällig stark zu. Um 1450 wird die größte Häufigkeit an Aufzeichnungen erreicht, die bis zum Dreißigjährigen Krieg fast konstant bleibt, um dann rasch abzusinken. Demnach sind die Weistümer vor allem eine spätmittelalterliche und frühneuzeitliche Erscheinung.

Ob ihre Entstehung ihrer Aufzeichnung weit vorausliegt, ist fraglich, so daß nicht anzunehmen ist, daß der schriftlichen Festlegung eine längere Zeit mündlicher Weisungen vorausgegangen ist. Häufig zeigt die Einzeluntersuchung mehrere sich überlagernde Altersschichten, welche aber kaum genau zeitlich bestimmt werden können. Dementsprechend läßt sich auch die Entstehungszeit des jeweils ältesten Kernbestandes nicht ermitteln.

Inhaltlich geht es um die Bekundung der rechtmäßigen Verhältnisse. Es soll also kundgetan werden, was in Bezug auf bestimmte Angelegenheiten rechtens ist. In

Gräfenhausen sind dies ausschließlich die Rechte der Grundherren, die zugleich Pflichten der Bauern darstellen.

Wann diese Rechte der Grundherren in der festgestellten Form entstanden sind, wird sich kaum jemals eindeutig klären lassen. Allgemein ist die Pflichtigkeit der Hintersassen so alt wie die Grundherrschaft selbst. In der bekundeten Erscheinungsform dürften sich aber vielfältige spätere Entwicklungen widerspiegeln.

Das in den Weistümern aufgezeichnete Recht wird von der Rechtsquelle her in der Regel als Gewohnheitsrecht angesehen, wobei allerdings kaum darauf hingewiesen wird, daß dieser Begriff erst am Ende des 18. Jahrhunderts ausgebildet worden zu sein scheint. An dieser Einordnung ist sicher zutreffend, daß die Weistümer nicht als bewußte Setzung neuen Rechts entstanden sind. Davon abgesehen fragt es sich aber, ob jedes der etwa für Gräfenhausen genannten Rechte der Grundherren durch Gewohnheit entstanden ist oder ob dem nicht doch ein von der bloßen Gewohnheit verschiedener Geltungsgrund zugrundeliegt.

Zur Zeit der Bekundung des Zustandes ist dieser allerdings der mehr oder weniger lang geübte. Insofern zeichnet das Weistum wie das Rechtsbuch den gewohnten Rechtszustand auf. Gegenüber dem Rechtsbuch ist das Weistum meist konkreter, individueller und lebensnäher, so daß es leicht das besondere Interesse des Romantikers Jakob Grimm gewinnen konnte. Seine bunte Vielfalt macht aber nicht nur seinen besonderen Reiz aus, sondern erschwert auch allgemeine Aussagen über seine zahllosen Zeugnisse.

Literatur: Grimm, J., Weistümer, Bd. 1 ff. 1840 ff.; Thormann, B., Über den Humor in den deutschen Weistümern, Diss. phil. München 1907; Fehr, H., Die Rechtsstellung der Frau und der Kinder in den Weistümern, 1912; Patzelt, E., Entstehung und Charakter der Weistümer in Österreich, Budapest 1924; Wiessner, H., Sachinhalt und wirtschaftliche Bedeutung der Weistümer im deutschen Kulturgebiet, 1934; Werkmüller, D., Über Aufkommen und Verbreitung der Weistümer, 1972; Gudian, G., Zur Charakterisierung des deutschen mittelalterlichen Schöffenrechts, FS Coing, H., 1982, 113; Werkmüller, D., Die Weistümer: Begriff und Forschungsauftrag, in: Brüder-Grimm-Symposion zur Historischen Wortforschung, 1986, 103.

Iustitia und Gerechtigkeit

Fiat iustitia, pereat mundus. Es geschehe Gerechtigkeit, mag dabei auch die Welt zugrunde gehen. So wird vielfach die Gerechtigkeit scharf angegriffen. Was ist sie überhaupt?

Bekannt ist sie bereits der griechischen Philosophie. Diese versteht unter dikaiosyne (Gerechtigkeit) sowohl eine Tugend des einzelnen Menschen als auch eine Richtschnur der Gesellschaft, welche sich im Recht verwirklichen kann. Im einzelnen unterscheidet schon Aristoteles zwischen einer ausgleichenden Gerechtigkeit, welche die Rechte und Pflichten der einzelnen Menschen gegeneinander zu einem Ausgleich bringt (Gleichheit von Leistung und Gegenleistung, Gleichheit von Verlust und Ersatz), einer austeilenden Gerechtigkeit, welche die Rechte und Pflichten der einzelnen Menschen gegenüber der Gemeinschaft (Staat, Gesellschaft, Familie) festlegt, sowie einer alle einzelnen der Gemeinschaft verpflichtenden oder gesetzlichen Gerechtigkeit.

Diese Vorstellungen, welche die Gerechtigkeit neben Weisheit, Tapferkeit und Besonnenheit als eine der vier grundlegenden Tugenden ansehen, gehen von den Griechen auf die Römer, welche später die Iustitia als Göttin der Gerechtigkeit kennen, über und finden auch Eingang in das Christentum, das die antiken Kardinaltugenden mit den christlichen Tugenden Glaube, Hoffnung und Liebe verbindet. Hier im Christentum sagt Gott allein dann, ohne jeden Maßstab, was die in seiner Liebe und Gnade untrennbar verbundene Gerechtigkeit ist.

Das Germanische kennt im Gegensatz zu Recht als dem Geraden, Rechten, Richtigen die Vorstellung Gerechtigkeit noch nicht. Griechisch dikaiosyne ist gotisch meist garaihtei, zweimal garaihtitha und einmal auch uswaurhts (Gerechtigkeit, zu waurkjan tun, wirken), griechisch dikaios (gerecht) dementsprechend meist garaihts, dreimal uswaurhts (gerecht) und einmal raihts. Lateinisch iustitia wird althochdeutsch meist mit reht, rehti, rehtnissa, rehtunga, rihti oder guoti wiedergegeben, dem im übrigen ein zu gotisch garaihts stimmendes Adjektiv gireht zur Seite steht. Das Substantiv gerehtecheit (Gerechtigkeit, moralische Paßlichkeit, richtige fromme Lebensführung, Recht, Anspruch, Forderung, Abgabe, Vorrat) taucht demgegenüber erst im Mittelhochdeutschen auf (z. B. Berthold von Regensburg, 1210–72).

Die ältesten erhaltenen bildlich-gestalteten Zeugnisse der Gerechtigkeit als abgebildeter Vorstellung erscheinen in Ägypten. Hier war die Straußenfeder Sinnbild von Wahrheit und der sie umschließenden Gerechtigkeit. Diese wird dann bald personifiziert als sitzende Göttin mit einer Straußenfeder auf dem Haupt und dem Zeichen des Lebens in der Hand dargestellt. Zugleich erscheint hier auch bereits die Waage, bei welcher sich auf der einen Seite das Herz eines Verstorbenen als Symbol seines Lebens und auf der anderen Seite die symbolisierte Gerechtigkeit befindet. Entspricht das Herz der Gerechtigkeit, so wird der Verstorbene ins schöne Jenseits aufgenommen. Im anderen Fall verschlingt ihn ein schreckliches Ungeheuer.

In Griechenland ist das älteste Symbol der Gerechtigkeit vermutlich die Zeus zugerechnete Doppelaxt. Göttin der bestehenden Ordnung ist Themis. Als ihre und des Zeus Tochter entwickelt sich Dike zur Wahrerin der Ordnung und des Rechts, zur Vollstreckerin göttlicher Strafaussprüche und zur Richterin selbst. Sie entdeckt das Verborgene und richtet alles Tun der Menschen. Ihr Kennzeichen sind Schwert oder Axt, gelegentlich auch die Waage, welche aber auch beispielsweise der Gott der Gelegenheit führt. Die Tugend der Gerechtigkeit ist demgegenüber personifiziert in der reinen Dikaiosyne.

In Rom gab es anfangs weder eine Personifizierung der Gerechtigkeit noch einen der Gerechtigkeit geweihten Tempel oder ihr zugeordneten Kult. Erst unter griechischem Einfluß entwickelt sich die iustitia als Gerechtigkeit. Augustus bestimmt ihr im Jahre 13 n. Chr. den 8. Januar als Festtag. Bald danach begegnen auf Münzen Gerechtigkeitsgöttinnen (Iustitia, Aequitas), welche Waage, Füllhorn, Zweig, Zepter oder einen Stab führen.

Als im Hochmittelalter dann erneut die bildliche Darstellung der Tugenden einsetzt, ist die Iustitia zunächst eine einfache Frauengestalt ohne kennzeichnendes Beiwerk. Daneben hat sie aber bereits im 12. Jahrhundert auch die Waage in der Hand. In der Mitte des 13. Jahrhunderts, in welcher sich anscheinend auch aus der Abkürzung c für capitulum bzw. capituli (Kapitel) das die Jurisprudenz kennzeichnende Paragraphenzeichen entwickelt, trägt sie in der einen Hand die Waage, in der anderen das Schwert. In dieser Form wird sie allgemein Ausdruck der Sehnsucht des Menschen nach Frieden, Ordnung, Recht und Gerechtigkeit. Da vor dem Recht und für den Richter alle Menschen gleich sind, und Recht ohne Ansehung der Person geschaffen werden muß, kann seit Beginn der Neuzeit noch eine Augenbinde hinzukommen.

Literatur: Frommhold, G., Die Idee der Gerechtigkeit in der bildenden Kunst, 1925; Simon, K., Abendländische Gerechtigkeitsbilder, 1948; Weidmüller, W., Paragraphzeichen, Börsenbl. f. d. dt. Buchhandel, Frankfurter Ausgabe 22 (1966), 2041 ff.; Lexer, M., Mittelhochdeutsches Handwörterbuch, Bd. 1 1872, Neudruck 1979; Holk, L. J. van, Justitia. Bild und Sinnbild im 17. Jahrhundert in den Niederlanden, ohne Jahr; Köbler, G., Lateinisch-germanistisches Lexikon, 2. A. 1983; Kissel, O. R., Die Iustitia, 1984.

König und Reichsstände

Die Deutschen sollen, so schreibt Eike von Repgow im Landrecht, durch Recht den König wählen. Bei der Wahl (des Kaisers – wie Landrecht III 57 § 2 abändernd fortfährt –) soll der erste sein der Bischof von Trier, der zweite der Bischof von Mainz, der dritte der Bischof von Köln. Unter den Laien ist der erste bei der Wahl der Pfalzgraf vom Rhein, des Reiches Truchseß, der zweite der Marschall, der Herzog von Sachsen, der dritte der Kämmerer, der Markgraf von Brandenburg. Kein Wahlrecht hat der Schenk des Reiches, der König von Böhmen, weil er nicht deutsch ist. Wählen kann man nur jemanden, der frei und rechtmäßig geboren ist. Mit der Wahl hat der König fränkisches Recht, unabhängig davon, nach welchem Recht er geboren ist. Wenn man den König gewählt hat, soll er dem Reich huldigen und schwören, daß er das Recht stärken und das Unrecht schwächen sowie das Reich in seinem Recht vertreten werde, so gut er dies könne. Sobald er von den Bischöfen, die dazu bestimmt sind, geweiht wird und den Thron zu Aachen besteigt, hat er königliche Gewalt und königlichen Namen. Sobald ihn der Papst weiht, hat er Gewalt über das Reich und kaiserlichen Namen.

Als Kaiser hat er das weltliche der beiden Schwerter, welche Gott auf Erden hinterließ, um die Christenheit zu beschützen, der Papst das geistliche. Dem Papst ist auch bestimmt, zu gewisser Zeit auf einem weißen Pferd zu reiten, und der Kaiser soll ihm dann den Steigbügel halten, damit der Sattel beim Aufsteigen nicht verrutscht. Alles was dem Papst Widerstand leistet und was er mit geistlichem Recht nicht zwingen kann, das soll der Kaiser mit weltlichem Recht zwingen, dem Papst gehorsam zu sein. Auf gleiche Weise soll die geistliche Gewalt dem weltlichen Gericht helfen, wenn es nötig ist. Den Kaiser darf der Papst nach der Weihe nicht bannen, es sei denn, daß er am rechten Glauben zweifelt, seine rechte Frau verläßt oder ein Gotteshaus zerstört.

Den König wählt man zum Richter über Eigen und Lehen und über das Leben. Er (– nach Landrecht III 52 § 2: der Kaiser –) kann aber nicht gleichzeitig überall sein und alles Unrecht richten. Deswegen beleiht er die Fürsten mit der Grafschaft und die Grafen mit dem Schultheißentum. An die vierte Hand freilich soll kein Lehen gelangen, das Gerichtsbarkeit über Hals und Hand enthält, das Schultheißenamt allein ausgenommen.

Jedes deutsche Land hat seinen Pfalzgrafen: Sachsen, Bayern, Franken und Schwaben. Das waren einst alles Königreiche. Seitdem sie die Römer bezwungen, veränderte

38a Die sieben Kurfürsten wählen König Heinrich von Luxemburg zum König (um 1325). Codex Balduineus, Koblenz

38b Krönung Heinrichs VII. zum deutschen König (um 1325). Codex Balduineus, Koblenz

man allerdings ihren Namen und hieß sie Herzöge. Sie behielten aber die Fürsten als ihre Mannen und die Fahnenlehen unter diesem Namen. Später haben ihnen die Kaiser sowohl die Fürsten wie auch die Fahnenlehen entzogen.

Von den Heerschilden hat der König den ersten. Die Bischöfe und Äbte und Äbtissinnen haben den zweiten, die Laienfürsten den dritten, seitdem sie Lehensleute der Bischöfe geworden sind, die freien Herren den vierten, die schöffenbaren Leute und die Leute der freien Herren den fünften und deren Leute wiederum den sechsten. Ob der siebte Heerschild noch Lehnrecht haben kann, weiß man nicht.

Des Reichs Fürsten sollen keinen anderen Laien zum Herren haben als den König. Es gibt auch kein Fahnenlehen, worauf ein Mann des Reiches Fürst sein kann, wenn er es nicht aus der Hand des Königs empfangen hat. Sobald jemand bereits etwas als Lehen erhalten hat, kann daran ein anderer nicht mehr der Vorderste im Lehen sein, weil es ein anderer schon vor ihm empfing, so daß er daran nicht mehr Reichsfürst zu sein vermag.

Alle geistlichen Fürstenlehen verleiht der König (bzw. der Kaiser) mit dem Zepter, alle weltlichen Fahnenlehen, von denen es in Sachsen sieben gibt (Herzogtum Sachsen, Pfalzgrafschaft Sachsen, Mark Brandenburg, Landgrafschaft Thüringen, Mark Meißen, Mark Lausitz, Grafschaft Aschersleben) mit der Fahne. Kein Fahnenlehen darf er länger als Jahr und Tag unbesetzt lassen. Vielmehr muß er es nach einem Rückfall in dieser Zeit neu zu Lehen austun.

In welchen Ort der König im Reich kommt, da werden Zoll und Münze für ihn frei. In welches Land er kommt, da ist ihm das Gericht ledig. Er darf über alle Klagen richten, die vor Gericht noch nicht erhoben und noch nicht beendet sind.

Gebietet der König Reichsdienst oder Hoftag mit Urteilen und läßt er ihn den Fürsten mit seinem Brief und Siegel sechs Wochen vorher ankündigen, dann müssen sie ihn aufsuchen, wo er auch stattfindet. Bleiben sie aus, müssen sie wetten. Das Gewette beträgt für Inhaber von Fahnenlehen 100 Pfund.

Aus all diesen Stellen ergibt sich, daß an der Spitze des Reiches der König steht. Er ist Stellvertreter Gottes auf Erden. Er verkörpert das Reich. Allerdings tritt die Selbständigkeit des Reiches, das mit dem Tod des Königs nicht endet und insofern unabhängig von ihm besteht, seit dem 13. Jahrhundert deutlicher hervor.

Der König wird bestimmt durch Geblütsrecht und Wahl. Wähler sind an sich die Großen des Reiches, doch gilt seit dem Ende des 12. Jahrhunderts die Beteiligung der Erzbischöfe von Mainz, Trier und Köln sowie des Pfalzgrafen bei Rhein, der ursprünglich Stammespfalzgraf Lothringiens war, als unverzichtbar. Sie bilden den Kern der sog. Kurfürsten, zu denen bereits im Sachsenspiegel noch die beiden sächsischen Fürsten hinzutreten, die Eike von Repgow kaum allein aus eigenem Antrieb hinzugefügt hat. Selbst bei den verschiedenen Doppelwahlen des 13. Jahrhunderts werden nur diese sechs Fürsten sowie der König von Böhmen tätig. Die Goldene Bulle von 1356 legt dann das Wahlrecht der Kurfürsten endgültig fest. Ungeklärt ist dabei der Grund, warum gerade diese sieben Fürsten die ausschließliche Kurwürde gewannen.

Als erster von ihnen gab ursprünglich der Erzbischof von Mainz seine Stimme ab. Als sich dann im 14. Jahrhundert allmählich das in der Kirche seit dem 11. Jahrhundert angewandte Mehrheitsprinzip für die Wahl durchsetzte, erhielt er das Letztstimmrecht. Dementsprechend konnte er nach Abfragen aller anderen Stimmen bei Stimmengleichheit den Ausschlag geben.

39 Belehnung des Abts von St. Gallen durch den Kaiser (1565). Glasgemälde, St. Gallen

Gewählt wird in Frankfurt. Die Krönung findet bis 1562 in Aachen statt. Beide Orte liegen auf fränkischem Boden. An ihnen gilt das fränkische Recht, nach welchem der König lebt.

Der König bedarf seit dem 12. Jahrhundert bei wichtigen Angelegenheiten der Zustimmung der Großen. Solche Angelegenheiten sind etwa Reichsheerfahrt, Reichssteuer, Reichsgut oder Erhebung in den Reichsfürstenstand. Die Zustimmung holt er in den an wechselnden Orten stattfindenden Reichsversammlungen ein.

Zur Teilnahme an den Reichsversammlungen sind in erster Linie die Fürsten berufen. Später kommen auch andere Herren sowie die seit dem 13. Jahrhundert erstarkenden Städte, die sich verschiedentlich zu Städtebünden vereinigen, hinzu. Seit 1356 schließen sich die Kurfürsten, danach auch die geistlichen und weltlichen Fürsten und die Reichsstädte zu je einem Kollegium zusammen, das auf den Reichsversammlungen geschlossen handelt und abstimmt. Die Zahl der Reichsfürsten beläuft sich dabei auf etwa 110 bis 120, von denen etwa drei Viertel geistliche Fürsten (Erzbischöfe, Bischöfe, Reichsäbte, Reichsäbtissinnen) sind, die Zahl der Reichsstädte auf etwa 125 (darunter Lübeck, Dortmund, Goslar, Frankfurt, Nürnberg, Worms, Speyer). Das einfache Volk spielt demgegenüber nur in der Verfassungstheorie gelegentlich eine Rolle (Vorläufer des Gedankens der Volkssouveränität).

Seit 1474 wird das Reich als Heiliges Römisches Reich deutscher Nation tituliert, nachdem sich die seit dem 11. Jahrhundert vorhandene Idee einer translatio imperii, welche einen Übergang des Kaisertums von den Römern über die Oströmer und Franken auf die Deutschen annimmt, durchgesetzt hat. Die Reichsversammlung wird seit 1495 als Reichstag bezeichnet. Auf ihm stehen die Reichsstände dem König gegenüber, der als Kaiser nur wenige zusätzliche eigene Rechte hat.

Literatur: Meister, A., Deutsche Verfassungsgeschichte, 2. A. 1913; Mitteis, H., Lehnrecht und Staatsgewalt, 1933, 11. unv. A. 1987; Mitteis, H., Der Staat des hohen Mittelalters, 1940; Mitteis, H., Die deutsche Königswahl, 2. A. 1944; Conrad, H., Deutsche Rechtsgeschichte, Bd. 1 2. A. 1962; Schramm, P. E., Die deutschen Kaiser und Könige in Bildern ihrer Zeit, 2. A. hg. v. Mütherich, F., 1983; Hergemöller, B. U., Fürsten, Herren und Städte zu Nürnberg 1355/56, 1983; Mitteis, H. - Lieberich, H., Deutsche Rechtsgeschichte, 17. A. 1985.

Landesherr und Landstände

Unter dem ersten Mai des Jahres 1231 verkündete König Heinrich VII., daß auf dem Reichstag von Worms um die Entscheidung folgender Frage gebeten worden sei: ob einer der Landesherren (domini terrae) einige Konstitutionen oder neue Rechte machen könne, welche die Großen des Landes (meliores et maiores terrae) nicht wünschten? In dieser Angelegenheit sei unter Einholung des Einverständnisses der Fürsten folgendermaßen entschieden worden: kein Fürst und auch niemand anderer könne Konstitutionen oder neue Rechte machen, wenn er nicht das Einverständnis der Großen des Landes vorher eingeholt hat. Zeugen sind die Erzbischöfe von Mainz, Magdeburg und Trier, die Bischöfe von Würzburg, Regensburg, Worms und Chur sowie viele andere.

Landesherr ist, wer die Herrschaft in einem Lande hat, wobei das Reich eindeutig vom Land geschieden wird. Überprüft man daraufhin die frühmittelalterlichen Quellen, so zeigt sich, daß sie eine ganze Reihe von immer wieder erwähnten Ländern (terrae, regiones, provinciae, patriae) kennen, daß aber auch davon ziemlich verschiedene Gebiete so bezeichnet werden. Häufig wird dabei das Land mit dem Genitiv Plural von Personengruppen verbunden (provincia Bawariorum), so daß das personale Element im Vergleich zum territorialen Element von großer Bedeutung zu sein scheint.

Dem entspricht es, daß das Recht im frühen Mittelalter auf die Personen bezogen ist. Es gibt das Volksrecht der Bayern, der Alemannen, der Franken, Sachsen oder Friesen, nicht dagegen das Recht Bayerns oder Sachsens. Dies ändert sich erst seit dem 11. Jahrhundert. Seit dieser Zeit wird zunehmend von der Sitte oder dem Recht eines Landes gesprochen (provinciae mos, ius terre, mos patriae, regionis consuetudo, später Landrecht), wie ja etwa zu dieser Zeit auch das besondere Recht einzelner Städte erstmals in Erscheinung getreten war.

Im Jahre 1180 verlor dann Heinrich der Löwe wegen Nichtachtung der Majestät, begangen durch Versäumnis in einem landrechtlichen Verfahren wegen Landfriedensbruches, seine Reichslehen Sachsen und Bayern. Das Herzogtum Sachsen wurde aufgeteilt. Das Gebiet der Diözesen Köln und Paderborn kam als neues Herzogtum Westfalen an den Erzbischof von Köln, das östliche Sachsen an die Familie der Askanier. Das um die Steiermark verkleinerte Bayern wurde an die Pfalzgrafen von Bayern aus dem Hause Wittelsbach gegeben. Lediglich die Eigengüter um Braunschweig und Lüneburg verblieben den Welfen.

Damit waren die beiden letzten bestehenden Stammesherzogtümer aufgeteilt. An ihre Stelle traten als neue politische Einheiten die Länder. An ihrer Spitze nennt dann das Weistum des Jahres 1231 erstmals die Landesherren.

Was im einzelnen ein Land war und wer Landesherr sein konnte, entschied sich dabei erst in einer langwierigen, im Einzelfall ganz unterschiedlichen Entwicklung. Ihre Grundlage hatte die Landesherrschaft in einer öffentliche und private Rechte bündelnden ungeschiedenen realen Herrschaftsgewalt der adeligen Großen. Im Mittelpunkt standen dabei neben grundherrschaftlichen Rechten die alten Grafenrechte, insbesondere die Gerichtsbarkeit. Später kamen Befestigungsrecht und Geleitsrecht hinzu. 1231 wurde das Gesetzgebungsrecht anerkannt, wenngleich nur unter Mitwirkung der Großen des Landes.

Die Landesherrschaft ist dann die höchste Gewalt nach derjenigen des Königs. Sie ist dieser gegenüber in gewisser Weise unabhängig. Sie macht die unmittelbare Herrschaft des Königs zu einer lockeren Lehenshoheit. Jeder Landesherr gilt dementsprechend in seinem Land bald gewissermaßen als Kaiser.

Der Landesherr versucht deshalb auch rasch in seinem Gebiet konkurrierende Gewalten niederzuringen. Aus deren Widerstand ist der Rechtsspruch des Jahres 1231 zu erklären, der eine wichtige Grundlage der verfassungsmäßigen Beschränkung der landesherrlichen Gewalt bildet. Fortan standen neben dem Landesherren die Landstände, welche aus urspünglich nur beratenden Hoftagen der geistlichen und weltlichen Großen hervorgegangen waren.

Sie gliederten sich in der Regel entsprechend den Reichsständen in die drei Gruppen der weltlichen Adeligen (Ritter), der geistlichen Großen (Prälaten) und der Städte. Vereinzelt erlangten, wie etwa in Ostfriesland und Tirol, auch die Bauern Landstandschaft, doch blieb dies die Ausnahme. Abstimmungen erfolgten auf den Landtagen entsprechend diesen Gruppierungen (Kurien).

Die Landstände übten eigene Rechte im eigenen Namen aus und standen dem Landesherrn dualistisch gegenüber. Den Kern ihrer Rechte bildete das Steuerbewilligungsrecht. Daneben wirkten sie bei der Gesetzgebung, bei der Abtretung von Landesteilen und der Veräußerung von Landesgut und der Erklärung von Kriegen mit.

Für die Verwaltung der Länder wird seit dem 13. Jahrhundert allmählich das Lehensprinzip aufgegeben und durch das Beamtenprinzip ersetzt. An die Stelle des Lehensmannes, der sein Lehen zu Erbrecht innehat, tritt in der örtlichen Verwaltung dementsprechend zunehmend der absetzbare, festbesoldete und für ein fest umgrenztes Gebiet eingesetzte Ministeriale oder Amtmann. Allerdings stammen die Amtsträger vielfach aus einem ziemlich engen Kreis von bestimmten Familien, welche dem Landesherrn nahestehen.

Die Aufsicht über diese örtlichen Amtsträger führen für den Landesherren die ebenfalls festbesoldeten und absetzbaren Spitzen der Landesverwaltung, die vielfach als Hofmeister oder Kanzler bezeichnet werden. Neben ihnen stehen zahlreiche Träger weiterer Hofämter. Außerdem bildet der Landesherr zu seiner Beratung in allen Angelegenheiten den Hofrat aus, der seit dem Ende des 15. Jahrhunderts zur zentralen kollegialen Behörde der Landesverwaltung wird. In ihn treten dann zunehmend gelehrte Juristen ein.

Die Einnahmen des Landesherren stammen zunächst aus seinen Gütern und seinen verschiedenen nutzbaren Rechten. Seit dem 13. Jahrhundert versucht der Landesherr durch Beden (Bitten) Einnahmen zu erzielen. Sie werden zuerst von Grund und

Gebäuden erhoben. Der Sache nach stellen sie Steuern dar. Sie lassen sich nur allmählich in allgemeinerem Umfang durchsetzen. Dabei werden sie von der Bewilligung der Landstände abhängig.

Der Landesherr sieht sein Land insgesamt nicht mehr als Zubehör eines ihm vom König verliehenen Amtes, sondern als ihm gehörig an. Wie schon die fränkischen Könige, so teilt er deshalb bei seinem Tod das Land unter mehreren Söhnen auf, wie dies beispielsweise im 13. und 14. Jahrhundert bei Bayern, Sachsen und Brandenburg mehrfach der Fall ist. Da sich hieraus dann öfter ein Streit ergab, welchem Landesteil die Kurwürde zustand, schrieb die Goldene Bulle von 1356 die Unteilbarkeit der Kurfürstentümer vor, mit welcher die Vorstellung der öffentlichen Einordnung des Landes gegenüber der Vorstellung von der privaten Sachherrschaft an Bedeutung gewann. Die gegen eine Landesteilung gerichteten Bestrebungen konnten sich aber darüber hinaus bis in die Neuzeit nicht allgemein durchsetzen (z. B. Teilung Hessens 1567).

Literatur: Schlesinger, W., Die Entstehung der Landesherrschaft, 1941; Brunner, O., Land und Herrschaft, 1939, 5. A. 1965; Patze, H., Die Entstehung der Landesherrschaft in Thüringen, 1962; Köbler, G., Land und Landrecht im Mittelalter, ZRG 86 (1969), 1; Deutsche Verwaltungsgeschichte, hg. v. Jeserich, K. G. A. – Pohl, H. – Unruh, G. C. v., Bd. 1 1982; Köbler, G., Historisches Lexikon der deutschen Länder, 1988.

Rat und Bürgermeister

Am 21. 1. 1198 kam Herzog Philipp von Schwaben, der Bruder des gerade verstorbenen Kaisers, nach Speyer und erbat von den Bürgern dieser Stadt Rat und Hilfe. Die Bürger versprachen, ihn nach Möglichkeit mit Diensten und Lebensmitteln zu unterstützen und bei Bedarf mit 30 Rittern aufzunehmen sowie eventuelle gegnerische Truppen im Bistum mitzubekämpfen. Dafür bestätigte ihnen Philipp erneuernd alles ihnen von früheren Kaisern durch Privileg übertragene Recht. Außerdem solle von ihnen im Bistum von keinem geistlichen oder weltlichen Richter ein Dinggang oder irgendeine Abgabe von ihren Gütern außer dem Zins gefordert werden. Weiter solle weder vom König noch von ihm selbst irgendeine besondere oder allgemeine Abgabe verlangt werden. Schließlich gewährt er ihnen die Freiheit, daß sie 12 aus den Bürgern auswählen, welche durch Eid dazu verpflichtet werden, für die Gesamtheit (universitas), so gut sie können, zu sorgen und durch ihren Rat (consilium) die Stadt zu lenken.

Im Jahre 1214 ergeht unter Friedrich II. ein Urteil im Streit zwischen Bischof und Bürgern von Straßburg, das anordnet, daß niemand dort einen Rat (consilium) einrichten dürfe oder irgendein weltliches Gericht haben dürfe außer mit Zustimmung des Bischofs. 1218 stellt sich dieselbe Frage für Basel. Auf Vorschlag des Erzbischofs von Trier und nach Zustimmung der übrigen anwesenden Fürsten verkündet der König, daß er einen Rat ohne Zustimmung des Bischofs in Basel weder gewähren noch einrichten könne. 1231 erklärt er überhaupt alle städtischen Einrichtungen (comunia, consilia, magistri civium, rectores, officiales), welche von der Gesamtheit der Bürger (universitas civium) ohne Einwilligung der Erzbischöfe oder Bischöfe geschaffen worden seien, für ungültig.

40 Schultheiß und Rat in der Ratsstube von Luzern. Chronik des Diebold Schilling (1513)

In Worms gewährt dann Heinrich VII. am 17. März 1232 den Bürgern die Rechte und Freiheiten sowie den Rat (consilium). Friedrich II. wendet sich im Mai 1232 unter Berufung auf seine allgemeine Anordnung von 1231 gegen den Rat in Worms. Gleichzeitig gestattet er dem Bischof von Worms, das Rathaus (domus quae vocabatur communitatis) vollständig niederzureißen. Erst in einer sog. Rachtung vom 27. 2. 1233 kommt es dann zu einem Ausgleich zwischen Bischof und Bürgern, als dessen Folge ein aus 9 vom Bischof ernannten Bürgern und 6 von den Bürgern gewählten Rittern bestehender Rat zusammentritt, welcher unter dem Vorsitz des Bischofs tagen soll. Von den Bürgermeistern soll künftig einer vom König, der andere vom Bischof ernannt werden.

In all diesen Zeugnissen spiegelt sich der Kampf der Städte um einen Rat wieder. Dieser hat insofern bereits antike Wurzeln, als schon der römische Senat gelegentlich in seiner Gesamtheit als consilium orbis terrae (Rat des Weltkreises) bezeichnet wird, dem später ein consilium principis (Rat des Kaisers) folgt. Im Mittelalter entstand dann zunächst in italienischen Städten (Lucca, Pisa 1080, Mailand 1097) ein consiglio

(Rat), nachdem sich die Gesamtheit aller Bürger als untauglich zur wirksamen Beratung der wichtigsten städtischen Fragen erwiesen hatte. Die älteste derartige Einrichtung wird im allgemeinen consiglio di credenza genannt, weil sie aus einer zunächst begrenzten Anzahl von Stadtbürgern, den vertrauenswürdigen Männern (homines credentes), besteht. Diese werden meist unter den einflußreichsten Persönlichkeiten der führenden Familien gewählt, wobei etwa in Bologna die Hälfte der Mitglieder von städtischen Adeligen, die andere Hälfte von Doktoren, Juristen und Kaufleuten gestellt wird. Der daneben oft bestehende weite Rat (maggior consiglio) umfaßt dagegen auf Grund von Bestrebungen unterer Bevölkerungsschichten einen bedeutend umfangreicheren Teil der Stadtbevölkerung.

Ein Kennzeichen des consiglio di credenza bestand in der eidlichen Verpflichtung zur Geheimhaltung. Die hauptsächliche Aufgabe des zwischen der Gesamtheit der Bürger und den ausführenden Konsuln stehenden Gremiums war die Ausarbeitung von Ratschlägen und Empfehlungen für die Konsuln. Sachlich ging es dabei um Entscheidungen über Krieg und Frieden, Bündnisse, Steuern, Vermögensverwaltung, Ernennung von Amtsträgern sowie die Aufsicht über diese.

In Deutschland wuchs seit der Mitte des 12. Jahrhunderts mit dem wirtschaftlichen Aufschwung der Städte das Verlangen der Bürger, neben dem Stadtherrn an der Stadtherrschaft teilzuhaben und zu diesem Zweck eigene Einrichtungen zu schaffen. Begünstigt wurden diese Bestrebungen dadurch, daß der König sich in den Auseinandersetzungen mit der Kirche auf die Städte angewiesen sah, welche wiederum ihrerseits bereitwillig den König als Verbündeten im Kampf gegen ihre vielfach geistlichen Stadtherren annahmen. Dementsprechend finden sich die ersten Belege für die Anfänge eines Rates in den oberrheinischen Bischofsstädten, daneben aber auch in norddeutschen Handelsstädten am Ende des 12. Jahrhunderts.

Rat (consilium) und Ratleute (consiliarii) werden dementsprechend erstmals in Urkunden erwähnt, welche die Städte Basel (1180–90) und Straßburg (1190–1202) betreffen. In Straßburg werden die consiliarii, die bald danach in Mainz (1219), Zürich (1220), Colmar (1225) und Mülhausen (1227) auftreten, auch rectores (Lenker, Richter) genannt. Consules (Ratleute, Ratsherren) erscheinen im Jahre 1196 in Utrecht und im Jahre 1201 in Lübeck. Um die Mitte des 13. Jahrhunderts besteht trotz der unter Friedrich II. einsetzenden stadtherrlichen Gegenbewegung in nahezu 150 Städten ein Rat, dessen Mitglieder zunächst nur von wenigen ratsfähigen Patriziergeschlechtern gestellt werden, in den später aber auch an vielen Orten Handwerker Aufnahme finden. Zu Beginn des 14. Jahrhunderts hat sich dann die Ratsverfassung als eigentümliche städtische Verfassungsform, welche in den Reichsstädten eine Stadtobrigkeit mit eigenem Herrschaftsanspruch zur Folge hat, allgemein durchgesetzt.

Dabei gelang es dem Rat, der sich wie in Worms schon um 1230 ein meist am Markt gelegenes eigenes Rathaus errichten ließ, wesentliche Aufgaben der städtischen Verwaltung und Gerichtsbarkeit, welche zunächst in den Händen des stadtherrlichen Schultheißen, Amtmannes oder Vogtes gelegen hatten, an sich zu ziehen. Als erstes geschah dies im Bereich der Aufsicht über Maße und Gewichte und über den Markt. Mit ihr hängt es zusammen, daß der Rat später vielfach die amtlich bestimmten Maße in einem Exemplar öffentlich zugänglich in der Stadt anbringt.

41 Gerichtssitzung des Rats. Flämische Schule, um 1525

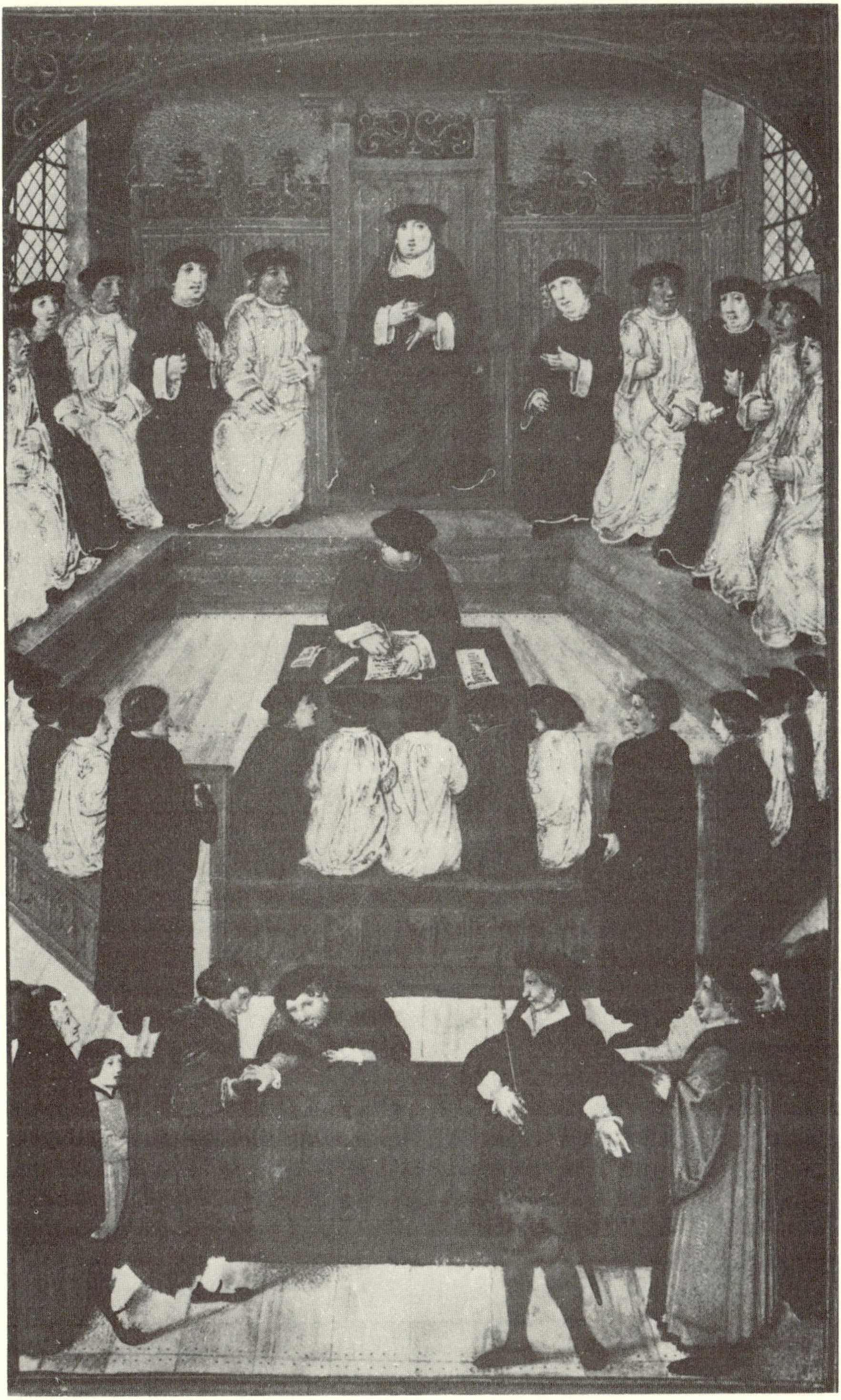

Weitere Aufgaben des Rates wurden dann Steuer- und Wehrwesen. Insbesondere der Mauerbau brachte dabei für die Städte so hohe Kosten mit sich, daß diese nur mit Hilfe von Steuern (Akzise, Ungeld) getragen werden konnten. Zur Verteidigung der Mauer mußten im Zweifel ebenfalls alle Bürger herangezogen werden.

In einigen Handelsstädten übte der Rat auch erheblichen Einfluß auf das Münzwesen aus. Eine wichtige Angelegenheit des Rates war weiter die Aufnahme neuer Bürger, die bei der Aufnahme einen Bürgereid vor dem Rat zu schwören hatten. Der Rat griff im übrigen manchmal auch in bisherige Zuständigkeitsbereiche der Kirche ein. So errichtete er außer Schulen und einzelnen Universitäten (Köln 1388, Erfurt 1392, Basel 1460) mit Unterstützung vermögender Bürger auch vielfach neben dem geistlichen Spital ein bürgerliches Spital (Bürgerspital), in welchem Kranke und Alte bei Bedarf Aufnahme finden konnten. Daneben wirkte sich der wachsende Reichtum der Bürger auch auf den Bau der Kirchen selbst aus, wovon die gotischen Dome und Münster eindrucksvoll Zeugnis ablegen.

Da der Rat ursprünglich nur ein beratendes Organ der Bürger neben dem Stadtherrn war, saß ihm zunächst dessen Amtsträger, meist der Schultheiß, vor. Er wurde in den Angelegenheiten der Verwaltung aber bald von dem Bürgermeister verdrängt. Als dessen Vorläufer erscheint bereits im 12. Jahrhundert ein magister civium (Meister der Bürger) in Köln und ein magister civilis (bürgerlicher Meister) 1196 in Hildesheim. Seit der Mitte des 13. Jahrhunderts wird dann auch die deutsche Bezeichnung recht häufig.

Die genauen Tätigkeiten des oder der Bürgermeister sind im einzelnen wenig erforscht, dürften aber örtlich-zeitlich auch verschieden gewesen sein. Vielfach ist der Bürgermeister Vorsitzender des Rates und Repräsentant der städtischen Gemeinschaft. Er hat Aufgaben sowohl in der Verwaltung als auch im Gerichtswesen. Meist wird er vom Rat gewählt, verschiedentlich aber auch eingesetzt. Sofern der Stadt der Erwerb des Schultheißenamtes gelingt, verdrängt der Bürgermeister den Schultheißen oft gänzlich.

Literatur: Haas, A., Die Gebäude für kommunale Zwecke in den mittelalterlichen Städten Deutschlands, 1914; Stuhl, O., Das deutsche Rathaus im Mittelalter, 1905; Ottokar, N., I comuni cittadini nel Medio Evo, 1936; Rabus, K., Ulmer Bürgermeister bis 1548, Diss. jur. Tübingen 1952; Köbler, G., Civis und ius civile, Diss. jur. Göttingen 1965; Planitz, H., Die deutsche Stadt im Mittelalter, 1954, 5. unv. A. 1980; Drüppel, H., Iudex civitatis, 1981; Rabe, H., Frühe Stadien der Ratsverfassung in den Reichslandstädten bzw. Reichsstädten Oberdeutschlands, in: Beiträge zum spätmittelalterlichen Städtewesen, hg. v. Diestelkamp, B., 1982, 1 ff.

Bauermeister und Hintersassen

Die Mehrzahl der Menschen lebte im hohen und späten Mittelalter auf dem Lande und betrieb Ackerbau und Viehzucht. Vollberechtigte Mitglieder des Dorfverbandes waren dabei nur die Inhaber der großen Höfe. Neben ihnen standen zu minderem Recht die Inhaber kleinerer Stellen, die als Häusler, Köbler, Kötter und Söllner (Seldner) bezeichnet wurden. Sonstige Einwohner wie Tagelöhner oder Heuerlinge waren demgegenüber am Dorfverband meist nicht beteiligt.

Innerhalb des Dorfverbandes bildete sich öfter ein engerer Kreis von führenden Familien. Sie nahmen regelmäßig die dörflichen Ämter ein. Vielfach wird dabei eine enge Beziehung zur Grundherrschaft deutlich.

Die dörflichen Ämter selbst waren allerdings von großer regionaler Verschiedenheit. Im Elsaß, in Schwaben und Franken steht an der Spitze des Dorfes vielfach der aus der Gerichtsbarkeit kommende Schultheiß, der als Schulze auch im östlichen Siedlungsland auftritt. Die Beziehungen zur Grundherrschaft werden besonders deutlich bei dem Ammann (Amtmann) Alemanniens und Flanderns, während der ebenfalls im Südwesten auftretende Vogt wieder auf gerichtliche Zusammenhänge weist. In Norddeutschland findet sich der Bauermeister (burmester), der genossenschaftliche und herrschaftliche Züge zu vereinigen scheint. Daneben begegnen die in unklarem Zusammenhang zum Grafen stehenden Greben in Hessen sowie die ebenfalls vor allem im mittleren Deutschland bezeugten Heimbürgen.

Neben dem Dorfvorsteher bestand vielfach ein Kollegium, das seinen Namen oft einfach von der Zahl seiner Mitglieder nahm. Teilweise waren seine Angehörigen auch Urteiler, teilweise standen sie neben den urteilenden Schöffen.

Inbegriff der Herrschaft ist im Dorf das Gericht. Es ist die Einrichtung, in welcher sich das Recht im Dorf verwirklicht. Sie hat sich im Westen und Süden vorwiegend auf der Grundlage der Grundherrschaft entwickelt, in welcher ein Grundherr einer Vielzahl von abhängigen Hintersassen gegenübersteht.

Zur eigenen Rechtspersönlichkeit und damit zur Gemeinde im modernen Sinn wurde das Dorf allerdings nur ganz allmählich. Vielleicht bildete dabei das bereits im Sachsenspiegel bezeugte Mehrheitsprinzip einen wichtigen Entwicklungsschritt. Gelegentlich führte diese Gemeindebildung noch im Mittelalter zur Errichtung eines eigenen, manchmal spelhus oder auch rathus genannten Hauses, während im übrigen die Angelegenheiten des Dorfes auf dem meist in der Mitte gelegenen, im Norden Tie genannten Dorfplatz behandelt wurden.

Mit dem Dorf ist oft eine Markgenossenschaft verbunden, an welcher in erster Linie die Vollbauern berechtigt waren. Sie wurde früher auf Verhältnisse der germanischen Frühzeit zurückgeführt. Neuere Forschungen haben demgegenüber allerdings wahrscheinlich gemacht, daß sie erst das Ergebnis der Verknappung des Wirtschaftslandes infolge des mittelalterlichen Landesausbaues sind.

Literatur: Frölich, K., Alte Dorfplätze und andere Stätten bäuerlicher Rechtspflege, 1938; Frölich, K., Rechtsdenkmäler des deutschen Dorfes, 1947; Die Anfänge der Landgemeinde und ihr Wesen, hg. v. Mayer, T., 1964; Bader, K. S., Studien zur Rechtsgeschichte des mittelalterlichen Dorfes, Teil 1 ff. 1967 ff.; Schroeder, K. H.-Schwarz, G., Die ländlichen Siedlungsformen in Mitteleuropa, 1969; Kroeschell, K., Deutsche Rechtsgeschichte, Bd. 1 1972, 7. unv. A. 1985.

Der Ort des Gerichts

Daß an den Orten, an denen öffentliche Gerichte abgehalten werden, ein solches Dach errichtet werde, daß es möglich ist, im Sommer wie im Winter dort Gerichte abzuhalten, ordnete Karl der Große in einem Kapitular des Jahres 809 an. Dies ist der erste Hinweis darauf, daß Gerichte auch unter einem Dach und nicht nur unter freiem Himmel tagen können. Zeitlich liegt er verhältnismäßig spät, doch dauert es fast tausend weitere Jahre, bis die Gerichte insgesamt in geschlossene Häuser gezogen sind.

Die Versammlungen der Germanen hatten ausnahmslos unter freiem Himmel getagt. Nach manchen Forschern lag der Grund hierfür darin, daß die Versammlungen

42 Gerichtslinde von Bordesholm/Schleswig-Holstein

43 Gerichtslaube in Freiburg (16. Jh.)

den Göttern möglichst unmittelbar verbunden sein wollten. Naheliegender sind demgegenüber rein praktische Erwägungen.

Wo solche Versammlungen tatsächlich stattfanden, ist in Ermangelung von konkreten Zeugnissen nicht sicher festzustellen. Deshalb wird vielfach vermutet, daß Örtlichkeiten mit bestimmten Steinsetzungen Kultstätten und zugleich auch Entscheidungsstätten waren. Als solche werden dann beispielsweise genannt der Gollenstein bei Blieskastel an der Saar, der Lange Stein bei Seehausen nahe Oschersleben, der Bickelstein bei Ehra oder der Lange Stein bei Obersaulheim in Hessen.

In fränkischer Zeit scheinen die großen Volksversammlungen wie das Märzfeld oder das Maifeld auf großen Auen oder Wiesen getagt zu haben. Ob diese hierfür durch besondere Zeichen abgesteckt wurden, ist unklar. Zeugnisse hierfür gibt es jedenfalls nicht. Dagegen berichten spätere Urkunden verschiedentlich von Gerichten auf bestimmten Wiesen oder Feldern (z. B. Gericht auf der Leutkircher Heide).

In anderen Fällen tagten die Gerichte auf Bergen wie beispielsweise auf einer Anhöhe zwischen Bad Cannstadt und Kornwestheim, einer Anhöhe (Roßberg) bei Mellrichstadt oder dem Wartberg bei Weihenstephan. Als Zentgerichtsstätten, welche auf Bergen lagen, lassen sich nennen der Stahlberg an der Tauber, der Eichelberg bei Rieden oder der Zentberg bei Castell. Landschrannen des Landgerichts Graisbach befanden sich am Berg bei Usel (Donauwörth), dem Staufenhart bei Rehau, dem Sichelberg bei Monheim und auf dem Hesselberg bei Wassertrüdingen. Daß dabei die

Berge nicht immer allzu hoch waren, zeigt etwa das Landgericht auf dem Leineberg bei Göttingen.

Daneben werden öfters Gerichte bei großen Steinen erwähnt. Auch von Gerichten an einem Fluß ist die Rede. Wenn Gerichte auf einer Brücke tagen, wie etwa schon 1027 in Bamberg, so könnte dies damit zusammenhängen, daß die Brücken von sich aus bereits einen gut abgegrenzten Ort bildeten und zudem meist zu öffentlichen Straßen gehörten. Überhaupt fanden Gerichte, wie etwa das Hofgericht zu Rottweil, auch an einer Straße statt.

Verhältnismäßig spät, nämlich erst im 12. Jahrhundert erscheint das Gericht auf dem Friedhof. Da ursprünglich der Friedhof um die Kirche lag, könnte hier die Lage der Kirche von Bedeutung gewesen sein, die innerhalb von Siedlungen meist an besonders günstigen Plätzen errichtet wurde.

Dem entspricht, wenn in Städten das Gericht oft auf dem Markt abgehalten wird, wie dies ja schon in Rom der Fall gewesen war. Für Straßburg wird dabei der Markt als Gerichtsort bereits im ältesten Stadtrecht genannt. Im übrigen erscheint jedoch das Gericht auf dem Markt, soweit es sich nicht um Entscheidungen in reinen Marktangelegenheiten handelte, nicht besonders häufig.

Sehr viel öfter ist die Rede von einem Gericht unter einem oder mehreren Bäumen, die freilich ihrerseits auf Wiesen und Höhen, an Steinen, Flüssen, Brücken oder Straßen sowie auf Kirchhöfen oder Marktplätzen stehen konnten. In den meisten Fällen wird dabei die Art des Baumes genauer beschrieben. Am häufigsten ist der

154 *Blüte und Krise*

44 *Stadtgericht in Herford (um 1375). Herforder Rechtsbuch*

45 Stadtgericht von Volkach (1448–1666). Volkacher Salbuch

Baum des Gerichts eine Linde (lat. tilia). Die ältesten der als Gerichtsbäume bekannten Linden dürften bis zu 1000 Jahre alt sein, wobei etwa in Rottweil die öffentlichen Sitzungen des Gerichts unter den Linden bis 1784 anhielten.

An manchen Orten wurde dabei der durch mehrere Linden umgrenzte Platz zusätzlich mit einer Mauer umgeben. Auch die Linde selbst konnte einen gemauerten Fuß zum Schutz des Wurzelstockes erhalten. Verschiedentlich zog man die unteren Äste waagrecht nach außen und legte sie auf Holz- oder Steinstützen, so daß diese geleiteten Linden eine Art natürlicher Halle bildeten. Ein Beispiel für diese Art Gerichtslinden stellt die Linde von Neuenstadt am Kocher dar. In anderen Fällen ist die Linde aber nur allgemeiner Versammlungsplatz.

Neben der Linde ist häufiger die Eiche Gerichtsbaum. Außerdem kommen auch fast alle anderen Baumarten Deutschlands als Gerichtsbäume vor. Gelegentlich ist auch von einem Gericht im Wald die Rede.

Zu den ersten Baulichkeiten, in deren Schutz Gericht gehalten wurde, dürften die Vorhallen der Kirchen gezählt haben. Allerdings lassen die Quellen hier oft nicht klar erkennen, ob der Platz vor dem Kirchenchor, eine Eingangstüre oder eine Vorhalle zwischen den Türen als Dingplatz gewählt wurde. Bekannte Gerichtsstätten dieser Art sind etwa die Vorhalle des Münsters in Freiburg, die rote Türe am Dom zu Frankfurt oder die Vorhalle der Marienkirche in Friedberg. Demgegenüber sind Gerichte innerhalb von Kirchen seltener. 1181 verbot die Kirche ohnehin, ein peinliches Gericht in einer Kirche zu halten. 1273 erweiterte sie dieses Verbot auf jedes weltliche Gericht.

Einen ähnlichen Schutz wie die Vorhalle einer Kirche bietet die Gerichtslaube (lat. laubia), welche erstmals im Jahre 865 in einem langobardischen Urteil für Mailand erwähnt wird. In Freiburg im Breisgau wird vom Gericht unter der Laube 1291 berichtet. Anscheinend waren dabei viele der ersten Gerichtslauben nicht an Bauten angelehnt, sondern standen frei. Sobald jedoch die Städte die Gewalt über die Gerichtsbarkeit an sich gezogen hatten, verbanden sie die Laube durch Anbau oder Einbau mit dem Rathaus.

Vielfach ist die Gerichtslaube in das Rathaus dann so eingebaut, daß sie mindestens mit einer Seite, öfter aber auch mit zwei oder drei Seiten zum Markt hin, wo sich die Öffentlichkeit befand, offen waren. In Dortmund etwa enthielt die nördliche Schmalseite des Rathauses im Erdgeschoß eine Halle, welche sich mit zwei weitgespannten Bögen nach vorne und mit kleineren Bögen nach den Seiten öffnete. Die dadurch gebildete Laube war in erster Linie für den Marktverkehr gedacht, doch fanden auch Gerichtsverhandlungen dort statt. In Innsbruck soll 1548 der Stadtrichter, wenn es schön ist und nicht regnet oder schneit, außerhalb des Gewölbes aber mit dem Rücken an ihm sitzen, wenn es regnet oder schneit unter dem Gewölbe mit dem Rücken an der Hauswand.

Seit dem ausgehenden Mittelalter tagen Dorfgerichte dann oft in Wirtshäusern, im schlesischen Erzgebirge insbesondere im Gerichtskretscham, daneben aber auch in anderen Häusern. Ein besonderes Gerichtshaus findet sich demgegenüber vor allem in den Städten, wo es erstmals zwischen 1135–42 für Köln erwähnt wird. In Aachen erscheint ein Gerichtshaus 1215, in Bremen (als praetorium) 1246. Ob die Verhandlungen dann auch immer bereits in diesen Häusern stattfanden, ist allerdings offen. Im übrigen wurde in den Städten das Gericht zunehmend im Inneren des Rathauses abgehalten. Sowohl praktische Überlegungen als auch Änderungen im Verfahren (Schriftlichkeit, Heimlichkeit) dürften hierfür die Ursachen gewesen sein.

Literatur: Grimm, J., Deutsche Rechtsaltertümer, 1828, 4. A. 1922; Künßberg, E. Frhr. v., Rechtliche Volkskunde, 1936; Frölich, K., Stätten mittelalterlicher Rechtspflege auf südwestdeutschem Boden, besonders in Hessen und den Nachbargebieten, 1938; Braun, E., Die Entwicklung der Gerichtsstätten in Deutschland, Diss. jur. Erlangen 1944; Conrad, H., Deutsche Rechtsgeschichte, Bd. 1 2. A. 1962; Kroeschell, K., Dorfgerichtsplätze, FS Bader, K. S., 1986, 11.

Richter und Urteiler

Die Schöffen (Schöffenbarfreien) sollen des Grafen Ding aufsuchen, das alle achtzehn Wochen unter Königsbann tagt. Die Pfleghaften sind verpflichtet, des Schultheißen Ding alle sechs Wochen aufzusuchen. Die Landsassen, die kein Eigen im Land haben, die sollen ihres Gogrefen Ding alle sechs Wochen aufsuchen. Mit diesen Worten beschreibt Eike von Repgow in groben Zügen die mittelalterliche Gerichtsverfassung Sachsens, die dementsprechend vor allem ständisch geprägt ist.

Gerichtsherren sind Graf, Schultheiß und der nur in Sachsen auftretende besondere Gogrefe. Mit dem Grafen knüpft der Sachsenspiegel an das Frühmittelalter an, in welchem der Graf für den König die Gerichtsbarkeit ausgeübt hatte. Hier war der Graf der örtliche Leiter des Dings gewesen, dem seit einem Kapitular Karls des Großen von etwa 770 die Schöffen für die Urteilsfindung zur Seite standen. Der Graf verkörperte die Gerichtsgewalt, leitete die Verhandlung und gewährleistete deren ordnungsgemäßen Verlauf. An der inhaltlichen Hervorbringung der Entscheidung war er demgegenüber nicht beteiligt.

Der Schultheiß ist, wie schon die ständische Abstufung der Gerichtsherrschaft zeigt, wohl als Stellvertreter des Grafen in die Gerichtsbarkeit eingedrungen. Im Hochmittelalter finden die meisten Verfahren vor ihm statt, während der Graf nur in besonderen Fällen tätig wird. Dementsprechend bilden jetzt Schultheiß und Schöffen zusammen regelmäßig das Gericht.

Seit dem 13. Jahrhundert trat dann die ursprünglich vom König abgeleitete gräfliche Gerichtsbarkeit als landesherrliche Gerichtsbarkeit der zu Landesherren aufgestiegenen Grafen der Gerichtsbarkeit des Königs gegenüber. Die meisten ursprünglich königlichen Gerichte wurden landesherrliche Gerichte. Lediglich einige Gerichte wie das Hofgericht zu Rottweil, das Landgericht auf der Leutkircher Heide und in der Pirs und einige weitere Landgerichte in Schwaben und Franken blieben kaiserliche Gerichte bzw. Reichsgerichte.

Innerhalb der Länder nahm der Landesherr die in ihrem Umfang im einzelnen ganz unterschiedliche hohe Gerichtsbarkeit für sich in Anspruch. Neben seinem Obergericht traten aber vielfach auch ständisch beeinflußte Hofgerichte auf. Die niedere Gerichtsbarkeit stand teilweise dem Landesherrn, teilweise den Städten und dem Adel zu. Daneben gab es vielfach auch Dorfgerichte auf genossenschaftlicher Grundlage, welche die Ordnung in Feld und Flur zu sichern hatten, daneben Geschäfte der sog. freiwilligen Gerichtsbarkeit ausübten und außerdem wohl auch Fälle der niederen Gerichtsbarkeit verhandelten.

In den Reichsstädten war für den König Gerichtsherr zunächst ein Schultheiß, Burggraf oder Vogt. Schon seit dem 12. Jahrhundert streben aber die Bürger selbst nach der Ausübung der Gerichtsherrschaft. In vielen Fällen gelingt ihnen dank ihrer Finanzkraft der zumindest pfandweise Erwerb des Schultheißenamtes, so daß sie selbst den Schultheißen bestimmen können.

Hinzu kommt in den Städten, daß die Ausbildung des Rates auch Auswirkungen auf die Gerichtsbarkeit zeitigt. Seit dem 13. Jahrhundert versuchten nämlich die Bürger auch, den stadtherrlichen Richter überhaupt aus dem gerichtlichen Bereich zu verdrängen und durch eine eigene Gerichtsbarkeit des Rates zu ersetzen. Diese erfaßte zunächst einfache Straffälle polizeirechtlichen Charakters einschließlich der Verletzungen des Stadtfriedens. Später dehnte sie sich auf alle Bereiche des städtischen Lebens aus, wenn auch das Gebiet der Strafrechtspflege ein besonderer Schwerpunkt blieb.

In seiner Stellung als Obrigkeit griff der Rat auch vielfach auf dem Bereich der freiwilligen Gerichtsbarkeit ein. Über Vormundschaften begründete er eine Art Oberaufsicht. Grundstücksgeschäfte machte er von einer Beurkundung vor ihm abhängig. Letztwillige Verfügungen bedurften vielfach seiner Genehmigung.

46 Gerichtslaube im Lüneburger Rathaus

Im Wettbewerb mit dem Gericht des Schultheißen gelang dem Rat oft schon früh ein weitgehender Erfolg. Beispielsweise ist für Lübeck bereits 1263 die Möglichkeit der Überprüfung der stadtgerichtlichen Urteile durch den Rat als einer Art Obergericht als feste Einrichtung bezeugt. Gänzlich büßte das Schultheißengericht seine Bedeutung neben dem Gericht des Rates aber nur selten ein.

Eine weitere Veränderung erfuhr die Gerichtsbarkeit durch die Kirche. Bezeichnenderweise nennt etwa der Sachsenspiegel bereits vor den Gerichten des Grafen und des Schultheißen die Sendgerichte der Bischöfe für die Schöffenbarfreien, der Dompröpste für die Pfleghaften und der Archipresbyter für die Landsassen. Hierin zeigt sich deutlich das im gesamten Mittelalter erkennbare Nebeneinander von geistlicher und weltlicher Gerichtsbarkeit, für das sich die Kirche nicht mit der Gleichordnung begnügte, sondern bezüglich dessen sie sogar den Vorrang der geistlichen Gerichtsbarkeit forderte.

In ihrer Gerichtsbarkeit bildete dabei die Kirche insofern eine neue Gerichtsverfassung aus, als sie zwar ursprünglich ebenfalls zwischen dem Bischof als dem Richter und Sendschöffen als Urteilsfindern unterschieden hatte, im Hochmittelalter aber

Richter und Urteiler

47 Sendgericht (St. Gallen, 1460). St. Gallener Codex 602

zum Offizial überging. Dabei benutzte sie die Bezeichnung officialis (Amtsträger) für delegierte Richter erstmals in England in der zweiten Hälfte des 12. Jahrhunderts. Sachlich tritt ein zur Entlastung des Bischofs bestellter ständiger geistlicher Richter dagegen zuerst in den letzten drei Jahrzehnten des 12. Jahrhunderts in der französischen Erzdiözese Reims auf, wo wohl der Erzbischof als päpstlicher Legat in Nachahmung der römischen Praxis zunächst delegierte Richter eingesetzt hatte. Etwa zur gleichen Zeit erscheinen auch in Mainz delegierte Richter. Als ständiger ordentlicher Einzelrichter begegnet der Offizial dann schon ganz kurz nach der Anerkennung dieser Einrichtung durch die päpstliche Bulle Sancta Ecclesia von 1246 (Trier 1247, Straßburg 1248, Genf 1250).

Das Ernennungsrecht für den Offizial stand dem Bischof zu, der meist einen Offizial ernannte. Dieser mußte Kleriker und wenigstens in der Gerichtspraxis erfahren, nach Möglichkeit sogar ausgebildeter Jurist sein. Das mit seiner Abberufung oder seinem Tode endende Amt erhielt er durch Mandat, so daß eine eventuelle Appellation gegen seine Entscheidung unmittelbar an den Erzbischof ging. Dem Offizial standen beratende Assessoren und verschiedene, den praktischen Gerichtsbetrieb sichernde Hilfspersonen zur Seite. Zuständigkeit beanspruchte die Kirche personell für alle Kleriker, Kreuzfahrer, Pilger, Kaufleute, Scholaren und eingeschränkt für alle beklagenswerten (miserabiles) Leute und sachlich für alle Angelegenheiten, welche den Glauben und die Kirchenverfassung berührten (Ehe, Testament, Eid). Als rechtsgelehrtem berufsmäßigem Einzelrichter war dem Offizial eine rasche und rationale Entscheidungsfindung möglich.

Bildete so der kirchliche Offizial einen noch bedeutsameren Konkurrenten zu Schultheiß und Schöffen als es der städtische Rat schon war, so trat der Gerichtsschreiber nur als neue Hilfsperson des alten Gerichts auf. Er ist etwa seit dem 13. Jahrhundert zu erkennen. Sein Erscheinen ist durch die zunehmende Verschriftlichung des allgemeinen Lebens zu erklären. Da der Schreiber bei dem Lesen- und Schreibenlernen auch mit den Inhalten des Geschriebenen in Berührung gekommen war, stand er bezüglich der Bildung häufig über den Angehörigen seines Gerichts. Nicht selten wird er die Abfassung des Urteils beeinflußt haben, wenn auch eine Einwirkung bei der Bildung der fast immer ohne besondere Begründung verbleibenden Entscheidung der Schöffen in den Quellen nicht zu erkennen ist.

Literatur: Planck, J., Das deutsche Gerichtsverfahren im Mittelalter, Bd. 1 ff. 1879 ff.; Wackernagel, J., Die Entstehung der städtischen Ratsgerichtsbarkeit im Mittelalter, Festgabe der Basler Juristenfakultät zum Schweizer Juristentag, Basel 1920, 113 ff.; Ebel, W., Die lübische Rechtsfindung, in: Gedächtnisschrift Rörig, F., 1953, 297 ff.; Nörr, K. W., Zur Stellung des Richters im gelehrten Prozeß der Frühzeit, 1967; Müller-Volbehr, J., Die geistlichen Gerichte in den Braunschweig-Wolfenbütteler Landen, 1973; Trusen, W., Die gelehrte Gerichtsbarkeit der Kirche, in: Handbuch der Quellen und Literatur der neueren europäischen Privatrechtsgeschichte, hg. v. Coing, H., Bd. 1 1973, 467 ff.

Der Stab des Richters

Woher der Richterstab seinen Ursprung genommen hat, ist streitig. Die einen führen ihn auf den Wanderstab zurück. Dieser sei das Kennzeichen desjenigen gewesen, der eine Botschaft von einem Ort zu einem anderen Ort zu bringen gehabt habe. Von hier aus sei er das Zeichen desjenigen geworden, der in herrschaftlichem Auftrag handele

Der Stab des Richters 161

und dann schließlich dessen, der zu herrschaftlichem Handeln Auftrag und Macht habe.

Andere meinen, der Stab sei eine der ersten Waffen. Eine Waffe führe zu Macht. Deshalb sei der Stab Erkennungszeichen von Herrschaft.

Wieder andere sehen im Stab zunächst den Zauberstab als Mittler zwischen überirdischer und irdischer Welt. Der Stabträger soll die göttliche Kraft vom Himmel zu sich herabgezogen haben. Dadurch sei er mehr als andere mit göttlicher Kraft begabt und daher mächtig gewesen.

In den geschichtlichen Quellen hält der Richter den ihm vom Gerichtsdiener zu Beginn einer Verhandlung überreichten Richterstab während der Sitzung des Gerichts in der (linken oder rechten) Hand, während er sonst regelmäßig im Gerichtshaus aufbewahrt wird. Während der Verhandlung werden Eide auf ihn geleistet. Wenn der Richter in der Steiermark seine Rechnung gelegt hat, legt er den Stab vor an seinen Tisch auf die Lad, worauf die Wahl eines neuen Richters erfolgt. Im Strafverfahren wird vielfach das geschriebene Urteil um den Stab gewickelt und dem Gerichtsaufzug vorangetragen. Insgesamt ist der Richterstab einerseits Amtszeichen, andererseits Sinnbild der Gerichtsherrschaft. Wer ihn hält, hat damit sinnbildlich die Leitung des Verfahrens.

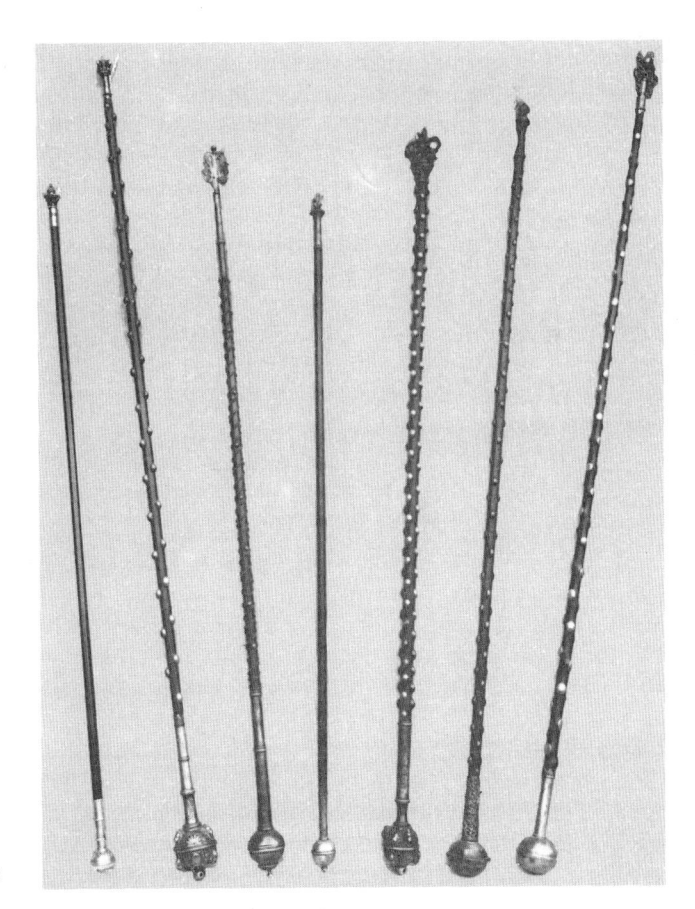

48 Gerichts- und Schwurstäbe aus Bern

Ursprünglich war der Richterstab aus Holz. Vielleicht wurde er zunächst nicht auf Dauer gefertigt, sondern für jede Sitzung frisch geschnitten. Die erhaltenen steirischen Richterstäbe aus Holz sind vor allem aus Ahornholz, Ebenholz, Kirschholz oder Nußholz, sonst meist aus Haselholz. Sie sind meist geschnitzt oder gedrechselt. Häufig sind Knäufe, Kugeln und Ringe, manchmal auch durchbrochene kelchartige Weitungen anzutreffen. Hinzu kommen Silberbeschläge oder Vergoldungen. Sie können Namen oder Anfangsbuchstaben von Richtern sowie Wappen, Datierungen oder bildliche Darstellungen (Heilige, Gerechtigkeit) enthalten. Manche Richterstäbe sind gänzlich aus Metall gefertigt. Bevorzugtes Material ist dabei Silber. Ob dies darauf zurückzuführen ist, daß ursprünglich unter dem Einfluß magischer Vorstellungen der Stab vielleicht entrindet bzw. weiß sein sollte, ist denkbar, aber nicht sicher. Möglicherweise spielen dabei auch hierarchische und finanzielle Gesichtspunkte eine gewisse Rolle.

Die erhaltenen Richterstäbe stammen überwiegend aus der Neuzeit. Dies dürfte sowohl damit zusammenhängen, daß deren Überlieferungsbedingungen ganz allgemein günstiger waren, als auch damit, daß kunstvoller gefertigte Stäbe auch unter historischen Gesichtspunkten eher aufbewahrt worden sein dürften. Nicht identisch mit dem Richterstab ist offensichtlich in aller Regel der Stab, welchen der Richter bei der Verkündung eines Urteils in einer peinlichen Sache zerbrach, weil andernfalls kaum unversehrte Richterstäbe überliefert sein könnten. Dennoch sind ursprüngliche Zusammenhänge hier nicht völlig auszuschließen.

Öfter wird im übrigen das Wort Gerichtsstab auch zur Umschreibung der räumlichen Zuständigkeit eines Gerichtes verwandt.

Literatur: Amira, K. v., Der Stab in der germanischen Rechtssymbolik, 1909; Rintelen, M., Der Gerichtsstab in den österreichischen Weistümern, FS Brunner, H., 1910, 631 ff.; Funk, W., Alte deutsche Rechtsmale, 1940; Baltl, H., Rechtsarchäologie des Landes Steiermark, 1957; Kocher, G., Richter und Stabübergabe im Verfahren der Weistümer, 1971; Carlen, L., Stab und Stabhalter in der Schweiz, FS Grass, N., 1974, 29 ff.

Die bürgerlichen Sachen

Der Turmhüter auf dem Pfarrturm sprach den Juden Meyer an, daß, nachdem er ihm Hühnergarn versetzt habe und es die Mäuse bei ihm zerbissen hätten, der Jude ihm dieses bezahlen sollte. Der Jude antwortete, daß er das Hühnergarn wie alle anderen Pfänder verwahrt und deshalb den Schaden nicht getan habe. Nach Ansprache und Antwort haben unsere Herren mit Urteil gewiesen: Schwört der Jude mit seiner Hausfrau einen jüdischen Eid, daß er das Hühnergarn wie die anderen Pfänder verwahrt habe und den Schaden nicht getan habe, so sind sie ihm entgangen, es sei denn, daß der Turmhüter, wozu er sich erboten hat, beweist, daß sie den Schaden getan haben.

Dieses Urteil des Jahres 1443 aus Frankfurt ist ein typisches Beispiel für ein mittelalterliches Streitverfahren in bürgerlichen Sachen, wie es die Quellen überliefern. Es zeigt die Parteien, das Gericht und den Verfahrensablauf in den wichtigsten Zügen. Auf Einzelheiten geht es, weil sie den Beteiligten selbstverständlich waren, nicht besonders ein.

Um einen Anspruch zu verwirklichen, den der Gegner nicht freiwillig erfüllte, war grundsätzlich eine Klage erforderlich. Wer einem anderen zusprechen wollte, mußte ihn vorher bis zu dreimal durch den Gerichtsknecht laden lassen, wenn nicht der Gegner freiwillig erschien oder zufällig vor Gericht angetroffen wurde. Die Ladung war die Aufforderung vor Gericht zu erscheinen. Das Ausbleiben auf die erste und zweite Ladung blieb folgenlos. (Aller guten Dinge sind drei.) Erschien der Geladene auch auf die dritte Ladung hin nicht, wurde er wegen Ladungsungehorsams sachfällig, doch mußte der Kläger dem Gericht noch angeben, was er vom Gegner verlangte.

Die Verhandlungsleitung lag in der Hand des Richters und damit vielfach in der Hand eines Schultheißen. Nach der Hegung und Eröffnung des Gerichts mußte der Kläger dem Gegner in seiner vor dem Gericht vorzunehmenden Ansprache kundtun, was er von ihm verlangte. Gewöhnlich gab er auch gleich den Grund und die näheren Umstände an, auf die seine Forderung sich gründete. Bot er zugleich Beweis für seine Behauptungen an, so konnte er zum Beweis auch zugelassen werden, wenn der Gegner sich seinerseits bereit erklärte, den Unschuldseid zu leisten.

Danach antwortete der Gegner. In der Regel bestand die Antwort in einem Bestreiten des Anspruches. Andernfalls brauchte es der Angesprochene ja gar nicht erst zum Verfahren kommen zu lassen.

Bei ihren Vorbringen konnten sich die Beteiligten eines Vorsprechers (Fürsprechen) bedienen. Dieser war der Mund der Partei, der sie nur im Wort, nicht in der Sache selbst vertrat. Er war zulässig, damit die Partei die Gefahr des Verfahrensverlustes durch bloßen Fehler im Vortrag vermied, wie sie anscheinend im Hochmittelalter bestand. Ob diese Prozeßgefahr allerdings eine ursprüngliche Einrichtung ist, erscheint fraglich.

Widersprachen sich Klage und Antwort des Beklagten, so stellte sich die Frage, welcher Vortrag zutrifft. In der Regel durfte sich dann auf Grund eines Urteils der Schöffen der Beklagte von dem in der Klage enthaltenen Vorwurf durch seinen Unschuldseid reinigen. Vorherrschend war dabei jetzt der Eineid des Beklagten, während der Eid mit Eidhelfern in bürgerlichen Sachen nicht häufig vorkam.

Andere Möglichkeiten des Erweisens einer Behauptung waren vor allem Urkunden und Zeugen. Insbesondere der Beweis mit Urkunden gewann in einer Zeit rasch zunehmender Schriftlichkeit an Bedeutung. Auch die Einbeziehung von Zeugen erfuhr eine allgemeine Verbreitung.

Legte der Beklagte bezüglich seines Sachvortrages den Unschuldseid vor, den ein Jude offensichtlich in der Form des jüdischen Eids schwören durfte, so hatte er den Rechtsstreit gewonnen. Diesen Ausgang konnte ihm der Kläger aber dadurch verlegen, daß er seinerseits bereits bei seinem Vortrag Beweis für seine Behauptungen anbot. Dann lautete das Urteil der Schöffen, daß der Beklagte der Ansprache des Klägers nur dann durch seinen Unschuldseid entgangen sei, wenn nicht der Kläger Beweis für seinen Vortrag erbringe. Als Beweismittel kamen dabei wieder vor allem Urkunden, Zeugen oder Eid in Betracht.

Der Beweis selbst wurde dann außerhalb der streitigen Verhandlung erbracht. Dementsprechend war die Entscheidung des Gerichts im Ergebnis bedingt durch die Erbringung des Beweises. Daß der Kläger trotz eines Unschuldseides des Beklagten zum Beweis zugelassen wurde, deutet daraufhin, daß an der Güte der Reinigungseide zumindest nunmehr grundsätzliche Zweifel bestanden.

49 Gottesurteil des Pflugscharengangs (Anfang des 13. Jhs.)

Wurde der Beklagte im Ergebnis verurteilt, so erfolgte eine öffentliche Vollstrekkung bei beweglichen Sachen durch Pfändung und bei Liegenschaften durch Fronung oder Grundstückspfändung. Bewegliche Sachen wurden dem Schuldner weggenommen und, wenn der Schuldner sie nicht innerhalb einer bestimmten Frist auslöste, dem Gläubiger zur Befriedigung übergeben oder verkauft und der Erlös dem Gläubiger übergeben. Ähnlich verfuhr man mit den unbeweglichen Sachen. Hatte der Schuldner überhaupt kein ausreichendes Vermögen, so konnte er in Schuldhaft genommen werden und gegebenenfalls die Schuld abarbeiten. Nach dem Sachsenspiegel soll der Gläubiger einen solchen Schuldner mit Speise und Arbeit behandeln wie sein Gesinde. Er darf ihm eine Fußfessel anlegen, ihn aber sonst nicht quälen.

Während des Verfahrens konnte das von einem Urteiler abgegebene Urteil von jedermann gescholten werden. Führte dies früher meist zum Zweikampf, so wurde jetzt zwischen dem Schelter und dem Gescholtenen ein Streit um das Urteil vor einem höheren Gericht ausgetragen. Erforderlich war jedoch, daß die Schelte vor der Billigung durch die anderen Urteiler bzw. den Umstand erhoben worden war.

Hielt ein Gericht sich für außerstande, in der Sache eine Entscheidung zu treffen, so konnte es bei einem anderen Gericht nach dem Recht fragen. Dies kam häufig innerhalb der sog. Stadtrechtsfamilien vor, war jedoch auch außerhalb dieser möglich. Das um Rat befragte Gericht wurde dabei zum Oberhof des Auskunft suchenden Gerichts. Es erließ in der anhängigen Sache aber nicht das Urteil.

Ein wirklicher Rechtszug entwickelte sich gegenüber diesem Zug zum Oberhof nur sehr zögernd. Immerhin bestimmte bereits ein Privileg Friedrichs I. Barbarossa von 1173, daß dann, wenn ein Kaufmann sich vor einem niederen Gericht gegen die Gerechtigkeit beschwert fühlt, er das Recht haben soll, an ein höheres Gericht zu appellieren. Ein knappes Jahrhundert später hatte sich auch in Lübeck bereits eine Art Appellation gegen Urteile des Stadtgerichts zum Rat eingespielt. Erst seit der zweiten Hälfte des 15. Jahrhunderts setzte sich aber die gelehrte Appellation im weltlichen Verfahren allgemein durch und verdrängte die Urteilsschelte allmählich.

Hierbei gewährte die Goldene Bulle von 1356 den Kurfürsten ein privilegium de non appellando. Vermutlich wollte dieses im wesentlichen zunächst nur den Rechtszug zum König und seinem Hofgericht nach Scheltung eines Urteils unterbinden. Später wirkte es sich aber auch gegenüber der Appellation aus.

Literatur: Der Oberhof zu Frankfurt am Main und das fränkische Recht in Bezug auf denselben. Ein Nachlaß von Thomas, J. G. C., hg. v. Euler, L. H., 1841; Planck, J. W., Das deutsche Gerichtsverfahren im Mittelalter, Bd. 1 ff. 1879 ff.; Planitz, H., Die Vermögensvollstreckung im deutschen mittelalterlichen Recht, Bd. 1 1912; Die älteren Urteile des Ingelheimer Oberhofes, hg. v. Erler, A., Bd. 1 ff. 1952 ff.; Lübecker Ratsurteile, hg. v. Ebel, W., Bd. 1 ff. 1955 ff.; Schlosser, H., Spätmittelalterlicher Zivilprozeß nach bayerischen Quellen, 1971; Buchda, G., Die Rechtsmittel im sächsischen Prozeß, ZRG GA 75 (1958), 274 ff.; Conrad, H., Deutsche Rechtsgeschichte, Bd. 1 2. A. 1962; Müller, H., Oberhof und neuzeitlicher Territorialstaat, 1978.

Die peinlichen Sachen

Konrad, oder wie du heißen magst, so beginnt ein in Trier aus dem 12. Jahrhundert bruchstückhaft überlieferter Text, ich spreche dir zu um mein Roß, das mir gestohlen wurde. Ich zeihe dich, daß du es stahlst, und bitte dich durch Gott und durch das Recht, daß du es mir wiedergibst. Und zeihst du mich, daß ich dir gegenüber mutwillig vorgehe, so biete ich dir darum meinen Voreid. Darauf antwortet der andere: Den Voreid will ich aufgeben durch Gott, daß er mir umso gnädiger sei bei diesem meinem Gericht. Wie mich der Rudolf hier gegenwärtig angesprochen hat wegen seines Pferdes, daß ich es gestohlen habe, das habe ich niemals getan und biete ihm dar ein rechtmäßiges Leugnen.

Hiernach fährt der Text, der in einem Formular über ein Gottesurteil der Kaltwasserprobe enthalten ist, fort, daß der Knecht, der für den Beschuldigten ins Wasser gesandt wird, gesegnet wird und bricht dann beim Bericht über den Verlauf der Probe ab. Gleichwohl ist er nicht nur deswegen sehr interessant, weil er in für diese Zeit einzigartiger Weise das tatsächliche Streitverfahren in einheimischer Sprache schildert, sondern auch deswegen, weil er das Verfahren wegen Pferdediebstahls noch eindeutig als Streit zwischen einem Kläger und einem Beklagten zeigt. Gerade dies aber ändert sich im Hochmittelalter grundlegend.

Bereits seit dem 12. Jahrhundert zeigen sich verschiedene Ansätze zur öffentlichen Klage in bestimmten Fällen, welche später deswegen, weil sie lateinisch eine poena (Strafe), deutsch eine Pein zur Folge haben, als peinliche Sachen zusammengefaßt und

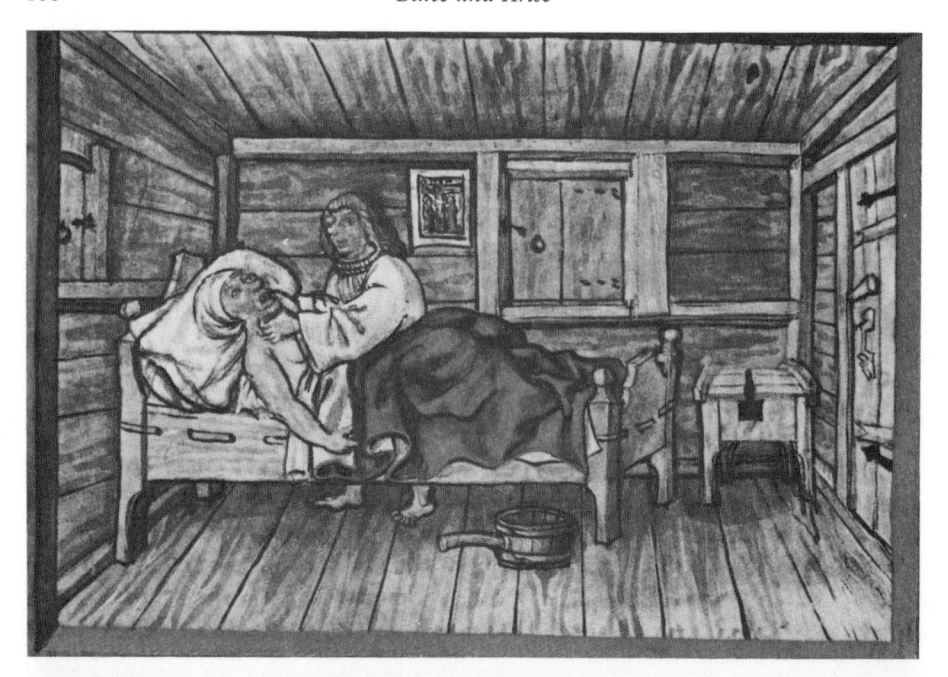

50 Bildfolge: Hans Spieß erwürgt 1503 bei Ettiswil seine Ehefrau. Die Leiche wird später von Nachbarn entdeckt. Der Scharfrichter führt an einem Seil den nackten geschorenen Hans Spieß zur Bahrprobe auf den Friedhof. Vor dem Städtchen Willisau werden dem Mörder Hans Spieß mit dem Wagenrad die Glieder zerschmettert. Chronik des Diebold Schilling (1513)

Die peinlichen Sachen

51 Gottesurteil des Kesselfangs (1295/1363; Dresdner Bilderhandschrift des Sachsenspiegels)

dadurch zugleich von den sonstigen Angelegenheiten, den bürgerlichen Sachen, geschieden werden.

So werden etwa bestimmte Personen verpflichtet, Unrechtsgeschehnisse im Gericht zu rügen. Beispielsweise gibt der Sachsenspiegel dem Bauermeister in Landrecht I 2 § 4 nicht nur auf, das Fehlen beim Ding zu rügen, sondern auch alles Ungericht zu rügen, das an den Leib oder an die Hand geht. Eine ähnliche Rügepflicht besteht auch für die Freischöffen der Femegerichte.

Landschädliche Leute (lat. nocivi terrae) sollen öffentlich verfolgt werden. Wie alle, die in oder gleich nach der Tat ergriffen werden, sollen sie nach einzelnen Städteprivilegien des 14. Jahrhunderts durch den Eid des Verletzten und sechs seiner Eidhelfer überführt werden. Wegen der Zahl der Beteiligten wird dieses Überführen meist als Übersiebnen bezeichnet.

In Städten wird es verschiedentlich Aufgabe des Richters gegen einen Verdächtigen vorzugehen oder eine Angelegenheit überhaupt zu untersuchen. Dies hängt damit zusammen, daß der Rat sich um den Rechtsfrieden in der Stadt sorgt. Dementsprechend muß er Rechtsbrüche so gut wie möglich unterbinden. Beim Richten auf Leumund darf der Rat, wie dies etwa 1418 für Kaufbeuren bezeugt ist, ohne Klage und ohne Wahrung bestimmter Formen durch Mehrheitsentscheidung über einen Verdächtigen befinden. In der Kirche werden Ketzer durch besondere Inquisitoren (lat. inquirere befragen, untersuchen) bekämpft. Sie werden in kirchlichem Auftrag tätig, ohne unmittelbar selbst verletzt zu sein. Insofern handelt auch hier nicht ein Verletzter als Kläger, sondern eine Allgemeinheit.

Aus all diesen Einzelvorgängen erwächst allmählich die öffentliche Verfolgung, welche neben der Verfolgung des Täters durch den Verletzten selbst steht. Sie hat eine neue Art des Verfahrens zur Folge. Sie ist beschränkt auf die Angelegenheiten, welche mit einer Pein oder Strafe bedroht sind.

Literatur: Schmidt, E., Inquisitionsprozeß und Rezeption, FS Siber, H., 1940, 61; Schmidt, E., Einführung in die Geschichte der deutschen Strafrechtspflege, 1947, 3. A. 1965; Vogt, A., Die Anfänge des Inquisitionsprozesses in Frankfurt am Main, ZRG GA 68 (1951), 238; Leiser, W., Strafgerichtsbarkeit in Süddeutschland, 1971; Rüping, H., Grundriß der Strafrechtsgeschichte, 1981; Trusen, W., Strafprozeß und Rezeption, in: Strafrecht, Strafprozeß und Rezeption, hg. v. Landau, P. – Schroeder, F. C., 1984, 29.

Kirche und Inquisition

Die christliche Kirche ist grundsätzlich an der Einheit des Glaubens interessiert. Diese versucht sie in erster Linie mit geistigen Mitteln herzustellen und zu bewahren. Die Anwendung körperlicher Gewalt lehnt sie in ihren Anfängen durchweg ab.

Als sich mit der Freiheit der Kirche von der staatlichen Verfolgung seit Kaiser Konstantin Kirche und Staat allmählich verbanden, sahen die römischen Kaiser in der Glaubenseinheit auch eine Absicherung der Reichseinheit. Dementsprechend erließen sie in den Glaubenskämpfen des 4. und 5. Jahrhunderts mehrfach Gesetze gegen Irrgläubige, in welchen unter anderem Gottesdienste verboten und Güter enteignet wurden. Gegen Manichäer und Donatisten kam seit Beginn des 5. Jahrhunderts die Todesstrafe wegen Majestätsverbrechen zur Anwendung. Der Kirchenvater Augustin, der Gewalt zunächst abgelehnt hatte, befürwortete sie später mit der Begründung, daß er erst nachträglich erfahren habe, zu welcher Schlechtigkeit Irrgläubige sich hinreißen ließen.

Bereits in karolingischer Zeit wurde es dann den Bischöfen zur Pflicht gemacht, in den Sendgerichten Untersuchungen gegen heidnischen Aberglauben zu führen. 1017 wurde in Frankreich die von Justinian angeordnete Verbrennung gegen 13 Häretiker angewandt. 1051 ließ Kaiser Heinrich III. in Goslar mehrere Häretiker hängen. 1140 fanden Augustins Ansichten Aufnahme in das Dekret Gratians und seit der Mitte des 12. Jahrhunderts zeigen sich kaum mehr Stimmen, welche auf die Bestrafung der Irrgläubigen durch die weltlichen Herrscher verzichten wollten. 1183 verständigte sich Papst Lucius III. mit Kaiser Friedrich I. Barbarossa über die Verfolgung exkommunizierter Häretiker dahin, daß der Kaiser die Reichsacht aussprach und befahl, in verdächtigen Orten nach ihnen zu suchen, um sie dem weltlichen Gericht zu übergeben.

Papst Innozenz III. (1198–1216), der zum Kreuzzug gegen die Bewegung der Albigenser aufrief, nahm die Einordnung der Häresie als Majestätsverbrechen unter Anknüpfung an die Antike wieder auf. Das vierte Laterankonzil von 1215 erließ Bestimmungen gegen die Häretiker und drohte den sie nicht verfolgenden Herrschern Exkommunikation und Ländereirentziehung an. 1224 ordnete Kaiser Friedrich II. für die Lombardei an, daß alle von Bischöfen überführten Häretiker von der weltlichen Obrigkeit festzunehmen und zu verbrennen seien. 1231 übernahm Papst Gregor IX. diese Regelung für Rom. 1232 dehnte Friedrich II. die Ketzerverfolgung auf das ganze Reich aus. Die Ketzer sollten von der weltlichen Gewalt aufgespürt und einem kirchlichen Gericht übergeben und nach einem Schuldspruch öffentlich verbrannt werden.

Für die Aufspürung der Ketzer ernannte Papst Gregor IX. seit 1231 päpstliche Inquisitoren, meistens Dominikaner- oder Franziskanermönche. Diese hatten die Häresieverdächtigen aufzufordern, sich innerhalb von 14 bis 40 Tagen freiwillig zu stellen. War die Frist verstrichen, wurden Anzeigen anderer angenommen. Dabei genügten zwei anonym bleibende Ankläger, um einen Angeklagten für schuldig zu erklären. Gab der Angeklagte die Schuld zu, wurden ihm Bußen auferlegt. Blieb er dagegen hartnäckig, so wurde er der weltlichen Gewalt zur Verbrennung übergeben.

Die Inquisitoren waren zunächst nur Gehilfen der Bischöfe im Aufspüren der Ketzer. Wenig später traten sie aber, zuerst im südlichen Frankreich, als selbständig urteilende Richter auf. In ihrer Eigenschaft als päpstliche Bevollmächtigte nahmen sie bei ihrer Suche nach Unrecht sogar ein höheres Ansehen als die Bischöfe für sich in Anspruch.

Literatur: Theloe, H., Die Ketzerverfolgungen im 11. und 12. Jahrhundert, 1913; Guiraud, J., L'Inquisition medievale, 3. A. Paris 1928; Vincke, J., Zur Vorgeschichte der spanischen Inquisition, 1941; Schmidt, E., Inquisitionsprozeß und Rezeption, 1941; Maissonneuve, H., Etudes sur les origines de l'Inquisition, 2. A. Paris 1960; Leiber, R., Die mittelalterliche Inquisition, Kevelaer 1963; Drei Inquisitionsverfahren aus dem Jahre 1425, hg. v. Heimpel, H., 1969.

Geständnis und Folter

Gegenüber dem Inquisitor leugnete der Verdächtige vielfach. Die damit geschaffene Unsicherheit, ob er, wie die Verdachtsmomente nahelegten, schuldig oder, wie er selbst behauptete, unschuldig war, ließ sich häufig nicht sicher beseitigen. Gewißheit konnte auch oft durch Beweise, die außerhalb des Verdächtigen lagen, nicht erzielt werden, zumal das seit langem fragwürdige Gottesurteil seit 1215 von der Kirche selbst amtlich abgelehnt wurde.

Bei der Suche nach der Wahrheit kam es dementsprechend vor allem darauf an, die Wahrheit vom Verdächtigen selbst zu erfahren. Er mußte ja am besten über sich und sein Tun Bescheid wissen. Deshalb mußte er möglichst eingehend befragt werden.

Sein Geständnis erbrachte den besten Beweis für seine Tat. Lag es vor, so wußte man endlich, was wirklich geschehen war. Deswegen mußte alles daran gesetzt werden, ein Geständnis zu erzielen. Das Geständnis war die Königin aller Beweismittel.

Bereits 1233 erhielt Gherardo Boccabadati vom Podesta von Parma die Vollmacht, in die Statuten der Stadt die Verpflichtung einzufügen, berüchtigte Häretiker der Tortur zu unterziehen, um andere zu entdecken, wenn es der Bischof für richtig hält. Im Jahre 1252 ermächtigte Papst Innozenz IV. die Inquisitoren, zur Erzielung eines Geständnisses in der Inquisition die Folter durch die weltliche Obrigkeit anwenden zu lassen. Diese Einrichtung hatte bereits die Spätantike gekannt, welche mit poledrus (Fohlen) ein Gerät bezeichnet hatte, das gewisse Ähnlichkeit mit einem Pferd oder Fohlen aufwies und zur Zufügung von körperlichen Schmerzen zwecks Herbeiführung eines bestimmten Verhaltens diente. Sie läßt sich als bewußte Anknüpfung an die Antike bis in das beginnende 10. Jahrhundert verfolgen, wo sie dann jedoch schwindet. Gratian lehnt sie ausdrücklich ab.

Ob ihr Wiederauftauchen im 13. Jahrhundert vom gelehrten Recht beeinflußt ist oder unabhängig von ihm erfolgte, ist streitig. Als ältester Hinweis für eine selbständi-

Geständnis und Folter

ge Entstehung im Reich gilt vielfach das Recht von Wiener Neustadt, von dem aber einerseits nicht zweifelsfrei feststeht, daß es tatsächlich zwischen 1221 und 1230 entstanden ist, von dem jedoch andererseits nachgewiesen werden kann, daß es von gelehrten Vorstellungen beeinflußt wurde. Auch andere frühe Zeugnisse sind nicht ganz einwandfrei.

Umgekehrt findet sich wohl in den sechziger Jahren des 13. Jahrhunderts bereits ein ausführlicher Traktat des Franziskaners David von Augsburg über die Inquisition der Ketzer. In ihm heißt es in Artikel 37: Wenn ein Angeklagter nicht freiwillig seine Irrtümer bekennen wolle, solle er durch das weltliche Gericht dazu mit Fragen und Foltern (questionibus et tormentis) gezwungen werden, allerdings nur diesseits der Verstümmelung der Gliedmaßen und der Lebensgefahr. Weiter behandelt Johannes von Erfurt um 1275 in seinem Rechtslexikon die questio (Befragung) und erklärt sie als Frage nach der Wahrheit durch Folter (inquisitio veritatis per tormenta). Nach ihm darf ein Verfahren nie mit der peinlichen Frage beginnen, vielmehr muß ihm regelmäßig eine bewiesene Vermutung vorangehen.

52 Fragstätte in Regensburg (1338 erste Folterung erwähnt)

53 *Folterung durch Hochziehen. Bamberger Halsgerichtsordnung (1507)*

Geständnis und Folter

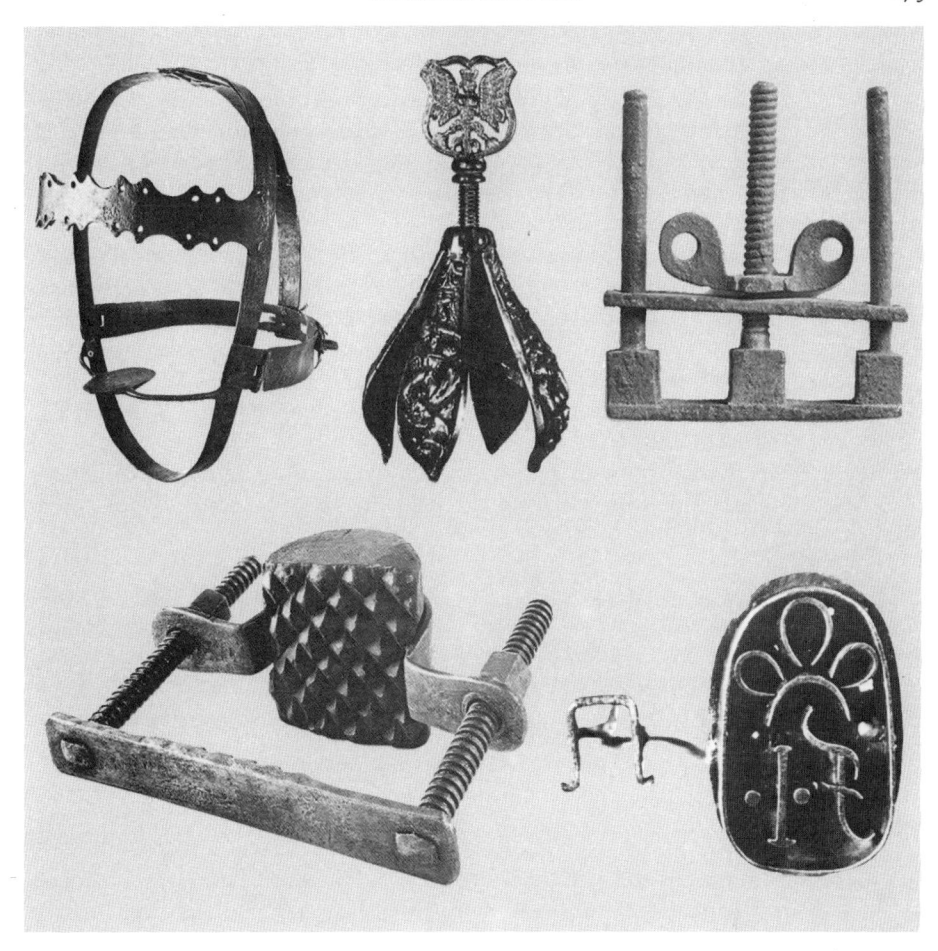

54 Foltermaske, Mundbirne, Daumenschraube, Beinschraube und Brenneisen

Bei der Folter wurden im einzelnen fünf Grade unterschieden. Der erste Grad sah die bloße Bedrohung mit einer gewaltsamen Maßnahme außerhalb der für die Folter besonders hergerichteten Kammer, welche sich vielfach im Keller eines Rathauses befand, vor. Der zweite Grad bestand in der Überführung des Verdächtigen in die Folterkammer, wo er die Marterinstrumente bereits mit eigenen Augen sah. Im dritten Grad wurde er ausgekleidet und gebunden. Beim vierten Grad wurde er gebunden an den Händen oder dem Schultergelenk in die Höhe gezogen und danach eine Zeitlang hängen gelassen. Beim fünften Grad schüttelte und schlug man ihn oder beschwerte seine Füße zusätzlich.

Die wichtigsten weiteren Folterinstrumente waren die Daumen- oder Beinschrauben. Bei ihnen wurde durch Drehen einer Schraube der Druck des Folterinstruments erhöht. Dieser wirkte durch Zusammenpressen auf Daumen oder Waden ein. Durch Zacken und Kerben wurde die Wirksamkeit des Druckes noch erhöht. Auf der Folterleiter wurden die Gliedmaßen gezerrt. Vielfach kam es dabei auch zum Ausrenken der Glieder.

Durch Brennen konnte die Folter weiter erschwert werden. Dabei nahm der Folterknecht mehrere Federn, tauchte sie in einen Topf zerlassenen Schwefels, zündete sie an und warf sie dem Gefolterten an die beiden Seiten des Körpers. Wo sie hängenblieben, breitete sich der brennende Schwefel aus. Daneben konnte die Brandfolter auch dadurch ausgeführt werden, daß man Kienspane unter die Fingernägel steckte, anzündete und ausbrennen ließ. Schließlich konnte der Körper auch mit Pechfackeln oder glühend gemachten Ziegeln berührt werden.

Gefoltert werden durfte grundsätzlich jedermann. Ausgenommen waren allerdings Kinder unter 14 Jahren, kranke und bettlägerige Personen sowie Schwangere und Wöchnerinnen. Auch Personen von Adel oder Würde unterlagen vielfach nicht der Folterung.

Die Folter erreichte in den meisten Fällen das von ihr angestrebte Geständnis. Kam es wider Erwarten nicht dazu, so bestand dann die Vermutung, daß durch die erlittene Folter jeder Verdacht entkräftet war. Der Gefolterte war verpflichtet, Urfehde zu schwören. Nach diesem Schwur, sich wegen der Folter nicht zu rächen, mußte er freigelassen werden. Bei Vorliegen neuer Verdachtsmomente konnte er jedoch erneut gefoltert werden.

Literatur: Quanter, R., Die Folter in der deutschen Rechtspflege einst und jetzt, 1900; Helbing – Bauer, Die Tortur, 1926; Schünke, W., Die Folter im deutschen Strafverfahren des 13. bis 16. Jahrhunderts, Diss. jur. Münster 1952; Fiorelli, P., La tortura giudiziaria nel diritto commune, Mailand 1953; Thomasius, C., Über die Folter. Untersuchungen zur Geschichte der Folter, übers. u. hg. v. Lieberwirth, R., 1960.

Voruntersuchung und endlicher Rechtstag

Die Inquisition verändert das Verfahren in zweierlei Hinsicht. Zum einen ändert sie die Stellung des Gerichts gegenüber den betroffenen Personen. Zum anderen teilt sie den Ablauf des Geschehens in zwei Abschnitte.

Theoretisch tritt an die Stelle des Klägers, der den Beklagten vor dem Richter anklagt, in den Fällen ganz bestimmter Taten, in denen wegen der möglicherweise für ihn entstehenden Klagen vielfach niemand auch gerne klagt, die aber im Interesse der Allgemeinheit Verfolgung verdienen, gewissermaßen die Allgemeinheit oder der Verdacht. Tatsächlich wird aber das Gericht tätig. Dieses geht meist durch besonders beauftragte Mitglieder auf Grund des Verdachtes gegen einen Verdächtigen vor, um die Wahrheit zu ermitteln. Findet der Richter hier einen Kläger, so ist die Möglichkeit, daß dieser die Klage erhebt, unbenommen. Fehlt ein Kläger, so tritt der Richter der Sache nach an seine Stelle.

Die Durchführung sämtlicher für die Tataufklärung erforderlicher Ermittlungen wird dem Verfahren im übrigen vorangestellt. Die Untersuchung auf Grund des Verdachtes im Hinblick auf die Wahrheit erfolgt also in einem Vorverfahren. Dieses bildet eine wesentliche Besonderheit dieses neuen Inquisitionsprozesses in peinlichen Sachen.

Die Voruntersuchung durch das Gericht erfolgte ohne Beteiligung der Gesamtheit. Sie war nicht öffentlich. Sie vollzog sich im geheimen, im Zweifel mit Hilfe der Folter in der abseits gelegenen, dunklen Folterkammer. Nur wenige Mitglieder des Gerichts nahmen daran teil, darunter vor allem auch der Gerichtsschreiber, der die unter der Folter erklärten Aussagen aufzuzeichnen hatte.

Schloß die Voruntersuchung mit einem Geständnis des Untersuchten ab, so war zwar der Beweis der Tat gewonnen, der Täter aber noch nicht verurteilt. Dazu bedurfte es erst eines herkömmlichen Verfahrens. Dieses schloß sich an die Voruntersuchung an.

Bezeichnet wird es als der endliche Rechtstag, weil es das gesamte Verfahren zu einem Ende bringt. Formal ist es der einzige Ort der Entscheidung. Inhaltlich ist die Entscheidung allerdings weitgehend durch das Ergebnis der Voruntersuchung vorgeprägt.

Im endlichen Rechtstag erhebt der Richter in öffentlicher Verhandlung den Tatvorwurf gegenüber dem Beschuldigten. Dieser kann an sich die Tat leugnen und damit sein unter der Folter erklärtes Geständnis widerrufen. Erwartet wird von ihm aber, daß er sein Geständnis wiederholt. Dieses ist ja auf der Suche nach der Wahrheit gewonnen worden und verkörpert von daher die Wahrheit. Jeder Widerruf des Geständnisses gefährdet diese Wahrheit erneut. Er stört darüber hinaus den geordneten Ablauf der Verhandlung. Er birgt in sich die Möglichkeit der Gefährdung des Ansehens des Gerichts. Deswegen ist er in der öffentlichen Verhandlung unwillkommen. Um ihm sein Gewicht zu nehmen, wird deshalb allmählich das Zeugnis der das Geständnis entgegennehmenden Untersuchungspersonen zugelassen. Durch ihre das Geständnis bestätigende Aussage gilt der Angeklagte trotz Widerrufs seines Geständnisses als überführt.

Ist die Tat entsprechend der Anklage durch die Wiederholung des Geständnisses oder dessen Bezeugung erwiesen, so ist die Verurteilung des Angeklagten eine notwendige Folge. Der Ausspruch des Urteils durch einen Urteiler wird damit zu einer bloßen Formalie. Dementsprechend verliert allmählich das öffentliche Verfahren seine eigentliche Bedeutung. Die Öffentlichkeit kann nicht mehr zwischen zwei gleichgewichtigen Darstellungen zweier Parteien entscheiden. Vielmehr verhandelt und entscheidet das Gericht über einen bereits von ihm festgestellten Tatbestand. Von daher wird der endliche Rechtstag im neuen Inquisitionsprozeß zu einem bloßen öffentlichen Schauspiel.

Literatur: Schmidt, E., Einführung in die Geschichte der deutschen Strafrechtspflege, 3. A. 1965; Rüping, H., Grundriß der Strafrechtsgeschichte, 1981; Schild, W., Der entliche Rechtstag als das Theater des Rechts, in: Strafrecht, Strafprozeß und Rezeption, hg. v. Landau, P. – Schroeder, F. C., 1984.

Feme und Femegerichte

Mord, Raub, Brand, Diebstahl, Eidbruch, Rechtsverweigerung und andere ähnliche Taten sind Gegenstand der im Spätmittelalter weit verbreiteten besonderen Femegerichte, ohne daß jemand sicher weiß, was Feme eigentlich bedeutet (Strafe?, Vereinigung?). Vermutlich entstand die Feme zwischen Rhein und Weser auf der Grundlage der westfälischen Freigerichte, die ihrerseits aus karolingischen Grafengerichten erwachsen waren. Erstmals im Jahre 1227 werden die wegen der Abnahme der Zahl der Freien nur noch teilweise wirklich freien Freischöffen als vemenoten (Femegenossen) bezeichnet. Bald danach zeigt sich weit verbreitet die besondere Femegerichtsbarkeit.

55 *Soester Femegericht (15. Jh.). Soest, Stadtarchiv*

Jeder Femegenosse war verpflichtet, in seinem Freigericht oder Freistuhl alle der Feme zugehörigen Taten zu rügen, so daß es auf die Klage eines Verletzten nicht ankam. Das Gericht lud daraufhin den Verdächtigen vor. Leistete er der Ladung nicht Folge, so wurde er verfemt (geächtet). Die Freischöffen konnten ihn daraufhin überall, wo sie ihn antrafen, ohne weiteres hängen.

Kam der Angeklagte vor den Freistuhl, so fand eine Verhandlung gegen ihn statt. Über deren Ablauf ist wenig bekannt, weil die Femegenossen zur Geheimhaltung aller die Feme betreffenden Angelegenheiten verpflichtet waren und das Geheimnis der Feme nur einem neuaufgenommenen Femegenossen mitgeteilt wurde. Der Spruch des Gerichts lautete je nachdem, ob der Angeklagte überführt worden war oder nicht, auf Tod durch den Strang oder auf Freispruch. Wegen des zum Hängen benutzten Weidenstranges wurden die Freischöffen dabei bald auch als salizatores (lat. salix Weidenbaum) benannt.

Die westfälischen Femegenossen, die im Gegensatz zu anderen Strafgerichten auch im Spätmittelalter noch an der unmittelbaren königlichen Bannleihe festhielten und deshalb unter Königsbann richteten, luden bald nahezu im gesamten deutschen Sprachraum vor sich vor. Sie schreckten nicht davor zurück, Grafen, Fürsten oder den König selbst (1431) vor sich zu fordern. Da niemand wußte, ob er bei Nichtbeachtung der Ladung nicht eines Tages ohne weiteres Verfahren gehängt werden würde, verbreiteten sie bald Furcht und Schrecken, wenngleich viele Todesurteile der Femegerichte wohl nie vollstreckt wurden.

Zunächst war die Tätigkeit der Femegerichte durchaus willkommen. Sie bildete einen gewissen Ersatz für die allgemeine Schwäche der Reichsgerichtsbarkeit. Sie lag auch auf der Linie der mit den Landfriedensgesetzen verfolgten Ziele der Bekämpfung von Unrecht und Gewalt. Deshalb wurde sie vom König zunächst gefördert. Karl IV. etwa erklärte die Femegerichte 1371 zu Landfriedensgerichten. König Sigmund setzte 1422 den Erzbischof von Köln zum königlichen Statthalter der heimlichen Gerichte ein. Der Frankfurter Reichstagsabschied von 1442 erkannte den allgemeinen Zuständigkeitsanspuch der Femegerichte, denen zu dieser Zeit im gesamten Reich schätzungsweise 15–30000 Freischöffen angehörten, in gewisser Weise reichsrechtlich an.

Zugleich aber zeigten sich auch gegenläufige Bestrebungen gegen die Femebewegung, welche allmählich unter der Behauptung der Rechtsverweigerung jede beliebige Klage vor sich zog. Nach Vorläufern in Sachsen und in der Altmark bildete sich 1461 am Oberrhein ein großer Bund von Städten und Fürsten gegen die Feme. 1495 entzogen ihr die Einsetzung des Reichskammergerichts und die Schaffung des ewigen Landfriedens die wesentlichen Grundlagen, nachdem infolge zahlreicher Verfahrensmängel ihr Einfluß bereits im weiteren Verlauf des 15. Jahrhunderts zurückgegangen war. Wo sie sich später noch behaupten konnten, waren die Femegerichte bloße örtlich beschränkte Bauerngerichte, deren Reste um 1810 von Frankreich beseitigt wurden.

Literatur: Usener, F. P., Die Frei- und heimlichen Gerichte Westphalens, 1832; Lindner, T., Die Veme, 2. A. 1896; Scherer, C. W., Die westfälischen Femgerichte und die Eidgenossenschaft, Aarau 1941; Veit, L., Nürnberg und die Feme, 1955.

Die Gerichte über die Ungerichte

Nun vernehmt vom Ungericht, welches Gericht darüber ergeht, fährt Eike von Repgow nach der Behandlung der Urteilsschelte fort. Den Dieb soll man hängen. Geschieht aber im Dorf am Tag ein Diebstahl im Wert von weniger als drei Schillingen, dann darf ihn der Bauermeister am gleichen Tag zu Haut und Haaren richten, nicht

56 Hängen im Armsünderhemd am Gabelgalgen (1515, Klagenfurt)

aber mehr am nächsten Tag. Dasselbe Gericht ergeht über unrechtes Maß, unrechte Waage und falschen Kauf.

Alle Mörder und die den Pflug rauben oder Mühlen, Kirchen oder Kirchhöfe und Verräter und Mordbrenner oder die ihres Herren Auftrag zum eigenen Nutzen mißbrauchen, die soll man alle radbrechen. Wer einen Mann erschlägt oder fängt oder raubt oder verbrennt ohne Mordbrand, oder wer Frau oder Mädchen vergewaltigt und Friedbrecher und die im Ehebruch begriffen werden, denen soll man allen den Kopf abschlagen. Die Diebsgut hüten oder Raub, oder die die Täter unterstützen, wird ihnen dies nachgewiesen, soll man über sie richten wie über jene.

Welcher Christ ungläubig ist oder mit Zauber oder mit Gift umgeht und dessen überführt wird, den soll man auf dem Scheiterhaufen verbrennen.

Welcher Richter Ungericht nicht richtet, der ist desselben Gerichts schuldig, das über den Betreffenden ergehen sollte. Außerdem ist niemand verpflichtet, das Gericht eines Richters aufzusuchen, der ihm selbst das Recht verweigert.

Diebstahl, Mord, Raub, Mordbrand, Verrat, Totschlag, Fangen, Rauben, Verbrennen, Vergewaltigung, Friedbruch, Ehebruch, Gottlosigkeit, Zauberei, Vergiftung und Rechtsverweigerung sind demnach im großen und ganzen die Ungerichte des Sachsenspiegels. Sie sind als solche überwiegend nicht neu. Insbesondere Diebstahl und Raub, Brandstiftung und Tötung hatten schon die Volksrechte ausführlich erörtert. Auffällig ist jedoch, daß die meisten dieser Taten in den Landfrieden des ausgehenden 12. und beginnenden 13. Jahrhunderts in gleicher Weise erscheinen.

Den Mord behandelt etwa der sächsische Landfrieden vom 1. September 1221 und beschreibt ihn lateinisch als alium clam occidere (jemanden heimlich töten), was das spätere Görlitzer Rechtsbuch deutsch als vorholne eine manslat (verhohlen eine Mannstötung) tun wiedergibt. Derselbe Landfriede gewährt auch Kirchen, Friedhöfen, Pflügen und Mühlen gleichen Frieden. In Friedrichs I. Barbarossa Konstitution gegen die Brandstifter wird der Verräter als treubrüchiger Mann beschrieben. Dort wird auch der Brandstifter erfaßt, der bei Offenkundigkeit der Tat ohne jedes Zeugnis sofort hingerichtet werden kann. Das Görlitzer Rechtsbuch kennt hier das Verfahren des Übersiebnens.

Die Tötung eines Mannes (während des Friedens) regeln das Landfriedensgesetz von 1152, der rheinfränkische Landfriede vom 18. Februar 1179 und der sächsische Landfriede von 1221. Mit der Vergewaltigung befassen sich der sächsische Landfriede von 1221 sowie das Görlitzer Rechtsbuch und der Halle–Neumarkter Schöffenbrief. Das Görlitzer Rechtsbuch hat auch die Unterstützung der Diebe und Räuber zum Gegenstand. Gegen Ungläubige und Zauberer wendet sich außer einer für die Lombardei bestimmten Konstitution auch ein Landfriede von 1224 (Treuga Heinrici).

Insofern ist das Recht der Ungerichte im Sachsenspiegel weitgehend deckungsgleich mit dem Landfriedensrecht.

Literatur: Wilda, W. E., Das Strafrecht der Germanen, 1842, Neudruck 1960; John, R. E., Das Strafrecht in Norddeutschland zur Zeit der Rechtsbücher, 1858; His, R., Geschichte des deutschen Strafrechts im Mittelalter, Bd. 1f. 1920f.; Radbruch, G. – Gwinner, H., Geschichte des Verbrechens, 1951; Rüping, H., Grundriß der Strafrechtsgeschichte, 1981.

Absicht und Zufall

Die Tat tötet den Mann. Dieses Rechtssprichwort gilt als Ausdruck des Prinzips der Erfolgshaftung. Und dieses Prinzip wird vielfach als Grundregel des germanischen Strafrechts überhaupt angesehen.

Allerdings fehlen Quellen für einen derartigen germanischen Rechtszustand völlig. Lediglich der altenglische Beowulf und die altnordische Edda enthalten dafür gewisse Anhaltspunkte. Sie gehören aber bereits in das Frühmittelalter und können nicht ohne weiteres zum Beweis für sehr viel ältere Rechtszustände herangezogen werden.

Das Frühmittelalter selbst stellt in zahlreichen Bestimmungen durchaus auf den Willen ab. So läßt etwa das westgotische Volksrecht den, der einen anderen, der gerade steht, kommt oder geht und den er nicht sieht, unwissentlich tötet, ohne weiteres frei ausgehen. Umgekehrt trifft vielfach nur den eine Rechtsfolge, der willentlich, aus Neid, aus Feindschaft oder aus Zorn gehandelt hat. Manche Taten schließen wohl auch ohne weiteres unabsichtliches Handeln aus wie etwa Mord, Diebstahl, Raub oder Vergewaltigung.

Dementsprechend zieht die Handlung eines Kindes auch kein Friedensgeld nach sich. Auch aus anderen bestimmten Fällen wird auf das Fehlen eines Willens geschlossen. In wieder anderen Fällen wird ein mitwirkendes Verschulden des Opfers berücksichtigt, wenn etwa das Konzil von Tribur am Ende des 9. Jahrhunderts ausführt, daß dann, wenn jemand einen Baum fällt und sein Bruder sich hätte vorsehen können, aber sich nicht vorsieht und vom stürzenden Baum erschlagen wird, derjenige, welcher den Baum fällt, unschuldig ist.

Der Sachsenspiegel behandelt dann etwa den Fall, daß jemandem ein Schaden geschieht durch die Achtlosigkeit eines anderen. Er nennt als Beispiel den Brand oder den Brunnen, den der Erbauer nicht kniehoch über der Erde mit einer Umrandung versieht, oder das Töten von Menschen durch Schuß oder Wurf, wenn der Schütze auf einen Vogel zielt. Wegen dieser Taten verliert er nicht Leben noch Leib. Allerdings muß er den Schaden entgelten. Eike von Repgow unterscheidet demnach die gewollte Schädigung von der aus Achtlosigkeit geschehenen und wohl diese noch von dem trotz Achtsamkeit entstandenen Schaden. Insofern gehört jedenfalls der Sachsenspiegel nicht zu den Quellen, welche zwischen Absicht und Zufall nicht unterscheiden.

Daß der Erfolg allein nicht Voraussetzung der Strafe ist, zeigt der Sachsenspiegel auch bei der Handlung in Notwehr wie bei der Handlung des Kindes. Beide verursachen den Erfolg. Gleichwohl ist die Folge in diesen Ausnahmefällen eine andere, so daß die Tat gerade den Mann nicht tötet. Andererseits ist allerdings die Bestrafung des Willens allein verhältnismäßig selten. Der Versuch einer Tat, bei dem der Wille vorhanden ist, der Erfolg aber ausbleibt, erscheint als solcher nicht strafbar. Nur einzelne Fälle von Versuchen werden verselbständigt als eigene abgeschlossene Taten angesehen wie etwa das bloße Zücken eines Schwertes. Auch Anstiftung und Beihilfe werden nur ausnahmsweise erfaßt.

Literatur: Friese, V., Das Strafrecht des Sachsenspiegels, 1898, Neudruck, 1970; Brunner, H., Deutsche Rechtsgeschichte, Bd. 1 2. A. 1906; Kaufmann, E., Die Erfolgshaftung, 1958; Mikat, P., Erfolgshaftung und Schuldgedanke im Strafrecht der Angelsachsen, FS Weber, H., 1963; Benöhr, H. P., Erfolgshaftung nach dem Sachsenspiegel, ZRG GA 92 (1975), 190.

Die peinlichen Strafen

Die Geburt der Strafe, so lautet der Titel eines bekannten rechtsgeschichtlichen Werkes. Eine seiner wichtigsten Thesen ist dementsprechend: bis etwa zum Hochmittelalter gab es in Westeuropa keine Strafe. Im 13. Jahrhundert aber ist sie da.

Ganz deutlich zeigt dies der Sachsenspiegel in seinen Sätzen über das Ungericht. Den Dieb soll man hängen, den Mörder soll man radbrechen, den Totschläger soll man köpfen, den Ungläubigen wie den Zauberer soll man verbrennen. Hier sind die peinlichen Strafen auf engstem Raum in aller Schärfe zusammengestellt.

Daß der Mörder mit dem Rad gestraft werden soll, hatte dabei bereits der sächsische Landfriede von 1221 ausgeführt. Den Brandstifter hatte bereits die Constitutio

57 Enthaupten. Soester Nequambuch

contra incendiarios (Gesetz gegen Brandstifter) von 1186 mit der Enthauptung bedroht, den Vergewaltiger der sächsische Landfriede von 1221. Für den Häretiker hatte die Constitutio contra haereticos Lombardiae von 1224 die Verbrennung vorgesehen.

Die peinliche Strafe, welche in der Antike seit den Kaisern Severus (Todesstrafe für Ehebruch, Unrecht, Frauenraub, zauberische Weissagung, Münzvergehen) und Diokletian (Verstümmelungsstrafen als Begleitfolgen anderer Sanktionen) häufig geworden war und welche in den sog. libri terribiles, den Schreckensbüchern der Digesten Justinians, ganz selbstverständlich enthalten ist, geht aber über die genannten mittelalterlichen Konstitutionen und Landfrieden zeitlich noch zurück. Bereits ein Friede Herzog Friedrichs von Schwaben vom Beginn des 12. Jahrhunderts sieht vor, daß wer den Frieden an Geistlichen, Kirchen, Kirchhöfen, Häusern, Frauen, Kaufleuten und Bauern bricht, die Hand verlieren soll. Wer mehr als 60 Pfennige stiehlt, soll ebenfalls die Hand verlieren und bei einem Wert unter 60 Pfennigen geschoren, mit Ruten enthäutet und in jede Backe mit dem glühenden Eisen bis auf die Zähne gebrannt werden. Nach einem elsässischen Frieden vom ausgehenden 11. Jahrhundert soll, wer im Frieden Raub, Brandstiftung, Gefangennahme, Hausfriedensbruch oder absichtliches Blutvergießen gegenüber einem Geschützten begeht, wenn er frei ist, mit dem Todesurteil (capitalis sententia) bestraft werden, wenn er unfrei ist, die Hand verlieren. Der Dieb soll bis zu einem oder zwei Schekel (hebräischer Silberling) Haut und Haare verlieren, beim zweitenmal oder einem Wert von mehr als 5 Silberlingen die Hand und beim drittenmal soll er ohne Zögern aufgehängt werden.

In Bayern soll 1094 der Dieb bis zu einem Schilling geschlagen werden. Wer mehr als 5 Schillinge stiehlt oder den Frieden bricht oder eine Jungfrau raubt, soll Augen, Fuß oder Hand verlieren. Vielleicht in Mainz soll am Ende des 11. Jahrhunderts derjenige, der im Frieden tötet, mit dem Todesurteil bestraft werden. Wer verwundet, soll die Hand verlieren. Wer den Hausfrieden bricht, soll enthauptet werden. In Köln muß im Jahre 1083 der freie Täter in die Verbannung, während der Unfreie bei Totschlag enthauptet wird, bei Körperverletzung die Hand verliert und in leichteren Fällen geschoren und geschlagen wird.

In Gottesfrieden aus der Mitte des 11. Jahrhunderts sind demgegenüber die Folgen des Friedbruches die Verbannung und die Exkommunikation. Wer den Gottesfrieden beachtet, wird gesegnet, wer ihm zuwider handelt, verflucht und exkommuniziert. Wer einen Friedbrecher verletzt, ist frei von Schuld und gesegnet.

Dementsprechend begegnen tatsächlich die peinlichen Strafen an der Wende des 11. zum 12. Jahrhundert. Sicher hatten schon die Germanen die Verräter aufgehängt und die Unzüchtigen im Moor versenkt und hatte Karl der Große die neubekehrten Sachsen vielfach mit dem Tode bedroht, in der Regel aber war ein Unrechtserfolg durch eine Leistung abzulösen gewesen. Insofern ist die peinliche Strafe am Beginn des Hochmittelalters in der Tat etwas Neues.

Literatur: Constitutiones et acta publica imperatorum regum, Bd. 1 hg. v. Weiland, L., 1893; His, R., Geschichte des deutschen Strafrechts bis zur Karolina, 1928; Achter, V., Geburt der Strafe, 1951; Belling, D., Das Strafrecht des Schwabenspiegels, Diss. jur. Tübingen 1949; Braun, K., Die Grundlagen der Strafrechtspflege in der Stadt Augsburg, Diss.jur. München 1953.

Galgen und Rad, Schwert und Scheiterhaufen

Bereits das Indogermanische kennt das Wort *ghalg– in der Bedeutung Zweig, Stange. Danach ist der Galgen in allen germanistischen Sprachen belegt. Mittellateinisch heißt er meist patibulum, bargus, furca. In seiner Urform besteht er aus zwei senkrecht stehenden Pfosten, die durch ein beispielsweise in Astgabeln gelegtes Querholz verbunden werden, wobei diesem künstlich geschaffenen Gerät sicher der einfache Baum vorausgeht. Häufig liegt der Galgen weit sichtbar auf einem Berg (Galgenberg), manchmal ist er sogar aus Steinsäulen errichtet oder mit einem Steinsockel umgeben. Das Hängen am Galgen ist eine ehrlose Strafe. Dementsprechend wird vor allem der Dieb – selten auch die Diebin – gehängt, dessen heimliches Tun schändlicher ist als der offene Raub.

58 Rädern des Mörders Dickeli. Chronik des Diebold Schilling (1513)

Wie weit die Römer das Rad als Strafwerkzeug kannten, läßt sich nicht sicher feststellen. Im geschriebenen Recht ist es anscheinend nicht bezeugt. Es läßt sich aber bereits bei den salischen Franken nachweisen, bei denen nach einem jüngeren Stück der Lex Salica derjenige, welcher geschlechtlichen Umgang mit seiner Herrin hat, in das Rad gegeben werden soll (in rota mittatur). Römisches und westgotisches Recht hatten den Unfreien für diesen Fall mit dem Verbrennen bedroht.

Wieso das Rad zum Strafwerkzeug geworden ist, ist bis heute unerklärt. Verschiedentlich wird das Rädern als Opfer an den Sonnengott angesehen. Durch die Überlieferung ist lediglich klar, daß beim Rädern dem Täter mit dem Rad die Gliedmaßen und wohl auch die Wirbelsäule zerstoßen werden, der Leib dann zwischen die Speichen des (seit etwa 1600 v. Chr. nachweisbaren) Rades geflochten (bei Gregor von Tours 574: intextus rotae) und das Rad waagrecht auf einen Pfahl aufgerichtet wird. Beim Rädern von oben werden dabei zuerst die Wirbelsäule gebrochen, beim Rädern

59 Ertränken des eines Diebstahls bezichtigten Knaben Hans Hegenheim, der aber den Hinrichtungsversuch überlebt (Zürich, 12. 11. 1470). Chronik des Diebold Schilling (1513)

von unten zuerst Beine und Arme. Gerädert werden vor allem Mörder, nach dem Sachsenspiegel aber auch Räuber von Pflügen, Mühlen, Kirchen und Kirchhöfen, Verräter, Mordbrenner und ungetreue Beauftragte.

Das seit der Bronzezeit gebräuchliche, vielleicht in der Mitte des letzten vorchristlichen Jahrtausends durch die Germanen von den Kelten übernommene Schwert dient wie das Beil zum Enthaupten. Bei der Enthauptung mit Barte (Beil) und Schlegel mußte der Verurteilte seinen Hals auf einen Block legen, die Barte wurde darüber gehalten und mit dem Schlegel dann ein Schlag getan. Bei der Barte mußte der Verurteilte am Boden liegen, beim Schwert nur knien. Vielleicht war die Enthauptung mit dem Schwert kriegerischer. Das gefallene Haupt wurde meist in die Höhe gehoben und gezeigt, vielfach auch auf einen Speer gesteckt und herumgetragen.

Wahrscheinlich im Gegensatz zum germanischen Recht kennt das römische Recht das Verbrennen als Strafe seit den Zwölftafelgesetzen. Von den Volksrechten erwähnt

60 *Lebendigbegraben und Pfählen sowie Rädern. Johann Jakob Wick (1522–88, Zürich)*

das westgotische Volksrecht das Verbrennen von Unfreien bei Grabraub, Unzucht oder Ehebruch einer Freien, das Verbrennen von Freien als sog. spiegelnde Strafe nach römischem Vorbild bei Brandstiftung. Das fränkische Volksrecht zeigt das Verbrennen als nachträgliche Einfügung bei Zauberei bzw. Giftbeibringung. Daneben werden anscheinend Frauen aus unterschiedlichen Gründen verbrannt. Im Mittelalter ist das Verbrennen weit verbreitet bei Sodomie, Brandstiftung und Ketzerei, begegnet aber auch bei qualifizierter Tötung, Fälschung, Kindesraub, Zauberei, Vergiftung und Ehebruch.

Als weitere Strafen erscheinen verschiedentlich Pfählen, Vierteilen, Zertreten durch Pferde, lebendig Begraben, Ertränken, Sieden, bei den Leibesstrafen Scheren, Schlagen, Schinden, Hand und Fuß Abschlagen, Blenden, Nase Abschneiden, Ohren Abschneiden, Lippen Abschneiden oder Vernähen, Zunge Abschneiden, Wange Durchbrennen, Zähne Ausbrechen oder Entmannen. Vielfach wurde dabei spiegelnd verfahren, so daß beispielsweise der Meineidige Schwurhand oder Zunge verlor.

Literatur: Grimm, J., Deutsche Rechtsaltertümer, 4. A. hg. v. Heusler, A. – Hübner, R., 1899, Neudruck 1922; Mommsen, T., Römisches Strafrecht, 1899; Amira, K. v., Die germanischen Todesstrafen, 1922; Künßberg, E. Frhr. v., Rechtliche Volkskunde, 1936; Frölich, K., Stätten mittelalterlicher Rechtspflege auf südwestdeutschem Boden, 1946; Helfer, C., Zur Topographie mittelalterlicher Strafstätten im Raum Bonn, Diss. jur. Bonn, 1958; Hentig, H., Beseelung und Tabu des Galgens, Bern 1962; Schuld, W., Alte Gerichtsbarkeit, 1980, 2. A. 1987.

Henker und Scharfrichter

Der Henker erscheint erstmals im Jahre 1276 in Augsburg. Zuvor wurde die Strafe wohl zunächst von der entscheidenden Versammlung oder vom Verletzten und seiner Verwandtschaft unmittelbar oder von dem für alle allgemeinen gerichtlichen Verrichtungen zuständigen Gerichtsdiener (Fronbote, Weibel, Büttel, Scherge) vollzogen. Mit der hochmittelalterlichen Geburt der Strafe genügt dies allerdings nicht mehr. Die Fälle von Hinrichtungen mehren sich derart, daß ein eigener Henker bestellt werden muß, der seinen Namen einfach von seiner Tätigkeit des Hängens nimmt.

Nach Augsburg wird der Henker bald auch in anderen Städten erwähnt. 1312 folgen Braunschweig und wohl gleichzeitig Lübeck. Am Ende des Spätmittelalters hatte dann jede größere Stadt und jedes größere Gericht einen eigenen Henker.

Dessen wichtigste Aufgabe bestand im Vollzug der Lebens- und Leibesstrafen. Dieser mußte technisch gekonnt erfolgen, wenn der Henker nicht seinerseits Nachteile befürchten wollte. Hinzu kam wohl schon früh die Mitwirkung bei der Folter.

Daneben versah der Henker eine Reihe weiterer Aufgaben, die örtlich ganz unterschiedlich waren. So hatte er etwa Selbstmörder zu bestatten, war Abdecker oder mußte Aussätzige aus der Stadt treiben. Außerdem konnte er Hundeschläger oder Bordellwirt sein. Verschiedentlich fungierten Henker auch als Tierärzte oder Chirurgen.

Gleichwohl haftete ihm stets Unehrlichkeit an. Man suchte die Begegnung mit einem Henker möglichst zu vermeiden, wobei vermutlich tabuistische Vorstellungen mitschwangen. Im allgemeinen mußte er abseits wohnen und auch eine besondere,

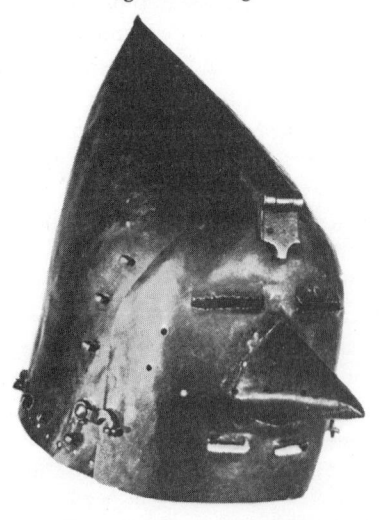

61 Scharfrichtermaske (16. Jh., Kriminalmuseum Rothenburg o. d. Tauber)

auffällige Kleidung tragen. Meist konnte er infolge seiner Unehrlichkeit kein Bürgerrecht erwerben. Auch Handwerkszünfte nahmen ihn und seine Nachkommen nicht auf. Sein Vieh durfte nicht mit der Herde grasen. Seine Kinder durften nicht mit anderen Kindern spielen. Manchmal wurde er sogar vom Abendmahl ausgeschlossen. Erst 1731 und 1772 erklärten Reichsgesetze diejenigen Henkerskinder und Henkersenkel, welche die väterliche Tätigkeit aufgaben, für ehrlich.

Bei der Hinrichtung trug der Henker vielfach Handschuhe. Oft hatte er auch eine Kapuze oder Maske übergestülpt, so daß er selbst nicht zu erkennen war. Den tödlichen Hieb führte er meist von hinten.

Der Ort der Handlung lag wie der Galgen häufig auf einer Anhöhe, manchmal auch an einer Straße oder Wegscheide oder auf dem Marktplatz. Die Hinrichtung war in der Regel öffentlich, Abschreckung und Schauspiel zugleich. Während der Handlung läutete meist das Armsünderglöcklein. Oft bat der Henker das Opfer zuvor noch um Verzeihung.

Bezeichnet wird der Henker auch als Freimann, Meister Hans, Kleemeister, Nachrichter, Schinder oder Züchtiger. Das 1312 in Braunschweig erstmals belegte Wort Scharfrichter benennt dabei zunächst eigentlich nur den, welcher mit dem Schwert richtet. Seit dem 16. Jahrhundert wird Scharfrichter aber gegenüber Henker zur fachsprachlichen Bezeichnung.

Literatur: Keller, A., Der Scharfrichter in der deutschen Kulturgeschichte, 1921; Angstmann, E., Der Henker in der Volksmeinung, 1928; Gernhuber, Strafvollzug und Unehrlichkeit, ZRG GA 74 (1957), 119; Hentig, H., Vom Ursprung der Henkersmahlzeit, 1958; Schuhmann, H., Gestalt und Funktion des Scharfrichters in Schwaben und am Lechrain 1276–1806, Diss. jur. Bonn 1964; Glenzdorf – Treichel, Henker, Schinder und arme Sünder. 5000 Namen von Scharfrichtern, 1970.

Pranger und Halseisen

Nach dem Lübecker Stadtrecht sollte falsches Scheffelmaß an den Pranger genagelt werden. Mit dem Wort pranger/branger, das zu mittelhochdeutsch phrengen pressen, drücken gehört, wahrscheinlich aus dem Niederdeutschen oder Binnendeutschen kommt und in seinem ältesten Beleg in einer Übersetzung des lateinischen Privilegs für Leobschütz in Schlesien (1270) aus dem 14. Jahrhundert zur Wiedergabe von lateinisch statua gebraucht wird, bezeichnete man im Mittelalter einen Pfahl, an den Übeltäter zur öffentlichen Schaustellung angeschlossen wurden. Das Mittelalter selbst sprach von Breche, Prechel, Ganten, Halseisen, Harfe, Kak (1288), Pfahl, Pranger, Schreiat (11. Jh.), Staupe oder Stock. Durch die Aufnahme in die Bambergische Halsgerichtsordnung von 1507 und die Peinliche Gerichtsordnung Kaiser Karls V. von 1532 erlangte Pranger die Anerkennung als technisches Fachwort und verdrängte die anderen Benennungen bis auf Halseisen weitgehend.

Hauptverbreitungsgebiete für Pranger waren Hessen, das Rheinland, Franken, die Oberpfalz, Thüringen, Schlesien und Friesland. In Österreich bestanden vor allem Prangersäulen.

Als Form des Prangers findet sich zunächst das Halseisen an der Wand eines Rathauses oder einer Kirche, an einer Gerichtslinde oder an einer Prangersäule. Mit ihm wird ein Übeltäter am Hals eingeschlossen, so daß er sich nicht fortbewegen kann. Beispiele für solche Halseisen sind etwa am Rathaus von Königsbach bei Pforzheim oder von Ochsenfurt am Main zu sehen.

Eine andere Form ist der Säulenpranger aus Holz oder Stein. Bei ihm wird der Übeltäter an den Schandpfahl angekettet. Mit dieser Schandsäule konnte beim Auftrittspranger ein stufenförmig oder anderweitig erhöhter Auftritt verbunden sein. Der Bühnenpranger war durch eine erhöhte Bühne (Schwäbisch Hall 1507), der

Gehäusepranger (Breslau 1492) durch einen Käfig auf der Säule gekennzeichnet. Der Budenpranger (Lübeck) war budenförmig auf dem Dach eines Hauses angebracht.

Neben diesen allgemeinen Prangern gab es noch besondere Pranger wie etwa die Kirchenpranger wegen Verstoßes gegen die Kirchenzucht. Für Felddiebe bestand ein drehbares Gehäuse aus Holz (sog. Triller). Bei der Bäckerwippe wurden betrügerische

62 Bühnenpranger von Obermarsberg bei Arnsberg

63 Trülle in Bern. Radierung von Le Barbier (18. Jh.)

Handwerker und Händler aus einem in die Höhe geschnellten Korb in ein darunter befindliches Wasser gestürzt.

Woher die Einrichtung des Prangers stammt, ist unbekannt. Seine Wirkung hängt hauptsächlich von seiner Öffentlichkeit ab, so daß das Vorhandensein größerer Gemeinschaften als Entstehungsvoraussetzung angesehen werden kann. Ziel des Prangers ist eine öffentliche Erniedrigung oder Demütigung. Dies könnte für Herkunft aus kirchlichen Überlegungen sprechen.

Das Stehen am Pranger wurde insbesondere für Friedensbrecher, Diebe, unredliche Händler, Lästerer, Dirnen und andere kleinere Übeltäter angeordnet; doch konnten auch Diebsgut, unrechtes Maß, falsche Münzen und anderes dort ausgestellt werden. Der Angeprangerte konnte gleichzeitig an Haut und Haar gestraft werden. Der entkommene Verurteilte oder der Verräter konnte zumindest mit seinem Namen hier genannt werden.

Die Wirkung des Prangers war in jedem Fall eine Minderung des sozialen Ansehens. Abgesehen vom Stehen im Halseisen, das für die leichtesten Fälle galt, machte das Stehen am Pranger ehrlos. Vielfach wurde das Stehen am Pranger durch Haarschur, Eselsritt, Spottmaske oder Schandhemd besonders ausgestaltet. Verschiedentlich

64 Wippen. Soester Nequambuch

mußten dabei zankende Frauen zwei durch Ketten oder Bügel verbundene Steine als Lastersteine tragen.

Die Ehrlosigkeit hatte insbesondere den Ausschluß von öffentlichen Ämtern und vom gerichtlichen Zeugnis zur Folge. In den überschaubaren mittelalterlichen Gemeinschaften war dies sehr bedeutsam. Darum waren Pranger und Halseisen durchaus wirksame Zuchtmittel.

Literatur: Künßberg, E. Frhr., Über die Strafe des Steintragens, 1907; Bader – Weiß, G. – Bader, K. S., Der Pranger. Ein Strafwerkzeug und Rechtswahrzeichen des Mittelalters, 1935; Frölich, K., Stätten mittelalterlicher Rechtspflege im niederdeutschen Bereich, 1946; Preu, A., Pranger und Halseisen, Diss. jur. Erlangen, 1949; Schild, W., Alte Gerichtsbarkeit, 1980.

Steinkreuz und Kreuzstein

In vielen Gegenden Deutschlands, insbesondere in Franken, finden sich niedrige steinerne Kreuze an Wegen wie an abgelegenen Orten. Die Sagen, die es dazu vielfach gibt, berichten im Kern meist von einer blutigen Tat. Sie lassen sich aber in der Regel zeitlich überhaupt nicht einordnen.

Deshalb kann es kaum verwundern, daß die Ansichten über das Alter der steinernen Kreuze weit auseinandergehen. Manche denken sogar an teilweise vorchristliche Entstehung. Dies ist allerdings schon deswegen, weil das Kreuz das besondere Kennzeichen des Christentums ist, nicht wahrscheinlich.

Einen Hinweis auf hoch- und spätmittelalterliche Entstehung liefern allgemein verschiedene Sühneverträge. Sie berichten nicht nur davon, daß auf Grund der Verhandlungen zweier Verwandtschaftsgruppen eine bestimmte Leistung für die Tötung eines Menschen zu entrichten ist, sondern auch davon, daß zusätzlich ein Kreuz aus Stein gestiftet werden muß. Woher die Anregung hierzu kam, läßt sich nicht sicher sagen. Es spricht aber viel für die Vermutung, daß die Kirche den Totschlag entsühnt wissen wollte. Hierfür kam nicht nur die Seelenmesse für den Toten, ein Bußzug oder eine Wallfahrt, sondern auch die Errichtung eines Kreuzes als äußeres Zeichen der Buße in Betracht.

Der Form nach lassen sich Steinkreuz, Kreuzstein und Bildstock unterscheiden. Das Steinkreuz ist ein verhältnismäßig kunstlos aus Stein, oft aus Sandstein, gehauenes Kreuz (z. B. in Mühlhausen in Thüringen, Kempten bei Bingen, Stockhausen, Niedermörlen, Reichholzheim bei Wertheim, Heidingsfeld, Hirschhorn). Seine Höhe beträgt zwischen einem halben Meter und zwei Metern. Der Kreuzstein ist eine runde oder rechteckige Platte, in welche ein Kreuz eingemeißelt ist. Kunstgeschichtlich läßt er sich vielleicht von der gotischen Grabplatte herleiten. In Franken begegnet er vor allem zwischen Bamberg und Gerolzhofen. Der Bildstock schließlich ist ein kunstvoller ausgestaltetes Kreuz, das erst seit dem 15. Jahrhundert erscheint.

Alle Formen tragen öfter besondere Zeichen. Adelige Wappen deuten dabei auf Adelspersonen hin, Pflugschar, Pflugsäge, Reute und Hacke wohl auf Bauern, Beil und Schere vermutlich auf Handwerker. Jahreszahlen und Namen sind sehr selten.

Da die Steine überwiegend keine eigentümliche Kunstform aufweisen, sind sie zeitlich nur schwer einzuordnen. Immerhin setzt die Kreuzform bereits eine gewisse Arbeitstechnik voraus. Dementsprechend ist es fraglich, ob sie lange Zeit vor dem Hochmittelalter entstanden sind.

Gelegentlich finden sich mehrere Steinkreuze nebeneinander (Reichholzheim an der Tauber, Falkenstein bei Gerolzhofen, Neunstetten an der Altmühl, Wolframseschenbach, Stübach, Bruck bei Erlangen, Neunhof bei Nürnberg). Dies ist vielfach damit erklärt worden, daß hier ursprünglich vereinzelte Steinkreuze nachträglich zusammengeführt worden seien, wie dies bei Akten der Flurbereinigung ohne weiteres

65a Kreuzstein bei Saalfeld/Thüringen (14./15. Jh.)   *65b Steinkreuz in München (1451)*

denkbar ist. Dem widerspricht es aber, daß sich solche Steinkreuznester auch auf älteren Zeichnungen erkennen lassen.

Von den Sühnekreuzen nur allgemein zu trennen sind bloße Erinnerungskreuze. Sie dürften eher der Neuzeit als dem Mittelalter angehören. Sie sind vermutlich von den Angehörigen der Toten, nicht von dem Täter errichtet worden. Welcher Stein jedoch Sühnestein und welcher bloßer Erinnerungsstein ist, wird sich, wenn nicht zufällig eine schriftliche Nachricht hinzukommt, so gut wie nie eindeutig klären lassen.

Literatur: Kufahl, Die älteren Steinkreuze in Sachsen, 1918; Funk, W., Deutsche Rechtsdenkmäler, 1938; Amira, K. v. – Schwerin, C. Frhr. v., Rechtsarchäologie, 1943; Dinkler, E., Zur Geschichte des Kreuzsymbols, Zs. f. Theologie und Kirche 48 (1951), 118; Brockpähler, W., Steinkreuze in Westfalen, 1963.

Einzelner und Verband

Die mittelalterliche Gesellschaft ist ständisch aufgebaut. An der Spitze steht der hohe und niedere Adel, welcher die ritterliche Lebensart pflegt. In den Städten leben die Handel und Handwerk treibenden freien Bürger. Vielfältige Abhängigkeiten kennzeichnen die in die adeligen Grundherrschaften eingebundenen Bauern.

Erworben wird der Stand mit der Geburt, so daß der gesellschaftliche Aufstieg oder Abstieg die Ausnahme bildet. Von der Geburt an bestimmt er damit im wesentlichen das Leben des seit der Jahrtausendwende im Adel und danach allmählich auch allgemein neben dem bisherigen Namen (z. B. Konrad, Lothar, Friedrich) einen weiteren unterscheidenden Namen (Zunamen, Familiennamen, z. B. von Repgow, Langer, Schmied) annehmenden einzelnen, bindet ihn einerseits, sichert ihn andererseits aber auch ab. Nach ihm richtet sich die Höhe von Wergeld und Buße bei Tötung und Verletzung. Er entscheidet über die Ebenbürtigkeit einer Ehe. Und Richter über einen Menschen kann auch nur sein, wer mindestens seinem Stand angehört.

Verloren geht der Stand natürlicherweise mit dem Tod des jeweiligen Menschen. Daneben macht aber auch die Acht vogelfrei und beseitigt dadurch alle ständischen Rechte. Außerdem hat der Eintritt in ein Kloster das Ende weltlicher Einordnung zur Folge.

Eine gewisse Minderung der Rechtsstellung bewirkt auch die Ehrlosigkeit. Ehrlos machen gewisse Strafen, die uneheliche Geburt und ein unehrlicher Beruf. Zu den unehrlichen Gewerben zählt dabei nicht nur der Henker, sondern beispielsweise auch der Müller.

Der Fremde ist von der Rechtsordnung grundsätzlich ausgenommen. Er hat am Recht der Gemeinschaft keinen Anteil. Dies ist umso bedeutsamer, je mehr verschiedene Rechtsgemeinschaften es gibt. Da im Mittelalter jede der rund 4000 einzelnen Städte ihr eigenes Recht hat und das Umland in zahlreiche verschiedene Länder zerfällt, ist man rasch unweit der Heimat bereits fremd. Dementsprechend erwächst ein gewisses Bedürfnis nach Ordnung der Rechte der Fremden, das einzelne Stadtrechte auch zu erfüllen versuchen.

Vor allem innerhalb der Städte stellte sich dabei besonders auch die Frage der Behandlung der Juden, welche sich außer in spätrömischer Zeit seit Karl dem Großen auf dem Boden des späteren deutschen Reiches nachweisen lassen. Ursprünglich wurden sie durch einzelne Privilegien besonders geschützt, die ihnen beispielsweise auch gestatteten, den eigenen Judeneid auf die Tora abzulegen. Große Gefahr kam dann erstmals für sie auf, als die Christen in den Kreuzzügen zur Befreiung der heiligen Stätten aufbrachen. Zu ihrer Sicherung stellte deshalb der Mainzer Reichslandfriede Heinrichs IV. von 1103 die Juden allgemein anderen besonders geschützten Gruppen wie Geistlichen, Kaufleuten und Frauen gleich. Dieser Schutz wurde durch Friedrich II. 1236 noch erhöht, als er das alte Wormser Judenprivileg Heinrichs IV. von 1090 auf alle Juden des Reiches auf Reichs- oder Hausgut ausdehnte und sie gegen Abgaben an die königliche Kammer (Judensteuer) dem Königsschutz unterstellte. Allerdings erwuchs den Juden in den Städten dadurch eine neue Gefährdung, daß es ihnen gelang, das Geschäft mit dem verzinslichen Darlehen an sich zu ziehen und dadurch Gläubiger zahlreicher Christen zu werden. Bedrängte christliche Schuldner begehrten vielfach die Aufhebung ihrer Schulden und gerieten auch aus ihrer wirtschaftlichen Lage in eine feindliche Einstellung zu den Juden. Von der Kirche wurden sie dabei insofern unterstützt, als etwa Papst Innozenz III. 1213 allen Schuldnern, welche sich am Kreuzzug beteiligen wollten, die Zahlung von Zinsen an die Juden erließ und das vierte Laterankonzil von 1215 eine besondere Kleidung für Juden (spitzer Hut und gelber Fleck) vorschrieb. Im 14. Jahrhundert führte dann dieser wirtschaftliche Gegensatz zu schweren Judenverfolgungen, welche ihren Höhepunkt zwischen 1347 und 1351 hatten, als der sog. Schwarze Tod, die Beulenpest, im Reich umging, welchen man auch auf die Juden zurückführte. Seitdem wurden sie weitgehend aus den Städten verdrängt.

Innerhalb der Familie stehen Frau und Kinder unter der Hausgewalt des Vaters. Diese gestattet noch nach dem Schwabenspiegel dem Vater den Verkauf von Kindern im Falle der begründeten Not. Daß dieser häufig vorgekommen ist, läßt sich den Quellen allerdings nicht entnehmen.

Aus der Hausgewalt scheiden Söhne mit ihrer Verselbständigung (Abschichtung), Töchter mit ihrer Verheiratung aus. Daneben ist die Mündigkeit von Bedeutung. Allerdings kann der mündige, noch nicht abgeschichtete Sohn sich nur verpflichten. Über sein unter der Herrschaftsgewalt des Vaters stehendes Vermögen kann er, solange er der Hausgewalt des Vaters unterworfen ist, nicht verfügen. Der Zeitpunkt, in welchem die Mündigkeit erreicht wird, verschiebt sich dabei unter dem Einfluß der wirtschaftlichen Veränderungen allmählich. Statt mit 12 Jahren wird sie zunehmend erst mit 14, 18, 20, 21, 24 oder unter dem Einfluß des römischen Rechts gar erst mit 25 Jahren erreicht, wobei das Alter von 12 Jahren im Zweifel durch körperliche Reifemerkmale bestimmt wird. Seit dem 13. Jahrhundert kann der Herrscher in der sog. Jahrgebung die Mündigkeit vor Erreichung dieser jeweiligen Altersgrenze besonders verleihen.

Für die Frau entsteht vor allem in den Städten allgemein eine neue Lage. Anscheinend nimmt sie als Ehefrau des Kaufmanns deutlicher an dessen Geschäften teil, als es die Ehefrau des Bauern tut. Wahrscheinlich führt sie sogar beim Tod des Kaufmanns in vielen Fällen das Geschäft selbst fort. Deswegen wird die Frau in den Städten dann, wenn sie sich an Handel und Gewerbe beteiligt, voll handlungsfähig. Für die sog. Kauffrau endet also die Geschlechtsvormundschaft.

Die Stellung des unehelichen Kindes bleibt auf Grund der kirchlichen, die ausschließliche Einehe verteidigenden Vorstellung gemindert. Teilweise gilt es als weder mit dem Vater noch mit der Mutter verwandt. Gegen den Vater besteht kein Erbrecht, wenn auch verschiedentlich ein Unterhaltsanspruch. Nach einzelnen Stadtrechten kann die Mutter dem unehelichen Vater das Kind ab einem bestimmten Alter zur weiteren Versorgung übergeben. Seit dem 12. Jahrhundert wird unter Aufnahme römischen Rechts die Legitimation durch Reskript des Herrschers und durch nachträgliche Eheschließung möglich.

Fehlt der Hausvater, so erhalten Unmündige einen Vormund. Nach dem Sachsenspiegel muß jeder beim Tod des Hausvaters einen Vormund haben, solange er nicht bereits 12 Jahre alt ist. Da anscheinend diese alte Mündigkeitsgrenze angesichts der gestiegenen Lebensanforderungen als fragwürdig angesehen wird, wird für die Zeit zwischen der Vollendung des 12. und der Vollendung des 21. Lebensjahres die Möglichkeit der Vormundschaft eröffnet, von welcher der Betreffende zum eigenen Schutz Gebrauch machen kann, jedoch nicht Gebrauch machen muß, wenn er nicht will.

Vormund ist in der Regel der nächste älteste männliche Verwandte. Allerdings kann vor allem in den Städten, in welche viele Leute unter Zurücklassung ihrer Verwandtschaft auf dem Lande im 13. und 14. Jahrhundert neu zuziehen, ein Vormund auch unter Abweichung von dieser Regel besonders gewählt werden. Wahlberechtigt ist dabei hauptsächlich der Vater, teilweise aber nach dessen Tod die Mutter und verschiedentlich das Kind selbst.

Die Vormundschaft ist inhaltlich nicht mehr hauptsächlich ein Nutzungsrecht am Vermögen des Mündels. Diesem gegenüber tritt zunehmend der Charakter einer vergüteten Pflicht bezüglich der Person des Mündels in den Vordergrund. Allerdings darf der Vormund das Mündelgut nicht nur verwalten und die laufenden Erträgnisse verwenden, sondern bei Bedarf auch über das Mündelgut verfügen. Im Interesse des Mündels wird seine Tätigkeit aber mehr und mehr von der Allgemeinheit überwacht. Deshalb wird der Vormund vor allem vom Rat der Städte auch besonders in sein Amt eingesetzt und während dessen Ausübung überwacht. Vielfach muß er nach Ablauf bestimmter Zeiten Rechnung legen. Verschiedene Geschäfte bedürfen besonderer Genehmigung durch den Rat. Bei Eintritt der Mündigkeit muß der Vormund über das herauszugebende Mündelgut, das während seiner Tätigkeit in der Regel nicht schwinden darf, eine Schlußrechnung erstellen.

Mit seiner Geburt war der einzelne schon von jeher ohne weiteres in seine Familie und seine weitere Verwandtschaft und auch seine Sprachgemeinschaft ganz natürlich eingebunden. In der Verwandtschaft bildeten die jeweiligen Kinder eine engere Gruppe, an welche beim Tod des Hausvaters dessen Gut ohne weiteres fiel. Mit der Seßhaftmachung war zusätzlich die feste Nachbarschaft hinzugekommen, der gegenüber die verwandschaftlichen Bindungen umso mehr zurücktraten, je weiter die sie vermittelnde Geburt zurücklag.

Neben diesen tatsächlichen, vielfach vorgegebenen Verbindungen traten im Laufe des Mittelalters zahlreiche neue Verbände. Einer von ihnen ist die Grundherrschaft, welche alle Hintersassen eines Grundherren zusammenschließt. Eine andere stellt etwa die kirchliche Gemeinschaft dar, welche jeweils eine Gruppe von Menschen einer bestimmten Kirche zuordnet. Ist hier das Band noch verhältnismäßig lose, so verdichtet es sich erheblich beim Eintritt in eine klösterliche Gemeinschaft, bei welcher der Eintretende Glied einer höheren Einheit wird und dabei einen Teil seiner Rechte aufgibt.

Im Zuge des mittelalterlichen Landesausbaues und der damit eintretenden Landesverknappung erfolgt vielfach auch eine gemeinschaftliche Bewirtschaftung des noch nicht besonders zugeordneten Landes. Dieses steht an sich allen gemeinsam zu und wird deshalb jetzt alagimeinida oder Allmende genannt. Es erweist sich aber doch schon als notwendig, diese gemeinsame Nutzung besonders zu ordnen. Fraglich ist dabei insbesondere, wer an ihr teilhaben soll. Dazu kommt die Frage, in welchem Umfang die Teilhabe stattfinden soll. All dies wird dann innerhalb des Verbandes der Markgenossen besprochen und entschieden, wobei die Bezeichnung als Markgenossenschaft nicht darüber hinwegtäuschen darf, daß an ihr fast durchweg Grundherren und grundherrschaftliche Hintersassen beteiligt sind. Die Markgenossen halten dann regelmäßig Versammlungen (Märkerdinge) ab, denen ein Leiter (Obermärker) vorsitzt, und beraten dort über ihre Angelegenheiten.

Auch in der Stadt gibt es über den einzelnen hinausreichende Fragen. Dazu gehört etwa der Bau oder die Erweiterung sowie die Unterhaltung der Stadtmauer. Zur Verteidigung gegenüber auswärtigen Feinden müssen alle Bürger zusammenstehen. Ihre gemeinsamen Interessen vermögen sie als Gesamtheit am leichtesten durchzusetzen. Dementsprechend sehen sie sich schon früh als Einheit an und bezeichnen sich selbst als universitas civium, als Gesamtheit der Bürger. Diese erläßt eigene Regeln, schließt Bündnisse ab und kämpft mit anderen oder gegen diese. Für die Gesamtheit handeln dabei jeweils Rat und Bürgermeister.

In der Stadt schließen sich auch die Angehörigen der einzelnen Gewerbe zusammen. Schon im 12. Jahrhundert treten sie gemeinsam auf. Sie bilden eine Innung, Zunft oder

Gilde. In ihr beschließen sie über ihre einzelnen Angelegenheiten, wobei auch hier der einzelne vielfach eigene Rechte zugunsten aller aufgeben muß. Für die Zunft handelt dann nach außen der besondere Zunftmeister.

Außerhalb der einzelnen Stadt bilden sich die Bünde von Städten. Am bekanntesten hiervon ist die mächtige Hanse, die seit dem Spätmittelalter das politische Geschehen in ganz Nordeuropa mitbestimmt. Im Reich sind die Reichsstädte neben Kurfürsten und Fürsten eine besondere eigene Kurie im sich festigenden Reichstag.

In all diesen vielfältigen Erscheinungen zeigt sich an vielen Stellen ein Zurücktreten des einzelnen gegenüber einem ihn einschließenden Verband. Dieser handelt für ihn und begründet für ihn Rechte und Pflichten. Irgendwie ist er von ihm verschieden und mehr als die Gesamtheit der ihm angehörigen einzelnen. Deshalb wohl spricht bereits Papst Innozenz IV. 1245 erstmals von der universitas als einer vom einzelnen verschiedenen, erdachten Person (ficta persona). So ganz auf derselben Stufe wie ein Mensch steht diese freilich noch nicht. Als volle Person findet sie noch keine Anerkennung.

Literatur: Gierke, O., Das deutsche Genossenschaftsrecht, Bd. 1 ff. 1868 ff.; Schmelzeisen, K. G., Die Rechtsstellung der Frau in der deutschen Stadtwirtschaft, 1935; Kisch, G., Forschungen zur Rechts- und Sozialgeschichte der Juden in Deutschland, Zürich 1955; Planitz, H., Die deutsche Stadt im Mittelalter, 1954, 5. unv. A. 1980; Köbler, G., Das Familienrecht in der spätmittelalterlichen Stadt, in: Haus und Familie in der spätmittelalterlichen Stadt, hg. v. Haverkamp, A., 1984.

Die Ehe in der Kirche

Auch wenn ein Mann einer Frau nicht ebenbürtig ist, so ist er doch ihr Vormund und sie ist seine Genossin und tritt in sein Recht, wenn sie in sein Bett geht. Wenn er aber stirbt, so ist sie frei von seinem Recht und hat das Recht nach ihrer Geburt. Darum muß ihr Vormund ihr nächster ebenbürtiger Schwertmage sein und nicht derjenige ihres Mannes.

Dies sind die wichtigsten Aussagen Eike von Repgows über die Ehe. Sie betreffen eine der Wirkungen der Ehe. Sie erfassen dagegen nicht das Recht der Eheschließung.

Mit dieser Lücke steht der Sachsenspiegel keineswegs allein. Auch in den Stadtrechten wird die Eheschließung als solche nicht geregelt. Lediglich mittelbar wird zum Ausdruck gebracht, daß es hierfür nicht auf den Willen der Verwandten, sondern allein auf den Willen der unmittelbar Beteiligten ankommt. Ehen ohne Zustimmung der Verwandten sind gültig. Allerdings kann es, wie etwa in Lübeck, sein, daß die Frau, welche ohne Zustimmung der Eltern heiratet, ihr Erbrecht gegenüber den Verwandten verliert, und, wie in Regensburg, zusätzlich für gewisse Zeit der Stadt verwiesen wird. Der Grund hierfür ist, daß im Hochmittelalter das Recht der Ehe weitgehend kirchliches Recht geworden ist, so daß es in weltlichen Rechtstexten keinen rechten Platz mehr hat.

Nach kirchlichem Recht ist die Ehe, welche erst seit dem 13. Jahrhundert mit dem Wort Ehe bezeichnet wird, ein Sakrament, das sich die beiden Eheleute gegenseitig spenden. Dabei wird seit dem 12. Jahrhundert im Anschluß an das römische Recht zwischen dem Verlöbnis (desponsatio de futuro) und der Eheschließung (desponsatio de praesenti) unterschieden. Ein Verlöbnis kann dabei bereits nach der Vollendung

Die Ehe in der Kirche 197

66 Ehebruch und Ehebruchsstrafe (Zwickau 1348, Codex statutorum)

des 7. Lebensjahres durch die Kinder selbst oder durch deren Eltern geschlossen werden, wobei allerdings Mädchen nach Vollendung des 12. und Jungen nach Vollendung des 14. Lebensjahres diesem Vertrag widersprechen und ihn dadurch auflösen können.

Bereits durch einzelne Synoden des frühen Mittelalters wurde von den Geistlichen gefordert, erst durch die Befragung der Ehewilligen zu prüfen, ob die Ehe rechtmäßig geschlossen werden könne, ehe sie diese Ehe einsegneten. Strenger verlangte Erzbischof Odo von Paris am Ende des 12. Jahrhunderts, daß vor einer Eheschließung die dreimalige Ankündigung dieses Vorhabens durch den Pfarrer an Sonn- und Feiertagen in der Kirche erfolgen sollte, um gegebenenfalls entgegenstehende Umstände zu entdecken. Im Jahre 1215 wurde diese Forderung durch das vierte Laterankonzil auf die gesamte Kirche ausgedehnt, wobei die Zahl der vorherigen Verkündigungen offen gelassen wurde. Durch dieses Aufgebot wurde die ganze Gemeinde in die Fahndung nach möglichen Ehehindernissen einbezogen, da jeder berechtigt und verpflichtet war, der Eheschließung entgegenstehende Umstände anzuzeigen.

Für die Eheschließung genügte im übrigen der Konsens der betreffenden Eheleute (solus consensus facit nuptias, allein die Willensübereinstimmung schafft die Ehe). Dies stärkte zwar die Freiheit zur Eheschließung und erschwerte die Verheiratung durch die Eltern, hatte aber zur Folge, daß sich leicht Mißstände einschleichen konnten. Wenn die beiden Ehewilligen einander aus freiem Willen das Jawort gaben, waren sie verheiratet, auch wenn die äußeren Umstände recht eigenartig waren. Deshalb wurde in vielen teilkirchlichen Bestimmungen ausdrücklich die kirchliche Eheschließung vor dem eigenen Pfarrer und weiteren Zeugen gefordert. Die geheime Eheschließung wurde mit der Exkommunikation bedroht.

Besonders fragwürdig waren dabei die ohne jegliche Beteiligung der Öffentlichkeit geschlossenen und dementsprechend oft nicht beweisbaren Eheschließungen der Ehewilligen. Für solche Ehen werden meist in Streitverfahren als Ort der Handlung etwa genannt unter einem Baum, im Garten, im Feld, bei der Hecke, in der Schmiede, in der Küche, in der Wirtschaft, im Laden oder im Bett. Vielfach strengten dann gerade Frauen gerichtliche Verfahren an mit dem Ziel, sich eine gültige Ehe auf Grund dieser Eheschließung bestätigen zu lassen und den Mann zur Aufnahme des Ehelebens zu zwingen. Oft war das Ergebnis solcher Verfahren aber anscheinend negativ.

Hinsichtlich der Ehehindernisse setzte sich das kirchliche Ehehindernisrecht vollends durch. Die Kirche kontrollierte seine Einhaltung durch Ausübung der Ehegerichtsbarkeit. Im Vergleich zur Zahl der auf Begründung einer Ehe gerichteten Verfahren war die Zahl der Verfahren wegen eines Ehehindernisses aber eher gering. Am häufigsten kamen noch Verfahren wegen Impotenz und wegen einer bereits bestehenden vorherigen Ehe vor.

Die Ehescheidung der einwandfreien, durch körperliche Vereinigung vollzogenen Ehe (matrimonium ratum et consummatum) ist grundsätzlich ausgeschlossen. Scheidet ein Verfahren zur Nichtigerklärung einer Ehe aus, so bleibt lediglich die den Bestand der Ehe nicht berührende Trennung von Tisch und Bett möglich. Sie kommt aber anscheinend nicht allzu häufig vor. Als Grund ist dann meist die Grausamkeit des Mannes genannt. Daneben übt aber zweifellos das Ehehindernisrecht für den einer kirchlichen Nachgiebigkeit nahestehenden Adel die Funktion eines Ehescheidungsrechtes aus.

Hatte die Kirche damit außer Taufe und Begräbnis auch die Eheschließung an sich gezogen und ging es ihr um die Klärung der jeweiligen Verhältnisse, so lag es mit zunehmender Schriftlichkeit auch nahe, Verzeichnisse der Taufen, Eheschließungen und Begräbnisse anzulegen. Dementsprechend begannen die Kirchen besondere Kirchenbücher. Sie sind zusammen mit den Bürgerbüchern der Städte die wichtigsten Zeugnisse der Familiengeschichtsforschung der nichtadeligen Bevölkerung, sind aber zu einem erheblichen Teil in den Wirren des Dreißigjährigen Krieges untergegangen.

Weltlich bleibt all dem gegenüber das Ehegüterrecht. Deswegen kann sich hierzu auch wieder der Sachsenspiegel äußern. Mann und Frau, schreibt Eike von Repgow, haben kein gezweites Gut zu ihrem Leben. Stirbt aber die Frau bei des Mannes Leben, so vererbt sie keine fahrende Habe, außer Gerade, und Eigen, wenn sie das hat, an den nächsten Erben. Eine Frau kann auch ihr Gut nicht vergeben ohne Willen ihres Mannes, so daß er es rechtmäßig dulden muß. Wenn ein Mann eine Frau nimmt, so nimmt er all ihr Gut zu rechter Vormundschaft in seine Gewere. Darum kann auch eine Frau ihrem Mann keine Gabe geben an ihrem Eigen oder ihrer fahrenden Habe, daß sie es ihren Erben nach ihrem Tod nicht entzieht. Denn der Mann kann am Gut

67 Ehescheidung um 1330. Heidelberger Bilderhandschrift des Sachsenspiegels

seiner Frau keine andere Gewere erlangen, als er am Anfang zusammen mit ihr zu Vormundschaft empfing.

Diese Ausführungen sind vielfach Gegenstand von Erörterungen gewesen. Sie sind aber doch wohl am einfachsten dahingehend zu verstehen, daß die Güter des Mannes und der Frau hinsichtlich des Zugehörens rechtlich getrennt bleiben. Auch in der Ehe sind die Güter der Frau ihre Güter, selbst wenn der Mann die Gewere über sie hat, die Frau ohne Willen ihres Mannes die Güter nicht vergeben kann und sie sie auch dem Mann selbst nicht geben kann. Der Ausschluß der Zweiung der Güter bezieht sich auf die Lebzeiten beider Ehegatten. Hier hat der Mann die Gewere sowohl über seine eigenen Güter als auch über die Güter der Frau, an welchen er eine vormundschaftliche Gewere erlangt. Dementsprechend läßt sich der Güterstand des Sachsenspiegels am besten als Gütertrennung mit Verwaltungseinheit beschreiben.

Daneben kennen andere Rechte aber auch die Gütergemeinschaft. Diese dringt im Verhältnis zur fränkischen Zeit gegenüber der Gütertrennung sogar vor. Ihre Ausgestaltung ist im einzelnen recht unterschiedlich, weil die Gemeinschaft sowohl alle Güter (allgemeine Gütergemeinschaft) als auch nur die während der Ehe errungenen Güter (Errungenschaftsgemeinschaft) als auch nur die beweglichen Güter (Fahrnisgemeinschaft) umfassen kann. Grundsätzlich steht aber in allen Fällen die alleinige Verwaltung dem Mann zu. Bei Verfügungen ist dann vielfach auch die Frau beteiligt. Sie kann im übrigen an vielen Orten die Geschäfte des täglichen Lebens selbständig abschließen und hat als Kauffrau auch sonst weitgehend die Rechte des Mannes. Vielfach werden auch besondere Eheverträge abgeschlossen.

Hinsichtlich der Geschlechtsvormundschaft, welche der Sachsenspiegel als ganz selbstverständlich unterstellt, verhalten sich die Städte ziemlich unterschiedlich. Während sie im Spätmittelalter etwa in München oder Regensburg völlig fehlt und für

Konstanz und Göttingen zumindest sehr fraglich ist, hat sie in Lübeck und in Magdeburg Bestand, in Lübeck sogar bis in das 19. Jahrhundert. Dem entspricht, daß auf dem Land beispielsweise in Ingelheim im 15. Jahrhundert keine Geschlechtsvormundschaft mehr besteht und auch die aus unterschiedlichen Gebieten stammenden ländlichen Weistümer sie keineswegs mehr durchgehend aufweisen.

Prozesse kann die Frau allerdings nirgends selbständig führen. Eike von Repgow führt den Verlust dieses einst für Frauen bestehenden Rechtes auf eine Calefurnia zurück, welche es für alle Frauen verloren haben soll, weil sie sich vor dem Kaiser ungebührlich aufführte aus Zorn darüber, daß ihr Wille ohne Vorsprecher nicht durchgehen durfte. Eine entsprechende Wendung enthalten sowohl die römischen Digesten als auch eine Gerichtsordnung eines unbekannten Verfassers, so daß an dieser Stelle deutlich ein formaler Einfluß des gelehrten Rechtes sichtbar wird. In den Städten bedarf die Frau zumindest des Mannes als Beistand wie etwa in Konstanz oder eines besonderen Prozeßvormundes wie in Göttingen. In Lübeck darf sie den Prozeßvormund zu Beginn des 16. Jahrhunderts dann immerhin selbst auswählen. Hiermit stimmen die ländlichen Weistümer durchaus überein.

Literatur: Sohm, R., Das Recht der Eheschließung aus dem deutschen und kanonischen Recht geschichtlich entwickelt, 1875; Fehr, H., Die Rechtsstellung der Frau und der Kinder in den Weistümern, 1912; Portmann, H., Wesen und Unauflöslichkeit der Ehe in der kirchlichen Wissenschaft und Gesetzgebung des 11. und 12. Jahrhunderts, 1938; Ziegler, J. G., Die Ehelehre der Pönitentialsummen von 1200 bis 1350, 1956; Schulte – Beckhausen, O., Das Ehe- und Familienrecht im Sachsenspiegel, 1970; Haus und Familie in der spätmittelalterlichen Stadt, hg. v. Haverkamp, A., 1984.

Erbenlaub und Testament

Ohne Erbenlaub und ohne echtes Ding kann niemand sein Eigen oder seine Leute geben. Allerdings tauschen die Herren ihre Dienstleute ohne Gericht, vorausgesetzt daß man den Austausch beweisen und bezeugen kann. Gibt jemand Eigen oder Leute im Gegensatz zum Recht ohne Erbenlaub, so kann der Erbe sich dieser Dinge mit Urteilen bemächtigen als ob jener tot sei, der sie gab, obwohl er sie nicht geben durfte. Alle Fahrhabe gibt dagegen der Mann ohne Erbenlaub an allen Orten. Ebenso überläßt und verleiht er Gut, solange er es vermag, daß er, begürtet mit einem Schwert und einem Schild, auf ein Roß kommen kann von einem Stein oder Stock, welcher nicht höher sein darf als eine Daumenelle, wobei ihm niemand helfen darf, außer daß ihm einer den Steigbügel festhält. Vermag er dies nicht zu tun, so kann er weder geben noch überlassen noch leihen, um es damit demjenigen zu entfernen, welcher nach seinem Tod darauf wartet.

Diese wenigen Sätze des Sachsenspiegels zeigen bereits, daß schon zu Lebzeiten eines Mannes dessen Erben eine Art Anwartschaft auf sein Gut haben, da er Eigen und Leute nicht ohne Erlaubnis der Erben weggeben darf. Handelt er dem zuwider, so können die Erben die vergebenen Güter zurückverlangen. Angesichts dessen war auch der Erwerber stets daran interessiert, die Zustimmung der Erben zu einem Geschäft zu sichern.

Im übrigen fällt mit dem Tod eines Mannes der Nachlaß an den Erben. Witwe und Gesinde dürfen aber von diesem während der ersten, sich an den Erbfall anschließen-

Erbenlaub und Testament

68 Verfügungsfähigkeit im Spätmittelalter. Solange der Mann noch gegürtet von einem Baumstumpf auf ein Pferd steigen kann, kann er über sein Vermögen verfügen (1295–1363, Dresdner Bilderhandschrift des Sachsenspiegels)

den dreißig Tage nicht aus den Gütern vertrieben werden, weil sie sich auf die meist überraschende neue Lage erst einstellen müssen. Danach soll der Erbe die volle Herrschaft über die Güter ergreifen, damit nicht etwas verloren wird, was ihm gebührt. Ist er abwesend, so nimmt der Richter die Güter zumindest für eine Übergangszeit (Jahr und Tag) an sich. In Streitfällen zwischen mehreren möglichen Erben weist der Richter den wahren Erben in den Nachlaß ein, woraus sich teilweise eine allgemeine öffentliche Abwicklung der Erbfälle ergibt, welche in der Neuzeit im Nachlaßgericht mündet.

Zum Nachlaß zählen grundsätzlich alle Sachen und Rechte des Erblassers. Umgekehrt ist aber die Haftung des Nachlasses für Schulden des Erblassers noch stark eingeschränkt. Nach dem Sachsenspiegel darf der Gläubiger nur auf die beweglichen Sachen zugreifen, während die Liegenschaften uneingeschränkt an den Erben fallen. Wegen Schulden, welche aus Diebstahl, Raub oder Spiel herrühren, kann auf den Nachlaß überhaupt noch nicht zugegriffen werden. Später ist aber für alle Schulden mit dem gesamten Nachlaß einzustehen.

Vom Nachlaß soll zuerst der Lohn des Gesindes bis zum Todestag des Erblassers sowie bis zum dreißigsten Tag danach entrichtet werden. Dann muß die Witwe mit dem Erben alle nach dem Dreißigsten auf dem Hof vorhandenen Speisevorräte teilen. Danach soll sie als Heergewäte ihres Mannes Schwert geben und das beste Roß oder Pferd mit Sattel und den besten Harnisch sowie als Heerpfühl ein Bett, ein Kissen, ein Leinenlaken und ein Tischlaken, zwei Becken und ein Handtuch. Danach soll die Frau ihre Morgengabe nehmen, zu welcher an dieser Stelle Feldpferde, Rinder, Ziegen, Schweine, welche vor dem Hirten gehen, sowie Zaun und Zimmer gezählt werden. Dann umfaßt die Gerade Schafe und Gänse und Kisten (nach anderer Lesart: Schaffe und ganze Kästen) mit gewölbten Deckeln, alles Garn, Betten, Pfühle, Kissen, Leinenlaken und Tischdecken, Handtücher, Badelaken, Waschschüsseln und eherne Leuchter, Leinen und alle weibliche Kleidung, Fingerringe und Armreife, Kopfputz, Psalter und Bücher, die zum Gottesdienst gehören, welche Frauen zu lesen pflegen, Sessel und Truhen, Teppiche, Vorhänge und Wandteppiche und alle Bandwaren so wie andere Kleinigkeiten wie Bürsten, Scheren und Spiegel, nicht dagegen alles noch nicht für Frauenkleider verschnittene Leinen und alles noch nicht verarbeitete Gold und Silber. Diese Gerade fällt der Frau beim Tod des Mannes als Voraus zu. Alle anderen Güter des Mannes gehören danach zum Erbe.

Wer Erbe ist, bestimmt sich nach der verwandtschaftlichen Nähe zum Erblasser. Dazu gibt Eike von Repgow folgende am menschlichen Leib versinnbildlichte Darstellung der Sippe. Am Kopf ist Mann und Frau zu stehen bestimmt, welche ehelich und rechtmäßig zusammengekommen sind. Am Glied des Halses die Kinder, welche ohne Verschiedenheit vom gleichen Vater und der gleichen Mutter geboren sind. Gibt es hier eine Verschiedenheit eines Elternteils, so können diese Halbgeschwister nicht an einem Glied stehen, sondern rücken in das nächste Glied. Vollbürtige Bruderkinder stehen an dem Gelenk, das Schultern und Arme verbindet, ebenso Schwesterkinder. Dies ist der erste Verwandtschaftsgrad, den man zur Verwandtschaft rechnet:

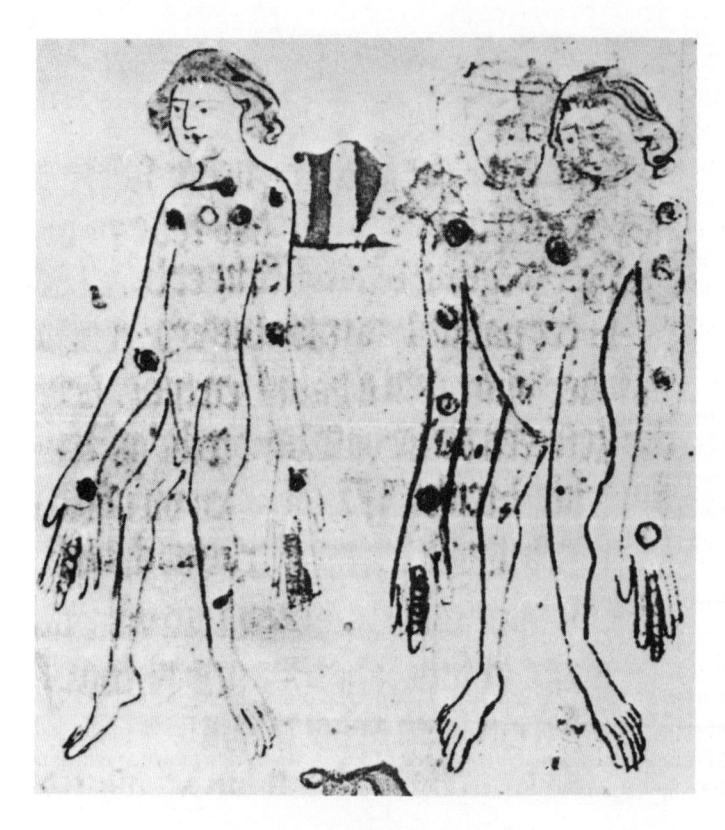

69 Bildliche Darstellung der Verwandtschaft am Bild des menschlichen Körpers (1295–1363, Dresdner Bilderhandschrift des Sachsenspiegels)

Bruderkind und Schwesterkind. An dem Ellenbogen steht der zweite Verwandtschaftsgrad, am Handgelenk der dritte, an dem ersten Glied des mittleren Fingers der vierte, an dem zweiten Glied der fünfte, an dem dritten Glied desselben Fingers der sechste. An dem siebten befindet sich ein Nagel und nicht ein Glied. Deshalb endet hier die Verwandtschaft mit den Nagelverwandten. Innerhalb all dieser Grade nehmen alle, welche an gleicher Stelle der Verwandtschaft stehen, das Erbe zu gleichen Teilen. Wer sich aber näher zur Verwandtschaft rechnen kann, der nimmt das Erbe zuvor. Vatererbe, Muttererbe, Schwestererbe und Brudererbe nimmt der Sohn und nicht die Tochter, es sei denn, daß kein Sohn da ist, dann nimmt es die Tochter. Wenn aber eine Erbschaft an entferntere Verwandte als Brüder und Schwestern fällt, nehmen alle, die sich gleichnahe zur Verwandtschaft rechnen können, gleiche Teile davon, es sei Mann oder Frau. Doch nimmt das Kind von Sohn oder Tochter das Erbe vor Vater und Mutter und vor Bruder und Schwester, weil nichts aus der Nachkommenschaft geht, solange ebenbürtige Nachkommenschaft vorhanden ist. Nicht erbberechtigt sind Blöde, Zwerge, Krüppel und Aussätzige, wohl aber nach Landrecht Stumme, Blinde, Handlosgeborene und Fußlosgeborene. Sohnessöhne haben bei Vorversterben ihrer Väter ein Eintrittsrecht.

Stirbt ein Mann, ohne Nachkommen zu hinterlassen, so nimmt sein Vater das Erbe. Hat er keinen Vater mehr, so nimmt es seine Mutter mit größerem Recht als sein Bruder. Diesem wiederum folgen die Schwester und danach dann die weiteren Verwandten. Fehlen Erben gänzlich, so fällt das Gut an den König, seit dem 13. Jahrhundert an den Landesherrn oder den Stadtherrn, gelegentlich auch an die Kirche oder die Armen.

Jede Frau vererbt ihre Güter auf zweierlei Weise: ihre Gerade an ihre nächste weibliche Verwandte mütterlicherseits, ihr Erbe an ihren nächsten Verwandten, es sei Mann oder Frau.

Besondere Regeln erwachsen dabei aus wirtschaftlichen wie rechtlichen Gründen für Lehen, adeliges Eigen und bäuerliche Höfe. Das Lehen, das erst allmählich überhaupt vererblich wurde, steht, da es ja den Ausgleich für kriegerische Unterstützung und Treue bedeutet, grundsätzlich nur dem ältesten Sohn zu, später allerdings auch einem anderen männlichen Verwandten, dann auch einer Frau und schließlich auch mehreren Erben gemeinschaftlich. Bei den Stammgütern des Hochadels strebt man zur Vererbung an einen Sohn, doch wird im gesamten Mittelalter in vielfacher Weise geteilt und umfangreiches Gut über Frauen vererbt. Der niedere Adel bildet mit dem Ziel der Vererbung an einen Abkömmling die Einrichtung des Familienfideikommisses aus. Bei den bäuerlichen Höfen entwickelt sich nicht zuletzt unter dem Einfluß der Grundherrschaft in manchen Gegenden ein Alleinerbrecht des ältesten Sohnes, in anderen Gebieten des jüngsten Sohnes, doch kommt auch die Realteilung häufig vor.

In den Städten ist das Erbrecht beim Tod eines Ehegatten einigermaßen unterschiedlich. Meist wird zwischen der kinderlosen oder unbeerbten und der bekindeten oder beerbten Ehe unterschieden, wobei das Vorversterben von vorhandenen Kindern die Ehe an manchen Orten wieder zur kinderlosen Ehe macht, an anderen dagegen nicht. Weiter wird vielfach zwischen Fahrnis und Liegenschaften unterschieden. Darüber hinaus kann für einzelne Vermögensteile wie die Gerade oder das Heergewäte, wenn diese auch in den Städten allmählich schwinden, die Heimsteuer der Braut, die Morgengabe des Mannes an die Frau, die Widerlegung des Mannes zur Sicherung der eingebrachten Güter der Frau, die in der Ehe von der Frau erb- oder schenkweise erlangten Güter oder das Kaufgut im Gegensatz zum Erbgut eine abweichende Regelung bestehen. Schließlich kann auch danach unterschieden werden, ob der Mann zuerst stirbt oder die Frau, und spielt es vielfach eine wichtige Rolle, ob der überlebende Ehegatte sich später wiederverheiratet oder nicht. Die im einzelnen ganz unterschiedlichen Lösungsmöglichkeiten reichen dann beispielsweise in der kinderlosen Ehe vom Alleinerbrecht des überlebenden Ehegatten in München bis hin zur Beschränkung auf einen bescheidenen Vermögensteil wie die Gerade in Magdeburg.

In der Wirklichkeit des Alltagslebens dürfte der überlebende Ehegatte der beerbten Ehe oft mit den Kindern zusammengeblieben sein und mit diesen das eheliche Vermögen weiter genutzt haben. Schwierigkeiten ergaben sich dann erst bei der Verselbständigung eines Kindes und vor allem bei der Wiederverheiratung des überlebenden Ehegatten. In diesem Fall hatte dann häufig, wie beispielsweise in München oder Göttingen, eine Teilung zu erfolgen oder wurde eine Teilung zwecks Herbeiführung einer Klärung freiwillig vorgenommen. Ähnlich verwickelt und vielfältig ist die Regelung des Erbrechts dann auch auf dem Land. Ungeachtet aller Schwierigkeiten gelang dabei aber die Bewältigung der erbrechtlichen Fragen in der Praxis durchaus.

Zu seinen Lebzeiten kann der Mann nach dem Sachsenspiegel mit Erbenlaub über Eigen und Leute, ohne Erbenlaub über Fahrnis verfügen. Voraussetzung ist jedoch, daß er körperlich noch einigermaßen leistungsfähig ist. Gemessen wird dies dadurch, daß man ihn in voller Rüstung ein Roß besteigen läßt. Auf die geistigen Fähigkeiten kommt es demgegenüber in dieser ritterlich geprägten Lebenswelt nicht entscheidend an. Sie werden anscheinend bei entsprechender körperlicher Leistungsfähigkeit ohne weiteres vorausgesetzt.

Die Frage der Vergabung zu Lebzeiten auf den Todesfall stellt sich Eike von Repgow offensichtlich nicht. Sie lag zwar mit der Wiederbelebung des römischen Rechts, das mit seinem Testament ja vielfältige Möglichkeiten der letztwilligen Verfügungen eröffnete, nahe, doch war die Zeit des frühen 13. Jahrhunderts anscheinend hierfür noch nicht offen genug. Jedenfalls sind selbst in der führenden Handelsstadt Köln Testamente erst seit etwa 1280, in Wien erst seit 1289 und in Göttingen erst seit 1325 überliefert. In Lübeck stammt das erste, Gerwin van dem Dale betreffende Testament vom 24. Juni 1278. Dem folgen bis zum Jahre 1300 noch elf erhaltene Stücke, denen noch die doppelte Anzahl von zwar anderweitig erwähnten, aber nicht erhaltenen Testamenten zuzurechnen ist. In den folgenden Jahren der ersten Hälfte des 14. Jahrhunderts nimmt die Zahl langsam, aber ständig zu. Eine sprunghafte Erhöhung bringt dann das Auftreten der Pest um 1350.

Entstehungsgeschichtlich wird das Testament, das am Ende der Spätantike und im Frühmittelalter nur noch auslaufend bezeugt ist, im Hochmittelalter zuerst bei Klerikern zugelassen, bei denen sich die Frage der Zuordnung des Nachlasses mit besonderer Dringlichkeit stellte. Erst danach findet es auch Eingang in den weltlichen Bereich.

Dieses mittelalterliche Testament entsprach allerdings dem römischen Testament insofern nicht, als es die Einsetzung eines Erben als Nachfolger in das Gesamtvermögen (sog. heredis institutio) als zwingende Vorschrift nicht kannte. Vielmehr setzte es in Lübeck die Erbfolge der Verwandten in die Erbgüter in der Regel stillschweigend als selbverständlich voraus und beschränkte sich auf die Verfügung über wohlgewonnenes Gut zugunsten einzelner Bedachter. Dementsprechend standen Erbfolge ohne Testament und Erbfolge durch Testament im Einzelfall nebeneinander und erfassen die Testamente durchweg nicht das gesamte Vermögen.

In Lübeck war das Testament vor zwei Mitgliedern des Rates zu errichten. Falls der Wert des betroffenen Gutes 10 Mark Silber nicht überstieg, genügten notfalls auch zwei ortsansässige Männer. Der Testator mußte vollmächtig seiner Sinne und außerdem in der Lage sein, ein Markpfund abzuwiegen. Vorausgesetzt ist weiter, daß der Testator Testamentsvollstrecker einsetzte, welche treuhänderisch für die Erfüllung der Bestimmungen des Testaments verantwortlich waren.

Auch andernorts ist vielfach der Rat für die Errichtung von Testamenten zuständig. In anderen Fällen muß der Testator sich an ein Gericht oder an einen Notar wenden. In jedem Fall ist irgendeine Art der Mitwirkung der Öffentlichkeit erforderlich.

Möglich werden auch die dem römischen Recht unbekannten Erbverträge, von denen vor allem Erbverbrüderungen vorkommen. Diese Erbverträge werden hauptsächlich unter adeligen Familien abgeschlossen. Daneben finden sich auch zahllose erbrechtliche Vereinbarungen in Eheverträgen. Inhalt der Abrede ist meist die Be-

70 Testament des Johan Sevenbom (Lübeck, 16. 7. 1350)

gründung oder Beseitigung eines auf Verwandtschaft beruhenden Erbrechtes. Der einmal abgeschlossene Erbvertrag ist einseitig nicht mehr abänderbar.

Literatur: Schröder, R., Geschichte des ehelichen Güterrechts in Deutschland, Bd. 1 ff. 1863 ff., Neudruck 1967; Heusler, A., Institutionen des Deutschen Privatrechts, Bd. 1 f. 1885 f.; Hübner, R., Grundzüge des deutschen Privatrechts, 1908, 5. A. 1930, Neudruck 1969; Brandt, A., Regesten der Lübecker Bürgertestamente des Mittelalters, Bd. 1 1964; Brauneder, W., Die Entwicklung des Ehegüterrechts in Österreich, 1973; Mitteis, H. – Lieberich, H., Deutsches Privatrecht, 9. A. 1981; Das Familienrecht in der spätmittelalterlichen Stadt, hg. v. Haverkamp, A., 1984.

Die Entfaltung der Sachenrechte

Wir Volrad Schultheiß, die Schöffen und die übrigen Bürger von Frankfurt tun kund, daß Irmgard bei den Minoritenbrüdern, unsere Mitbürgerin, in unserer Gegenwart aus Armut und Not mit Zustimmung ihrer drei Kinder, welche sie ihrem ersten rechten Ehemann geboren hatte, ihr gegenüber den Minoritenbrüdern in Frankfurt gelegenes Haus rechtmäßig dem Schuster Ludwig und seiner Frau Ude, unseren Mitbürgern, zu dauerhaftem eigentümlichem Recht verkauft hatte, wobei die genannte Irmgard mit ihren Kindern vor dem Gericht auf alles Recht verzichtete, welches sie an vorgenanntem Haus hatte. Darüber hinaus versprach sie dem Ludwig und dessen Frau, die übliche geschuldete Gewähr hinsichtlich des Hauses nach Gewohnheit der Stadt Frankfurt zu leisten. Danach kamen die Kinder der Irmgard aus der Ehe mit ihrem zweiten, von ihr überlebten Ehemann und klagten gegen Ludwig und dessen Frau mit der Behauptung, daß der Kauf des Hauses nicht Bestand haben könne, weil sie wie die Kinder der ersten Ehe ein Recht an dem Haus hätten. Das konnten sie aber nicht beweisen. Deswegen entschieden wir, daß sie kein Recht an dem Haus haben und sprechen es durch Urteil dem Ludwig und seiner Frau und ihren Erben zu. Zum Zeugnis gaben wir dem Ludwig und seinen Erben die vorliegende, mit dem Siegel der Stadt Frankfurt versehene Urkunde.

Diese Urkunde vom März 1295 zeigt, daß die Veräußerung eines Hauses in Frankfurt am Ende des 13. Jahrhunderts möglich war. Verkaufen konnte sogar eine Frau. Auffällig ist lediglich, daß die Zustimmung der Kinder erforderlich ist, was auf den Besonderheiten des örtlichen Ehegüterrechts beruht (Verfangenschaftsrecht der Kinder), das auch für die Erwähnung von Armut und Not ursächlich sein dürfte.

Die Veräußerung erfolgt vor Schultheiß und Schöffen. Besonders erwähnt wird der Verzicht der Verkäuferin und ihrer Kinder vor dem Gericht auf alles Recht an dem Haus. Hinzu kommt zusätzlich das Versprechen, Gewährschaft zu leisten.

Dieses Frankfurter Beispiel ist nur eines von vielen, welche zeigen können, wie sich infolge der Verdichtung der Gesellschaft wie des vermehrten Wirtschaftens mit den Gütern das Recht der Sachen im Hochmittelalter weiter durchbildet.

Anerkannt ist nunmehr, obwohl er hier nicht erscheint, der Begriff der Gewere an einer Sache. Wer die Gewere an einer Sache hat, kann Eingriffe anderer Menschen in diese Sache unter Berufung auf seine Gewere rechtmäßig abwehren. Wer aus der Gewere an einer Sache rechtswidrig vertrieben wird, kann sie zurückfordern. Wer das Recht an einer Sache übertragen will, muß die Gewere an der Sache übertragen. Die

Gewere selbst kann leiblich (körperlich) sein oder ideell (unleiblich), doch gibt es ideelle Gewere nur an Liegenschaften.

Neben der Gewere steht das Eigen. Dieses bezeichnete ursprünglich das bloße Haben eines Gegenstandes, weil zwischen verschiedenen Berechtigungen an der gleichen Sache noch nicht unterschieden wurde. Wer eine Sache hatte, dem gehörte sie in der Regel.

Schon mit dem Eindringen des Lehenswesens wurden die Verhältnisse aber schwieriger. Hier gab es stets zwei Beziehungen zu einer Sache. Der Lehensherr, der die Sache zuerst hatte und sie dem Lehensmann lieh, wollte seine Beziehung zu ihr nicht völlig lösen. Der Lehensmann, dem sie der Lehensherr lieh, gewann aber eine neue Beziehung zu dieser Sache. Da die Verhältnisse an diesen geliehenen Sachen anders lagen als bei den sonstigen Sachen, mußte man jedenfalls Eigen und Lehen unterscheiden.

Im Laufe des Mittelalters verfestigte sich nun nicht nur die Stellung des Lehensmannes gegenüber dem Lehensherren immer mehr, sondern es entstanden auch zunehmend mehrfache Beziehungen an einer Sache. Ein Beispiel hierfür sind allein schon die sog. Erbleihen, bei denen ein Grundherr außerhalb des Lehenswesens etwa einem Bürger bei der Gründung einer Stadt Grund und Boden gegen einen Zins zu erblicher Innehabung gab.

Vermutlich von hier aus genügte die Bezeichnung als Eigen bald nicht mehr. Vielmehr schuf man wohl zugleich auch unter dem Einfluß des römischen Rechtes die neuen Bezeichnungen eigentum, eigenschaft (lat. proprietas, dominium), welche kurz vor der Mitte des 13. Jahrhunderts erstmals auftreten. Dabei bleibt man freilich nicht stehen. Vielmehr entsteht im gelehrten Recht selbst in Verkennung einer Stelle der römischen Quellen die Unterscheidung zwischen einem bloßen Eigentum (lat. nuda proprietas, nacktes Eigentum, oder dominium directum, direkte Sachherrschaft) und einer Nutzungsherrschaft (lat. dominium utile). Diese Unterscheidung zwischen einem Obereigentum und einem Untereigentum wird dann in der Praxis etwa auf das Lehen angewandt. Bei ihm hat der Lehensherr ein Obereigentum, der Lehensmann ein Untereigentum.

Der Inhalt des Eigens bzw. Eigentums erfährt dadurch eine wesentliche Veränderung, daß allmählich die im Frühmittelalter sowie etwa noch im Sachsenspiegel sichtbaren verwandtschaftlichen Verfügungsbeschränkungen beseitigt werden. Voran gehen hier die Städte. In ihnen wechselten etwa wie in dem am Ende des 13. Jahrhunderts 300 bis 400 Hausgrundstücke umfassenden Wismar bis zu einem Zehntel aller Hausgrundstücke alljährlich den Herren. Hier war die jeweilige Mitwirkung aller Erben mehr als hinderlich. Deswegen schaffte man sie in den Städten allmählich ab. Dabei begann man mit dem vom ererbten Gut unterschiedenen Kaufgut, das als erstes ohne Mitwirkung der Erben veräußert werden durfte. Dem folgte das Erbgut in Fällen echter Not und von dort war es nur noch ein kleiner Schritt zur völligen Veräußerungsfreiheit in den Städten.

Auf dem Land standen dem freilich vielfache grundherrschaftliche Bindungen gegenüber. Auch dort wandelt sich aber das Wartrecht der Erben allmählich in ein abgeschwächtes Näherrecht um, das den Erben bei Veräußerung nur noch gestattet, die Sache gegen Auslösung durch Erstattung der vom Erwerber beim Kauf aufgewandten Gegenleistungen herauszuverlangen. Dementsprechend schwinden dann vielfach auch vergleichbare Rechte von Markgenossen, Nachbarn und Grundherren allmählich.

Der Erwerb von Sachen, der in grauer Vorzeit vor allem durch Aneignung erfolgt war, geschieht wegen der knapper werdenden Güter und auch wegen der Ausdehnung herrschaftlicher Berechtigungen, wie sie etwa in den 1158 in Roncaglia bestimmten Regalien (Königsrechten) zum Ausdruck kommt (Bodenregal, Bergregal, Schatzregal, Jagdregal), immer öfter als abgeleiteter Erwerb von einem bereits Berechtigten. Bei Liegenschaften ist dazu ein Vertrag zwischen Veräußerer und Erwerber nötig (Kauf). Außerdem muß der Veräußerer dem Erwerber das Grundstück tatsächlich oder durch eine wörtliche Erklärung auflassen, indem er auf alle seine Rechte verzichtet. Hinzu kommt beim Verkauf die Zusage der Gewährleistung bei allen Zugriffen Dritter auf die Sache.

Die zur Veräußerung notwendigen Erklärungen sind, wie schon der Sachsenspiegel verlangt, vielfach im Gericht abzugeben, wobei das Gericht nicht innerhalb, sondern außerhalb eines streitigen Verfahrens tätig wird. Durch diese Vornahme im Gericht wird die Handlung öffentlich durchgeführt. Jedermann, der durch sie beeinträchtigt wird, kann also davon erfahren. Deswegen muß er zur Wahrung seiner Rechte tätig werden. Wer nicht binnen Jahr und Tag gegen ein entsprechendes Geschäft vorgeht, verliert sein möglicherweise vorhandenes Recht nach Ablauf dieser Zeit durch Verschweigung. Wer so lange geschwiegen hat, sagen die Quellen, soll auch weiter schweigen.

Schließlich kommt zur Übertragung von Liegenschaften allmählich noch ein Schriftakt hinzu, nachdem schon in spätrömischer Zeit die Schriftlichkeit von Grundstückskäufen und Grundstücksschenkungen bestimmt worden war und in fränkischer Zeit Grundstücksgaben vielfach tatsächlich schriftlich aufgezeichnet worden waren. Führend ist dabei Köln, wo seit etwa 1135 für Grundstücksgeschäfte Urkunden (Karten) erstellt werden. Sie werden in einem Schrein verwahrt und heißen deswegen später Schreinskarten. Im Streitfall sollen sie zunächst den Beweis erleichtern. Später werden sie amtliche Zeugnisse. Seit dem 15. Jahrhundert stellt die Eintragung in das Schreinsbuch eine Voraussetzung für die Wirksamkeit des Grundstücksgeschäftes dar, so daß sie konstitutives Element geworden ist.

Diesem Beispiel folgen schon im 12. Jahrhundert viele andere Städte mehr oder weniger selbständig. So werden etwa in Metz, Andernach oder Lübeck ähnliche Einrichtungen eingeführt. Eine weitere Veränderung findet dabei im 15. Jahrhundert statt, als etwa in Anklam (1401) und Hannover (1428) die entsprechenden Bücher (Hausbuch, Stadtbuch) nach den einzelnen Grundstücken geordnet werden.

Neben der Übertragung von Liegenschaften finden sich zahlreiche andere Grundstücksgeschäfte. Zu nennen sind hier zunächst nochmals Lehen und Erbleihe. Es kann aber auch ein Grundstück zu lebenszeitlicher Nutzung überlassen werden. Dann wird es meist Leibzucht oder Leibgeding genannt. Dies ist besonders unter Ehegatten üblich.

Weiter kann ein Grundstück auch mit einer Gülte oder Rente belastet werden. Hier gibt jemand einem anderen eine bestimmte Geldsumme und der andere verspricht dafür eine wiederkehrende Leistung aus einem Grundstück. Wirtschaftlich entspricht dies einem Darlehen. Vereinbart sein kann eine Rente auf Zeit oder auf Dauer (sog. Ewiggeld). Ziemlich häufig behält sich der Verpflichtete ein Wiederkaufsrecht vor. Die Rente ihrerseits kann von jedem der Beteiligten unter bestimmten Voraussetzungen weitergegeben werden. Sie kann zur lebenslänglichen Nutzung überlassen werden.

71 Erbe verzinsen und verpfänden. Vor einem Bürgermeister und zwei bzw. vier Ratsherren finden Rentenkauf und Einwältigung versessener Zinsen statt. Bilderhandschrift des Hamburgischen Stadtrechts von 1497

Weiter kann der jeweilige Inhaber eines Grundstückes einem jeweiligen Inhaber eines anderen Grundstückes zu einer Dienstbarkeit verpflichtet sein. Diese Grunddienstbarkeit wird dabei stark vom römischen Recht beeinflußt.

Sehr bedeutsam ist schließlich auch die Ausbildung des Grundpfandrechts. Dessen Wichtigkeit zeigt sich allein schon daran, daß es der König in vielfältiger Weise zur Sicherung seiner Herrschaft im Reich einsetzt. Kaum ein Teil des gesamten Reichsgutes, der nicht mindestens einmal verpfändet gewesen wäre.

Dabei kann das Pfand an Liegenschaften zum einen bloßes Substanzpfand sein. Dann wird es vom Pfandschuldner an den Pfandgläubiger anfangs körperlich übertragen. Bei Nichtauslösung verfällt es dem Pfandgläubiger. Seit dem 14. Jahrhundert tritt an die Stelle des Verfalles der Verkauf des Pfandes. Außerdem erfolgt statt der körperlichen Übertragung die Eintragung in ein Buch. Erst dann, wenn das Pfand nicht eingelöst wird, wird der Gläubiger in die Pfandsache eingewiesen bzw. erfolgt ein Verkauf.

Andererseits kann das Pfand an Liegenschaften auch Nutzungspfand sein. Dann kann der Pfandgläubiger die Sache nutzen und die nach der körperlichen Übertragung gezogenen Nutzungen werden nicht auf die zur Lösung des Pfandes erforderliche Summe angerechnet. Seit dem 13. Jahrhundert werden dann überhaupt die Nutzungen von Gütern verpfändet (Rentenpfand). Dies entspricht wirtschaftlich meist den Zinsen eines Darlehens.

Bei Fahrnis (beweglichen Sachen) erfolgt die Veräußerung durch Vertrag (Kauf) und Übergabe, die wohl meist zugleich geschehen. Eine besondere Lage ergibt sich, wenn jemand einem anderen eine Sache überlassen hat. Gibt dieser andere sie an einen Dritten weiter, so kann sie der erste Berechtigte nicht von dem Dritten herausverlangen, weil er seinen guten Glauben dort suchen muß, wo er ihn gelassen hat, nämlich bei seinem eigenen Geschäftsgegner. Teilweise wird aber unter Beachtung des herkömmlicherweise in die Formel Hand wahre Hand gekleideten Grundsatzes dem ersten Berechtigten die Auslösung der Sache beim Dritten unter Zahlung von Entgelt gestattet.

Kommt die bewegliche Sache abhanden, so kann der erste Berechtigte sie vom Dritten in jedem Fall herausverlangen. Juden brauchen hier aber teilweise nur gegen Auslösung herauszugeben. Auch für den Fall, daß der Dritte die Sache auf offenem Markt erworben hat, ist nach einzelnen Rechten die Rückgabe nur gegen Auslösung vorgesehen. Verschiedentlich ist hier die Herausgabe auch ganz ausgeschlossen.

Wird Fahrnis verpfändet, so geschieht dies durch körperliche Übergabe (sog. Faustpfand). Allerdings kann die Übergabe in den spätmittelalterlichen Städten vielfach durch Stadtbucheintrag ersetzt werden. Bei Pfandreife erfolgt dann im Fall der Nichtauslösung meist der Verkauf des Pfandes.

Literatur: Hoeniger, R., Kölner Schreinsurkunden des 12. Jahrhunderts, Bd. 1 f. 1884 f.; Boehmer, J. F. – Lau, F., Urkundenbuch der Reichsstadt Frankfurt, Bd. 1 1901, Neudruck 1979; Hübner, R., Grundzüge des deutschen Privatrechts, 1908, 5. A. 1930, Neudruck 1969; Planitz, H., Das deutsche Grundpfandrecht, 1936; Landwehr, G., Die Verpfändung der deutschen Reichsstädte im Mittelalter, 1967; Willoweit, D., Dominium und proprietas, Hist.Jb. 94 (1974), 131; Köbler, G., Eigen und Eigentum, ZRG 95 (1978), 1.

Kauf und Miete, Dienst und Werk

Augen auf, Kauf ist Kauf, so lautet eines der bekanntesten deutschen Rechtssprichwörter in den Sammlungen des 19. Jahrhunderts. Dem werden die Sätze zur Seite gestellt: Wer die Augen nicht aufmacht, muß den Beutel aufmachen. Die Augen auf oder den Beutel. Augen für Geld. Wer närrisch kauft, muß weislich bezahlen.

Sie alle bringen zum Ausdruck, daß dem Mittelalter der Kauf längst zur Selbstverständlichkeit geworden ist. Insbesondere in den Städten, in denen zwar immer noch Bauern als später sog. Ackerbürger wohnen, in denen aber Kaufleute und Handwerker überwiegen und in denen der Boden innerhalb der schützenden Mauern so knapp ist, daß nicht mehr jeder Stadtbewohner die für seinen Unterhalt erforderlichen tierischen und pflanzlichen Lebensmittel selbst herstellen kann, müssen die entsprechenden Waren über den Markt erworben werden. Umgekehrt müssen etwa die Ackerbau und Viehzucht treibenden Bauern die meisten handwerklichen Geräte ebenfalls kaufen, weil hier der technische Fortschritt bereits eine solche Höhe erreicht hat, daß die Güter nicht mehr in gleicher Qualität von jedermann geschaffen werden können.

Der Ort, an dem dieser Güteraustausch stattfindet, ist grundsätzlich der vom lateinischen mercatum abgeleitete Markt. Seine zunehmende Bedeutung zeigt sich darin, daß schon während des ausgehenden Frühmittelalters die Könige immer häufiger das Recht verleihen, einen Markt abzuhalten. An größeren Orten ist dieser Markt vielfach Wochenmarkt. Und selbst dieser genügt nicht immer, vielmehr werden, wie die Straßennamen vieler Städte zeigen, bald mehrere Märkte nebeneinander für unterschiedliche Güter nötig (z. B. Viehmarkt, Heumarkt, Kornmarkt, Obstmarkt).

Diese zahllosen Geschäfte stets als Tausch auszuführen, war zu umständlich. Der Erwerber des einen Gutes hatte nicht in jedem Fall ein Gut zur Verfügung, das auch das Interesse des Veräußerers fand. Und selbst wenn dies der Fall war, stimmten die Werte häufig nicht zusammen. Deshalb kann es kaum wundernehmen, daß mit dem Übergang vom frühen zum hohen Mittelalter das Geld und damit der Kauf Eingang fand.

Ihn kennt dementsprechend bereits der Sachsenspiegel, wenn er auch nirgends von Kauf, sondern nur einmal von kopunge spricht. Wie gekauft wird, führt Eike von Repgow allerdings nirgends aus. Vielmehr beschäftigt er sich etwa mit der Frage, was sein soll, wenn jemand zurückfordert, was er an beweglichen Sachen verschenkt oder verkauft hat und dabei die Schenkung oder den Verkauf bestreitet. Hier kann der Erwerber, wenn er die Sache hat, sie zu dritt mit Zeugen, die das Geschäft gesehen haben, erstreiten. Bekennt sich der Verkäufer zum Verkauf, muß er Gewährsmann sein für das, was er verkauft hat, denn der ist ein Dieb oder Diebsgenosse, der einen Kauf bekennt, aber die Gewährschaft ablehnt. Etwas anderes kann nur gelten, wenn er die Gewährschaft vor Zeugen ausschloß, als er verkaufte.

Wenn einer am nächsten Tag die ihm gestohlene oder geraubte Sache bei einem anderen findet, der sie öffentlich gekauft und nicht verheimlicht hat und der zudem hierfür Zeugen hat, schreibt Eike von Repgow an einer zweiten Stelle, dann darf man diesen nicht des offenen Verbrechens beschuldigen, obwohl man das Diebsgut bei ihm findet, es sei denn, er hat schon vorher sein Recht verloren. Mit Erlaubnis des Richters kann der Bestohlene sein Gut durch Anfassen zurückfordern. Wenn der andere dann aussagt, daß er es auf dem öffentlichen Markt gekauft habe, aber nicht wisse von wem, so soll er sich an diesen Ort begeben und dort schwören, daß er den Gegenstand hier als ungestohlen und unverhohlen am hellen Tag gekauft habe, er wisse nur nicht von wem. Dann ist er des Diebstahls unschuldig, das Geld aber, mit dem er das Gut bezahlt hat, verliert er und der andere erlangt die Sache zurück, wenn er zu dritt mit unbescholtenen Leuten beschwört, daß ihm sein Gut durch Diebstahl oder Raub abhanden gekommen ist. Sagt der Besitzer nur, daß ihm die Sache gegeben oder verkauft worden sei, dann muß er seinen Gewährsmann, von dem er sie gekauft hat, nennen sowie den Ort, wo er gekauft hat. Danach muß sich sein Gewährsmann statt seiner verantworten. Hat er keinen Gewährsmann, so muß er das Gut mit Strafgeld und Buße aufgeben und man bezichtigt ihn des Diebstahls oder Raubes dazu.

Problematisch ist danach nicht der Kauf als solcher, sondern nur die ungewöhnlicheren Fälle der Rückforderung einer verkauften Sache wie des Verkaufs einer gestohlenen Sache. Verkauft sind dabei jeweils nur bewegliche Sachen. Der Verkauf ist insbesondere auf dem öffentlichen Markt anscheinend so häufig, daß man ohne weiteres behaupten kann, man wisse nicht mehr, von wem man gekauft habe.

Dieser danach schon dem Sachsenspiegel so geläufige Kauf beweglicher Sachen, für welche die Bilderhandschriften ein Pferd als Beispiel verwenden, wird als Bargeschäft erfolgt sein. Besonderer Förmlichkeiten hat es dabei wohl nicht bedurft. Es genügte der beiderseitige Geschäftswille und die tatsächliche Übergabe von Ware und Geld.

Daß dann aus verschiedenen Gründen zwischen den beteiligten Kaufvertragsparteien (koufliuten) ein Streit darüber entstehen konnte, ob der Kauf, der etwa auf dem Jahrmarkt getan wird, Bestand haben soll, hatte schon der Sankt Gallener Mönch Notker um die Jahrtausendwende angesprochen. Neben den von Eike von Repgow genannten Fällen kam für diese Frage insbesondere auch der Fall in Betracht, daß die Kaufsache einen Fehler hatte. Hierfür aber galt das eingangs genannte Sprichwort: Augen auf, Kauf ist Kauf. Der Käufer mußte die Sache vor dem Kauf ausreichend nach Mängeln untersuchen und sich seinem Ergebnis nach für oder gegen den Kauf entscheiden. Schloß er ihn ab und fand danach Mängel der Sache, so war er an den Kauf gebunden.

Eine Ausnahme bestand hier allerdings beim Viehkauf. Hier konnten verborgene schwere Mängel bei bestimmten Tieren noch nachträglich geltend gemacht werden. Dann konnte ausnahmsweise gegen Rückgabe des Tieres der insofern hier besser gestellte Käufer seinen Kaufpreis zurückverlangen.

Bei wertvolleren Gütern wurde dann der Kauf wohl nicht immer als Bargeschäft abgewickelt. Bei dem Abschluß des Vertrages konnte hier der Käufer ein Angeld geben. Dieses wurde im Anschluß hieran gemeinsam vertrunken, weshalb diese Art des Kaufes auch Weinkauf genannt wurde.

Von einer gewissen Bedeutung für die weitere Entwicklung des Kaufrechts war es, daß die Kirche 1234 sich die Lehre vom gerechten Preis zu eigen machte, welche auf die spätantike Gesetzgebung Justinians zurückgeht. Danach hatte jede Sache einen gerechten Preis (lat. iustum pretium). Nicht immer aber verlangte der Verkäufer nur diesen. Vielfach versuchte der Verkäufer auch mit schönen Worten schlechte Waren zu verkaufen und vom Käufer einen erheblich höheren Preis zu erzielen, als es dem Wert der Ware entsprach. Auch der Verkäufer konnte schlecht verkaufen. Bei einer Verletzung des gerechten Preises, die so enorm war, daß der Preis weniger als die Hälfte des Wertes betrug oder der Wert weniger als die Hälfte des Preises ausmachte, durfte die jeweils betroffene Vertragspartei einen Ausgleich verlangen oder die Rückabwicklung des Geschäftes begehren.

72 *Pflichten und Schulden. Marktkauf. Bilderhandschrift des Hamburgischen Stadtrechts von 1497*

Neben dem Kauf wird in den Städten weiter vor allem die Miete ausgebildet. Sie entwickelt sich aus der allgemeinen Leihe von Grund und Boden. Diese reicht nicht mehr aus, weil in die Stadt so viele Zuwanderer strömen, daß nicht jeder von ihnen ein eigenes Hausgrundstück erlangen kann. Hinzu kommt, daß die Zuwanderer vielfach ohne größeres Vermögen in die Stadt dringen, so daß sie auch gar nicht in der Lage sind, ein Hausgrundstück zu erwerben. Dementsprechend sind in den spätmittelalterlichen Städten bereits bis zu 40% der Wohnungen Mietwohnungen. Vermutlich wegen der Nähe zur Bodenleihe wird dabei dem Mieter eine Gewere an der Mietsache zuerkannt.

Bedeutsam ist angesichts der zahlreichen Grundstücksverkäufe die Frage, wie sich der Verkauf auf die Miete auswirkt. Die Lösungen sind hier unterschiedlich. Überwiegend gilt jedoch die Regel, daß die Veräußerung den Mieter nicht vertreibt, daß also der Käufer eines Grundstückes den Mieter in der Mietwohnung belassen muß. Er darf ihm allerdings zum nächstmöglichen Termin kündigen. Nach kirchlicher Lehre kann auch ein höheres Mietangebot eines anderen den Mieter nicht aus der Wohnung verdrängen.

Für das Darlehen sah die Kirche die Bibelstelle Lukas 6,35 als maßgeblich an. Dort heißt es: Also liebet aber eure Feinde. Tut Gutes und gebt ein Darlehen, ohne davon etwas zu erhoffen. Und euer Lohn wird groß sein und ihr werdet Söhne des Allerhöchsten sein, weil er selbst gütig ist gegenüber Undankbaren und Schlechten. Dementsprechend verbietet die Kirche das verzinsliche Darlehen. Da sich die kirchlichen Verbote nicht an die nichtchristlichen Juden wenden, eröffnet sich für diese das verzinsliche Darlehen als Betätigungsfeld. Daneben werden aber auch für Christen zahlreiche Geschäfte eröffnet, mit deren Hilfe sie das kanonische Zinsverbot umgehen können.

Ein weiteres, in der Stadt bedeutsames Geschäft ist der Dienstvertrag. Die vermögenslosen Zuwanderer bringen in die Stadt nur sich selbst und ihre Arbeitskraft mit. Sie sind aber dadurch, daß sie vielfach ihren bisherigen Grundherren entlaufen und diese sie nicht rechtzeitig aus der Stadt wieder zurückverlangen, nach Jahr und Tag frei wie jeder andere Bürger, so daß sie niemandem Dienst auf Grund von Abhängigkeitsverhältnissen zu leisten brauchen. Um ihren Lebensunterhalt zu sichern, schließen sie daher freie Dienstverträge ab. Beschäftigung finden sie vor allem als Gesinde im Haushalt. Daneben werden sie aber auch als Kaufgesellen von Kaufleuten und als Handwerksgesellen im Handwerk angenommen. Vielfach ist dabei mit dem Dienstvertrag die Aufnahme in die Hausgemeinschaft des Dienstherren verbunden.

Der Handwerker in der Stadt stellt häufig nicht nur Gegenstände her, welche er wie etwa Töpfe, Messer oder Scheren täglich ohne Schwierigkeiten auf dem Markt an beliebige Käufer verkaufen kann. Vielmehr geht es oft um die Herstellung eines besonderen, in seinen einzelnen Gegebenheiten einmaligen Gegenstandes wie etwa den Bau eines Hauses. Hier leistet der Handwerker nicht nur irgendwelche Dienste, sondern der Erwerber will von ihm gerade die Schaffung eines besonderen Erfolges. Deswegen kommt hierfür nicht der Dienstvertrag in Betracht, sondern es muß der besondere Werkvertrag allmählich entwickelt werden. Einzelne besondere Arten solcher Werkverträge sind dann etwa schon seit dem 12. Jahrhundert das Kommissionsgeschäft oder wenig später der Frachtvertrag.

Der Kaufmann seinerseits stellt fest, daß er die Vielzahl der ihm möglichen Geschäfte nur schwer allein bewältigen kann. Er sieht, daß es mehreren, die etwa beim Tode eines Handelsmannes dessen Vermögen als Erben erlangen, leichter fällt, die anstehenden Aufgaben zu erledigen. Er erkennt auch, daß mit größerem Vermögen oft ein einträglicheres Geschäft durchgeführt werden kann. Dies alles führt dazu, daß sich bald mehrere Kaufleute zu einer Gesellschaft zusammenschließen. Vielfach sind sie untereinander verwandt und bilden so eine Familiengesell-

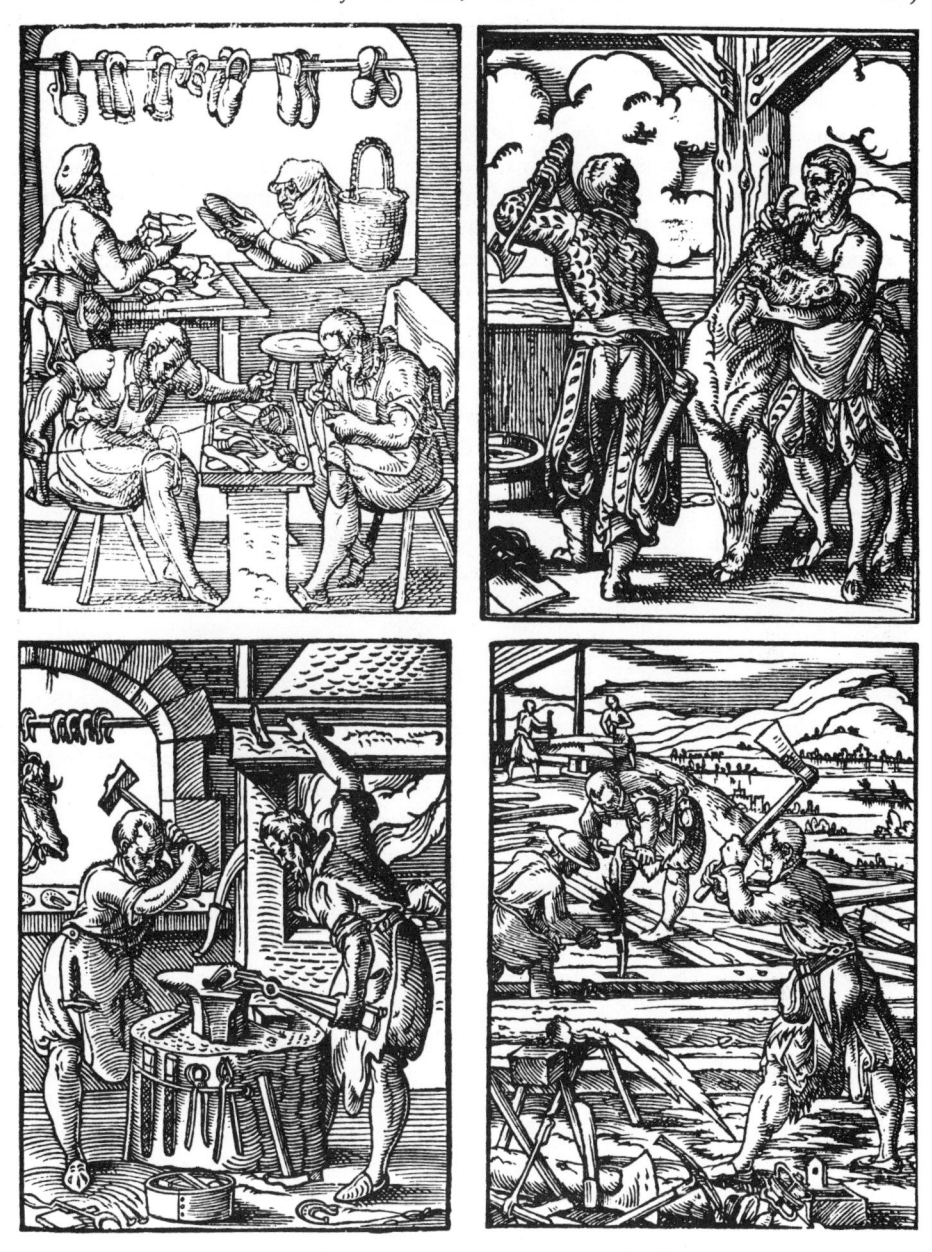

73 *Schuster, Metzger, Schmied, Zimmermann (1539–91). Holzschnitte von Jost Ammann, Nürnberg*

schaft, doch gibt es auch genügend davon verschiedene Fälle. Die Regeln, die dabei vereinbart werden, sind im einzelnen ebenfalls sehr unterschiedlich. Teils wird die Gesellschaft als solche gar nicht nach außen verlautbart, teils haften einzelne Gesellschafter nur mit einer bestimmten Summe, teils arbeitet nur ein Teil von ihnen im Geschäft auch mit.

In Oberitalien schließlich erkennen die Kaufleute, daß es gefährlich und umständlich ist, alle Geschäfte sofort durch Geldzahlung auszugleichen. Insbesondere der Transport des Geldes von einem sicheren Ort zum nächsten sicheren Ort ist nicht ohne Schwierigkeiten. Deswegen gibt etwa ein Kaufmann an einem Ort einem Geldwechsler einen bestimmten Geldbetrag gegen eine Empfangsbescheinigung und das Versprechen, diese Summe an einem anderen Ort zurückzuzahlen. Mit dieser Bescheinigung läßt er sie sich dann am anderen Ort zurückgewähren. Oder es weist ein Geldwechsler einen befreundeten Geldwechsler an einem anderen Ort an, für ihn eine bestimmte Summe einer bestimmten Person auszuzahlen, wobei er Ausgleich durch Verrechnung verspricht. Als im 13. Jahrhundert diese beiden Dokumente vereinigt werden, ist der Wechsel und damit das erste Wertpapier geboren.

Literatur: Hübner, R., Grundzüge des deutschen Privatrechts, 1908, 5. A. 1930, Neudruck 1969; Beyerle, F., Weinkauf und Gottespfennig an Hand westdeutscher Quellen, FS Schultze, A., 1934; Schneider-Horn, W., Die Haftung des Verkäufers für Rechtsmängel nach lübischem Recht, Diss. jur. Hamburg 1969; Genius, K., Der Bestandsschutz von Mietverhältnissen in seiner historischen Entwicklung, 1972; Schulze, W. G., Die laesio enormis in der deutschen Privatrechtsgeschichte, Diss. jur. Münster 1973; Hagemann, H. R., Basler Handelsgesellschaften im Spätmittelalter, FS Vischer, F., 1983, 557; Schröder, R., Zur Arbeitsverfassung des Spätmittelalters, 1984.

Das Ende des Wergeldes

Nun vernehmt aller Leute Wergeld und Buße: Fürsten, freie Herren, schöffenbare Leute erhalten 30 Schillinge oder anderthalb Mark als Buße und achtzehn Pfund als Wergeld. Jede Frau hat halbe Buße und halbes Wergeld ihres Mannes, jedes Mädchen halbe Buße und halbes Wergeld ihres Standes. Abgabenpflichtige und Zinspflichtige sowie Landsassen, die zwar frei sind, aber kein Eigen in Sachsen haben, erhalten mit 15 Schillingen Buße die Hälfte der Buße der Fürsten, freien Herren und schöffenbaren Leute und mit 10 Pfund Wergeld etwas mehr als die Hälfte des Wergeldes der Fürsten. Die Freigelassenen haben mit neun Pfund Wergeld genau die Hälfte des Wergeldes der Fürsten und ein um ein Pfund geringeres Wergeld als die Abgabenpflichtigen, Zinspflichtigen und Landsassen, aber dafür mit 20 Schillingen, sechs Pfennigen und einem Heller eine etwas höhere Buße als diese. Zwei wollene Handschuhe und eine Mistgabel ist die Buße der Tagewerker, ihr Wergeld ist ein Berg voll Weizen von zwölf Ruten. Pfaffenkinder und unehelich Geborene erhalten als Buße ein Fuder Heu, Spielleute und alle, welche sich zu eigen geben, den Schatten eines Mannes, Berufskämpfer und deren Kinder das Blitzen eines Kampfschildes in der Sonne und diejenigen, welche ihr Recht mit Diebstahl oder Raub verwirkt haben, zwei Besen und eine Schere. Diese rechtlosen Leute sind ohne Wergeld.

Aber wer einen von ihnen, so fährt Eike von Repgow nach dieser Darstellung von Buße und Wergeld fort, verwundet oder beraubt oder tötet oder eine rechtlose Frau vergewaltigt und den Frieden an ihr bricht, über den soll man richten nach Friedensrecht. Das aber bedeutet für Tötung, Raub und Notzucht die Enthauptung des Täters. Im Vergleich dazu wäre das Wergeld immer noch die mildere Lösung.

Daran zeigt sich, daß der Sachsenspiegel das schon im Frühmittelalter bezeugte System von Wergeld und Buße bei Tötung und Verletzung eines Menschen zwar noch fortführt. In den wichtigsten Fällen überlagert er es aber selbst durch das peinliche Strafrecht. Dieses enthält die strengere Sanktion, bei deren Verwirklichung die Wergeldleistung von selbst ausscheidet.

Für sie bleibt nur noch in Sonderfällen Raum. Dazu gehört die Tötung in Notwehr, die Tötung durch Unachtsamkeit, die Tötung durch ein Kind sowie die Tötung durch ein Tier. Hier erscheint die peinliche Strafe als nicht angemessen. Nur deswegen bleibt hier das bisherige System zur Lückenfüllung erhalten.

Umgekehrt behandelt eine spätere Einfügung ausführlich das Wergeld von Vögeln und Tieren. Das Huhn vergilt man dabei mit einem halben Pfennig, die Brutgans und die Bruthenne in der Brutzeit mit drei Pfennigen, die Lockente ebenso. Dasselbe zahlt man für das Ferkel und das Zicklein während ihrer Säugezeit und für die Katzen. Das Lamm für vier, das Kalb für sechs. Das Fohlen für einen Schilling während seiner Säugezeit und den Hofhund ebenso. Den Schäferhund mit drei Schillingen und den Keiler und das jährige Schwein ebenso. Das Rind mit vier Schillingen. Die Sau, welche Ferkel trägt oder säugt, mit fünf Schillingen und den Zugochsen und das Feldfüllen. Andere Feldpferde mit 12 Schillingen, das Reitpferd, mit welchem der berittene Mann seinem Herren dienen soll, mit einem Pfund. Für Ritterpferde und Mastschweine ist kein Wergeld gesetzt. Die und alle fahrende Habe soll man bezahlen nach der Schätzung desjenigen, der sie verlor, wenn nicht derjenige, welcher bezahlen muß, sie mit seinem Eid herabsetzt.

Deutlich zeigt sich, daß hier das Wesen des Wergeldes nur noch unvollkommen erfaßt wird. Wergeld ist nunmehr reiner Wertausgleich. Er kommt nur zum Zuge, wo das peinliche Strafrecht nicht eingreift. Bald geht es überhaupt im allgemeinen privaten Schadensersatz auf.

Literatur: Lange, H., Schadensersatz und Privatstrafe in der mittelalterlichen Rechtstheorie, 1955; Conrad, H., Deutsche Rechtsgeschichte, Bd. 1 2. A. 1962; Friese, V., Das Strafrecht des Sachsenspiegels, 1898, Neudruck 1970; Köbler, G., Rechtsgeschichte, 3. A. 1982.

Mensch und Tier

Im Jahre 1644 stieß in Detmold ein Ziegenbock einen Knaben zu Tode. Daraufhin wurde dem Scharfrichter befohlen, das Tier auf offenem Markt anzuprangern, demselben zu abscheulichem Exempel mit einem Beil den Hals abzuhauen und etliche Stiche hin und wieder durch den Leib zu tun. Über diesen Vorgang wurde ein aktenmäßiger Bericht verfaßt.

Dieser hat schon einen biblischen Vorläufer. Im zweiten Buch Moses 21,28 heißt es nämlich: Wenn ein Rind einen Mann oder eine Frau so stößt, daß sie sterben, so soll das Rind gesteinigt werden. Man darf sein Fleisch nicht essen; der Herr des Rindes aber ist frei.

Welches Verhältnis Indogermanen und Germanen zum Tier hatten, wissen wir nicht. Bekannt ist nur, daß sie Haustiere hielten und nutzten und wilde Tiere fingen und töteten. Sowohl die erhaltenen Zeichnungen als auch die Knochenfunde legen Zeugnis hiervon ab. Vermutlich diente das Tier dabei auch als Gegenstand von Opfern. Pferde wurden vielfach dem Herren auch ins Grab mitgegeben. Die rechtliche Volkskunde macht es darüber hinaus auch wahrscheinlich, daß die Vorstellung be-

74 Werwolf von Neuses bei Ansbach. Zeitgenössisches Flugblatt, 1685

stand, daß ein böses Tier einen bösen Geist in sich habe wie allgemein auch in Tieren Götter gesehen werden konnten. Wahrscheinlich glaubte man auch, daß ein Mensch durch Zauberkraft sich selbst in ein Tier und dann wieder in einen Menschen verwandeln könne und daß ein Mensch einen anderen in ein Tier verzaubern könne. Die Begegnung mit der christlichen Bibel vermochte diese Vorstellungen nur zu bestärken.

Für das römische Recht ist das Tier vor allem eine Sache. Wie wertvoll diese sein kann, zeigt sich daran, daß Rinder, Pferde, Esel und Maultiere wie Sklaven und italische Grundstücke im Wege der Manzipation übertragen werden müssen. Geht von einem vierfüßigen Haustier ein Schaden aus, so kann sich sein Herr von seiner grundsätzlich bestehenden Haftung außer durch Leistung auch durch die Preisgabe des Tieres befreien. Auffällig ist es, daß bei der Todesstrafe des Säckens (poena culei) der Täter zusammen mit einem Hund, einem Hahn, einem Affen und einer Schlange ertränkt wird.

Vielleicht galt auch bei den Germanen die Regel, daß der Herr des Tieres sich von seiner Haftung für einen Schaden, den ein Tier verursachte, durch Auslieferung oder Preisgabe des Tieres befreien konnte. Daneben muß er allerdings nach den fränkischen Volksrechten das halbe Wergeld entrichten. Einen Fehdegrund gibt die Tat nicht ab. Die Verwandten des Getöteten können aber an dem preisgegebenen oder ausgelieferten Tier Rache nehmen. Hieraus könnten dann später überlieferte Tierprozesse entstanden sein, wobei es streitig ist, welche Bedeutung den durch Genesis 9,5 und Exodus 21, 28–32 überlieferten Beispielen hierfür zukommt.

Der Sachsenspiegel läßt den Herrn für den Schaden eines Hundes, Ebers, Pferdes, Ochsen oder anderen Viehs mit dem Wergeld oder dem Wert haften, wenn er das Tier nach der Tat behält. Gibt er es preis, ist er frei. Dann kann sich der Verletzte des Tieres bemächtigen. Hält der Herr einen bösen Hund, einen Wolf, Hirsch, Bären oder Affen, hat er für den Schaden einzustehen. Im übrigen darf ein Tier in Notwehr (Notstand) folgenlos getötet werden.

Auffälligerweise ist auch das bei einer Vergewaltigung anwesende Tier zu töten. Noch darüber hinaus ging schon das mosaische Recht, das bei Sodomie den Täter mitsamt dem Tier töten ließ, woran noch das preußische Allgemeine Landrecht von 1794 in eingeschränktem Umfang festhält.

In Erzählungen werden darüber hinaus den Tieren menschliche und den Menschen tierische Züge verliehen. Die Tierfabel kennt überhaupt nur Tiere anstelle der Menschen. Im übrigen trennt die spätere Zeit Mensch und Tier grundsätzlich.

Literatur: Hertz, W., Der Werwolf, 1862; Wehrhan, K., Ein Detmolder Tierprozeß von 1644 und die Bedeutung des Tierprozesses überhaupt, in: Zs. d. Ver. für rhein. u. westfäl. Volkskunde, 1904, 65; Berkenhoff, H. A., Tierstrafe, Tierbannung und rechtsrituelle Tötung im Mittelalter, 1937; Sellert, W., Das Tier in der abendländischen Rechtsauffassung, in: Studium generale. Vorträge zum Thema Mensch und Tier, 1984, 66; Laufs, A., Das Tier im alten deutschen Recht, Forschungen zur Rechtsarchäologie und rechtlichen Volkskunde 7 (1985), 109.

Erneuerung und Neuerung

Neues Weltbild und altes Reich

Am 3. August des Jahres 1492 segelte Christoph Kolumbus von Palos aus ab, um das seit längerem bekannte Land Indien (Marco Polo 1254–1324) auf einem neuen Weg zu erreichen. Er war zwischen dem 25. 8. und 31. 10. 1451 in Genua geboren worden und hatte in langen Seefahrerjahren die Überzeugung gewonnen, daß Indien nicht nur durch eine Fahrt nach Osten, sondern leichter noch durch eine Fahrt über das im Westen Europas gelegene Meer aufgesucht werden könne. Dies setzte die Vorstellung voraus, daß die Erde im Gegensatz zu der Sehweise, wie sie sich ihrem menschlichen Betrachter üblicherweise darstellt, keine Scheibe ist, an deren Ende die Gefahr des Absturzes steht, sondern daß sie in Wahrheit einer Kugel entspricht, welche ohne Gefahr umrundet werden kann.

Bestärkt von dem Florentiner Toscanelli wandte sich Kolumbus mit der Bitte um Unterstützung an die Krone von Portugal, doch scheiterte dieser Versuch. 1484 wechselte er nach Spanien. Dort gelang es ihm nach langwierigen Bemühungen am 17. April 1492 einen Vertrag mit der Königin Isabella von Kastilien zu schließen, der ihm die gewünschte Unternehmung ermöglichte.

Mit drei Karavellen stieß er in die scheinbare Endlosigkeit der weiten See. Mehr als zwei Monate währte die ungewisse Suche. Am 12. Oktober 1492 erreichte er endlich eine Insel, welche die Einheimischen Guanahani, er selbst danach San Salvador nannte (Watling-Insel in der Bahamagruppe?).

Auch die der Entdeckung Kubas und Haitis folgende Rückkehr gelang. Mit 17 Schiffen trat er daraufhin im nächsten Jahr die zweite Reise an. Auf ihr fand er die Insel Dominica, dann Guadeloupe und Puerto Rico. Die dritte 1498 erfolgende Reise führte an die festländische Orinocomündung, doch mußte Kolumbus wegen unbegründeter Verdächtigungen die Heimkehr in Ketten antreten. Auf der vierten Fahrt im Jahre 1502 erreichte er Honduras. Vergeblich suchte er die Durchfahrt nach einem Meer im Westen. Auf der Rückfahrt erlitt er Schiffbruch und traf schließlich krank in Spanien ein.

Am 20. Mai 1506 starb Kolumbus in Valladolid. Bis zuletzt glaubte er daran, den Westweg nach Indien entdeckt und die japanischen Inseln betreten zu haben. Auch seine Zeitgenossen kamen zur Erkenntnis der wahren Bedeutung seiner Entdeckung einer völlig neuen, bis dahin fast gänzlich unbekannten Welt noch nicht.

Bereits vor Kolumbus hatte allerdings der Mathematiker und Astronom Johann Müller (1436–76), genannt Regiomontanus, über diese neue Vorstellung von der Erde hinaus eine Überprüfung der Lehre von der Planetenbewegung auf Grund kritisch gesichteter Beobachtungen angestrebt. Das führte den Astronomen Nikolaus Kopernikus (1473–1543), der in Thorn geboren worden war, seit 1491 in Krakau vor allem Mathematik und Astronomie und von 1496 bis 1500 in Bologna und danach in Padua und Ferrara die Rechte sowie von 1503 an Medizin studiert hatte, dazu, sich mit dem Aufbau des Sonnensystems zu befassen. Angeregt durch die antike Überlieferung

75 *Schiffsrecht. Bilderhandschrift des Hamburgischen Stadtrechts von 1497*

arbeitete er als Berater seines Onkels, welcher Bischof von Ermland war, in Heilsberg an Stelle der Vorstellung eines um die Erde zentrierten Planetensystems die Idee eines heliozentrischen Weltsystems aus. In diesem bildet die Sonne den Mittelpunkt der um sie kreisenden Planeten. Zu ihnen gehört auch die Erde, welche sich ihrerseits täglich um ihre Achse dreht und vom Mond umkreist wird.

Die politische Wirklichkeit wird von diesen epochalen Entdeckungen als erstes dadurch verändert, daß auf den Spuren des Kolumbus Spanier und Portugiesen den neuen Erdteil erobern (1521 Zerstörung des Aztekenreiches durch Cortez). Die Herrschaft über Spanien und dessen zwischenzeitlich erworbenen Kolonien fiel von seinem Großvater mütterlicherseits, König Ferdinand von Aragonien, 1516 an Karl V. (1500–58), den Sohn Philipps des Schönen und Enkel Kaiser Maximilians. Dieser übernahm 1515 die Regierung in den burgundischen, über Maria von Burgund an Maximilian und damit das Haus Habsburg gelangten Niederlanden, gewann bis 1519 die Anerkennung in Spanien und wurde unter Einsatz gewaltiger, von der Unternehmerfamilie Fugger bereitgestellter Geldmittel und nach Abgabe einer Wahlkapitulation am 15. 6. 1519 gegen König Franz I. von Frankreich zum deutschen König gewählt. Damit stand er einem Herrschaftskomplex vor, in dem „die Sonne nicht untergeht".

Dieses Gebilde ist allerdings bald vielfach bedroht. Zum einen führte allein der französische Mitbewerber um die deutsche Krone vier verlustreiche Kriege gegen

76 Martin Luther (1533). Bildnis von Lucas Cranach d. Ä.

Habsburg-Spanien. Zum anderen standen bereits 1529 die mit ihm zeitweise verbündeten Türken vor Wien und konnten nur mit großer Mühe zurückgeschlagen werden.

Dazu kam im Inneren des Reiches die von Martin Luther (1483–1546) ausgelöste kirchliche Reformationsbewegung, welche die Kirche spaltete. Sie beruhte auf einem von vielen kirchlichen Mißständen verursachten allgemeinen kirchlichen Reformverlangen, dem die Kirche selbst während des gesamten 15. Jahrhunderts nicht abzuhelfen vermocht hatte. Die allgemeine Kritik an der Lebensführung der Geistlichkeit zersetzte zusammen mit einem zunehmenden Individualismus die hergebrachte kirchliche Autorität.

Der Bergmannssohn Luther hatte seit 1501 in Erfurt Philosophie studiert. Danach hatte er sich auf Wunsch seines Vaters der Rechtswissenschaft zugewandt, brach auf Grund eines während eines Gewitters abgegebenen Rettungsgelöbnisses das Studium aber ab und studierte Theologie. Seit 1508 lehrte er an der kurz zuvor begründeten Universität Wittenberg Philosophie, seit 1512 Theologie. Er gewann bald ein neues Verständnis von der Gerechtigkeit Gottes, welches diese nicht mehr als Rache, sondern als Barmherzigkeit sah. Danach beruhte die menschliche Erlösung nicht auf den guten Werken des Einzelmenschen, sondern allein auf der Gnade Gottes.

Tatsächliche Auswirkungen hatte dieses an Augustinus anknüpfende neue Glaubensverständnis im Streit um den kirchlichen Ablaßhandel. In diesem war der Sündenablaß aus Praktikabilitätsgründen mit Geld käuflich geworden. Im Kampf hiergegen schlug Luther am 31. 10. 1517 95 Thesen an die Schloßkirche zu Wittenberg an.

Als Folge hiervon strengte die Kirche gegen ihn ein Verfahren wegen Ketzerei an. In mehreren Untersuchungen verteidigte er seine Thesen und lehnte ihren Widerruf ab. Kurfürst Friedrich der Weise von Sachsen, auf dessen Stimme der Papst bei der nächsten Königswahl hoffte, verweigerte die Auslieferung seines Untertanen an die Kurie. Danach verbreitete Luther in zahlreichen Schriften seine neuen religiösen Vorstellungen. Die Androhung des päpstlichen Bannes verbrannte er zusammen mit scholastischen Schriften öffentlich. Nach der Bannung (3. 1. 1521) bekräftigte er seine Lehre auf dem Reichstag in Worms, auf dem er auch in Acht verfiel. Geschützt von seinem Landesherren gelang ihm die weitere Vertiefung seiner Lehre, in deren Zusammenhang er eine sprachgewaltige Übersetzung der Bibel aus dem griechischen Urtext in die deutsche Muttersprache schuf.

In Verkennung von Luthers Reformlehren von der Freiheit eines Christenmenschen erheben sich dann 1522/3 die Ritter gegen die Fürsten und 1525 die Bauern gegen die Grundherren, doch werden ihre schlecht organisierten Bewegungen rasch erstickt und auf Dauer unterdrückt. Die seit 1529 so bezeichneten Protestanten gewinnen schnell neue Anhänger. 1529 vereinbaren Sachsen, Hessen, Straßburg, Nürnberg und Ulm einen geheimen Bündnisvertrag, aus dem später der Schmalkaldische Bund der Protestanten erwuchs. 1546 schloß Karl V. zwecks gewaltsamer Bereinigung der schwierigen Verhältnisse im Reich ein Bündnis mit dem Papst zum Krieg gegen die Ketzer und verständigte sich gleich darauf mit Moritz von Sachsen. Der bald danach mit der Kurwürde belohnte Moritz von Sachsen wechselte nach militärischer Zerschlagung des Schmalkaldischen Bundes jedoch die Seite, so daß dem Kaiser ein entscheidender Sieg über den Protestantismus nicht gelang. Als dann im Jahre 1555 der Augsburger Religionsfriede geschlossen wurde, der den Grundsatz aufstellte, daß der jeweilige Landesherr die Religion im Lande bestimme (cuius regio, eius religio, wessen Gebiet, dessen Religion), war bald nur noch ein Drittel des Reiches der alten Religion verhaftet.

77 *Ordnung des Heiligen Römischen Reiches Deutscher Nation. Weltchronik des Hartmann Schedel, Nürnberg 1493*

Allerdings begann etwa zu dieser Zeit bereits eine Gegenbewegung. Diese Gegenreformation stand unter dem Einfluß der innerkirchlichen Reformen des Konzils von Trient (1545–63). Ihre Führung übernahm der neugegründete Orden der Jesuiten (Societas Jesu).

Unter dem Eindruck einer sich verstärkenden katholischen Reaktion planten böhmische Adelige 1618 die Ermordung zweier katholischer kaiserlicher Statthalter in Böhmen und stürzten sie zu diesem Zweck aus einem Fenster des Prager Schlosses rund 17 Meter in den Schloßgraben. Dieses Ereignis führte zur Konfrontation zwischen der 1608 gebildeten protestantischen Union und der 1609 geschaffenen katholischen Liga, da die Böhmen König Ferdinand stürzten und Kurfürst Friedrich von der Pfalz zum König von Böhmen wählten. Da die Union sich auf Druck Frankreichs und Englands neutral verhalten mußte, wurde Böhmen rasch besiegt. 1622 wurde auch die Unterwerfung der Pfalz abgeschlossen und mit ihrer Rekatholisierung begonnen. 1625 verbanden sich aber England, Dänemark, Friedrich von der Pfalz und die niederländischen Generalstaaten gegen Kaiser und Liga. 1630 griff Schweden zur Gewinnung der Vorherrschaft im Ostseeraum, wenig später Frankreich zur Beseitigung der Vormachtstellung des Hauses Habsburg in die Kämpfe ein. Nach blutigen und wechselvollen Wirren bestätigte schließlich der Friede von Münster und Osnabrück im wesentlichen den Stand der Konfessionen von 1555.

78 Wahl Josephs I. zum deutschen König (24. 1. 1690). Stich von Johann Georg Wolfgang

Allerdings schwächte der Friedensschluß das Reich. Dieses verliert umfangreiche Gebiete gänzlich (Teile des Elsaß, Mündungen von Oder, Elbe und Weser). Die seit dem 13. Jahrhundert sich allmählich lösenden Eidgenossen der Schweiz und die 1566/81 sich gegen die seit 1556 währende Herrschaft des habsburgischen Spanien erhebenden Niederlande verselbständigen sich endgültig. Im Inneren muß das Reich Rechte an die aufstrebenden Fürsten abgeben.

Diese versuchen auch sonst, geschickt und zielstrebig ihre Gebiete abzurunden und die Organisation ihrer Herrschaft zu verbessern, wobei Frankreich zum äußeren Vorbild wird (Ludwig XIV., 1661–1715).

Unter den Fürsten ist dabei vor allem das Haus Habsburg zu nennen, in welchem Karl V. 1521/2 seinem Bruder Ferdinand I. die österreichischen Erblande überlassen hatte, zu denen 1526 durch Erbfolge noch Böhmen und Ungarn gekommen waren. 1713 gewann Österreich nach dem spanischen Erbfolgekrieg die italienischen Güter Spaniens (Mailand usw.), während Spanien selbst an die französischen Bourbonen fiel.

Daneben sind vor allem die Markgrafen von Brandenburg hervorzuheben, welche seit dem frühen 15. Jahrhundert (1411/5) aus dem Hause Hohenzollern kommen. 1614 gewannen sie Kleve, Mark und Ravensberg, 1618 das Herzogtum Preußen. Mit dem Großen Kurfürsten Friedrich Wilhelm I. (1640–88) begann der Aufstieg Brandenburgs zur Großmacht. 1701 krönte sich Friedrich I. zum König in Preußen.

Besonders zu erwähnen sind schließlich noch Bayern, Sachsen und Hannover (Braunschweig-Lüneburg). Hiervon bildet Bayern das Haupt der katholischen Liga und vermag im Laufe des 18. Jahrhunderts die meisten der seit dem 13. Jahrhundert aufgeteilten wittelsbachischen Güter wieder zu vereinigen. Im 1485 aufgespaltenen Sachsen gewann die Albertinische Linie 1697 die polnische Krone, unterlag aber Brandenburg-Preußen im Ringen um die Führerschaft des Protestantismus. Der Kurfürst von Hannover (Braunschweig-Calenberg) schließlich trat 1714 die Nachfolge der englischen Könige an.

Zwischen Österreich und Preußen kommt es dann seit 1740 zu kriegerischen Auseinandersetzungen. Den Anlaß bildet die österreichische Thronfolge Maria Theresias. Sie nützt der preußische König Friedrich der Große (1740–86) zur Annexion Schlesiens. Nach langjährigen Kriegen ist dabei schließlich Preußens Stellung als Großmacht neben Österreich, England, Frankreich und Rußland gefestigt.

Die darüber hinaus reichende politische Veränderung wird durch Frankreich bestimmt. Hier bewirken die außenpolitischen Mißerfolge im Kampf um die Kolonien und die bestehende, nunmehr radikaler philosophischer Kritik unterzogene feudalistische Gesellschaftsordnung eine allgemeine, durch landwirtschaftliche Mißernten und gewerbliche Absatzkrisen noch verstärkte allgemeine Unzufriedenheit. In dieser Zeit fordert das Bürgertum neben Adel und Klerus die politische Mitwirkung. Bei deren Verweigerung greift es im Sturm des Volkes von Paris auf das politische Gefängnis (Bastille) zum Mittel der Revolution. Das alte Regime (ancien régime) wird beseitigt und durch die Republik ersetzt.

Als Österreich zur Verteidigung der alten Ordnung mit der Invasion droht, erobert das revolutionäre Frankreich gegen die Koalition Österreichs, Preußens, Englands, Hollands und Spaniens die gesamten linksrheinischen Gebiete des Reiches. Preußen anerkennt 1795 diese Annexion gegen Entschädigung auf dem rechten Rheinufer. Wenig später erzwingt der französische Heerführer Napoleon Bonaparte, der 1799 die Alleinherrschaft in Frankreich gewonnen hatte, gegen die Koalition (Rußland, Österreich, England, Türkei, Portugal, Neapel und Kirchenstaat) die Bestätigung des Besitzes der linksrheinischen Reichsteile und die Vorherrschaft in Italien sowie danach die territoriale Neuordnung des Reiches durch Säkularisierung der geistlichen und Mediatisierung der kleineren reichsunmittelbaren Herrschaften. 1804 läßt sich Napoleon zum Kaiser von Frankreich krönen, woraufhin Kaiser Franz II. zusätzlich den Titel Kaiser von Österreich annimmt. 1805 kommt es zur Koalition Englands, Schwedens, Rußlands und Österreichs gegen Frankreich, das sich jedoch militärisch durchsetzt und von Österreich die restlichen italienischen Güter, Dalmatien, Tirol und Vorderösterreich gewinnt. Als sich am 12. Juli 1806 Bayern, Württemberg, Baden, Hessen-

79 Sturm des Volkes von Paris auf die Bastille, das politische Gefängnis, am 14. 7. 1789

Darmstadt, Berg und elf weitere deutsche Fürsten im Rheinbund zusammenschließen und zur widerrechtlichen Trennung vom Reich sowie zur französischen Heerfolge verpflichten, erklärt Kaiser Franz II. auf Aufforderung Napoleons den Verzicht auf die Kaiserkrone. Damit endet am 6. 8. 1806 unter dem mittelbaren Druck neuer politischer Ideen das inoffiziell seit 1474 und offiziell seit 1512 so bezeichnete Heilige Römische Reich deutscher Nation, das trotz seiner allmählichen inneren Auszehrung bis zuletzt ein einigendes Band fast aller Deutschen gewesen war.

Literatur: Meinecke, F., Das Zeitalter der deutschen Erhebung 1795–1815, 1906; Ranke, L., Deutsche Geschichte im Zeitalter der Reformation, Bd. 1–6 8. A. 1909; Walder, E., Das Ende des alten Reiches, 1948, 3. A. 1975; Treue, W., Deutsche Geschichte 1648–1740, 1956; Geschichte der deutschen Länder. Territorien-Ploetz, hg. v. Sante, G. W., Bd. 1 1964, Neudruck 1978; Hubatsch, W., Deutschland zwischen dem Dreißigjährigen Krieg und der Französischen Revolution, 1973; Lutz, H., Reformation und Gegenreformation, 2. A. 1982; Neue Deutsche Geschichte, hg. v. Moraw, P. – Press, V., – Schieder, W., Bd. 1ff. 1984ff.; Erbe, M., Deutsche Geschichte 1713–1790, 1985; Köbler, G., Historisches Lexikon der deutschen Länder, 1988.

Frühkapitalismus und Merkantilismus

Aus Graben bei Schwabmünchen zogen im Jahre 1367 Angehörige einer Familie Fugger in die Reichsstadt Augsburg. Dort ließen sie sich als Weber nieder und begannen einen Tuchhandel. Der Sohn Jakob, der Ältere (gest. 1469), des Johann Fugger beteiligte sich dann bereits am Abbau von Silber in Schwaz in Tirol. Unter seinen Söhnen wuchs das Vermögen beständig weiter. Jakob II. übernahm nach Lehrjahren in der Fuggerschen Niederlassung in Venedig 1485 die Leitung der Niederlassung Innsbruck. Durch großzügige Darlehen konnte er Silber-, Kupfer- und Bleibergwerke in Tirol, Kärnten, Ungarn und Spanien erwerben wie überhaupt die Familie zeitweise

80 *Berggericht in Tirol (1556). Nach dem Schwazer Bergbuch*

ein fast vollständiges Kupfermonopol gewann. Seit 1495 beteiligte er sich unter Umgehung des Zwischenhandels Venedigs im Ostindienhandel. 1509 lieh er dem Kaiser 170000 Gulden. Durch Gewährung anderer Darlehen beteiligte er sich maßgeblich am Ablaßhandel. Auf Grund der von ihm zur Verfügung gestellten Gelder wurde Karl V. zum König gewählt. Bei seinem Tod war sein Unternehmen das größte europäische Bankhaus seiner Zeit.

Möglich war dieser steile Aufstieg, welcher Jakob Fugger schon früh den Beinamen der Reiche einbrachte, durch die kühne Ausnützung der durch den neu erblühenden Welthandel eröffneten ungewöhnlichen Gewinnchancen, denen allerdings, wie die spätere Geschichte der Fugger ebenfalls ausweist, auch erhebliche Verlustrisiken gegenüberstanden. Er blieb auch keineswegs allein auf die Familie Fugger beschränkt. Er bildete aber noch keineswegs die Regel.

Für die weitaus meisten Menschen war demgegenüber viel bedeutsamer die spätmittelalterliche Krise in der Landwirtschaft, welche sich in den Bauernkriegen der frühen

81 Köblerhaus aus Oberfelden bei Ansbach (1702/3)

Neuzeit entlädt. Infolge der starken Vermehrung der Bevölkerung steigen dann allerdings die Preise für landwirtschaftliche Güter an, so daß noch im 16. Jahrhundert die wirtschaftliche Lage der Bauern sich wieder bessert. Hinzu kommt eine durch die sogenannte Hausväterliteratur geförderte Verbesserung der Produktionsweise durch Übergang vom Getreideanbau zum Kohlanbau sowie seit etwa 1770 auch zum Anbau der Kartoffel. Die im 18. Jahrhundert entstehende wirtschaftstheoretische Lehre der Physiokraten (Quesnay 1694–1774) sieht dann überhaupt den Boden als eigentliche Quelle des Reichtums und erklärt den Ackerbau zum wichtigsten Berufszweig. Sie wendet sich auch gegen zunehmende Eingriffe des Staates zur Verbesserung der Einnahmen und Sicherung der allgemeinen Versorgung.

Die Verbesserung der Lage der Bauern gilt allerdings nicht für die östlichen Gebiete, in denen seit Beginn der mittelalterlichen Ostsiedlung der meist ritterliche Siedlungsunternehmer eine hervorgehobene Stellung in der jeweiligen Ansiedlung gehabt hatte. Er verliert mit der Umstellung des Heerwesens vom gepanzerten Ritter auf den mit

Feuerwaffen ausgerüsteten Söldner eine wichtige Erwerbsmöglichkeit und sieht sich auf seine landwirtschaftlichen Grundlagen verwiesen. Diese versucht er zu vergrößern und abzurunden und beginnt zu diesen Zwecken seit etwa 1650 mit einem verschärften Bauernlegen. Die dadurch frei werdenden Güter zieht er zur besonderen Gutsherrschaft zusammen, innerhalb deren die landlos werdenden Bauern zu Taglöhnern herabsinken. Für sie wird der Rittergutseigentümer zur Obrigkeit schlechthin.

Im Gewerbe bleibt die starke Aufgliederung in die verschiedenen einzelnen Handwerke erhalten. Deren Ordnung bestimmt die jeweilige Zunft. Diese ist insbesondere an einer Sicherung der Einkünfte ihrer Mitglieder interessiert und strebt diese mit zahlreichen, die unternehmerische Entscheidungsfreiheit beschränkenden Maßnahmen an.

Einen technischen Fortschritt erfährt das Gewerbe dann durch verschiedene technische Erfindungen. Hierher gehören etwa der Eisenguß, das Fußspinnrad, der Antrieb durch Göpel («Roßwerke» d. h. meist umlaufende Tiere), Schraubstock und Bohrmaschine. Im 18. Jahrhundert kommen hier Gußstahl (1735), Zement (1799), mechanischer Webstuhl (1785) und vor allem die Dampfmaschine (1769/77) hinzu.

Hinsichtlich des Vertriebs der Produkte entwickelt sich das besondere Verlagssystem. Besonders im Textil- und Metallgewerbe vertreibt nicht mehr der Hersteller selbst die Waren, sondern sein Verleger wird für ihn tätig. Dieses Verlagssystem greift von der Stadt auch auf das Land aus, auf dem zunehmend die landwirtschaftlich unproduktive Winterzeit zur gewerblichen Betätigung verwendet wird.

Seit dem ausgehenden 17. Jahrhundert befaßt sich zuerst in Frankreich, dann aber auch in den deutschen Ländern der Fürst mit den wirtschaftlichen Verhältnissen aller. Er will im Wettbewerb mit anderen Fürsten eine wirtschaftlich günstige Stellung einnehmen. Da er die größten Chancen einer Förderung im Bereich des Gewerbes sieht, greift er hier verstärkt ein (sog. Merkantilismus). Für bestimmte Gewerbezweige, von denen er sich besonderen Gewinn verspricht, stellt er Unternehmern Geld, Gebäude oder Baumaterial zur Verfügung. Hierher gehören vor allem die Produktion von Waffen und Textilien, aber auch die Herstellung des auf der Suche nach Wertvollerem 1693 gefundenen Porzellans. Im übrigen fördert der Fürst auch bewußt das Bevölkerungswachstum, um dadurch seine eigene Machtgrundlage zu stärken.

Einen Fortschritt in der Produktionsweise bewirkt auch die Schaffung der Manufaktur. Zwar herrscht bei ihr, wie der Name zum Ausdruck bringt, die Handarbeit noch vor. Sie erfolgt jetzt aber in einer zentralen Produktionsstätte. Von diesen neuen Manufakturen ist insbesondere die Porzellanmanufaktur auch später bedeutsam geblieben.

Der Handel schließlich wird infolge der Entdeckung der neuen Welt erheblich ausgeweitet, zumal 1498 auch der Seeweg nach Ostindien aufgefunden worden war. Die europäischen See- und Handelsmächte begannen im Anschluß hieran rasch mit der Kolonisation der neuen Gebiete. Spanien eroberte ganz Südamerika mit Ausnahme Brasiliens, Mittelamerika, den südlichen Teil Nordamerikas und die Philippinen. Portugal gewann die wichtigsten Küstengebiete und Handelsstützpunkte des Seeweges in den Mittleren und Fernen Osten, die Molukken und Brasilien. Die Niederlande setzten sich auf Ceylon, den Molukken und in Südafrika fest. England und Frankreich teilten sich in Nordamerika, Ostindien und Westindien (Jamaika englisch, Haiti französisch), doch setzte sich im Laufe der Zeit England gegenüber allen anderen Mitbewerbern weitgehend durch.

Der neue, die gesamte jeweils bekannte Welt umfassende Handel berührte zwar zunächst nur die Oberschicht. Er ermöglichte anfangs auch nur einzelnen Unternehmern besondere kapitalistische Handlungsweisen. Er begann dann aber auch bald die regierenden Fürsten zu interessieren, welche als eine Möglichkeit zu Reichtum und Macht zu gelangen, auch den Handel erkannten. Aus diesem Grund strebten sie eine möglichst aktive Handelsbilanz ihres Außenhandels mit anderen Ländern an. Diese versuchten sie durch Zölle und Subventionen zu erreichen. Ausländische Fertigwaren werden mit hohen Zöllen belastet, um sie so möglichst vom eigenen Markt fernzuhalten. Die eigene Ausfuhr der binnenländischen Produktion wird so gut wie möglich unterstützt, um ihren Umfang zu erhöhen.

Diese merkantilistische Verhaltensweise mußte freilich an ihre Grenzen stoßen, sobald jeder der Bewerber in gleichem Maße verfuhr. Dazu kam, daß die besonders seit dem 18. Jahrhundert rasch zunehmende Bevölkerung neue wirtschaftliche Aufgaben stellte. Zu ihrer Lösung erwies sich das alte Regime nicht in allen Fällen fähig. Aus diesem Grunde wurde es 1789 in Frankreich abgelöst. In den übrigen Staaten ermöglichte demgegenüber eine neue wirtschaftliche Betrachtungsweise eine Lösung der vorhandenen Schwierigkeiten.

Literatur: Pölnitz, G. v., Die Fugger, 1960; Aubin, H.-Zorn, W., Handbuch der deutschen Wirtschafts- und Sozialgeschichte, Bd. 1 ff. 1971 ff.; Kulischer, J., Allgemeine Wirtschaftsgeschichte des Mittelalters und der Neuzeit, Bd. 1 f. 5. unv. A. 1976; Boehme, H., Europäische Wirtschafts- und Sozialgeschichte, 1977; Henning, F. W., Landwirtschaft und ländliche Gesellschaft in Deutschland, 2. A. 1985.

Der Aufbruch zur bürgerlichen Gesellschaft

Theophrast Bombast von Hohenheim, genannt Paracelsus, wurde um 1494 in Einsiedeln als Sohn eines Arztes geboren und in Ferrara zum Arzt ausgebildet. In einem durch ganz Europa führenden Wanderleben begründete er eine neue Heilkunde. Sie beruhte vor allem darauf, daß er an die Stelle der hergebrachten Säftelehre die Chemie als die Lehre von den wirksamen Elementen, ihren Veränderungen und ihren bei der Heilung mithelfenden Wirkungen setzte, wobei er Heilung als von Arzt und Arznei nur unterstütztes Werk der Lebenskraft ansah.

Kurz nach Paracelsus' Tod erkannte Fracastoro das Wesen der auf lebende Keime zurückgehenden Ansteckung. 1628 veröffentlichte William Harvey ein Buch über den von ihm entdeckten Blutkreislauf. 1675 wurden erstmals Bakterien und Blutkörperchen mit dem Mikroskop beobachtet. 1796 schließlich konnte die erste Pockenimpfung mit einem dafür besonders hergestellten Impfstoff erfolgen.

Nicht zuletzt dieser dauerhafte Aufschwung einer neuen Medizin führte dazu, daß sich die Zahl der Menschen im Reich in dreihundert Jahren von etwa 11 Millionen auf rund 23 Millionen mehr als verdoppelte, obgleich der Dreißigjährige Krieg fast ein Drittel der Bevölkerung vernichtete. Von diesen Menschen leben am Anfang dieses Abschnittes vielleicht 1,5 Millionen in Städten. Um 1800 sind es demgegenüber fast schon fünf Millionen. Mithin vermehrt sich die Zahl der Städter schneller als die der Landbewohner. Ursächlich dafür ist vor allem der Zuzug vom Land in die Stadt. Grund hierfür sind wiederum bürgerliche Freiheit und gewerbliche Betätigungsmöglichkeit.

Insgesamt bleibt freilich die Gesellschaft nach wie vor ständisch. Auch die Gliederung der Stände ändert sich kaum. Adel, Bürger und Bauern stehen wie bisher nebeneinander. Hinzu kommt vielleicht deutlicher als bisher eine weitere Unterschicht, für die auch die kriegerischen Wirren dieser Jahrhunderte mitverantwortlich sind.

Der Adel gliedert sich in hohen und niederen Adel. Zum hohen Adel zählen die Reichsfürsten und Reichsgrafen. Kennzeichnend für sie ist die Reichsunmittelbarkeit. Hinzu kommen die Regierung von Land und Leuten sowie Sitz und Stimme im Reichstag. Sein Leben bestreitet der Adel von der Grundrente, welche ihm die abhängigen Bauern erwirtschaften. Zu seinen Vorrechten gehört vor allem die Steuerfreiheit, die dem Adeligen im Ursprung als Ausgleich für seine persönliche Dienstleistung als Lehensmann zuerkannt worden war. Außerdem kann adeliges Gut nur von Adeligen erworben werden. Zusätzlich sind die führenden Stellungen in Regierung und Verwaltung dem Adel vorbehalten, wenn er hier auch schon mit Gebildeten konkurrieren muß.

Dem Bürger ist grundsätzlich der Betrieb der Gewerbe zugewiesen. Zwar wirken hier die Zünfte noch restriktiv. Die merkantilistische Förderung durch den Herrscher zeigt aber schon, daß der Betrieb eines Gewerbes Erfolge versprechen kann.

Die große Masse der Bevölkerung ist weitgehend in grundherrschaftliche Abhängigkeitsverhältnisse eingebunden. Sie sind der Grund für mannigfache Dienst- und Abgabepflichten. Vielfach wird jetzt von Leibeigenschaft und Erbuntertänigkeit gesprochen. Weithin besteht Schollenpflichtigkeit.

Allerdings sind die Abhängigkeiten nur eine Seite. Auf der anderen Seite steht das gesicherte Auskommen in der Grundherrschaft. Vor allem im eigenen Interesse übt der Grundherr über seine Bauern auch eine gewisse Fürsorge aus.

Der Landesherr selbst wird hier noch kaum tätig. Er wird aber am Ende des 18. Jahrhunderts mit erheblichen sozialen Problemen konfrontiert. Diese beruhen vor allem darauf, daß die Bevölkerung aufgrund der besseren medizinischen Versorgung wie der merkantilistischen Förderung stark wächst. Das führt zu spürbaren Preissteigerungen bei kaum merklicher Reallohnzunahme. Als Folge hiervon verarmen weite Kreise der Bevölkerung. Zugleich werden anscheinend die Grenzen der Ernährungsmöglichkeiten erreicht. So bahnt sich allmählich eine schwierige soziale Lage an.

Literatur: Vogt, A., Theophrastus Paracelsus als Arzt und Philosoph, 1956; Conrad, H., Deutsche Rechtsgeschichte, Bd. 2 1966; Zorn, W., Einführung in die Wirtschafts- und Sozialgeschichte des Mittelalters und der Neuzeit, 2. A. 1974; Sozialgeschichte der Familie in der Neuzeit Europas, hg. v. Conze, W., 1976; Henning, F. W., Landwirtschaft und ländliche Gesellschaft in Deutschland, 2. A. 1985; Braudel, F., Sozialgeschichte des 15.–18. Jahrhunderts, Bd. 1,2 1986.

Rationalität und Aufklärung

Schon seit dem 13. Jahrhundert hatte der im Gefolge der Kreuzzüge erwachsende Handel mit dem Orient den italienischen Städten zu einer führenden wirtschaftlichen Stellung verholfen. Der sich mehrende Reichtum der Städte und Fürstenhöfe gab die äußere Grundlage zu einem vielfach prunkvollen und künstlerisch geformten Leben. Der einzelne, den davon erfaßten oberen Schichten zugehörige Mensch begann freier seinem Stand, seiner Umwelt sowie seiner Tradition gegenüberzustehen. Mittelpunkte

82 Theologische Disputation (Herborn 1751). Stammbuch Achenbach

einer daraus entstehenden neuen Lebensart sind vor allem Florenz und Rom, frühe Vorläufer des 14. Jahrhunderts Petrarca und Boccaccio.

Zu dieser freieren Lebensart kommt eine Wiedergeburt (ital. rinascimento) der Antike. Die aus ihr zu entnehmende menschliche Haltung wird zum Vorbild schlechthin. Sie bildet zugleich einen entschiedenen Gegensatz zur christlichen Jenseitsbezogenheit.

Es gilt nunmehr über die Antike die Erscheinungsfülle der Welt und des Menschen überhaupt zu erfassen. Kunst und Wissenschaft streben nach Lösung von den hergebrachten Formen und Sätzen. Die Sachgesetze der Wirklichkeit bilden das Ziel. Soweit sie in der Antike, insbesondere von der griechischen Philosophie, bereits entdeckt waren, bedarf es lediglich einer Erneuerung der Verbindung von Erfahrung und Denken.

Die in Italien gewonnene neue Haltung wird durch die herrschaftlichen Höfe, die frühkapitalistischen Handelshäuser wie die deutschen Studierenden nach Norden verbreitet. Jakob Fugger der Reiche errichtete sogar mit der Fuggerkapelle (1509–18) den ersten deutschen Renaissancebau überhaupt. Kennzeichnend für diese durch Erneuerung gewonnene neue Architektur sind die aus der Antike übernommenen Säulenordnungen und Gesimse, die Verdrängung des gotischen Spitzbogens, die Aufgabe des Kreuzgewölbes zugunsten des Tonnengewölbes oder der Kassettendecke sowie allgemein die aus den menschlichen Maßen und dem Goldenen Schnitt entwickelten, klaren und harmonisch aufeinander abgestimmten Proportionen.

Über die Abwendung von der Tradition und die Hinwendung zur Antike wie zu einer neuen kritischen Rationalität hinaus, welche im Reich auch an der neuen lutherischen Selbstverantwortung vor Gott deutlich zum Ausdruck kommt, begründet dann der englische Philosoph und Staatsmann Francis Bacon (1561–1626) eine neue, gegen die scholastische Philosophie gerichtete, von kirchlicher Dogmatik befreite Erkenntnismethode. Aufgabe der Naturwissenschaft sei es, die Wege zur Beherrschung der Natur zu finden. Der Weg dahin könne nur von der vorurteilslosen Beobachtung des Einzelvorganges seinen Ausgang nehmen. Durch Verallgemeinerung der Einzelerfahrung sei dann induktiv die allgemeine Erkenntnis zu finden (Empirismus).

Vollendet wird die mit der Renaissance begonnene Befreiung der Wissenschaften von ihren christlich-mittelalterlichen Bindungen durch den französischen Philosophen René Descartes (1596–1650). Er wird durch den Gesamtaufbau seines Denksystems zum ersten systematischen Denker der Neuzeit. Der einzige Satz, welcher ihm dabei unbezweifelbar am Anfang steht, ist der Satz: Ich denke, also bin ich (lat. cogito, ergo sum). Von ihm leitet er rational-deduktiv klare Grundsätze und von diesen wiederum sehr ins einzelne gehende Folgerungen ab (Rationalismus).

Im 18. Jahrhundert erwächst dann aus diesen und zahllosen anderen Einzelansätzen die Geistesbewegung der Aufklärung. Sie geht von der Überlegung aus, daß die Vernunft das eigentliche Wesen des Menschen ausmache. Dementsprechend ist sie der allgemeingültige Wertmaßstab für alle menschlichen Tätigkeiten und Verhältnisse. Vernunft, geistige Freiheit und weltanschauliche Toleranz zur gemeinsamen Wohlfahrt aller sind dementsprechend Ziele dieser alle Teile des Kulturlebens machtvoll ergreifenden Bewegung, welche zuerst die Niederlande (Grotius, Spinoza), dann England (etwa 1690, Locke, Hume, Newton) und danach Frankreich (Voltaire) sowie Deutschland (Thomasius, Christian Wolff [1679–1754]) erfaßt.

Technisch wird die Verbreitung all dieser neuen Ideen durch eine umwälzende Erfindung begünstigt, welche ihrerseits die Frage der Vervielfältigung eines Schriftstücks, die bislang durch individuelle Abschrift erfolgte, rational im Sinne einer Vereinfachung und Verbesserung löste. Mit ihr hatte sich spätestens seit 1436 Johannes Gutenberg, Sohn des auch nach seinem Haus zum Gutenberg benannten Mainzer Patriziers Friele Gensfleisch zur Laden, beschäftigt. Vielleicht schon 1440, spätestens 1454 löste er sie mit dem Prinzip der beweglichen und damit vielfach einsetzbaren Metallbuchstaben. Mit Hilfe von 1550 geliehenen Gulden erstellt er mit dieser neuartigen Technik zwischen 1452 und 1455 eine zweispaltige, 1282 Folioseiten zu 42 Zeilen umfassende und mit Hilfe von 290 verschiedenen Lettern gefertigte Bibelausgabe, von deren ursprünglich 100 bis 200 erstellten Exemplaren in der Gegenwart noch vierzig erhalten sind. Bis 1500 wurde diese neuartige Technik an etwa 250 Orten, darunter mindestens 62 deutschen Städten, übernommen. Rund 27000 meist lateinische Schriften wurden in durchschnittlich 200 bis 300 Exemplare umfassenden Auflagen gedruckt. Insgesamt bis zu 500000 Exemplare solcher Frühdrucke könnten bis in die Gegenwart erhalten geblieben sein.

Nach 1500 wird das gedruckte Schrifttum überhaupt zunehmend unübersehbar. An juristischen Schriften werden dabei als erstes 1460 die Constitutiones Papst Clemens' V. gedruckt. 1468 folgen die Institutionen und bis 1500 fast 200 Ausgaben verschiedener Teile der römischen Rechtstexte. Die Stadt Nürnberg, früh eine Hochburg der

Druckkunst, ließ bereits 1484 ihre 1479 erarbeitete Stadtrechtsreformation im Buchdruck vervielfältigen.

Für die allgemeine Bildung wird es im übrigen zunehmend bedeutsam, daß seit der Mitte des 16. Jahrhunderts an den Schulen allmählich eine Qualifikation der Lehrer verlangt wird. Über den freiwillig sich erweiternden Zulauf zu den Schulen hinaus wird im 17. Jahrhundert der staatliche Schulzwang verordnet. Am Ende des 18. Jahrhunderts wird für das Gymnasium eine Abschlußprüfung (Abitur) vorgeschrieben.

Literatur: Cassirer, E., Die Philosophie der Aufklärung, 1936; Ruppel, A., Johannes Gutenberg, 2. A. 1947; Ritter, L., Die Neugestaltung Europas im 16. Jahrhundert, 1950; Studien zum städtischen Bildungswesen des späten Mittelalters und der frühen Neuzeit, 1983.

Die Aufnahme des römischen Rechts

Wenn ein Ribwarier einen Unfreien freilassen will, kann er ihn dem Bischof übergeben, der dann dem Archidiakon befiehlt, daß er ihm ein Schriftstück nach römischem Recht, nach welchem die Kirche lebt, ausstellt (ecclesia vivit lege Romana). Dieser frühmittelalterliche Satz beruht darauf, daß die in der Spätantike zur römischen Staatskirche gewordene christliche Kirche vielfach Sätze des römischen Rechts übernommen hat. Allerdings wurde sie ebenso von orientalischen wie germanischen Rechten beeinflußt. Hinzu kam die unaufhörliche Gewinnung eigenen neuen Rechtes.

Der vielleicht um 1054 in Pavia abgeschlossene Liber Papiensis nimmt die Verbindung der Kirche zum römischen Recht wieder auf, wenn er vorschreibt: ut omnis ordo ecclesiarum secundum legem Romanam vivat (daß die gesamte Kirche nach römischem Recht leben solle). Allerdings beruht das römische Recht der hochmittelalterlichen Kirche nur teilweise auf wirklicher Kontinuität. Teilweise liegt planmäßiges Wiederanknüpfen an älteres antikes Recht, teilweise Wiederaufleben schlummernden antik-römischen Gedankengutes, teilweise auch unwillkürliche Angleichung an das wiedererwachte römische Recht vor.

Immerhin wurden seit dem frühen 12. Jahrhundert in Bologna die römischen Rechtstexte gelehrt und bearbeitet und übernahm die Kirche die hierbei auf der Grundlage der freien Künste entwickelten Techniken in die Lehre und Bearbeitung der von Gratian neu und neuartig zusammengestellten kirchlichen Regeln. Zugleich bildete sich dort eine Gruppe von geschulten Personen, deren Gemeinsamkeit statt auf einer Zugehörigkeit zu einem gleichen Geburtsstand auf gleichem, durch Schulung gewonnenem Wissen und ähnlichen Fähigkeiten beruhte. Sie machte sich durch das Studium eine Methode zu eigen, welche ein sichereres Erfassen und ein ordnenderes Denken der sich wandelnden Wirklichkeit ermöglichte.

Zahlreiche Studenten aus ganz Europa zogen daraufhin über die Alpen an die dort entstehenden Schulen und Universitäten. Für Bologna allein läßt sich für den Beginn des 13. Jahrhunderts mit rund 1000 Rechtsstudenten rechnen. Rechtsunterricht gab es aber bald auch an anderen Orten, zuerst in Italien und Frankreich, dann auch anderswo. Und die dort ausgebildeten Juristen gewannen dank ihrer neuen Fähigkeiten Einfluß an vielen Stellen.

Mit ihnen gelangte das gelehrte Recht an viele Orte. Schon Eike von Repgows Sachsenspiegel bezeugt das eine oder andere. Danach bemühten sich vor allem die

83 a Ulrich Zasius (Ulrich Zäsy) (1461–1535), Stadtschreiber und Professor in Freiburg, Verfasser des Freiburger Stadtrechts von 1520. Iconas sive imagines virorum literis, 1587.

Städte frühzeitig um solche studierte Juristen. Von ihrer Tätigkeit legen viele Klauseln der zunehmend zahlreicher werdenden Schriftstücke beredtes Zeugnis ab, wenn in ihnen auf Rechte und Einreden des weltlichen wie des geistlichen Rechts verzichtet wird, welche dem römischen und kanonischen Recht angehören. Gerade vor dem gelehrten Offizial des geistlichen Gerichts hatte ein derartiger Verzicht auch praktisch erhebliche Bedeutung, wenngleich der Rechtsverzicht als solcher sehr viel älter sein dürfte.

Gleichwohl kam es zu einer allgemeinen Aufnahme (Rezeption) des gelehrten Rechts nicht vor dem Ausgang des 15. Jahrhunderts, obgleich im Reich mit Prag schon 1348 die erste eigene Universität gegründet worden war. Vielmehr herrschte noch das einheimische Recht vor. Bereits die Sachsenspiegelglosse allerdings verglich das einheimische mit dem gelehrten Recht.

Die Gründe für die nicht nur im Reich, sondern auch in anderen europäischen Ländern vollzogene Rezeption der gelehrten Rechte sind umstritten. Teilweise wurde angenommen, daß das einheimische Recht die von der gesamtgesellschaftlichen Fortentwicklung aufgeworfenen Fragen nicht ausreichend beantworten habe können. Dem widerspricht aber die Tatsache, daß Gebiete, in welchen der wirtschaftliche Fortschritt nicht langsamer, sondern eher rascher erfolgte als in anderen, das gelehrte Recht entweder erst sehr spät oder überhaupt nicht aufnahmen. Auch der Einfluß der Landesherren, denen angeblich das gelehrte Recht besonders dienlich war, wird vielfach überschätzt. Am ehesten wird man annehmen dürfen, daß die bewußt von vernunftbezogenen Regeln geprägte Methode es war, welche gelehrte Juristen gegenüber nur erfahrungsgeschulten Laien als überlegen erscheinen ließ. Und mit dieser Metho-

83 b Hermann Conring (1606–1681), Polyhistor und Widerleger der lotharischen Legende von der Einführung des römischen Rechts durch Gesetz Lothars von Süpplingenburg. Kupferstich eines unbekannten Meisters

de war eine geschlossene Masse rational einleuchtender, schriftlich fixierter und systematisch durchdrungener Konfliktlösungen verbunden, welche einer verwirrenden Vielfalt von aus unterschiedlichsten Quellen stammenden einheimischen Regeln gegenüberstand. Hinzu kam fraglos auch die allgemeine Zuwendung an die Antike und die aus ihr zu entnehmende vorbildliche menschliche Haltung schlechthin.

Betrachtet man den Ablauf an einem einzelnen Beispiel, so zeigt sich, daß die Reichsstadt Frankfurt, welche um 1400 etwa 10000 Einwohner hatte, sich im Jahre 1361 erstmals durch einen Prokurator vor dem geistlichen Gericht in Mainz vertreten ließ. Gegen Ende des 14. Jahrhunderts nahm sie jeweils einen berufsmäßigen Prozeßvertreter in festen Dienst. Dabei handelte es sich bei diesen Personen, die nur die Terminvertretung im schriftlichen Verfahren wahrnahmen, meist um Geistliche mit gewissen juristischen Kenntnissen, nicht um graduierte Juristen. Daneben verpflichtete die Stadt Advokaten zur juristischen Beratung. Diese hatten zumeist bereits akademische Grade. Seit 1467 mußten sie auch bei Bedarf dem Schöffengericht beratend zur Verfügung stehen. Nachdem dann 1464 ein erstes schriftliches Schiedsverfahren durchgeführt worden war, wurde 1488 das erste schriftliche Streitverfahren absolviert. Hier trat vor dem Schöffengericht erstmals ein Advokat auf. In den folgenden Jahren wurde der Stadtadvokat zunehmend zum Schöffengericht zugezogen und hat wohl bald die Urteilsgewinnung maßgeblich beeinflußt.

Der erste Schöffe mit juristischer Ausbildung war dann der um 1440 geborene Ludwig Marburg zum Paradeis. Er studierte in Orléans und Leipzig, erwarb 1464 den Doktorgrad und wurde auf Grund dieses Grades 1464 zum Schöffen gewählt, ohne vorher dem Rat angehört zu haben. 1466 gab er das Amt auf. 1468 wurde er erneut gewählt. 1469 wechselte er in den Dienst des Pfalzgrafen bei Rhein. 1470 bis 1473 war er Ratskonsulent in Nürnberg und wurde danach Stadtadvokat, 1486 Schultheiß in Frankfurt. Seine Bibliothek, welche unter anderem den Liber Sextus Bonifaz' VIII. in Ausgaben von 1465 und 1473 und die Institutionen Justinians in einer Ausgabe von 1468 umfaßte, fiel mit ihren 157 Bänden nach seinem Tod (1502) an die Stadt, deren Ratsbibliothek zuvor nur aus einer kleinen Anzahl fast ausschließlich juristischer Bücher bestanden hatte.

Römisches Recht erscheint in den Frankfurter Gerichtsprotokollen seit 1482. Dabei werden bis etwa 1490 nur einzelne römischrechtliche Sätze angeführt. Später beginnt man die Tatbestände mit den Mitteln des gelehrten Rechtes zu interpretieren und die Tatsachen klar unter Rechtsnormen zu subsumieren. Demgegenüber scheint es so, als würden die dadurch verunsicherten Schöffen zunehmend den gütlichen Ausgleich der Rechtsstreitigkeiten anstreben.

Noch 1491 lehnen es die Schöffen ab, die Übergabe eines Schriftsatzes als genügende Antwort auf eine Prozeßhandlung anzusehen. Seit 1496 werden aber Vermerke über den Wechsel von Schriftsätzen in den Gerichtsbüchern häufiger. Mit ihnen dringen dann auch inhaltlich immer mehr römischrechtliche Sätze ein.

Beschleunigt wird der Vorgang durch § 3 der Reichskammergerichtsordnung von 1495. Dort lautet der Eid des Richters und der Beisitzer: Unserem königlichen oder kaiserlichen Kammergericht getreulich und mit Fleiß ob zu sein und nach des Reiches gemeinen Rechten, auch nach redlichen, ehrbaren und leidlichen Ordnungen, Statuten und Gewohnheiten der Fürstentümer, Herrschaften und Gerichte, welche vor sie gebracht werden, dem Hohen und dem Niederen nach bestem Verständnis gleich zu richten und durch nichts sich dagegen bewegen zu lassen, auch von den Parteien oder jemandem anderen wegen keiner Angelegenheit, die anhängig ist oder wird, eine Gabe, Geschenk oder irgendeinen Vorteil durch sich oder andere, wie sie der Menschen Sinne immer erdenken können, zu nehmen oder nehmen zu lassen; auch keine besondere Partei oder Anhang zu Zufällen in Urteilen zu suchen oder zu machen und keiner Partei raten oder sie warnen, und was bei Beratungen und Verfahren behandelt wird, den Parteien oder niemand zu eröffnen, vor oder nach dem Urteil und zugleich auch die Verfahren nicht aus unangemessenen Gründen verzögern oder aufhalten.

Demnach hat das Reichskammergericht nach des Reiches gemeinen Rechten und nach den Ordnungen, Statuten und Gewohnheiten der einzelnen Fürstentümer, Herrschaften und Gerichte zu richten. Über deren Verhältnis zueinander sagt zwar die Regelung nicht unmittelbar etwas aus. Sie setzt aber voraus, daß das örtliche Recht dem Gericht gegenüber vorgebracht wird, während demgegenüber das gemeine Recht offensichtlich bekannt ist. Das örtliche Recht muß im Vorbringen dagegen zugleich erst erwiesen werden.

Hinzu kommt, daß nicht das örtliche Recht schlechthin zur Anwendung gelangt. Vielmehr wird gefordert, daß es redlich, ehrbar und leidlich ist. Es muß also nicht nur in seiner Existenz formal nachgewiesen werden. Es wird auch inhaltlich auf seine Redlichkeit, Ehrbarkeit und Leidlichkeit überprüft. Fehlen diese, so ist es nicht anwendbar.

Die Anforderungen inhaltlicher wie formaler Art werden dabei im Laufe der Zeit verschärft. Dementsprechend tritt das örtliche Recht gegenüber dem gemeinen Recht immer mehr zurück. Hinzu kommt, daß aus Oberitalien ein dort entwickelter Satz über das Verhältnis von allgemeinem zu besonderem Recht übernommen wird. Nach ihm sind Statuten eng auszulegen (statuta sunt stricte interpretanda). Im 17. Jahrhundert hat dann das römische Recht die Vermutung der Geltung für sich. Nur unter Widerlegung dieser Vermutung kann das örtliche Recht noch zur Anwendung kommen. Die Übernahme der gelehrten Rechte erfolgt allerdings nicht ohne jede Abänderung. Vielmehr wird das als gemeines Recht (ius commune) bezeichnete gelehrte Recht inhaltlich in mancher Beziehung verändert. Insbesondere werden dabei doch auch gewisse Anpassungen an die bestehende Wirklichkeit vorgenommen. Deswegen spricht man jetzt vom usus modernus pandectarum, vom modernen Gebrauch der Pandekten.

Dies ist zunächst nur der Titel eines Werkes eines einzelnen juristischen Schriftstellers, der freilich nicht ganz unbekannt war. Danach aber wurde es zum Namen für die gesamte erste Epoche der allgemeinen Aufnahme des römischen Rechts. Seit dieser Zeit des usus modernus gilt in Deutschland in weitem Umfang römisches Recht neben einheimischen. Als Erneuerung der Antike ist es Teil eines neuen Rechts.

Literatur: Schaeffner, H., Das römische Recht in Deutschland während des 12. und 13. Jahrhunderts, 1859; Knod, G. C., Deutsche Studenten in Bologna (1289–1562), Neudruck 1970 (4398 Personen); Quellensammlung zur Geschichte der deutschen Reichsverfassung in Mittelalter und Neuzeit, hg. v. Zeumer, K., 2. A. 1913; Coing, H., Die Rezeption des römischen Rechts in Frankfurt am Main, 1939; Krause, H., Kaiserrecht und Rezeption, 1952; Feine, H. E., Vom Fortleben des römischen Rechts in der Kirche, ZRG KA 73 (1956), 1; Lieberich, H., Die gelehrten Räte, Staat und Juristen in Baiern in der Frühzeit der Rezeption, Z.f. bay. LG. 27 (1963), 29 (1966); Schlosser, H., Die Rechts- und Einredeverzichtsformeln (renuntiationes) der deutschen Urkunden des Mittelalters, 1963; Handbuch der Quellen und Literatur der neueren europäischen Privatrechtsgeschichte, hg. v. Coing, H., Bd. 1ff. 1973ff.; Fried, J., Die Entstehung des Juristenstandes im 12. Jahrhundert, 1974; Elsener, F., Die Schweizer Rechtsschulen vom 16. bis zum 19. Jahrhundert, 1975; Wiegand, W., Studien zur Rechtsanwendungslehre der Rezeptionszeit, 1976; Kleinheyer, G. – Schröder, J., Deutsche Juristen aus 5 Jahrhunderten, 1976, 2. A. 1983.

Reformationen des Rechts

In der Reichsstadt Nürnberg erschien an dem heiligen Pfingstabend 1484 in der Offizin des bekannten Druckers Anton Koberger ein Buch mit dem Titel Reformation der Stadt Nürnberg. Es beruhte ebenfalls auf der Aufnahme des gelehrten Rechts in der Stadt, von der eine der frühesten Spuren die Verwendung eines besoldeten Prokurators am geistlichen Gericht zu Bamberg im Jahre 1355 darstellt. Danach ist aus der Zeit kurz nach 1363 im Stadtbuch ein Dienstvertrag mit Rechten und Pflichten des Stadtschreibers bzw. Juristen überliefert. 1370 erscheint die Verpflichtung eines Juristen, welchen die Stadt auf ihre Kosten in Padua hatte studieren lassen, zur Anschaffung bestimmter juristischer Werke. 1377 weisen die Stadtrechnungen die Besoldung eines Juristen als Ratskonsulenten nach. Seit 1443 erscheinen in sog. Ratschlagbüchern Gutachten dieser Ratskonsulenten, welche deutlich ein allmähliches Eindringen des römischen Rechts in die um 1430 etwa 21 000 Einwohner zählende Stadt zeigen.

Wie die Schaffung der Neuen Reformation der Stadt Nürnberg im einzelnen vor sich ging, ist nicht bekannt. Der Titel Neue Reformation deutet darauf hin, daß ihr bereits eine andere Reformation voranging. Als solche wird eine reine Gerichtsordnung vermutlich des Jahres 1473 angesehen, die nur in zwei Abschriften überliefert ist. Eine einzelne ihrer Bestimmungen wird nämlich am Ende des Jahres 1476 in den Ratsmanualen beiläufig als Reformation bezeichnet.

Besondere Beschlüsse des Rates über einzelne Teile der Reformation fehlen. Dies spricht dafür, daß über die Einzelheiten der Reformation nicht der Rat als solcher befand. Aus der Nennung der *herren ob der Reformacion* im Jahre 1476 könnte man schließen, daß die sog. sieben älteren Herren mit der Herstellung der Reformation betraut waren, was diese in die Nähe der Überarbeitung des geltenden Rechts in einer Art Stadtbuch rücken würde.

Nachdem dann der Abt von St. Egidien in Nürnberg im Jahre 1478 für seine Hintersassen eine Reformation erlassen hatte, beschloß der Rat am 28. Januar oder 10. Februar 1479, daß *die Titel der Reformation in eine ziemliche Form gebracht, fürder gedruckt und männiglichem, wer des begere, gegeben werden sollten*, wobei es sich bei diesem Druck nur um einen Vorabdruck des ungefähren Inhaltes des Werkes

84 Sitzung des inneren Rats zu Regensburg mit 16 Ratsherren und dem Stadtschreiber. Hans Mielich, 1536

85 Vorsatzbild der Reformation der Stadt Nürnberg (1479/84) mit den beiden Heiligen Sebald und Lorenz

handeln konnte. Nach einem Ratsbeschluß vom 10. April 1479 sollten die Gesetze derselben neuen Reformation in den Kirchen zu lesen sein und, nachdem sie verlesen seien, mit ihren Folgen anfangen und binden. Im August 1479 wird ein Schreiberwechsel für die in Auftrag gegebene Pergamenthandschrift beschlossen. Im April 1480 ist die Handschrift fertiggestellt. Im Frühjahr 1481 geht sie bereits in eine andere Gerichtsordnung ein. Am 22. März 1483 wird dann der Druck beschlossen, vor dem noch kleinere Änderungen erfolgen.

Inhaltlich stellt die Reformation eine behutsame Verschmelzung des hergebrachten einheimischen Rechts mit dem gelehrten Recht dar. Allerdings ist im einzelnen unklar, wieweit die Reformation konkrete einheimische Quellen verwandte, weil eine umfangreichere ältere Stadtrechtsaufzeichnung fehlt. Ebenso unbekannt ist es, welche einzelnen Quellen für das römische Recht zugrunde gelegt wurden.

Die Reformation sucht eindeutig den Anschluß an die einheimische Rechtssprache. Meist bemüht sie sich zumindest um die Übertragung der römisch-rechtlichen Terminologie in ein deutsches Gewand. Nur selten und beiläufig macht sie deshalb von lateinischen Begriffen Gebrauch.

Fast völlig frei von römischen Einflüssen sind Ehegüterrecht und Erbleihe. Gering sind die romanistischen Teile auch bei Pfandrecht, Miete, Kauf und Gesellschaft, deutlich dagegen bei Darlehen, Leihe und Verwahrung sowie vor allem im Erbrecht, Prozeßrecht und beim Schiedsvertrag.

Anlaß der Reformation ist nach dem Vorwort die Vielzahl der Gerichtshändel und der hieraus erwachsenden Schäden, der mit fürsichtiger, gegründeter und rechtmäßiger Verfassung und Befestigung gebührlicher und notwendiger Gesetze begegnet werden müsse. Hierum Gott zum Lob und zur Mehrung des gemeinen Nutzens der Stadt setzt der Rat kraft gemeinen Rechts und kaiserlicher und königlicher Freiheit mit Rat der Gelehrten des gemeinen geschriebenen Rechtes die anschließenden Gesetze.

Reformation bedeutet dabei zunächst die Zurückgewinnung einer ursprünglichen Form. Dies schließt aber die Veränderung im Einzelfall keineswegs aus. Über sie entscheidet der Rat bzw. die von ihm anscheinend beauftragte Kommission ohne große Erörterung darüber, ob man Recht schaffen könne oder nicht.

Die Reformation wurde auf Wunsch bald an mehrere weitere Interessenten übermittelt. Als konkrete Grundlage eigener Bearbeitungen des Rechts wirkte sie dann 1498/9 in Worms, 1518 in Bayern, 1536 in Dinkelsbühl, 1555 in Württemberg und Jülich, 1582 in Kurpfalz, 1610 in Basel und 1622 in Baden-Durlach. Ihre überarbeitete Fassung von 1564 wurde unmittelbar oder mittelbar 1571 für Solms verwandt, 1578 für Frankfurt, etwa gleichzeitig für Nassau, 1591 für Katzenelnbogen, 1603/5 für Hamburg, 1608 für die Markgrafschaft Ansbach, 1618 für das Hochstift Würzburg, 1736 für Dinkelsbühl sowie 1754 für Mainz. Damit beeinflußte sie das neuzeitliche Recht des gesamten südlichen Deutschlands in der Richtung einer gemäßigten Rezeption des römischen Rechts.

Der Begriff der Reformation ist dabei weder auf diesen Gesetzgebungstyp beschränkt noch nennen sich alle ihm zugerechneten Fälle tatsächlich auch Reformation. Bei Nürnberg, Worms, Frankfurt (1509) und Bayern ist dies zwar der Fall, bereits in Freiburg aber spricht man 1520 von den neuen Stadtrechten und Statuten, in Brandenburg 1527 von Constitution, Wilkoer und Ordenung und in Württemberg 1555 vom Neuen Landrecht. Gerade in Württemberg ist dann die Umgestaltung wie schon 1499 in Worms ziemlich tiefgreifend und umfassend. Andere Gebiete, wie etwa Schleswig-Holstein, werden von dieser Reformation des Rechts kaum erfaßt.

Literatur: Stobbe, O., Geschichte der deutschen Rechtsquellen, Bd. 1 f. 1868 f.; Knoche, H., Ulrich Zasius und das Freiburger Stadtrecht von 1520, 1957; Wieacker, F., Privatrechtsgeschichte der Neuzeit, 2. A. 1967; Köbler, G., Reformation der Stadt Nürnberg, 1984; Köbler, G., Reformacion der Stat Franckenfort am Meine, 1984; Köbler, G., Der Statt Wormbs Reformation, 1985; Köbler, G., Nüwe Stattrechten und Statuten der loblichen Statt Fryburg im Pryszgow gelegen, 1986.

Ordnung und Gebot

Wir Christoph, von Gottes Gnaden Markgraf zu Baden, usw. haben zum Lob dem Allmächtigen, auch uns, unseren Erben, unserem Fürstentum und den unseren zu Gut und Übeltat zu vermeiden diese nachgeschrieben Stück und Ordnung aufgesetzt, die wir wollen, auch heißen und gebieten, hierfür bis auf unser oder unserer Erben

86 Sitzung des Rates Graf Eberhards von Württemberg († 1417), unbekannter Künstler des 16. Jahrhunderts

Änderung oder Widerrufen von allen den unseren unverbrüchlich und streng gehalten werden. Erstlich ordnen und wollen wir, daß alle Einwohner unseres Fürstentums uns und unseren Erben Huldung tun. . . . Wir befehlen auch allen unsern Amtleuten ernstlich, fleißig Acht und Aufsehen zu haben, damit die unseren mit Zehren, Spielen, Buhlerei, durch Müßiggehen oder in andere Wege üppiglich und unnötig nicht abkommen. Dort wo sie gewahr würden etlicher, die dazu oder zu anderen bösen Sachen geneigt oder in Übung sind, mit denen sollen sie gütlich reden, solches abzustellen, und wo eine gütliche Rede nicht verfangen wollte, dann gegen diese den Ernst mit gebührender Strafe der Türme oder auch sonst vorkehren und zeigen in einer Weise, daß andere davon Besserung und sich des zu verhüten Beispiel nehmen mögen. . . . Ebenso, wer eine Jungfrau schwächt oder ihr ihre Jungfräulichkeit nimmt, der soll, sofern er sie nicht ehelichen kann oder will, ihr dafür 30 Gulden geben; doch behalten wir uns und unsern Erben vor, das zu mehren und zu mindern nach dem, was uns in jedem Fall nach Gelegenheit der Personen und Sach ziemlich und billig erscheint ... Ebenso, wer von den unseren hinfort in Städten und Dörfern baut und den betreffenden Bau nicht zum mindesten kniehoch von der Erde gerechnet unterfährt und untermauert, so daß das Holz auf dem Grund vorzeitig verfaulen muß, dem sollen von unseren Amtleuten drei Pfund Pfennige zur Strafe abgenommen werden. Außerdem sollen auch alle, welche es zu tun vermögen, angehalten werden, ihre Häuser und Scheuern mit Ziegeln zu bedecken.

All dies und noch viel mehr ordnete am 21. 9. 1495 der Markgraf Christoph von Baden in einer Landesordnung an. Diese ist nur eine von zahlreichen Beispielen für Landesordnungen. Sie wollen wie die älteren, vom Rat der Stadt gesetzten Regeln über Sicherheit, Gewerbe, Handel, Markt, Bauten, Feuer oder Gesundheit und die älteren Landgebote eine gute, einheitliche Ordnung schaffen, indem sie Mißstände beseitigen und eine planende Vorsorge für die gedeihliche Entwicklung aller ins Werk setzen.

87 *Bayerische Landesordnung (1553). Zeitgenössischer Holzschnitt*

Sie stehen nach umstrittener Ansicht von ihrem sachlichen Inhalt her neben den Reformationen, obgleich einige Landesordnungen genannte Texte eher Reformationen sind und die meisten Landesordnungen auch Bestimmungen enthalten, welche in eine Reformation gehören und umgekehrt die meisten Reformationen auch Angelegenheiten regeln, welche zumeist in Landesordnungen behandelt sind. Der Unterschied zwischen den Reformationen und den Landesordnungen wird dabei darin gesehen, daß die Reformationen vorwiegend Privatrecht enthalten, die Landesordnungen dagegen vor allem Ordnungsrecht. Als Grund hierfür wird angenommen, daß die Reformationen sich mit den Sachgebieten befassen, welche im römischen Recht eine annehmbare Regelung enthalten. Dies war hauptsächlich im Bereich des Privatrechts der Fall. Demgegenüber war das spätrömische Ordnungsrecht stärker auf spezifisch spätantike Verhältnisse zugeschnitten und nach deren Ende zum großen Teil abgestorbener Rechtsstoff. Daher bestand für seine Übernahme in die Reformationen kein Anlaß. Da jedoch in der Wirklichkeit Mißstände vorhanden waren, deren Beseitigung eine Rechtfertigung der von den Landesherren erstrebten Landesherrschaft darstellte, schufen diese die besonderen Landesordnungen.

In jedem Fall zeigen sie das feste und vielfältige Bemühen des Landesherrn, eine auch möglichst einheitliche Ordnung in ihrem Herrschaftsgebiet zu schaffen. Dazu dient das herrschaftliche Gebot. Es ist mit zahlreichen Strafen bewehrt. Seine Verwirklichung ist den Amtleuten übertragen. Von deren Einsatz hängt die praktische Umsetzung entscheidend ab.

Die Zahl dieser systematisch noch nicht befriedigend erfaßten Landesordnungen ist beträchtlich. Neben der badischen Landesordnung steht eine württembergische des gleichen Jahres. Für Bayern ist eine Landesordnung von 1553, für Preußen von 1577, für Sachsen-Gotha von 1666 sowie für Hohenzollern etwa eine von 1698 zu nennen. Mit dem 18. Jahrhundert klingen sie allerdings aus.

Literatur: Ebel, W., Geschichte der Gesetzgebung in Deutschland, 1956, 2. A. 1958; Schmelzeisen, G. K., Polizeiordnungen und Privatrecht, 1955; Polizei- und Landesordnungen, bearb. v. Schmelzeisen, G. K., 1968; Wolf, A., Die Gesetzgebung der entstehenden Territorialstaaten, in: Handbuch der Quellen und Literatur der neueren europäischen Privatrechtsgeschichte, hg. v. Coing, H., Bd. 1 1973, 517ff.; Schlosser, H., Rechtsgewalt und Rechtsbildung im ausgehenden Mittelalter, ZRG GA 100 (1983), 9.

Die Kodifikation des Rechts

Das römische Recht stand in Deutschland gerade vor der Aufnahme, als die ersten Stimmen laut wurden, welche in den Werken Justinians historisch-kritisch nicht die Verkörperung der Rechtsidee schlechthin sahen, sondern nur eine geschichtlich verwirklichte von zahllosen denkbaren Möglichkeiten. Vor diesem Hintergrund verlangten einzelne systematisch arbeitende Rechtslehrer die Ersetzung der wenig überzeugenden Stoffordnung der justinianischen Texte durch eine neue Ordnung (Donellus, Derrer, Vigelius). Weiter gingen vor allem französische Juristen, welche schon früh die Ablösung des römischen Rechts durch ein neues nationales Recht forderten (Budaeus, Molineus, Hotmann).

In Deutschland will dann vor allem der eigentlich von der Medizin herkommende Polyhistor Hermann Conring (1606–81), der die allgemeine subsidiäre Geltung des römischen bzw. gemeinen Rechts im Reich unter Widerlegung der sog. lotharischen Legende, nach der Kaiser Lothar von Süpplingenburg 1135 die Geltung der römischen Texte im Reich durch Gesetz angeordnet haben sollte, bestreitet, das einheimische Recht und die tatsächlich übernommenen einzelnen römischrechtlichen Regeln zu einer neuen Einheit verbinden. Auch der universal gelehrte Philosoph Gottfried Wilhelm Leibniz (1646–1716) plant einen neuen umfassenden Kodex des Rechts, der unter Abschaffung aller anderen Rechtsquellen ausschließlich gelten soll. Soweit älteres Recht darin aufgenommen wird, soll es nach neuem Recht verstanden und ausgelegt werden.

In der Aufklärung wird dann allgemein die Ersetzung des hergebrachten römischen Rechtes durch neue Gesetze oder durch ein neues Gesetz gefordert. Insbesondere der französische Jurist, Politiker und Schriftsteller Montesquieu (1681–1755) erarbeitet hierfür in seinem Hauptwerk vom Geist der Gesetze klare Vorstellungen. Die wichtigsten Merkmale dieses Gesetzbuches sollen danach Vollständigkeit, Verständlichkeit und Gerechtigkeit sein.

Das Gesetzbuch soll jede Willkür ausschließen. Deswegen soll es jede Lösung einer Frage vorausbestimmen. Dementsprechend muß es alle Probleme erschöpfend regeln.

Das Gesetzbuch soll von jedermann verstanden werden können. Die lateinische Sprache beherrschen jedoch nur die gebildeten Schichten. Deswegen muß es volkssprachig sein.

Der Bürger muß auf den Text vertrauen können. Deswegen ist eine Auslegung des Gesetzes unzulässig. Die Wissenschaft darf es nicht kommentieren, der Richter nicht interpretieren. Kommt der Richter trotz Klarheit und Vollständigkeit des Textes zu keiner Lösung, muß er den Gesetzgeber befragen.

Die allumfassende, gesamtstaatliche, nationalsprachige Rechtssetzung wird seitdem als Kodifikation (Bentham) bezeichnet. Den ersten, noch unvollkommenen Versuch hierzu unternimmt bereits in der Mitte des 18. Jahrhunderts der bayerische Jurist und Politiker Wiguläus Xaverius Aloysius von Kreittmayr (1705–90). Ihm gelingt in kurzer Zeit die Schaffung eines Strafgesetzbuches, eines Prozeßgesetzbuches und eines Zivilgesetzbuches (Codex iuris Bavarici criminalis 1751, Codex iuris Bavarici iudiciarii 1753, Codex Maximilianeus Bavaricus civilis 1756). Größere Bedeutung erlangen demgegenüber allerdings die Kodifikationen für Preußen, Frankreich und Österreich.

Im territorial stark aufgesplitterten Preußen ersuchte bereits 1714 der König die juristische Fakultät der kurz zuvor errichteten modernen Universität Halle um Ausfertigung einiger Konstitutionen, doch führte dies zu keinem praktischen Ergebnis. 1749 gab Friedrich der Große seinem Großkanzler Cocceji den Auftrag zu einem Corpus juris Fridericiani, doch blieb auch hier der Erfolg aus. Erst der berühmte Prozeß gegen den Wassermüller Arnold wurde dann Anlaß für die durch Kabinettsorder vom 14. 4. 1780 eingeleitete Schaffung einer Kodifikation. Die Grundlage ihres von Johann Heinrich Casimir von Carmer und Carl Gottlieb Suarez ausgearbeiteten Entwurfes bilden römisches Recht und Sonderrechte der einzelnen Provinzen. Neu ist vor allem die natürliche Ordnung dieser Regeln. Der König bedenkt die Vorlage jedoch nur mit dem Satz: Es ist aber sehr dick und Gesetze müssen kurz und nicht weitläufig sein, die Öffentlichkeit begegnet ihr mit zahlreichen Änderungsvorschlägen. Nach ihrer teilweisen Einarbeitung und nach kurzer Verzögerung des Vorhabens durch die politischen Wirkungen der Französischen Revolution wird es mit seinen

19194 fast das gesamte Recht umfassenden Paragraphen zum 1. 6. 1794 als Preußisches Allgemeines Landrecht in Kraft gesetzt.

In Frankreich wird im Gefolge des Sturzes des alten Regimes in der französischen Revolution von 1789 unter Napoleon Bonaparte in rascher Folge durch fünf Gesetzbücher das gesamte Recht neu geregelt. Es sind dies ein Zivilgesetzbuch (Code civil von 1804 mit 2281 Artikeln), ein Handelsgesetzbuch (Code de commerce von 1807), ein Zivilprozeßgesetzbuch (Code de procédure civile von 1806), ein Strafprozeßgesetzbuch (Code d'instruction criminelle von 1808) sowie ein Strafgesetzbuch (Code pénal von 1810). Sie alle verwirklichen die antifeudalistischen, egalitären und zentralistischen Prinzipien der Revolution in dem zuvor in ein nördliches Gebiet des Gewohnheitsrechts (droit coutumier) und ein südliches Gebiet des geschriebenen römischen Rechts (droit écrit) geteilten Land. In gewissem Umfang wahren sie dabei auf das fränkische Erbe zurückgehendes germanisches Rechtsgut.

In Österreich stammt ein erster Kodifikationsplan eines Codex Leopoldinus bereits von Leibniz, der 1713 aus Wien eine Berufung zum Titularen Reichshofrat erhalten hatte. 1753 setzte Maria Theresia eine Kommission für einen Codex Theresianus ein, welcher 1766 als Entwurf vorlag, aber nur als brauchbare Materialsammlung Anerkennung fand. Am 1. 1. 1787 wurde der umgearbeitete erste Teil als Josephinisches Gesetzbuch in Geltung gesetzt. 1794 arbeitete der Vorsitzende der neu gebildeten Hofkommission in Gesetzessachen unter Benützung der älteren Arbeiten wie des preußischen Allgemeinen Landrechts einen eigenen Entwurf aus, welcher 1797 als Westgalizisches Gesetzbuch für Westgalizien in Kraft gesetzt und auch für Ostgalizien kund gemacht wurde. Auf seiner Grundlage erstellte dann Franz von Zeiller ein reines bürgerliches Gesetzbuch, das auf den Prinzipien von Gleichheit und Freiheit aller Menschen beruht. Es trat nach drei Überarbeitungen zum 1. 1. 1812 als Allgemeines Bürgerliches Gesetzbuch für die gesamten deutschen Erblande des österreichischen Kaisers in Kraft.

Von diesen drei Kodifikationen gelten trotz zahlreicher Veränderungen die französische und die österreichische Kodifikation noch in der Gegenwart. Das besondere Recht Preußens ging dagegen später weitgehend im allgemeinen deutschen Recht auf.

Literatur: Harras von Harrasowsky, P., Geschichte der Kodifikation des österreichischen Civilrechtes, Wien 1868; Sagnac, P., La legislation civile de la révolution française, Paris 1898; Thieme, H., Das Naturrecht und die europäische Privatrechtsgeschichte, 2. A. Basel 1954; Conrad, H., Die geistigen Grundlagen des Allgemeinen Landrechtes, 1958; Wieacker, F., Privatrechtsgeschichte der Neuzeit, 2. A. 1967; Forschungsband F. v. Zeiller, hg. v. Selb, W.- Hofmeister, H., 1980; Laufs, A., Rechtsentwicklungen in Deutschland, 3. A. 1984; Ogris, W., 175 Jahre ABGB, Wien 1986.

Die Gesetze des Reiches

Am 19. April 1529 erklärte Ferdinand I., daß es in der Macht und Gewalt kaiserlicher Majestät stehe, Ordnungen und Gesetze zu machen und zu geben, besonders unter Mitwirkung der Kurfürsten, Fürsten und anderer Stände, die nach einiger Zeit verbessert werden mögen, so auch dieselben zu verändern und in geschickter Weise zu richten. Demnach lag die Zuständigkeit zur Schaffung von Gesetzen in erster Linie beim Kaiser und den Reichsständen. Erst der Westfälische Friede von 1648 legte die Gesetzgebungszuständigkeit des Reichstages besonders fest. Später mußte der Kaiser in der vor der Wahl vereinbarten Wahlkapitulation versprechen, weder neue Ordnungen und Gesetze im Reich zu machen noch allein die Interpretation der Reichssatzungen und des Westfälischen Friedensschlusses vorzunehmen, sondern darin mit der gesamten Stände Rat und Vergleichung auf den Reichstagen zu verfahren.

Auf dem Reichstag erfolgte in diesem Fall dann nach der feierlichen Eröffnung die Verlesung der kaiserlichen Proposition, welche die Gegenstände enthielt, über die auf dem Reichstag beraten werden sollte. Die Beratungen selbst geschahen in den einzelnen Reichskollegien, wobei zuerst Kurfürsten und Fürsten jeweils getrennt berieten. Danach nahmen sie miteinander Verbindung auf, um eine Übereinstimmung ihrer Beschlüsse zu erreichen. Gelang dies, so mußte der entsprechende gemeinsame Beschluß den Reichsstädten vorgelegt werden. Schlossen diese sich an, wurde der Beschluß durch den Erzkanzler des Reiches dem Kaiser zugeleitet. Der Kaiser, der nach der Wahlkapitulation dann sofort zu entscheiden hatte, konnte diesem Beschluß (Reichsgutachten) entweder seine Zustimmung geben oder verweigern. Durch die Zustimmung wurde das Reichsgutachten zum Reichsschluß (conclusum imperii). Dieser wurde bis 1654 regelmäßig im Reichsabschied (recessus imperii) verkündet, womit er Gesetzeskraft erhielt.

Die Bekanntmachung der Reichsabschiede erfolgte durch öffentlichen Anschlag oder Verlesung, häufig auch durch Drucklegung. Im übrigen überließ das Reich die Verbreitung den Reichsständen.

88 Johann Freiherr zu Schwarzenberg und Hohenlandsberg (1465–1528). Holzschnitt von Hans Weiditz nach einer Vorlage Albrecht Dürers (?)

Das Verhältnis von Reichsrecht und partikularem Recht wurde 1654 grundsätzlich geordnet. Danach hatten die kaiserliche Wahlkapitulation und die Reichsabschiede Vorrang vor allem anderen. Nach der Theorie ging die Reichsgesetzgebung besonders dann vor, wenn sie eine öffentliche Einrichtung für das ganze Reich schuf oder entgegenstehendes Recht aufhob oder verbot, wie dies etwa 1529 hinsichtlich des Intestaterbrechts der Geschwisterkinder der Fall war. Allerdings konnte die Reichsgesetzgebung einen Vorbehalt zugunsten des Partikularrechtes aufnehmen.

Schwerpunkt der Reichsgesetzgebung waren anfangs Fragen der Reichsverfassung. Seit 1521 kamen die Religionsfragen hinzu. Auch die Verfassung und das Verfahren des Reichskammergerichts wurden häufiger behandelt. Zwischen 1495 und 1555 spielten auch die Landfrieden eine bedeutsame Rolle.

Vielleicht das wichtigste Reichsgesetz betraf das Strafrecht. Hier gelang 1532 die Schaffung der Peinlichen Gerichtsordnung Karls V. Allerdings wurde gerade sie mit einem Vorbehalt zugunsten des partikularen Rechtes versehen, der sich jedoch praktisch nicht durchsetzen konnte.

Bedeutsam waren auch die zur Beseitigung wirtschaftlicher, sozialer und sittlicher Mißstände erlassenen Ordnungsregeln. Sie wurden zunächst einzeln in Reichsabschiede aufgenommen. Bereits 1530 erließ aber das Reich eine Reichspolizeiordnung mit meist strafrechtlichen, aber auch einigen privatrechtlichen Bestimmungen. Sie wurde durch Reichspolizeiordnungen von 1548 und 1577 erneuert und verändert.

Zu einer umfassenden Regelung des Privatrechts kam es trotz mancher Anregungen nicht. Mehrfach wurden aber einzelne Fragen der Erbfolgeordnung behandelt. Daneben spielte gelegentlich auch das Eherecht eine Rolle. Der Reichsabschied von 1654 behandelte den Schuldnerschutz.

Danach beschränkte sich die Reichsgesetzgebung überhaupt auf die Weiterentwicklung des Bestehenden. Lediglich die Reichszunftordnung von 1731 weicht mit ihren Mißbräuche des Zunftwesens bekämpfenden Eingriffen hiervon ab. Außerdem wurde der Reichsdeputationshauptschluß vom 25. 2. 1803 für die Reichsverfassung von erheblicher Bedeutung. Im übrigen war die wesentliche Gesetzgebung partikular.

Literatur: Hartz, W., Die Gesetzgebung des Reichs und der weltlichen Territorien in der Zeit von 1495 bis 1555, Diss. phil. Marburg 1931; Ebel, W., Geschichte der Gesetzgebung in Deutschland, 1956, 2. A. 1958; Schmelzeisen, G. K., Polizeiordnungen und Privatrecht, 1955; Conrad, H., Deutsche Rechtsgeschichte, Bd. 2 1966; Diestelkamp, B., Einige Beobachtungen zur Geschichte des Gesetzes in vorkonstitutioneller Zeit, Z.f.h.F. 1983, 385 ff.

Die Literatur der Juristen

Die Aufnahme des römischen Rechts in Deutschland wird begleitet von der Entstehung juristischer Literatur. Hier folgten den mittelalterlichen Handbüchern der Beichtpraxis (Beichtsummen), alphabetischen Rechtsenzyklopädien, Sachsenspiegelglossen und konkreten ersten Rechtsgutachten am Ende des Mittelalters erste einfache Darstellungen des Prozeßrechts. Nach einem noch lateinischen, um 1405 in Erfurt entstandenen Processus iudicii des Johannes Urbach schuf um 1425 vielleicht in Schwäbisch Hall ein unbekannter Verfasser ein später Der Richterlich Clagspiegel

89a Benedikt Carpzow (1595–1666). Zeitgenössischer Kupferstich
89b Justus Henning Böhmer (1674–1749). Doctrina de actionibus, Halle 1734
89c Johann Stephan Pütter (1725–1807), wichtiger Vertreter des öffentlichen Rechts. Zeitgenössischer Kupferstich
89d Gustav Hugo (1764–1844), Kritiker des usus modernus

Die Literatur der Juristen

genanntes Werk. Im Jahre 1509 erschien dann der Laienspiegel des Nördlinger Ratsschreibers Ulrich Tengler, welcher die gelehrte Prozeßrechtsliteratur für die deutsche Gerichtspraxis zusammenfaßte. Daneben vermitteln Differenzienbüchlein die Unterschiede des gelehrten zum einheimischen Recht und Formelbücher Anleitungen für praktische Geschäfte.

Im 16. Jahrhundert beginnt dann die eigentliche Fachliteratur, welche sich vorwiegend mit dem gelehrten Recht befaßt. Dabei treten die Werke deutscher Verfasser gegenüber den international führenden französischen Juristen (Alciatus 1492–1550, Budaeus 1467–1540, Cuiacius 1522–90, Donellus 1527–91, Dionysius Gothofredus 1549–1622, Jacobus Gothofredus 1587–1652) mit ihrem besonderen, bessere Texte interpretierenden mos Gallicus (gallische Art im Gegensatz zum mos Italicus, der italienischen Art) fast durchweg zurück. Besonders hervorzuheben sind gleichwohl die Antworten und Gutachten (Responsa sive consilia) des Freiburger Stadtsyndikus und Professors Ulrich Zäsy (Zasius) von 1539. Johannes Apel und Conrad Lagus versuchen eine systematische Durchdringung des rechtswissenschaftlichen Studiums. Johann Mynsinger von Frundeck und Andreas Gail veröffentlichen 1565 bzw. 1578 als Beisitzer des Reichskammergerichts zahlreiche Urteile.

Im 17. Jahrhundert verhilft der Leipziger Schöffenstuhlbeisitzer und Professor Benedikt Carpzov (1595–1666) der sächsischen Rechtswissenschaft zu europäischem Ansehen. Das erfolgreichste kleine Kompendium des gelehrten Rechts verfaßt mit seiner Jurisprudentia Romano-Germanica (Römisch-deutsche Jurisprudenz, 1670) Georg Adam Struv. Der gesamten Epoche gibt den Namen der Usus modernus pandectarum Samuel Stryks von 1701.

90a Hugo Grotius (1583–1645). J. Honbraken nach einem Gemälde Miereveldts, 1631
90b Christian Thomasius (1655–1728). Unbekannter Künstler

Als bestes Lehrbuch des 18. Jahrhunderts gilt dann die Einführung in das Digestenrecht (Introductio in ius digestorum) des Hallenser Professors und Magdeburger Kanzlers Justus Henning Böhmer von 1704. Sachlich sehr frei behandelt der Wittenberger Professor und Schöffenstuhlbeisitzer Augustin Leyser das römische Recht in seinen Elf Büchern Überlegungen zu den Pandekten (Meditationum ad pandectas libri XI, 1717–48). Das erste Institutionenlehrbuch moderner Form schafft schließlich Johann Gottlieb Heineccius (1681–1741).

Sind sie alle mehr oder weniger stark den römischen Rechtsquellen verhaftet, so lösen sich von diesem die Vertreter des modernen Naturrechts. Dieses wird auf der Grundlage der antiken Unterscheidung eines in der Natur vorhandenen und eines von den Menschen gesetzten Rechtes nach spanischen spätscholastischen wie deutschen reformierten Vorläufern (Oldendorp, Althusius) eigentlich erst von dem Niederländer Hugo Grotius (1583–1645) in seinen vier Büchern vom Kriegs- und Friedensrecht erfaßt. Er begründet ein Völkerrecht, das ausschließlich auf dem naturgegebenen Streben des Einzelnen zur Gesellschaft (societas) beruht. Seine Grundsätze würden auch gelten, wenn es keinen christlichen Gott gäbe oder dieser sich um menschliche Angelegenheiten nicht kümmerte. Die menschliche Vernunft bildet allein den Maßstab für jedes Recht, weshalb dieses säkularisierte Naturrecht, das in Deutschland dann Samuel Pufendorf (1632–94), Christian Thomasius (1655–1720) und Christian Wolff (1679–1754) bis in ganz konkrete Einzelheiten fortbilden, auch als Vernunftrecht bezeichnet wird. Zumindest in den Grundsätzen bestimmt es die Kodifikationen der Aufklärung.

Literatur: Schaffstein, F., Die europäische Strafrechtswissenschaft im Zeitalter des Humanismus, 1954; Thieme, H., Das Naturrecht und die europäische Privatrechtsgeschichte, 2. A. Basel 1954; Flückiger, F., Geschichte des Naturrechts, Bd. 1 Zürich 1954; Gierke, O., Johannes Althusius und die Entwicklung der naturrechtlichen Staatstheorie, 5. A. 1958; Welzel, H., Die Naturrechtslehre Samuel Pufendorfs, 1958; Wieacker, F., Privatrechtsgeschichte der Neuzeit, 2. A. 1967; Staatsdenker im 17. und 18. Jahrhundert: Reichspublizistik, Politik, Naturrecht, hg. v. Stolleis, M., 1977, 2. A. 1987.

Fakultäten und Studium

Ob die Zusammenschlüsse der Brüder und Schwestern vom gemeinschaftlichen Leben erlaubte Korporationen oder rechtswidrige Kollegien seien, wurde die juristische Fakultät der Universität Köln im Jahre 1398 gefragt, die dann hierzu eines der ersten bekannten deutschen Fakultätsgutachten erstattete. Dem war bereits im Jahre 1283 die Einholung eines Gutachtens für einen Streit zwischen dem Herzog von Bayern und dem Erzbischof von Salzburg im oberitalienischen Padua vorausgegangen. Und dem folgten bis zum 1. Oktober 1879 zahllose Gutachten einzelner deutscher Rechtsfakultäten in den verschiedensten Angelegenheiten.

Hauptaufgabe der Rechtslehrer war allerdings der Rechtsunterricht. Er sah in den ersten Bologneser Anfängen so aus, daß die Studenten sich persönlich einem einzelnen Rechtslehrer (doctor, magister, professor) anschlossen. Dieser übernahm die Verpflichtung, sie gegen Zahlung eines Honorares zu unterrichten. Er war ihr Herr, sie seine Genossen (socii). Nach längeren Auseinandersetzungen, in denen die Beteiligten (Lehrer, Schüler, Stadt) ihre jeweils besonderen Interessen zu verwirklichen suchten, kam es um 1250 zur Bildung von Korporationen der Doktoren und Scholaren.

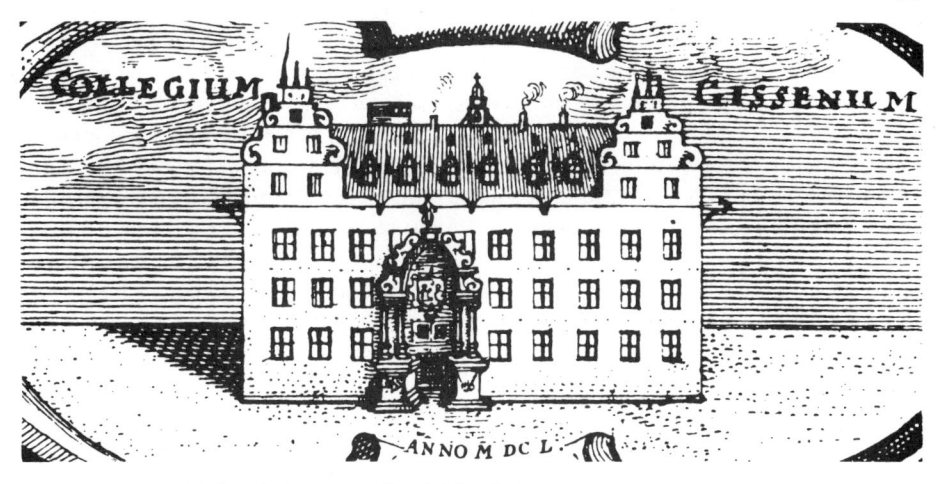

91 Universität Gießen. Zeitgenössischer Holzschnitt, 1650

Die Rechtslehrer schlossen sich zu je einem Kollegium der Lehrer des weltlichen Rechts (collegium doctorum legum mit später 16 Mitgliedern) und der Lehrer des kirchlichen Rechts (collegium doctorum decretorum mit später 12 Mitgliedern) zusammen. Es war das Vorrecht dieser doctores corporati die Hauptvorlesungen zu halten und Prüfungen abzunehmen, auf Grund derer der Archidiakon von Bologna die Lehrerlaubnis (licentia docendi) erteilte und die für die Doktorwürde Voraussetzung waren. Die Studenten schlossen sich zu je einer univeritas der Italiener und der Nichtitaliener zusammen.

Der Zweck des Rechtsunterrichts war die Erklärung der Texte der Rechtsquellen. Diese erfolgte in den Vorlesungen (lecturae). Daneben wurden Streitfälle und die Anwendung des Rechts auf sie in Disputationen besprochen. Hinzukamen weiter Repetitionen.

Gegenstand der Vorlesungen waren im weltlichen Recht die drei Teile der Digesten, die ersten neun Bücher des Codex Justiniani sowie die letzten drei Bücher des Codex, die Institutionen, die Novellen in der Form des Authenticums und seit etwa 1270 die Lehnrechtsbücher, im kirchlichen Recht das Decretum Gratiani, später auch die Dekretalen Gregors IX., der Liber Sextus und die Clementinen. Die Vorlesungen folgten dem Text abschnittsweise. Nach einer einleitenden, zusammenfassenden Bemerkung wurde der Text vorgelesen, erklärt und mit anderen Stellen verbunden. Dabei nahm die Auseinandersetzung mit der Literatur einen immer breiteren Raum ein.

Die Hauptvorlesungen wurden wohl dreistündig morgens um 6 Uhr oder nachmittags um 3 Uhr gehalten. Für sie bestanden Jahreskurse von etwas mehr als 200 Tagen, die im Oktober begannen und bis Ende August dauerten. Sie fanden in den Häusern der Doktoren oder in gemieteten Räumen statt, bei den Kirchenrechtslehrern meist in Räumlichkeiten der Kirche.

Voraussetzungen für das Studium gab es an sich nicht, doch war dieses ohne Kenntnisse des Latein nicht möglich. Seit etwa 1200 gab es Abschlußprüfungen als Voraussetzung der Lehrerlaubnis. Seit dem Anfang des 14. Jahrhunderts trennte man beides. Bis zum Ende des 14. Jahrhunderts wurde das Prüfungsverfahren ziemlich differenziert ausgestaltet. Voraussetzung war seitdem unter anderem im weltlichen Recht ein achtjähriges, im geistlichen Recht ein sechsjähriges Studium.

In Deutschland wird das gelehrte Recht an den seit 1348 gegründeten zahlreichen Universitäten, denen auch im 16. und 17. Jahrhundert noch weitere Neugründungen folgen (Marburg 1527, Königsberg 1544, Dillingen 1554, Jena 1558, Braunsberg 1568, Helmstedt 1569, Olmütz 1569, Würzburg 1582, Herborn 1584, Graz 1586, Gießen 1607, Paderborn 1614, Straßburg 1621, Rinteln 1621, Altdorf 1622, Salzburg 1622, Osnabrück 1630, Kassel 1632, Dorpat 1632, Bamberg 1648, Duisburg 1655, Kiel 1665 und Innsbruck 1672), von zunächst fremden, dann auch einheimischen Lehrern vorgetragen. In der Regel gehören einer juristischen Fakultät anfangs etwa drei bis sechs, vielfach zugleich auch in der Praxis tätige Professoren an. Sie sind überwiegend Kleriker, woraus sich im übrigen der professorale Talar leicht erklärt. Die Zahl der Studenten beträgt an den einzelnen Fakultäten bis zu hundert, so daß von einer Gesamtzahl von etwa 1000 juristischen Studierenden um 1500 ausgegangen werden kann. Der Ankömmling tritt nach seiner Immatrikulation zum jeweiligen Stand des Vorlesungskurses ein, wobei dieser oft vier bis fünf Jahre dauert. Erst im 16. Jahrhundert zeigen sich Ansätze zu einer Verbesserung des Studiums. Sie bemühen sich um eine stärkere systematische Gliederung. Die bloße Textabfolge wird durch die Aufteilung in Sachfächer durchbrochen. Als erstes erscheint dabei als besonderes Fach das ius publicum (Staatsrecht, öffentliches Recht). Später wird neben der öffentlichen Vorlesung das private Kolleg eingerichtet. In ihm wird der Inhalt der Quellen in sachliche Thesen aufgelöst, die den Stoff in knapper und verständlicher Form wiedergeben. Für sie muß ein besonderes Hörgeld bezahlt werden. Außerdem stellt sich für sie eine feste zeitliche Begrenzung in Gestalt des Semesters ein.

Die Zahl der Hörer schwankt, obgleich die öffentlichen Vorlesungen für den Erwerb der Grade einen vielfach durch schriftliche Erklärung (cedula) nachzuweisenden Pflichtkursus bilden. Aus Heidelberg wird zum Jahre 1569 berichtet, daß der Lehrer des Kirchenrechts etwa acht, der des Codex etwa 25 bis 30 Hörer hat. Die Zahl nehme zu und ab wie der Mond. Morgens um 7 Uhr habe man im Sommer mehr, im Winter weniger Hörer.

Seit Beginn des 18. Jahrhunderts treten dann neben die rein akademischen Prüfungen zum Baccalaureus, Lizentiaten und Doktor, welche wohl nur ein Bruchteil bis zum Ende durchlief und welche auf die Lehrtätigkeit ausgerichtet sind, ohne daß sie als solche bereits ein Lehramt verschaffen, staatliche Prüfungen, welche sich auf die Eignung zum Staatsdienst beziehen. So finden sich etwa 1710 in Preußen Bestimmungen, welche Bewerber um staatliche Ämter einer Prüfung vor dem Kammergericht in Berlin unterwerfen. Wer diese Prüfung besteht, darf als Zuhörer bei Verfahren vor dem Gericht anwesend sein, um dadurch praktische Erfahrungen zu sammeln. Eine ähnliche Regelung wird 1727 auch für den Verwaltungsdienst getroffen.

Um 1750 finden sich dann in Preußen Regeln für die Bewerbung bei Kollegialgerichten, die einen zeitlich nicht bestimmten, unbezahlten Vorbereitungsdienst sowie drei Prüfungen vorsehen. Davon befähigt die erste zum gehobenen Bürodienst (Auskultatur), die zweite zum Referendariat. Das dritte Examen, durch dessen Bestehen man zum Assessor wird, bildet seit 1793 die Voraussetzung für die Bewerbung um eine Obergerichtsstelle. 1849 wird dann diese Prüfung überhaupt Voraussetzung für jede Tätigkeit als Richter, Staatsanwalt oder Rechtsanwalt in Preußen.

92 Kollegstunde an der Universität Gießen, 1764. Stammbuch Hoepfner

Neben der Lehrtätigkeit der Professoren steht als zweites ihr forschendes Wirken. Es schlägt sich seit dem 16. Jahrhundert in zahlreichen literarischen Werken zum gelehrten Recht nieder. Diese finden dann ihrerseits wieder Eingang in die universitäre Lehre.

Seit dem 16. Jahrhundert kommt dann auf breiter Basis die Erstellung von Gutachten hinzu. Immer häufiger wenden sich Parteien und Gerichte nicht nur an Oberhöfe, sondern auch an Fakultäten mit der Bitte um Rechtsauskunft. Die Peinliche Gerichtsordnung Karls V. unterstützt dies noch dadurch, daß sie die Gerichte anweist, in zweifelhaften Fällen bei Oberhöfen, Obrigkeiten, Hohen Schulen, Städten oder anderen Rechtsverständigen um Auskunft zu bitten. Die Art des erbetenen Spruches hing jeweils davon ab, in welchem Stadium sich das anhängige Verfahren befand und welchen Platz das auftraggebende Organ im Stufenbau der Justiz oder sonst einnahm.

Literatur: Döhring, E., Geschichte der deutschen Rechtspflege seit 1500, 1953; Ebel, W., Studie über ein Goslarer Ratsurteilsbuch des 16. Jahrhunderts, 1961; Schott, C., Rat und Spruch der Juristenfakultät Freiburg im Breisgau, 1965; Schikora, A., Die Spruchpraxis an der Juristenfakultät zu Helmstedt, 1973; Handbuch der Quellen und Literatur der neueren europäischen Rechtsgeschichte, hg. v. Coing, H., Bd. 1 ff. 1973; Kaufmann, E., Eine Marburger juristische Doktorpromotion im Jahre 1681, in: Wege europäischer Rechtsgeschichte, hg. v. Köbler, G., 1987, 100 ff.

Reichstag und Reich

Als letzter Ritter ist der Habsburger Maximilian (1459–1519) in die deutsche Geschichte eingegangen, weil er schon in einer neuen Zeit noch voll ritterlichen Sinnes war und auch persönlich tapfer kämpfte. Ähnlich überraschend sind die von ihm

93 Rathaussaal in Regensburg, Balkendecke von 1408

veranlaßten literarischen Werke Theuerdank und Weißkunig, die allegorisch verhüllt von Brautfahrt und Heldentaten künden. Politisch erfolgreich ist auch sein Versuch, durch eine großangelegte, den wechselnden Fronten angepaßte Heirats- und Vertragspolitik die Macht seines Hauses zu stärken, indem er selbst 1477 Maria von Burgund und nach der Niederlage gegen den König von Frankreich im Ringen um Anna von der Bretagne 1493 Bianca Maria von Mailand heiratete, 1504 seinen vierjährigen Enkel Karl V. mit Claudia von Frankreich verlobte, 1506 seinen Sohn Philipp mit Johanna von Spanien und 1515 seinen Enkel Ferdinand mit Anna von Ungarn verband. 1511 spielte er sogar mit dem Gedanken, sich zum Papst wählen zu lassen, um dadurch den Kirchenstaat in seine Hand zu bekommen.

Für das Reich wurde seine Zeit vor allem dadurch bedeutsam, daß es unter seiner Herrschaft zu gewissen Reformen der Verfassung kam, nachdem fast während des gesamten 15. Jahrhunderts von vielen Seiten vergeblich der Wunsch dazu geäußert worden war. Am 7. August 1495 wird als erstes ein ewiger Landfriede verkündet. Danach wird nach langen und zähen Verhandlungen ein Reichskammergericht eingerichtet. Und schließlich wird beschlossen, daß in den nächsten vier Jahren jedermann jährlich je nach seinem Vermögen einen vierundzwanzigstel, halben oder ganzen Gulden oder mehr als gemeinen Pfennig geben soll. Im Jahre 1500 willigte Maximilian sogar zur Gewinnung der Unterstützung des Reichs im Kampf gegen Frankreich in die Bestellung eines Reichsregimentes ein.

Allzu bedeutsame Auswirkungen hatten diese Reformmaßnahmen freilich fast durchweg nicht. Vielmehr blieb das Reich insgesamt ein zwitterhaftes Gebilde, innerhalb dessen Kaiser und Reichsstände im Reichstag zusammenwirkten. Samuel Pufen-

94 Reichstagssitzung in Regensburg (1640). Merian, Theatrum Europaeum

dorf beschrieb es daher 1667 einigermaßen treffend als irregulare aliquod corpus et monstro simile (ein unregelmäßiges, einem Zwitter ähnliches Gebilde).

An der Spitze steht der Kaiser, nachdem Maximilian am 8. Februar 1508 durch eigenen Erlaß den Titel erwählter römischer Kaiser angenommen hatte, als sich die Krönung durch den Papst infolge der politisch und militärisch schwierigen Lage in Italien als undurchführbar erwiesen hatte, und seitdem nur noch Karl V. in Italien gekrönt worden war. Der Kaiser wurde gewählt, kam aber seit 1438/9 – mit einer Unterbrechung zwischen 1742 und 1745 – immer aus dem Hause Habsburg. Die Wahl lag in den Händen der Kurfürsten, deren Zahl bis gegen Ende des Reiches auf zehn anstieg. Gewählt wurde in Frankfurt, das nach 1531 auch Ort der Krönung wurde. Vor der Wahl mußte der Bewerber in der Wahlkapitulation gewisse Zusagen gegenüber den Reichsständen abgeben.

Der Kaiser hatte das Recht zur Vertretung des Reiches nach außen, durfte aber ohne Zustimmung der Reichsstände weder Verträge mit fremden Staaten abschließen noch den Krieg erklären. Er durfte den Reichstag berufen, bis dieser seit 1663 als ständiger Gesandtenkongreß in Regensburg tagte, wobei sich der Kaiser im Reichstag seitdem durch den kaiserlichen Prinzipalkommissar vertreten ließ. Er durfte dem Reichstag Propositionen machen und den vom Reichstag beschlossenen Gesetzen seine Sanktion erteilen und diese dadurch wirksam machen. Er war Inhaber der Gerichtshoheit der Reichsgerichte. Er war weiter oberster Lehensherr, doch bedurfte die Wiederverleihung bedeutenderer heimgefallener Lehen der Zustimmung der Kurfürsten. Die dem Kaiser vorbehaltenen Rechte waren unbedeutend (Standeserhöhung, Verleihung akademischer Grade, Erteilung von Universitätsprivilegien, Ernennung von Notaren mit öffentlichem Glauben, Volljährigkeitserklärung, Legitimation unehelicher Kinder) und standen teilweise zugleich den Landesherren zu.

Der Reichstag war demgegenüber die Vertretung der Reichsstände zur Mitwirkung bei der Regierung und Gesetzgebung des Reiches. Das Recht, auf dem Reichstag Sitz und Stimme zu haben, war die Reichsstandschaft. Sie konnte auf einer ganzen Stimme (sog. Virilstimme) oder auf der Teilhaberschaft an einer gemeinschaftlichen Stimme (sog. Kuriatstimme) beruhen. Die Reichsstände schieden sich in die drei Kollegien der Kurfürsten, der Fürsten, Prälaten, Grafen und Herren sowie der Reichsstädte, deren Reichsstandschaft sich erst 1582 endgültig durchzusetzen vermochte. Tagungsort war meist eine Reichsstadt, die Dauer des Reichstages wurde durch den Umfang der vorliegenden Angelegenheiten bestimmt.

Das wichtigste Recht des Reichstages war seine Mitwirkung bei der Gesetzgebung, welche allerdings erst durch den Westfälischen Frieden von 1648 eindeutig festgelegt wurde. Daneben war auch zur Auferlegung von Steuern und Abgaben eine Zustimmung des Reichstages notwendig. Schließlich hatte er auch die Zuständigkeit für den Abschluß von Bündnissen sowie für die Einleitung und Beendigung eines Krieges.

Die Reichsstandschaft setzte grundsätzlich die Herrschaft über ein Land voraus. Sie konnte durch Erhebung zum Reichsstand neu gewonnen werden, doch mußten hier Kaiser und Reichstag zusammenwirken. Insbesondere bedurfte es auch der Kooptation durch das zuständige Reichskollegium.

Das erste Kollegium auf dem Reichstag war dasjenige der Kurfürsten. In ihm ging 1547 als Folge des Schmalkaldischen Krieges die Kurstimme Sachsens von der ernestinischen Linie auf die albertinische Linie über. 1648 erhielt die Pfalz für die 1623 an Bayern verlorene Kurstimme eine achte Kurwürde (Erzschatzmeisteramt). Eine neunte Kurwürde wurde 1692–1708 für Braunschweig-Lüneburg (Hannover) geschaffen. Als Bayern 1777 mit der Pfalz vereinigt wurde, fiel die achte Kurstimme von der Pfalz an Braunschweig-Lüneburg (Hannover). 1801/3 wurden die Kurstimmen von Trier und Köln aufgehoben, die Mainzer Kurwürde auf Regensburg-Aschaffenburg übertragen. Neugeschaffen wurden die Kurfürstentümer Salzburg (1805 Würzburg), Württemberg, Baden und Hessen-Kassel.

Zum Fürstenkollegium (Reichsfürstenrat) zählten die mit der Reichsstandschaft ausgestatteten Fürsten, die reichsständischen Grafen, Herren und nicht gefürsteten Prälaten. Es setzte sich aus einer geistlichen und einer weltlichen Bank zusammen. Die Virilstimmen standen den Fürsten zu, bei denen anfangs das Erlöschen des Hauses ebenso zu einem Untergang der Stimme führte wie die Aufteilung in mehrere Linien zu einer Stimmenvermehrung. Nach der gewohnheitsrechtlich entstandenen Territorialisierung der Stimmen war dies nicht mehr möglich, doch standen seitdem einem Fürsten, dem mehrere Territorien angefallen waren, mehrere Stimmen zu. Am Ende des 18. Jahrhunderts zählte der Fürstenrat 37 geistliche Stimmen (davon 2 Kuriatstimmen der schwäbischen und rheinischen Prälatenbank) und 63 weltliche Stimmen (davon 4 Kuriatstimmen der wetterauischen, schwäbischen, fränkischen und westfälischen Grafenkurie). 55 dieser insgesamt 100 Stimmen waren katholisch. Das Direktorium hatten Österreich und Salzburg im Wechsel.

95 Reichstagssitzung in Regensburg (1675)

Die Gruppe der Reichsstädte bildete das dritte, jüngste und nicht in allen Punkten gleichberechtigte Kollegium des Reichstages. Es umfaßte 1521 84 Städte. Sowohl die Unterwerfung unter eine Landesherrschaft als auch das Ausscheiden aus dem Reich hatten den Verlust der Reichsstandschaft zur Folge, z. B. Konstanz (1548), Donauwörth (1607), Basel, Bern, Zürich, Schaffhausen, Straßburg (1681), Metz, Toul, Verdun. Am Ende des 18. Jahrhunderts bestanden demnach nur noch 51 Reichsstädte. Davon gehörten 14 zur rheinischen und 37 zur schwäbischen Städtebank. 1803 kamen sie bis auf Augsburg, Bremen, Frankfurt, Hamburg, Lübeck und Nürnberg unter die Landesherrschaft eines Fürsten.

Keine Reichsstandschaft hatten trotz Reichsunmittelbarkeit die Reichsritter und Reichsdörfer.

Literatur: Domke, W., Die Virilstimmen im Reichsfürstenrath von 1495–1654, 1882; Pratje, J., Die kaiserlichen Reservatrechte, Diss. jur. Erlangen 1958; Schubert, F. H., Die deutschen Reichstage in der Staatslehre der frühen Neuzeit, 1966; Conrad, H., Deutsche Rechtsgeschichte, Bd. 2 1966; Deutsche Verwaltungsgeschichte, hg. v. Jeserich, K. – Pohl, H. – Unruh, C. v., Bd. 1 1983; Köbler, G., Historisches Lexikon der deutschen Länder, 1988.

Die Kleinodien des Reichs

Endlich kamen auch die beiden Majestäten herauf, so schreibt Johann Wolfgang Goethe in seinem Bericht über die Krönung Josephs II. vom 3. 4. 1764. Vater und Sohn waren wie Menächmen überein gekleidet. Des Kaisers Hausornat von purpurfarbner Seide, mit Perlen und Steinen reich geziert, sowie Krone, Zepter und Reichsapfel fielen wohl in die Augen: denn alles war neu davon, und die Nachahmung des Altertums geschmackvoll. So bewegte er sich auch in seinem Anzug ganz bequem und sein treuherzig würdiges Gesicht gab zugleich den Kaiser und Vater zu erkennen. Der junge König hingegen schleppte sich in den ungeheuren Gewandstücken mit den Kleinodien Karls des Großen wie in einer Verkleidung einher, so daß er selbst, von Zeit zu Zeit seinen Vater ansehend, sich des Lächelns nicht enthalten konnte. Die Krone, welche man sehr hatte füttern müssen, stand wie ein übergreifendes Dach vom Kopf ab. Die Dalmatika, die Stola, so gut sie auch angepaßt und eingenäht wurde, gewährte doch keineswegs ein vorteilhaftes Aussehen. Zepter und Reichsapfel setzten in Verwunderung; aber man konnte nicht leugnen, daß man lieber eine mächtige, dem Anzug gewachsene Gestalt, um der günstigeren Wirkung willen, damit bekleidet und ausgeschmückt gesehen hätte.

Zu den hier beschriebenen Reichskleinodien oder Reichsinsignien, den bis zur Auflösung des Heiligen Römischen Reiches gebrauchten Herrschaftszeichen der Könige und Kaiser, gehörten in erster Linie Krone (21 cm hoch), Reichsapfel, Reichszepter (61,5 cm lang), das als Zeichen der Macht vorgetragene Reichsschwert sowie die heilige Lanze, daneben aber auch Krönungsmantel, Alba, Dalmatika, Stola, Gürtel, Handschuhe, Schuhe und Unterkleidung des Krönungsornates sowie zahlreiche Reliquien wie ein Span vom Kreuz Christi, ein Stück vom Tischtuch seines letzten Abendmahles, ein Zahn Johannes des Täufers und das weitere Reliquien bergende Reichskreuz. Sinnbilder des Reiches waren daneben Adler und Kreuz.

Die Reichsinsignien lassen sich bis in den Anfang des 10. Jahrhunderts zurückverfolgen, doch ist die zeitliche Zuweisung der einzelnen Stücke des in seinen Einzelbe-

96 *Reichsinsignien*

standteilen vielfach veränderten Schatzes urkundlich nicht gesichert. Ältestes Stück ist wohl die Krone, welche den Namen Konrads (II.) trägt und vielleicht anläßlich der Krönung Ottos des Großen auf der Reichenau hergestellt wurde. Neben ihr ist eine weitere Krone in Aachen vorhanden. Der Reichsapfel stammt aus dem 12. Jahrhundert, die übrigen Stücke (darunter zwei Schwerter und zwei Zepter) aus der Zeit bis zum 14. Jahrhundert. Der Königsmantel wurde mit anderen Pontifikalien von Heinrich VI. aus dem normannischen Kronschatz nach Deutschland gebracht. Adler und Kreuz als Sinnbilder des Reiches stammen ebenfalls bereits aus dem Mittelalter.

Die Reichsreliquien knüpfen an die frühere Hoheit des Königs über die Kirche an. Sie wurden vom Volk als Ablaßspender betrachtet. Seit der Mitte des 14. Jahrhunderts

97 Heiltumsweisung in Nürnberg (nach 1487), Staatsarchiv Nürnberg

wurden sie zuerst in Prag, von 1424 bis 1523 in Nürnberg am zweiten Freitag nach dem Karfreitag auf dem dreistöckigen sog. Heiltumsstuhl ausgestellt.

Aufbewahrt wurden die Reichskleinodien unter Heinrich IV. auf der Burg Hammerstein bei Andernach, 1220 auf der Waldburg in Schwaben, 1246 auf der Reichsburg Trifels in der Pfalz, 1273 auf der Kiburg bei Winterthur, 1292 wieder auf Trifels, 1322 in München, 1350 in Prag und seit 1424 in Nürnberg (Sakristei der Heiliggeistkirche). 1796 wurden sie aus Furcht vor Frankreich über Regensburg und Pöchlarn nach Wien gebracht, wo sie endgültig seit 1813 waren. 1936 bis 1946 befanden sie sich wieder in Nürnberg.

Was die Reichsinsignien im engeren Sinn von Haus aus bedeuten, ist bisher allerdings nicht geklärt.

Literatur: Goethe, J. W., Dichtung und Wahrheit, Teil 1 1811, Neuausgabe 1962; Werminghoff, A., Von den Insignien und den Reliquien des alten römischen Reichs, Neue Jbb. für das klass. Altertum 33 (1914); Weixlgärtner, A., Geschichte im Widerschein der Reichskleinodien, 1938; Wentzcke, P., Hoheitszeichen und Farben des Reiches, 1939, 2. A. 1954; Filitz, H., Die Kleinodien und Insignien des Heiligen Römischen Reiches, 1954; Schramm, P. E., Herrschaftszeichen und Staatssymbole, Bd. 1 ff. 1954 ff.; Grass, N., Reichskleinodien – Studien aus rechtshistorischer Sicht, 1968; Hattenhauer, H., Deutsche Nationalsymbole, 1984.

Der Absolutismus und die Landesherren

Der Staat bin ich, soll der Sonnenkönig Ludwig XIV. von Frankreich gesagt haben. Er wurde 1638 als Sohn Ludwigs XIII. von Frankreich und Annas von Österreich geboren. Sein Vater war nach dem Tod Heinrichs IV. mit 9 Jahren auf den Thron gelangt, so daß für ihn seine Mutter Maria von Medici die Regierung führte. Bei seines Vaters Tod war Ludwig XIV. vier Jahre alt, so daß er ebenfalls zunächst unter der Vormundschaft seiner Mutter stand. Erst nach dem Tod des Kardinals Mazarin im Jahre 1661 übernahm er mit 21 Jahren selbst die Leitung Frankreichs.

Im Laufe seiner Herrschaft steigerte er die Lehre von der absoluten Herrschaft des Herrschers in seinem Land zu einem fast religiösen Dogma. Den Adel zog er vor allem zum Hofdienst heran. Die Rechte der Stände drückte er zur Bedeutungslosigkeit herab. Die Rechtfertigung hierfür sah er in der Verpflichtung, dem Wohl des Ganzen zu dienen.

Diese damit begründete Herrschaftsform setzt voraus, daß ihr Träger Herrschaftsgewalt hat und ohne übergeordnete Bindungen nach rationalen Machtvorstellungen handeln kann. Ansatzweise ist dies bereits bei den italienischen Despotien und Republiken des späten Mittelalters in Mailand, Florenz, Venedig und Neapel-Sizilien der Fall. Vermutlich begünstigte dann in der frühen Neuzeit der Calvinismus die weitere Entwicklung, indem er dem von Gottes Geist erfüllten Fürsten das Recht zugestand, eine Neugestaltung der natürlichen Ordnungen über bestehende Rechte hinweg zu vollziehen. Jedenfalls verwandte Heinrich IV. von Frankreich trotz seiner Konversion zur katholischen Kirche neben konfessionell neutralen, in erster Linie staatlich denkenden Amtsträgern zahlreiche Calvinisten zum Aufbau einer neuen königlichen Provinzialverwaltung. Das durch den Merkantilismus geförderte Bürgertum lieferte die hierfür notwendigen Gelder. Der aus calvinistischer Familie stammende Staatsmann Colbert (1619–83) vollzog die völlige Reglementierung der französischen Wirtschaft

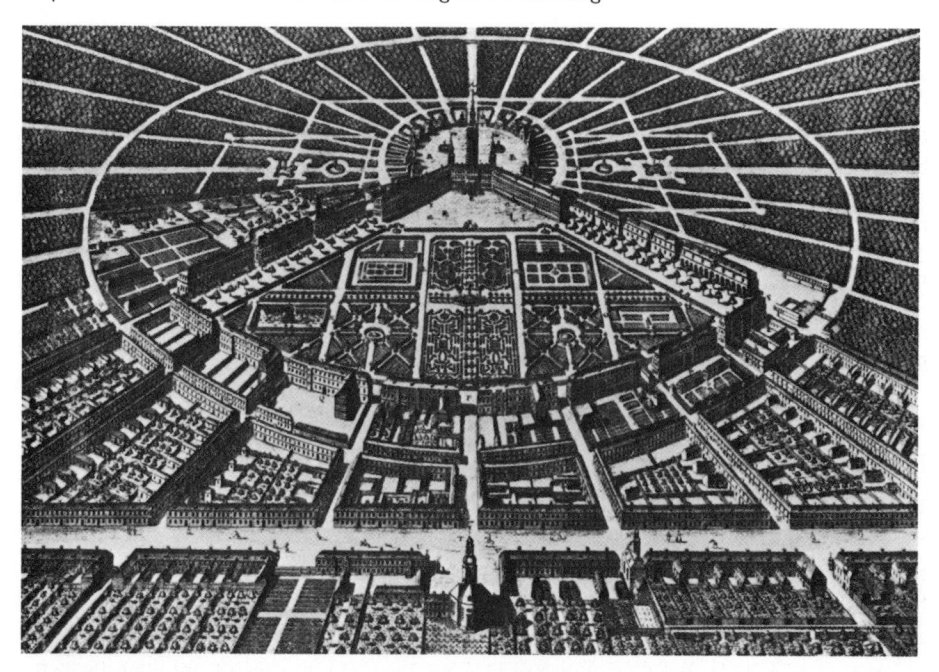

98 Karlsruhe mit Schloß (1715). Anonymer Kupferstich um 1750

durch den Merkantilismus und steigerte dadurch planvoll die Staatseinnahmen und die Wirtschaftskraft Frankreichs. Ludwig XIV. setzte dann nach 1672 den Ausbau des Absolutismus noch dadurch fort, daß er unter Vernichtung des Calvinismus eine ausschließliche Staatsreligion (Gallikanismus) schuf. Damit beseitigte er aber zugleich das notwendige Korrelat der inneren Freiheit. Zudem führten die Überspannung seiner Machtpolitik, die prunkvolle Hofhaltung und die andauernden Kriege schließlich zu einer völligen wirtschaftlichen Erschöpfung des Landes.

In Deutschland förderten vor allem die mit den französischen und englischen Königen verbundenen oranischen und wittelsbachischen Fürsten (Johann von Nassau, Friedrich III. von der Pfalz) den Absolutismus, scheiterten aber teilweise an den lutherischen Landständen. In Brandenburg brachen 1613 der Übergang der Hohenzollern zum Calvinismus und die gleichzeitige Versippung mit Wittelsbachern und Oraniern dem Absolutismus Bahn. Der Große Kurfürst Friedrich Wilhelm (1640–88) setzte dann in seinem durch den Dreißigjährigen Krieg zerrütteten Land den Absolutismus durch, indem er die Gegnerschaft der Landstände vernichtete und ein kriegstüchtiges stehendes Heer sowie eine gut ausgebaute Verwaltung schuf.

Nachdem sich so die Vorstellung, daß der sein Land zunehmend vereinheitlichende und bald auch kartographisch vermessende Landesherr als Träger der Staatsgewalt den Untertanen gegenüber unbeschränkte Macht habe, in einzelnen Ländern weitgehend durchgesetzt hatte, so daß die Landstände außer in Württemberg, Hannover, Mecklenburg und Kursachsen keine wirkliche Macht mehr darstellten, führte die Aufklärung wieder zu einer rationalen Beschränkung dieser neuen Machtfülle. Der Monarch sah sich danach nicht mehr als eine von Gott gesetzte Einrichtung, sondern als erster

Diener seines Volkes, dessen Wohlfahrt ihn erfordere. Bedeutendste Vertreter dieses aufgeklärten Absolutismus sind Friedrich der Große in Preußen und Joseph II. in Österreich. Die Französische Revolution von 1789 läutet dann überhaupt das Ende des äußerlich vor allem auch durch prunkvolle Schlösser und uniformierte Söldnerheere gekennzeichneten Absolutismus der Landesherren ein.

Literatur: Jellinek, G., Allgemeine Staatslehre, 3. A. 1914, Neudruck 1959; Hartung, F., Die Epochen der absoluten Monarchie in der neueren Geschichte, HZ 145 (1932), 46; Hofmann, H. H., Die Entstehung des modernen Staates, 1967; Schulze, H. K.-Conze, W.-Boldt, H., Monarchie, in: Geschichtliche Grundbegriffe, hg. v. Brunner, O.-Conze, W.-Kosellek, R., Bd. 4 1979, 133ff.; Mitteis, H.-Lieberich, H., Deutsche Rechtsgeschichte, 17. A. 1985; Stolleis, M., Geschichte des öffentlichen Rechts in Deutschland, Bd. 1 1600–1800, 1988.

Die Verwaltung des Reiches

Vor allen schwang sich nun der schöne schlanke Erbmarschall auf sein Roß; er hatte das Schwert abgelegt, in seiner Rechten hielt er ein silbernes gehenkeltes Gemäß, und ein Streichblech in der Linken. So ritt er in den Schranken auf den großen Haferhaufen zu, sprengte hinein, schöpfte das Gefäß übervoll, strich es ab und trug es mit großem Anstande wieder zurück. Der kaiserliche Marstall war nun versorgt. Der Erbkämmerer ritt sodann gleichfalls auf jene Gegend zu und brachte ein Handbecken nebst Gießfaß und Handquehle zurück. Unterhaltender aber für die Zuschauer war der Erbtruchseß, der ein Stück von dem gebratenen Ochsen zu holen kam. Auch er ritt mit einer silbernen Schüssel durch die Schranken bis zu der großen Bretterküche und kam bald mit verdecktem Gericht wieder hervor, um seinen Weg nach dem Römer zu nehmen. Die Reihe traf nun den Erbschenken, der zu dem Springbrunnen ritt und Wein holte. So war nun auch die kaiserliche Tafel bestellt, und aller Augen warteten auf den Erbschatzmeister, der das Geld auswerfen sollte.

Dieser anschauliche Bericht Goethes von 1764 zeigt noch die alten Hofämter des Reiches, wie sie schon in fränkischer Zeit vorhanden waren: Marschall, Kämmerer, Truchseß und Schenk. Inhaltlich sind diese aber bedeutungslos. Ihre politische Macht steht den betreffenden Amtsträgern im Reich als Kurfürsten, im Land als Landesherren zu. Sie lassen sich in den Erzämtern auch ihrerseits längst vertreten.

Eine der bedeutsameren Veränderungen ist es demgegenüber, daß wenigstens die Reichskanzlei zu Beginn des 17. Jahrhunderts erstmals einen festen Sitz gewinnt. Dieser ist in Wien, obgleich ihr nach wie vor der Erzbischof von Mainz als Erzkanzler des Reiches vorsteht. Sie ist nunmehr nur noch für Reichsangelegenheiten zuständig, während die besonderen österreichischen Angelegenheiten der habsburgischen Kaiser einer eigenen Hofkanzlei übertragen sind.

Daneben wollte bereits Maximilian I. 1498 einen Hofrat ins Leben rufen zur Erledigung aller und jeglicher Händel, Sachen und Geschäfte, so künftig von dem Heiligen Reiche deutscher Nation, gemeiner Christenheit oder unseren erblichen Fürstentümern und Landen herfließen, desgleichen auch, was unseren königlichen Hof und desselben Verwandte betreffen wird. Erst Ferdinand I. vermochte diesen Hofrat aber zu verwirklichen (1527/37/41) und ihn 1559 zum Reichshofrat umzugestalten. Dieser war zugleich Staatsrat des Kaisers und oberste kaiserliche Regierungs-, Verwaltungs- und Justizbehörde. Später entwickelte er sich zunehmend zu einem kaiserlichen Gericht für kaiserliche Reservatrechte und Privilegien, Reichslehenssachen sowie Kriminalklagen gegen Reichsunmittelbare, während seine Verwaltungsaufgaben an einen neuen Geheimen Rat, später eine Geheime Konferenz fielen.

An der Spitze des Reichshofrates stand der Kaiser oder als sein Vertreter der Reichshofratspräsident. Die Räte waren entweder Adelige oder Gelehrte. Ihre Zahl schwankte (1637 16, 1654 18, 1657 24, 1711 30). Sitz des Reichshofrates war der Hof des Kaisers, später Wien.

Schon im 15. Jahrhundert hatte es Bestrebungen gegeben, größere Gebietseinheiten des Reiches zur Friedenssicherung zu schaffen, um dadurch zugleich das Reich zu festigen. Dementsprechend teilte die Regimentsordnung von 1500 das Reich mit Ausnahme der habsburgischen Erblande und der Kurfürstentümer in sechs Kreise ein, die als Wahlbezirke für das neu errichtete, 1502 aber wieder aufgegebene Reichsregiment dienen sollten. 1512 wurden hieraus unter Einbeziehung der zuvor ausgesperrten Gebiete 10 Reichskreise (fränkischer, bayerischer, schwäbischer, oberrheinischer, westfälischer, niedersächsischer, österreichischer, burgundischer, kurrheinischer und obersächsischer Reichskreis). Ihre Aufgaben bestanden in der Landfriedenssicherung, der Vollstreckung von Urteilen und der Wahl von Beisitzern des Reichskammergerichts, der Aufsicht über das Münzwesen sowie im Verteidigungswesen. Eine lebendige Kreisverfassung entstand aber nur in den Kreisen, in welchen nicht die kleineren Stände dem Willen weniger großer unterworfen waren.

Die Gegenstände der Reichsverwaltung sind gegenüber der Landesverwaltung von untergeordneter Bedeutung. Das Reichsheer besteht aus geringen Truppenkontingenten der Reichsstände, wobei sich die mächtigeren Reichsstände insbesondere in und nach den Religionskriegen zunehmend ihren Gestellungsverpflichtungen entziehen. Das Reichsfinanzwesen verkümmert mit dem Dahinschwinden von Reichsgut und Regalien. Neue beständige Einkünfte des Reiches können mit Ausnahme des Postregals nur für das Reichskammergericht (sog. Kammerzieler) gewonnen werden. Im übrigen ist das Reich von Fall zu Fall auf außerordentliche Einnahmen angewiesen, die vom Reichstag beschlossen werden müssen. Andere Gegenstände allgemeiner Verwaltung werden vereinzelt in den Reichspolizeiordnungen behandelt, deren Durchführung dann wieder den Reichskreisen übertragen ist.

Literatur: Goethe, J. W., Dichtung und Wahrheit, Teil 1 1811, Neuausgabe 1962; Bog, J., Der Reichsmerkantilismus, 1959; Scholtes, H., Die Reichskriegsverfassung des Deutschen Reiches, Diss. Innsbruck 1964; Conrad, H., Deutsche Rechtsgeschichte, Bd. 2 1966; Laufs, A., Der Schwäbische Kreis, 1971; Sellert, W., Prozeßgrundsätze und stilus curiae am Reichshofrat, 1973; Deutsche Verwaltungsgeschichte, hg.v. Jeserich, K.- Pohl, H.- Unruh, C. v., Bd. 1 1983.

Die gute Polizei der Länder

Der König entwarf die Skizzen selbst, nach denen sein Baumeister den Bau errichtete. Zu ihm führen von der Großen Fontäne des künstlich geschaffenen Parks sechs leichtgeschwungene Terrassen zu dem einstöckigen Bau, der zu den Hauptwerken des deutschen Rokoko zu zählen ist. Sanssouci, Sorgenfrei, nannte Friedrich der Große dieses bald zum Lieblingsaufenthalt gewordene Schloß.

Von seinem Schloß aus, dem mit Beginn der Neuzeit die Burg zum Opfer gefallen war, verwaltete der Landesherr sein Land. Gefestigt ist es seit dem späten 15. Jahrhundert nicht zuletzt durch zahlreiche Ordnungen für die Organisation und die Handhabung von Hof, Amt und Kanzlei. Die Normativität von Verwaltungsorganisation und Verwaltungshandeln wird dabei im wesentlichen von ihm selbst hergestellt.

An der Spitze der Landesbehörden steht – vielleicht nach französisch-burgundischem Vorbild – meist als kollegiale und zentrale Behörde mit festem Amtssitz am Ort der hauptsächlichen Residenz des Landesherrn der ständige fürstliche Rat, der häufig als Hofrat bezeichnet wird (Köln 1469, Österreich 1498, Sachsen 1499, Bayern 1501). Ihm steht der Landesherr selbst oder als sein Vertreter ein Kanzler oder Hofmeister vor. Die übrigen Mitglieder sind teils adelig, teils gelehrt.

Dieser Hofrat trennt sich im 16. Jahrhundert von der engeren Hofverwaltung und ihren hergebrachten Hofämtern. Seine Zuständigkeit umfaßt alle Angelegenheiten der Landesverwaltung. Die Vorbereitung der Gesetzgebung ist darin ebenso eingeschlossen wie die oberste Rechtsprechung.

Wichtige Angelegenheiten behält der Landesherr seit dem 16./17. Jahrhundert zunehmend sich und besonderen geheimen Räten vor. Dieser Geheime Rat wird dann seinerseits zur obersten beschließenden und ausführenden Behörde. Dementsprechend wird der Hofrat auf die Rechtsprechung abgedrängt.

Im Geheimen Rat werden die Aufgaben mehr und mehr aufgeteilt. Die einfachste Aufgliederung ist dabei die lokale Trennung nach einzelnen Landesteilen. Daneben erfolgt aber vielfach auch eine erste Aufteilung nach Sachgebieten. Im 18. Jahrhundert erscheinen überhaupt besondere oberste Behörden für auswärtige Angelegenheiten, für Finanzen oder für Justizsachen.

An der Spitze der obersten Behörden stehen dann vielfach Minister. Ihnen unterstehen zugleich mittlere und untere Behörden. Mittelbehörden werden vor allem in den ständig wachsenden, größeren Ländern gebildet (Bayern, Sachsen, Brandenburg). Die Lokalverwaltung erfolgt durch Ämter und zugehörige Amtmänner.

Die seit dem 16. Jahrhundert als Beamte bezeichneten Amtsträger sind auf den unteren Verwaltungsstufen meist bürgerlicher Herkunft. Voraussetzung ihrer Verwaltungstätigkeit ist regelmäßig eine bestimmte Vorbildung. Dem Landesherren sind sie in Treue und Gehorsam verbunden. Er sichert ihnen dafür einen festen auskömmlichen Unterhalt zu.

Inhaltlich ist das Ziel der landesherrlichen Verwaltung die gute Ordnung und policey. Hierunter ist alle auf die Wahrung und Förderung des Zustandes guter Ordnung des Gemeinwesens gerichtete Tätigkeit zu verstehen. Abgeleitet ist die Bezeichnung von dem griechischen Wort politeia, Staatswesen. Das Deutsche übernahm den Begriff vermutlich durch Berthold von Henneberg (1484–1504 Erzbischof von Mainz) aus dem Französischen.

Diese Polizei betrifft die verschiedensten Angelegenheiten. Gegenstand der zu ihrer Sicherung geschaffenen Polizeiordnungen sind dementsprechend etwa Gotteslästerung, Schwören, Fluchen, Betteln, Müßiggang, Unzucht, Kuppelei, Luxus sowie Mißstände im Bereich von Handel und Gewerbe und im Vormundschaftswesen. Da die Aufklärung den Zweck des Staates in der Förderung des allgemeinen Wohles der Gemeinschaft wie ihrer Glieder sah, tendierte sie noch zur Erweiterung des Polizeibegriffes. Demnach wurde der Landesherr als berechtigt angesehen, alle Anordnungen zu treffen, welche die allgemeine Sicherheit und Ordnung betrafen, und auch alle Maßnahmen durchzuführen, welche die Förderung wirtschaftlicher und kultureller Tätigkeit zum Wohle des Ganzen wie der einzelnen zum Inhalt hatten.

Im Gegensatz hierzu stehen dann aber die auswärtigen Angelegenheiten, das Finanzwesen, Justizwesen und Heereswesen. Darüber hinaus schränkt der Göttinger Staatsrechtler Johann Stephan Pütter (1725–1807) den Polizeibegriff weiter ein, indem er die Polizei auf die Abwehr von Gefahren verweist und ihre Zuständigkeit für die Förderung der allgemeinen Wohlfahrt verneint. Dem folgte dann für die Polizeibehörden das preußische Allgemeine Landrecht von 1794 in II 17 § 10, obgleich es in II 13 §§ 2, 3 die Beförderung des Wohlstandes weiterhin als Aufgabe des Staates ansah (Polizei im weiteren Sinn).

Die unmittelbare Folge der Ausdehnung der Staatsaufgaben auf die gute Polizei war ein erhöhter Bedarf an Geldmitteln. Hinzu kam, daß die Landesherren nach 1648 mit dem Aufbau eines stehenden Söldnerheeres begannen, das sich bis zur Durchsetzung der Vorstellung der allgemeinen Wehrpflicht am Ende des 18. Jahrhunderts aus Söldnern zusammensetzte, welche finanziert werden mußten. Außerdem erforderte auch die absolutistische Hofhaltung in den Residenzen erhebliche Mittel.

Zu ihrer Deckung reichten die Einnahmen aus den landesherrlichen Gütern (Domänen) und Rechten (Regalien) nicht hin. Deswegen bedurfte es zur Finanzierung der Aufgaben der Steuern, welche immerhin in Brandenburg im Jahre 1641 bereits ein Viertel aller Staatseinkünfte ausmachten. Die Steuer mußte aber bis ins 18. Jahrhundert in weitem Umfang von den Landständen besonders bewilligt werden. Erst mit der Niederringung der Stände erlangte dann der Landesherr das alleinige Besteuerungsrecht. Am Ende des 18. Jahrhunderts steht ihm dieses jedoch als Hoheitsrecht über alle Untertanen zu.

Literatur: Below, G., Die städtische Verwaltung des Mittelalters als Vorbild der späteren Territorialverwaltung, HZ 75 (1895), 316ff.; Oestreich, G., Das persönliche Regiment der deutschen Fürsten am Beginn der Neuzeit, in: Die Welt als Geschichte Bd. 1 1935, 218ff.; Kleinheyer, G., Staat und Bürger im Recht, 1959; Hartung, F., Deutsche Verfassungsgeschichte, 8. A. 1964, Neudruck 9. A. 1965; Huber, E. R., Heer und Staat in der deutschen Geschichte, 2. A. 1943; Conrad, H., Deutsche Rechtsgeschichte, Bd. 2 1966; Willoweit, D., Die Rechtsgrundlagen der Territorialgewalt, 1975; Deutsche Verwaltungsgeschichte, hg. v. Jeserich, K.-Pohl, H.-Unruh, C. v., Bd. 1 1983; Raeff, M., The well-ordered Police State, New Haven 1983; Die Rolle der Juristen bei der Entstehung des modernen Staates, hg. v. Schnur, R., 1986; Recht, Gericht, Genossenschaft und Policey, hg. v. Dilcher, G.-Diestelkamp, B., 1986.

Reichskammergericht und gelehrter Prozeß

Ein allgemeiner Fehler, dessen sich die Menschen bei ihren Unternehmungen schuldig machen, war auch, so schrieb Goethe 1813 im dritten Teil von Dichtung und Wahrheit, der erste und ewige Grundmangel des Kammergerichts: zu einem großen Zwecke wurden unzulängliche Mittel angewendet. Die Zahl der Assessoren war zu klein, wie sollte von ihnen die schwere Aufgabe gelöst werden! Allein wer sollte auf eine hinlängliche Einrichtung drängen? Der Kaiser konnte eine Anstalt nicht begünstigen, die mehr wider ihn als für ihn zu wirken schien; weit größere Ursache hatte er, sein eigenes Gericht, seinen eigenen Hofrat auszubilden. Betrachtet man dagegen das Interesse der Stände, so konnte es ihnen eigentlich nur um Stillung des Bluts zu tun sein, ob die Wunde geheilt würde, lag ihnen nicht so nah; und nun noch gar ein neuer Kostenaufwand. Genug, das Gericht diente mehr zum Vorwande, die Unruhestifter zu bestrafen, als daß es gründlich dem Unrecht vor-

99 Sitzung des Reichskammergerichts (Speyer 1615)

gebeugt hätte. Allein es ist kaum beisammen, so erwächst ihm eine Kraft aus sich selbst. Es sucht sich durch auffallende Tätigkeit ein entschiedeneres Ansehen zu erwerben; frisch arbeiten sie weg was kurz abgetan werden kann und muß, was über den Augenblick entscheidet, oder was sonst leicht beurteilt werden kann, und so erscheinen sie im ganzen Reiche wirksam und würdig. Die Sachen von schwererem Gehalt hingegen, die eigentlichen Rechtshändel, blieben im Rückstand. Bald beschloß man nur diejenigen Gegenstände vorzunehmen, welche erinnert wurden und dadurch ist bald die Einleitung zu allen Intrigen und Bestechungen gegeben. Schließlich hatten sich zwanzigtausend Prozesse aufgehäuft, jährlich konnten sechzig abgetan werden und das Doppelte kam hinzu.

Mit diesen Worten beschreibt Goethe Wirken und Ergebnis einer Einrichtung, die er selbst nach Abschluß seiner rechtswissenschaftlichen Studien 1772 – wie im übrigen später auch von Hardenberg, vom Stein und von Savigny – zur weiteren praktischen Ausbildung aufgesucht hatte und die im Zeitpunkt dieses Berichts nach mehr als 300 Jahren Tätigkeit bereits ihr Ende gefunden hatte, das Reichskammergericht. Es war seinerseits 1495 als Ergebnis langjähriger Reichsreformbestrebungen ins Leben gerufen worden. Ihm waren bereits ein königliches Kammergericht und noch früher ein königliches Hofgericht vorausgegangen, die aber in mittelalterlicher Weise nicht wirklich zu einer dauernden Einrichtung verfestigt worden waren, sondern je nach den Umständen sich mit Streitigkeiten befaßt hatten. Deswegen war seit langem die Vernachlässigung der obersten Gerichtsbarkeit im Reich im allgemeinen beklagt worden.

Als der Kaiser 1486 auf dem Reichstag in Frankfurt eine Reichshilfe gegen die Ungarn begehrte, machten die Fürsten deren Bewilligung vor allem von einer Gerichtsreform abhängig, die ein oberstes Reichsgericht an einem festen Ort und frei von kaiserlichen Eingriffen vorsah. In kurzer Zeit wurde eine neue Kammergerichtsordnung mit einem Grafen als Richter sowie sechs Doktoren und sechs Rittern als Beisitzern verfaßt. Kaiser Friedrich III. verstand freilich, diese Pläne bis zu seinem Tode zu verhindern.

Unter König Maximilian wurde der Reformplan neu aufgegriffen und zum Verhandlungsgegenstand des Wormser Reichstages von 1495 erhoben. Da die Reichsstände alle Mittelbewilligungen von der Reform abhängig machten, ging Maximilian hierauf ein und nahm den Entwurf einer Kammergerichtsordnung im Juni/Juli 1495 an. Am 7. August 1495 wurde diese neue Kammergerichtsordnung besiegelt.

Danach war das damit auf reichsgesetzlicher Grundlage beruhende Kammergericht ein vom König und von den Reichsständen gemeinsam besetztes Gericht, das aus einem ständigen, dem hohen Adel angehörigen Kammerrichter (Vorsitzendem) und 16 (1521 18, 1530 24, 1570 41, 1648 50, 1776 25) auf meist 2 Senate verteilten ständigen Beisitzern (Urteilern) bestand und örtlich vom königlichen Hof getrennt war. Der Kammerrichter wurde nach anfänglicher Unsicherheit der Praxis vom Kaiser ernannt, die Beisitzer, die anfangs zur Hälfte rechtsgelehrt und zur anderen Hälfte ritterlich sein sollten, aber allmählich zu einem einheitlichen juristisch-technischen, seit 1648 konfessionell absolut paritätisch besetzten Kollegium zusammenwuchsen (von 45 1530–40 berufenen Assessoren waren 37 gelehrte Bürgerliche, 4 gelehrte Adelige und 4 Adelige), wurden vom Kaiser und von den Ständen vorgeschlagen und von einem obersten Reichsorgan ernannt. Örtlich zuständig war das Reichskammergericht grundsätzlich für das ganze Reich. Sachlich war es in erster Instanz zuständig bei Landfriedensbrüchen, Mißachtung der Reichsacht, eigenmächtigen Pfändungen und Gefangennahmen, Strafsachen wegen Übertretung von Reichsgesetzen, allen zivilen Klagen gegen Reichsunmittelbare (d. h. vor allem Landesherren) und bei Rechtsverweigerung und Rechtsverzögerung sowie in zweiter Instanz bei Appellationen gegen Urteile der Landgerichte und Stadtgerichte, sofern diese nicht durch besondere Privilegien ausgeschlossen waren. Zu richten hatte das Gericht nach gemeinem Recht und nach partikularen Statuten, woraus in der Folgezeit ebenso eine Begünstigung des rezipierten römischen Rechts erwuchs wie aus der Einsetzung von rechtsgelehrten doctores als Beisitzern.

100 Sitzung des Reichskammergerichts Wetzlar 1750. G. Roding, Pandectae juris cameralis ex ordinatione camerae emendatae

Das Verfahren selbst ist von den in Oberitalien auf der Grundlage des römischen Rechts entwickelten römisch-kanonischen Verfahrensgrundsätzen geprägt (Kameralprozeß). Danach ist der Streitstoff von den Parteien vorzubringen (Verhandlungsmaxime). Die Klage ist in einer Schrift (libellus) einzureichen, und zwar seit 1570 artikuliert, d. h. in Artikel (Klagpunkte, positiones) gegliedert, wodurch zwangsläufig die Vertretung durch einen gelehrten Juristen – den die Prozeßschrift abfassenden Advokaten und den die Vertretung im Gericht übernehmenden Prokurator – notwendig wird (Anwaltszwang). Im ersten Termin wird dem Beklagten die Klage vorgelesen. Kann er nicht durch prozeßhindernde Einreden die Abweisung erreichen, so erfolgt im Antworttermin die Streitbefestigung (litis contestatio) durch die Einlassung des Beklagten sowie der beiderseitige Eid, nicht wider besseres Wissen Rechte zu behaupten (Kalumnieneid). Streitige Punkte sind in einem besonderen Beweisverfahren mit eigenen Terminen artikelweise durch Zeugen, Urkunden oder Parteieid zu beweisen. Nach Abschluß des Beweisverfahrens wird von den Beisitzern das Urteil gefällt, wobei in Fällen der Stimmgleichheit der Kammerrichter bzw. Senatspräsident mitentscheidet. Das Urteil, das möglichst aus Rechtssätzen abgeleitet wird, wird niedergeschrieben und anschließend verlesen. Es kann nicht mehr mit der Appellation angegriffen, aber auf Anrufung einer beschwerten Partei durch die Visitationskommission revidiert werden. Schwierigkeiten bereitet vor allem die Vollstreckung der Urteile durch Reichsexekution.

Nach einem Stich von 1750, der – umrahmt von einem Reichsadler (oben), den Wappen der Kurfürsten (links und rechts) und den Wappen der Reichskreise sowie einer Ansicht der Stadt Wetzlar (unten) – eine Sitzung des Reichskammergerichts zeigt, sitzt der Kammerrichter bzw. Senatspräsident erhöht unter einem Baldachin an der Rückwand des Sitzungssaales. Zu seinen beiden Seiten befinden sich jeweils sechs Beisitzer (assessores). Links und im Vordergrund sitzen in Bänken 18 Advokaten und Prokuratoren, hinter ihnen 18 Protokollisten. Rechts steht vor einigen Standespersonen der Tisch mit Notar und Leser (lector), davor Protonotar und Pedell. Weiter links sitzt der Reichsfiskal. Im Zuschauerraum stehen dicht gedrängt Damen und Herren.

Am 31. Oktober 1495 wurde das Reichskammergericht in Frankfurt eröffnet. Kammerrichter wurde, wenn auch nur für wenige Wochen, der königliche Rat Eitelfriedrich von Zollern. Ihm standen zehn Urteiler, neun graduierte Prokuratoren, zwei Advokaten, ein Fiskalprokurator, zwei Protonotarien, ein Leser, ein Pedell und drei Boten zur Seite. Vom 3. November an fanden bis zum Jahresende 1495 noch 14 Audienzen statt, in denen Entscheidungen verkündet wurden.

In der Folge versuchte Maximilian allerdings, die ihm abgetrotzten Zugeständnisse wieder einzuschränken und forderte vielfach Verlegung des Gerichts nach Worms, Colmar und Lindau. Tatsächlich kam das Gericht 1497–99 nach Worms, 1501–02 nach Nürnberg, 1503–04 nach Regensburg, 1504–07 nach Augsburg, 1507–08 nach Regensburg, 1508–13 nach Worms, 1513–14 nach Speyer, 1514–19 nach Worms, 1521–24 nach Nürnberg und 1524–27 nach Esslingen. Erst 1527 fand es in Speyer eine dauerhafte Niederlassung.

Angenommen wurde das neue Gericht zunächst vor allem vom schwäbischen, oberrheinischen und niederrheinischen Reichskreis, für die es als Appellationsinstanz wirkte. Daneben wurde es für Nord- und Ostdeutschland erstinstanzliches oberstes Landfriedensgericht. Später wandten sich diese bis dahin eher königsfernen Gebiete auch mit ihren Appellationen an das Reichskammergericht. Seit der Mitte des 16. Jahrhunderts schoben sich die erstinstanzlichen Prozesse zwischen Reichsständen um hoheitliche Befugnisse in den Vordergrund.

Infolge der Bedrohung durch die Kriege König Ludwigs XIV. von Frankreich begannen im übrigen 1679 die Bemühungen des Gerichts um Verlegung in eine andere Reichsstadt. Neben Dinkelsbühl, Schweinfurt, Friedberg und Mühlhausen in Thüringen kam auch Wetzlar mit seinen gut 3000 Einwohnern in die engere Wahl. Für dieses wurden vor allem die Bereitschaft, das Rathaus als Gerichtsgebäude zur Verfügung zu stellen, die Möglichkeit der freien Religionsausübung für alle drei Konfessionen, die zentrale Lage sowie die Reinheit von Luft und Wasser ins Feld geführt. Trotz vieler Bedenken beschloß der Reichstag daraufhin die Verlegung nach Wetzlar. Am 15. Mai 1693 wurde das Gericht dann im ehemaligen Rathaus der Stadt am Fischmarkt eröffnet. Hinzukamen ab 1756 eine Reihe angekaufter Häuser am Buttermarkt (Stelle des heutigen Stadthauses) und nach deren Verkauf ab 1782 das von Ingelheimsche Palais in der Hausergasse (Stelle des heutigen Postamtes). Ein ab 1782 begonnener eigener Archivbau (Gebäude des heutigen Rathauses) war noch nicht beendet, als unmittelbar nach Niederlegung der Kaiserkrone Kaiser Franz 1806 die Auflösung des Reichskammergerichts verfügte.

Von den Akten des damit abgegangenen Gerichts ist für die Frühzeit mit starken Verlusten zu rechnen. Von den Akten der Speyerer Zeit verbrannten die Urteilsbücher im Februar 1689 und wurde ein Teil der anderen Bestände durch jahrhundertlange unsachgemäße Lagerung in Frankfurt und Aschaffenburg vermindert. Insgesamt dürften sich von den etwa 100000 am Reichskammergericht angestrengten Prozessen bis in die Mitte des 19. Jahrhunderts etwa 73000 Akten erhalten haben, die in einem 45bändigen Generalrepertorium erfaßt wurden. Danach wurden 17617 Akten zwischen 1842 und 1852 nach dem Wohnsitz des Beklagten bzw. dem Sitz der Vorinstanz auf die 39 Gliedstaaten des Deutschen Bundes und Belgien aufgeteilt. Preußens Akten (23674) blieben ebenso wie der sog. untrennbare Bestand (vor allem die Urteilsbücher seit 1684 und die Senatssitzungsprotokolle seit 1711) zunächst in Wetzlar. Seit 1925 wurden sie auf die preußischen Staatsarchive verteilt. Dementsprechend lagern etwa 71000 Akten heute in den zuständigen territorialen Archiven (München ca. 19000, Düsseldorf 9780, Münster 6330, Stuttgart 6000, Koblenz 2900, Hannover 2800, Wiesbaden 2740, Magdeburg 2500, Köln 2000, Marburg 1950, Stettin 1897, Aachen 1800, Frankfurt 1320, Hamburg 1290, Osnabrück 1100 usw.). Der untrennbare Bestand kam an das Reichsarchiv und wurde nach Frankfurt verbracht, wo er sich derzeit als Teil der Außenstelle des Bundesarchivs befindet.

Die Tätigkeit des Reichskammergerichts wird von der gegenwärtigen Wissenschaft im übrigen günstiger beurteilt als von Goethe. Insbesondere wird vielfach die befriedende Wirkung hervorgehoben, die es auch in den Fällen entfaltete, in welchen die Zeit die Stelle des Urteils vertrat. Die Zahl der unerledigt liegengebliebenen Revisionen wird mit etwa 2000 auch deutlich niedriger geschätzt als die Zeitgenossen zu mutmaßen versuchten.

Literatur: Smend, R., Das Reichskammergericht, 1911, Neudruck 1965; Repertorium der Akten des Reichskammergerichts, hg. v. Koser, O., Bd. 1,2 1933 ff.; Sellert, W., Über die Zuständigkeitsabgrenzungen von Reichshofrat und Reichskammergericht, 1965; Die Reichskammergerichtsordnung von 1555, hg. v. Laufs, A., 1976; Diestelkamp, B., Der Stand der Arbeiten zur Erschließung der Quellen des Reichskammergerichts, in: Consilium Magnum, Brüssel 1977, 199 ff.; Schröder, K. P., Das Reichskammergericht, JuS 1978, 368 ff.; Dick, B., Die Entwicklung des Kameralprozesses nach den Ordnungen von 1495 bis 1555, 1981; Forschungen aus Akten des Reichskammergerichts, hg. v. Diestelkamp, B., 1984; Diestelkamp, B., Vom königlichen Hofgericht zum Reichskammergericht in: Recht, Gericht, Genossenschaft und Policey, hg. v. Dilcher, G. – Diestelkamp, B., 1986, 44.

Vom Schöffen zum Gerichtsjuristen

Ob das geflügelte Wort von den Juristen als bösen Christen tatsächlich bis zu Hugo von Trimbergs um 1300 verfaßtem Renner zurückreicht, ist nicht ganz gewiß, weil nur einige Handschriften diese Lesart sichern. Eindeutig ist aber, daß schon zu dieser Zeit gewisse Schwächen des neuen Berufsstandes erkannt werden. Grundübel ist die Habgier. Sie führt dazu, daß die Juristen sich oft auf die Seite der Reichen und Mächtigen stellen. Durch überspitzte Formalismen, Entstellung der Wahrheit und endlose Verschleppung der Prozesse nehmen sie dem Armen sein Recht.

Trotz dieser düsteren Vision ist der Siegeszug der Juristen in den Gerichten nicht aufzuhalten. Schon seit dem Interregnum umgibt sich der König zunehmend mit Juristen (zwischen 1273 und 1347 27, zwischen 1346 und 1410/9 65 und zwischen 1410/9 und 1493 138), welche überwiegend aus niederem Adel und gehobenem Bürgertum stammen und im Ausland studiert haben. 1495 dringen sie in das Reichskammergericht ein und ebenso in den als Gegengewicht gebildeten Reichshofrat.

Im übrigen ist die Gerichtsbarkeit bis auf geringe Reste auf die Länder übergegangen. Dort schreitet die schon im Mittelalter beginnende Zentralisierung der Gerichts-

101 Sitzung des Hofgerichts Rottweil (1564) mit Hofrichter, 8 Urteilern, Büttel, Fürsprecher. Rottweiler Hofgerichtsordnung

102 Verhandlung gegen einen Dieb 1504 vor Richter, 12 Schöffen, Büttel und Stadtschreiber; von links nach rechts: Vom Rathaus (a) zieht das Gericht zum Markt (b). Der Kläger bringt den Täter aus dem Turm (c), begehrt Recht (d) und überführt nach Verlesung der Klage (e) den Täter durch Eid (f).
Volkacher Salbuch

103 Sitzung des Landgerichts Würzburg (1520) mit dem Landrichter Weyprecht von Grumbach, 7 Landrittern als Urteilern und einem Landschreiber mit dem Landgerichtsbuch. Mainfränkisches Museum, Würzburg

barkeit fort. Vielfach werden Oberappellationsgerichte für ein gesamtes Land eingeführt, die als Hofgericht, Kammergericht oder Obertribunal bezeichnet werden. Sie stehen an der Spitze eines geregelten Instanzenzuges über Untergerichte und mittlere Gerichte, welcher diesen verbindlich vorgeschrieben wird, so daß die Bitte um Rechtsbelehrung an einen freiwillig gewählten Oberhof ausscheidet.

In den meisten Gerichten verschwinden dann allmählich auch die ungelehrten Schöffen. Wie sich etwa ziemlich deutlich in Frankfurt zeigt, werden sie durch das Eindringen des gelehrten Prozeßrechts zunächst verunsichert und dann entweder zur

104 Sitzung des Landgerichts Nürnberg. Hohberg, Georgica curiosa, Nürnberg 1687

Aneignung gelehrter Kenntnisse oder zum Ausscheiden aus der Gerichtsbarkeit gezwungen. An die Stelle der ungelehrten Schöffen tritt der beamtete gelehrte Berufsrichter. Diesen auf die Leitung der Verhandlung zu beschränken und die Fällung der Urteile ungelehrten Schöffen zu überlassen, ist, wie sich am Reichskammergericht zeigt, wohl schon aus grundsätzlichen Erwägungen nicht versucht worden. Der gelehrte Berufsrichter hat vielmehr als wichtigste Aufgabe gerade die Gewinnung der Entscheidung.

Instanzenzug wie Berufsrichtertum schließen dabei Eingriffe des Landesherrn in die Rechtspflege keineswegs aus. Ganz im Gegenteil gehören sie der absoluten Herrschaft fast wesensmäßig zu. Sie erfolgen als unmittelbare Entscheidung eines Rechtsfalles oder als Anweisung an ein Gericht. In Strafsachen behält sich der Landesherr dementsprechend außerdem ein Bestätigungsrecht vor. Keineswegs immer gereichen freilich diese Machtsprüche der Kabinettsjustiz dem Untertanen zum Nachteil.

Der Landesherr selbst versucht, sich der Gerichtsbarkeit, vor der er bislang zur Verantwortung gezogen werden konnte, zu entziehen. Aufgabe der Gerichte soll es demnach sein, in Angelegenheiten privaten Interesses zu entscheiden. Demgegenüber sind Regierungssachen, wie beispielsweise in Brandenburg 1653 festgelegt wird, keine Justizsachen.

Hierzu kommt, daß den strafrechtlichen Schutz des Majestätsverbrechens (crimen laesae maiestatis) nunmehr über die Kurfürsten hinaus alle Fürsten in Anspruch nehmen. Hieraus entwickelt sich ein wirksames Regierungsinstrument des Landesherren gegenüber allen, welche seine Herrschaft angreifen wollen.

Literatur: Stölzel, A., Entwicklung des gelehrten Richtertums in der deutschen Gerichtsverfassung seit der Rezeption der fremden Rechte, ZRG GA 34 (1913), 440ff.; Döhring, E., Geschichte der deutschen Rechtspflege seit 1500, 1955; Leiser, W., Der gemeine Zivilprozeß in den badischen Markgrafschaften, 1961; Kern, E., Geschichte des Gerichtsverfassungsrechtes, 1954; Moraw, P., Gelehrte Juristen im Dienst der deutschen Könige des späten Mittelalters, in: Die Rolle der Juristen bei der Entstehung des modernen Staates, hg. v. Schnur, R., 1986, 77ff.

Die Peinliche Gerichtsordnung Karls V.

Nachdem durch unsere Stände an uns gelangte, wie im Römischen Reich deutscher Nation altem Brauch und Herkommen nach die meisten Gerichte mit Personen besetzt werden, welche unsere kaiserlichen Rechte nicht durch Studium, Erfahrung oder Übung kennengelernt haben, und wie deswegen an vielen Orten oft gegen Recht und gute Vernunft gehandelt worden ist und entweder die Unschuldigen gepeinigt und getötet oder aber die Schuldigen durch unordentliches, gefährliches und umständliches Verhalten zum Schaden der peinlichen Kläger und des gemeinen Nutzens verschont worden sind, und daß in Deutschland nach altem langwährendem Gebrauch und Herkommen die peinlichen Gerichte an manchen Orten nicht mit rechtskundigen erfahrenen und geübten Personen besetzt werden können, haben wir, so schreibt Kaiser Karl V. im Jahre 1532, mit Kurfürsten, Fürsten und Ständen etlichen gelehrten, trefflichen, erfahrenen Personen befohlen, eine Vorstellung zu geben, wie in peinlichen Sachen Recht und Billigkeit gemäß verfahren werden soll. Dies haben wir in Druck gegeben, daß alle und jeder unserer und des Reichs Untertanen sich hinfort dieser Vorstellung, dem gemeinen Recht, der Billigkeit und den löblichen hergebrachten Gebräuchen gemäß verhalten kann.

Die dieser Vorrede folgende Peinliche Gerichtsordnung Kaiser Karls V., die lateinisch als Constitutio Criminalis Carolina (CCC) oder kürzer als Carolina bezeichnet wird, geht auf Beschwerden über die sich häufenden ungerechten Strafverfahren vor dem Reichstag in Lindau zurück. Ursachen dieser wachsenden Zahl von Strafverfahren ist dabei vermutlich in erster Linie die steigende Zahl der Straftaten. Diese wiederum geht wohl vor allem auf die Zunahme der Bevölkerung, deren wachsende Mobilität wie deren zunehmende Individualisierung zurück.

Der Reichstag setzt zum Zweck der Besserung des Strafverfahrensrechts eine Kommission ein. Während diese über einen längeren Zeitraum hinweg sich mit dieser Aufgabe befaßt, entsteht unter Beteiligung Johann von Schwarzenbergs, des Hofmeisters des Bischofs von Bamberg, dort im Jahre 1507 eine Bamberger Halsgerichtsordnung (Constitutio Criminalis Bambergensis, CCB). Ihr waren schon Halsgerichtsordnungen von Ellwangen (1466), Nürnberg (1485), Tirol (1499) und Radolfzell (1506) vorausgegangen, welche bereits erkennen ließen, daß sich das Schwergewicht des Verfahrens auf die Vorverfahren verlagert hatte, doch war dieses im wesentlichen noch recht ungeordnet und räumte den untersuchenden Amtsträgern noch einen breiten Spielraum des Ermessens ein.

Demgegenüber ordnete die Bamberger Halsgerichtsordnung diese Verfahren erstmals. Dabei verband sie einheimische Entwicklungen mit gelehrtem Recht, wie es auf der Grundlage römisch-kanonischer Regeln Innozenz' III. und Innozenz' IV. Albertus Gandinus (1245–1311) bereits zwischen 1286 und 1300 in seinem Traktat über Missetaten (Tractatus de maleficiis) zusammengefaßt hatte. Aus dieser Verbindung erwuchs eine auch materielles Strafrecht enthaltende Strafprozeßordnung, welche im wesentlichen in die Carolina übernommen wird. Diese bildet dann trotz ihres salvatorischen Vorbehalts zugunsten des Partikularrechts die Grundlage des gesamten deutschen Strafverfahrensrechts und Strafrechts bis ins 19. Jahrhundert.

Eingeleitet wird das Verfahren durch die Klage eines Klägers (Akkusationsprozeß) oder die Untersuchung eines Richters (Inquisitionsprozeß). Da der Kläger bei Freispruch des Angeklagten zu einer Entschädigung verpflichtet ist, wird der Inquisitionsprozeß bald zur Regel.

Der Richter hat im Verfahren die Wahrheit zu ermitteln. Zum Beweis genügen zwei Zeugen oder ein Geständnis. Zur Erlangung eines Geständnisses ist die Folter zulässig. Sie darf aber nur bei Vorliegen genau bestimmter Indizien eingesetzt werden.

105 Einlieferung ins Gefängnis. Tengler, Layenspiegel 1511

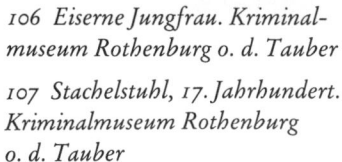

106 Eiserne Jungfrau. Kriminalmuseum Rothenburg o. d. Tauber

107 Stachelstuhl, 17. Jahrhundert. Kriminalmuseum Rothenburg o. d. Tauber

Wann eine genügsame Anzeigung in diesem Sinn vorliegt, beschreibt die Carolina recht ausführlich in den Artikeln 33 ff. Wird beispielsweise gefunden, daß jemand geraubte Güter bei sich hat oder verkauft oder übergibt und will er seinen Verkäufer oder Gewährsmann nicht angeben, so sprechen gegen ihn ausreichende Indizien. Liegen Soldaten bei einem Wirt und geben Geld aus, ohne dessen redliche Herkunft wahrscheinlich machen zu können, so sind sie verdächtig vieler böser Sachen und vor allem des Raubs.

Der Richter ist dann an feste Beweisregeln gebunden. In allen zweifelhaften Fällen soll er Rechtsverständige um gutachtlichen Rat fragen. Der Inhalt dieses Gutachtens ist unabänderlich.

Den Beschluß bildet der endliche Rechtstag. Hier führt die schuldhafte Tat zur Verurteilung. Ein Rechtsmittel gegen das Urteil gibt es zunächst nicht. Erst allmählich wird seit dem 16. Jahrhundert die in Italien seit dem 12. Jahrhundert entwickelte Nichtigkeitsbeschwerde bei großen Verfahrensfehlern aufgenommen.

Fragwürdig wird die Peinliche Gerichtsordnung Karls V. in dem Augenblick, in welchem die Folter bekämpft wird (1705 Christian Thomasius, Disputatio de tortura). Dieser Kampf führt aber nur recht langsam zur Beseitigung der Folter. Während sie in Schweden 1734 und in Preußen 1740 verboten wird, hält Baden als letzter deutscher Staat bis 1831 an ihr fest.

Literatur: Kohler, J. - Scheel, W., Die Peinliche Gerichtsordnung Kaiser Karls V., 1900, Neudruck 1968; Oppermann, W., Die Schuldlehre der Carolina, Diss. jur. Leipzig 1904; Schoetensack, A., Der Strafprozeß der Carolina, Diss. jur. Heidelberg 1904; Saueracker, K., Wortschatz der Peinlichen Gerichtsordnung Karls V., 1929; Schaffstein, W., Die Bedeutung der Carolina für die strafrechtliche Begriffsentwicklung, ZStW 52 (1932), 781; Blankenhorn, R., Die Gerichtsverfassung der Carolina, Diss. jur. Tübingen 1939; Schmidt, E., Einführung in die Geschichte der deutschen Strafrechtspflege, 3. A. 1965; Rüping, H., Grundriß der Strafrechtsgeschichte, 1981; Laufs, A., Rechtsentwicklungen in Deutschland, 3. A. 1984.

Die Hexen und ihre Prozesse

Jeder dritte glaubt an Hexen, so lautet eine Schlagzeile nicht des Jahres 1586, sondern des Jahres 1986. Waren es 1956 nur acht von hundert Befragten, welche Hexen für tatsächlich existent ansahen, so hielten es 1986 vierunddreißig von hundert für möglich, daß heute noch Menschen ihren Mitmenschen etwas anhexen können. Demnach nimmt der Glaube an unerklärliche Geschehnisse in einer Welt voll Wissenschaft ganz überraschend zu.

Wer sind diese Hexen?

Vielleicht aus dem 10. Jahrhundert stammt eine Mondseer Handschrift zu den kirchlichen Canones, welche das althochdeutsche Wort hazasa zu lateinisch strionibus setzt. Dem folgen zahlreiche Glossen des 11. Jahrhunderts, welche hazus, hazissa, hagzussa mit lateinisch furia, striga, eumenis, erinnys verbinden. Hiervon werden die griechischen Eumeniden als die Wohlwollenden, Günstigen im Sinne eines euphemistischen Namens der Furien, die Erinnyen als Furien und Rachegöttinnen, welche das Unrecht und den Frevel der Menschen strafen, die lateinischen Furien als Plagegeister und Rächerinnen der Übeltäter (besonders der Eltern- und Verwandtenmörder), welche sie durch innere Unruhe beständig peinigen und rasend machen, geschildert. Die im Lateinischen anscheinend nicht allzu häufige striga ist ein den Kindern verderbliches altes Weib, eine alte Hexe.

Etymologisch wird das sonst nur noch im Altenglischen als haegtesse belegte und damit auf das Westgermanische beschränkte Wort als Zusammensetzung angesehen. Deren Bestimmungswort ist hag, das entweder als Zaun oder als das durch diesen umhegte Feld verstanden wird. Das Grundwort althochdeutsch zussa, altenglisch tesse wird entweder mit altenglisch teswian schädigen, verderben verbunden oder mit westfälisch dus Teufel, norwegisch tysja Elfe, verkrüppeltes Weib, keltisch dusius unreiner Geist, altlitauisch dvasas Geist und damit der indogermanischen Wurzel *dheueus- stieben, wirbeln zugeordnet. Dementsprechend ist die Hexe entweder eine Feldschädigerin oder ein Zaungeist. Verschiedentlich wird hierin aber eine ausgesprochene Tabubezeichnung gesehen.

Die Hexen und ihre Prozesse

Obwohl über die germanische Hexe Quellen zu fehlen scheinen, hat sich ein germanisch-deutscher Hexenbegriff entwickelt. Nach diesem ist die Hexe vorrangig eine Frau, welche im Dämonenbund Menschen, Tieren und anderen Sachen Schaden zufügt. Sie kann sich in Tiere verwandeln, durch die Luft fliegen, insbesondere auf einem Besen reiten und einen Scheinleib annehmen. Sie stiehlt Milch, mischt giftige Getränke und macht das Wetter.

Nach der Christianisierung kommen zu diesem Hexenbegriff, der aber seinerseits nur aus Quellen der bereits christianisierten Zeit ermittelt ist, christliche Elemente hinzu. Die Hexe ist ein Unchrist, Haeretiker und Ketzer. Zauberei und Wahrsagerei sind schädlicher Aberglaube im Verhältnis zum wahren christlichen Glauben. Die frühmittelalterliche Kirche belegt dementsprechend Hexen und ihre Taten mit Buße und kirchlichen Sanktionen.

Im Hochmittelalter sieht die kirchliche Scholastik die Hexerei als Teufelsbuhlschaft. Sie ist als Bündnis mit dem Teufel ein Verbrechen. Dieses Hexenverbrechen (crimen magiae) muß vom kirchlichen und vom weltlichen Recht verfolgt werden. Seine vier besonderen Tatbestände sind Gotteslästerung, Sodomie, Zauberei sowie Ehebruch und Kuppelei.

Im weltlichen Recht droht die sog. Treuga Heinrici von 1224 für Zauberei eine im Ermessen des Richters stehende Strafe an, Sachsenspiegel und Schwabenspiegel für Zauberei und Giftbeibringung das Verbrennen auf dem Scheiterhaufen. Bedrohlicher

108 Hexe als Teufelsbuhlerin. U. Molitor, Von den Unholden und Hexen, 1489

als diese Strafandrohungen wirkt sich die sog. Hexenbulle Summis desiderantes affectibus des Papstes Innozenz VIII. vom 5. Dezember 1484 aus. In ihr wird nämlich die Inquisition hexereiverdächtiger Personen angeordnet. Die durch sie als schuldig befundenen Menschen sollen gebessert, inhaftiert und bestraft werden. Als ausführlichen Kommentar hierzu verfassen die beiden Dominikanerinquisitoren Heinrich Institoris und Jakob Sprenger 1487 den sog. Hexenhammer, der insgesamt 29 Auflagen erfährt und mit dem der Hexenwahn aus dem Halbdunkel verbrämter Heimlichkeiten an das volle Licht der Wissenschaft tritt.

Das danach für den besonderen Hexenprozeß innerhalb des Inquisitionsprozesses durch die Praxis ausgebildete und etwa in Art. 131 der Constitutio Criminalis Bambergensis von 1507 angesprochene Verfahren ließ die vielfach anonyme Denunziation zu. Als typische Hexenmerkmale wertete man dabei etwa Abneigung gegenüber Männern, Nichtbeachtung kirchlicher Feiertage, bestimmte Muttermale, Triefaugen, rote Haare oder Abneigung gegen Waschen und Kochen. Dem Verdächtigen war der Reinigungseid verwehrt. Dagegen durfte er der Folter unterworfen werden. Außerdem waren Gottesurteile wie die Wasserprobe oder besondere Hexenproben zulässig.

Die Peinliche Gerichtsordnung Karls V. von 1532 sah dann in Art. 109 für die Zauberei die Feuerstrafe vor. Die schadlose Zauberei gab sie dem Ermessen des Gerichts anheim. Zugleich empfahl sie die Einholung von gutachtlichen Rechtsauskünften.

In der Folge steigen die Hexenprozesse zwischen 1590 und 1630 stark an. Insbesondere in Mainfranken, in der Franche-Comté, in Kärnten, Tirol und in der Schweiz sind sie sehr häufig. Zahlreiche Frauen enden hier, angezeigt von abergläubischen Mitmenschen, auf dem Scheiterhaufen. Zeitweise artet die Verfolgung in eine regelrechte Hexenjagd aus (1583 in Osnabrück 121, 1636 in Siegburg 200, 1659 in Bamberg 600, der Grafschaft Büdingen von 1532 bis 1700 485 Hexen), zumal Papst Gregor XV. 1623 befohlen hatte, schädliche Zauberer dem weltlichen Gericht zur Bestrafung zu übergeben.

Zugleich traten aber auch warnende Stimmen hervor. So wandte sich etwa der Jurist Johann Georg von Godelmann bereits 1584 in seiner Schrift De magis, veneficis et lamiis gegen die Hexenprozesse. Bekannter wurde die 1631 anonym veröffentlichte, von dem Jesuiten Friedrich Spee von Langenfeld (1591–1635) verfaßte Cautio criminalis. Von den Rechtslehrern bekämpfte am deutlichsten Christian Thomasius die Bindung der Rechtswissenschaft an die Theologie und damit zugleich die Folter, die Hexenprozesse und die Bestrafung wegen Häresie (Dissertatio de crimine magiae 1701, Dissertatio de origine ac progressu processus inquisitorii contra sagas 1712).

Mit dem Vordringen der Aufklärung verschwanden dann die Hexenprozesse, die möglicherweise insgesamt bis zu einer Million Menschenleben kosteten, ziemlich rasch. Die letzten Hexenprozesse stammen aus den Jahren 1749 (Würzburg), 1751 (Endingen am Kaiserstuhl), 1775 (Kempten) und 1782 (Glarus). Die Furcht vor Hexen sowie die Vorstellung, daß es Hexen überhaupt gibt, waren dadurch aber, wie die Gegenwart zeigt, keineswegs ausgerottet.

Literatur: Riezler, S., Geschichte der Hexenprozesse in Bayern, 1896, 2. A. 1967; Soldan, W. G. – Heppe, H., Geschichte der Hexenprozesse, 3. A. hg. v. Bauer, M. 1912, Neudruck 1969; Sprenger, J. – Institoris, H., Der Hexenhammer, ins Deutsche übertragen und eingeleitet von Schmidt, J. W.R., 1922; Radbruch, G.- Gwinner, H., Geschichte des Verbrechens, 1951; Baschwitz, K., Hexen und Hexenprozesse, 1963; Merzbacher, F., Die Hexenprozesse in Franken, 2. A. 1970; Leutenbauer, S., Hexerei- und Zaubereidelikt in der Literatur von 1450 bis 1550, 1972; Schormann, G., Hexenprozesse in Deutschland, 1981.

Gefängnis und Zuchthaus

Wie man eine Missetat peinlich strafen soll, legt die Carolina in den Artikeln 104 ff. ausführlich dar. Am wichtigsten sind dabei Feuer, Schwert, Vierteilung, Rad, Galgen, Ertränken, lebendig Begraben, Schleifen und Reißen mit glühenden Zangen. Das meiste hiervon zeigt das Titelblatt des Erstdrucks in einer Gesamtschau des Inhaltes anschaulich auf.

Wie die konkrete Praxis aussah, gibt eindrucksvoll das Tagebuch des Nürnberger Scharfrichters Meister Franz Schmidt zu erkennen, das beispielsweise zum Jahr 1580 die Eintragungen enthält: Am 2. August Hans Mülner, sonst der Zähnblecker oder der Ungeschickt genannt, Leonhard Waltz, von Schwendt, sonst der Pfaffenhendel und der Pfeffla und Lienla von Schwendt genannt, Hermann Schroeter, sonst der Darm genannt, drei Diebe in Nürnberg mit dem Strang gerichtet. Am 16. August Margaretha Boecken, Bürgerin in Nürnberg, die einer anderen Bürgerin, die Zahlmeisterin genannt, die Läuse suchen wollte und ihr mit einem Häcklein hinterrücks den Kopf einschlug, auf einem Wagen ausgeführt, drei Griffe mit einer Zange in den Leib

109 Gang zur Richtstätte (1507). Bamberger Halsgerichtsordnung

284   *Erneuerung und Neuerung*

110 Ausführung des Vatermörders Franz Seuboldt zum Rädern in Nürnberg am 22. 9. 1589. Flugblatt

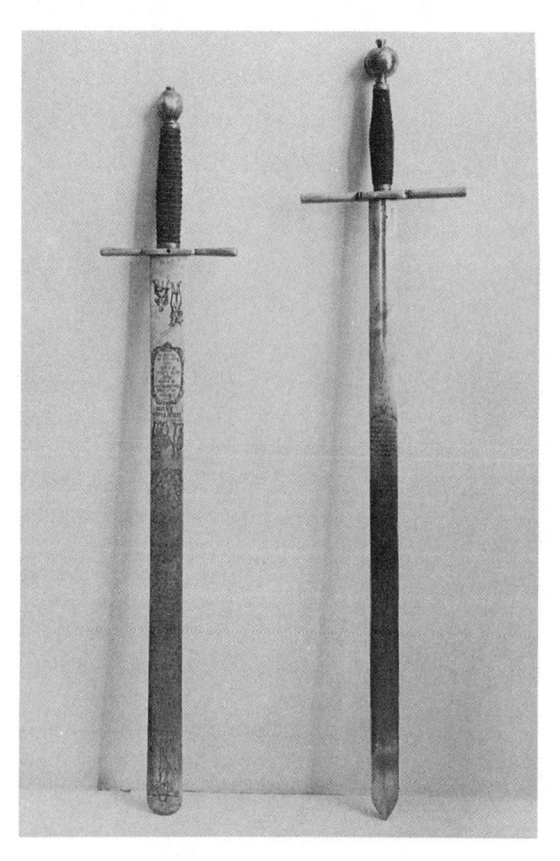

111 Richtschwerter

112 Sieden. Johann Jakob Wick (1522–88, Zürich)

gegeben, danach stehend mit dem Schwert gerichtet, den Kopf an einer Stange über sie gesteckt, den Körper unter dem Galgen begraben. Am 16. September Utz Mayer von Lauterbach, sonst der Kiebelohr genannt, und Georg Suemler von Memmingen, sonst der Gatzent genannt, beide Diebe, zu Sulzberg mit dem Strang gerichtet. Sind im Hinausführen frech und mutwillig gewesen, gejauchzt, den Galgen einen eichenen Kirschbaum geheißen. Am 4. Oktober Achaz Praun, sonst der Schwarz von Baiersdorf genannt, ein Dieb allhier mit dem Strang gerichtet. Am 17. November Hans Müllner, von Litzendorf (60 Jahre alt), sonst der Schmeißer genannt, der seine schwangere Schwester auf dem Weg zur Arbeit vorsätzlich auf der Straße erschlagen, ermordet (und mit ihr Unzucht getrieben) und sie im Feld eingegraben hat, zu Nürnberg mit dem Rad gerichtet.

Alle diese Strafen sind wie die weniger schweren Leibesstrafen seit dem hohen Mittelalter herkömmlich geworden. Verhältnismäßig neu demgegenüber ist die Freiheitsstrafe.

Sie ist in fränkischer Zeit recht selten. Sofern sie dort begegnet, ist sie im wesentlichen Zwangsmittel oder Gnadenstrafe statt der etwa bei Hochverrat an sich verwirkten Todesstrafe. Vereinzelt erscheint sie auch bei Langobarden und Angelsachsen für den Diebstahl.

113 Vierteilen. Johann Jakob Wick (1522–88, Zürich)

Demgegenüber kennen die Städte seit dem 14. Jahrhundert die Freiheitsentziehung öfter. Sie tritt zuerst als Folge der Zahlungsunfähigkeit auf. Dann findet sie sich aber auch selbständig als Sanktion unterschiedlicher Taten.

Dementsprechend droht die Peinliche Gerichtsordnung Karls V. für kleinen Diebstahl in Art. 157 ersatzweise etlich zeitlang Kerker an. In den Art. 10, 101 erwähnt sie ewiges Gefängnis. Die Art. 176, 195 sehen Gefängnis als sichernde Maßnahme vor, wobei im übrigen etwa zu dieser Zeit Gefängnis allmählich auch zu einer Bezeichnung für ein der zwangsweisen Verwahrung dienendes Gebäude wird.

Hinzu kommt, daß am Ende des 16. Jahrhunderts in England unter religiös bestimmten Fürsorgegesichtspunkten Erziehungshäuser (houses of correction, Bridewell 1555) errichtet werden. In ihnen sollen Bettler und arbeitsscheue Menschen mit Zwang zur Arbeit angehalten und erzogen werden. Diese Vorstellung greift bald auf die Niederlande über, wo 1595 für Männer und 1597 für Frauen ein Erziehungshaus (tuchthuis, Rasphuis, Spinnhaus) geschaffen wird. In dieses können auch Straftäter auf Grund eines Urteils eingewiesen werden, um durch Arbeit, Zucht, Unterricht und Seelsorge gebessert und so wieder in die Gesellschaft eingegliedert zu werden.

Dem folgten auch verschiedene deutsche Städte. Gegen Ende des 17. Jahrhunderts gewann überhaupt die Vorstellung, daß die Erziehung im Zuchthaus der Sühne durch die Todesstrafe vorzuziehen sei, an Boden. Mit der Aufklärung wurde die Besserung als Strafzweck dann allgemeiner verbreitet.

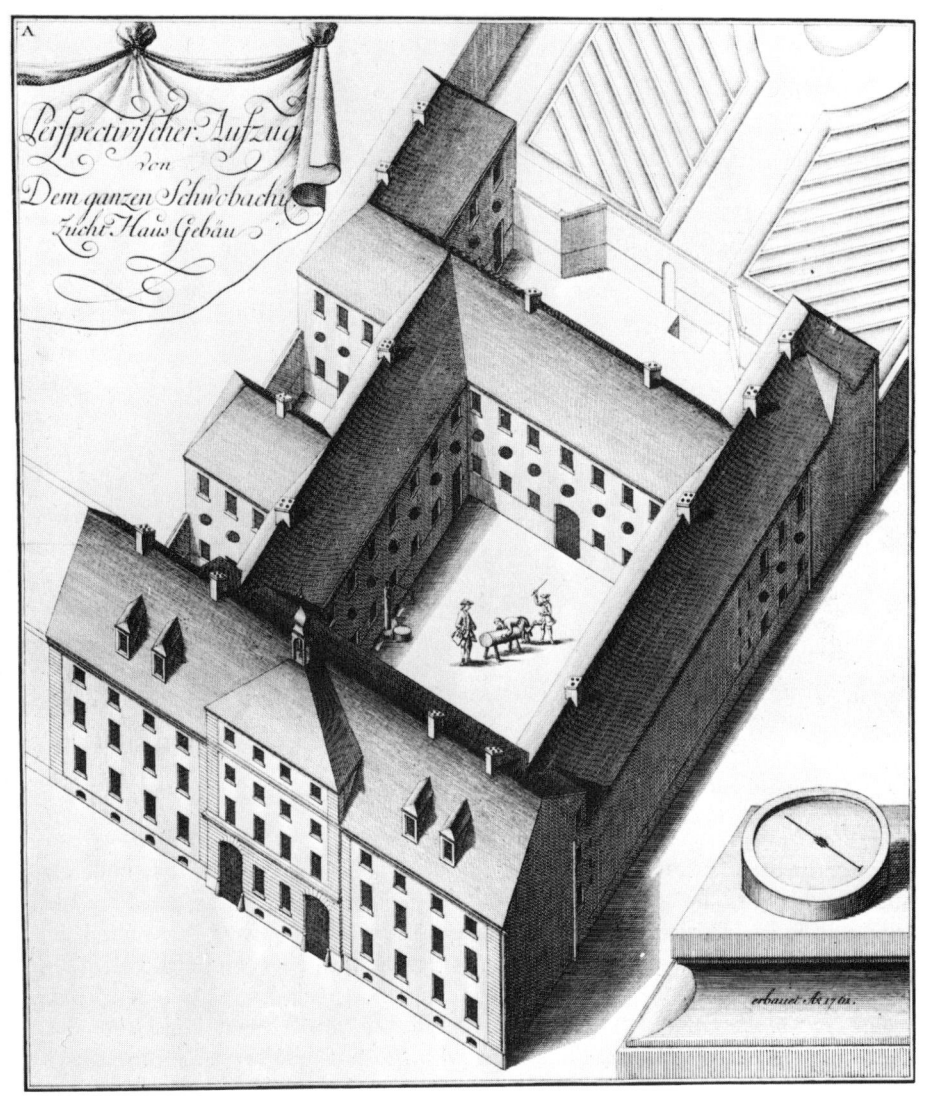

114 Das Zuchthaus von Schwabach (18. Jh.). Kupferstich von J. S. Leitner

In der Wirklichkeit waren freilich Gefängnis und Zuchthaus wegen der elenden räumlichen Verhältnisse lange Zeit kaum mehr als eine andere Form der Leibesstrafe.

Literatur: His, R., Geschichte des deutschen Strafrechts bis zur Carolina, 1928; Radbruch, G., Die ersten Zuchthäuser und ihr geistesgeschichtlicher Hintergrund, in: Elegantiae juris criminalis, 1951, 116ff.; Höfken, G., Die Entwicklung des Gefängniswesens in Deutschland, Diss. jur. Heidelberg 1952; Schlue, H., Die Geschichte des Bonner Zuchthauses und des Bonner Arbeitshauses, Diss. jur. Bonn 1960; Conrad, H., Deutsche Rechtsgeschichte, Bd. 2 1966.

115 Samuel Pufendorf
(1632–1694). Kupferstich
von P. van Gunst

Das geometrische Recht

Im Jahre 1632 wurde in einem sächsischen Pfarrhaus bei Chemnitz Samuel Pufendorf geboren. Er besuchte die Fürstenschule in Grimma und studierte seit 1650 in Leipzig, seit 1656 in Jena Theologie, Jurisprudenz, Philosophie, Geschichte und Philologie. 1658 wurde er Hauslehrer in Kopenhagen, 1661 erhielt er nach Ablehnung einer Professur für Institutionen in Heidelberg innerhalb der philosophischen Fakultät die erste an einer deutschen Universität eingerichtete Professur für Natur- und Völkerrecht. 1670 wechselte er an die Universität Lund, nach der Besetzung Lunds durch Dänemark als schwedischer Hofhistoriograph nach Stockholm und 1688 in gleicher Funktion nach Berlin.

Kennzeichnend für seine zahlreichen wichtigen, in der Übergangszeit zu einer hochabsolutistischen, machtpolitisch orientierten Regierungspraxis verfaßten Schriften (1672 De iure naturae et gentium libri octo) ist die juristische Systembildung. Angeregt durch Hugo Grotius und Thomas Hobbes versucht er die Schaffung eines vollständigen Systems des Naturrechts. In diesem werden auch die privatrechtlichen Fragen eingeschlossen.

Dieses Naturrechtssystem Pufendorfs gründet sich auf die Vorstellung, daß die Welt nicht nur in ihrer physikalischen, von den Naturwissenschaften erforschbaren Dimension sinnvoll geordnet ist und einsehbaren Vernunftregeln folgt, sondern auch in ihrer moralischen. Grundkategorien des Rechtsverständnisses sind dementsprechend der Personenbegriff, der Gesetzesbegriff, die Regeln über die Vernunft, den Willen und die moralischen Handlungen.

Das hierauf gegründete, in geometrischer Art (more geometrico) konstruierte System von Vernunftsätzen beginnt beim Einzelmenschen, für den es seine Natur und ihr Verhältnis zur Normativität, den Naturzustand, die Pflichten gegenüber sich selbst und das Recht der Selbstverteidigung erörtert. Von hier aus wendet es sich den Beziehungen mehrerer einzelner zueinander zu und behandelt die natürliche Gleichheit, die Vertragstreue, das Versprechen, den Vertrag, die Vertretung und Ähnliches. Es folgt eine Betrachtung von Eigentum und Erbe. Danach wird der Austausch der Güter allgemein und in besonderen Schuldverhältnissen untersucht. Das Eherecht und das Kindschaftsrecht beschließen diesen privatrechtlichen Teil, dem sich dann noch die Behandlung des Staates und der zwischenstaatlichen Beziehungen anschließen.

Auf dieser Grundlage will dann Christian Wolff überhaupt durch Deduktion aus wenigen vernunftrechtlichen Obersätzen zu immer konkreteren Einzelregeln und am Ende gar zur Lösung jedes einzelnen Falles kommen. Dabei werden allerdings, ohne daß dies nach außen erkennbar gemacht wird, nur bereits vorher als vernünftig anerkannte Sätze des geltenden Rechts ausgesondert, zu einem System zusammengefügt und als Naturrecht vorgestellt. Hinzu kommt, daß zu einseitig die Rechtswissenschaft als eine logisch ableitbare Wissenschaft gesehen wird, ohne daß das notwendige wertende Element Berücksichtigung findet. Im übrigen erweisen sich aus heutiger Sicht die meisten Beispiele der geometrischen Ableitungen in der Rechtswissenschaft als logisch nicht korrekt.

Immerhin führt diese Behandlung im Ergebnis zu ersten Ansätzen einer systematischen Gliederung des Privatrechts.

Literatur: Wenn, H., Das Schuldrecht Pufendorfs, Diss. jur. Göttingen 1958; Platz, J., Das Sachenrecht Pufendorfs, Diss. jur. Kiel 1961; Wieacker, F., Privatrechtsgeschichte der Neuzeit, 2. A. 1967; Hammerstein, N., Jus und Historie, 1972; Kleinheyer, G.-Schröder, J., Deutsche Juristen aus fünf Jahrhunderten, 1976, 2. A. 1983; Staatsdenker im 17. und 18. Jahrhundert, hg. v. Stolleis, M., 1977, 2. A. 1987.

Leibeigenschaft und Freiheit

Obwohl nach römischem Recht ein Leibeigener seinem Herren mit Leib und Gut dergestalt unterwürfig war, schreibt Kreittmayr in seinem Codex Maximilianeus Bavaricus civilis von 1756, daß er mehr dem Viehe als Menschen gleich geschätzt wurde, so hat es doch mit der heutigen Leibeigenschaft eine ganz andere Bewandtnis und besteht solche nur noch lediglich in gewissen Personaldiensten und Gaben, wo im übrigen der Leibeigene, wie jeder andere, bei seiner Freiheit verbleibt. Dies zeigt deutlich, wie im Personenrecht drei unterschiedliche rechtliche Möglichkeiten aufeinanderstoßen, die nach einem annehmbaren Ausgleich suchen.

Geschichtlich bedingt sind die Menschen ständisch verschieden. Die große Mehrzahl ist von einer kleinen Minderzahl abhängig. Die Art und Weise dieser Abhängigkeit ist im einzelnen unterschiedlich. Zusammenfassend wird aber vielfach bei persönlicher Abhängigkeit eines Menschen von einem anderen, wie sie noch in der Neuzeit fast die Regel bildet, von Leibeigenschaft gesprochen, wobei diese Bezeichnung anscheinend nicht über das Hochmittelalter zurückgeführt werden kann.

Diese Leibeigenen waren hinsichtlich ihrer eigenen Person insbesondere durch die Dienstpflicht beschränkt. Hinzu kam die Notwendigkeit einer leibherrlichen Genehmigung für die Eheschließung. Hinsichtlich des Vermögens bestanden nur beschränkte Rechte an den bewirtschafteten Gütern. Diese konnten ohne Einwilligung des Herrn vielfach nicht übertragen werden. Im Erbfall war an den Herrn eine Abgabe zu entrichten. Schulden durfte der Leibeigene meist ebenfalls nur mit Einwilligung des Herrn eingehen.

Die wohl einschneidendste Beschränkung bestand hinsichtlich der Freizügigkeit. Der Leibeigene konnte gegen den Willen seines Herrn seinen Aufenthaltsort nicht bestimmen. Er war an die Scholle gebunden und konnte nicht selbst über die äußeren Umstände seines Lebens entscheiden. Allerdings hatte sich diese Schollenpflichtigkeit im Süden bald zu einer bloßen Anzeigepflicht der Ortsveränderung verflüchtigt, wobei die jeweilige wirtschaftliche Lage von gewisser Bedeutung gewesen sein dürfte.

Mit der Aufnahme des römischen Rechts stellte sich dann die Frage, wie diese Leibeigenen in das Begriffssystem des römischen Privatrechts einzuordnen seien. Sie konkretisierte sich schnell darauf, ob auf die Leibeigenschaft die Regeln über die Sklaven (servi) des römischen Rechts anzuwenden seien. Die Mehrzahl der juristischen Schriftsteller sprach sich hier jedoch wegen der veränderten Umstände dagegen aus. Immerhin aber war es dem Amtshauptmann von Foller möglich, im Königsberger Intelligenzblatt vom 2. Mai 1744 den Verkauf von sechs Untertanen anzuzeigen. Ein solcher Verkauf war in Gebieten mit Schollenpflichtigkeit allerdings nur zusammen mit Grund und Boden zulässig. Daneben hielt es die Wissenschaft für richtig, weil die Türken die von ihnen gemachten Gefangenen als Sklaven behandelten, auch gefangene Türken als Sklaven anzusehen. Dementsprechend verlor auch ein mit seinen Sklaven durchreisender Fremder selbst nach dem preußischen Allgemeinen Landrecht von 1794 nicht seine Rechte über diese.

Über diese Ablehnung des römischen Sklavenrechts hinaus bekämpft das Vernunftrecht überhaupt die unterschiedlichen Rechte von Menschen. Es sieht jeden Menschen als soziales Wesen an, welchem Gleichheit und Freiheit notwendigerweise zukommen. Deswegen fordert es Gleichheit und Freiheit für alle. Zur allgemeinen Aufhebung der Leibeigenschaft oder besser Leibherrschaft kommt es dann aber erst allmählich am Ende des 18. Jahrhunderts (1783 Baden). Die in diesem Zusammenhang vom Vernunftrecht ebenfalls angestrebte Verbesserung der rechtlichen Stellung der Frau wird im preußischen Allgemeinen Landrecht insofern in einem ersten Ansatz verwirklicht, als die Geschlechtsvormundschaft über unverheiratete Frauen aufgehoben wird. Im Vormundschaftsrecht setzen sich im übrigen weitgehend römischrechtliche Regeln durch, doch beansprucht der Staat durchweg eine allgemeine Aufsichtszuständigkeit.

Literatur: Kindlinger, V. N., Geschichte der Hörigkeit, insbesondere der sog. Leibeigenschaft, 1819; Redlich, J., Leibeigenschaft und Bauernbefreiung in Österreich, Zs. f. Sozial- und Wirtschaftsgeschichte 3 (1895), 280; Henning, F. W., Herrschaft und Bauernuntertänigkeit, 1964; Hermann, M., Der Schutz der Persönlichkeit in der Rechtslehre des 16. bis 18. Jahrhunderts, 1968; Wesenberg, G. – Wesener, G., Neuere deutsche Privatrechtsgeschichte, 4. A. 1985.

Die aufgeklärte Ehe

Unter Berufung auf die Bibel hatte die Kirche schon im Frühmittelalter Einfluß auf die Ehe genommen. Sie hatte auf eine Beteiligung an der Eheschließung gedrungen, den Kirchgang in Zusammenhang mit der Eheschließung nahegelegt und den Konsensgedanken in die Muntehe eingeführt. Daneben hatte sie seit dem 6. Jahrhundert die Eheverbote erweitert und zahlreiche Ehehindernisse eingeführt. Seit dem 8. Jahrhundert war dann schließlich auch das kirchliche Unauflöslichkeitsprinzip der Ehe wirksam geworden. Als Folge hiervon wurde die Möglichkeit der Ehescheidung und das sich anschließende Recht der Wiederverheiratung bei Lebzeiten beider früherer Ehegatten ausgeschlossen.

Diese Vorstellungen hatten sich im Laufe des Hochmittelalters weitgehend durchgesetzt. Die Ehe bildete nunmehr ein Sakrament, das sich die beiden Brautleute gegenseitig spendeten und an dem ihre Verwandten nicht beteiligt waren. Der Einsegnung der Brautleute durch die Kirche sollte ein Aufgebot vorangehen, das gegebenenfalls entgegenstehende Umstände aufdecken sollte. Die Ehescheidung blieb jedenfalls für diejenigen Kreise, welche sich nicht des kirchlichen Ehehindernisrechtes zu bedienen verstanden, verwehrt. Dementsprechend waren Regeln über die Ehe in weltlichen Rechtsquellen nahezu vollständig verschwunden. Lediglich das Ehegüterrecht war weltlich geblieben.

In deutlichem Gegensatz hierzu handelt der gesamte erste Titel des zweiten Teiles des preußischen Allgemeinen Landrechtes von 1794 in insgesamt 1131 Paragraphen von der Ehe.

116 Eheschließung (16. Jh.). Ein Priester legt die Hände der Brautleute ineinander Sankt Gallen, Stiftsbibliothek Codex 442

Danach ist der Hauptzweck der Ehe die Erzeugung und Erziehung der Kinder. Allerdings kann auch zur wechselseitigen Unterstützung allein eine gültige Ehe geschlossen werden.

Der dieser einleitenden Zweckbestimmung folgende erste Abschnitt befaßt sich mit den Erfordernissen einer gültigen Ehe. Er behandelt dabei Eheverbote wegen zu naher Verwandschaft, zwischen angenommenen Eltern und Kindern und zwischen Vormündern und Pflegebefohlenen. Polygamie wird verboten, weil ein Mann nur eine Frau und eine Frau nur einen Mann zur gleichen Zeit zur Ehe haben kann. Wer zur zweiten und ferneren Ehe schreiten will, muß die Trennung der letztvorgehenden Ehe sowohl dem Pfarrer, welcher das Aufgebot verrichten soll, als auch demjenigen, welcher die Trauung verrichten soll, nachweisen. Sind aus einer vorhergehenden Ehe Kinder vorhanden, welche wegen minderjährigen Alters, oder sonst, sich selbst nicht vorstehen können, so muß deren gesetzliche Abfindung nachgewiesen oder doch ein Erlaubnisschein des vormundschaftlichen Gerichts vor der Trauung beigebracht werden. Witwen und geschiedene Frauen, welche sich aus der vorigen Ehe geständlich oder notorisch schwanger befinden, müssen, ehe sie zu einer ferneren Ehe schreiten können, ihre Entbindung abwarten. Außerdem dürfen Witwen und geschiedene Frauen nicht eher als neun Monate nach Trennung der vorigen Ehe sich wieder verheiraten. Ein Witwer kann erst nach Verlauf von sechs Wochen nach dem Ableben der vorigen Frau sich wieder verheiraten. Personen, welche wegen Ehebruchs geschieden wurden, dürfen diejenigen, mit welchen sie Ehebruch getrieben haben, nicht heiraten. Mannspersonen von Adel können mit Weibspersonen aus dem Bauern- oder geringerem Bürgerstande keine Ehe zur rechten Hand schließen. Offiziere, welche in wirklichen Kriegsdiensten stehen, können ohne königliche Erlaubnis nicht heiraten. Ein Christ kann mit solchen Personen keine Heirat schließen, welche nach den Grundsätzen ihrer Religion sich den christlichen Ehegesetzen zu unterwerfen gehindert werden. Mannspersonen sollen vor zurückgelegtem achtzehnten und Personen weiblichen Geschlechts vor zurückgelegtem vierzehnten Jahre nicht heiraten.

Ohne die freie Einwilligung beider Teile ist eine Ehe, welche nicht schon verboten ist, nicht verbindlich. Eine durch Zwang, Betrug oder Irrtum veranlaßte Ehe wird verbindlich, wenn sie nach entdecktem Irrtum oder Betrug oder nach aufgehobenem Zwang ausdrücklich genehmigt oder länger als sechs Wochen nach diesem Zeitpunkt freiwillig fortgesetzt wird. Kinder aus einer Ehe zur rechten Hand können sich ohne Einwilligung ihres leiblichen Vaters nicht gültig verheiraten und auch solche Kinder, die schon verheiratet waren, Söhne, die der väterlichen Gewalt entlassen und Töchter, die über 24 Jahre alt sind, sowie Kinder aus einer Ehe zur linken Hand müssen um die väterliche Einwilligung nachsuchen. Allerdings sollen der Vater sowie bei vaterlosen Waisen die Mutter und der Vormund usw. die Einwilligung nicht ohne erheblichen Grund versagen.

Der zweite Abschnitt betrifft die Ehegelöbnisse. Diese werden als Vertrag angesehen, wodurch zwei Personen verschiedenen Geschlechts einander künftig zu heiraten versprechen. Es ist jedoch nicht notwendig, daß vor jeder Ehe ein förmliches Ehegelöbnis hergeht. Soll aus einem Ehegelöbnis ein Recht, auf Vollziehung der Ehe zu klagen, entspringen, so muß dasselbe gerichtlich oder vor einen Justizkommissar und Notar geschlossen und niedergeschrieben werden.

Eine vollgültige Ehe wird dann, wie im dritten Abschnitt geregelt ist, durch die priesterliche Trauung vollzogen. Dieser Trauung muß ein Aufgebot in der Pfarrei beider Verlobter vorangehen. Es muß drei Sonntage hintereinander von der Kanzel verlesen werden. Wer Einspruch tun will, kann denselben auf ein älteres förmliches Ehegelöbnis oder auf eine unter dem Versprechen der Ehe erfolgte Schwängerung gründen.

Nach vollzogener Trauung nehmen die Rechte und Pflichten der Eheleute sogleich ihren Anfang. Die Eheleute sind schuldig, sich in allen Vorfallenheiten nach ihren Kräften wechselseitigen Beistand zu leisten. Sie müssen vereint miteinander leben und dürfen ihre Verbindung eigenmächtig nicht aufheben. Auch wegen Widerwärtigkeiten dürfen sie einander nicht verlassen. Allerdings entschuldigen öffentliche Geschäfte, dringende Privatangelegenheiten und Gesundheitsreisen die Abwesenheit. Die eheliche Pflicht dürfen Eheleute einander anhaltend nicht versagen. Allerdings kann sie nicht verlangt werden, wenn ihre Leistung der Gesundheit des einen oder anderen Ehegatten nachteilig sein würde.

Der Mann ist das Haupt der ehelichen Gesellschaft. Sein Entschluß gibt in gemeinschaftlichen Angelegenheiten den Ausschlag. Er ist verbunden, seiner Frau standesmäßigen, notfalls notdürftigen Unterhalt zu gewähren. Er ist schuldig, die Person, die Ehre und das Vermögen seiner Frau in und außer Gerichten zu verteidigen. In der Regel kann dabei die Frau, ohne Zuziehung und Einwilligung des Mannes, mit anderen keine Prozesse führen.

Die Frau erhält durch eine Ehe zur rechten Hand den Namen des Mannes. Sie nimmt Teil an den Rechten seines Standes, soweit dieselben nicht allein an seine Person gebunden sind. Sie ist schuldig, dem Hauswesen des Mannes nach dessen Stand und Rang vorzustehen. Wider seinen Willen darf sie für sich selbst kein besonderes Gewerbe treiben. Ohne des Mannes Einwilligung kann die Frau keine Verbindung eingehen, wodurch die Rechte auf ihre Person gekränkt werden. Der Mann kann aber auch ohne die Einwilligung der Frau keine Verbindungen treffen, wodurch ihre Person einem Dritten verhaftet wird.

Hinsichtlich des Vermögens bestimmt der fünfte Abschnitt, daß durch die Vollziehung der Ehe das Vermögen der Frau in die Verwaltung des Mannes übergeht, sofern kein gesetzlicher oder vertraglicher Vorbehalt besteht. Gesetzlich vorbehalten ist alles, was nach seiner Beschaffenheit zum Gebrauch der Frau gewidmet ist, sowie die Morgengabe. Was die Frau in stehender Ehe (außer durch Erbschaft, Geschenke oder Glücksfälle) erwirbt, erwirbt sie regelmäßig dem Mann. Eine Gemeinschaft der Güter der Eheleute findet nach dem sechsten Abschnitt nur da statt, wo sie durch Provinzialgesetze oder Statuten eingeführt ist.

Wird die Ehe durch den Tod getrennt, so muß der überlebende Ehegatte den verstorbenen anständig begraben lassen. Die Witwe mag ein ganzes, der Witwer aber ein halbes Jahr um den verstorbenen Ehegatten trauern. Die Rechte des überlebenden Ehegatten auf das Vermögen des Verstorbenen bestimmen sich nacheinander nach Verträgen, letztwilligen Verordnungen oder Gesetz.

Nach dem achten Abschnitt kann eine an sich gültige Ehe durch richterlichen Ausspruch wieder getrennt werden. Ursachen zur Ehescheidung können Ehebruch, bösliche Verlassung, Versagung der ehelichen Pflicht, Unvermögen zur Leistung der ehelichen Pflicht, Raserei und Wahnsinn, Nachstellung nach dem Leben, grobe Verbrechen, unordentliche Lebensart, Versagung des Unterhalts, Veränderung der Religion und unüberwindliche Abneigung sein. Das Urteil bewirkt eine gänzliche Aufhebung der Ehe und all ihrer Folgen in Ansehung beider Teile.

Aus all dem ergibt sich, daß das Eherecht des preußischen Allgemeinen Landrechts ein Kompromiß ist zwischen dem hergebrachten Recht und aufgeklärten Forderungen. Eheverbote und Eheschließung entsprechen im wesentlichen dem kirchlichen Recht. Für dieses hatte in der katholischen Kirche das 1545 einberufene Trienter Konzil 1563 das öffentliche Aufgebot und die Anwesenheit des Priesters bei der Abgabe der Erklärungen vorgeschrieben und hatten die 1517 auf Grund der Reformation entstandenen protestantischen Kirchen die kirchliche Trauung wenig später gefordert. Die von der Aufklärung angestrebte staatliche Eheschließung wird zuerst in den Niederlanden zugelassen, jedoch erst 1792 in Frankreich auch zwangsweise verfügt. Hinsichtlich der Ehescheidung hatten sich die protestantischen Kirchen, welche die Sakramentsnatur der Ehe leugneten, schon früh in Gegensatz zur katholischen Auffassung gesetzt.

Im übrigen bleibt es bei der patriarchalischen Struktur der Familie. Das Güterrecht ist weiter sehr verschieden. Römisches Recht setzt sich hier nur in einzelnen Gebieten durch.

Literatur: Kauwerau, W., Die Reformation und die Ehe, 1892; Hauser, H., Die geistigen Grundlagen des Eherechts an der Wende des 18. zum 19. Jahrhundert, 1940; Conrad, H., Das Tridentinische Konzil und die Entwicklung des kirchlichen und weltlichen Eherechts, in: Das Weltkonzil von Trient, hg. v. Schreiber, G., 1951; Erle, M., Die Ehe im Naturrecht des 17. Jahrhunderts, Diss. jur. Göttingen 1952; Schwab, D., Grundlagen und Gestalt der staatlichen Ehegesetzgebung in der Neuzeit bis zum Beginn des 19. Jahrhunderts, 1967; Coing, H., Europäisches Privatrecht, Bd. 1 1985.

Erbe und Pflichtteil

Nachdem es unsere alte Satzung war, daß dann, wenn ein Ehegatte vor dem anderen verstarb, der überlebende Ehegatte die fahrende Habe erbte und die liegenden Güter den Kindern verfangen wurden, haben wir nach langen Beratungen aus guten Gründen diese Verfangenschaft der liegenden Güter mitsamt der genannten Satzung abgeschafft und wollen, daß bei uns nicht mehr darauf zu Recht erkannt wird. Und wir haben für diesen Fall folgendes bestimmt. Geschieht es, daß der Ehemann oder Vater stirbt, so soll die Mutter ein Drittel und sollen die Kinder zwei Drittel aller Güter, es sei Ehesteuer, Widerlegung, Zugebrachtes, Angefallenes, Gewonnenes oder Erspartes erhalten. Nur die Kleider, Kleinode und die Morgengabe bleiben der Mutter als Voraus. Hatte der Vater Kinder auch aus früheren Ehen, so erben diese mit den Kindern aus der späteren Ehe gemeinsam.

Stirbt die Mutter, so folgen dem Vater zwei Drittel und den Kindern ein Drittel des hinterlassenen Gutes. Außerdem nimmt er als Voraus seine Kleider und Kleinode, dazu Roß, Harnisch und Gewehre, welche zu seinem Leib gehören.

Der Erbteil der Kinder ist ihr Eigentum, doch ist die Nutznießung den Eltern vorbehalten. So lange sie währt, mögen diese Erbfälle Verfangenschaft genannt werden.

Es haben auch Vater und Mutter, solange sie beieinanderleben und die Kinder sich gebührlich halten, nicht die Macht, ein Testament zu machen, durch welches den Kindern die vorgeschriebenen Erbgerechtigkeiten entzogen werden. Wenn sich aber ein Kind oder mehrere Kinder gegen Vater und Mutter untreu, verächtlich oder übel verhalten, dann können Vater und Mutter alles Gut den anderen gehorsamen Kindern, den Verwandten oder auch sonst jemandem geben oder durch Testament zuordnen, und sind nicht verpflichtet, den undankbaren Kindern von ihren zeitlichen Gütern mehr zu lassen als ein Viertel.

In diesen als Beispiel angeführten Regeln des Freiburger Stadtrechts von 1520 zeigt sich, daß das Erbrecht in der Neuzeit zwar im einzelnen geändert wird, die Umgestaltung aber nicht tiefgreifend ist. Sie beruht zum Teil auf dem Einfluß des römischen Rechts, zum Teil aber auch auf eigenständigen Veränderungen.

Beim Tod des Erblassers geht das Vermögen auf den Erben über, doch wird verschiedentlich ein aus dem römischen Recht stammender besonderer Erbschaftsantritt verlangt. Der Erbe haftet mit seinem gesamten, durch den Nachlaß erweiterten Vermögen. Die für diesen Fall vom römischen Recht geschaffene Möglichkeit der Beschränkung der Haftung auf den Nachlaß durch Errichtung eines Inventars des Nachlasses findet verbreitet Aufnahme.

Das Freiburger Stadtrecht von 1520 kennt noch die Sondererbfolge an Kleidern und Heergewäte, doch wird diese unter römischrechtlichem Einfluß zurückgedrängt.

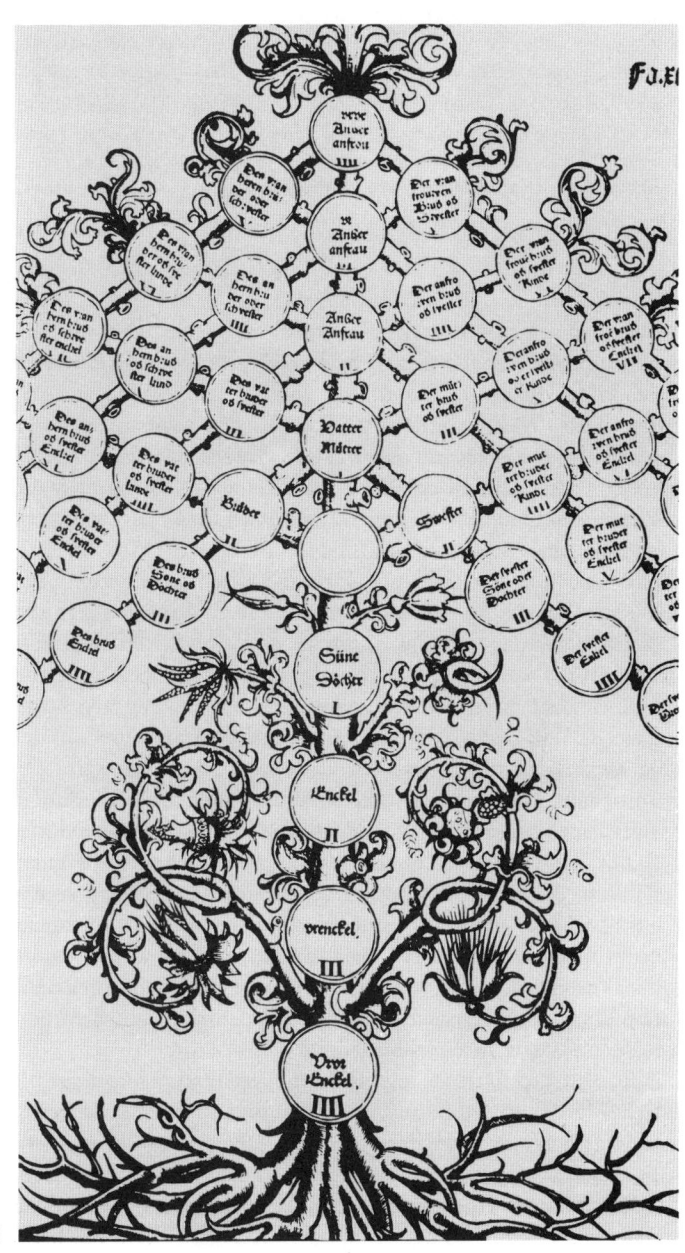

117 Verwandtschaftsbild nach der Wormser Reformation (1498/9)

Die Erbfolge ist grundsätzlich Verwandtenerbfolge. Bei der Ordnung der erbberechtigten Verwandten hält man sich vielfach an die römischrechtlichen Regeln Justinians. Das römische Testament ist mit gewissen Einschränkungen zulässig. Werden nahe Angehörige durch Testament enterbt, so muß ihnen als aus dem römischen Recht übernommener Pflichtteil ein Viertel der Güter zugewandt werden.

Literatur: Hübner, R., Grundzüge des deutschen Privatrechts, 1908, 5. A. 1930, Neudruck 1969; Wesener, G., Geschichte des Erbrechts in Österreich seit der Rezeption, 1957; Wesener, G., Beschränkungen der Testierfreiheit in deutschen Stadtrechtsreformationen und Landrechten der Rezeptionszeit, FS Lübtow, U.v., 1970, 569 ff.; Mitteis, H. – Lieberich, H.-Luig, K., Deutsches Privatrecht, 10. A. 1988; Coing, H., Europäisches Privatrecht, Bd. 1 1985.

Eigentum und Enteignung

Im Jahre 1527 erließ der Rat von Lübeck in folgendem Rechtsstreit ein Urteil: Hans Winkelmann hatte von Jakob Jackensticker ein Haus gekauft (bewinkopet, begadespenniget affgekofft). Danach verkaufte es Jackensticker an Hans Danckquart, ließ es vor dem Rat auf und ließ es im Stadtbuch zuschreiben. Als Hans Winkelmann daraufhin auf der Einhaltung des Kaufes und der Übertragung des Hauses bestand, kam es zum Rechtsstreit, in welchem Jackensticker seinen Verkauf an Danckquart damit begründete, daß Winkelmann mit der Bezahlung sich länger versäumt habe, als dies abgesprochen gewesen sei. Das Urteil des Rates lautete: Kann Jackensticker mit dem Stadtbuch beweisen, daß dem Danckquart das Haus zugeschrieben ist, so muß es dabei bleiben.

Diese Entscheidung zeigt, daß für die Übertragung von Grundstücken nach einem Kauf die Auflassung vor dem Rat und die Zuschreibung im Stadtbuch entscheidend sind. Dem widerspricht das römische, an vielen Orten aufgenommene Recht in mehrfacher Hinsicht, indem es nicht nur beim Kauf Weinkauf und Gottespfennig nicht kennt, sondern auch bei der Übertragung Auflassung und Stadtbucheintrag nicht.

Das gemeine deutsche Recht entwickelt demgegenüber auf der Grundlage der Texte über den Eigentumserwerb durch traditio ex iusta causa (Übergabe aus rechtem Grund) die Lehre vom titulus acquirendi (Erwerbstitel) und vom modus acquirendi (Erwerbsart), welche zwischen Erwerbsgrundlage und Erwerbstatbestand unterscheidet. Die Erwerbsart ist etwa die Übergabe oder die Aneignung, der Erwerbsgrund beispielsweise Kauf oder Schenkung. Dementsprechend setzt die Übereignung den Übertragungsakt (traditio) und einen auf Eigentumsübertragung gerichteten Vertrag (Kauf) voraus. Der Käufer gewinnt nach der Lehre vom sog. ius ad rem (Recht zur Sache) auch bereits ein gewisses Recht auf die Sache, dem der spätere dingliche Erwerber jedenfalls unter bestimmten Voraussetzungen weichen muß. Auf einen Stadtbucheintrag kommt es demgegenüber gerade nicht an.

Auch sonst steht das römische Recht den deutschrechtlichen Bucheintragungen und anderen Publizitätsakten negativ gegenüber. Dementsprechend verliert auch die Verpfändung dort, wo die römischrechtliche Regelung, welche weder eine Übergabe der Pfandsache noch eine Eintragung der Verpfändung kennt, übernommen wird, rasch ihre Publizität. Da die Öffentlichkeit folglich nicht erkennen kann, ob ein Gegenstand bereits mit einem Pfandrecht belastet ist, wird der Realkredit erheblich gefährdet, indem dieselbe Sache ohne weiteres mehrfach verpfändet werden kann. In dieselbe Richtung wirkt auch die Übernahme der römischen Generalhypotheken. Diesen hieraus entstandenen Mißständen kann nur durch gesetzliche Maßnahmen abgeholfen werden. Diese schreiben besondere Hypothekenbücher oder auch Grundbücher vor. Aus ihnen lassen sich dann die jeweiligen Belastungen jedenfalls der Liegenschaften sicher ablesen. Bahnbrechend ist hier nach einer ersten Berliner Hypothekenordnung von 1693 Preußen mit Hypothekenordnungen von 1722 und 1783.

Im übrigen ist der Einfluß des römischen Rechts im Sachenrecht weniger bedeutsam. Die deutschrechtliche Gewere erhält zwar auf Grund der römischrechtlichen possessio (Besitz) den neuen Namen Besitz, bleibt aber inhaltlich im wesentlichen unverändert erhalten. Die romanistische Ersitzung verdrängt die deutschrechtliche Verschweigung eines Rechts. Die römischen Regeln über Dienstbarkeiten werden nur abgeändert aufgenommen.

Naturrechtlicher Einfluß wirkt sich in erster Linie auf das Eigentum aus. Dieses wird entsprechend dem naturrechtlichen Freiheitsbegriff absoluter gefaßt, so daß die älteren Bindungen etwa zugunsten der Verwandtschaft allmählich schwinden. Eigentum gibt es, wie im übrigen auch Besitz, nach dem Naturrecht nicht nur an Sachen, sondern auch an Rechten. Die Kehrseite der Freiheit ist die Pflicht, so daß dem absoluten Eigentum auch die völlige Enteignung zugunsten des Gemeinwohls entspricht. Sie ist aber nur gegen Entschädigung zulässig.

Literatur: Hübner, R., Grundzüge des deutschen Privatrechts, 1908, 5. A. 1930, Neudruck 1969; Lübecker Ratsurteile, hg. v. Ebel, W., Bd. 3 1958; Stoltenberg, M., Das Eigentum im Naturrecht, Diss. jur. Kiel 1961; Hofmeister, H., Die Grundsätze des Liegenschaftserwerbes in der österreichischen Privatrechtsentwicklung seit dem 18. Jahrhundert, Wien 1977; Coing, H., Europäisches Privatrecht, Bd. 1 1985.

Obligation und Vertrag

Von den einzelnen Vorlesungen an den juristischen Fakultäten ist die Vorlesung über den Codex Justinians etwa nach den ältesten Gießener Statuten dem ersten Professor vorbehalten. Das Kirchenrecht nimmt die zweite, die Pandektenvorlesung die dritte und die Institutionenvorlesung die vierte Stelle ein. Neben diesen Hauptvorlesungen gibt es in der Mitte des 17. Jahrhunderts Sondervorlesungen außer über Staatsrecht und Strafrecht etwa über Klageansprüche, Gerichte, Erbe, Testament, Ehe, Vormundschaft, Delikte, Kontrakte und Obligationen. Damit deckt sich recht gut, daß anscheinend Leonhard Fronsperger (1520-75) in seinem seit 1566 in verschiedenen Teilen und Auflagen erschienenen Kriegsbuch erstmals von Schuldrecht spricht, wenn er beschreibt, wie man in Malefiz und Schuldrechten zu Gericht verkünden und sitzen soll.

Die damit erfaßten Obligationen sind der Teil des römischen Rechtes, welcher von den römischen Juristen am stärksten durchgearbeitet wurde. Er wird auch von der Rezeption in besonders deutlichem Maße erfaßt. Deswegen wird das gesamte Schuldrecht in starkem Maße romanisiert.

Das wichtigste Geschäft ist der Kauf. Er ist ein Vertrag, bei dem Hingabe eines Angeldes oder Errichtung einer Urkunde im Zweifel nur aus Beweisgründen getätigt werden. Der Verkäufer ist anfangs nur verpflichtet, den Käufer vor Ansprüchen Dritter zu schützen, doch setzt sich am Ende des 18. Jahrhunderts die Vorstellung durch, daß er darüber hinaus dem Käufer unbedingt das Eigentum an der Kaufsache zu verschaffen hat.

Hat die gekaufte Sache einen Mangel, so ist der Käufer an dessen Berücksichtigung, der Verkäufer an dessen Unbeachtlichkeit interessiert. Im Gegensatz zu dem deutschrechtlichen Grundsatz Augen auf, Kauf ist Kauf, wird jetzt die römischrechtliche Regelung anerkannt. Danach hat der Käufer die Möglichkeit, wegen des Sachmangels den Kauf überhaupt ganz rückgängig zu machen (sog. Wandlung des Kaufvertrages) oder den Kaufpreis entsprechend der aus dem Mangel folgenden Wertminderung herabzusetzen (sog. Minderung). Beim Viehkauf bleibt es allerdings bei der bisherigen Regelung. Stellte sie im Mittelalter den Viehkäufer wegen der Berücksichtigung einzelner Mängel besser als den sonstigen Käufer, so bedeutet sie wegen dieser Beschränkung auf einzelne Mängel nunmehr eine Schlechterstellung des Viehkäufers gegenüber dem einfachen Käufer, der bei jeder anderen Kaufsache wegen jedes Sachmangels wandeln und mindern kann.

Beim Darlehen wird zunächst von dem Reformator Calvin das von der katholischen Kirche geschaffene Verbot des Zinsnehmens unter Christen abgelehnt. Danach zweifeln auch Juristen die Berechtigung dieser Regel mit der Begründung an, daß der Zins beim Darlehen nichts anderes sei als ein Entgelt für die Benutzung des Geldes. Dementsprechend setzen die Reichspolizeiordnung von 1577 und der jüngste Reichsabschied von 1654 nur einen Höchstzinssatz von 5% fest, lassen im übrigen aber das verzinsliche Darlehen unter Christen zu. 1745 mildert auch die Kirche selbst ihr Verbot, indem sie verschiedene Gründe anerkennt, welche ein Zinsnehmen rechtfertigen.

Die romanistische condictio indebiti mit deren Hilfe der Anspruch auf die Herausgabe eines auf eine in Wirklichkeit nicht bestehende Schuld geleisteten Gegenstandes verwirklicht werden kann, ist bereits in die Wormser Reformation von 1498/9, welche sehr stark romanisiert ist, aufgenommen. Diesen Herausgabeanspruch hatten schon die Glossatoren dadurch beschränkt, daß sie es für richtig gehalten hatten, daß nur herauszugeben ist, worum der Empfänger der nicht geschuldeten Leistung bereichert ist (in quo factus est locupletior). Die vom Naturrecht vorgeschlagene Erweiterung auf die Herausgabe aller Bereicherungen an den wahren Berechtigten findet dagegen keine allgemeine Anerkennung.

Bedeutsam ist schließlich auch die Übernahme der actio legis Aquiliae (Klageanspruch des aquilischen Gesetzes). Diese war ursprünglich eine Strafklage. Die zunehmende Bedeutung der öffentlichen Strafjustiz führte aber dazu, daß diese Deliktsklage, welche dem Geschädigten von Haus aus nicht Ersatz für den ihm zugefügten Schaden, sondern Anspruch auf eine oft ein Mehrfaches des Sachwertes betragende Geldbuße gewährt, ihren pönalen Charakter verlor und zu einer reinen Klage auf Schadensersatz umgeformt wurde. Dementsprechend wurden die besondere Art der Berechnung der geschuldeten Leistung, die kumulative Haftung mehrerer Schädiger, die Unvererblichkeit des Anspruchs auf die Leistung, die Dreiteilung der actio in eine actio directa, actio utilis und actio in factum sowie die Strafe der sog. Litiskreszenz als römische Eigentümlichkeiten nicht übernommen. Umgekehrt wird die lex Aquilia über ihren ursprünglichen Geltungsbereich hinaus bald für jeden Vermögensschaden verwendet. Die Leistung des Schädigers kann in der Wiederherstellung des früheren

Zustandes (Naturalrestitution) bestehen. Selbst ein Schaden an nicht vermögenswerten Gütern kann ersetzt verlangt werden. Deshalb kann bei einer körperlichen Entstellung oder bei körperlichen Schmerzen der Verletzte vom Täter ein Schmerzensgeld begehren.

Über all diese im einzelnen ganz unterschiedlichen Übernahmen und Abänderungen hinaus schreitet man auch zu Verallgemeinerungen fort. Insbesondere werden die diffizilen Unterscheidungen einzelner Rechtsgeschäftstypen des römischen Rechtes als überholt angesehen. An ihre Stelle tritt die in der Kirche erarbeitete Vorstellung von der gemeinsamen Verbindlichkeit aller Verträge. Ihrer Entwicklung liegt allerdings der gegenteilige Satz des römischen Rechts zugrunde, daß aus einer bloßen Vertragserklärung eine Klage nicht erwachsen könne (ex nudo pacto actio non oritur). Weil dies so ist, muß das Versprechen durch einen Eid bekräftigt werden, um Verbindlichkeit erzeugen zu können. Solch ein Eid bindet nämlich den Versprechenden unmittelbar vor Gott und damit mittelbar auch gegenüber dem Geschäftsgegner. Die Bindung eines Menschen vor Gott kann aber nicht von einem Eid abhängig sein. Vielmehr muß jedes Versprechen unabhängig von einer besonderen eidlichen Bekräftigung unmittelbar vor Gott und damit mittelbar gegenüber dem Geschäftsgegner verpflichten. Das aber kann nur bedeuten, daß bereits aus dem bloßen Versprechen eine Klage begründet ist (ex nudo pacto actio oritur).

Genügend für einen solchen Vertrag (pactum) sind grundsätzlich Angebot und Annahme. Ihre Übereinstimmung führt zum Konsens. Dieser muß verbindlich, gegenseitig, wahr, vollkommen und ausdrücklich erklärt sein. Die so zustandegekommenen Verträge sind dann grundsätzlich einzuhalten (pacta sunt servanda).

Im geometrisch konstruierenden Vernunftrecht beginnt darüber hinaus die Ausbildung der Figur des den Vertrag überwölbenden Rechtsgeschäfts (actus iuridicus). Ihm liegt als letzter allgemeiner Baustein die Willenserklärung (declaratio voluntatis) zugrunde.

Hugo Grotius wendet sich auch gegen den römischen Grundsatz, daß ein Mensch nicht für einen anderen Menschen etwas versprechen kann (alteri nemo stipulari potest). Auf Grund allgemeiner vernünftiger Überlegungen stellt er den Satz auf, daß durch die Annahme eines Versprechens für einen anderen im eigenen Namen der Annehmende den Anspruch auf Leistung an den anderen erwirbt (sog. unechter Vertrag zugunsten Dritter). Tritt der andere dem Vertrag bei, erlangt er selbst den Anspruch. Nimmt jemand ein Versprechen im Namen eines Dritten an, so wird dieser unmittelbar Vertragspartei, wenn der Annehmende vom Dritten einen diesbezüglichen Auftrag erhalten hat (Stellvertretung). Daneben betrachtet das Vernunftrecht überhaupt jede Obligation als einen Vermögensgegenstand, der wie eine Sache grundsätzlich ohne weiteres übertragbar ist.

Literatur: Scherrer, W., Die geschichtliche Entwicklung des Prinzips der Vertragsfreiheit, Basel 1948; Kaufmann, H., Rezeption und usus modernus der actio legis Aquiliae, 1958; Müller, H., Das Kaufrecht in süddeutschen Stadtrechtsreformationen des 15. und 16. Jahrhunderts, Diss. jur. Kiel 1961; Klempt, W. J., Die Grundlagen der Sachmängelhaftung des Verkäufers im Vernunftrecht und usus modernus, 1967; Mitteis, H.- Lieberich, H., Deutsches Privatrecht, 9. A. 1981; Köbler, G., Gießener juristische Vorlesungen, 1982; Köbler, G., Rechtsgeschichte, 3. A. 1982; Coing, C., Europäisches Privatrecht, Bd. 1 1985.

Risiko und Sicherung

Auf der vierten seiner Reisen, mit denen er das Tor zur Neuen Welt aufstieß, erlitt Christoph Kolumbus Schiffbruch. Viele andere Seefahrer vor und nach ihm ereilte dasselbe Geschick. Und kaum waren die Wege zu den neuen Schätzen der Kolonien etwas klarer, wurden sie im Seekrieg vielfach umkämpft. Auch die Piraten griffen, wo sie es konnten, nach Kräften zu.

Im Ergebnis bedeutete der Überseehandel ein Geschäft mit großem Risiko auf hoher See. In den neu entdeckten Ländern selbst war es aber kaum viel anders, weil die Einwohner vor ihrer Beraubung erst besiegt werden mußten. Hinzu kamen neue Krankheiten und unbekannte Gefahren der fremden Wildnis.

Zugleich war auch der Einsatz hoch. Ein einziges zur Überseefahrt taugliches Schiff erforderte ein Vermögen, für eine kleine Flotte benötigte man bereits königliche Unterstützung. Auch die Organisation der Plünderung an Land und der späteren planmäßigen Produktgewinnung setzte beträchtliches Kapital voraus.

Das große Risiko wie der hohe Kapitalbedarf führen dazu, daß sich Kaufleute über die älteren Zusammenschlüsse in einfachen Gesellschaften hinaus in neuen Organisationsformen verbanden. Bei diesen wird der hohe Kapitalbedarf dadurch befriedigt, daß sich zahlreiche Kaufleute mit einem Anteil beteiligen, welcher durch seine Veräußerlichkeit ein verkehrsfähiges Wirtschaftsgut darstellt. Das große Risiko wird dadurch verringert, daß viele Kaufleute jeweils nur mit einem Anteil an der Unternehmung mitwirken.

Die erste dieser neuen Gesellschaften ist die 1602 gegründete niederländisch-ostindische Handelskompagnie. Ihr folgen bald weitere ähnliche Zusammenschlüsse, für welche später die Bezeichnung Aktiengesellschaft üblich wird. Zur Förderung ihrer Zwecke erhalten sie verschiedentlich ein Privileg, das den in Übersee wirkenden Kompagnien oft auch gewisse Befugnisse des Heimatstaates in der Kolonie überträgt.

Neben der Risikostreuung durch Aktienausgabe gewinnt auch eine andere Absicherungsmöglichkeit an Bedeutung, welche ebenfalls auf älteren Vorläufern aufbaut. Schon im Mittelalter hatte es Diebstahlsschäden oder Brandschäden gegeben, die den einzelnen existentiell gefährdet hatten. Zur Vermeidung solcher Gefahren waren diese Schäden oft schon gemeinschaftlich ausgeglichen worden. In ähnlicher Weise war man zur Deckung der Kosten einer Beerdigung oder des Loskaufs eines Gefangenen verfahren. Schließlich hatte man in Italien seit dem 14. Jahrhundert auch Schiffsverluste entsprechend behandelt.

In Italien tauchen dann bald auch die ersten Verträge zur Absicherung eines Schiffsverlustes durch eine Versicherung auf. Erste wissenschaftliche Erörterungen hierzu stammen aus dem 15. Jahrhundert. In ihnen geht es vor allem um die Frage, ob die Versicherung (assecuratio) dem kanonischen Zinsverbot widerspricht.

Später wird dann der Versicherungsgedanke allgemein verbreitet, wobei neben die genossenschaftliche Deckung auch die unternehmerische Gefahrtragung eines Versicherungsunternehmers tritt, der sich seinerseits als Aktiengesellschaft organisiert. Dabei wird im 17. Jahrhundert die Versicherung des Lebens möglich. Im 18. Jahrhundert führt der absolute Staat zur Sicherung der allgemeinen Wohlfahrt auch die zwangsweise Absicherung (z. B. gegen Feuer) ein.

Vor wieder anderen Risiken sichert schließlich auch das Wertpapier. Dieses wird als Wechsel durch das seit Ende des 16. Jahrhunderts mögliche Indossament leicht über-

𝔇enen 𝔖erren Banchieri wolle gelieben/
Zeiger dieses *Johan von Ebertz*
Gulden *Dreyhundert*
Schilling _____ Pfenning _____ sage fl. 3 00.—
verabfolgen zu lassen/ es soll mir genehm seyn.
Nürnberg den *4 Jenner*. *[Unterschrift]*
Anno 1725.

W.?

118 Zahlungsauftrag des Nürnberger Banco Publico von 1725

tragbar. Zahlreiche partikulare Wechselordnungen regeln die mit ihm verbundenen Fragen.

Literatur: Rehme, P., Geschichte des Handelsrechts, in: Handbuch des gesamten Handelsrechts, hg. v. Ehrenberg, V., Bd. 1 1913; Ebel, W., Die Hamburger Feuerkontrakte und die Anfänge des deutschen Feuerversicherungsrechts, 1936; Fiedler, G., Die Geschichte des Versicherungswesens der Reichsstadt Nürnberg, Diss. jur. Erlangen 1958; Lammel, S., Die Gesetzgebung des Handelsrechts, in: Handbuch der Quellen und Literatur zur neueren europäischen Rechtsgeschichte, hg. v. Coing, H., Bd. 2 Teilband 2 1976; Wesenberg, G. – Wesener, G., Neuere deutsche Privatrechtsgeschichte, 4. A. 1985; Coing, H., Europäisches Privatrecht, Bd. 1 1985; Nehlsen-Stryk, K. v., Die venezianische Seeversicherung im 15. Jahrhundert, 1986.

Der Umbruch zur Gegenwart

Frankreich und Rheinbund

Nachdem die 16 Staaten des auf Initiative Frankreichs gegründeten Rheinbundes am 1. August 1806 ihre Trennung vom Heiligen Römischen Reich deutscher Nation erklärt hatten und Kaiser Franz II. auf Aufforderung Napoleons am 6. August die Kaiserkrone dieses Reiches niedergelegt hatte, fragte es sich, ob dadurch das Reich aufgelöst war. Diese Frage wurde im Ergebnis tatsächlich bejaht. Rechtlich dagegen war sie eher zu verneinen.

Dadurch, daß die Rheinbundstaaten am 1. August aus dem Reich austraten, brachen sie die Reichsverfassung. Sie versuchten dies zwar mit der Begründung zu rechtfertigen, daß das Reich bereits vorher durch die rein tatsächlichen Vorgänge der Kriege mit Frankreich untergegangen sei. Dem stand aber entgegen, daß trotz dieser Ereignisse die Reichsmitglieder offiziell am verfallenden Reich festgehalten hatten. Dies hatte nach überwiegender Ansicht zur Folge, daß das Reich nicht unterging.

Auch Kaiser Franz II. brach durch sein Vorgehen die Reichsverfassung. Die Niederlegung der Kaiserkrone mit der Erklärung, das Reich sei als aufgelöst zu betrach-

119 Napoleon I. Eine der frühesten zeitgenössischen Darstellungen, die ihn als Oberbefehlshaber zeigt

ten, wäre nur rechtmäßig gewesen, wenn durch den Austritt der Rheinbundstaaten das Reich aufgelöst worden wäre. Dies war aber schon deswegen nicht der Fall, weil die übrigen deutschen Staaten nicht zu erkennen gaben, daß sie sich ebenfalls vom Reich lösen wollten.

Demnach wurde das Heilige Römische Reich deutscher Nation im Jahre 1806 nicht rechtmäßig aufgelöst. Dementsprechend war die Möglichkeit der Erneuerung des alten Reiches gegeben. Sie wurde jedoch nicht verwirklicht.

Vielmehr setzte sich Napoleon noch im Jahre 1806 militärisch gegen Preußen und Sachsen durch, welche die Räumung des rechtsrheinischen Deutschland durch Frankreich verlangt hatten. 1807 verlor Preußen im Frieden von Tilsit mehr als die Hälfte seines Gebietes. 1807 fiel auch Portugal, 1808 weiter Spanien an Napoleon. Nach einer erneuten Kriegserklärung Österreichs verlor dieses 1809 seine adriatischen Küstenländer an Frankreich, Galizien an Warschau und Salzburg, das Innviertel und Nordtirol an Bayern. Die Frage der gegen England verhängten Kontinentalsperre führte dann allerdings 1812 zum Bruch Frankreichs mit dem seit 1807 verbündeten Rußland. Im anschließenden Feldzug scheiterte das französische Heer an der Weite des russischen Raumes. Daraufhin verbündeten sich Rußland und Preußen gegen Frankreich. Der Rheinbund zerfiel. Österreich, England und Schweden schlossen sich dem Bündnis Preußens und Rußlands an. Vereint zwangen sie Napoleon schließlich 1814 zur Abdankung. Der Pariser Friede vom 30. 5. 1814 erhielt jedoch Frankreich in den Grenzen von 1792.

Während der Wiener Kongreß dann über die Neuordnung Europas verhandelte, kehrte Napoleon aus seiner Verbannung auf Elba zurück. Nach anfänglichen militärischen Erfolgen wurde er in der Schlacht von Waterloo von den englischen und preußischen Truppen vernichtend geschlagen. Im zweiten Pariser Frieden vom 20. 11. 1815 wurde Frankreich dann auf die Grenzen von 1790 beschränkt.

Auf dem Wiener Kongreß verstand es jedoch der französische Staatsmann Talleyrand, sein geschlagenes Land zum gleichberechtigten Verhandlungspartner zu machen, welchem das Elsaß erhalten blieb. Preußen erhielt die Provinz Posen zurück, die nördliche Hälfte des zu lange bei Frankreich verbliebenen Sachsens, Neuvorpommern, Westfalen und die Rheinprovinz. Österreich erlangte Tirol, Vorarlberg, Salzburg, das Innviertel, Kärnten, Krain, Triest, Istrien, Dalmatien und gewann mit der Lombardei und Venetien die Vorherrschaft in Italien. Die über Burgund, Habsburg und das habsburgische Spanien österreichisch gewordenen Niederlande wurden zum Königreich Niederlande umgebildet.

Literatur: Akten des Wiener Kongresses, hg. v. Klüber, J. L., Bd. 1 ff. 1815 ff.; Friedrich, R., Befreiungskriege 1813 bis 1815, Bd. 1 ff. 1911 ff.; Der Wiener Kongreß 1814/15, hg. v. Dyroff, H. D., 1966; Fehrenbach, E., Vom Ancien Régime zum Wiener Kongreß, 1981; Eisenhardt, U., Deutsche Rechtsgeschichte, 1984.

Der Bund der Deutschen

Staat oder Bund? so hieß die Deutschland als Ganzes betreffende Frage auf dem Wiener Kongreß. Gemeint war die Alternative zwischen Erneuerung und Neugestaltung. Zu entscheiden war zwischen der Wiederbelebung des seit langem langsam zerfallenden, zu Unrecht aufgelösten Heiligen Römischen Reiches deutscher Nation und einem politischen Neuanfang.

Die Deutschen selbst standen unter dem Eindruck der im Ergebnis erfolgreichen Freiheitskriege gegen Napoleon. Sie hatten den die Nation in Frankreich einigenden Erfolg der Revolution vor Augen. Die Volksstimmung verlangte nach einem deutschen Gesamtstaat mit nationaler Repräsentation.

Nach Johann Gottfried Herder (1744–1803) durfte und mußte ein natürlicher Staat ein einziges ganzes Volk umfassen. Der Bauernsohn Ernst Moritz Arndt (1769–1860) wirkte mit Schriften und Liedern (Was ist des Deutschen Vaterland?, Der Gott, der Eisen wachsen ließ) für die nationale Erhebung zu politischer Freiheit und Einheit aller Deutschen. Johann Gottlieb Fichte (1762–1814) rief in seinen im Wintersemester 1807/8 trotz französischer Besetzung in Berlin vorgetragenen Reden an die deutsche Nation das Volk dazu auf, in der Einheit aller seiner Stämme das Fremde zu überwinden.

Dementsprechend entstanden seit 1812 zahlreiche Entwürfe zur Umsetzung der patriotischen Vorstellungen in politische Wirklichkeiten. Fast überall bildete das Recht eines Volkes auf staatliche Einheit und Selbstbestimmung die grundlegende Leitidee. Demnach wurde vielfach ein zentralgeleiteter Bundesstaat mit Volksvertretung und Bürgerrechten gefordert.

Bereits 1807 hatte allerdings ein Vertrag zwischen Rußland und Preußen einen deutschen Staatenbund ins Auge gefaßt, der unter der Vorherrschaft Preußens und Österreichs stehen sollte. Das entsprach weitgehend den Vorstellungen Klemens Lothar Fürst von Metternichs (1773–1859), der 1809 zum Außenminister Österreichs aufgestiegen war. Er war allen nationalstaatlichen Plänen abgeneigt, da die Einheit aller Deutschen den Bestand des Vielvölkerstaates Österreich mit seinen großen nichtdeutschen Teilen Galizien, Ungarn, Kroatien und Oberitalien zwangsläufig gefährden mußte. Dementsprechend sicherte der Bündnisvertrag, mit welchem sich Österreich 1813 Rußland und Preußen anschloß, die Unabhängigkeit der deutschen Einzelstaaten. Dem folgte der erste Pariser Friedensvertrag von 1814, indem er bestimmte, daß die Staaten Deutschlands unabhängig und durch einen Bundesvertrag vereint sein sollten. Dies war Preußen, das sich weder Österreich unterordnen noch den kleineren deutschen Ländern gleichordnen wollte, nur angenehm. Die kleineren deutschen Länder selbst begrüßten den Verbleib der neu gewonnenen Selbständigkeit. Die europäischen Nachbarn förderten die Aufteilung als Garantie der politischen Bedeutungslosigkeit der Deutschen.

Der Wiener Kongreß schrieb dies unter dem Vorsitz Metternichs in der Deutschen Bundesakte vom 8. Juni 1815 fest. Im Namen der allerheiligsten und unteilbaren Dreieinigkeit schlossen sich die souveränen Fürsten und freien Städte Deutschlands zu einem beständigen Bund zusammen. Er sollte die Sicherheit und Unabhängigkeit Deutschlands ebenso gewährleisten wie die Ruhe und das Gleichgewicht Europas.

Dieser Deutsche Bund zerfiel im wesentlichen in Österreich, Preußen sowie die übrigen süddeutschen, mitteldeutschen und norddeutschen mittleren und kleineren Staaten. In seiner restaurativen Zielsetzung enttäuschte er die Hoffnungen vieler. Weder hatte er die nationale Einung gebracht noch hatte er die revolutionären Errungenschaften Frankreichs von 1789 übernommen. Dementsprechend wandten sich die liberalen wie die nationalen Kräfte gegen ihn.

120 Zug zum Hambacher Schloß (27. 5. 1832). Farbige Federzeichnung

Verbreitet waren die neuen Vorstellungen vor allem unter den Studenten. Diese hatten sich in den Freiheitskriegen zu politisch bestimmten Burschenschaften zusammengeschlossen, welche im Oktober 1817 auf dem Wartburgfest zu einer ersten gemeinsamen Kundgebung zusammentrafen. Hier verlangten sie die politische und wirtschaftliche Einheit, die konstitutionelle Monarchie mit landständischer Verfassung, die Gleichheit vor dem Gesetz, die Öffentlichkeit der Rechtspflege, die Freiheit des Eigentums und die Garantie der Meinungs- und Pressefreiheit.

Da auf dem Wartburgfest die Deutsche Bundesakte verbrannt wird, verbieten die Mitglieder des Deutschen Bundes 1819 in den Karlsbader Beschlüssen unter der Führung Metternichs die Burschenschaften. Sie vereinbaren weiter die Verfolgung der Demagogen. Außerdem sollen Presse und Universitäten überwacht werden.

Im Juli 1830 kam es in Frankreich erneut zur Revolution des bürgerlichen Liberalismus gegen die nach dem Ende der napoleonischen Herrschaft wieder eingesetzten Bourbonen, welche die Ersetzung Karls X. durch einen Bürgerkönig zur Folge hatte. Junge Schriftsteller wie Ludwig Börne und Heinrich Heine wechselten nunmehr nach Paris, um die politische Rückständigkeit des Deutschen Bundes von dort aus anzuprangern. Unter ihrem Einfluß und organisiert vom deutschen Preß- und Vaterlandsverein versammelten sich am 27. Mai 1832 um die Schloßruine der Kästenburg bei Hambach in der Pfalz zwanzig- bis dreißigtausend Menschen, um für Bürgerrechte

121 Debatte in der Frankfurter Nationalversammlung (5. 9. 1848). Farbige Lithographie

und politische Einheit einzutreten. Konkrete Aktionen wurden nicht beschlossen. Ein Sturm auf die Frankfurter Hauptwache im Jahre 1833 scheiterte an der Teilnahmslosigkeit der Öffentlichkeit. Die Folgen sind zunächst Pressezensur und Demagogenverfolgung.

Im Jahre 1848 brach vom Süden her in Europa ein neuer Aufstand gegen die bestehende Obrigkeit los. In Frankreich wird bereits im Februar der König gestürzt und die Republik ausgerufen. In Deutschland kommt es im März zu Unruhen in Wien und Berlin.

Spontan treten Bauern, Arbeiter und Studenten zu Versammlungen und Demonstrationen zusammen. Kleinkaufleute und Handwerker schließen sich an. Danach setzen sich besitzende Bürger an die Spitze der Bewegung und lenken sie in gemäßigte Bahnen.

Am 10. März 1848 beschloß der Deutsche Bund durch seine Bundesversammlung, sämtliche Bundesregierungen zur Entsendung eines Delegierten zur Vorbereitung einer Revision der Bundesverfassung einzuladen. Der daraufhin zustandegekommene Siebzehnerausschuß erarbeitete in aller Eile einen Entwurf eines Reichsgrundgesetzes, der aber im Ergebnis ohne Erfolg blieb. Deshalb beschloß auf Vorschlag dieses Ausschusses am 30. März die Bundesversammlung, die Bundesregierungen aufzufordern, Wahlen zu einer verfassunggebenden Versammlung abzuhalten.

Gewählt wurden 585 Abgeordnete nach unterschiedlichen Wahlverfahren. Sie waren etwa zur Hälfte Staatsbedienstete und ebenfalls etwa zur Hälfte Juristen. Von Juli bis Dezember 1848 berieten sie über die Grundrechte des deutschen Volkes, über die am 27. Dezember ein Reichsgesetz verabschiedet wurde. Bei einer Beratung der Sitzverteilung in einem zu errichtenden Parlament kommt es zum Streit zwischen den Anhängern einer kleindeutschen Lösung ohne Österreich und einer großdeutschen Lösung mit Österreich. Die kleindeutsche Richtung, welche einen deutschen Nationalstaat unter der Führung Preußens anstrebt, setzt sich schließlich durch. Nach Verkündung der Reichsverfassung wählt sie am 28. März 1849 den preußischen König zum Erbkaiser. Dieser lehnt jedoch die mit dem Ludergeruch der Revolution behaftete Krone ab und verwirft die Verfassung. Danach löst sich die Versammlung auf. Die Reste der Bewegung werden mit Waffengewalt unterdrückt. Am 20.12.1849 tritt auch der zum Reichsverweser gewählte Erzherzog Johann zurück. Durch Bundesbeschluß vom 23. August 1851 wird der Grundrechtsteil der neu geschaffenen Verfassung wieder aufgehoben.

Im Deutschen Bund spitzt sich danach das Ringen um die Vormachtstellung zwischen Österreich und Preußen zu. Im Streit um die 1864 militärisch Dänemark abgewonnenen Gebiete von Schleswig, Holstein und Lauenburg kommt es 1866 zur kriegerischen Auseinandersetzung zwischen dem Deutschen Bund und Preußen. Als Folge seines Sieges über die Verbündeten annektiert Preußen verschiedene Staaten nördlich des Maines (Hannover, Kurhessen, Nassau, Frankfurt). Damit endet der Deutsche Bund. An seine Stelle tritt zunächst die Selbständigkeit aller Einzelstaaten, in Norddeutschland aber rasch der Norddeutsche Bund Preußens mit 21 anderen norddeutschen Einzelstaaten.

Literatur: Laufs, A., Für Freiheit und Einheit: das Nationalfest der Deutschen zu Hambach 1832, JuS 1982, 325 ff.; Laufs, A., Rechtsentwicklungen in Deutschland, 3. A. 1984; Gall, L., Europa auf dem Weg in die Moderne 1850–1890, 1984; Langewiesche, D., Europa zwischen Restauration und Revolution 1815–1849, 1985; Bentfeldt, L., Der Deutsche Bund als nationales Band, 1815–1866, 1985; Lutz, H., Zwischen Habsburg und Preußen. Deutschland 1815–1866, 1986; Wollstein, G., Deutsche Geschichte 1848/49. Gescheiterte Revolution in Mitteleuropa, 1986.

Vom Reich zur Republik

Am 18. Januar 1871 verkündete König Wilhelm II. von Preußen im Spiegelsaal des Schlosses zu Versailles die Wiederherstellung des Deutschen Reiches. Zugleich erneuerte er die Kaiserwürde. Als Kaiser Wilhelm I. übernahm er sie anschließend selbst.

All dies geschah mitten im Krieg gegen Frankreich. Ausgelöst war dieser durch die Kandidatur eines süddeutschen Hohenzollernprinzen um den Thron Spaniens, durch welche sich Frankreich wie schon zu habsburgischen Zeiten von zwei Seiten eingeklammert und damit bedroht sah. Unmittelbarer Anlaß war die verkürzende und damit verschärfende Veröffentlichung eines Berichts über die diesbezüglichen Verhandlungen durch Otto von Bismarck.

Bismarck wurde am 1. April 1815 als zweiter Sohn eines Rittergutsbesitzers in Schönhausen an der Elbe geboren. Nach dem Studium der Rechtswissenschaft in

Göttingen und Berlin war er von 1836 bis 1839 Referendar, widmete sich dann aber der Bewirtschaftung seiner Güter. 1847 begann seine Tätigkeit als Abgeordneter des Vereinigten Landtags. 1848 wollte er die revolutionäre Bewegung aktiv bekämpfen. 1851 wurde er preußischer Bundestagsgesandter in Frankfurt, wo er sich um Gleichberechtigung Preußens gegenüber Österreich bemühte. Danach erhielt er Botschafterposten im Sankt Petersburg und Paris.

In dieser Zeit strebte der spätere König Wilhelm I. als Prinzregent eine umfassende Heeresreform für Preußen an, um die Schlagkraft der Truppe zu erhöhen. Das Abgeordnetenhaus genehmigte trotz Ablehnung einzelner Punkte in jeweils einjährigen Provisorien die begonnene Reorganisation. In diesem Zusammenhang kam es zum Verfassungskonflikt zwischen Monarchen und Parlament.

In dieser schwierigen Lage wurde Otto von Bismarck am 23. September 1862 zum Ministerpräsidenten ernannt. Er vertrat den Standpunkt, daß Deutschland nicht auf Preußens Liberalismus, sondern auf Preußens Macht sehe. Preußen müsse seine Kraft

122 *Otto von Bismarck, Reichskanzler des zweiten Deutschen Reiches (1886)*

123 Reichstagsgebäude

zusammenfassen auf einen günstigen, schon mehrfach verpaßten Augenblick, da Preußens Grenzen nach dem Wiener Kongreß zu einem gesunden Staatsleben nicht günstig seien. Nicht durch Reden und Majoritätsbeschlüsse würden die großen Fragen der Zeit entschieden, sondern durch Eisen und Blut.

Den Verfassungskonflikt bewältigte Bismarck mit Hilfe einer neu aufgestellten Lückentheorie, nach welcher die Regierung bei fehlendem Haushaltsgesetz die Verwaltung unverändert fortführen könne. Seine außenpolitischen Erfolge bewirkten einen Umschwung der öffentlichen Meinung zugunsten der ihn unterstützenden Parteien. Nach dem Sieg über den Deutschen Bund billigte ein Indemnitätsgesetz nachträglich alle Staatsausgaben seit 1862.

Danach band Bismarck Bayern, Württemberg, Baden und Hessen-Darmstadt durch Schutz- und Trutzbündnisse militärisch an sich. 1867 schuf er auf dem Gebiet des Zollwesens ein Gebilde, das bereits den Bundesstaat von 1871 vorwegnahm. Im November 1870 vereinbarte der König von Preußen mit Baden und Hessen einen Vertrag über die Gründung eines Deutschen Bundes, dem Verträge mit Bayern und Württemberg folgten. Im Dezember 1870 wurde dieses Verfassungsbündnis vollzogen und damit die Bezeichnungen Deutsches Reich und Deutscher Kaiser eingeführt. Obwohl dann am 1. Januar 1871 das Deutsche Reich rechtlich in Kraft trat, gilt die am Jahrestag der preußischen Krönung erfolgte Proklamation von Versailles in der Öffentlichkeit als eigentlicher Gründungsakt des Reiches.

Der Preis für dieses Reich war das Ausscheiden Österreichs aus dem deutschen Einheitsstaat.

Neunzehn Jahre lang leitete Bismarck dann noch als Reichskanzler Deutschlands und Ministerpräsident Preußens die Geschicke des Reiches, das von Frankreich Elsaß und Lothringen als Reichsland hinzugewonnen hatte. Sein Ziel war die Sicherung des neuen politischen Gebildes in einem schließlich ziemlich verwickelten Bündnissystem. Zugleich versuchte er dadurch den Gegner Frankreich zu isolieren.

Zu dem jungen Kaiser Wilhelm II. (1859–1941) geriet Bismarck rasch in Gegensatz. Streitpunkte waren vor allem soziale Fragen, in denen der Kaiser die Annäherung an die Arbeiterschaft suchte, sowie Präventivkriegspläne Waldersees. Hier erwies sich die von Bismarck erreichte Stärkung des Monarchen als nachteilig. In verletzender Form wurde Bismarck vom Kaiser am 18. 3. 1890 zum Rücktritt gezwungen.

Wilhelm II. gab außenpolitisch zunächst das Bündnis mit Rußland auf und betrieb die Annäherung an England, als deren Folge er Helgoland gegen Sansibar einzutauschen vermochte. Später versuchte er das gute Verhältnis zu Rußland wiederzugewinnen. Durch unbesonnene Reden und taktlose Handlungen weckte er jedoch im Ausland vielfältiges Mißtrauen. Hinzu kam eine verfehlte Flottenpolitik, mit deren Hilfe England von einem Krieg mit Deutschland abgehalten werden sollte, die aber nur zu deutsch-englischer Rivalität führte.

Bestanden so sich steigernde Spannungen Deutschlands zu Frankreich und England, so geriet Österreich-Ungarn dadurch in einen Gegensatz zu Rußland, daß dieses im Zeichen des Panslawismus die nationalslawischen, gegen Österreich und die Türkei gerichteten Bestrebungen unterstützte. Am 28. 6. 1914 wurde dann beim Besuch Sarajewos, der Hauptstadt Bosniens, der österreichische Thronfolger Franz Ferdinand mit seiner Gemahlin auf offener Straße von einem Studenten erschossen. Hinter diesem Anschlag stand eine großserbische Geheimorganisation. Auch die serbische Regierung wußte von dem Attentatsplan, trat ihm jedoch nicht entgegen. Nach fruchtlosem Ablauf eines Ultimatums erklärte Österreich am 28. Juli 1914 an Serbien den Krieg. In Nibelungentreue folgte am 1. August 1914 die deutsche Kriegserklärung an Rußland und am 3. August an Frankreich, womit der zunächst lokale Konflikt sich zum europäischen Krieg weitete. Durch Englands und Amerikas (6. 4. 1917) Eingreifen wurde er zum Ersten Weltkrieg.

In diesem Krieg wurde Wilhelms II. Stellung rasch erschüttert. Oberste Heeresleitung einerseits und Reichstag andererseits übernahmen allmählich die Macht. Späte Reformversuche kamen bereits zu spät.

Der 8. August 1918 wurde infolge einer Offensive Englands zum Schwarzen Tag des deutschen Heeres. Am 29. September 1918 brach von den Verbündeten Bulgarien, am 31. Oktober die Türkei und am 3. November Österreich-Ungarn unter dem Druck der alliierten Gegner zusammen. Deutschland selbst mußte am 4. Oktober um Waffenstillstand ersuchen.

Als am 29. Oktober die Seekriegsleitung der deutschen Hochseeflotte den Befehl zu einem Einsatz gegen England gab, meuterten zunächst in Wilhelmshaven Matrosen. Von dort aus griff der Aufruhr auf alle Küstenstädte und danach auf die Binnenstädte über. Am 7. November rief der sozialdemokratische Journalist und Politiker Kurt Eisner (1867–1919) die Republik Bayern aus. Nachdem am 9. November der Reichskanzler eigenmächtig den Rücktritt des Kaisers bekanntgegeben hatte, trat Eisner als Ministerpräsident an die Spitze einer aus je drei Vertretern der Sozialdemokratischen Partei und der Unabhängigen Sozialdemokratischen Partei, deren Münchener Vorsitz er 1917 übernommen hatte, bestehenden Regierung.

Damit war der Übergang von der Monarchie zur Republik vollzogen. Die nach dem Entstehungsort ihrer Verfassung benannte Weimarer Republik, die im Friedensvertrag von Versailles (28. 6. 1919) – außer den bescheidenen Kolonien – Elsaß-Lothringen, Danzig, das Memelland, den polnischen Korridor, das Hultschiner Ländchen, Eupen-Malmedy, Nordschleswig und Ostoberschlesien mit insgesamt 70000 Quadratkilometern und 7,3 Millionen Einwohnern verlor, hatte freilich wegen zahlreicher ihr von Beginn anhaftender Schwächen keinen dauerhaften Bestand. Im Chaos des von Adolf Hitler begründeten Dritten Reiches ging Deutschland rasch unter. Erst die Zeit nach dem Zweiten Weltkrieg gab Deutschland in erneut verengten Grenzen neue Chancen.

Literatur: Winkler, H. A., Preußischer Liberalismus und deutscher Nationalstaat, 1964; Bracher, K. D., Die deutsche Diktatur, 3. A. 1970; Schieder, T., Das Deutsche Kaiserreich von 1871 als Nationalstaat, 1971; Gall, L., Bismarck. Der weiße Revolutionär, 1980; Hildebrand, K., Das Dritte Reich, 2. A. 1981; Kolb, E., Die Weimarer Republik, 1984.

Der Reichtum der Völker

Die Bibel des Kapitalismus schrieb nach manchen der schottische Nationalökonom Adam Smith (1723–90) im Jahre 1776 mit seinem Buch: Untersuchung über die Natur und die Gründe des Reichtums der Völker. Seit 1751 war er Professor für Logik und Moralphilosophie in Glasgow gewesen und hatte bei einer Reise durch Frankreich und die Schweiz die bedeutendsten Physiokraten kennengelernt, welche den Boden als Quelle allen Reichtums priesen.

Dem mochte er keinen Glauben schenken. Nicht der Geldvorrat oder der Außenhandel der Merkantilisten noch der Boden der Physiokraten vermochten ihn zu überzeugen. Allein die Arbeit ist für ihn die Quelle allen Volkswohlstandes.

Durch die Arbeit ernährt zunächst der Arbeitende sich selbst allein. Da er den natürlichen Trieb hat, seine Lage zu verbessern (Selbstinteresse), erkennt er, daß durch Arbeitsteilung die Ertragskraft der menschlichen Arbeit gesteigert werden kann. Bei dem hierfür nötigen Gütertausch setzt sich auf die Dauer der Kostenpreis durch. Deswegen wird jeder bei völliger Freiheit dasjenige tun, durch das er mit den geringsten Kosten seine Lage am meisten verbessert. Folglich führt völlige Freiheit am ehesten dazu, daß jeder das tut, was das Wohl des Ganzen am meisten fördert.

Von selbst bewirkt der freie Wettbewerb dementsprechend eine natürliche Harmonie des sozialen und wirtschaftlichen Lebens. Handelspolitisches Ziel muß demnach freier Handel bei internationaler Arbeitsteilung sein. Wegen der Bedeutung der Freiheit werden diese Vorstellungen dann bald als Liberalismus (zu lat. liber, frei) bezeichnet.

Diese neue Einsicht gewinnt angesichts der Zunahme der Bevölkerung und der hieraus erwachsenden Verschlechterung der wirtschaftlichen Lage rasch an Bedeutung. In Preußen sind es vor allem die Minister Stein und Hardenberg, welche daraus praktische Konsequenzen ziehen. Von ihnen forderte Hardenberg (1750–1822) in einer Denkschrift des Jahres 1807 Reformen nach dem Vorbild Frankreichs, welche möglichste Freiheit und Gleichheit herbeiführen sollten. Stein (1757–1831) setzte am 9. Oktober 1807 ein Edikt durch, welches bis 1810 die Bauernbefreiung verwirklichte und alle ständischen Beschränkungen beseitigte. Hinzu kam eine Städteordnung vom 19. 11. 1810, welche die Selbstverwaltung in den Städten begründete. Hardenberg führte 1810 die Gewerbefreiheit ein und beseitigte die Vorrechte der Zünfte.

Unabhängig von diesen legislativen Maßnahmen beginnt im Gewerbe die Industrialisierung und die Produktion in der Fabrik. Federführend ist hier England. Dort begründen die aus der Politik ausgeschlossenen Puritaner durch besonderen Fleiß, Sparsamkeit und Gewinnstreben eine neue Arbeitsauffassung. Das in dieser angesammelte Kapital ermöglicht es, unter Verwendung der durch Änderung der grundherrschaftlichen Agrarverfassung freigesetzten Arbeitskräfte und der durch Erfindung gewonnenen Maschinen im Fabriksystem zu produzieren. Auf dieser Grundlage setzt in Deutschland kurz vor 1850 die Industrielle Revolution ein. Begünstigt wird diese außer durch die Gewerbefreiheit durch den Abbau der Zollschranken (1819 Deutscher Handels- und Gewerbeverein, 1834 Deutscher Zollverein). Das aus der französischen Kriegsentschädigung 1871 gewonnene Kapital belebt den Wirtschaftskreislauf zusätzlich, so daß am Ende des 19. Jahrhunderts der Übergang zur Großindustrie erfolgen kann. In dieser führen die liberalen Regeln zu immer höherer Produktivität, wobei rasch umfassende Industrieregionen erwachsen. Zum Problem wird dann statt der Herstellung vor allem der Absatz. Seiner Erleichterung dient außer der Werbung auch das etwa vor allem durch die Errichtung eines Eisenbahnnetzes (1835 erste Eisenbahn zwischen Nürnberg und Fürth) und den Straßen- und Kanalbau verbesserte Verkehrssystem.

Literatur: Scott, W., Adam Smith, Glasgow 1937; Thielen, P. G., Karl August von Hardenberg, 1967; Herre, F., Freiherr vom Stein, sein Leben, seine Zeit, 1973; Deutsche Wirtschaftsgeschichte im Industriezeitalter, hg. v. Abelshauser, W. – Petzina, D., 1981; Henning, F. W., Die Industrialisierung in Deutschland 1800–1914, 6. A. 1984; Wehler, H. U., Deutsche Gesellschaftsgeschichte, Bd. 1ff. 1987ff.

Soziale Frage und sozialistische Partei

Mit dem Martinitage 1810 hört alle Gutsuntertänigkeit auf. Nach dem Martinitage 1810 gibt es nur freie Leute. So lautete § 12 eines preußischen Ediktes vom 9. Oktober 1807. Dieses hatte weitreichende Wirkungen.

Zwischen 1800 und 1914 wächst nämlich die Bevölkerung Deutschlands von 23 auf 67 Millionen. Von ihnen nutzen zwar um 1800 noch rund 85% in irgendeiner Form den Boden und sind um 1870 noch etwa 50% in der Landwirtschaft tätig. Sie alle sind aber seit der Bauernbefreiung freie Leute.

Diese Bauernbefreiung hatte in Preußen 1777, in Österreich 1781 und in Baden 1783 mit der Aufhebung der Leibeigenschaft und der Festlegung der bis dahin ungemessenen Dienste begonnen. Nachdem dann in Frankreich im Zuge der Revolution von 1789 die persönlichen bäuerlichen Lasten beseitigt worden waren, bewirkten Stein und Hardenberg in Preußen die Aufhebung der Gutsuntertänigkeit (9. 10. 1807) und der Leibeigenschaft (28. 10. 1807). Nach der französischen Julirevolution von 1830 folgten am 17. 3. 1832 Sachsen und am 23. 7. 1833 Hannover, nach den Unruhen von 1848 die übrigen Staaten (Österreich 7. 9. 1848).

Die Beseitigung der grundherrlichen Rechte konnte aber entsprechend den inzwischen für eine Enteignung gewonnenen Grundsätzen nur gegen eine Entschädigung erfolgen. Sie war im einzelnen unterschiedlich geregelt. Wo die frei werdenden Bauern Land als Entschädigung leisten konnten, verringerte sich ihre wirtschaftliche Arbeitsgrundlage zugunsten der bisherigen Grundherren. Dort wo Geld als Entschädigung zu erbringen war, mußten die Bauern sich verschulden.

In jedem Fall verschlechterte sich durch die Gewinnung der persönlichen Freiheit im Ergebnis die wirtschaftliche Lage der Bauern. Viele von ihnen mußten ihren Betrieb aufgeben und in die Städte ziehen. Den nachgeborenen Bauernsöhnen blieb ohnehin oft keine andere Wahl.

Hieraus erwuchs sehr rasch ein Heer von zwar freien, aber vermögenslosen Menschen. Ihnen stand zur Sicherung ihrer Existenz lediglich ihre eigene Arbeitskraft zur Verfügung. Um zu überleben, mußten sie also Arbeit auf dem Markt anbieten.

Dieser Markt war inzwischen infolge der liberalen Vorstellungen von allen Beschränkungen befreit worden. Es galt der Grundsatz des vollständigen Wettbewerbs. Angebot und Nachfrage sollten den Preis der Ware bestimmen.

Wurde Arbeit auf dem Markt reichlich angeboten, so mußte der Preis der Arbeit niedrig sein. Stieg mit dem Bevölkerungswachstum das Angebot weiter, so konnte der Preis nur noch weiter fallen. Um auch bei gefallenen Preisen das bisherige Einkommen zu erzielen, mußten die Anbieter mehr Arbeit anbieten, wodurch der Preis der Arbeit erneut unter Druck geriet.

Dementsprechend führt die neue Freiheit im Ergebnis für die Mehrzahl der Menschen in die Armut. Ein überlanger Arbeitstag und die Mitarbeit von Frau und Kindern vermögen diese nur zu lindern, nicht zu beseitigen. Als Folge entsteht eine große Gruppe besitzloser, nach liberalen Maximen gering entlohnter Arbeiter.

Ihnen zu helfen sieht der Staat nicht als seine Aufgabe an, da er den freien Wettbewerb gerade deswegen geschaffen hat, damit jeder das tut, was das Wohl des Ganzen am meisten fördert. Das freie Spiel der Kräfte soll von sich aus ein optimales Ergebnis bewirken. Der Eingriff des Staates kann demnach nur schaden.

Unter der Führung sozialistischer Theoretiker bleibt in dieser schwierigen sozialen Lage den Arbeitern nur der genossenschaftliche Zusammenschluß zur Selbsthilfe, um in solidarischer Vereinigung die Schwäche jedes einzelnen auszugleichen. Neben Gewerkschaften und Genossenschaften werden im politischen Bereich folglich sozialistische Parteien begründet (1863 Allgemeiner Deutscher Arbeiterverein Lasalles, 1869 Sozialdemokratische Arbeiterpartei Liebknechts und Bebels), welche 1875 zur Sozialistischen Arbeiterpartei vereinigt werden. Da sie zunehmenden Zulauf gewinnt, läßt Bismarck sie 1878 im Sozialistengesetz verbieten. Durch Sozialversicherungsgesetze und Arbeitsschutzmaßnahmen soll ihr zusätzlich die Anhängerschaft entzogen werden. Gleichwohl wird die 1890 wieder zugelassene Sozialdemokratische Partei 1912 stärkste Fraktion des Reichstages.

Literatur: Wissenschaft und Kodifikation des Privatrechts im 19. Jahrhundert, hg. v. Coing, H.-Wilhelm, W., Bd. 1 ff. 1974 ff.; Sozialgeschichte der Familie in der Neuzeit Europas, hg. v. Conze, W., 1976; Boehme, H., Europäische Wirtschafts- und Sozialgeschichte, 1977; Hattenhauer, H., Die geistesgeschichtlichen Grundlagen des deutschen Rechts, 3. A. 1983; Europäische Wirtschafts- und Sozialgeschichte von der Mitte des 19. Jahrhunderts bis zum Ersten Weltkrieg, hg. v. Fischer, W., 1985; Mitteis, H.- Lieberich, H., Deutsche Rechtsgeschichte, 17. A. 1985.

Säkularisierung und Positivismus

Den christlichen Gott zu beweisen versuchte im Anschluß an die griechische Philosophie schon die Antike. Dementsprechend schloß der Kirchenvater Augustinus in ganzheitlicher religiöser Unmittelbarkeit von der zeitlos gültigen Wertwelt auf die

Existenz der göttlichen Urwahrheit und Urgüte. Demgegenüber setzte sich noch im 12. Jahrhundert die Erkenntnis durch, daß ein gültiger Gottesbeweis nur mittels eines logischen Kausalschlusses aus den empirischen Gegebenheiten erschlossen werden könne.

Gegen einzelne dieser daraufhin in der Scholastik gefundenen Gottesbeweise wurden in der Spätscholastik ebenso kritische Stimmen laut wie gegen ihre grundsätzliche Schlüssigkeit. In der Reformation erwies es sich als möglich, fundamentale Dogmen der christlichen Kirche autonom zu überprüfen und in eigener Verantwortung entweder zu bejahen oder zu verneinen. In der Aufklärung drang dann weiter ein starker Intellektualismus in die Gestaltung der Gottesbeweise ein. Als Folge hiervon lehnten sowohl der englische Philosoph David Hume (1711–76) als auch der von ihm beeinflußte Immanuel Kant (1724–1804) die theoretische Beweisbarkeit der Existenz Gottes grundsätzlich ab. Ersatzweise versuchte Kant, den Gottesglauben mit Postulaten der praktischen Vernunft zu stützen, andere versuchten es durch subjektive emotionale Erlebnisse.

Auf die Aufklärung folgen auch sonst neue geistige Strömungen. Hervorzuheben ist hier zum einen die den willkürlichen und unregelmäßigen Formenreichtum des historisch Gewordenen anerkennende, das Gefühl betonende Romantik (Herder, Schiller, Fichte). Nach dem Idealismus (Kant) trägt der Mensch das moralische Gesetz in sich, so daß die sittliche Autonomie des einzelnen das Grundgesetz der moralischen Welt bildet. Demgegenüber sind nach dem historischen Materialismus Karl Marx' (1818 bis 83) die ökonomischen und sozialen Verhältnisse entscheidend für den jeweiligen ideologischen Überbau.

Der Franzose Auguste Comte (1798–1857) schließlich lehnt jegliche Metaphysik grundsätzlich ab. Die übernatürliche Deutung der Welt durch die Theologie sei ebenso überholt wie die philosophische Erklärung mit Hilfe abstrakter Ideen. Einzige Aufgabe der Wissenschaft könne es sein, aus der Beschreibung des Gegebenen (Positiven) die Ableitung von Gesetzen vorzunehmen. Durch diese sei der Gesellschaft ein glückliches Leben zu sichern. Deswegen seien die Theologie und die Philosophie durch positive Wissenschaften zu ersetzen. An deren Spitze habe die Sozialwissenschaft als die Wisssenschaft von der Gesellschaft zu stehen. Daneben komme es besonders auf die Naturwissenschaften an.

Die Folge all dieser Entwicklungen ist schließlich die zunehmende Abkehr von den traditionellen Glaubensvorstellungen. An die Stelle des Überirdischen tritt das Irdische. Die Theologie wird durch die positive Wissenschaft verdrängt, die Tradition durch den Fortschritt ersetzt.

Wohl nicht zufällig ist deshalb auch bereits an der Wende des 19. Jahrhunderts die Säkularisation des Kirchengutes ohne besonderen Widerstand möglich.

Literatur: Comte, A., Discours sur l'esprit positif, 1844; Sawicki, F., Die Gottesbeweise, Paris 1926; Hoffmeister, J., Wörterbuch der philosophischen Grundbegriffe, 2. A. 1955; Hirschberger, J., Geschichte der Philosophie, 8. A. 1969.

Der Streit um die Kodifikation

Im Jahre 1794 hatte Preußen in seinem Allgemeinen Landrecht eine Kodifikation seines Rechts für das gesamte Land geschaffen. Im Jahre 1804 war dem in Frankreich der Code civil gefolgt, der als Botschaft der Freiheit und Gleichheit im bürgerlichen Recht für alle Menschen der Welt gedacht war. Mit der französischen Herrschaft kam er ins rechtsrheinische Deutschland, nachdem er von Beginn an links des Rheines in Geltung gesetzt war. 1807 trat er im Königreich Westphalen König Hieronymus Lustigs, des Bruders Napoleons, in Kraft, das gerade aus Braunschweig, Teilen Kurhessens, Hannovers, Sachsens und Preußens gebildet worden war, 1808 in Anhalt-Köthen und 1812 in Hamburg, Bremen, Lübeck und Lippe. Rasch galt der Code als bestes Gesetzbuch der Welt.

Napoleons Niederlage gebot freilich seinem Vormarsch Halt. Befreit von der Diktatur Frankreichs fragte es sich, ob sein Recht länger übernommen werden könne. Zwar sicherten seine Vorzüge ihm den Bestand im Westen, im übrigen aber ließ die nationale Hochstimmung der Befreiung ein undeutsches Recht nicht zu.

Ausgesprochen wurde dies 1814 von dem Hannoverschen Hofrat August Wilhelm Rehberg (1757–1836). Er vertrat die Ansicht, daß ein Volk, das seine angeerbten Verhältnisse, Gesetze, Sitten und Sprache aufgeben müsse, herabgewürdigt werde. Dementsprechend schloß er die Fortgeltung des Code in Deutschland aus.

124 Friedrich Carl von Savigny (1779–1861), Begründer der historischen Rechtsschule. Lithographie von P. Rohrbach nach dem Gemälde von Franz Krüger

Die Frage, was dann geschehen solle, versuchte der Heidelberger Zivilist Anton Friedrich Justus Thibaut (1772–1840) im gleichen Jahr in einer kleinen Schrift über die Notwendigkeit eines allgemeinen bürgerlichen Gesetzbuches für Deutschland zu beantworten. Aus nationalen Gründen schied das französische Recht, aus praktischen Erwägungen das römische Recht aus. Damit verblieb nur die Möglichkeit eines neuen nationalen deutschen Gesetzbuches, das Privatrecht, Strafrecht und Prozeßrecht umfassen sollte.

Auf dieses Buch antwortete flugs der vielleicht bedeutendste deutsche Jurist überhaupt, Friedrich Carl von Savigny (1779–1861), der über Marburg und Landshut 1810 an die von Wilhelm von Humboldt organisierte neue preußische Modelluniversität von Berlin gekommen war. Er verfaßte ebenfalls noch 1814 die gegen Thibaut gerichtete Streitschrift vom Beruf unserer Zeit für Gesetzgebung und Rechtswissenschaft. In ihr vertrat er den Standpunkt, daß ein Recht organisch aus dem Bewußtsein (der kulturell führenden Schicht) des Volkes erwachsen müsse. Ein von oben kommendes Gesetz sei dagegen unorganisch und damit überflüssig und schädlich. Nur im Hinblick auf spätere, schwächere Generationen könne man den Entwurf eines Gesetzbuches erwägen. Für die Gegenwart könne es bei dem römischen Recht als gemeinem deutschem Recht bleiben.

In Übereinstimmung mit der politischen Entwicklung, die nicht zur nationalen Einheit aller Deutschen führte, setzte sich Savignys konservativer Standpunkt durch. Es blieb beim hergebrachten Zustand. Demnach galt in Preußen überwiegend das Allgemeine Landrecht, in Österreich das Allgemeine Bürgerliche Gesetzbuch und im Westen der französische Code civil, im übrigen aber vor allem das gemeine Recht. Die Kodifikation eines deutschen bürgerlichen Gesetzbuches wurde um fast ein Jahrhundert vertagt.

Literatur: Wieacker, F., Privatrechtsgeschichte der Neuzeit, 2. A. 1967; Hattenhauer, H., Thibaut und Savigny, 1973; Hattenhauer, H., Die geistesgeschichtlichen Grundlagen des deutschen Rechts, 3. A. 1983; Laufs, A., Rechtsentwicklungen in Deutschland, 3. A. 1984; Schlosser, H., Grundzüge der neueren Privatrechtsgeschichte, 5. A. 1985.

Rechtserneuerung durch Gesetz

Das Scheitern der nationalen Kodifikation vermochte eine grundlegende Erneuerung des Rechts auf der Grundlage liberaler Ideen nicht gänzlich zu verhindern. Bis zum Ende des 19. Jahrhunderts sind die wichtigsten bekannten Rechtsgebiete durch neue Gesetze geordnet. Den Beginn machen dabei allerdings die Einzelstaaten des Deutschen Bundes, dem als einem Staatenbund selbst keine Gesetzgebungshoheit zusteht.

Schon seit dem Jahre 1808 (Bayern) erscheinen dabei die ersten Verfassungen, denen Virginia in Amerika sowie Frankreich vorangeschritten waren. Ist dabei die Verfassung des Fürstentums Waldeck vom 28. 1. 1814 noch altständisch, so enthält die Verfassung des Herzogtums Nassau vom 1./2. September 1814 bereits den modernen Grundsatz der Beschränkung der Herrschaftsmacht des Fürsten und der Teilhabe der Gesellschaft am Staatsleben durch Repräsentativorgane. Dem folgen Bayern, Baden und Württemberg 1818 und Hessen-Darmstadt 1820, während im Norden (Schwarz-

Reichs-Gesetz-Blatt.

1tes Stück. Ausgegeben Frankfurt a. M., den 29. September. **1848.**

Inhalt:
Gesetz, betreffend die Verkündigung der Reichsgesetze und die Verfügungen der provisorischen Centralgewalt.
Verordnung, betreffend die Herausgabe des Reichsgesetzblattes, vom 27. September 1848.
Verfügung des Reichsministeriums der Justiz vom 27. September 1848, betreffend die Herausgabe des Reichsgesetzblattes.
Gesetz über Einführung einer provisorischen Centralgewalt für Deutschland.

Gesetz,
betreffend die Verkündigung der Reichsgesetze und der Verfügungen der provisorischen Centralgewalt.

Der Reichsverweser, in Ausführung des Beschlusses der Reichsversammlung vom 23. September 1848, verkündet als Gesetz:

Art. 1.
Die Verkündigung der Reichsgesetze geschieht durch den Reichsverweser. Er vollzieht dieselbe durch die Reichsminister.

Art. 2.
Der betreffende Minister macht das Gesetz durch Abdruck in dem Reichsgesetzblatte bekannt, und theilt es zugleich den Einzel-Regierungen zum Zwecke der örtlichen Veröffentlichung mit.

Art. 3.
Die verbindende Kraft eines Gesetzes beginnt — falls es nicht selbst einen anderen Zeitpunkt feststellt — für ganz Deutschland mit dem zwanzigsten Tage nach dem Ablaufe desjenigen Tages, an welchem das betreffende Stück des Reichsgesetzblattes in Frankfurt ausgegeben wird. Der Tag der Herausgabe in Frankfurt wird auf dem Blatte angegeben.

Reichsgesetzbl. 1848. 1. St. **Art. 4.**

125 Gesetzblatt der Paulskirchenversammlung (1848)

burg-Rudolstadt, Schaumburg-Lippe, Sachsen-Weimar und Sachsen-Meiningen-Hildburghausen) die ständische Verfassung erneuert wird. Nach der französischen Julirevolution von 1830 werden aber auch in mehreren norddeutschen Staaten die süddeutschen Neuerungen verwirklicht. Preußen erhält eine Verfassung 1848/50, Österreich 1849/67.

Entwürfe zu einem bürgerlichen Gesetzbuch werden in Preußen 1839/42, in Hessen-Darmstadt seit 1842 und in Bayern seit 1860 erarbeitet. Eine Umsetzung solcher Vorschläge in die Wirklichkeit gelingt aber nur in Sachsen. Hier wird gerade noch vor dem Ende des Deutschen Bundes im Jahre 1863 ein Bürgerliches Gesetzbuch mit 5 Büchern und 2620 Paragraphen geschaffen.

Der Zivilprozeß wird zuerst in Baden nach liberalen Grundsätzen neu geordnet. Das entsprechende Gesetz des Jahres 1831 ist deutlich von der französischen Zivilprozeßordnung beeinflußt. 1850 folgt dem Hannover und wiederum kurz vor dem Ende des Deutschen Bundes 1864 Preußen.

Im Strafrecht wird die Constitutio Criminalis Carolina von 1532 bereits im Jahre 1813 durch ein bayerisches Kriminalgesetzbuch abgelöst, das Anselm von Feuerbach (1775–1833) nach neuen Prinzipien erarbeitet hatte. 1851 folgt dem ein preußisches Strafgesetzbuch, welches unter deutlichem Einfluß des französischen Code pénal steht. Die französische Strafprozeßgesetzgebung schließlich wirkt sich zuerst in Baden (1844), dann aber bald auch in Preußen (1849) und in Österreich aus (1850).

Sind hier die gesetzgeberischen Aktivitäten der Einzelstaaten noch ganz unkoordiniert, so bewirken die wirtschaftspolitischen Vereinheitlichungsbestrebungen des liberalen Bürgertums erste gemeinschaftliche Gesetzgebungen seit der Mitte des 19. Jahrhunderts auf dem Gebiet des Handelsrechts. Bereits 1847 wird dementsprechend von allen Bundesstaaten ein gemeinsamer Entwurf einer Allgemeinen Deutschen Wechselordnung ausgearbeitet. Ihn nimmt die Paulskirchenversammlung am 27. 11. 1848 als Gesetz an, doch setzen ihn nach ihrem Scheitern die Einzelstaaten sicherheitshalber auch noch als Landesgesetz in Kraft. In gleicher Weise wird auf Antrag Bayerns und unter Verwendung preußischer und österreichischer Vorlagen 1861 ein Allgemeines Deutsches Handelsgesetzbuch geschaffen, das auch schuldrechtliche Regeln einschließt. Der weitere Versuch, das Schuldrecht insgesamt zu vereinheitlichen, wird allerdings durch die Auflösung des Deutschen Bundes vereitelt.

Literatur: Getz, H., Die deutsche Rechtseinheit im 19. Jahrhundert als rechtspolitisches Problem, 1966; Wieacker, F., Privatrechtsgeschichte der Neuzeit, 2. A. 1967; Geschichte der deutschen Länder, hg. v. Sante, G. W., Bd. 2: Die deutschen Länder vom Wiener Kongreß bis zur Gegenwart, 1971; Wissenschaft und Kodifikation des Privatrechts im 19. Jahrhundert, hg. v. Coing, H.-Wilhelm, W., Bd. 1 ff. 1974 ff.; Schubert, W., Das französische Recht in Deutschland zu Beginn des 19. Jahrhunderts, 1977; Handbuch der Quellen und Literatur der neueren europäischen Privatrechtsgeschichte, hg. v. Coing, H., Bd. 3: Das 19. Jahrhundert, Teilbd. 1, 2 1982, Teilbd. 3,4 1986.

Die Einheit des Rechts

Mit der politischen Einigung Deutschlands unter der Führung Preußens am 18. Januar 1871 begann auch die Vereinheitlichung des Rechts, die 1814 vergeblich gefordert worden war. Ihre wichtigste Vorstufe reichte sogar noch etwas weiter zurück. Bereits zum 1. Juli 1867 nämlich war eine einheitliche Verfassung des 22 Staaten zusammenfassenden Norddeutschen Bundes in Kraft getreten. Und im Norddeutschen Bund hatte das Parlament (Reichstag) auch bereits Handelsrecht, Gewerberecht und Strafrecht weitgehend vereinheitlicht.

Am 16. April 1871 übernahm das neue Deutsche Reich die Verfassung des Norddeutschen Bundes fast unverändert, sicherte aber insbesondere Bayern und Württemberg gewisse Reservatrechte im Heerwesen, in der Post- und Bahnverwaltung und bei der Biersteuer sowie der Branntweinsteuer zu. Gleichfalls noch 1871 wurde ein Reichstrafgesetzbuch verabschiedet, welches über das Strafgesetzbuch des Norddeutschen Bundes auf das Strafgesetzbuch Preußens von 1851 zurückgeht. Schließlich wurde auch das Allgemeine Deutsche Handelsgesetzbuch von 1861 im Jahre 1872 zum Reichsgesetz gemacht.

Nach diesen mehr bereits Vorhandenes übernehmenden Schritten erfolgt in den Reichsjustizgesetzen des Jahres 1877 die eigenständige Vereinheitlichung fast des gesamten Verfahrensrechts. Für den Zivilprozeß wird eine neue Zivilprozeßordnung, für den Strafprozeß eine neue Strafprozeßordnung geschaffen, welche zum 1. 10. 1879 einheitliche Verfahren der ordentlichen Gerichtsbarkeit im gesamten Reich mit sich bringen. Das zugehörige Gerichtsverfassungsgesetz ordnet die dem Verfahren vorausliegende Verfassung der ordentlichen Gerichte. Mit dem Sonderfall des Vollstreckungsverfahrens im Konkurs eines Schuldners befaßt sich die Konkursordnung.

Einen völlig neuen Rechtsbereich greift dann die Kaiserliche Botschaft vom 17. 11. 1881 auf. Mit großer Besorgnis hatte Bismarck die Verbreitung sozialistischer Ideen zur Kenntnis nehmen müssen. Den Versuch, den Sozialismus per Gesetz zu verbieten, hatte er zwar gewagt, seine Zweifelhaftigkeit aber vielleicht selbst schon früh erkannt. Deshalb erschien es im Kampf gegen diese ungeliebte politische Strömung notwendig, das bloße Verbot durch positives Tun zu ergänzen. Dies führte zur Überlegung, die soziale Lage dadurch zu verbessern, daß die sozialen Risiken abgesichert würden. Innerhalb weniger Jahre setzen Bestimmungen über die Krankenversicherung (1883), die Unfallversicherung (1884) und die Alters- und Invalidenversicherung diese Bestrebungen in die Tat um.

Damit waren die wichtigsten Bereiche mit einer Ausnahme reichsgesetzlich und damit einheitlich neu geregelt. Die Ausnahme bildete das bürgerliche Recht. Für dieses hatten die Einzelstaaten in der Reichsverfassung dem Reich keine Zuständigkeit übertragen. Sie hatten das Reich aber mit der Zuständigkeit für die Entscheidung über die Zuständigkeit (sog. Kompetenzkompetenz) ausgestattet. Auf Antrag der nationalliberalen Abgeordneten Miquel, Lasker und Genossen konnte deshalb am 20. Dezember 1873 die Gesetzgebungszuständigkeit des Reiches ohne weiteres vom Schuldrecht auf das gesamte bürgerliche Recht ausgedehnt werden. Die auf den Vorschlag einer Vorkommission (1874) eingesetzte erste Kommission veröffentlichte nach langjährigen Arbeiten einen ersten Entwurf. Da dieser als unsozial und undeutsch kritisiert wird, muß er überarbeitet werden. Verbessert wird er 1895 vorgelegt. Gegen die Stimmen der Sozialdemokraten wird er schließlich am 18. 8. 1896 zum 1. 1. 1900 in Kraft gesetzt. Gleichzeitig werden verschiedene Nebengesetze erlassen und zahlreiche bestehende Regeln ergänzt. Damit ist bis auf die sog. Verlustliste der deutschen Rechtseinheit und das Verwaltungsrecht in kurzer Zeit durch Gesetz die Einheit des gesamten deutschen Rechts hergestellt. Zugleich ist das Zeitalter des gemeinen Rechts abgeschlossen.

Literatur: Mugdan, B., Die gesamten Materialien zum bürgerlichen Gesetzbuch für das Deutsche Reich, Bd. 1 ff. 1899, Neudruck 1979; Wieacker, F., Privatrechtsgeschichte der Neuzeit, 2. A. 1967; Benöhr, H. P., Wirtschaftsliberalismus und Gesetzgebung am Ende des 19.Jahrhunderts, ZFA 1977, 187 ff.; Landau, P., Die Reichsjustizgesetzgebung von 1879 und die deutsche Rechtseinheit, in: Vom Reichsjustizamt zum Bundesministerium der Justiz, 1977, 161 ff.; Schubert, W., Die Vorlagen der

Redaktoren für die erste Kommission zur Ausarbeitung des Entwurfs eines bürgerlichen Gesetzbuches, Bd. 1 ff. 1980 ff.; Diestelkamp, B., Die deutsche Reichsgesetzgebung im 19. und 20. Jahrhundert, in: Särtryk ur Rättshistoriskastudie Ser. II 7, 1982, 206 ff.

Historische Rechtsschule und Pandektistik

Wer die mannigfaltigen Ansichten und Methoden, die von jeher unter den deutschen Juristen herrschend gewesen sind, genau betrachtet, wird finden, daß sie sich auf zwei Hauptklassen, die Juristen selbst also auf zwei Schulen, zurückführen lassen, zwischen welchen allein eine Grundverschiedenheit angenommen werden kann. Die eine dieser Schulen ist durch den Namen der geschichtlichen hinlänglich bezeichnet: für die andere ist dagegen ein positiver Name kaum zu finden möglich, indem sie in sich nur in dem Widerspruch gegen die erste ein ist, außerdem aber in den verschiedensten und widersprechendsten Formen auftritt, und sich bald als Philosophie und Naturrecht, bald als gesunden Menschenverstand ankündigt. Wir wollen sie in Ermangelung eines anderen Ausdruckes die ungeschichtliche Schule nennen.

Mit diesen Worten umreißt Friedrich Carl von Savigny im ersten Band der Zeitschrift für geschichtliche Rechtswissenschaft die von ihm begründete historische Rechtsschule. Der ungeschichtlichen Schule ist die Geschichte nur eine moralisch-politische Beispielsammlung. Der geschichtlichen Schule ist dagegen die Geschichte

126a Georg Friedrich Puchta (1798–1846), Schüler und Nachfolger Savignys, Vertreter der Begriffsjurisprudenz

126b Rudolf von Ihering (1818–92), Kritiker der Begriffsjurisprudenz, Wegbereiter der Interessenjurisprudenz (1850)

127 a Otto von Gierke (1841–1921), germanistischer Kritiker der Arbeiten zum Bürgerlichen Gesetzbuch, (1901) zeitgenössisches Lichtbild

127 b Bernhard Windscheid (1817–92), Vertreter der späten Pandektistik am Vorabend der bürgerrechtlichen Kodifikation (1890)

der einzige Weg zur wahren Erkenntnis unseres eigenen Zustandes. In der Rechtswissenschaft nimmt dementsprechend die ungeschichtliche Schule an, das Recht werde in jedem Augenblick durch die mit der gesetzgebenden Gewalt versehenen Personen mit Willkür hervorgebracht, sofern der Gesetzgeber nicht jeweils zur rechten Ausübung seines Amtes zu träge ist und nur deswegen das vorhandene Recht fortführt. Nach der geschichtlichen Schule ist dagegen der Stoff des Rechts durch die gesamte Vergangenheit der Nation gegeben und aus dem innersten Wesen der Nation selbst und ihrer Geschichte hervorgegangen, so daß dieser mit innerer Notwendigkeit gegebene Stoff nur durchschaut, verjüngt und frisch gehalten werden muß.

Die im einzelnen vor allem auf Herder, Kant und Hugo (1764–1844) gegründeten Vorstellungen dieser historischen Rechtsschule hatten für Savigny folgerichtig eine Kodifikation des deutschen Rechts als entbehrlich erscheinen lassen. Sein Schüler und Nachfolger auf dem Berliner Lehrstuhl, Georg Friedrich Puchta (1798–1846), griff zwar Savignys Gedanken grundsätzlich auf, veränderte sie aber bereits durch den Rückgriff auf vernunftrechtliche Ansätze wesentlich. Statt des Volkes sind die Juristen als seine legitimen Vertreter zur selbständigen Schaffung neuer Rechtssätze befugt. Diese hat durch Ableitung aus einem hierarchischen System rein juristischer Begriffe zu erfolgen.

Damit ist im Ergebnis bereits Savignys organische Volksgeistlehre aufgegeben und durch die Begriffsjurisprudenz ersetzt. Diese beherrscht im wesentlichen die Rechtswissenschaft des späteren 19. Jahrhunderts. Da deren Gegenstand vor allem das gemeine Recht ist, wie es die römischen Pandekten begründen, verwirklicht sich die Begriffsjurisprudenz in erster Linie in der Form der Pandektistik. Die dadurch erarbeiteten Pandektenlehrbücher ersetzen deshalb auch bis zum Ausgang des 19. Jahrhunderts die Kodifikation des bürgerlichen Rechts.

Die Ergebnisse der begriffsjuristischen Pandektistik finden dann weitgehend Eingang in das neue Bürgerliche Gesetzbuch. Dementsprechend ist dieses ein recht begriffliches, ziemlich abstraktes, nach den Erscheinungsformen des subjektiven Rechtes gegliedertes Erzeugnis technisch geschulter Juristen. Inhaltlich überwiegen die liberalen Vorstellungen, welche durch konservative und vereinzelte soziale Elemente ergänzt werden. Die klare Systematik wie die dogmatische Gründlichkeit, die der Pandektistik zu verdanken sind, lassen es auf zahlreiche andere Länder (Japan, Schweiz, China, Thailand, Peru, Griechenland, Italien, Frankreich, Österreich) ausstrahlen, obgleich schon bald die Begriffsjurisprudenz durch den historischen Materialismus, die Interessenjurisprudenz und die Freie Rechtsschule angegriffen wird.

Literatur: Savigny, F. C. v., Über den Zweck dieser Zeitschrift, Zs.f gesch. Rechtswissenschaft, 1 (1815), 1 ff.; Windscheid, B., Pandekten, 7. A. 1891; Wilhelm, W., Zur juristischen Methodenlehre im 19. Jahrhundert, 1955; Gmür, R., Savigny und die Entwicklung der Rechtswissenschaft, 1962; Wieakker, F., Wandlungen im Bilde der historischen Rechtsschule, 1967; Wissenschaft und Kodifikation des Privatrechts im 19. Jahrhundert, hg. v. Coing, H.-Wilhelm, W., Bd. 1 ff. 1974 ff.; Bohnert, J., Über die Rechtslehre Georg Friedrich Puchtas (1798–1846), 1975; Ogris, W., Die Rechtsentwicklung in Österreich 1848–1918, 1975; Hammen, H., Die Bedeutung Friedrich Carl von Savignys für die allgemeinen dogmatischen Grundlagen des Deutschen Bürgerlichen Gesetzbuches, 1983; Rückert, J., Idealismus, Jurisprudenz und Politik bei Friedrich Carl von Savigny, 1984; Ebel, F., Savigny officialis, 1987.

Öffentliches und privates Recht

Öffentliches Recht (publicum ius) ist, was das römische Gemeinwesen (status rei Romanae) betrifft, privates Recht (privatum ius), was den Nutzen des einzelnen belangt. Diese Aufteilung des Rechts hat vielleicht bereits der klassische römische Jurist Ulpian vorgenommen. Dementsprechend war sie dem mittelalterlichen Rechtsdenker auch seit der Wiederentdeckung des römischen Rechtes bekannt. Sie wurde aber von ihm wegen seiner anders gelagerten Umstände nicht zur Bezeichnung zweier unterschiedlicher Arten von Recht verwandt. Im juristischen Lehrbetrieb genügte es vielmehr, bei der Erläuterung der iurisdictio, der potestas und anderer Punkte auf König und Fürsten einzugehen.

Mit der Ausbildung der Landesherrschaft und der gesetzlichen Festlegung der Reichsverfassung in Reichsabschieden erwuchs dann allerdings allmählich ein Bedürfnis nach einer gesonderten Behandlung der zugehörigen besonderen Regeln. Dementsprechend entstanden jetzt Kompilationen publizistisch bedeutsamer Digestenstellen (Vigelius, N., Institutionum iuris publici libri tres, 1568), Einzelschriften zur iurisdictio (Nedden, J. zur, De iurisdictione, 1592) und anderen Problembereichen sowie zur Politik (Richter, G., Axiomata politica, 2. A. 1604) und schließlich auch Gesamtdarstellungen des vor allem in Jena, Straßburg, Marburg und Gießen erörterten ius publicum (Otto, D., De iure publico imperii Romani, 1616). Wenig später faßte Johannes Limnäus das vor allem aus den Reichsgrundgesetzen gewonnene neue

Rechtsgebiet in einem großen Werk (Iuris publici imperii Romano – Germanici libri IX, Straßburg 1629ff.) zusammen. Zugleich wurden die ersten besonderen Lehrstühle für öffentliches Recht an den protestantischen Universitäten errichtet. Allerdings kam der Zweiteilung in ein ius publicum (öffentliches Recht) und ein ius privatum (privates Recht) noch keinerlei grundsätzliche Bedeutung für die Systematisierung der gesamten Rechtsordnung zu.

Dies änderte sich erst im Laufe des 18. Jahrhunderts, als allmählich ein mit unveräußerlichen Menschenrechten verbundener unantastbarer Privatbereich des einzelnen anerkannt und vom politischen Außenbereich geschieden wurde. Im Unterschied zum älteren Naturrecht übertragen nunmehr die einzelnen nicht mehr alle ihre Rechte auf den Staat, sondern behalten sich einzelne fundamentale Rechte vor, zu deren Schutz gerade der Staatsvertrag abgeschlossen wird. Dementsprechend räumen die seit 1808 in Deutschland entstehenden Verfassungen der bürgerlichen Gesellschaft einen begrenzten Freiraum vom Staat ein.

Hatte mit der Herausbildung der Souveränität der Landesherr sich zur Rechtsquelle erhoben und damit das öffentliche Recht dem übrigen Recht übergeordnet, so versuchte sich das Privatrecht nunmehr im Zeichen des Liberalismus vom öffentlichen Recht zu lösen. Die dem Recht nach liberaler Anschauung zufallende Aufgabe, die Freiheitssphären der Bürger untereinander abzugrenzen, konnte nur ein staatsisoliertes Privatrecht erfüllen. Dieses wurde daher mit unterschiedlicher Begründung dem öffentlichen Recht gegenübergestellt. Im Verhältnis zueinander erhielt das Privatrecht als Recht der Freiheit Vorrang vor dem öffentlichen Recht als dem Recht des Zwanges. Damit kam die vom Liberalismus angestrebte Trennung von Staat und Gesellschaft auf das deutlichste zum Ausdruck.

Als Folge trat auch die wissenschaftliche Behandlung des öffentlichen Rechtes zurück. Erst in der zweiten Hälfte wurde es vom Privatrecht her neu belebt. Ziel dieser Erneuerung war die Ausbildung einer eigenständigen öffentlichrechtlichen Begrifflichkeit nach pandektistischem Vorbild. Mit dem ständigen weiteren Vordringen des Staates in der Folgezeit gewann auch das öffentliche Recht zunehmend an Bedeutung.

Literatur: Müllejans, Publicus und privatus im römischen Recht und im älteren kanonischen Recht, 1961; Badura, Das Verwaltungsrecht im liberalen und im sozialen Rechtsstaat, 1966; Hoke, R., Die Reichsstaatslehre des Johannes Limnaeus, 1968; Klippel, D., Politische Freiheit und Freiheitsrechte im deutschen Naturrecht des 18. Jahrhunderts, 1976; Grimm, D., Die Trennung von öffentlichem und privatem Recht, in: Sozialwissenschaften im Studium des Rechts, Bd. 4, hg. v. Dilcher, G.-Horn, N., 1978; Deutsche Verwaltungsgeschichte, Bd. 2, hg. v. Jeserich, K. G. A.-Pohl, H.-Unruh, C. v., 1983.

Die fundamentalen Rechte

Am 15. 6. 1215 überreichten englische Barone König Johann I. ohne Land von England eine Anzahl von Forderungen. Sie beruhten weitgehend auf einer Urkunde König Heinrichs I. von England, dem Sohn Wilhelms des Eroberers, der zur Sicherung seiner Herrschaft den englischen Kronvasallen versprechen mußte, deren überlieferte Freiheiten zu achten. Im Gegensatz zu seinen Vorgängern hatte Johann I. eine solche Zusicherung bei Antritt seiner Herrschaft im Jahre 1199 unterlassen. Jetzt, da er zur Rückgewinnung der 1204 verlorenen Normandie auf die Unterstützung des Adels angewiesen war, mußte Johann Zugeständnisse machen und auf die vom Erzbischof von Canterbury und 25 Baronen entworfenen Forderungen eingehen.

Der Form nach ist die deshalb gewährte lateinisch verfaßte Magna Charta ein Privileg des Königs. Inhaltlich erfüllt sie verschiedene Forderungen des Adels. Das größte Gewicht kommt dabei der Bindung der Steuererhebung an die Bewilligung der Stände und der Zusage des Gerichts durch Standesgenossen (iudicium parium) zu. Andere Bestimmungen betreffen die Freiheit der Bischofswahl, die Zollfreiheit Londons, einheitliches Maß oder die Strafanzeige durch eine Frau.

Theoretisch hatte nur wenig später auch Thomas von Aquin (1225–74) Leben, Freiheit und Eigentum dem Zugriff der Obrigkeit entzogen. Gleichwohl vergingen selbst in England vier Jahrhunderte, ehe auf der Grundlage der 1507 erstmals gedruckten Magna Charta die Rechte des einzelnen weiter gesichert wurden. Dabei diente die Petition of Rights von 1628 zur Sicherung vor willkürlicher Verhaftung und Besteuerung, die Habeas-Corpus-Akte von 1679 der Sicherung der persönlichen Freiheit und die Declaration of Rights von 1689 betrifft Heer, Steuern und Redefreiheit.

An der gesamten Entwicklung hatten dann die neuzeitliche Auflehnung gegen religiöse, geistige und politische Unterdrückung und Bevormundung ebenso einen Anteil wie konkrete wirtschaftliche Interessen. Gerade sie werden etwa deutlich bei der Lossagung der Vereinigten Staaten von Amerika von England, in deren Zusammenhang die Virginia Bill of Rights und die Unabhängigkeitserklärung stehen, welche sich bereits auf inherent rights oder unaliable rights aller Menschen berufen, nachdem 1770 erstmals von droit fundamentaux (grundlegenden Rechten) gesprochen worden war. Als Freiheit, Gleichheit und Brüderlichkeit erscheinen sie dann in der vermutlich von den amerikanischen Erklärungen beeinflußten Französischen Revolution von 1789. Die französische Déclaration des droits de l'homme et du citoyen vom 26. August 1789 wirkte sich dann ihrerseits auf die Verfassungen süddeutscher Staaten aus, welche als erste Grundrechte aufnahmen. Ihnen folgten später die meisten Verfassungen der einzelnen Staaten. Hervorzuheben sind unter ihnen die preußische Verfassung von 1850 und das österreichische Staatsgrundgesetz über die allgemeinen Rechte der Staatsbürger von 1867. Dagegen enthielt die Deutsche Bundesakte von 1815 nur wenige grundrechtsähnliche Gebote, darunter die Gleichberechtigung der Konfessionen. Im übrigen wies sie lediglich den Hinweis auf, daß in allen Bundesstaaten eine landständische Verfassung stattfinde.

Demgegenüber erarbeitete die Frankfurter Nationalversammlung von 1848 einen Katalog der Grundrechte des deutschen Volkes. Gewährleistet werden vor allem Reichsbürgerrecht, Unverletzlichkeit der Person, Meinungsfreiheit, Glaubensfreiheit, Gewissensfreiheit, Berufsfreiheit, Lehrfreiheit, Wissenschaftsfreiheit, Vereinsfreiheit, Petitionsrecht und Eigentumsschutz. Dieser Bestand an Grundrechten wird dann mit Ausnahme der Bismarckschen Reichsverfassung in die späteren Verfassungen übernommen und dort allmählich vom Programmsatz zur einklagbaren Grundnorm verfestigt.

Literatur: Jellinek, G., Die Erklärung der Menschen- und Bürgerrechte, 4. A. 1927; Aulard, A. – Mirkine – Guetzevitch, B., Les Déclarations des Droits de l'Homme, Paris 1929; Hartung, F., Die Entwicklung der Menschen- und Bürgerrechte von 1776 bis zur Gegenwart, 3. A. 1964; Holt, J. C., Magna Charta, Cambridge 1965; Oestreich, G., Geschichte der Menschenrechte und Grundfreiheiten im Umriß, Hist. Forschungen 1, 1968; Maunz, T. – Dürig, G., Grundgesetz, 6. A. 1985; Eisenhardt, U., Die gerichtliche Überprüfung eines verfassungsmäßig verankerten Rechtes im Jahre 1833, in: Wege europäischer Rechtsgeschichte, hg. v. Köbler, G., 1987, 75 ff.

Volkssouveränität und Parlament

Was alle berührt, muß von allen gebilligt werden, lautet eine Regel des zum kanonistischen Corpus iuris canonici gehörigen, von Papst Bonifaz VIII. (1294-1303) veranlaßten Liber Sextus. Auf dieser Grundlage bilden sich schon im Mittelalter politische Vertretungsorgane mit beratender und beschließender Funktion. Frühformen treten in England seit etwa 1100, in Italien und Spanien seit dem 12. Jahrhundert sowie in Frankreich seit dem 14. Jahrhundert auf. In derartigen Versammlungen finden Verhandlungen über wichtige politische Fragen statt. Deswegen werden sie, abgeleitet von altfranzösisch parler sprechen, als parlementum bezeichnet. Mit allen sind freilich meist nicht alle Menschen gemeint, sondern nur alle Angehörigen beispielsweise der Stände.

Im Reichstag standen dann tatsächlich die Reichsstände dem Kaiser als Träger von eigenständigen Herrschaftsrechten gegenüber. Ihre Rechte im Rahmen der Reichsverfassung nahmen auch eher zu als ab. Umgekehrt gelang es in den Ländern den Landesherren überwiegend, die Mitwirkungsrechte der Landstände zu beschneiden oder gänzlich zu beseitigen.

Daß alle Staatsgewalt vom Volke ausgehe war demgegenüber trotz einzelner mittelalterlicher Vorläufer doch eine neue Erkenntnis. Sie wurde von dem französischen Schriftsteller Jean-Jacques Rousseau (1712-78) neu gefaßt. Er hatte bereits erste Berühmtheit mit der Schrift Discours sur les arts et les sciences (1750) erlangt, in welcher er einen glücklichen naturhaften Urzustand der Menschheit konstruierte, aus dem diese durch Vergesellschaftung und Wissenschaft ins Verderben gefallen sei. Später lehnte er die Vergesellschaftung nicht mehr grundsätzlich ab, sondern nur die von ihm als geschichtlich dargestellte Entwicklung von einem ersten glücklichen Gesellschaftszustand zur gegenwärtigen Rechtsungleichheit und erhob die revolutionäre Forderung nach der Wiederherstellung der natürlichen Rechtsgleichheit aller.

Im Jahre 1762 verfaßte er sein Buch über den Gesellschaftsvertrag (Contrat social). In diesem setzte er an die Stelle der freien Naturmenschen die politisch mündigen Bürger. Diese hätten sich zur Wahrung von Freiheit und Gleichheit durch Vertrag zum Staat zusammengeschlossen und durch Vertrag dem Staat die vom Volk ausgehende Herrschaftsgewalt übertragen. Dementsprechend sind alle Regierenden nur Funktionäre des Volkes. Die Gesetze bedürfen der Zustimmung aller.

Diese Gedanken wirkten sich wenig später in der französischen Wirklichkeit aus. Zur Besserung der zerrütteten Staatsfinanzen wurden hier am 5. Mai 1789 die seit 1614 nicht mehr versammelten Generalstände zusammengerufen. Am 17. Juni erklärte sich das Bürgertum als dritter Stand zur verfassunggebenden Nationalversammlung. Die Verfassung vom 14. September 1791 machte Frankreich zur konstitutionellen, die Staatsgewalt zwischen Monarch und Volk entsprechend der Lehre von der Gewaltenteilung (Locke, Montesquieu) aufteilenden Monarchie, die am 22. September 1792 förmlich abgeschafft wurde. Am 10. August 1793 wurde eine neue republikanische Verfassung eingeführt.

In Deutschland beendete daraufhin ein Teil der Fürsten freiwillig die absolutistische Periode und gewährte aus souveräner Machtvollkommenheit und ohne Rücksicht auf die früheren landständischen Zustände Verfassungen, welche die Gesellschaft durch Repräsentationsorgane am Staatsleben teilhaben ließen. Dabei besteht die Vertretung des Landes vielfach nur aus einer ersten, aus berufenen Vertretern gebildeten Kammer. Ihr stand die Legislative zu, während der Landesherr sich die Exekutive vorbehielt. Mit dem Übergang von dieser konstitutionellen Monarchie zur Republik wurde dann das durch das Parlament vertretene Volk als alleiniger Träger aller Staatsgewalt anerkannt.

Literatur: Beyme, K. v., Die parlamentarischen Regierungssysteme in Europa, 1970; Achterberg, N., Grundzüge des Parlamentsrechts, 1971; Gesellschaft, Parlament und Regierung. Zur Geschichte des Parlamentarismus in Deutschland 1974; Die geschichtlichen Grundlagen der modernen Volksvertretung, hg. v. Rausch, H., Bd. 1 1980, Bd. 2 1974; Menger, C., Deutsche Verfassungsgeschichte der Neuzeit, 4. A. 1984; Kröger, K., Einführung in die jüngere deutsche Verfassungsgeschichte (1806–1933), 1988.

Verfassung und Konstitution

Die Verfassung des Deutschen Bundes war vor allem in der deutschen Bundesakte vom 8. Juni 1815 niedergelegt, welche nur 20 Artikel umfaßte. Danach bestand der Staatenbund aus insgesamt 38 Mitgliedern, deren Zahl durch den nachträglichen Beitritt Württembergs, Badens und Hessen-Homburgs auf 41 stieg. Österreich und Preußen gehörten nur mit ihren früheren Reichsteilen hinzu. Der König von England war für Hannover, der König von Dänemark für Holstein und der König der Niederlande für Luxemburg Mitglied. Einziges Bundesorgan war die Bundesversammlung (Bundestag), welche als ständiger Gesandtenkongreß unter dem Vorsitz Österreichs in Frankfurt tagte. Das selten zusammentretende Plenum hatte 69 Stimmen, der für die laufenden Geschäfte zuständige Engere Rat elf Virilstimmen der größeren Staaten und sechs Kuriatstimmen der übrigen Länder. Der Bund hatte grundsätzlich weder gesetzgebende noch vollziehende noch richterliche Gewalt.

Nach dem am 27. März 1849 von der Frankfurter Nationalversammlung abgeschlossenen organisatorischen Teil einer Verfassung soll das Reich ein Bundesstaat mit einem erblichen Kaiser der Deutschen an der Spitze sein. Der Reichstag als Vertretung des Volkes soll aus einem Staatenhaus und aus einem Volkshaus bestehen. Dem Staatenhaus sollen 192 von den Regierungen und Parlamenten der Einzelstaaten ausgewählte Mitglieder angehören. Demgegenüber sollen die Abgeordneten des Volkshauses aus geheimen, unmittelbaren, allgemeinen und gleichen Wahlen hervorgehen.

Nach der Bismarckschen Reichsverfassung vom 16. 4. 1871 wird das als Bundesstaat organisierte Deutsche Reich mit seinen 25 Gliedern nach außen durch den Kaiser (König von Preußen) und den von ihm ernannten Reichskanzler (Ministerpräsident von Preußen) vertreten, ohne daß der Kaiser allerdings mehr als der Inhaber der Präsidialrechte im Reich ist, der aber den Oberbefehl über das Heer hat.

Das oberste Organ des Reiches ist der Bundesrat. In ihm hat jeder der Bundesstaaten mindestens eine der insgesamt 58 Stimmen. Preußen kommen 17, Bayern 6, Sachsen und Württemberg je 4 Stimmen zu. Der Bundesrat erläßt gemeinsam mit dem Reichstag die Reichsgesetze. Vorsitzender des Bundesrates ist der Reichskanzler. Der Reichstag mit 382 Abgeordneten, welche in allgemeinen, gleichen, direkten und geheimen Wahlen ermittelt werden, stimmt grundsätzlich über Gesetzesvorlagen ab und hat den jährlichen Reichshaushalt zu bewilligen. Er gliedert sich in Parteien, welche in wechselnder Zusammensetzung die Politik des Reichskanzlers stützen oder bekämpfen.

Bei dem Reichskanzler liegt die eigentliche Regierungsgewalt. Anordnungen und Verfügungen des Kaisers bedürfen der Gegenzeichnung durch den Reichskanzler. Durch sie übernimmt er die Verantwortlichkeit. Vom Vertrauen des Reichstages ist der Reichskanzler bis zum Ende des Ersten Weltkrieges nicht abhängig.

Zwischen Reich und den Bundesstaaten ist die Zuständigkeit aufgeteilt. Für Zoll, Handel, Verkehr, Post und Heer ist das Reich zuständig. Dagegen steht insbesondere die allgemeine Verwaltung den Bundesstaaten zu.

Insgesamt liegt der Verfassung des Bismarckreiches dementsprechend eine konstitutionelle Monarchie zugrunde. Der Übergang zur parlamentarischen Demokratie findet dagegen erst in der Weimarer Verfassung vom 14. August 1919 statt. Diese scheitert allerdings an der politischen Wirklichkeit, als es Adolf Hitler nach seiner Ernennung zum Reichskanzler (30. 1. 1933) in kürzester Zeit gelingt, sie völlig auszuhöhlen.

Literatur: Huber, E. R., Dokumente deutscher Verfassungsgeschichte, Bd. 2 1964; Huber, E. R., Deutsche Verfassungsgeschichte seit 1789, Bd. 3 2. A. 1970; Binder, H. O., Reich und Einzelstaaten während der Kanzlerschaft Bismarcks 1871–90, 1971; Laufs, A., Rechtsentwicklungen in Deutschland, 3. A. 1984; Menger, C., Deutsche Verfassungsgeschichte der Neuzeit, 4. A. 1984; Hesse, K., Grundzüge des Verfassungsrechts der Bundesrepublik Deutschland, 15. A. 1985; Willoweit, D., Deutsche Verfassungsgeschichte, 1988.

Die Verwaltung des Landes

Nachtwächterstaat wird der liberale Staat im Gegensatz zum Polizeistaat des aufgeklärten Absolutismus nicht ungern genannt. Dies rührt daher, daß der Liberalismus die Freiheit des einzelnen unbedingt in den Vordergrund stellt und dem Staat nur die Aufgabe zuweist, dafür zu sorgen, daß sich der einzelne ungestört frei entfalten kann. Wie ein Nachtwächter soll der Staat Ruhe und Sicherheit des Bürgers gewährleisten.

Gleichwohl verbessert der Staat schon zu Beginn des 19. Jahrhunderts unter dem Einfluß Frankreichs die eigene behördliche Organisation. Führend ist dabei Preußen. Dieses beschreitet hier nebeneinander mehrere Wege.

Als erstes werden durch die Stein-Hardenbergschen Reformen die mehreren, bisher nebeneinanderbestehenden Kollegialbehörden durch ein einheitliches zentrales Ministerium mit sachlich qualifizierten Fachministern besetzt. Im Vordergrund stehen dabei die sog. klassischen Minister für Auswärtiges, Krieg, Inneres, Finanzen und Justiz. Unterhalb der Minister erhalten die Provinzialbehörden den Namen Regierungen. An der Spitze der Kreisverwaltung steht der Landrat.

Die einzelne Behörde wird rational-bürokratisch aufgebaut. Vorgesetzter und Untergebener werden hierarchisch streng geschieden. Träger der Amtspflichten ist der Beamte, welcher schon im 18. Jahrhundert unter Verbesserung seiner Rechtsstellung zu vorbildlicher Leistung und unbedingtem Gehorsam verpflichtet worden war.

Der erstrebte Erfolg stellte sich freilich nicht überall in gleichem Maße ein. Deshalb vermochte noch Stein selbst 1821 die Beamten als besoldet, buchgelehrt, interesselos und ohne Eigentum zu charakterisieren. Vielfach handelten sie anmaßend und kleinlich.

Auch deshalb versuchten schon die preußischen Reformer, den einzelnen zur Mitarbeit am Staat heranzuziehen. Zu diesem Zweck hob die preußische Städteordnung vom 19. November 1808 die älteren Stadtverfassungen auf, übertrug deren rechtsprechende und polizeiliche Funktionen auf die staatlichen Behörden und überließ die gesamten sonstigen örtlichen Angelegenheiten, insbesondere die Wohlfahrtspflege, der Stadtgemeinde. Diese war damit Trägerin der kommunalen Selbstverwaltung.

In deren Verwirklichung hatten fortan die Bürger der Städte eine Stadtverordnetenversammlung zu wählen, welche gesetzgebendes und allgemein ausführendes Organ sein sollte. Die Stadtverordnetenversammlung wählte dann ihrerseits einen Magistrat als rein ausführendes Organ. Dem Staat stand demgegenüber nur eine eingeschränkte Aufsicht zu.

Inhaltlich bildet sich unter dem Einfluß des Liberalismus der Grundsatz der Gesetzmäßigkeit aller Verwaltung aus. Eingriffe in Freiheit und Eigentum dürfen nur erfolgen, wenn und soweit ein vom Parlament als der Vertretung der Bürger beschlossenes Gesetz sie besonders zuläßt. Darüber hinaus wird im Rechtsstaat das Handeln der Verwaltung, dessen wichtigster Fall von Otto Mayer am Ende des 19. Jahrhunderts als Verwaltungsakt bezeichnet wird, gerichtlich nachprüfbar.

Dementsprechend wird im Laufe des 19. Jahrhunderts auch der allgemeine Polizeibegriff eingeschränkt. Insbesondere spricht das preußische Oberverwaltungsgericht im Jahre 1882 im sog. Kreuzbergurteil der Polizei die grundsätzliche Zuständigkeit für Maßnahmen der Wohlfahrtspflege ab. Dadurch wird sie auf den Schutz von Sicherheit und Ordnung beschränkt.

Bereits zu dieser Zeit hat sich allerdings der gegenständliche Umfang der Verwaltung erheblich erweitert. Infolge des Bevölkerungswachstums, der um sich greifenden Vermögenslosigkeit breiter Bevölkerungsschichten und einer sich verändernden Lebenseinstellung erwächst ein Bedürfnis nach öffentlicher Daseinsvorsorge. Dieses führt zum Aufbau einer umfassenden Leistungsverwaltung (Verkehr, Strom, Wasser, Gas, Abfallbeseitigung).

Literatur: Mayer, O., Deutsches Verwaltungsrecht, 1895; Hespe, K., Zur Entwicklung der Staatszwecklehre in der deutschen Staatsrechtswissenschaft des 19. Jahrhunderts, 1964; Badura, P., Das Verwaltungsrecht im liberalen und im sozialen Rechtsstaat, 1966; Wunder, B., Privilegierung und Disziplinierung. Die Entstehung des Berufsbeamtentums in Bayern und Baden-Württemberg, 1780–1825, Wien 1978; Hattenhauer, H., Geschichte des Beamtentums, in: Handbuch des öffentlichen Dienstes, Bd. 1 1980; Deutsche Verwaltungsgeschichte, hg. v. Jeserich, K. G. A.-Pohl, H.-Unruh, G. C. v., Bd. 2 1983; Landwehr, G., Staatszweck und Staatstätigkeit in Preußen während der ersten Hälfte des 19. Jahrhunderts, in: Wege europäischer Rechtsgeschichte, hg. v. Köbler, G., 1987, 249 ff.

Straßen und Wege

Landstraßen und Kanäle sind, so erkannte man zu Beginn des 19. Jahrhunderts, dem Leben das, was ein freier Umlauf der Säfte und des Blutes dem menschlichen Körper ist. Dabei hatte schon das römische Reich im Zeitpunkt seiner höchsten Machtentfaltung ein Netz gepflasterter Fernstraßen gehabt, welches mit einer Länge von 80 000 Kilometern zweimal um die ganze Erde führte. Mit dem Ende der dieses einzigartige Verbindungsnetz organisierenden Zentralverwaltung begann allerdings auch bereits dessen rascher und unwiederbringlicher Verfall.

Die Herrschaft über die wichtigeren Wege zog dessenungeachtet allmählich der König an sich. Von ihm gingen sie seit dem Hochmittelalter auf die Landesherren über. Mehr als einfache Erdwege mit Steinaufschüttungen brachten diese allerdings durch ihre Pflichtigen lange Zeit hindurch nicht zustande.

Die Wende leitete der merkantilistisch denkende absolute Staat ein. Daß ein blühender Handel gute Straßen zur Voraussetzung hatte, erkannte als erster Jean-Baptiste Colbert, der seit 1665 Generalkontrolleur der Finanzen am Hof Ludwigs XIV. von Frankreich war. Deswegen zentralisierte er als erstes die Verwaltung der Straßen unter seiner Aufsicht.

Daneben begann er auch deren rationale Planung. Um die merkantilistischen Ziele erreichen zu können, mußten Straßen so beschaffen sein, daß schwere Lasten auf ihnen rasch befördert werden konnten. Solche Straßen mußten neu und von Fachkräften errichtet werden.

Im Jahre 1747 wurde beschlossen, alle Straßen und Wege Frankreichs in genauen Plänen zu erfassen und festzuhalten. Zu diesem Zweck wurde eine besondere Schule für Straßen- und Brückenbau eingerichtet. Ihre wichtigste Aufgabe war die Ausbildung von Personen, welche die geforderten Kunststraßen anlegen konnten.

Der Bau der Straßen erfolgte danach auf Grund ausschließlich straßenbauplanerischer Überlegungen. Die Chausseen waren auf eine Breite von 20 Metern angelegt. Sie sollten schnurgerade sein, so daß keinerlei Rücksicht auf Häuser, Täler oder Sümpfe genommen werden konnte. Die Wirtschaftlichkeit der Straßenführung wurde ebensowenig berücksichtigt wie der Widerwille der zum Straßenbau herangezogenen Bauern.

Auf Deutschland griffen diese Vorstellungen im 18. Jahrhundert über. In Braunschweig wurde 1738 mit dem Bau von Chausseen begonnen, in Baden 1752, in Preußen nach dem Tod Friedrichs des Großen, der unbequeme Wege für den besten Schutz gegen fremde Truppen gehalten hatte. Insgesamt verlief der Ausbau im 18. Jahrhundert aber ziemlich zögernd.

Im 19. Jahrhundert führten dann die Bedürfnisse des zunehmenden Handels zu erheblichen Fortschritten. Die Straßen wurden meist in mehrere Klassen eingeteilt, welche die Grundlage für die Feststellung von Bau- und Unterhaltungspflichten, von Gebrauchsrechten sowie für die Verwaltungszuständigkeiten bildeten. Bau und Unterhaltung der wichtigsten Straßen wurden dabei vom Staat als Staatsaufgabe übernommen. Umgekehrt durfte die Gemeinschaft von einem einzelnen ein Opfer fordern, wenn ohne dieses ihr Fortbestehen nicht oder nicht gehörig gewährleistet war, so daß zum Zweck des Baues von Verkehrswegen enteignet werden konnte.

Mit der Motorisierung seit der Wende zum 20. Jahrhundert stieg dann die Bedeutung der Straßen und Wege erneut sprunghaft an. Mit neuen Techniken (Makadam, Asphalt, Beton, Maschinen) konnte ihre Güte den Benutzungsmöglichkeiten angepaßt werden. Bald entstand auf Grund intensiver Planung ein umfangreiches Netz neuer jeweils unter Durchschneiden eines Bandes förmlich freigegebener Fernverkehrsstraßen, von denen die Autobahnen allein dem motorisierten Verkehr zugänglich sind. Dieser ist in der Gegenwart durch eine Vielzahl von Rechtsvorschriften weitestgehend reguliert. Dabei zeigen zahllose Schilder unübersehbar die moderne Formbedürftigkeit der zugehörigen Regeln. Auch die Fahrzeuge wie die Erlaubnisse zu ihrer Führung unterliegen zahlreichen Vorschriften.

Literatur: Lassar, G., Grundbegriffe des preußischen Wegerechts, 1919; Baumeister, L., Zur Geschichte und Problematik des deutschen Straßen- und Wegerechts, 1957; Engel, V., Die Entwicklung des bayerischen Straßen- und Wegerechts, Diss. jur. 1978; Salzwedel, J., Wege, Straßen und Wasserwege, in: Deutsche Verwaltungsgeschichte, hg. v. Jeserich, K. G. A. – Pohl, H. – Unruh, G. C. v., Bd. 2 1983, 199 ff.; Jagusch, H. – Hentschel, P., Straßenverkehrsrecht, 28. A. 1985.

Baufreiheit und Bauplanung

Der freie Germane baute sein Haus, wo und wie er wollte und konnte. Schon in fränkischer Zeit bedarf der Zuziehende aber zur Ansiedlung der Zustimmung der Nachbarn. In den mittelalterlichen Städten gingen die Einschränkungen bald noch deutlich weiter.

Beispielsweise verboten Richter, Rat und Bürger von Speyer im Jahre 1315 den Bau bestimmter Überhänge, Gewölbe und Kellerhälse in der Stadt. In Hameln wird im Jahre 1385 untersagt, die Häuser mit Stroh zu decken. Bereits mit Stroh gedeckte Häuser müssen binnen Jahresfrist mit Schindeln gedeckt werden. Andernfalls ist für jedes Zimmer eine Mark zu zahlen. Andernorts reitet der Burggraf durch die Gassen und läßt jeden ungehörigen Überbau in den Straßenraum abbrechen.

Grund für diese Regelungen waren ausschließlich Bedürfnisse der Allgemeinheit. Bei enger Nachbarschaft bestand die Gefahr der gegenseitigen Beeinträchtigung. Bei Bränden führte die Bauweise dazu, daß meist ganze Viertel niederbrannten, wenn nur irgendwo ein Haus einmal Feuer gefangen hatte.

Alle diese Regelungen waren aber unsystematisch auf zahlreiche Einzelvorschriften verstreut. Und sie blieben dies bis in das 19. Jahrhundert. Erst danach wurden Bauvorschriften in größerer Zahl erlassen.

Immerhin enthielt aber bereits das preußische Allgemeine Landrecht von 1794 gewisse baurechtliche Vorschriften. Zwar fehlte noch eine Bestimmung, daß jeder Bau erlaubnispflichtig sei. Für jeden Bau in Städten sowie für jede Errichtung oder Verlegung einer Feuerstätte wurde aber bereits eine vorherige Erlaubnis vorgeschrieben.

Zu einer allgemeinen Bauordnung kam es in Preußen allerdings nicht. Vielmehr wurden hier wie in anderen Staaten zunächst nur Bauordnungen für einzelne Städte und Gebiete erlassen. Dem entspricht beispielsweise in Bayern die Allgemeine Bauordnung für die Haupt- und Residenzstadt München vom 30. Juni 1863. Die rasche Urbanisierung zwingt dann aber etwa in Baden 1868, in Sachsen 1868/9 und in Württemberg 1872 zu allgemeinen Bauordnungen. In Preußen wird 1871 zumindest ein Gesetz über Fluchtlinien erlassen.

Die sachlichen Anforderungen an die Bauten waren zunächst noch bescheiden. Zeichnungen des geplanten Vorhabens sollten nur in wichtigen Fällen nach dem Ermessen der zuständigen Behörden verlangt werden. Hinsichtlich der Bauausführung ging es vor allem um Vorbeugung gegen die Brandgefahr. Hinzu kamen aber die Berücksichtigung der Festigkeit und die mögliche Auswirkung auf die Gesundheit. Daneben war das Nachbarrecht und damit vor allem der Gebäudeabstand zu beachten. Planungsrechtliche Gesichtspunkte wurden dagegen noch nicht aufgegriffen.

Im 20. Jahrhundert verdichtete sich demgegenüber das Baurecht immer weiter. Dementsprechend erfaßt es in der Gegenwart die Bauleitplanung, die Bauordnung und die Bodenordnung. Dabei geht das Bauordnungsrecht zwar theoretisch noch von der Baufreiheit aus, schreibt aber für die praktisch wichtigsten Fälle eine den Bau in zahllosen Einzelheiten (Dachform, Ziegelfarbe, Geschoßhöhe usw.) bestimmende Baugenehmigung vor. Sie wird in einem Bauschein verkörpert, der vom Baubeginn an zur Einsicht an der auch sonst besonders zu kennzeichnenden Baustelle bereitliegen muß. Im Geltungsbereich eines Bebauungsplanes ist dabei ein Vorhaben bauplanungsrechtlich nur zulässig, wenn es dem Plan nicht widerspricht.

Literatur: Zschaeck, H., Thüringer Baurecht, Diss. phil. Jena 1922; Urschlechter, A., Das Baurecht der Stadt Nürnberg, Diss. jur. Erlangen 1940; Braun, F., Der Feuerschutz im alten Nürnberg bis 1806, Diss. jur. Erlangen 1949; Pirson, D., Das Baurecht des fürstlichen Absolutismus im hohenzollernschen Franken, Diss. jur. Erlangen 1961; Geyer, G., Die Auswirkungen der örtlichen Baugesetzgebung Dresdens auf die Entwicklung des Stadtbildes(bis 1830), Diss. Dresden 1957; Deutsche Verwaltungsgeschichte, hg. v. Jeserich, K. G. A.-Pohl, H.-Unruh, G. C. v., Bd. 2 1983.

Schulpflicht und Bildung

Wilhelm von Humboldt wurde am 22. Juli 1767 in Potsdam in einer begüterten Familie geboren. Nach dem juristischen Studium in Frankfurt an der Oder und Göttingen und kurzem Staatsdienst als Legationsrat widmete er sich bald sprachwissenschaftlichen und philosophisch-ästhetischen Studien. Mit seinem späteren wissenschaftlichen Hauptwerk über die Kawisprache auf der Insel Java (1836–40) wurde er einer der Begründer der vergleichenden Sprachwissenschaft.

In seiner Schrift: Ideen zu einem Versuch, die Grenzen der Wirksamkeit des Staates zu bestimmen, schränkte er in Auseinandersetzung mit Bürokratismus und aufgeklärtem Despotismus die Aufgabe des Staates auf äußeren Schutz und innere Rechtssicherheit ein. Gleichwohl gestaltete gerade er das staatliche Bildungswesen des 19. Jahrhunderts entscheidend mit.

Die Rechtsgrundlagen der Bildungseinrichtungen dieser Zeit waren an sich noch recht uneinheitlich. Immerhin ging das preußische Allgemeine Landrecht von 1794 bereits vom Prinzip der staatlichen bzw. gemeindlichen Schule aus und unterstellte alle öffentlichen Schulen der Aufsicht des Staates. Konfessionell wurden die allgemeinbildenden Schulen entweder als evangelisch oder katholisch ausgewiesen, doch wurden in die öffentlichen Schulen Schüler aller Glaubensbekenntnisse aufgenommen.

Seit 1801 war Wilhelm von Humboldt als preußischer Ministerresident beim Vatikan wieder im Staatsdienst. 1809 wurde er auf Vorschlag des Freiherrn vom Stein Geheimer Staatsrat und Leiter der Sektion für Kultus und Unterricht im preußischen Innenministerium. Bis zu seiner Entlassung reorganisierte er das gesamte Bildungswesen von der Grundschule bis zur Universität.

Für die Volksschulen bestand bereits allgemeine Schulpflicht, doch war privater Unterricht als Ersatz zulässig. Es ging aber noch um die weitere Zurückdrängung des kirchlichen Einflusses sowie die dementsprechende weitere Verstaatlichung. Sie wurde von Wilhelm von Humboldt zügig vorangetrieben.

Die Unterhaltung der Volksschulen einschließlich der Lehrerbesoldung war Sache der Schulgemeinden, die Anstellung der Lehrer Sache der Gerichtsobrigkeit. Tendenziell sollten die Kosten der Schulunterhaltung aber den politischen Gemeinden aufgebürdet werden. Für die Ausbildung der Lehrer waren Seminare eingerichtet, doch war deren Besuch nicht Voraussetzung der Lehramtsprüfungen.

Die höhere Schule verschaffte die volle Studienberechtigung. Sie war nur männlichen Jugendlichen vorbehalten. Nach der Vorstellung Wilhelm von Humboldts sollte sie altsprachliches Gymnasium sein, doch wurden später auch Realschulen und Bürgerschulen zugelassen. Höhere Töchterschulen waren überwiegend Privatschulen.

Hinsichtlich der Universitäten war von Humboldt ein Gegner des von Napoleon vertretenen Fachschulprinzips. Im Gegensatz hierzu hielt er an der Idee der umfassenden Universität fest. In ihr sollte eine Einheit von Forschung und Lehre bestehen. Verwirklicht wurden diese Vorstellungen in der 1810 erfolgten Gründung der Universität Berlin, welche rasch eine führende Stellung unter den deutschen Universitäten erlangte.

Insgesamt gewann hierdurch die Schulung aller Menschen durch den Staat umfassende Bedeutung. Sie wurde trotz späterer Einschränkung der Humboldtschen Bildungsideale zu einer der wichtigsten staatlichen Aufgaben überhaupt. Bis zur Gegenwart erfaßt sie immer mehr Menschen immer längere Zeit und prägt deren Lebenschancen durch Noten und Zeugnisse in unübersehbarer Weise.

Literatur: Schaffstein, F., Wilhelm von Humboldt, 1952; Spranger, E., Wilhelm von Humboldt und die Reform des Bildungswesens, 1960; Knoll, J. H.-Giebert, H., Wilhelm von Humboldt, Politik und Bildung, 1969; Jeismann, K. E., Das preußische Gymnasium in Staat und Gesellschaft, 1974; Heckel, H., Schulrechtskunde, 5. A. 1979; Deutsche Verwaltungsgeschichte, hg. v. Jeserich, K. G. A.-Pohl, H.-Unruh, G. C. v., Bd. 2 1983.

Steuern und Staatshaushalt

Für all die im Laufe der Zeit neu übernommenen Aufgaben benötigte der Staat natürlich Geld, zumal die Staatsfinanzen am Ende des 18. Jahrhunderts fast überall weitgehend zerrüttet waren. In älterer Zeit hatten die Domänen einen wesentlichen Teil des staatlichen Geldbedarfs decken können und waren Steuern theoretisch nur hilfsweise und in Ausnahmefällen zur Unterstützung erhoben worden. Dies genügte nun nicht mehr. Der Staat mußte vielmehr seine Finanzen grundsätzlich neu ordnen. Dabei verlagerte sich das Schwergewicht eindeutig auf die Steuern.

Als erste finanzpolitische Maßnahme in Preußen wurde im Jahre 1818 ein Zollgesetz erlassen. Es beseitigte grundsätzlich die Reste der steuerartigen Binnenzölle, ließ aber Wegegelder noch lange bestehen. Es zwang die Nachbarn, welche den preußischen Markt beliefern wollten, zum Anschluß an das preußische Zollgebiet und bereitete den deutschen Zollverein und die spätere wirtschaftliche Einheit im Norddeutschen Bund und im Bismarckschen Reich vor.

Die nach den Zöllen ertragreichste indirekte Steuer war die Stempelsteuer. Sie erfaßte Urkunden, Urteile, Zeitungen, Spielkarten, Kalender und ursprünglich auch Erbfälle. Wichtige Verbrauchsteuern waren die Biersteuer, die Branntweinsteuer, die Tabaksteuer, die Salzsteuer und die Mahl- und Schlachtsteuer.

An direkten Steuern wurden die Klassensteuern, die Grundsteuer und die Gewerbesteuer erhoben. Die Klassensteuer war von allen Einwohnern des Staates in den nichtmahl- und schlachtsteuerpflichtigen Orten nach bestimmten Klassen (reichere Einwohner, geringer Bürger- und Bauernstand, Lohnarbeiter) zu entrichten. Seit 1851 erfaßte sie als Einkommensteuer alle Einwohner mit einem jährlichen Einkommen von mehr als 1000 Talern in 30 Einkommensstufen. In der Eingangsstufe belief sie sich auf 2 Taler 15 Silbergroschen und in der Höchststufe der Einkommen über 240000 Taler auf 600 Taler monatlich, so daß sie im Ergebnis etwa 3% des Einkommens entzog.

Die Gewerbesteuer wurde 1810 eingeführt und 1820 neu geordnet. Danach wurden nur noch die einträglicheren sowie die unerwünschten Gewerbe besteuert. Die Steuer wurde in Steuerklassen unter Beteiligung der Steuerpflichtigen nach einem im voraus aus einem Mittelsatz zu errechnenden Pflichtaufkommen jeder Klasse für die Städte oder Kreise auf die Gewerbetreibenden verteilt.

Für die Grundsteuer gelang wegen der Steuerbefreiungen des Adels eine Neuordnung erst 1861. Danach wurde sie ab 1. 1. 1865 auf 10 Millionen Taler für ganz Preußen festgesetzt. Nach dem Reinertrag der einzelnen Grundstücke wurde dieser Betrag auf die einzelnen Provinzen und städtischen Steuerverbände aufgeteilt. Eine gleichzeitig beschlossene Gebäudesteuer belief sich auf 4 % des Nutzungswertes eines Wohngebäudes und 2 % des Nutzungswertes eines gewerblichen Gebäudes.

Obwohl sichere Zahlen über die Staatseinnahmen in Preußen in der ersten Hälfte des 19. Jahrhunderts noch fehlen, dürften die Einnahmen von bis zu 50 Millionen Talern jährlich fast zu gleichen Teilen aus indirekten und direkten Steuern erzielt worden sein, während der Rest auf Domäneneinkünfte, Domänenverkäufe und kleinere Posten entfiel. Wichtigster Ausgabeposten ist das Heer. Danach folgt bereits der Schuldendienst, dann mit deutlichem Abstand die innere Verwaltung, die Kultusverwaltung und danach die Justiz.

Die in der ersten Hälfte des 19. Jahrhunderts begonnene Entwicklung setzte sich in der Folge verstärkt fort. Seit 1893 gab es eine Vermögensteuer, seit dem ersten Weltkrieg eine Umsatzsteuer. Später stieg der Einkommensteuerspitzensatz bis auf 56%.

Literatur: Bornhak, C., Die preußische Finanzreform von 1810, FBPG 1890, 555ff.; Beckerath, E., Die preußische Klassensteuer und die Geschichte ihrer Reform bis 1851, Diss. München 1912; Jobst, H., Das Steuerbewilligungsrecht bis zum Jahre 1918, Diss. jur. Erlangen 1945/8; Klein, E., Geschichte der öffentlichen Finanzen in Deutschland (1500–1870), 1974; Deutsche Verwaltungsgeschichte, hg. v. Jeserich, K. G. A.-Pohl, H.-Unruh, G. C. v., Bd. 2ff. 1983ff.

Die Sicherung der Schwachen

Bereits 1849 erkannte Bismarck die Unsicherheit der Existenz der Arbeiter als die eigentliche Ursache ihrer Gefahr für den Staat. Diese Unsicherheit ergab sich vor allem aus vier großen Risikobereichen: der Krankheit, dem Unfall, der Invalidität und der Arbeitslosigkeit.

Die Krankheit konnte jedermann zu beliebiger Zeit treffen. Erfaßte sie einen Arbeiter, so konnte er keinen Dienst mehr leisten. Dies hatte grundsätzlich den Ausfall des Einkommens zur Folge. Dementsprechend fehlte dann sowohl das Geld für den Lebensunterhalt als auch für Arzt und Medizin.

Auch ein Arbeitsunfall war an sich zu jeder beliebigen Zeit möglich. Der Einsatz von Maschinen, die moderne Arbeitsteilung und die erhöhte Arbeitsintensität vermehrten jedoch die Wahrscheinlichkeit seines Eintrittes. Insbesondere im Bergbau und in der Massenindustrie begleitete die Gefahr den Werktätigen fast wie ein Schatten.

Die Invalidität konnte ohne weiteres die Folge einer Krankheit oder eines Unfalles sein. Sie ergab sich aber unabhängig hiervon fast zwangsläufig mit dem Alter, wenn der Betreffende nicht zuvor verstarb. Sie bedeutete ebenfalls den Verlust der Einkommensmöglichkeit und damit die Gefährdung der Existenz, welcher derjenige von vornherein unterlag, welcher nicht zur Arbeit angenommen wurde.

Bisher hatte ein durch diese Ereignisse in wirtschaftliche Bedrängnis geratener Mensch auf den Schutz der ihn bergenden Gemeinschaft rechnen können. Dies konnte die Familie, die Zunft, die Herrschaft oder die Gemeinschaft des Dorfes oder der Stadt sein, in welcher er eingebunden war. Mit der Ersetzung aller Bindungen durch die völlige Freiheit ging dieser Schutz, so bescheiden er auch sein mochte, gänzlich verloren.

Von daher eröffnete sich für den Staat die neue Aufgabe, diesen sozialen Risiken abzuhelfen. Dies ermöglichte es ihm zugleich, die Bedrohten auf Dauer in die Gesellschaft einzubinden. Von daher lag staatliches Handeln durchaus nahe.

Ganz ohne Vorbild stand der Staat den neuen Aufgaben auch nicht gegenüber. Schon Friedrich der Große hatte im Bergbau seit Jahrhunderten bestehende Unterstützungskassen vorgefunden, welche bei Unfällen, Krankheit, Invalidität und Sterbefällen die materielle Not der an ihnen Beteiligten lindern halfen. Diese hatte er 1767 so organisiert, daß die bisherige Selbstverwaltung dieser Knappschaftskassen dem staatlichen Bergamt zugewiesen wurde. Karl Freiherr vom Stein, der dem Bergamt als Referent angehörte, veranlaßte 1785 dann allerdings wieder eine gewisse Verstärkung des selbstverwaltenden Elementes. An der Aufbringung der Unterstützungsleistungen beteiligte sich im übrigen der Staat nicht. Hinzu kam, daß neben der Knappschaftsversicherung schon ein Krankenversicherungszwang bestand, der auf Grund der preußischen Gewerbeordnung von 1845 durch Ortsstatut für alle Lehrlinge und Gesellen galt und seit 1849 auf alle Fabrikarbeiter ausgedehnt werden konnte. Nach dem sächsischen Gewerbegesetz von 1861/68 waren alle Gesellen, Gehilfen und Fabrikarbeiter krankenversicherungspflichtig und 1876 hatten alle Gemeinden durch Reichsgesetz das Recht erhalten, durch Ortsstatut die Krankenversicherungspflicht aller Arbeitnehmer in entsprechenden Zwangskassen einzuführen.

Im Kampf gegen die Sozialdemokratie griff Bismarck auf diese Ansätze zurück und führte 1883 eine Krankenversicherung, 1884 eine Unfallversicherung, sowie 1889 eine Invaliden- und Altersversicherung ein, bei der die Beiträge zum Ausgleich der dem jeweiligen Industriezweig eigentümlichen Gefahr teilweise von den Arbeitgebern zu entrichten waren, welche die Arbeit der Arbeitnehmer nutzten, ohne sich selbst der dabei drohenden Gefahr auszusetzen. Dieses im Ergebnis vorbildliche System sozialer Sicherung brauchte danach nur noch in einer Reichsversicherungsordnung (1911) zusammengefaßt und um Angestelltenversicherung (1911) und Arbeitslosenversicherung (1927) ergänzt zu werden.

Literatur: Vogel, W., Bismarcks Arbeiterversicherung, 1951; Köbler, G., Mittlere Fahrlässigkeit und dogmatische Einordnung der Arbeitnehmerhaftung, AcP 169 (1969), 404; Peters, H., Die Geschichte der sozialen Versicherung, 1973; Gladen, A., Geschichte der Sozialpolitik in Deutschland, 1974; Umlauf, J., Die deutsche Arbeiterschutzgesetzgebung 1880–1890, 1980; Wickenhagen, E., Geschichte der gewerblichen Berufsgenossenschaften, 1980; Benöhr, H., Soziale Frage, Sozialversicherung und Sozialdemokratische Reichstagsfraktion (1881–1889), ZRG 98 (1981), 95; Deutsche Verwaltungsgeschichte, hg. v. Jeserich, K. G. A.-Pohl, H.-Unruh, G. C. v., Bd. 3 1984.

Die dritte Gewalt

Seit ihrem weitgehenden Übergang auf die Landesherren hatte sich die Gerichtsbarkeit zu einer unübersehbaren Vielfalt entwickelt. Ihr waren die Landesherren zwar schon durch die Einrichtung eines Hofgerichtes und allmählich geregelter Instanzenzüge entgegengetreten. Zu Beginn des 19. Jahrhunderts aber war die territoriale Zuordnung der verschiedensten Gebiete so gründlich geändert worden, daß erneut, wie beispielsweise ein Blick auf die neue preußische Provinz Westfalen lehrt, eine bunte Vielfalt entstanden war. Reichskammergericht und Reichshofrat waren mit dem Ende des Reiches von selbst entfallen.

Der Deutsche Bund verfügte über keinerlei eigene Gerichtsgewalt, so daß in seiner Zeit die Gerichtsorganisation vollständig dem Ermessen der Regierungen der einzelnen deutschen Staaten anheimgegeben war. Die Deutsche Bundesakte eröffnete lediglich die Möglichkeit, daß kleine Gliedstaaten und die vier freien Städte künftig gemeinsame Oberappellationsgerichte bildeten. Sie wurden dann auch in Jena, Zerbst und Lübeck (für Hamburg, Bremen, Lübeck und Frankfurt) eingerichtet.

Nach den Verfassungen der einzelnen Bundesstaaten geht die Gerichtsbarkeit vom Fürsten aus. Sie wird in seinem Namen, aber durch unabhängige Richter ausgeübt. Er hat ein Begnadigungsrecht und ein Bestätigungsrecht, meist auch ein Recht zur Niederschlagung eines schwebenden oder noch gar nicht anhängigen Verfahrens. Allerdings gab es neben den staatlichen Gerichten als nichtstaatliche Gerichte zahlreiche Patrimonialgerichte, Gemeindegerichte, geistliche Gerichte und Universitätsgerichte. Außerdem haben die Landesherren, ihre Familienangehörigen und die Standesherren einen privilegierten Gerichtsstand.

128 *Reichsgericht in Leipzig, altes Gebäude*

129 Reichsgericht in Leipzig, Neubau

Dagegen findet sich von Anfang an in fast allen deutschen Verfassungen der dem allmählichen Schwinden der Kabinettsjustiz entsprechende Satz, daß der Richter unabhängig ist. Dementsprechend kann er nur durch Richterspruch entlassen, pensioniert, suspendiert oder auf eine geringere Stelle versetzt werden. Zusätzlich wird festgelegt, daß niemand seinem gesetzlichen Richter entzogen werden darf. Darüber hinaus enthalten schon die Verfassungen vielfach die Grundsätze der Öffentlichkeit und der Mündlichkeit des Verfahrens sowie den Anklagegrundsatz.

Die Verfassung der Paulskirchenversammlung von 1848 betont, daß Träger aller Gerichtsbarkeit der Staat ist. Weiter legt sie die richterliche Unabhängigkeit fest. Die Gerichtsverfahren sollen öffentlich und mündlich sein. Über alle schweren Strafsachen, politischen Vergehen und von Amts wegen verfolgte Pressevergehen sollen Schwurgerichte urteilen. Rechtspflege und Verwaltung sollen getrennt und unabhängig voneinander sein. Über alle Rechtsverletzungen sollen Gerichte entscheiden. Rechtskräftige Urteile der Gerichte sollen in allen Bundesstaaten gleich wirksam und vollziehbar sein.

Die Forderung nach einem Gericht des Bundes ist in den Verfassungsentwürfen erhoben. Auch die Verfassung selbst sah ein Reichsgericht vor. Dieses sollte aber nur bei Streitigkeiten zwischen dem Reich und den Einzelstaaten, zwischen verschiedenen Einzelstaaten, bei Thronstreitigkeiten, Verfassungsstreitigkeiten, Klagen gegen den Reichsfiskus und subsidiär bei Rechtsverweigerung tätig werden.

Das Gerichtsverfassungsgesetz des Reiches von 1877/9 vereinheitlichte dann die Gerichtsverfassung unter Verwirklichung liberaler Vorstellungen. Danach sind alle

Gerichte Staatsgerichte und ist die Privatgerichtsbarkeit aufgehoben, wobei Preußen die letzten Reste der standesherrlichen Gerichtsbarkeit bereits 1875 beseitigt hatte und die Wirkungslosigkeit geistlicher Gerichte in weltlichen Angelegenheiten ebenfalls bereits 1875 bestimmt worden war. Die Justizhoheit liegt mit Ausnahme des aus dem am 12. 6. 1869 gegründeten und am 5. 8. 1870 in Leipzig eröffneten Bundesoberhandelsgericht über das Reichsoberhandelsgericht hervorgegangenen Reichsgerichts (1. 10. 1879) bei den Einzelstaaten, so daß die Gerichte Landesgerichte sind. Justiz und Verwaltung sind getrennt, die Gerichte selbst unabhängig, ständig und sich selbst verwaltend. Die Gerichtsbarkeit ist in Amtsgerichte mit Einzelrichtern, Landgerichte mit Kammern, Oberlandesgerichte mit Senaten und das Reichsgericht gegliedert. Das Reichsgericht ist in erster Linie Revisionsgericht mit dem Ziel einheitlicher Rechtsprechung im gesamten Reich. Neben dieser ordentlichen Gerichtsbarkeit wird allerdings schon seit 1863 (Baden, 1875 Preußen, Hessen]-Darmstadt]) eine besondere Verwaltungsgerichtsbarkeit geschaffen.

Literatur: Behrend, J. F., Das Bundesoberhandelsgericht, Zs.f. Gesetzgebung und Rechtspflege in Preußen 3, (1869) 200 ff.; Wendt, Die gerichtsverfassungsrechtlichen Bestimmungen in den Verfassungsurkunden des 19. Jahrhunderts, Diss. jur. Freiburg 1934; Döhring, E., Geschichte der deutschen Rechtspflege seit 1500, 1953; Kern, E., Geschichte des Gerichtsverfassungsrechts, 1954; Köbler, G., Gericht und Recht in der Provinz Westfalen (1815–1945), FS Schmelzeisen, G. K., 1980, 166 ff.; Kissel, R., Gerichtsverfassungsgesetz, 1981.

Mündlichkeit und Anwaltszwang

Der Zivilprozeß war seit der Rezeption vom gelehrten Prozeßrecht, wie es sich auf der Grundlage des römischen und kirchlichen Rechts im Hochmittelalter in Oberitalien ausgebildet hatte, beherrscht. Dieses war sowohl über die Reichskammergerichtsordnungen und über die Reformationen als auch über das juristische Schrifttum allmählich in die deutschen Gerichte eingedrungen. Sein besonderes Kennzeichen ist die Schriftlichkeit, welche sich in dem Sprichwort niederschlägt: was nicht in den Akten steht, existiert nicht (quod non est in actis, non est in mundo).

Seit dem 18. Jahrhundert wurde dann der Zivilprozeß neu geordnet. Nach Bayern erließ insbesondere Preußen 1793 eine Allgemeine Gerichtsordnung für die preußischen Staaten. Ihre Kennzeichen waren neben Schriftlichkeit und formaler Beweistheorie der Untersuchungsgrundsatz und besondere Justizkommissare, welche später aber aufgegeben wurden. Wichtiger war demgegenüber die Neugestaltung des Zivilprozesses in Frankreich durch den Code de procédure civile von 1806.

Dieser sah vor, daß der Prozeß nicht mehr schriftlich, sondern mündlich geführt werden sollte. Dementsprechend war er öffentlich. Den Parteien blieb es vorbehalten, ob und wie sie ihn betreiben wollten. Ihnen standen als Helfer Anwälte zur Verfügung. Der Richter konnte die erbrachten Beweise frei würdigen. Die Vollstreckung erfolgte durch Gerichtsvollzieher.

Dieses neue freiheitliche Verfahrensrecht fand nach 1848 in Hannover (1850), Baden (1864) und Württemberg (1868) Eingang. Ihm folgte auch die Zivilprozeßordnung des Reiches von 1877/9. Sie vereinheitlichte das Zivilprozeßrecht unter Beseitigung des preußischen, französischen und gemeinen Prozeßrechts.

Danach beginnt das Erkenntnisverfahren mit der schriftlichen oder mündlichen Erhebung der Klage durch den Kläger. Dieser bedarf in vielen Fällen eines Anwalts (Anwaltsprozeß). Nach der amtlichen Zustellung der Klage an den Beklagten wird unter gerichtlicher Ladung in einem Termin mündlich verhandelt. Den Verhandlungsgegenstand bestimmen allein die Parteien durch ihren Vortrag. Sind entscheidungserhebliche Tatsachen unter den Parteien streitig, so wird in einem Beweistermin Beweis erhoben. Dann ergeht am Reichsgericht im Namen des Reiches, sonst im Namen des Königs oder des jeweils anderen Fürsten das Urteil. Dieses kann mit den Rechtsmitteln Berufung und Revision angegriffen werden.

An das Erkenntnisverfahren schließt sich das Vollstreckungsverfahren an. Die Art der Vollstreckung hängt von der Art des Anspruchs und des Vollstreckungsgegenstandes ab. Im einzelnen sind diese Vollstreckungsverfahren stark formalisiert. Eine Schuldknechtschaft gibt es seit 1868 nicht mehr. Für einige Sonderverfahren gelten im übrigen besondere Regeln.

Insgesamt haben die Parteien die Herrschaft über das gesamte Verfahren. Der Richter ist auf die Entgegennahme des Prozeßstoffes und sein Urteil hierüber beschränkt. Er ist weitgehend ein Spielball der Parteien. Ob diese einer Wahrheitspflicht unterliegen, war zweifelhaft. Im späteren Verlauf ging es vor allem darum, die Durchführung der zahlenmäßig stark zunehmenden Prozesse zu beschleunigen und die Obergerichte zu entlasten.

Literatur: Wetzel, G. W., System des ordentlichen Zivilprozesses, 3. A. 1878; Wach, A., Handbuch des Zivilprozeßrechts, 1885; Hellwig, K., Lehrbuch des deutschen Zivilprozeßrechts, Bd. 1 f. 1912 f.; Kern, E., Geschichte des Gerichtsverfassungsrechts, 1954; Nörr, K. W., Wissenschaft und Schrifttum zum deutschen Zivilprozeß im 19. Jahrhundert, Ius Commune 10 (1983), 141; Jauernig, O., Zivilprozeß, 21. A. 1985.

Staatsanwalt und Schwurgericht

Dem Liberalismus galt der Inquisitionsprozeß als Instrument des absoluten Staates und damit zugleich als Bedrohung der Freiheit. Dementsprechend lehnte er ihn ab. Statt dessen forderte er Mündlichkeit und Öffentlichkeit der Verfahren, Beschränkung des Richters auf die Entscheidung und Beteiligung von Laien in der Rechtspflege.

Insbesondere glaubte der Liberalismus dabei in den Schwurgerichten eine wesentliche Sicherung der Freiheit zu erblicken. Diese sei nämlich in Gefahr, wenn der Gewalthaber im Staat die Strafrechtspflege selbst ausübe oder durch von ihm bestellte und abhängige Beamte ausüben lasse, welche nur die Werkzeuge seines Willens seien. Die vollstreckende Gewalt dürfe über keinen Untertanen eine Strafe an Freiheit oder Leben verhängen, der nicht zuvor von unparteiischen Mituntertanen der angeklagten Tat für schuldig erkannt worden sei. Über diese Schuld dürfe nicht nur ein einzelner entscheiden, da dieser allen Mitteln der Gewalt und der List zugänglich sei. Nicht geeignet sei auch eine ständige Versammlung, da diese durch ihre Ständigkeit zu Beamten und damit zu bloßen Dienern der Regierung herabsinken würde. Nur das Volk sei unbestechlich, unbeeinflußbar, unparteiisch und gerecht. Da jedoch das Volk nicht im Ganzen zu Gericht sitzen könne, sei eine Jury erforderlich. Diese müsse nicht nur für das Volk, sondern auch vor dem Volk und damit öffentlich tagen. Ein

130 Schwurgericht in Köln (1852)

Eingriff in die Freiheit sei dabei erst dann gerechtfertigt, wenn ein gelehrter Richter zwölf schlichten Bürgern begreiflich machen könne, daß es so recht sei.

An die Stelle der Inquisition sollte nach dem Vorbild Frankreichs, wo 1789 die öffentliche Verhandlung und 1791 eine Anklage- und Urteilsjury und ein öffentlicher Ankläger eingeführt worden war, die öffentliche Anklage treten. Der Beschuldigte sollte die vollen Rechte einer Partei erhalten. Dieser sollte der Staat nur als Gegenpartei gegenübergestellt werden. Vertreter des Staates sollte dabei ein besonderer Staatsanwalt sein. Er sollte für den Staat eine Tat untersuchen und gegen Verdächtige ermitteln. Nach Abschluß seiner Ermittlungen sollte er eine Anklage erheben, über welche dann das unabhängige und mit der Untersuchung noch nicht befaßte Gericht entscheiden sollte.

Solche Staatsanwälte waren nach 1808 im Rheinland nach französischem Muster eingeführt worden. Sie hatten sich gut bewährt. Dennoch standen ihnen die deutschen Regierungen zunächst abgeneigt gegenüber. Allmählich erkannten sie jedoch, daß über die weisungsgebundene Staatsanwaltschaft auch Einfluß auf die Strafrechtspflege genommen werden konnte. Als erster Staat führte dann Baden 1832 die Staatsanwaltschaft für Pressedelikte, 1845 in weiteren Fällen ein. Württemberg schloß sich 1843, Preußen in einem Großverfahren 1846 an. Nach 1848 setzte sich die Einrichtung allgemein durch.

Die Reichsstrafprozeßordnung von 1877/9 folgt den liberalen Grundsätzen. Das Ermittlungsverfahren gegen einen Verdächtigen betreibt die Staatsanwaltschaft. Sie hat grundsätzlich bei allen strafbaren Handlungen von Amts wegen einzuschreiten und unter Mithilfe der Polizei Ermittlungen zur objektiven Aufklärung durchzuführen (Legalitätsprinzip, Offizialmaxime). Nur unter bestimmten engen Voraussetzungen kann der Verdächtige in Haft genommen werden. Der Haftbefehl darf nur von einem Richter erlassen werden. In jeder Lage des Verfahrens darf der Verdächtige sich eines Verteidigers bedienen.

Das Hauptverfahren kann nur auf Grund einer Anklage der Staatsanwaltschaft bzw. in einzelnen Fällen eines Privatklägers eröffnet werden (Anklageprinzip). Für den Beschluß über die Eröffnung ist das Gericht zuständig. Dieses hat unter Bindung an feste gesetzliche Schranken in der mündlichen öffentlichen Verhandlung die objektive Wahrheit zu erforschen. Nur das Gericht kann das Erscheinen eines Angeklagten sowie das Erscheinen und Aussagen eines Zeugen erzwingen. Das Ergebnis der Beweisaufnahme darf es frei würdigen. Im Zweifel muß es zugunsten des Angeklagten entscheiden. Dieser kann ebenso wie die Staatsanwaltschaft gegen das Urteil Rechtsmittel (Berufung, Revision) einlegen.

Das Schwurgericht wird freilich 1924 aus Finanznot durch ein großes Schöffengericht, das den alten Namen zu Unrecht fortführt, ersetzt.

Literatur: Handbuch des deutschen Strafprozeßrechts, hg. v. Holtzendorff, F. v., 1879; Rintelen, M., Der Strafprozeß, 1891; Carsten, Die Geschichte der Staatsanwaltschaft in Deutschland, Diss. jur. 1932, Neudruck 1971; Laufs, A., Recht und Gericht im Werk der Paulskirche, 1978; Böttges, W., Die Laienbeteiligung in der Strafrechtspflege, Diss. jur. Bonn 1979; Rüping, H., Grundriß der Strafrechtsgeschichte, 1981.

Strafzweck und Strafart

Es wird gestraft, weil gefehlt worden ist, so lautet der Kernsatz der absoluten Straftheorie, die sich als erste mit dem Zweck der Strafe in ausführlicher Erörterung befaßt. Den Grund der Strafe bildet die Straftat selbst, deren Unrecht vergolten werden muß. Zugrunde liegt dem die Vorstellung von der sittlichen Freiheit des Menschen. Verstößt er gegen die Norm, so ist er allein deswegen zu bestrafen.

Diese Reaktion auf den vorangegangenen Normenverstoß beschreibt bereits Hugo Grotius als Übel des Leidens, welches zugefügt wird wegen des Übels der Tat. Nach Immanuel Kant (1724–1804) verpflichten die Strafgesetze jeden Menschen, die äußere Freiheit des Mitmenschen nicht zu beeinträchtigen. Sie bilden kategorische Imperative, welche um ihrer selbst willen befolgt werden. Nur dann kann der Straftäter nicht klagen, daß ihm Unrecht geschieht, wenn ihm dasselbe widerfährt, was er selbst verbrochen hat.

Nach Georg Wilhelm Friedrich Hegel (1770–1831) ist das Verbrechen die Negation der Norm. Damit ist es etwas Negatives. Dieses Negative wird negiert durch ein zweites Negatives, welches die verletzte Normenordnung wieder herstellt. Demnach ist die Strafe die zur Verwirklichung der Rechtsordnung erforderliche Negation der Negation.

Im Gegensatz zu dieser absoluten Straftheorie stehen die relativen Straftheorien. Sie stellen das Interesse der Allgemeinheit in den Vordergrund. Deren Interesse an der Abschreckung kann sich entweder gegen den Straftäter allein (Spezialprävention, von Grolman 1775–1829) oder gegen jedermann richten (Generalprävention). Paul Johann Anselm Feuerbach (1775–1833), der Verfasser des bayerischen Kriminalgesetzbuches von 1813, versuchte, in seiner Straftheorie des psychologischen Zwanges Elemente absoluter Straftheorien mit solchen der Generalprävention zu vereinigen. Soll der

131 a Paul Johann Anselm von Feuerbach (1755–1833), Strafrechtler und Verfasser des Bayerischen Strafgesetzbuches von 1813 (um 1830)

131 b Franz von Liszt (1851–1919), Strafrechtler und Verfasser des Marburger Programms

Staat die Freiheit gewährleisten, muß er Straftaten verhindern. Da Straftaten aus sinnlichen Antrieben entstehen, müssen diese durch stärkere negative Vorstellungen aufgehoben werden, damit der, welcher rechtswidrige Neigungen hat, psychologisch gehindert wird, diesen Neigungen zu folgen. Voraussetzung ist demnach für ein Strafgesetzbuch, daß es die Straftat und die Strafe genau bestimmt.

Allerdings vermag sich keine dieser Straftheorien allgemein durchzusetzen. Deswegen legt auch das Reichsstrafgesetzbuch von 1871 sich nicht eindeutig fest. Es geht aber von der sittlichen Freiheit des Menschen aus, der sich durch die Strafdrohung beeinflussen läßt.

Demgegenüber sieht Franz von Liszt (1851–1919) unter dem Einfluß italienischer Arbeiten (Cesare Lombroso, L'uomo delinquente, 1878) das Verbrechen in umfassendem Sinn soziologisch. Dementsprechend unterscheidet er in seinem in Gießen erarbeiteten Marburger Programm (1882, Der Zweckgedanke im Strafrecht) drei Typen von durch äußere Umstände beeinflußten Tätern, welche für ihr sozialschädliches Verhalten spezialpräventiv bestraft werden sollen. Augenblickstäter erhalten einen abschreckenden Denkzettel für die Zukunft, verbesserliche Zustandstäter werden gebessert (resozialisiert) und unverbesserliche Zustandstäter werden verwahrt (und unschädlich gemacht).

Von den Strafarten betrachtet vor allem die Aufklärung die Todesstrafe und die verstümmelnden Leibesstrafen sehr kritisch. An ihre Stelle tritt mehr und mehr die Freiheitsstrafe. Immerhin findet aber noch 1868 in Wien eine öffentliche Hinrichtung unter Verkauf von Galgenbier und Armsünderwürsteln statt. Beseitigt wird die Todesstrafe erst durch das Grundgesetz von 1949 (in der DDR 1987). Neben Freiheitsstrafe findet sich dann zunehmend die Geldstrafe, wobei bedeutungslosere Taten später überhaupt aus dem Strafrecht ausgesondert werden.

Literatur: Marezoll, T., Das gemeine deutsche Criminalrecht als Grundlage der neuen deutschen Strafgesetzgebung, 2. A. 1847; Berner, A. F., Die Strafgesetzgebung in Deutschland von 1751 bis zur Gegenwart, 1867, Neudruck 1978; Temme, J., Lehrbuch des Gemeinen Deutschen Strafrechts, 1876; Merkel, A., Lehrbuch des deutschen Strafrechts, 1889; Liszt, F., Lehrbuch des deutschen Strafrechts, 25. A., hg. v. Schmidt, E. 1927; Holzhauer, H., Willensfreiheit und Strafe, 1970; Blasius, B., Bürgerliche Gesellschaft und Kriminalität, 1976; Rüping, H., Grundriß der Strafrechtsgeschichte, 1981.

Rechtssubjekt und Person

Der Mensch wird, insofern er gewisse Rechte in der bürgerlichen Gesellschaft genießt, eine Person genannt, bestimmt bereits das preußische Allgemeine Landrecht von 1794 in § 1 des ersten Titels des ersten Teils. Dementsprechend behandelt das Bürgerliche Gesetzbuch in seinem ersten Buch die Personen. Statt von Personen kann dabei nach naturrechtlichen Vorarbeiten seit dem 19. Jahrhundert auch von Rechtssubjekten als den Trägern von Rechten und Pflichten gesprochen werden.

Person wie Rechtssubjekt bringen augenfällig die geistige Abstraktionsleistung von Naturrecht und Begriffsjurisprudenz zum Ausdruck. Diese führt jedoch nicht nur zu einer hierarchischen, trotz aller Kritik praktisch durchaus brauchbaren Begriffspyramide, sondern auch zu einer Systematisierung und Abstrahierung des Rechts insgesamt, wie sie im Allgemeinen Teil des Bürgerlichen Gesetzbuches deutlich sichtbar ist.

Das im 19. Jahrhundert durchgebildete privatrechtliche System hat seine Wurzeln in der schon bei dem römischen Juristen Gajus vorhandenen, vermutlich teilweise der griechischen Philosophie entstammenden Dreiteilung des Rechts in personae – res – actiones (Personen, Sachen, Klageansprüche). Diese wird im Naturrecht systematisiert und dann von Gustav Hugo 1799 seinen Institutionen des römischen Rechts zugrunde gelegt. Von ihm übernimmt es 1807 Georg Arnold Heise. Da ihm Savigny in seiner Pandektenvorlesung folgt, gewinnt es rasch allgemeine Verbreitung.

Das Bürgerliche Gesetzbuch legt sie in doppelter Weise zugrunde. Zum einen teilt es sich in die drei Bücher Allgemeiner Teil, Schuldrecht und Sachenrecht, denen die schlecht einfügbaren Materien Familienrecht und Erbrecht noch angehängt sind. Zum anderen ist der Allgemeine Teil, welcher die für alle Rechtsgebiete in gleicher Weise geltenden allgemeinen Regeln zusammenfassen will, dreigeteilt in das sogar besondere, nicht in einen allgemeinen Teil gehörige Sätze umfassende Personenrecht, das unvollständige allgemeine Sachenrecht und das Rechtsgeschäftsrecht. Anhangsweise sind noch Fristen, Verjährung, Sicherheitsleistung und das den letzten Rest ursprünglicher Handlungsfreiheit bildende Selbsthilferecht, die auch anderswo nicht viel besser unterzubringen waren, angefügt.

Bei den Personen werden dann natürliche Personen und juristische Personen unterschieden.

Natürliche Person ist ohne viel Aufhebens der Mensch, wobei alle Menschen vor dem Gesetz gleich sind. Seine Rechtsfähigkeit beginnt mit der Vollendung seiner Geburt. Seine Volljährigkeit tritt mit der Vollendung des 21., später des 18. Lebensjahres ein. Sein Wohnsitz ist am Ort seiner ständigen Niederlassung. Sein Name wird als Recht besonders geschützt.

Gleich nach seiner Geburt wird der Mensch in das Geburtenbuch eingetragen. Über seine Geburt wird eine Geburtsurkunde ausgestellt. Unabhängig vom weltlichem Recht kann er kirchenrechtlich in einem besonderen, hergebrachten Zeremoniell getauft werden. Nach öffentlichem Recht ist er an seinem Wohnsitz gemeldet und muß sich bei jeder Veränderung abmelden und andernorts anmelden. Später erhält er einen in bestimmten Verfahren auszustellenden Personalausweis und Reisepaß, in bestimmten anderen Fällen ein polizeiliches Führungszeugnis. Heirat, Elternschaft und Tod werden ebenfalls sorgfältig registriert.

Die juristische Person, deren Wesen wissenschaftlich sehr umstritten ist, erlangt Rechtsfähigkeit zuerst durch Privileg und Oktroi, nach späterer Liberalisierung durch Eintragung oder durch besondere Verleihung. Hierfür gelten ebenso viele einzelne besondere Vorschriften wie für ihre Existenz und ihren Untergang. Soweit wie möglich wird im übrigen dieses künstliche Denkgebilde dem Menschen gleichgestellt.

Literatur: Hedemann, J. W., Die Fortschritte des Zivilrechts im 19. Jahrhundert, 1910 ff.; Wieacker, F., Privatrechtsgeschichte der Neuzeit, 2. A. 1967; Schikorski, F., Die Auseinandersetzung um den Körperschaftsbegriff in der Rechtslehre des 19. Jahrhunderts, 1978; Dann, O., Gleichheit und Gleichberechtigung, 1980; Lipp, M., Die Bedeutung des Naturrechts für die Ausbildung der allgemeinen Lehren des deutschen Privatrechts, 1980; Mitteis, H.-Lieberich, H., Deutsches Privatrecht, 9. A. 1981; Köbler, G., Rechtsgeschichte, 3. A. 1982.

Ehe und Familie

Innerhalb des Geltungsbereiches dieses Gesetzes kann eine bürgerliche gültige Ehe nur in der durch dieses Gesetz vorgeschriebenen Form geschlossen werden, bestimmte § 24 des preußischen Personenstandsgesetzes vom 9. März 1874 und änderte damit abrupt das ein Jahrtausend alte Recht. Sachlich entsprach dies einer bereits älteren aufgeklärten Forderung. Verwirklicht wurde sie im Rahmen des Kulturkampfes zwischen den zur Herrschaft gelangten liberalen Kräften und der katholischen Kirche.

Im deutschsprachigen Raum kam es dabei im Ringen um die Säkularisierung von Staat und Gesellschaft zu ersten Konflikten zwischen Staat und Kirche in den Badener Artikeln (1834) und in den sog. Kölner Wirren (1837–42). Während dabei in Deutschland die katholische Kirche diese erste Auseinandersetzung erfolgreich bestand, führte sie in der Schweiz zum Sonderbundskrieg der liberalen gegen die katholischen Kantone. Die Bundesverfassung von 1874 übertrug dort dem Staat den gesamten Grundunterricht und die Feststellung des Zivilstandes, wie dies teilweise schon in der Paulskirchenverfassung von 1848 vorgesehen worden war.

Nach 1848 hatte von den Gliedstaaten des Deutschen Bundes als erster das liberale Baden in einem Gesetz vom 9.10.1860 die Beziehungen zur Kirche einseitig neu geregelt. Ein Gesetz vom 8.3.1868 ermöglichte die Umwandlung konfessioneller in simultane Schulen, ein Gesetz vom 21.12.1869 die Zivilehe.

In Preußen war es bereits im Jahre 1849 zu einer Debatte über die Einführung der Zivilehe gekommen. Die Konservativen, unter denen sich auch Bismarck befand, hatten dem Widerstand entgegengesetzt. Sie behielten die Oberhand, so daß die Rechte der Kirche nicht angetastet wurden.

132 Fränkische Bauernfamilie um 1914

Nach 1866 hatte sich allerdings Bismarck mit den Liberalen verbündet. Umgekehrt hatten die Katholiken 1870 die Zentrumspartei gegründet, die mit Gruppen zusammenarbeitete, welche die Reichsgründung ablehnten. Zur gleichen Zeit hatte Papst Pius IX. das Dogma der päpstlichen Unfehlbarkeit verkündet.

Erste aus dieser Zuspitzung resultierende Maßnahme war im Reich 1871 ein auf Antrag Bayerns erlassenes Gesetz gegen den Mißbrauch der Kanzel zu politischen Zwecken (Kanzelparagraph, § 130a StGB). Dem folgte die Ausweisung der Jesuiten. 1872 wurde der Konflikt dadurch verschärft, daß der Nationalliberale Falk Kultusminister wurde. Danach erlegten die Maigesetze des Jahres 1873 der Kirche ein geschlossenes System staatlicher Kontrolle auf. 1874 bedrohte ein weiteres Gesetz Geistliche, welche trotz staatlicher Absetzung oder gerichtlicher Verurteilung weiter tätig blieben, mit Ausweisung und Entzug der Staatsangehörigkeit.

Die in dieser Kraftprobe für Preußen vorgeschriebene Zivilehe wurde am 6. Februar 1875 auf das ganze Reich ausgedehnt. Sie bedeutete die dauerhafte Wiedereingliederung des gesamten Eherechts in das weltliche Recht. Die neben der weltlichen Eheschließung vor dem neugeschaffenen Standesbeamten mögliche kirchliche Eheschließung blieb mit all ihren hergebrachten Förmlichkeiten zwar bestehen, hatte aber für das weltliche Recht keine Bedeutung mehr.

Der weltlichen Eheschließung entsprach dann im Bürgerlichen Gesetzbuch auch die Möglichkeit der Ehescheidung, welche aber zunächst auf bestimmte schuldhafte Gründe beschränkt blieb. Erst 1976 wurde das Verschuldensprinzip durch das objektivere Zerrüttungsprinzip abgelöst. Die Zahl der Ehescheidungen stieg allerdings unabhängig hiervon seit langem einigermaßen kontinuierlich an.

Neben diesen liberalen Zügen wies das Familienrecht im übrigen eine konservativ-patriarchalische Grundhaltung auf. Bis zum Gleichberechtigungsgesetz von 1953 bildete der Mann das Oberhaupt der Familie, dem die Entscheidung in allen das gemeinschaftliche Leben betreffenden Angelegenheiten zustand. Er hatte auch in erster Linie die elterliche Gewalt über die Kinder. Später traten Gleichberechtigung von Mann und Frau und elterliche Sorge für die Kinder an die Stelle dieser patriarchalischen Regeln.

Für das Ehegüterrecht brachte das Bürgerliche Gesetzbuch eine erste Vereinheitlichung der zahllosen unterschiedlichen Gestaltungsformen. Gesetzlicher Güterstand wurde die Verwaltungsgemeinschaft mit Verwaltungsrecht des Mannes, welche etwa 14 Millionen Personen erfaßte. Daneben hatte die in ein Güterrechtsregister einzutragende Gütergemeinschaft nahezu gleich große praktische Bedeutung. Die spätere Neuordnung neigte eher der Gütertrennung (mit Zugewinnausgleich) zu.

Literatur: Schmidt – Volkmar, E., Der Kirchenkampf in Deutschland 1871 bis 1890, 1962; Weber, C., Kirchliche Politik zwischen Rom, Berlin und Trier. Die Beilegung des preußischen Kulturkampfes 1878–1880, 1973; Mitteis, H. – Lieberich, H., Deutsches Privatrecht, 9. A. 1981; Schwab, D., Familienrecht, 4. A. 1986; Beitzke, G., Familienrecht, 24. A. 1985.

Erbrecht und Finanzamt

Mit dem Tode einer Person (Erbfall) geht deren Vermögen (Erbschaft) als Ganzes auf eine oder mehrere andere Personen (Erbe) über, bestimmt § 1922 BGB. Damit legt diese Vorschrift den Grundsatz der Universalsukzession gesetzlich fest. Da dieser bereits vorher weitgehende Anerkennung gefunden hatte, festigte der Gesetzgeber, wie auch sonst in den meisten erbrechtlichen Regeln, im Bürgerlichen Gesetzbuch nur den bereits vorliegenden Rechtszustand.

Das seit dem Hochmittelalter zurückgedrängte Sondererbrecht verliert in einer auf Gleichheit ausgerichteten Gesellschaft weiter an Boden. Bis auf die Familienfideikommisse, welche sich trotz gegenteiliger Bestrebungen etwa des Code civil, der preußischen Verfassung von 1850 oder der Reichsverfassung von 1919 in eingeschränktem Umfang erhalten können, verschwinden die älteren Sondererbfolgen. Allerdings wird zur gleichen Zeit durch das preußische Höfegesetz für die Provinz Hannover von 1874 ein bäuerliches Anerbenrecht geschaffen, das den Bauernstand vor der unwirtschaftlichen Zersplitterung seiner Güter dadurch bewahren will, daß es die Vererbung des Hofes auf einen einzigen von an sich mehreren vorhandenen Erben zuläßt. Aus gleichen Erwägungen gestattet später die Rechtsprechung im Gegensatz zum Wortlaut des Bürgerlichen Gesetzbuches die Sondererbfolge in einen Anteil an einer Gesellschaft.

Grundsatz ist demgegenüber die gemeinschaftliche Erbfolge mehrerer Erben. Diese bilden eine gesamthänderisch gebundene Erbengemeinschaft. Sie ist keine Bruchteilsgemeinschaft, sondern eine der drei Gesamthandsgemeinschaften, welche während der Beratungen des Bürgerlichen Gesetzbuches unter dem Einfluß Otto von Gierkes als deutschrechtliches Element in das sonst eher pandektistische Gesetz aufgenommen wurde. Obwohl an sich Kennzeichen dieser zwischen natürlicher und juristischer Person stehenden Rechtsfigur die besondere gesamthänderische Bindung ist, kann der einzelne Miterbe über seinen gesamten Erbteil verfügen, nicht allerdings über einen Anteil am einzelnen Erbschaftsgegenstand.

Die Erbfolge ist grundsätzlich Verwandtenerbfolge. Erben der ersten Ordnung sind die Abkömmlinge des jeweiligen Erblassers, Erben der zweiten Ordnung die Eltern des Erblassers und deren Abkömmlinge und damit vor allem die Geschwister des Erblassers und deren Kinder, Erben der dritten Ordnung die Großeltern des Erblassers und deren Abkömmlinge. Für all diese und die theoretisch unbeschränkt vielen weiteren Ordnungen gilt der Ausschluß aller Verwandten einer ferneren Ordnung durch jeden Verwandten einer näheren Ordnung.

Nichteheliche Kinder und ihre Abkömmlinge haben nach geltendem jüngerem Recht neben ehelichen Kindern beim Tode des Vaters oder väterlicher Verwandter einen Erbersatzanspruch. Der überlebende Ehegatte des Erblassers ist neben Verwandten der ersten Ordnung zu einem Viertel der Erbschaft, neben Verwandten der zweiten Ordnung oder Großeltern zur Hälfte, im übrigen allein Erbe. Zusätzlich erhöht sich der gesetzliche Erbteil des überlebenden Ehegatten dann, wenn die Ehegatten im Güterstand der Zugewinngemeinschaft (Gütertrennung mit Zugewinnausgleich) lebten und die Ehe durch den Tod des Erblassers beendet wurde, um ein Viertel (sofern der Ehegatte nicht ohnehin bereits zu mehr als drei Vierteln erbt).

Das Testament zur Abänderung dieser gesetzlichen Erbfolge ist unbeschränkt zulässig. Der Erblasser hat völlige Testierfreiheit, doch haben übergangene nahe Erben einen Pflichtteilsanspruch auf den Wert der Hälfte des entgangenen Erbteils. Formal kann das Testament ohne jede Öffentlichkeit holograph abgefaßt werden, wobei die ursprünglich strengeren Formvorschriften später gemildert werden. Zulässig ist auch der von den Römern als unsittlich verworfene Erbvertrag.

Das schönste Erbrecht ist allerdings wertlos, wenn der Nachlaß keinen Wert hat. Dieser wird aber in der Gegenwart zunehmend durch die auch der Umverteilung von Vermögen dienende Erbschaftsteuer bestimmt, welche seit ihrer Einführung 1906/11 Spitzensteuersätze von bis zu 60 % erreicht hat. 1970 erzielten mit ihrer Hilfe die Länder der Bundesrepublik Deutschland immerhin Einnahmen von rund einer halben Milliarde Mark.

Literatur: Wesener, G., Geschichte des Erbrechts in Österreich seit der Rezeption, 1957; Köbler, G., Erbrecht und Gesellschaft, 1974; Hübner, R., Grundzüge des deutschen Privatrechts, 1908, 5. A. 1930, Neudruck 1969; Schröder, R., Abschaffung oder Reform des Erbrechts, 1981; Wesenberg, G. – Wesener, G., Neuere deutsche Privatrechtsgeschichte, 4. A. 1985; Schlüter, W., Erbrecht, 12. A. 1986.

Die Mobilität der Immobilien

Das Eigentum garantiert nach Ansicht der Liberalen die Freiheit. Deswegen schützen sie es durch die Verfassung. Zugleich befreien sie es von allen seinen Schranken und Bindungen. Dementsprechend kann nach § 903 BGB der Eigentümer einer Sache, soweit nicht das Gesetz oder Rechte Dritter entgegenstehen, mit der Sache nach Belieben verfahren und andere von jeder Einwirkung ausschließen.

In Preußen eröffnet schon das vom Liberalismus getragene Steinsche Edikt vom 9. 10. 1807 das Eigentum an Grund und Boden durch die Aufhebung aller ständischen Schranken für jedermann. Weiter beseitigt es die Gutsuntertänigkeit und damit das Erfordernis der herrschaftlichen Genehmigung für die Veräußerung bäuerlicher Grundstücke. Dadurch wird das bisher weitgehend immobile Land mobil gemacht. Der Boden wird zu einer Ware, welche man wie andere Waren kaufen und verkaufen kann. Zusätzlich gestattet es auch die Teilung der Grundstücke, die rasch eine berüchtigte Güterschlächterei nach sich zieht.

Das Edikt zur Beförderung der Landeskultur vom 14. 9. 1811 hebt alle bisherigen Beschränkungen der Bewirtschaftung auf, so daß jeder Bauer so wirtschaften kann, wie er dies für richtig hält. Das gleichzeitige Edikt die Regulierung der gutsherrlichen und bäuerlichen Verhältnisse betreffend ordnet an, daß alle bisher nicht eigentümlich verliehenen bäuerlichen Besitzungen in Eigentum verwandelt werden. Dies wird zwar zur Gänze erst bis Ende des Jahres 1858 verwirklicht und schwächt wegen der Entschädigungslasten im Ergebnis das Bauerntum mehr als es dieses stärkt, es macht aber den Bauern zum Eigentümer, der wie jeder andere Eigentümer mit seiner Sache nach Belieben verfahren kann.

Weiter wird individuelles Eigentum dadurch geschaffen, daß die preußische Gemeinheitsteilungsordnung vom 7. 6. 1821 die Aufteilung der in Gemeinschaftszuständigkeit befindlichen Allmenden anordnet. Im Jahre 1850 wird das Obereigentum der Lehnsherren, Erbzinsherren und Erbverpächter beseitigt und werden dadurch die Lehen allodifiziert. Schließlich schwinden allmählich auch alle verwandtschaftlichen Näherrechte (Retraktrechte).

Dem so völlig befreiten Eigentum, für welches viel später wieder die Sozialbindung als notwendig angesehen wird, steht als Gegenstück die Enteignung gegenüber. Sie ist nicht nur theoretisch möglich, sondern wird praktisch auch außerhalb der Bauernbefreiung für die großen verkehrstechnischen Maßnahmen vielfach durchgeführt. Grundlegende Voraussetzungen hierfür sind seit der Französischen Revolution das öffentliche Bedürfnis, das rechtmäßige Verfahren sowie eine den Verlust ausgleichende Entschädigung.

Für die Übertragung des Eigentums ergeben sich unabhängig hiervon noch zwei sehr wesentliche Veränderungen. Zum einen sieht Friedrich Carl von Savigny auf Grund eigenständiger Überlegungen nicht mehr den obligatorischen Vertrag (z. B. Kauf) als Rechtsgrund des Eigentumsübergangs an, wie dies die Lehre vom titulus acquirendi und modus acquirendi getan hatte, sondern die von diesem Vertrag zu trennende Absicht des Eigentümers, mit der Übergabe der Sache Eigentum zu verschaffen, sowie des Erwerbers, damit Eigentum zu erwerben. Damit schafft er neben dem obligatorischen Kaufvertrag mit der dinglichen Einigung einen zweiten, vom Grundgeschäft losgelösten Vertrag. Diese Ansicht wird allmählich allgemein anerkannt und vom Gesetzgeber übernommen. Sie unterscheidet die Übereignung nach deutschem Recht sowohl vom älteren Rechtszustand als auch von den hierauf fußenden ausländischen Rechten.

Die zweite wesentliche Veränderung beruht darauf, daß der preußische Gesetzgeber am 5. 5. 1872 die Notwendigkeit der Publizität grundstücksrechtlicher Geschäfte anerkennt. Bei ihnen setzt er an die Stelle der Übergabe der Sache die konstitutive Eintragung des Eigentumsüberganges in ein nach Personen gegliedertes Grundbuch, womit er ältere deutschrechtliche Ansätze aufgreift. Demnach geht bei beweglichen

Sachen das Eigentum durch Einigung und Übergabe (oder Übergabesurrogat) über, bei unbeweglichen durch Einigung (Auflassung) und Eintragung.

Literatur: Hedemann, J. W., Die Fortschritte des Zivilrechts im 19. Jahrhundert, 1910ff.; Felgenträger, Friedrich Carl von Savignys Einfluß auf die Übereignungslehre, 1927; Wissenschaft und Kodifikation, hg. v. Coing, H.- Wilhelm, W., Bd. 2 1977, Bd. 3 1976; Köbler, G., Rechtsgeschichte, 3. A. 1982; Wesenberg, G. – Wesener, G., Neuere deutsche Privatrechtsgeschichte, 4. A. 1985; Wiegand, W., Numerus clausus der dinglichen Rechte, in: Wege europäischer Rechtsgeschichte, hg. v. Köbler, G., 1987, 623 ff.

Die Freiheit des Vertrages

Zur Begründung eines Schuldverhältnisses durch Rechtsgeschäft sowie zur Änderung des Inhalts eines Schuldverhältnisses ist ein Vertrag zwischen den Beteiligten erforderlich, soweit nicht das Gesetz ein anderes vorschreibt. In dieser Bestimmung des Bürgerlichen Gesetzbuches kommt, obwohl sie dies nicht ausdrücklich besagt, der Grundsatz der Vertragsfreiheit zum Ausdruck. Er ergibt sich aus der dem Liberalismus allgemeinen Handlungsfreiheit des Menschen, die später durch das Grundgesetz formell abgesichert wurde.

Dem Streben nach freier Betätigung fallen im 19. Jahrhundert die meisten der noch vorhandenen Beschränkungen zum Opfer. Beseitigt werden beispielsweise die aus dem kanonischen Zinsverbot herrührenden Höchstzinssätze, welche 1867 aufgehoben werden, ebenso wie die laesio enormis (enorme Verletzung) bei großem Unterschied zwischen Wert und Preis. Freilich erklärt das Bürgerliche Gesetzbuch ein Rechtsgeschäft, das gegen die guten Sitten verstößt, insbesondere ein Rechtsgeschäft, bei welchem Vermögensvorteile in einem auffälligen Mißverhältnis zur Leistung stehen, für nichtig.

Diese Vertragsfreiheit gliedert sich im einzelnen in Abschlußfreiheit, Formfreiheit und Inhaltsfreiheit.

Ob jemand einen Vertrag abschließt, stellt ihm die Rechtsordnung grundsätzlich frei. Sie überläßt es ihm auch völlig, mit wem er eine Vereinbarung trifft. Nur ausnahmsweise verbietet sie den Abschluß eines Vertrages oder gebietet ihn. Ein Gebot zu einem Abschluß besteht insbesondere immer dann, wenn die Ablehnung eines Antrages eine vorsätzliche sittenwidrige Schädigung bewirken würde.

Zustande kommt der Vertrag durch zwei sich gegenseitig entsprechende Willenserklärungen. Sie bedürfen nach dem Gesetz keiner besonderen Form, wenn man davon absieht, daß der Wille in irgendeiner Form zum Ausdruck gekommen sein muß. Nur ausnahmsweise verlangt das Bürgerliche Gesetzbuch eine darüber hinausreichende Form wie dies etwa bei einem Vertrag der Fall ist, durch den sich der eine Teil verpflichtet, das Eigentum an einem Grundstück zu übertragen oder zu erwerben. Wird ein solcher Vertrag ohne Beachtung dieser Form geschlossen, ist er nichtig, auch wenn das Gesetz seine theoretische Heilbarkeit vorsieht. In der Rechtswirklichkeit wird freilich weit über die gesetzlich geregelten Fälle hinaus aus Beweiszwecken freiwillig eine besondere Form beachtet. Insbesondere liegen den meisten mit Unternehmern abgeschlossenen Verträgen Formulare mit Allgemeinen Geschäftsbedingungen zugrunde.

Was die Parteien vereinbaren wollen, ist völlig ihnen überlassen. Das Gesetz stellt ihnen gewisse Vertragstypen zur Verfügung, die es einzeln ausformt. Die Parteien sind aber, da im wesentlichen nur sie selbst betroffen sind, daran nicht gebunden. Sie dürfen nur nichts verabreden, was gegen ein Gesetz oder gegen die guten Sitten verstößt.

Ist ein Rechtsgeschäft tatsächlich abgeschlossen worden, so entsteht zwischen den Beteiligten ein Schuldverhältnis, für welches es aber auch noch andere Entstehungsgründe gibt. Dieses Schuldverhältnis hat der Gesetzgeber des Bürgerlichen Gesetzbuches als allgemeine Figur im allgemeinen Teil des Schuldrechts in Entstehung, Inhalt und Untergang ausführlich geregelt. Insbesondere hat er festgelegt, was gelten soll, wenn der Schuldner oder der Gläubiger das Schuldverhältnis durch unzureichende Erfüllung einer Verpflichtung stört. Dabei hat er in Anerkennung der allgemeinen Handlungsfreiheit bestimmt, daß der Schuldner zu Schadensersatz grundsätzlich nur verpflichtet ist, wenn ihm ein typisiert vorwerfbares Verhalten zur Last fällt. Dies gilt im übrigen auch außerhalb eines Vertrages bei den sog. unerlaubten Handlungen. Hier erkennen allerdings Sondergesetze und ganz vereinzelt auch das Bürgerliche Gesetzbuch Fälle verschuldensunabhängiger Gefährdungshaftung an.

Hinsichtlich der einzelnen Vertragstypen hat der Gesetzgeber sich eng an die Pandektistik gehalten, so daß fast alle Schuldverhältnisse des römischen Rechts im Bürgerlichen Gesetzbuch, wenn auch nicht immer unverändert, wiederkehren. Eine der wenigen echten Neuschöpfungen betrifft den Ratenkauf, der seit den 70er Jahren des 19. Jahrhunderts von den sozial schwächeren Schichten getätigt wird. Er wird zwar 1894 zugunsten der Käufer geregelt, bezeichnenderweise wird er aber als Sondergesetz außerhalb des auf die Leitfigur des wirtschaftlich selbständigen Bürgers zugeschnittenen Bürgerlichen Gesetzbuches belassen.

Literatur: Windscheid, B., Lehrbuch des Pandektenrechts, 7. A. 1891; Hedemann, J. W., Die Fortschritte des Zivilrechts im 19. Jahrhundert, 1910ff.; Wieacker, F., Das Sozialmodell der klassischen Privatrechtsgesetzbücher und die Entwicklung der modernen Gesellschaft, 1953; Wieacker, F., Privatrechtsgeschichte der Neuzeit, 2. A. 1967; Mitteis, H.-Lieberich, H.-Luig, K., Deutsches Privatrecht, 10. A. 1988; Laufs, A., Rechtsentwicklungen in Deutschland, 3. A. 1984.

Arbeit und Miete

Die Vertragsfreiheit war eine feine Sache, falls an Gütern kein Mangel bestand und die Vermögen einigermaßen gleichmäßig verteilt waren. Das war im 19. Jahrhundert jedoch nicht der Fall. Hieraus erwuchsen mit Arbeit und Miete rasch zwei gewichtige Problembereiche.

Im Gegensatz zum besitzenden, als Kapitalisten bezeichneten Bürger hatte der Arbeiter lediglich seine Arbeitskraft als Einsatz zur Sicherung seiner Existenz zur Verfügung. Wird genügend Arbeitskraft angeboten, so führt das freie Spiel der Kräfte auf dem liberalen Markt rasch dazu, daß der Preis der Arbeit so tief sinkt, daß der einzelne mit der von ihm angebotenen Arbeit seine Existenz oder die Existenz seiner Familie nicht mehr zu sichern vermag. Hier führt die Vertragsfreiheit zu unübersehbaren, schwerwiegenden sozialen Mißständen. Dementsprechend stellt sie hier eine schlichte Fehlentscheidung dar.

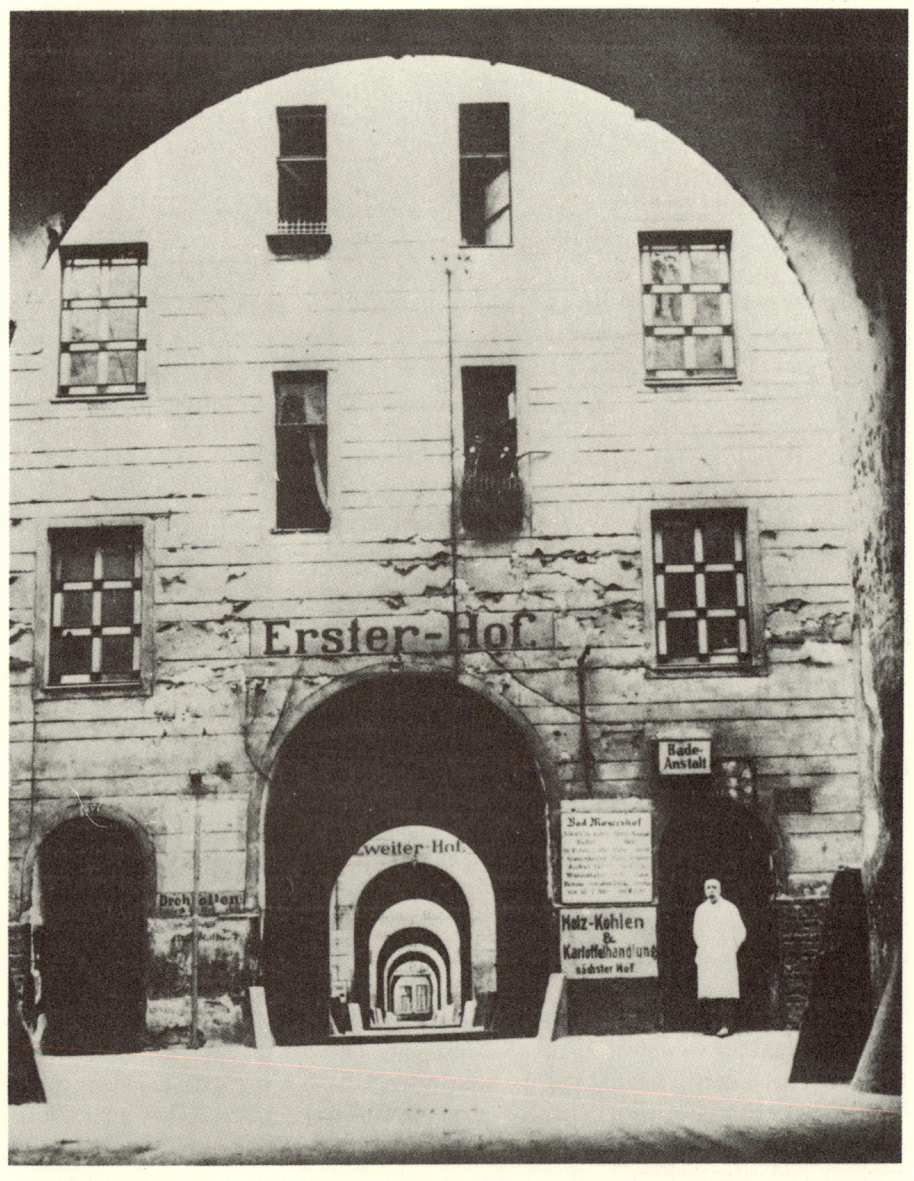

133 Mietkaserne Berlin, Ackermannstraße (um 1900)

Dabei hätte der Gesetzgeber eine abweichende Lösung durchaus früher erkennen können. Seit langem hatten sich die Arbeiter unter dem Druck der unmittelbaren Not zu Gewerkschaften zusammengeschlossen, welche der Staat auf Dauer nicht verbieten konnte. Gemeinsam stark zu sein, wo der einzelne dies nicht vermochte, war deren sinnvolles Ziel. Dieses Streben hatte auch längst bereits die ersten Früchte getragen. Bereits 1873 als mit der Schaffung des Bürgerlichen Gesetzbuches noch gar nicht

134 Arbeit in der Großindustrie am Ende des 19. Jahrhunderts

begonnen worden war, war für die Buchdrucker nämlich ein Tarifvertrag zwischen Arbeitnehmerverband und Arbeitgebern geschlossen worden.

Auch sonst hatte der Gesetzgeber, wenn auch zuerst nur vereinzelt und nur aus durchsichtigen Gründen, mit einer Arbeiterschutzgesetzgebung bereits begonnen. 1881 war die Sozialversicherungsgesetzgebung in Angriff genommen worden. 1891 waren Arbeiterausschüsse in den Betrieben zugelassen worden. Gleichwohl verblieb die Regelung des Dienstvertrags bei der Vertragsfreiheit und fügte ihr gerade noch einen Tropfen sozialen Öls in der Form bescheidener Schutzbestimmungen bei.

Die Folge war die allmähliche Ausbildung eines eigenen, vom Dienstvertrag in wichtigen Punkten verselbständigten Arbeitsrechts. Dieses wurde insbesondere in den Notzeiten nach dem Ersten Weltkrieg durch zahlreiche Einzelgesetze weiter entwikkelt. Im übrigen trugen Tarifverhandlungen und Arbeitsgerichte viel dazu bei, daß das Arbeitsrecht sich zu einem wichtigen Teilgebiet des Rechts auf der Grenze zwischen privatem und öffentlichem Recht entfalten konnte. Alle sozialen Konflikte vermochte es freilich nicht zu verhindern.

Auch bei den Wohnungen erhob sich angesichts des raschen Bevölkerungswachstums wie der Zusammenballung in den urbanisierten Industriegebieten bald die Frage, ob die Wohnung wirklich eine Ware sein sollte, deren Preis auf dem Markt dem freien Spiel der Kräfte überlassen bleiben konnte. Hier führte die starke Nachfrage bei geringem Angebot zum sprunghaften Anstieg der Preise. Das erhöhte zwar die Gewinnchancen der kapitalkräftigen Anleger, gefährdete aber ebenfalls den sozialen Frieden auf das empfindlichste. Selbst dort, wo sie Obdach gewannen, war dieses für viele Menschen kaum zumutbar.

Erst nach dem Ersten Weltkrieg waren die Mißstände hier aber so dringend geworden, daß die neue Republik zum Eingriff schritt. Als erstes führte sie 1920 die Zwangsbewirtschaftung von Wohnräumen ein. Danach schrieb sie 1922 eine gesetzliche, nur durch besondere Vereinbarung abänderbare Miete vor. Schließlich schützte sie 1923 den Mieter davor, daß der Vermieter die Miete ohne weiteres aufkündigte. Hinzu kam die Förderung des Wohnungsbaues durch gemeinnützige Wohnungsbauunternehmen und Bausparkassen. So gelangen schließlich auch hier auf Grund jahrzehntelanger intensiver Bemühungen vieler im Ergebnis allmählich menschenwürdige Lösungen.

Literatur: Menger, A., Das bürgerliche Recht und die besitzlosen Klassen, 1890; Ruth, R., Das Mietrecht der Wohn- und Geschäftsräume, 1926; Bernert, G., Arbeitsverhältnisse im 19. Jahrhundert, 1972; Hattenhauer, H., Die geistesgeschichtlichen Grundlagen des deutschen Rechts, 3. A. 1984; Eisenhardt, U., Deutsche Rechtsgeschichte, 1984; Laufs, A., Rechtsentwicklungen in Deutschland, 3. A. 1984; Söllner, A., Grundriß des Arbeitsrechts, 8. A. 1984.

Wirtschaft und Wettbewerb

Das 19. Jahrhundert führt zu einem bislang ungeahnten Wachstum der Wirtschaft. Insbesondere die Erfindung der Dampfmaschine ermöglicht die Mechanisierung der Arbeitsvorgänge. Diese werden immer stärker differenziert und spezialisiert und dabei gleichzeitig räumlich konzentriert. Zwischen Disposition und Ausführung wird zunehmend getrennt. Am Ende wird das seit 1870 in den großen Schlachthäusern Chicagos verwendete und danach von Ford auf den Kraftfahrzeugbau übertragene Fließband übernommen, an dem nur noch der Mensch durch den Automaten ersetzt zu werden braucht, was in der Gegenwart auch zunehmend geschieht.

Die für diese Entwicklung erforderlichen Kapitalien werden zwar vereinzelt auch von individuellen Unternehmerpersönlichkeiten erarbeitet. Schon seit etwa 1835 beginnen aber auch die Banken mit der Finanzierung der Industrie und werden die Unternehmer zur Aufnahme von Fremdkapital bereit. Rasch wird dies die Regel und ebenso schnell, wenn nicht gar schneller noch, wachsen die Banken, von denen die wichtigsten späteren Großbanken wie die Deutsche Bank und die Dresdener Bank in den sog. Gründerjahren gegründet werden. Ihr Geschäftskapital gewinnen diese Banken auch aus dem breiteren Publikum.

Entsprechend diesem großen Kapitalbedarf und den nicht unbeträchtlichen wirtschaftlichen Risiken steigt die Bedeutung der gesellschaftlichen Zusammenschlüsse. Neben den zahlreichen offenen Handelsgesellschaften und Kommanditgesellschaften entwickeln sich auch vornehmlich die Aktiengesellschaften. Im Jahre 1906 bestehen bereits mehr als 5000 solcher Gesellschaften. Deren Zahl geht zwar in der Folgezeit zurück, doch vermehrt sich dessenungeachtet ihr wirtschaftliches Gewicht enorm. Dementsprechend sind in der Gegenwart nahezu alle privaten Großunternehmen als Aktiengesellschaften konstruiert.

Daneben zeigt sich bereits im 19. Jahrhundert auch ein praktisches Bedürfnis nach einer weniger kapitalintensiven Gesellschaftsform mit beschränkter Haftung ihrer Mitglieder. Dieses wird durch die Erfindung der Gesellschaft mit beschränkter Haftung befriedigt. Bei ihr bedarf es in der Gegenwart im Gegensatz zu ihrem Namen selbst bei der Gründung nicht mehr mindestens zweier Beteiligter, so daß sie der

Sache nach von Anfang an ein Unternehmen einer Person mit beschränkter Haftung sein kann.

Größere wirtschaftliche Probleme ergeben sich in der Folge daraus, daß mehrere Unternehmen sich zusammenschließen oder sonst verabreden. Dies hat in vielen Fällen eine Gefährdung des freien Wettbewerbs zur Folge. So sehr der Gesetzgeber dies auch erkennt, so schwer fällt es ihm dagegen einzuschreiten. Selbst wenn ihm dies gelingt, so bleibt, wie bei einem Gesetz vom 2. 11. 1923 gegen die überhandnehmenden Kartelle, ein Mißbrauchsverbot praktisch bedeutungslos.

Nach dem Zweiten Weltkrieg wird das Wirtschaftsrecht zunehmend durch das Recht der europäischen Gemeinschaft beeinflußt. Daneben zeigt sich, daß der Gesetzgeber gegen die aus der steigenden Machtkonzentration erwachsenden Gefahren einschreiten muß, um die Marktwirtschaft zu sichern. Hierfür schafft er am 27. 7. 1957 ein Gesetz gegen Wettbewerbsbeschränkungen (Kartellgesetz). Dieses wird später noch verschärft. Darüber hinaus räumt ein Gesetz zur Förderung der Stabilität und des Wachstums der Wirtschaft vom 8. 6. 1967 dem Staat überhaupt die Befugnis ein, die Abstimmung der wesentlichen Wirtschaftsmächte anzuregen. Weiterreichende Pläne einer allgemeinen, über das Steuerrecht hinausreichenden Investitionslenkung oder überhaupt einer staatlichen zentralen Planwirtschaft, wie sie in der 1949 aus der sowjetischen Besatzungszone Deutschlands gebildeten Deutschen Demokratischen Republik herrscht, werden in der Bundesrepublik Deutschland nicht verwirklicht.

Literatur: Wissenschaft und Kodifikation des Privatrechts im 19. Jahrhundert, Bd. 1 ff. 1974 ff.; Köbler, G., Rechtsgeschichte, 3. A. 1982; Wesenberg, G.-Wesener, G., Neuere deutsche Privatrechtsgeschichte, 4. A. 1985; Rinck, G.-Schwark, E., Wirtschaftsrecht, 6. A. 1987.

Das geistige Eigentum

Daß das von ihm gefundene Werkzeug am ehesten ihm zustand, wußte wohl schon der Steinzeitmensch. Zumindest dürfte er sich tatsächlich im Rahmen seiner Möglichkeiten dementsprechend verhalten haben. Für den von ihm gefundenen und geäußerten Gedanken war diese Beherrschung nicht in gleicher Weise möglich.

Erst am Ende des Mittelalters begann man entsprechend der entschieden einsetzenden technischen Entwicklung danach zu suchen, wie ein Erfinder trotz der Veröffentlichung seiner neuen Ideen geschützt werden könne. Zu diesem Zweck wurden schon im 14. Jahrhundert auf der Grundlage des böhmischen und sächsischen Bergrechts erste Ansätze etwa zum Schutz der sog. Wasserkünste entwickelt. Im 15. Jahrhundert gewährten oberitalienische Städte Privilegien für neue Techniken zur Sicherung gegen die mit ihnen verbundenen wirtschaftlichen Risiken wie beispielsweise 1469 Venedig ein Monopol für den Buchdruck zugunsten des Johann von Speyer. Dessen ungeachtet erscheint rund die Hälfte der etwa 25 000 Wiegendrucke des 15. Jahrhunderts als zunächst ohne weiteres zulässiger Nachdruck, der erst mit dem zunehmenden Wettbewerb allmählich als schädigend empfunden wird.

Bereits im Jahre 1474 erließ auch die Republik Venedig ein erstes Patentgesetz. Bei ihm stand allerdings noch nicht der Erfinder als Schöpfer einer technischen Neuerung im Vordergrund. Vielmehr wollte man in erster Linie mit Hilfe von Gewerbeprivilegien neue Gewerbezweige unter den wirtschaftspolitischen und damit finanzpolitischen Gesichtspunkten des Staates begünstigen.

Dieses Ziel verfolgten auch die im Jahre 1533 einsetzenden kaiserlichen Privilegien. Seit Ferdinand I. (1556–64) weist diese Privilegierungspraxis aber schon sich immer mehr verfestigende Grundsätze auf. Danach muß der Antrag an den Reichshofrat möglichst genau und verständlich die Erfindung unter Beigabe von Modellen und Zeichnungen beschreiben. Ist sie neu und durchführbar, erhält der Erfinder gegen Zahlung einer Gebühr ein zwischen zwei und fünfzig Jahren befristetes Schutzrecht. Darüber wird ihm eine öffentliche Urkunde (littera patens) ausgestellt. Im Bereich der Druckkunst konnte dementsprechend derjenige, welcher ein Privileg erhielt, sein Verlagsrecht, das originär mit der erbrachten Leistung entstand, ohne weiteres durchsetzen.

Eine entscheidende Veränderung ergab sich, obwohl dann das englische Statute of Monopolies (1613/24) bereits ein Verbot aller Monopolpatente mit Ausnahme der Privilegien für wahre und erste Erfinder verhängte, demgegenüber erst seit der gewerblich-industriellen Entwicklung in der Mitte des 18. Jahrhunderts. Rechtlich zog sie die ersten Folgerungen in einem französischen Gesetz vom 7. Januar 1791 nach sich. Dieses ging erstmals vom naturrechtlichen Grundsatz des geistigen Eigentums aus, den es mit dem gewerbepolitischen Gedanken der Förderung der technischen Entwicklung verband. Dem sog. Eigentum des Erfinders gewährte es generellen Schutz.

Das preußische Allgemeine Landrecht von 1794 wies die Erteilung eines Erfindungsprivilegs dem König zu und nahm es damit vom allgemeinen Gesetz aus. Ein solches Privileg durfte allerdings die Beförderung des gemeinschaftlichen Wohles nicht beeinträchtigen. Es galt aber dem Individuum, nicht dem gemeinschaftlichen Wohl. Ein Rechtsanspruch des Individuums bestand freilich nicht. Vielmehr war das Privileg Gnade des Herrschers. Im Buchdruck gewährte das Gesetz dem Verfasser eines Werkes ein Mitspracherecht bei neuen Ausgaben. Darüber hinaus schuf Baden in seinem an den französischen Code civil angelehnten Landrecht von 1809 ein erstes Urheberrechtsgesetz, welches das Urheberrecht als Persönlichkeitsrecht ausgestaltete, das allerdings terminologisch dem Eigentumsbegriff noch verhaftet blieb.

1815 führte dann Preußen in einem Publicandum Grundsätze für das Verfahren über die Erteilung von Patenten ein. Diese sehen eine strenge Vorprüfung der Erfindung vor. Einen Rechtsanspruch des Erfinders auf Erteilung kennt es jedoch noch nicht. Andere Staaten regeln dann aber wenig später das Recht der Erfindungen in Gesetzen (Österreich 1820), die vielfach die Gewerbeverfassung gänzlich neu ordnen wollen (Bayern 1825, Württemberg 1828). Im Bereich des Buchdruckes teilt Preußen 1829 der Deutschen Bundesversammlung den Abschluß von 31 Verträgen mit anderen deutschen Staaten über die Gleichbehandlung bei Maßregeln gegen den Nachdruck mit. Durch das auf einer Abrede der Staaten des Deutschen Bundes beruhende preußische Urheberrechtsgesetz vom 11. 6. 1837 wird dann das Recht, eine bereits herausgegebene Schrift von neuem abdrucken zu lassen, allein dem jetzt auch an einer Beteiligung am wirtschaftlichen Ertrag seines Werkes interessierten Autor zugeteilt, der seine Befugnisse auf andere Personen übertragen kann. Dem folgen die anderen Staaten, so daß bald ein einheitlicher Urheberrechtsschutz in ganz Deutschland entsteht, der in der Folge nur noch weiter zugunsten des Verfassers ausgebaut zu werden brauchte.

Das geistige Eigentum

In der Mitte des 19. Jahrhunderts stehen sich im Bereich der technischen Erfindungen die Freihandelslehre, welche den Patentschutz völlig beseitigen will, und Fürsprecher des Patentwesens, welche vor allem in der Industrie beheimatet sind, diametral gegenüber. Bismarck befürwortet die Abschaffung des Patentschutzes, vermag sich aber damit nicht durchzusetzen. Gestärkt durch die internationale Patentschutzbewegung gelingt es den Befürwortern der Patente am 25. Mai 1877 ein Reichsgesetz über das Patentwesen zu erreichen. Dieses kennt ein durch strenge Neuheitsprüfung und Einspruchsmöglichkeit geprägtes Erteilungsverfahren beim neugegründeten Reichspatentamt. Allerdings wird durch das Publizitätsprinzip, die Beschränkung der Schutzdauer auf höchstens 15 Jahre und die Rücknahmemöglichkeit bei Nichtausführung den Argumenten der Patentgegner Rechnung getragen.

In der Folgezeit wird das Patentrecht in zahlreichen Einzelheiten verbessert. Bedeutsam ist nicht zuletzt die Ausdehnung auf die kleinen Erfindungen und technischen Gestaltungen im Gebrauchsmustergesetz von 1891. Hinzu kommt der Eintritt in das internationale, durch zwischenstaatliche Abkommen geschaffene Patentrecht.

Gesetzlich geschützt wird seit 1874 auch die Marke, welche zunächst nichts ist als ein reines Urspungs- oder Vermögenszeichen, das bei der Weitergabe gelöscht und durch das Zeichen des neuen Berechtigten ersetzt wird. Später kommt einzelnen dieser Zeichen auch ein Beweiswert für eine bestimmte Güte zu. Im 18. Jahrhundert gewährt dann die französische Gesetzgebung registrierten Marken den Schutz des Eigentums. Damit sind bereits die Weichen zum modernen Warenzeichenschutz gestellt.

Geschützt wird schließlich das Urheberrecht als das persönliche Verfügungsrecht des Verfassers eines Werkes der Literatur, Musik, Kunst oder Fotografie. Dessen Schutz wird in einem eigenen Gesetz vom 19. 6. 1901 besonders gewährleistet und in der Folge weitgehend ausgebaut. Besonderer Formalitäten oder Registrierungen bedarf es danach nicht. Im Gegensatz hierzu ist in den Vereinigten Staaten von Amerika für dort erstmals erschienene Bücher eine Eintragung beim Copyright-Office in Washington notwendig. Mitglieder des Welturheberrechtsabkommens erlangen den Schutz ohne Registrierung durch Anbringung des Vermerkes © in jedem Exemplar des betreffenden Werkes.

Literatur: Müller, A., Die Entwicklung des gewerblichen Rechtsschutzes und seiner Gesetzgebung in Deutschland, 1898; Heggen, A., Erfindungsschutz und Industrialisierung in Preußen, in: Studien zu Naturwissenschaft, Technik und Wirtschaft im 19. Jahrhundert, hg. v. Treue, W., 1975; Wadle, E., Fabrikzeichen und Markenrecht, 1977; Vogel, M., Deutsche Urheber- und Verlagsrechtsgeschichte zwischen 1450 und 1850, Diss. jur. Tübingen 1977; Treue, W., Die Entwicklung des Patentwesens im 19. Jahrhundert in Preußen und im Deutschen Reich, in: Wissenschaft und Kodifikation des Privatrechts im 19. Jahrhundert, hg. v. Coing, H.-Wilhelm, W., Bd. 4 1979, 163 ff.; Wadle, E., Gewerbliche Schutzrechte und Unternehmensorganisation in Deutschland (1870–1914), in: Recht und Entwicklung der Großunternehmen im 19. und frühen 20. Jahrhundert, hg. v. Horn, N.-Kocka, J., 1979, 343 ff.; Hubmann, H., Gewerblicher Rechtsschutz, 4. A. 1981; Hubmann, H., Urheber- und Verlagsrecht, 5. A. 1984; Wadle, E., Die Entfaltung des Urheberrechts als Antwort auf technische Neuerungen, Technikgeschichte 52 (1985), 233.

Recht und Form in der Gegenwart

Überlebt der blaue Planet oder richtet der Mensch ihn und sich selbst zugrunde? Das ist die vielleicht wichtigste Frage der Gegenwart. Und sie läßt sich selbst für ein Jahrhundert im voraus nicht mehr sicher beantworten.

Dem Menschen ist es weitgehend gelungen, den biblischen Auftrag, sich die Erde untertan zu machen, zu erfüllen. Die Gesamtbevölkerung, welche erst nach dem Jahre 1800 die Zahl von einer Milliarde Menschen überschritt, ist in unseren Tagen auf 5 Milliarden angewachsen und eilt stürmisch auf 10 Milliarden zu. Die Menschheit hat alle Länder und Meere erobert, beginnt sich des Weltraums zu bemächtigen und ist in der Lage, sich mit ihren eigenen Waffen zu vernichten.

Ob es dazu dieser allerdings überhaupt noch bedarf, ist aber schon fraglich. Allein durch seine Existenz scheint der Mensch seine Umwelt ausreichend zu gefährden. Schrankenlose Willkür des einen Wesens beeinträchtigt immer stärker die Gesamtheit der Natur.

135 *Eröffnung der Weimarer Nationalversammlung (6. 2. 1919) lt. der Verkündung der Wahl Friedrich Eberts zum Reichspräsidenten am 11. 2. 19*

136 Unterzeichnung des Grundgesetzes durch Konrad Adenauer (23. 5. 1949)

Politisch führt der Weg im 20. Jahrhundert in Deutschland wie in vielen anderen Ländern von der Monarchie zur Demokratie, die freilich von der nationalsozialistischen Herrschaft eines Führers für mehr als ein Jahrzehnt jäh und drastisch unterbrochen wird. Da Adolf Hitler (1889–1945) in dem von ihm eröffneten Kampf um mehr Lebensraum für das deutsche Volk eine vollständige Niederlage erleidet, erlangen die Deutschen die Chance eines neuen Beginns. Dieser sieht freilich Deutschland in einen westlichen und einen östlichen Teil gespalten und den historischen Traum von einer nationalen Einheit in Recht und Freiheit in weite Ferne gerückt.

So unterschiedlich die beiden deutschen Demokratien dabei in Gesellschaftssystem und Wirtschaftssystem auch aufgebaut werden, so ähnlich sind die übergeordneten Entwicklungen, denen sie beide unterliegen. Urbanisierung, Maschinisierung, Technisierung, Bürokratisierung, Individualisierung, Mobilisierung, Emanzipierung, Akademisierung, Säkularisierung, Sozialisierung und Internationalisierung finden diesseits wie jenseits der Mauer statt, welche selbst in der hochindustrialisierten Welt des ausgehenden 20. Jahrhunderts eine wirksame Abgrenzung zu sichern scheint. Selbst die geburtenhemmende Wirkung des medizinischen Fortschritts wirkt sich hier wie dort in einer dramatischen Umkehr des Bevölkerungswachstums aus.

137 Verkündung des Grundgesetzes am 23. Mai 1949. Vorn rechts: Theodor Heuss, Mitte: Carlo Schmid. Die KPD-Abgeordneten Renner und Reimann bleiben sitzen und bekunden damit ihren Protest gegen die Verabschiedung der Verfassung

Innerhalb der Demokratie ist das Recht der vielleicht wichtigste Ordnungsfaktor. Es prägt den Staat so sehr, daß er sich bewußt als Rechtsstaat bezeichnet. Wesentliches Staatsziel ist damit die Verwirklichung von Recht und Gerechtigkeit.

Dem dient in erster Linie die Schaffung von Recht, welche das Volk selbst durch seine dazu berufenen besonderen Organe vornimmt. Dazu kommt die Ausführung der so geschaffenen Regeln, welche ebenfalls dem Volk und seinen besonders hierfür bestimmten Organen obliegt. Im Streitfall ist hier wie allgemein dann die Entscheidung über das Recht durch die vom Volk dazu bestellten Organe erforderlich.

Grundlage allen Rechts ist dabei seit dem ausgehenden 18. Jahrhundert die Verfassung. Als solche hatte die Weimarer Reichsverfassung von 1919 erstmals grundlegende Rechte (Grundrechte) des einzelnen aufgenommen, welche ihm dem Staat gegenüber zustanden. Das Grundgesetz der Bundesrepublik Deutschland von 1949 hatte sie ebenso fortgeführt wie die Verfassung der gleichzeitig entstandenen Deutschen Demokratischen Republik.

Grundprinzipien des Grundgesetzes sind dabei vor allem das Sozialstaatsprinzip, das Demokratieprinzip und das Rechtsstaatsprinzip. Hiervon kommt das Rechtsstaatsprinzip schon in der von Locke und Montesquieu begründeten Teilung der staatlichen Gewalt in Legislative, Exekutive und Judikative und ihrer gegenseitigen Kontrolle zum Ausdruck. Daneben wirkt es sich in dem Grundsatz aus, daß jede Veränderung von Recht nur durch Gesetz oder durch eine tieferrangige Regel auf Grund eines Gesetzes, d. h. in jedem Fall nur in einem besonderen, öffentlichen Formalverfahren vorgenommen werden kann, wobei die gesetzgebenden Organe die Grundlage der Verfassung nicht verlassen dürfen. Nach Art. 20 III GG sind auch vollziehende Gewalt und rechtsprechende Gewalt derart an Gesetz und Recht gebun-

138 Das Bundeskabinett der großen Koalition (1966)

den, daß jede Abweichung von ihnen grundsätzlich rechtswidrig ist. Dementsprechend bedarf die ausführende Gewalt zu jeder Maßnahme einer rechtlichen Grundlage. Umgekehrt kann der einzelne grundsätzlich in jedem Fall in einer ihn betreffenden Streitfrage die Entscheidung eines unabhängigen Gerichtes herbeiführen.

Zentraler Wert der in einer besonderen Urkunde verkörperten formellen Verfassung ist die Würde des Menschen, welche nach Art. 1 S. 1 GG unantastbar ist. Art. 2 GG schützt das Recht auf freie Entfaltung der Persönlichkeit, die nur durch die Rechte anderer, die verfassungsmäßige Ordnung und das Sittengesetz eingeschränkt ist. Art. 3 GG garantiert die Gleichheit aller Menschen vor dem Gesetz und verbietet damit zugleich willkürliche Ungleichbehandlung.

Der Organisationsform nach ist die Bundesrepublik ein aus elf Ländern zusammengesetzter Bundesstaat, während die in der Deutschen Demokratischen Republik anfangs ebenfalls vorhandenen fünf Länder schon früh beseitigt wurden. Die Bundesrepublik ist darüber hinaus eine parlamentarische und repräsentative Demokratie. Besondere Bedeutung kommt dabei für die politische Willensbildung den Parteien zu, deren Zahl sich in Folge der sog. Fünfprozentklausel, welche als Lehre aus dem Versagen der Weimarer Republik geschaffen wurde, bald auf wenige Großparteien beschränkt.

Für die politische Willensbildung wählt das Volk 496 Abgeordnete als seine Vertreter in den Bundestag. Im Gegensatz zur Deutschen Demokratischen Republik, in welcher der Wahltag Bekenntnistag zum Sozialismus ist, soll in der Bundesrepublik die Wahl zwischen unterschiedlichen politischen Richtungen und Zielen entscheiden.

Der Bundestag wählt den Bundeskanzler und kann ihm das Mißtrauen dadurch aussprechen, daß er mit der Mehrheit seiner Mitglieder einen Nachfolger wählt. Nach Art. 72 I 1 GG beschließt der Bundestag im Rahmen der ihm in Abgrenzung zu den Länderparlamenten gewährten Zuständigkeit die Gesetze, darunter auch für jedes Haushaltsjahr ein Bundeshaushaltsgesetz. Bei den sog. Einspruchsgesetzen schiebt ein Einspruch des Bundesrates, durch den die Länder bei der Gesetzgebung und Verwaltung des Bundes mitwirken, das Inkrafttreten eines Gesetzes auf, bei den sog. Zustimmungsgesetzen verhindert die fehlende Zustimmung das Zustandekommen des Gesetzes überhaupt.

Die Bundesregierung als wichtigstes Organ der Exekutive besteht aus dem Bundeskanzler und den etwa 20 Bundesministern, welche nur vom Vertrauen des Bundeskanzlers abhängig sind. Dieser bestimmt die Richtlinien der Politik. Daneben leitet jeder Minister seinen Geschäftsbereich selbständig und in eigener Verantwortung.

Die Bundesorgane der Judikative sind die Bundesgerichte. Besondere Bedeutung kommt dabei dem in zwei Senate mit je acht Richtern gegliederten Bundesverfassungsgericht in Karlsruhe zu, weil es nicht nur über den Streit zwischen einzelnen Bundesorganen entscheidet, sondern auch über die Beeinträchtigung von Grundrechten, wie sie letzlich in jeder exekutiven Handlung beinhaltet sein kann. Von den übrigen Bundesgerichten befindet sich der Bundesgerichtshof als oberstes Gericht der ordentlichen Gerichtsbarkeit und Nachfolger des in Leipzig beheimateten Reichsgerichts in Karlsruhe, das Bundesverwaltungsgericht in Berlin, das Bundesarbeitsgericht und das Bundessozialgericht in Kassel sowie der Bundesfinanzhof in München.

Völkerrechtlich wird die Bundesrepublik vom Bundespräsidenten vertreten. Im Gegensatz zur Weimarer Republik wird er aber nicht unmittelbar vom Volk gewählt, sondern von einer besonderen Bundesversammlung, welche sich aus den Mitgliedern des Bundestages und einer gleichen Zahl von Vertretern der Länderparlamente zusammensetzt. Innerstaatlich wirkt er formell bei vielen Akten mit, doch kommt ihm im Gegensatz zur Weimarer Republik keine grundsätzliche politische Entscheidungsgewalt zu.

Die Verwaltung als die planmäßige Tätigkeit zur Gewährleistung und Gestaltung des sozialen Zusammenlebens durch konkrete Maßnahmen hat auch im 20. Jahrhundert weiter zunehmende Bedeutung gewonnen. Dabei ist neben die ältere Eingriffsverwaltung seit dem ausgehenden 19. Jahrhundert immer mehr die Leistungsverwaltung getreten. Sie ergibt sich daraus, daß der Staat in der verdichteten Industriegesellschaft auch zur positiven Gestaltung und Sicherung einer sachgerechten Gesellschaftsordnung berufen ist.

Dabei ist die Ausübung der staatlichen Befugnisse nach Art. 30 GG grundsätzlich Sache der Länder, so daß die Verwaltung in erster Linie Landesverwaltung ist. Diese ist meist dreistufig in Ministerien, Regierungsbezirke und Landratsämter bzw. kreisfreie Städte gegliedert. Dabei stehen die Behörden desselben Verwaltungsträgers in einem hierarchischen Über- und Unterordnungsverhältnis.

Hauptfall der Verwaltungstätigkeit ist der Verwaltungsakt. Darunter versteht man jede Verfügung, Entscheidung oder andere hoheitliche Maßnahme, die eine Behörde zur Regelung eines Einzelfalles auf dem Gebiet des öffentlichen Rechtes trifft und die auf unmittelbare Rechtswirkung nach außen gerichtet ist (z. B. Baugenehmigung, Ausweisungsverfügung, Steuerbescheid). Daneben kann die Verwaltung aber etwa durch eine Rechtsverordnung Recht setzen, wenn sie dazu durch ein Gesetz berufen

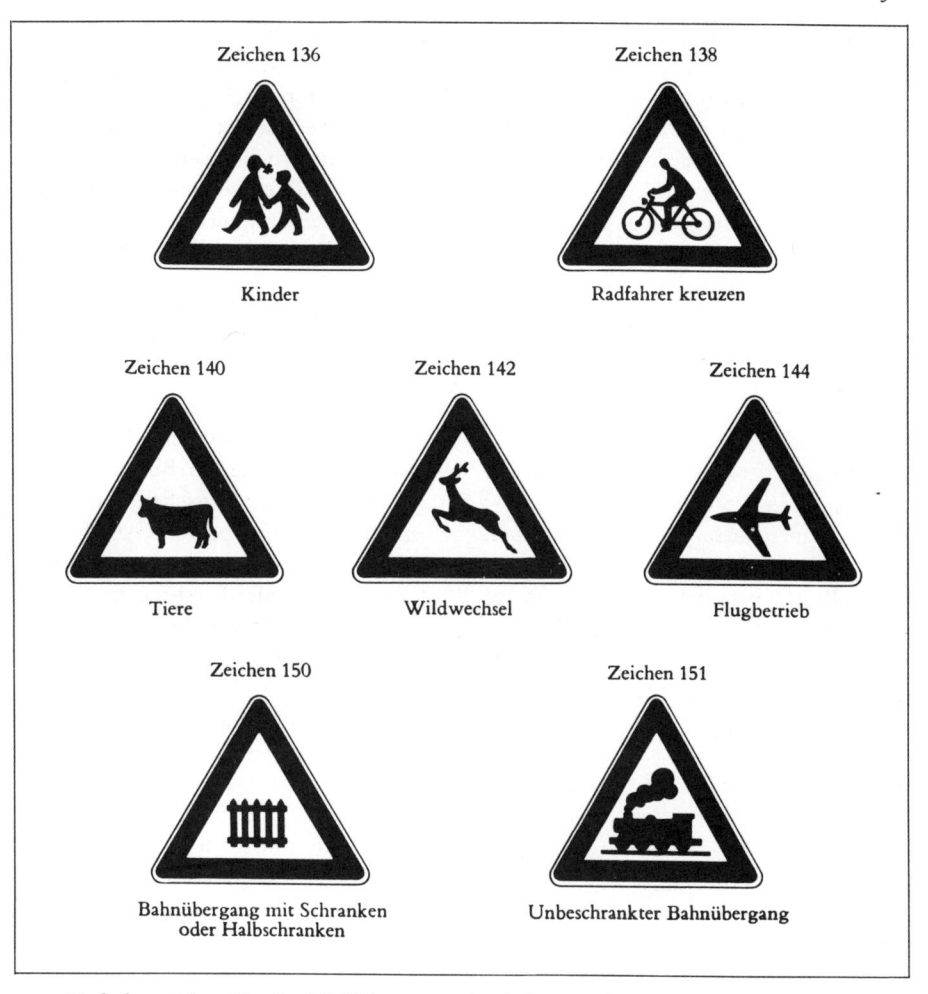

Zeichen 136	Zeichen 138
Kinder	Radfahrer kreuzen

Zeichen 140	Zeichen 142	Zeichen 144
Tiere	Wildwechsel	Flugbetrieb

Zeichen 150	Zeichen 151
Bahnübergang mit Schranken oder Halbschranken	Unbeschrankter Bahnübergang

139 Verkehrszeichen Versinnbildlichung von Verkehrsvorschriften

ist, das Inhalt, Zweck und Ausmaß der entsprechenden Ermächtigung bestimmt. Weitere Handlungsformen besonders der modernen Leistungsverwaltung sind Plan und Zusage.

Die wichtigsten Einzelgebiete der Verwaltung sind das Beamtenrecht, das Polizeirecht, das Baurecht und das Gemeinderecht. Davon dient das Polizeirecht vor allem der Aufrechterhaltung der öffentlichen Ordnung und Sicherheit, welche in den zahlreichen Verkehrszeichen des modernen Straßenverkehrs augenfällig sichtbar wird. Im Baurecht ist insbesondere die bauliche und sonstige Nutzung der Grundstücke durch Bauleitpläne (Flächennutzungsplan, Bebauungsplan) vorzubereiten und zu leiten.

Zum Verwaltungsrecht gehört weiter das Steuerrecht, dessen steigende Bedeutung sich daran zeigt, daß ein immer größerer Teil des gesamten Sozialproduktes durch öffentliche Haushalte läuft (1951 31%, 1982 48%) und die Steuern deren wichtigste Einnahmequelle sind (1953 36 Mrd. DM, 1965 105 Mrd. DM, 1980 365 Mrd. DM,

140 Der II. Senat des Bundesverfassungsgerichtes während einer Verhandlung im Jahre 1986

Professor Dr. Roman Herzog, Präsident des Bundesverfassungsgerichtes und Vorsitzender des Ersten Senats

1985 437 Mrd. DM). Steuern sind dabei einmalige oder laufende Geldleistungen, die nicht eine Gegenleistung für eine besondere Leistung darstellen und von einem öffentlich-rechtlichen Gemeinwesen zur Erzielung von Einkünften allen auferlegt werden, bei denen der Tatbestand zutrifft, an welchen das Gesetz die Leistungspflicht knüpft. Solche Tatbestände sind etwa Einkommen, Vermögen, Erbschaft, Gewerbe oder Umsatz, um nur die wichtigsten zu nennen. Dabei liegt der Spitzensteuersatz bei Einkünften deutlich über 50% und tendiert der Steuersatz bei Umsätzen allmählich wohl zu 20%.

141 Der Bundesgerichtshof

Zum Verwaltungsrecht ist schließlich auch der weite Bereich des Sozialrechts zu zählen, der sich auf der Grundlage der Bismarckschen Sozialversicherungsreform mit dem Ausbau des Sozialstaates allmählich entwickelt hat. Seine Bedeutung läßt sich daran ermessen, daß die Summe aller Sozialleistungen in der Bundesrepublik zuletzt immerhin 450 Mrd. DM betrug. Daß der beständige Ausbau des sozialen Netzes auch von seinen Nutznießern immer höhere Beiträge fordert, läßt sich dabei deutlich am Anstieg des Anteils der Beiträge am gesamten Volkseinkommen ablesen (1960 40 Mrd DM = 16%, 1975 200 Mrd. DM = 24%).

Die Judikative beruht in der Bundesrepublik Deutschland, außer für die besonderen Verfahrensarten wie etwa die immer bedeutsamer werdenden Verfahren vor dem Bundesverfassungsgericht, im wesentlichen auf den Reichsjustizgesetzen der Jahre 1877/9, die auch in der Deutschen Demokratischen Republik erst nach mehreren Jahrzehnten abgelöst wurden. Danach wird die ordentliche streitige Gerichtsbarkeit durch Amtsgerichte, Landgerichte, Oberlandesgerichte und durch den Bundesgerichtshof ausgeübt. Zuständig sind die ordentlichen Gerichte grundsätzlich für alle bürgerlichen Rechtsstreitigkeiten und Strafsachen. Besetzung und Zuständigkeit der einzelnen Gerichte bestimmen sich nach dem Gerichtsverfassungsgesetz. Dieses sieht Amtsgericht und Landgericht weitgehend als Eingangsgerichte, Oberlandesgericht und Bundesgerichtshof in erster Linie als Rechtsmittelgerichte.

Im Zivilprozeß geht es dabei um die gerichtliche Geltendmachung und Durchsetzung privater Rechte, über welche fast ausnahmslos Berufsrichter entscheiden. Sie können als Einzelrichter oder als Kollegialgericht (Kammer, Senat) tätig werden. Die Klage kann Leistungsklage, Feststellungsklage oder Gestaltungsklage sein.

Das zivile Erkenntnisverfahren leitet der Kläger, der parteifähig und prozeßfähig sein und sich vor dem Landgericht und den höheren Gerichten von einem der derzeit vorhandenen 50000, bei dem jeweiligen Gericht zugelassenen Rechtsanwälte vertreten lassen muß, durch die meist in einer besonderen Klageschrift festgelegte Klage mit einem bestimmten Antrag ein. Daraufhin beraumt das Gericht einen Verhandlungstermin an, zu dem es die Parteien unter Zustellung der Klageschrift an den Beklagten lädt. Zwischen der formbedürftigen Ladung und dem Termin muß die sorgfältig einzuhaltende Ladungsfrist liegen. Bleibt eine der Parteien im Termin aus, so kann auf Antrag des erschienenen Gegners ein Versäumnisurteil ergehen. Erscheinen beide Parteien im Termin, so stellen sie dort normalerweise unter Bezugnahme auf ihre eventuellen Schriftsätze ihre Anträge. Werden entscheidungserhebliche Tatsachen vom Gegner bestritten, so müssen grundsätzlich von jeder Partei die tatsächlichen Voraussetzungen der ihr günstigen Rechtsnormen bewiesen werden. Der Beweis kann in einem besonderen Beweistermin mit den fünf Beweismitteln Augenschein, Zeugen, Sachverständige, Urkunden und Parteivernehmung angetreten werden. Allerdings würdigt das Gericht die Wahrheit oder Unwahrheit tatsächlicher Behauptungen

142 Justizgebäude der Gegenwart (Köln)

143 Sitzungssaal einer Zivilkammer (Köln)

grundsätzlich frei. Ist der Rechtsstreit entscheidungsreif, so ergeht im Namen des Volkes im gleichen Termin oder in einem sofort anzuberaumenden besonderen Verkündungstermin ein Urteil. Das schriftliche Urteil bedarf einer gesetzlich festgelegten besonderen Form. Es kann mit den zulässigen Rechtsmitteln (Berufung, Revision) angefochten werden.

Durchgesetzt wird das festgestellte Recht dann in dem besonderen Vollstreckungsverfahren. Seine Voraussetzungen sind ein Vollstreckungstitel, die besondere Vollstreckungsklausel des Urkundsbeamten der Geschäftsstelle und die Zustellung an den Vollstreckungsschuldner. Wichtigster Fall des Vollstreckungstitels ist dabei das im Erkenntnisverfahren erlangte, meist für vorläufig vollstreckbar erklärte Urteil. Vollstreckungsorgane sind Gerichtsvollzieher, Vollstreckungsgericht, Prozeßgericht und Grundbuchamt. Die Art und Weise der Vollstreckung hängt im einzelnen von der Art des Rechts und dem zu verwertenden Gegenstand ab. Im Vordergrund stehen Pfändungen beweglicher Sachen durch den Gerichtsvollzieher wegen Geldforderungen, bei welcher der Gerichtsvollzieher den Gegenstand durch Anbringung einer Pfandmarke (sog. Kuckuck) pfändet und damit in ein besonderes öffentlichrechtliches Verstrickungsverhältnis überführt, Zwangsvollstreckungen wegen Geldforderungen in Forderungen (sog. Lohnpfändung) sowie Zwangsversteigerungen von Grundstücken. Ist ein Schuldner zahlungsunfähig, kann über sein Vermögen das Konkursverfahren verhängt werden, bei dem dann grundsätzlich alle Gläubiger gleich schlecht gestellt werden und sich mit der meist ziemlich niedrigen Konkursquote zufriedengeben müssen.

Das Strafverfahren zerfällt in drei Abschnitte.

Sobald die Staatsanwaltschaft durch eine Anzeige, die bei ihr, den Polizeibehörden oder den Amtsgerichten angebracht werden kann, oder auf anderem Wege von dem

144 Strafkammersitzung im Schwurgerichtssaal (Köln)

Verdacht einer strafbaren Handlung Kenntnis erhält, hat sie zwecks einer Entscheidung über die Erhebung einer öffentlichen Klage Ermittlungen über den Sachverhalt anzustellen. In der Regel bedient sie sich dazu der Polizei, welche aber auch selbständig zur Erforschung strafbarer Handlungen berufen ist. Für den Gang der Ermittlungen gelten dabei in jedem Fall strenge rechtsstaatliche Grundsätze.

Bieten die Ermittlungen genügenden Anlaß zur Erhebung der öffentlichen Klage, so erfolgt in der Regel die Einreichung einer Anklageschrift bei dem zuständigen Gericht. Reicht die Staatsanwaltschaft keine Anklageschrift ein, so stellt sie, wenn nicht aus anderen Gründen von der Verfolgung oder der Klage abgesehen werden kann, das Verfahren ein. Demgegenüber kann ein Verletzter gegebenenfalls versuchen, in einem besonderen Verfahren die öffentliche Klage gegen den Willen der Staatsanwaltschaft zu erzwingen.

Das zuständige, vielfach mit Berufsrichtern und Laien (Schöffen) als Vertretern des Volkes besetzte Gericht entscheidet darüber, ob das Hauptverfahren zu eröffnen oder der Angeschuldigte außer Verfolgung zu setzen oder das Verfahren vorläufig einzustellen ist. Dabei wird dem Angeschuldigten die Anklageschrift mitgeteilt. Eröffnet wird das Hauptverfahren nur unter der Voraussetzung, daß der Angeschuldigte einer strafbaren Handlung hinreichend verdächtig erscheint. Die Hauptverhandlung, welche durch Terminsbestimmungen und Ladungen vorbereitet wird, beginnt mit dem formalen Aufruf der Sache. Danach wird die Anwesenheit des Angeklagten, wie jetzt der frühere Angeschuldigte heißt, seines (in bestimmten Fällen unabdingbaren) Verteidigers, der Zeugen sowie der Sachverständigen festgestellt. Dann wird der Angeklagte über seine persönlichen Verhältnisse vernommen. Daraufhin verliest der Staatsanwalt den Anklagesatz. Danach kann sich der Angeklagte zur Sache äußern, doch hat unabhängig hiervon das Gericht die Wahrheit von Amts wegen zu erforschen. Dazu dient die Beweisaufnahme mit Hilfe der Beweismittel (u. a. Zeugen, Sachverständige, Augenschein). Zu der Beweisaufnahme muß der Angeklagte gehört werden. Danach erhalten der Staatsanwalt, ein eventuell vorhandener Verteidiger und der Angeklagte das Wort. An das letzte Wort des Angeklagten schließt sich die Beratung des Gerichts, an deren Ende das sich aus ihr ergebende Urteil verkündet wird.

Gegen das Urteil sind grundsätzlich Berufung und Revision als Rechtsmittel zulässig. Bei der Revision können die tatsächlichen Feststellungen des Urteils nicht mehr angegriffen werden. Zum Nachteil des Angeklagten darf das Urteil in Art und Höhe der Rechtsfolgen der Tat dann nicht abgeändert werden, wenn lediglich er selbst, sein Vertreter oder die Staatsanwaltschaft zu seinen Gunsten das Rechtsmittel eingelegt hat.

Das Urteil kann nur dann eine Strafe festsetzen, wenn dem Angeklagten im Verfahren nachgewiesen wird, daß er die gesetzlichen Voraussetzungen eines Strafausspruches erfüllt hat, wie sie im Strafgesetzbuch in den einzelnen Straftatbeständen niedergelegt sind. Solche Straftatbestände sind etwa Mord, Totschlag, Körperverletzung, Diebstahl, Raub, Erpressung, Betrug, Untreue, Urkundenfälschung, Brandstiftung, Verkehrsgefährdung und vieles andere mehr. Allgemein erfordern sie regelmäßig ein vom Willen beherrschbares menschliches Verhalten (Tun oder Unterlassen trotz Handlungspflicht), bei Erfolgsdelikten den kausal auf diesem Verhalten beruhenden Erfolg, bei Vorsatzdelikten den Vorsatz des Täters, bei Fahrlässigkeitsdelikten seine Fahrlässigkeit sowie in allen Fällen die Rechtswidrigkeit und die Schuldhaftigkeit des Verhaltens. Bleibt der erforderliche Erfolg aus, so kommt nur ein Versuch einer Straftat in Betracht, der aber nur bei Verbrechen stets strafbar ist. Hat jemand vorsätzlich einen anderen zu dessen vorsätzlich begangener rechtswidriger Tat bestimmt, ist er nur Anstifter, hat jemand nur vorsätzlich einem anderen zu dessen vorsätzlich begangener rechtswidriger Tat Hilfe geleistet, ist er nur Gehilfe. Strafen sind nach der Beseitigung der Leibesstrafen und der Todesstrafe (im Grundgesetz) vor allem Freiheitsstrafe und Geldstrafe, wobei stets die Schuld Grundlage der Zumessung der Strafe ist. Daneben sind auch Maßregeln der Besserung und Sicherung zulässig. Neben den älteren, nicht vollständig aufgegebenen Strafzwecken geht es jetzt vor allem auch um die Wiedereingliederung des Straftäters in die Gesellschaft (Resozialisierung).

Im Verwaltungsprozeß schließlich sind alle öffentlichrechtlichen Streitigkeiten nichtverfassungsrechtlicher Art geltend zu machen, welche nicht durch Gesetz anderen Gerichten oder den besonderen Verwaltungsgerichten (Sozialgerichten, Finanzgerichten, Disziplinargerichten) zugewiesen sind. Gerichte der Verwaltungsgerichtsbarkeit sind nach der besonderen Verwaltungsgerichtsordnung Verwaltungsgericht, Oberverwaltungsgericht bzw. Verwaltungsgerichtshof und Bundesverwaltungsgericht. In der Regel geht dabei dem gerichtlichen Erkenntnisverfahren ein außergerichtliches Verwaltungsverfahren als Vorverfahren des Streitverfahrens voraus, weil eine Behörde, gegen deren Verhalten eine Anfechtungs- oder Verpflichtungsklage erhoben werden soll, zunächst die Möglichkeit gehabt haben muß, ihre Entscheidung in rechtlicher und sachlicher Hinsicht noch zu prüfen. Voraussetzung hierfür ist ein besonderer Widerspruch. Über ihn entscheidet die vorgesetzte Widerspruchsbehörde. Sie kann ihm abhelfen oder einen die bisherige Verwaltungsentscheidung aufrecht erhaltenden, mit Rechtsmittelbelehrung zu versehenden Widerspruchsbescheid erlassen.

Das Erkenntnisverfahren beginnt mit der Erhebung der Klage. Ihr tritt der verklagte Hoheitsträger in der Regel durch entgegengesetzten Antrag gegenüber. Danach hat das Gericht sich von Amts wegen durch Untersuchung die tatsächliche Entscheidungsgrundlage zu verschaffen. Für die Beweisaufnahme wie im übrigen auch sonst vielfach gilt das zivilprozessuale Verfahrensrecht entsprechend. Im Vollstreckungsverfahren kommen die Verwaltungsvollstreckungsgesetze mit ihren besonderen Verwaltungsvollstreckungsorganen hinzu.

Diesem vielfältigen, vom Hoheitsträger als solchem geprägten öffentlichen Recht steht das Privatrecht gegenüber, dessen wichtigste Teile das bürgerliche Recht (im engeren Sinn), das Handelsrecht, das Urheberrecht und das Arbeitsrecht sind. Für sie alle gilt noch der dem Liberalismus entsprungene Grundsatz der allgemeinen Handlungsfreiheit aller. Er wird aber seit langem vielfach durch sozialisierende Elemente beeinflußt.

Im Mittelpunkt des Privatrechts steht der einzelne Mensch, der in Abgrenzung zu den zahlreichen juristischen Personen (ca. 2000 Aktiengesellschaften, 300000 Gesellschaften mit beschränkter Haftung) als natürliche Person bezeichnet wird. Er erlangt mit seiner Geburt die Rechtsfähigkeit und behält diese bis zu seinem Tod, wobei gewisse rechtliche Vorwirkungen vor die Geburt zurückreichen und andere Nachwirkungen über den Tod hinaus bestehen. Bis zur Vollendung seines siebenten Lebensjahres sowie in bestimmten anderen Fällen ist der Mensch geschäftsunfähig, so daß seine private, auf einen rechtlichen Erfolg gerichtete Willensäußerung ohne jede Rechtswirkung ist. Nach der Vollendung des siebenten Lebensjahres und vor der Vollendung des 18. Lebensjahres (früher: des 21. Lebensjahres) ist der Mensch beschränkt geschäftsfähig. Seine Willenserklärung ist, wenn sie ihm lediglich einen rechtlichen Vorteil bringt, wirksam. Im übrigen müssen in der Regel die Eltern entweder vorher in das entsprechende Geschäft einwilligen oder dieses nachträglich genehmigen. Andernfalls ist aus ihm keiner der Beteiligten berechtigt oder verpflichtet. Bei schädigenden Handlungen kommt es darauf an, ob der Minderjährige, der das siebente Lebensjahr vollendet hat, die zur Erkenntnis der Verantwortlichkeit erforderliche Einsicht hatte.

Die neben der natürlichen Person stehende juristische Person erscheint im Privatrecht vor allem als eingetragener Verein. Dieser ist selbst Träger von Rechten und Pflichten, seine Mitglieder sind es grundsätzlich nur ihm selbst gegenüber, nicht Dritten gegenüber. Die Rechtsfähigkeit erlangt dieser Verein ausschließlich durch Eintragung in das besondere Vereinsregister. Für den Verein handeln dann seine Organe.

Verpflichtet und berechtigt werden alle Personen hauptsächlich durch Willenserklärungen. Diese sind zwar in der Regel in vieler Hinsicht frei. Liegen die Voraussetzungen der privaten, auf einen rechtlichen Erfolg gerichteten Willensäußerung jedoch vor, dann folgt ihnen die jeweilige Rechtsfolge auch zwangsläufig nach. Einer besonderen Form bedarf diese Willenserklärung nur in gewissen Ausnahmefällen wie etwa dem Grundstückskauf.

Die wichtigsten Berechtigungen und Verpflichtungen ergeben sich für die Personen durch schuldrechtliche Rechtsgeschäfte. Hierzu gehören etwa Kauf, Tausch, Schenkung, Miete, Darlehen, Dienstvertrag oder Werkvertrag. Für sie hat schon der Gesetzgeber auf der Grundlage der pandektistischen Rechtswissenschaft neben den besonderen Vorschriften zahlreiche allgemeine Regeln festgelegt.

Das Verhältnis der Personen zu den Sachen ist im besonderen Sachenrecht geregelt. Dieses kennt an den einzelnen Sachen vor allem den Besitz und das Eigentum sowie gegebenenfalls beschränkte dingliche Rechte. Besonderheiten gelten dabei für die unbeweglichen Sachen, weil die meisten sie betreffenden Rechtsvorgänge zu ihrer Wirksamkeit der Eintragung in das Grundbuch bedürfen.

Das Familienrecht befaßt sich mit Ehe, Verwandtschaft und Vormundschaft. Kennzeichnend für die jüngere Rechtsentwicklung ist dabei die schrittweise Beseitigung der Ungleichheit von Mann und Frau. Außerdem werden die Kinder vom Gesetzgeber der elterlichen Gewalt entzogen und der elterlichen Sorge unterstellt.

Besondere Bedeutung kommt in der Gegenwart dem Handels- und Wirtschaftsrecht zu, da fast alle Personen nahezu alle Güter über den Markt erwerben und eigene Produktion von Gegenständen fast ebenso selten geworden ist wie die ursprünglich ausschließliche Möglichkeit der Durchsetzung von Rechten in Selbsthilfe. Dabei wird die Wirtschaft immer mehr von immer weniger multinationalen Großunternehmen beherrscht, die sich der Organisationsform der in das besondere Handelsregister einzutragenden Aktiengesellschaft bedienen. Ihrer Übermacht Schranken aufzuerlegen, ist eine der wichtigsten sozialen Funktionen des Privatrechts.

Zum Handelsrecht zählt dabei auch das Wertpapierrecht. Dieses legt für seine vielfältigen und sich immer mehr verfeinernden Formen oft strenge Förmlichkeiten fest. Insbesondere ist etwa die Formenstrenge des Wechsels fast sprichwörtlich.

Auch der Schutz der Immaterialgüter ist erheblich ausgebaut worden. Beispielsweise erlischt nunmehr das Urheberrecht erst 70 Jahre nach dem Tod des Urhebers. Außerdem ist etwa die Verwertung eines Werkes durch das neue technische Verfahren der Fotokopie, welches die Nachbildung revolutionär vereinfacht, zugunsten des Urhebers vergütungsrechtlich erfaßt. Geschmacksmuster, Gebrauchsmuster, Warenzeichen und Patente sind gesetzlich vielfältig gesichert.

Aus dem Privatrecht heraus hat sich das Arbeitsrecht zur Selbständigkeit entwickelt, weil das Bürgerliche Gesetzbuch diesen Sonderfall des Schuldverhältnisses unzureichend berücksichtigte. Statt der vorausgesetzten Gleichheit der Vertragspartner ergab sich ja schon im 19. Jahrhundert eine wirtschaftliche Ungleichheit zwischen Unternehmer und Arbeitsuchendem. Dem wurde zwar schon früh durch die genossenschaftlichen Selbsthilfeeinrichtungen der Gewerkschaften begegnet. Darüber hinaus war aber auch der Gesetzgeber der Weimarer Republik zur Tätigkeit zugunsten der Arbeitnehmer aufgerufen. Soweit der Legislative dann im folgenden die Lösung sozialer Konflikte mißlang, traten die Arbeitsgerichte mit einer Vielzahl wegweisender Entscheidungen stellvertretend und lückenfüllend ein.

Im Ergebnis hat all dies zu einer weitgehenden Verrechtlichung des menschlichen Lebens in der Gegenwart geführt. Die Zahl der geltenden Rechtsvorschriften ist wegen ihrer Größe unbekannt geworden. Auch die Zahl der gerichtlichen Entscheidungen läßt sich nur noch schätzen. Allein die Zahl der berufsmäßig mit dem Recht befaßten und hierfür wissenschaftlich besonders ausgebildeten Personen läßt sich mit derzeit etwas mehr als 100 000 universitär und praktisch ausgebildeten Volljuristen einigermaßen genau beziffern, obwohl sie als Folge der bildungspolitisch erstrebten Akademisierung des gesamten Berufslebens ebenfalls in ständigem, ja stürmischem Wachstum begriffen ist.

Insofern sind gegenüber den ersten gerade noch sichtbaren Anfängen der Rechtsentwicklung ungeheure Veränderungen eingetreten. Statt verhältnismäßig weniger einfacher grundsätzlicher Verhaltensregeln ist ein nur noch von professionellen Spezialisten einigermaßen verstehbares Gespinst zahlloser Regeln entstanden, welche den Menschen von der Wiege und der an sie geknüpften Geburtsurkunde bis zur Bahre und dem mit ihr verbundenen Totenschein begleiten. Sie alle teilen ihm mit, wie er sich verhalten soll und was ihn erwartet, wenn er sie bricht.

Jeder dieser Rechtssätze ist dabei schon dadurch in einer bestimmten Weise formal geworden, daß das moderne Leben von der Schriftlichkeit durchdrungen ist. Sie ist für das Gesetz als wichtigster Rechtsquelle sogar zur Entstehungsbedingung geworden. Ohne Verkündung im Gesetzblatt tritt das Gesetz nicht in Kraft.

Darüber hinaus ist auch sonst das Recht mit der Form eng verbunden. Das Straßenschild, die Verkehrsampel, die Uniform und das Blaulicht der Polizei, Stempel, Formular und Amtsgebäude zeigen dies ebenso wie Warenzeichen, Wertpapier, Briefmarke, Grundbuch oder Handelsregister. Gesetzgebung, Verwaltungshandeln und Prozeß sind in zahllosen Einzelheiten in so strenger Weise formalisiert, daß der formale Verstoß den materiellen Verlust bewirkt.

Dementsprechend scheint die Gegenwart sich von der Vergangenheit kaum durch die Form des Rechtes selbst zu scheiden. Bedeutsamer könnte demgegenüber schon die Art und Weise der Form sein. Unabhängig hiervon gehört aber die Form anscheinend fast zwangsläufig zum Recht.

In seiner Formhaftigkeit sichert das an sich als gedankliches Gebilde abstrakte, aber – wie sich im Gang durch die vergangenen Zeiten anschaulich gezeigt hat – doch auch immer wieder bildlich erkennbare und dementsprechend dargestellte Recht den Menschen. Das Bedürfnis danach ist in der Rechtsgeschichte aufs Ganze gesehen beständig gestiegen und hat zugleich in seinem Wachstum das Sein von immer mehr Menschen befriedigend gesichert. Von daher ist aus der Geschichte des Rechts heraus zu erwarten, daß es mit Hilfe der vielfältigen Formen des Rechts auch gelingen wird, die noch nicht im ganzen Ausmaß zu erkennenden zukünftigen Fragen der sich selbst gefährdenden Menschheit zu lösen.

Anhang

Bildquellenverzeichnis

Die Ziffern bezeichnen die Abbildungsnummern

Augsburg
Staats- und Universitätsbibliothek 78
Bamberg
Universitätsbibliothek 109
Bergisch-Gladbach
Rainer Gaertner 144
Berlin
Bildarchiv Preußischer Kulturbesitz 79
Kupferstichkabinett 41
Ullstein Bilderdienst 27, 127a, 131a, 135
Bonn
Bundesbildstelle 362
Braunschweig
Landesmuseum 15a
Freiburg
Herder Verlag 5
Fulda
Hessische Landesbibliothek 35
Gemunden/Österreich
Kloster Lambach 23, 24
Gießen
Universitätsbibliothek 4, 91, 92
Göttingen
Niedersächsische Staats- und Universitäts-Bibliothek 29, 77
Hamburg
Hamburgisches Staatsarchiv 71, 72, 75
Keystone Pressedienst 142
Heidelberg
Winter Verlag 12
Universitätsbibliothek 67
Herford
Stadtarchiv 44
Innsbruck
Tiroler Landesmuseum 80
Klagenfurt
Landesmuseum 56
Koblenz
Landesbildstelle Rheinland-Pfalz 22
Landeshauptarchiv 38

Köln
Helmut Stahl 143
Kopenhagen
Nationalmuseum 14
Linz
Österreichisches Landesmuseum 111
Luzern
Zentralbibliothek (Umschlagabb.) 37, 40, 50, 58, 59
Marburg
Bildarchiv Foto Marburg 13, 17, 18, 32, 36, 96, 98
München
Foto-Archiv Hirmer 2
Leopold-Wenger-Institut 62
Süddeutscher Verlag 119, 121, 122, 123, 124, 126a, 129, 131, 136, 137, 138, 140, 141
Nürnberg
Germanisches Nationalmuseum 54, 76, 85, 87, 97, 99, 104, 110, 114
Rastatt
Bundesarchiv (Nebenstelle) 120
Regensburg
Museum der Stadt Regensburg 52, 84, 94, 95
Fremdenverkehrsamt 93
Rom
Museo Capitolino 11
Rothenburg
Mittelalterliches Kriminalmuseum 53, 61, 102, 105, 106, 107
St. Gallen
Stiftung St. Galler Museen 19, 39, 47
Schleswig
Schleswig-Holsteinisches Landesmuseum 16
Siegen
Stadtarchiv 82
Soest
Stadtarchiv 55, 57, 64
Speyer
Pfälzische Landesbibliothek 99

Stuttgart
Württembergisches Landesmuseum 86

Utrecht
Bibliotheek van de Rijksuniversiteit 20

Volkach
Stadtarchiv 45

Wiesbaden
Museum Wiesbaden 26

Wolfenbüttel
Herzog August Bibliothek 28, 49, 51, 68, 69

Würzburg
Mainfränkisches Museum 103

Zürich
Zentralbibliothek 25, 60, 112, 113

Register

der wichtigsten Personen, Orte und Sachen

Aachen 59, 140, 143
Abgabe 61
Ablaß 223
Absicht 180 f.
Absolutismus 263 ff.
Abstraktionsprinzip 347
Abtretung 299
Abzahlungskauf 349
Accursius 125
Ackerbau 16, 41, 51, 106, 150
actio 24
actio legis Aquiliae 298
Adel 60 ff., 76, 110, 174, 192, 232, 270
Adenauer 357
Adler 114
Advokat 237
Agnat 51
Agrarkrise 228 f.
Agrarkommunismus 52
Agrarverfassung 51, 312
Akkusationsprozeß 278
Akte 272, 337
Aktenversendung 255
Aktiengesellschaft 300, 352
Alemannen 38, 57, 67, 87
Allgemeine Geschäftsbedingung 348
Allgemeiner Teil 342
Allgemeines Deutsches Handelsgesetzbuch 318
Allgemeines Landrecht 246 f., 290 f.
Allmende 195, 347
Allod 92
Allodifizierung 347
Alphabet 18, 43
Altersversicherung 334
Amt 21, 76
Amtmann 151
Amtsgericht 337, 363
Amtsrecht 34
Anerbe 345
Angelsachsen 38, 68
Angestelltenversicherung 334
Anklage 336, 340
Anstiftung 180
Anwalt 337
Anwaltszwang 270, 337
Anwartschaft 200
Appellation 160, 165

Araber 57
Arbeiter 313, 349
Arbeitgeber 334
Arbeitnehmer 334
Arbeitsgericht 351, 369
Arbeitslosenversicherung 334
Arbeitsrecht 349 ff., 369
Areopag 18
Artikel 270
Aufgebot 197, 292
Aufklärung 232 ff., 264, 267, 281, 290, 314
Auflassung 208, 296, 348
Auftrag 30
Augsburg 185
Auslegung 246
Azo 125

Baden 242 f., 290, 318, 343
Bahrprobe 166
Baldus 125
Bamberg 172, 277
Bank 228, 352
Bann 73, 84, 108, 223
Bartolus 125
Bastille 227
Bauer 52, 109 ff., 128, 138, 192 f., 229, 232
Bauermeister 150 f.
Bauernbefreiung 311 f.
Bauernkrieg 228 f.
Baurecht 330 f., 361
Bayern 57, 67, 97 ff., 226, 246
Beamtenrecht 361
Beamter 145, 267, 327
Bede 145
Begriffsjurisprudenz 321 f.
Behörde 267, 327
Beihilfe 180
Beinschraube 173
Beisitz 204
Beisitzer 270
Belehnung 143
beneficium 74
Bereicherung 298, s. a. condictio
Berggericht 228
Bergrecht 228 f., 334
Berlin 350
Bernstein 55

Berufsrichter 276
Besitz 297
Bestattung 46
Betrug 367
Bevölkerungszahl 37, 230f.
Beweis 163, 270, 338, 364f.
Beweisregel 279
Bibel 44, 63, 127, 234
Bibliographie 11f.
Bild 11
Bilderhandschrift 127
Bischof 102, 160
Bismarck 307f.
Böhmen 105, 140, 226
Böhmer 250, 252
Bologna 122f., 235, 252
Bonifatius 63
Brandenburg 226, 264
Brandstiftung 179, 367
Bremen 116
Brenneisen 173
Breviarium Alarici 32
Brief 114ff.
Buchdruck 234
Bundesgerichtshof 360, 362
Bundeskanzler 360
Bundespräsident 360
Bundesrat 326, 360
Bundesregierung 360
Bundesrepublik 357
Bundesstaat 326
Bundestag 359
Bundesverfassungsgericht 360, 363
Burg 105ff.
Bürger 109ff., 192f., 232
bürgerliche Sachen 162ff.
Bürgerliches Gesetzbuch 316, 318f.
Bürgermeister 146ff.
Bürgertum 325
Burgund 59
Burgunder 67f., 80
Burschenschaft 305
Buße 18, 83ff., 98, 109, 170, 216
Buteil 133

Caesar 26, 36, 51f.
Calvinismus 263
canon 122f.
Canossa 101
Carpzov 250
Chlodwig 56, 77
Christentum 30, 33, 44, 57, 63, 78, 86, 91, 128, 191, 281
civis 31, 88, 111

Code civil 247, 315
codex 31
Codex (Justiniani) 32
Codex Euricianus 32, 67
Codex Theodosianus 32, 67
Codex Theresianus 247
comes 73
compositio 84f.
condictio 84, 298
Conring 237, 245
Constitutio Criminalis Carolina 277ff.
consul 22
copyright 355
cuius regio eius religio 223

Darlehen 214, 298
Daseinsvorsorge 328
Daumenschraube 173
Dekret 122f., 169, 253
Delikt 48
Demokratie 358f.
deutsch 59
Deutsche Demokratische Republik 353
Deutschenspiegel 128
Deutscher Bund 303ff., 326f.
Deutsches Reich 59, 307
Dialektik 120
Diebstahl 177, 182, 211f., 216, 274, 367
Dienst 61, 289
Dienstbarkeit 210, 297
Dienstvertrag 211ff., 351
Digesten 32, 122, 182, 253
Ding 76
Dionysiana 70
Disputation 233
doctor 237, 252
Dominat 30
donatio 96
Dorf 42
Drakon 18
Dreißigjähriger Krieg 224
Drittes Reich 311
Druide 20

Ebenburt 193
Ebert 356
Edictum Theoderici 32
Edictus Rothari 68
Ehe 17, 27, 49, 88, 160, 196ff., 289ff., 343ff.
Ehebruch 47, 49, 91, 179, 197, 281
Eheguterrecht 49, 91, 198, 294
Ehehindernis 91, 198
Ehescheidung 90, 198f., 293, 344
Eheschließung 50, 89, 196, 290, 343

Eheverbot 291
Ehevertrag 205
Ehrlosigkeit 193
Eid 21, 78, 81, 160
Eidhelfer 78, 163
Eigen 207
Eigentum 207f., 289, 296f., 346f.
Eike von Repgow 125ff.
Eingriffsverwaltung 327f.
Einigung 347
Einkommensteuer 332
Eintrittsrecht 92
Eisenbahn 312
Elsaß 225, 303, 309f.
elterliche Gewalt 345
elterliche Sorge 345
Emanzipation 357
Empirismus 234
emptio-venditio s. Kauf
endlicher Rechtstag 174f., 279
Enteignung 296f., 347
Enthaupten 181, 184
Erbe 17, 49, 88, 92ff., 202f., 289, 294ff.
Erbengemeinschaft 93, 345
Erbenlaub 200ff.
Erbenwartrecht 93, 200ff., 207
Erbleihe 207
Erbrecht 201ff., 345ff.
Erbschaft 345
Erbschaftsteuer 346
Erbvertrag 205, 346
Erfindung 353ff.
Erfolgshaftung 180
Erpressung 367
Errungenschaftsgemeinschaft 91, 199
Ertränken 184
Essen 61
Exekutive 326
Exkommunikation 182

Fabrik 312
Fahrlässigkeit 367
Fahrnis 203, 210
Fakultät 252ff.
Fallrecht 28
familia 62
Familie 25, 49f., 86, 194, 343ff.
Familienfideikommiß 203, 345
Faustpfand 210
Fehde 83ff., 91
Feme 175ff.
Feudalismus 74
Feuerbach 340f.
feudum 74

Finanzamt 345f.
Fließband 352
Folter 170ff., 278
Form 9, 78, 348, 356ff., 369
Formalismus 78
Formel 70
Formularverfahren 28
forum 23
Franken 38, 56ff., 67ff., 98
Frankfurt 134, 143, 206, 237, 240, 306
Frankreich 222ff., 247, 263, 302ff., 307, 324, 329, 337, 339
Frau 49f., 194, 199f., 216, 290
Freiburg 108, 132f., 153, 240, 294
Freier 42, 62, 76, 110
Freigelassener 42, 62, 216
Freiheit 109, 289f., 305, 311, 339f.
Freiheitsstrafe 285f., 341
Freilassung 87
Freiteil 92ff.
Fremder 89, 193
Friede 130
Friedelehe 90
Friedrich I. Barbarossa 131
Friedensgeld 180
Friesen 67, 69, 99
Fronhof 135
Frühkapitalismus 228ff.
Fugger 222, 228, 233
Fürsprecher 163
Fürst 47, 104, 110, 216, 335
Fürstengrab 21, 48, 54
Fürth 312
Futhark 43f.

Gaius 28
Galgen 183ff.
Gebot 242ff.
Geburtsstand 193
Gefährdungshaftung 349
Gefängnis 278, 283ff.
Geld 53f., 84, 119f.
Geldstrafe 342
Geldwirtschaft 119
Gemeinde 111
Gemeinderecht 361
gemeiner Pfennig 256
gemeines Recht 239, 270, 319
Gemeinfreier 61f.
Generalhypothek 297
Genossenschaft 51, 151
geometrisches Recht 288ff.
Gerade 93, 202
Gerechtigkeit 28, 138f.

Gericht 151 ff., 205, 266, 270, 273 ff.
Gerichtsbarkeit 335
Gerichtsdiener 185
Gerichtshaus 156
Gerichtslaube 153, 156, 158
Gerichtsschreiber 160, 175
Gerichtsverfassung 319, 336
Gerichtsvollzieher 337, 365
Germanen 35 ff.
germanische Sprache 45
Gesamthand 345
Gesellschaft 214, 345, 352
Gesellschaft mit beschränkter Haftung 352 f.
Gesellschaftsvertrag 325
Gesetz 22, 129 ff., 246 ff., 316 ff.
Gesetzgebung 31 f., 71, 132 f., 145, 360
Gesinde 214
Geständnis 170 ff., 278
Getreide 41
Gewährleistung 208
Gewaltenteilung 325, 358
Gewerbe 26, 230, 293, 312, 333
Gewerbesteuer 333
Gewerbefreiheit 311
Gewere 94 ff., 206, 297
Gewerkschaft 313
Gewohnheit 135 ff., 238
Gewohnheitsrecht 128, 135 ff.
Gierke 321
Gießen 253, 255
Gilde 196 f.
Gläubiger 164, 201, 349
Gleichberechtigungsgesetz 345
Gleichheit 289 f., 311, 359
Glosse 109, 124, 128
Gogrefe 157
Goldene Bulle 146, 165
Goslar 134
Gott 12, 16, 30, 36, 76, 78 f., 264, 313
Gottesfriede 130 f.
Gotteslästerung 281
Gottesurteil 79 ff., 164 f., 170
Grabbeigabe 51, 86
Graf 73, 140, 157
Gratian 122 ff., 169
Griechen 17, 99
Grimm 137
Grotius 251 f.
Grundbuch 347
Grundgesetz 357 f.
Grundherr 26, 137, 207
Grundherrschaft 60 ff., 195, 230, 232
Grundpfandrecht 210
Grundrecht 307, 323 ff., 358

Grundsteuer 145 f., 332 f.
Grundstück 53, 296
Gründungsstadt 108
Gülte 208
Gutachten 252 f., 279
Gütergemeinschaft 91, 199
Gütertrennung 91, 199
gutes altes Recht 69 ff.
Gutonen 36
Gutsherrschaft 230

Habsburg 105, 226, 255 f.
Haft 340
Halseisen 187 ff.
Halsgerichtsordnung 172
Hambach 305
Hamburg 209, 213, 221
Hammurapi 11 f.
Handel 16, 26, 35, 53 ff., 230 f.
Handelsrecht 247, 318, 369
Handlung 288
Handschrift 65, 121, 128
Handwerk 110, 148, 211, 215
Hängen 178
Hannover 226, 345
Hanse 196
Hardenberg 311
Hauptverhandlung 36
Haus 49 f.
Hausgewalt 50, 86 f.
Hausmeier 57
Hauswirtschaft 53 ff.
Heer 48, 73, 229, 333
Heerführer 48
Heerschild 142
Hegung 78
Heiliges römisches Reich deutscher Nation 143, 224, 227, 302
Heineccius 252
heliozentrisches Weltbild 221
Henker 185 ff.
Heraldik 112 ff.
Herborn 233
Herford 154
Hergewäte, Heergewäte 93, 203, 295
Herrenhof 60
Herzog 144
Herzogtum 145
Hessen 63
Hexe 280 ff.
Hexenhammer 282
Hintersasse 137, 150 f.
historische Rechtsschule 320 ff.
Hitler 311, 327, 357

Hof 73, 145
Hofamt 73
Hofgericht 269
Hofkanzlei 265
Hofrat 145, 265, 267
Hofrecht 108
Hoyer von Falkenstein 125
Hrabanus Maurus 66
Hugo 250, 321
Humboldt 331
Hypothek 297
Hypothekenbuch 297

Ihering 320
Immunität 75, 133
Indiz 278
Indogermanen 15
Indossament 300
Industrie 312
industrielle Revolution 312
ineum 81
iniuria 25
Inquisition 169 ff., 282
Inquisitionsprozeß 278, 338 f.
Instanz 165, 275, 335
Institutionen 28, 32, 122
Interessenjurispudenz 322
Interregnum 105
Invalidenversicherung 334
Inventar 295
Investitur 96, 102
Investiturstreit 102 f.
Irnerius 122 ff.
Isidor von Sevilla 66, 98
iudex 24
ius, ious 16, 24
ius civile 28, 34
ius commune 239
ius honorarium 34
ius privatum 29, 322
ius publicum 29, 254, 322
iustitia 138 f.
iustum pretium 212

Johannes Teutonicus 125
Jude 99, 111, 163, 193, 210
Judikative 358, 363
Jurist 28, 145, 160, 249 ff., 270, 273 ff., 321, 369
juristische Person 343
Justinian 32 f., 122
Justizkommissar 337

Kabinettsjustiz 276, 336
Kaiser 58 f., 105, 144, 226, 257, 307

Kaiserrecht 128
Kämmerer 73, 140, 265
Kammergericht 269
Kant 314, 340
Kanzler 73, 145
Kanzlei 73
Kapitalismus 312 f.
Kapitular 69, 130
Karl IV. 105
Karl V. 222, 277 ff.
Karl der Große 57
Karlsruhe 264
Karolinger 57
Kartell 353
Kauf 30, 55, 95 ff., 211 ff., 297
Kaufmann 54, 89, 99, 107, 110, 214
Kebsverhältnis 90
Kelten 20
Kerker 286
Kesselfang 81, 168
Ketzer 169, 223
Kimbern 37
Kind 50, 88, 180, 194, 289
Kirche 61, 63, 71, 85, 88, 93, 96, 102, 142, 156, 158, 169 ff., 189, 196 ff., 212, 235, 298 f.
Kirchenbuch 198
Kirchenrecht 70, 88, 124 ff., 196 ff., 254, 293
Klaganspruch 28
Klage 28, 78, 163, 165, 174, 364
Klagspiegel 249
Kleidung 42
Kloster 63 f., 120, 193, 195
Knappschaftskasse 334
Kodifikation 245 ff.
Kodifikationsstreit 315 f.
Köln 108, 132, 208, 339
Kommission 214
Kompositionensystem 48, 84 f.
König 7 ff., 22, 48, 57, 85, 89, 140 ff.
Königsfreier 62
Königsgut 72, 95 f.
Konkurs 319, 365
Konsens 91, 198, 299
Konsensualvertrag 30
Konsiliator 125
Konstitution 31 f., 71, 77, 144
Konzil 70
Körpergröße 40
Körperverletzung 25, 83, 367
Krankenversicherung 334
Kreittmayr 246
Kreuzprobe 81
Kreuzstein 191 f.
Kreuzzug 104

Krieger 52
Krönung 141, 260
Kulturkampf 343
Kuppelei 281
Kurfürst 113, 140, 257

Ladung 77, 163, 364
laesio enormis 212, 348
Land 105, 144 ff., 266 ff., 359
Landesherr 105, 144 ff., 157, 263 ff., 335
Landesordnung 244 f.
Landfriede 130 f., 256
Landgericht 275, 337, 363
Landnahme 60
Landrecht 128, 144
Landsasse 216
Landstand 144 ff., 264
Landtag 145
Landwirtschaft 106, 150, 347
Langobarden 57, 68, 72, 124
Lasterstein 190
Latein 66, 115, 127
Legalitätsprinzip 339
legisactio 23
Legislative 326
Legitimation 194, 258
Lehen, Lehn 71, 74, 104, 203, 207, 258
Lehnspyramide 75
Lehnsrecht 74 f., 128
Leibeigenschaft 232, 289 f.
Leibesstrafe 284 f., 341
Leibnitz 246
Leihe 71
Leipzig 336
Leistungsverwaltung 328
lex 77
lex Alamannorum 68
lex Baiwariorum 68, 98
lex Frisionum 69
lex Ribvaria 68
lex Salica 68
lex Saxonum 69
lex Thuringorum 69
lex Visigothorum 68
Liberalismus 311 f., 323, 327
Liegenschaft 203
Limes 38
Linde 136, 152 f.
Liszt 341
Literatur 70, 249 f.
litis contestatio 270
Locke 325
lotharische Legende 246
Lothringen 59, 309 f.

Lübeck 108, 158, 205, 296
Lüneburg 158
Luther 222
Lykurg 18, 98

Magna Charta 324
Magistrat 328
Majestätsverbrechen 276
Malberg 76 ff.
malbergische Glossen 76
mancipatio 25, 34
Mannus 36
Manufaktur 230
Marke 355
Markgenossenschaft 51, 151, 195
Markt 100, 108, 148, 211
Marktkauf 211 ff.
Marktkreuz 117 ff.
Marktwirtschaft
Marschall 73, 140, 265
Marx 314
Maske 173, 186
Mauerbau 150
Mediatisierung 226
Mehrheitsprinzip 142, 151
Meinungsfreiheit 305
Menschenrechte 323
Merkantilismus 228 ff., 264
Merowinger 57
Miete 30, 211 ff., 349 ff.
Minister 267
Ministeriale 110
modus acquirendi 296
Montesquieu 246, 325
Moorleiche 40, 45 f.
Mord 25, 179, 367
Morgengabe 90, 202, 293
Mundbirne 173
Mündigkeit 88, 194
Mündlichkeit 336, 337 f.
munt 50, 88
Münze 26, 53 f., 99, 119, 150

Nachbar 195, 207, 330
Nachlaßgericht 201
Näherrecht 207, 297, 347
Name 193, 293, 343
Napoleon 302 f.
Nassau 316
Nationalversammlung 306, 356
Naturalwirtschaft 119
natürliche Person 342
Naturrecht 252, 288
Niederlande 225, 303

Norddeutscher Bund 307, 318
Notar 115, 205, 258
Notker von St. Gallen 121, 129
Notwehr 180, 217
Notzucht 216
Novelle 32
Nürnberg 234, 239, 262, 276, 281, 301

Oberappellationsgericht 335
Oberhof 165, 275
Oberlandesgericht 337, 363
obligatio 29
Obligation 29, 297ff.
öffentliches Recht 254, 322ff.
Öffentlichkeit 198, 305, 336
Offizial 160, 236
Offizialmaxime 339
Ordnung 238, 242ff., 247, 267
Ordnungsrecht 244
Österreich 226, 247, 302f., 307
Ostkolonisation 104, 229f.
Ostrom 31, 59, 105

Paarformel 9
pactum 299
pactus legis Salicae 76, 81
Pandekten 32, 122
Pandektistik 322
Papst 57, 71, 140
Papyri 18f.
Paragraph 139
Parlament 325f.
Partei 326
Partikularrecht 239ff.
Patent 353f.
Patrimonialgericht 335
Patrizier 26, 111
Paulskirche 307, 317
Pepo 124
peinliche Sachen 165ff.
Person 28, 192ff., 288, 342f.
Personenstand 343
Persönlichkeit 359
Pfählen 186
Pfalz 72ff.
Pfalzgraf 140
Pfand 210
Pflichtteil 294ff.
Physiokraten 229
Plebejer 26
poena 18, 165
Polizei 266ff., 328
Polizeiordnung 243
Polizeirecht 361

Poseidonios 36
Positivismus 313ff.
praetor 22
Pranger 187ff.
precaria 96
Pressefreiheit 305
Preußen 226, 246, 302f., 307
Priester 47
Prinzipalkommissar 257
Prinzipat 26
Privatrecht 29, 33, 244, 288, 322ff.
Privatautonomie 299
Privileg 75, 132ff., 353f.
Professor 254
Prokurator 270
Proletarier 313
Prozeß 23, 78, 200, 249, 268ff., 274
Ptolemäus 37
Puchta 320
Pufendorf 288
Pütter 250, 268

quaestio 171

Rache 25, 48
Rachinburge 78
Rad 183ff., 167, 284
Rat 146ff., 157, 243
Ratenkauf 349
Rathaus 134, 147, 256
Rationalismus 234
Raub 90, 179, 216, 367
Realvertrag 29
Recht 9, 16, 28, 67f., 129ff., 139
Rechtsarchäologie 11
Rechtsbuch 127ff.
Rechtsfähigkeit 342
Rechtsgang 78
Rechtsgeschäft 299
Rechtsgeschichte 370
Rechtsmittel 338f., 365
Rechtsschule 32, 320ff.
Rechtsstaat 328, 358
Rechtssubjekt 342f.
Rechtstag 174f.
Rechtsverordnung 360
Rechtswissenschaft 124f., 235ff.
Rechtszug 165
Referendariat 254
Reformation 223, 233ff., 244
Regal 124, 208, 266
Regensburg 241, 256f.
Regierung 309, 327, 359
Regierungssachen 276

Rehberg 315
Reich 21, 247ff.
Reichsabschied 248
Reichsdorf 260
Reichsfriede 130
Reichsfürst 143, 258
Reichsfürstenstand 143
Reichsgericht 335ff.
Reichsgesetzblatt 317
Reichsgut 266
Reichsgutachten 248
Reichshofrat 265, 335
Reichsinsignien 261ff.
Reichsjustizgesetze 319, 363
Reichskammergericht 248, 251, 256, 268ff., 335
Reichskammergerichtsordnung 238
Reichskanzlei 265
Reichskanzler 265, 308, 326
Reichskleinodien 260ff.
Reichskreis 266
Reichspolizeiordnung 248
Reichspräsident 356
Reichsritter 260
Reichsschluß 248
Reichsstadt 143, 258
Reichsstand 140f., 247, 258, 325
Reichstag 144, 255ff., 259, 309, 325, 326
Reichsverfassung 248, 322
Reichsversicherungsordnung 334
Reinigungseid 78, 163
Rente 208
Rentenkauf 209
Republik 307ff.
Resozialisierung 341
responsum 28
Revolution 226, 265, 301f., 305f.
Rezeption 99, 235ff.
Rheinbund 226, 302f.
Rhetorik 120
Richter 78, 140, 156ff., 163, 335
Richterstab 160f.
Richtschwert 284
Richtstätte 283
Ring 13
Ritter 109ff., 273ff.
Roland 117f.
Rom 22, 139
Römer 22ff., 56, 143
römisches Recht 22ff., 235ff., 245
Rousseau 325
Rothenburg 279
Rottweil 273
Rüge 168
Rune 43ff.

Saalburg 38f.
Sachbeschädigung 27
Sache 28, 346
Sachenrecht 206ff., 346ff.
Sachmangel 100, 211, 298
Sachsen 59, 67, 69, 83f., 226
Sachsenspiegel 82, 125ff.
Säkularisierung 226, 313f.
Salfranken 57
Salier 102ff., s. a. Salfranken
salizator 177
Salland 60
Satzung 132ff.
Savigny 315ff., 321, 347
Schadenersatz 27, 217
Scharfrichter 185ff., 283
Schatzwurf 88
Scheiterhaufen 183ff.
Schenk 140, 265
Schenkung 95
Schiffsrecht 221
Schild 112ff.
Schmerzensgeld 299
Schöffe 79, 156f., 163, 273ff.
Scholastik 121f.
Schreibort 64
Schreinskarte 208
Schrift 11, 44, 94, 129, 156, 160, 198, 208, 238
Schriftlichkeit
Schuld 297
Schuldrecht 297, 349
Schuldverhältnis 349
Schule 120ff.
Schulrecht 331f.
Schultheiß 147, 150
Schwabach 287
Schwabenspiegel 128
Schwarzenberg 249ff., 277
Schwaz 228
Schweiz 225
Schwert 139, 183ff., 284
Schwurgericht 336, 338
Seelenheil 94ff.
Selbsthilfe 25, 48, 342
Selbstverwaltung 311, 328
Sendgericht 158f., 169
Seneschall 73
servus 26, 42, 290
Sieden 285
Siegel 114ff.
Sklave 26, 55, 290
Slawen 104, 310
Smith 311

Sodomie 281
Soest 176, 181, 190
Solon 18, 98
soziale Frage 312f.
Sozialstaat 358, 363
Sozialismus 312f.
Sozialistengesetz 313
Sozialrecht 363
Sozialversicherung 313, 319, 333ff., 363
Spanien 220ff., 226
Speyer 269
spiegelnde Strafe 185
Spital 150
Staat 67, 289, 323, 327, 336
Staatenbund 304
Staatenhaus 326
Staatsanwalt 338ff.
Staatshaushalt 332f.
Staatsrecht 254, 297
Stab 13, 47, 139, 160f.
Stabreim 9, 43
Stadt 41, 105ff., 133
Stadtbuch 208
Stadtherr 148
Stadtluft 111
Stadtrecht 133ff.
Stadtrechtsfamilie 135
Stand 193, 232
Statut 238
Staufer 104
Stein 311, 334
Steinkreuz 191f.
Steuer 111, 143, 145, 268, 332f.
Steuerrecht 361
stipulatio 29f.
Strafe 29, 47, 181ff., 283f., 340ff., 367
Strafgesetzbuch 318f.
Strafrecht 247, 278, 297, 318
Strafprozeß 165ff., 247, 277ff., 365f.
Straftheorie 340
Strafzweck 286, 340ff.
Straße 312, 328ff.
Streitbeilegung 48, 78
Stryk 251
Studium 120ff., 252ff.
Suarez 246
Subsumtion 238
Sühnevertrag 191
Sweben 38, 51
Syrer 99
Systematik 280

Tacitus 35ff.
Talionsprinzip 185

Tarifvertrag 351
Tausch 54, 211
Termin 364
Testament 160, 200ff., 296
Testamentvollstrecker 205
Testierfreiheit 346
teuta 17
Teutonen 36f.
Theodosius 123
Thibaut 316
Thomasius 251f.
thunginus 77
Thüringer 67, 69
Tie 151
Tier 217ff.
titulus acquirendi 296
Tochter 92
Todesstrafe 48, 177, 182, 341
Totschlag 42, 48, 179, 367
Tötung 46, 83, 179, 216
traditio 210
translatio imperii 143
Tribonian 32
Trier 117f.
Truchseß 73, 140, 265
Türken 105, 223

Übergabe 210, 348
Übertragung 26, 52, 200f., 296
Ulpian 28
Umsatzsteuer 333
Unabhängigkeit 336
Unfallversicherung 334
Unfreier 62, 87
Ungarn 59, 226
Ungericht 177ff.
Universalsukzession 345
Universität 121, 235, 253ff.
unmündig s. Mündigkeit
Unterhalt 194
Untreue 367
Urbar 61
Urheberrecht 353ff.
Urkunde 70, 94, 114, 125ff., 133, 163, 206
Urkundenfälschung 367
Urteil 78, 163, 270, 365
Urteiler 78, 156ff.
Urteilsschelte 164
usus modernus pandectarum 239, 251

Vasallität 74
Verband 192ff.
Verbrechen 340
Verbrennen 184

Verdacht 174
Verein 368
Verfahren 78
Verfassung 256, 305, 316, 318, 326ff., 358
Verfügungsfähigkeit 201, 204
Verhandlungsmaxime 270
Verkehr 361
Verkehrszeichen 361
Verlag 230
Vernunftrecht 288f.
Versäumnisurteil 364
Verschulden 34, 180f., 344, 349
Verschweigung 208
Versicherung 300f.
Versuch 180
Vertrag 289, 297ff., 348
Vertragsfreiheit 299, 348f.
Vertretung 289, 299
Verwaltung 265ff., 309, 327ff., 360
Verwaltungsakt 328, 360
Verwaltungsgericht 337, 367
Verwaltungsrecht 360ff., 363
Verwaltungsverfahren 367
Verwandtschaft 203, 295
Viehkauf 212, 298
Viehzucht 16, 41, 106, 150
Vierteilen 286
Virginia Bill of Rights 324
Vogt 108, 132, 151
Volk 321, 326
Volkach 155, 274
Völkerrecht 288
Völkerwanderung 38
Volksgeist 320
Volkshaus 326
Volksrecht 144
Volkssouveränität 143, 325f.
Volksversammlung 22, 47f., 76
Volljährigkeit 342
Vollstreckung 25, 79, 164, 270, 319, 337, 365
Vorlesung 253
Vormund 51, 88, 194
Vormundschaft 50, 194f., 290
Vorsatz 367
Vulgarrecht 31

Waage 139
Waffen 86f.
Wahl 76, 102, 140f., 225, 307, 326, 359
Wahlkapitulation 248
Wahrheit 9, 170, 175, 278, 340

Wappen 112ff.
Warenzeichen 355
Wechselordnung 301
Weimar 356
Wein 55
Weinkauf 212
Weistum 135ff.
Welfen 104
Weltkrieg 310
Wergeld 84f., 109, 216f.
Werkvertrag 211ff.
Wertpapier 216, 300, 369
Werwolf 218
Wettbewerb 311, 352f.
Wetzlar 271f.
Wien 65
Wille 180, 288
Willenserklärung 299, 368
Windscheid 321
Wippen 189
Wirtschaft 263, 352f.
Wohlfahrt 268, 328
Wohnraum 352
Wohnsitz 343
Wolff 252
Worms 242, 295
Würfelspiel 43
Württemberg 243
Würzburg 275

Zasius 236, 251
Zauberei 179, 281
Zeiller 247
Zerrüttungsprinzip 345
Zeuge 17, 97, 114, 163, 278
Zins 214, 298
Zinsverbot 214, 298, 348
Zivilehe 343
Zivilprozeß 162ff., 247, 318f., 337, 363
Zoll 73, 108, 231, 332
Zollverein 312, 332
Zuchthaus 283ff.
Zufall 180f.
Zugewinngemeinschaft 346
Zunft 196f., 230, 248
Zürich 184
Zwangsvollstreckung 365
Zweikampf 81, 92
Zweischwerterlehre 103
Zwickau 197
Zwölftafelgesetz 22, 27, 184